何志简介

何志， 河南淅川人，首届全国审判业务专家，河南省十大优秀中青年法学家，西南政法大学民商法学院兼职教授，河南省南阳高新技术产业开发区人民法院分党组书记、院长。从事民商事审判工作近30年，致力于民商事审判理论和实务的研究与传播，先后发表文章150余篇，获奖30余篇，其中，《顾此不能失彼：裁判与民意的博弈与衡平》荣获全国法院系统第二十四届学术讨论会一等奖。致力于民商法学理论和实务的研究与传播，先后出版了《民法典·总则判解研究与适用》、《物权法判解研究与适用》（荣获中国法学会民法学研究会2006年度优秀科研成果奖）、《担保法判解研究与适用》、《合同法总则判解研究与适用》、《合同法分则判解研究与适用》、《侵权责任判解研究与适用》、《婚姻法判解研究与适用》、《最高人民法院合同法司法解释精释精解》、《婚姻案件审理要点精释》等30余部法学专著。担任《民商事纠纷裁判依据新释新解丛书》（一套8本）、《民商事司法解释精释精解丛书》（一套13本、再版7本）的总主编。

民法典判解研究与适用丛书

民法典·总则
判解研究与适用

首届全国审判业务专家
何　志◎著

中国法制出版社
CHINA LEGAL PUBLISHING HOUSE

总 序

首届全国审判业务专家、河南省十大中青年法学家、河南南阳高新技术开发区人民法院分党组书记、院长何志同志的力作——《民法典判解研究与适用丛书》即将付梓之际，托我为之作序，欣然应允。

走近何志

认识何志同志二十余年了。

何志同志业精于勤。他长期在法院审判一线工作，积累了丰富的审判实践经验，并善于从司法实践中发现法律问题，提出立法、司法建议，形成司法智慧。在2009年最高人民法院评选首届全国审判业务专家时，他在全国法院系统推举的160余名候选人中脱颖而出，成功入选45名首届全国审判业务专家之一，是难能可贵的，足见其审判理论的深厚，这也是对他的审判业务能力、理论研究能力的最高"奖赏"。

何志同志行成于思。他并非法学科班出身，而是自学成才的"土专家"。三十年如一日，笔耕不辍，对民法表现出极大的兴趣，对民法通则、合同法、物权法、担保法、侵权责任法、婚姻家庭法等进行了深入研究，并出版了不少专著。其中，《物权法判解研究与适用》(人民法院出版社2004年版)荣获中国法学会民法学研究会2006年度优秀科研成果奖(青年学术成果奖)；《顾此不能失彼：裁判与民意的博弈与衡平》荣获第二十四届全国法院系统学术讨论会一等奖，他也因此被评为《判解研究》“十周年庆典三名杰出作者”之一。这些荣誉表明何志同志的理论研究成果得到了学界的肯定和赞誉。

何志同志传道解惑。他被西南政法大学民商法学院、南阳师范学院法学院等聘为兼职教授，长期在河南法院系统、律师系统、金融系统、部分高校讲授民商法理论与实务，听课人数累计超过 30 万人次。他还作为全国“双千计划”首批入选者，挂职于河南科技大学法学院。因而在社会上人们称之为老师、教授，在法院同事们称之为学者、专家。

走进丛书

法律是治国之重器，良法是善治之前提。《中华人民共和国民法典》被誉为“社会生活的百科全书”，以保护民事权利为出发点和落脚点，切实回应人民的法治需求，更好地满足人民日益增长的美好生活需要，是新时代切实保障人民合法权益的法典。

《民法典判解研究与适用丛书》以民法典为主线，以单个编章为载体，分为《民法典 · 总则判解研究与适用》《民法典 · 物权判解研究与适用》《民法典 · 合同通则判解研究与适用》《民法典 · 典型合同判解研究与适用》《民法典 · 人格权判解研究与适用》《民法典 · 婚姻家庭判解研究与适用》《民法典 · 继承判解研究与适用》《民法典 · 侵权责任判解研究与适用》。丛书采用他擅长的判解研究方法（从案例入手——提出问题——理论阐释——简要评析），博百家理论之精华，集司法实践之案例，以案说法，以法释案，做到了研究实务问题而不乏深入的理论分析，探讨理论问题而不脱离具体的司法实践，从而使民法典判解研究与适用紧密结合。

因此，何志同志的著作，具有很强的理论性、实践性、指导性和可读性。相信本套丛书的出版，对学术界深入研究民法典具有重要的参考价值；对实务界适用民法典具有重要的借鉴意义；对社会大众学习民法典具有重要的指导作用。

走向未来

习近平总书记指出，民法典在中国特色社会主义法律体系中具有重要地位，是一部固根本、稳预期、利长远的基础性法律。民法典的研习，是为了使民法典更好地贯彻实施，但愿何志同志百尺竿头更进一步，为繁荣我国的民法学研究做出更大的贡献。

尊其嘱，是为序。

[1]

2020 年 9 月 6 日

① 王轶，中国人民大学党委常委、副校长、法学院院长（兼），中国法学会民法学研究会副会长兼秘书长，中国法学会民法典编纂项目领导小组成员、秘书长。

前　言

《民法典·总则判解研究与适用》的出版，以偿二十载夙愿。

研习民法，始于1991年12月通过选调考试进入南阳地区中级人民法院(1994年撤地设市更名为南阳市中级人民法院)。著书立说，1998年底出版论文集《经济审判专题研究》。自此，“一发不可收”，陆续出版了《担保法判解研究与适用》《合同法总则判解研究与适用》《合同法分则判解研究与适用》《物权法判解研究与适用》《婚姻法判解研究与适用》《侵权责任判解研究与适用》等。由此，把民法典的分编内容进行了系统研习，而研习民法典总则一直是“魂牵梦萦”。

《民法典·总则判解研究与适用》的出版，怀胎四年终分娩。

撰写此书，始于2017年初，历时近四年，数易其稿，终成此书。《民法典》总则编规定了民事活动必须遵守的基本原则和一般性原则，统领《民法典》各分编。本书以《民法典》总则编为主线，以司法实践和现实生活中的典型案例为依托，采用判解研究的方法（从案例入手——提出问题——理论阐释——简要评析），全面、系统地阐释民法典总则理论，力争做到判解研究与适用紧密结合，为审判实践和现实生活服务。

《民法典·总则判解研究与适用》的出版，恰逢其时。

《民法典》是新中国第一部以法典命名的法律，开创了我国法典编纂立法的先河，具有里程碑意义。《民法典》于2021年1月1日起实施，贯彻好、学习好、宣讲好《民法典》是每一个法律人的责任和义务。笔者作为“普法使者”，应当“冲锋陷阵”，拙著的出版发行，可谓正当时。

应中国法制出版社的邀请，陆续出版发行拙著《民法典判解研究与适用丛书》，该丛书以《民法典》为主线，分为：《民法典·总则判解研究与适用》《民法典·物权判解研究与适用》《民法典·合同通则判解研究与适用》《民法典·典型合同判解研究与适用》《民法典·人格权判解研究与适用》《民法典·婚姻家庭判解研究与适用》《民法典·继承判解研究与适用》《民法典·侵权责任判解研究与适用》。承蒙中国人民大学党委常委、副校长、法学院院长（兼），中国法学会民法学研究会副会长兼秘书长，中国法学会民法典编纂项目领导小组成员、秘书长王轶老师为丛书作总序，王老师对愚人的关爱与大力支持，笔者表示最衷心的感谢！拙著的出版发行，得到了中国法制出版社周琼妮女士的大力支持与辛勤付出，笔者表示最诚挚的谢意！

《民法典》总则编的理论博大精深，而笔者见识有限，书中的缺憾和疏漏在所难免。因此，恳请读者不吝赐教，为繁荣我国民法典研究而共同努力。

何　志

电子邮箱：nyfyhezhi@126.com

2020年9月7日

本书主要法律文件名称及缩略语对照表

缩略语	全　　称
《宪法》	《中华人民共和国宪法》
《立法法》	《中华人民共和国立法法》
《民法典》	《中华人民共和国民法典》
《民法总则》	《中华人民共和国民法总则》
《民法通则》	《中华人民共和国民法通则》
《物权法》	《中华人民共和国物权法》
《合同法》	《中华人民共和国合同法》
《侵权责任法》	《中华人民共和国侵权责任法》
《婚姻法》	《中华人民共和国婚姻法》
《继承法》	《中华人民共和国继承法》
《收养法》	《中华人民共和国收养法》
《担保法》	《中华人民共和国担保法》
《公司法》	《中华人民共和国公司法》
《合伙企业法》	《中华人民共和国合伙企业法》
《个人独资企业法》	《中华人民共和国个人独资企业法》
《证券法》	《中华人民共和国证券法》
《保险法》	《中华人民共和国保险法》

缩略语	全　　称
《票据法》	《中华人民共和国票据法》
《商业银行法》	《中华人民共和国商业银行法》
《民用航空法》	《中华人民共和国民用航空法》
《海商法》	《中华人民共和国海商法》
《证券投资基金法》	《中华人民共和国证券投资基金法》
《反不正当竞争法》	《中华人民共和国反不正当竞争法》
《消费者权益保护法》	《中华人民共和国消费者权益保护法》
《产品质量法》	《中华人民共和国产品质量法》
《食品安全法》	《中华人民共和国食品安全法》
《网络安全法》	《中华人民共和国网络安全法》
《著作权法》	《中华人民共和国著作权法》
《商标法》	《中华人民共和国商标法》
《专利法》	《中华人民共和国专利法》
《民事诉讼法》	《中华人民共和国民事诉讼法》
《刑事诉讼法》	《中华人民共和国刑事诉讼法》
《民法通则意见》	最高人民法院《关于贯彻执行〈中华人民共和国民法通则〉若干问题的意见（试行）》
《担保法解释》	最高人民法院《关于适用〈中华人民共和国担保法〉若干问题的解释》
《精神损害赔偿解释》	最高人民法院《关于确定民事侵权精神损害赔偿责任若干问题的解释》
《人身损害赔偿解释》	最高人民法院《关于审理人身损害赔偿案件适用法律若干问题的解释》
《诉讼时效规定》	最高人民法院《关于审理民事案件适用诉讼时效制度若干问题的规定》
《合同法解释（一）》	最高人民法院《关于适用〈中华人民共和国合同法〉若干问题的解释（一）》

缩略语	全　　称
《合同法解释（二）》	最高人民法院《关于适用〈中华人民共和国合同法〉若干问题的解释（二）》
《民间借贷规定》	最高人民法院《关于审理民间借贷案件适用法律若干问题的规定》
《婚姻法解释（一）》	最高人民法院《关于适用〈中华人民共和国婚姻法〉若干问题的解释（一）》
《婚姻法解释（二）》	最高人民法院《关于适用〈中华人民共和国婚姻法〉若干问题的解释（二）》
《继承法意见》	最高人民法院《关于贯彻执行〈中华人民共和国继承法〉若干问题的意见》
《公司法解释（二）》	最高人民法院《关于适用〈中华人民共和国公司法〉若干问题的规定（二）》
《公司法解释（三）》	最高人民法院《关于适用〈中华人民共和国公司法〉若干问题的规定（三）》
《公司法解释（四）》	最高人民法院《关于适用〈中华人民共和国公司法〉若干问题的规定（四）》
《民事诉讼法解释》	最高人民法院《关于适用〈中华人民共和国民事诉讼法〉的解释》

目录
CONTENTS

第一章

基本规定

《民法典》的立法宗旨是保护民事主体的合法权益，调整民事关系，维护社会和经济秩序，适应中国特色社会主义发展要求，弘扬社会主义核心价值观；明确了民法调整的对象是平等主体的自然人、法人和非法人组织之间的人身关系和财产关系；规定了民事主体从事民事活动和司法机关进行民事司法活动应当遵循的基本原则：合法权益受法律保护原则、平等原则、意思自治原则、公平原则、诚实信用原则、公序良俗原则、绿色原则；确立了法律适用规则：处理民事纠纷，应当依照法律；法律没有规定的，可以适用习惯，但是不得违背公序良俗。其他法律对民事关系有特别规定的，依照其规定；强调了《民法典》的适用范围：中华人民共和国领域内的民事活动，适用中华人民共和国法律，法律另有规定的，依照其规定。

第一节 《民法典》总则编概说

一、问题的提出

民法被称为社会生活的百科全书，每个人的生老病死、衣食住行都离不开民法；每个企业的设立终止、生产经营、终止清算都与民法息息相关。《民法典》总则编保留了《民法总则》的大部分规定，自 2017 年 10 月 1 日起生效实施的《民法总则》[①] 对保护民事主体的合法权益，正确调整民事关系，维护社会和经济秩序，适应中国特色社会主义发展要求，弘扬社会主义核心价值观具有十分重要的意义。在下列两则案例中就有所体现。

案例 1：郑州电梯劝烟案[②]

2017 年 5 月 2 日，医生杨某因在小区电梯里劝一名老汉不要抽烟，引发争执，老人情绪激动心脏病发作离世。老人的家属将杨某告上法庭，要求 40 余万元的赔偿。郑州中院认为，本案中杨某劝阻吸烟行为与老汉死亡结果之间并无法律上的因果关系，因此，一审判决依照《侵权责任法》第二十四条[③] 的规定，适用公平原则判决杨某补偿老汉近亲属 15000 元，属于适用法律错误。一审判决后，虽然杨某没有上诉，但一审判决适用法律错误，损害了社会公共利益。二审法院依法予以纠正，驳回了老人家属的诉讼请求。

---

① 2017 年 10 月 1 日起施行的《中华人民共和国民法总则》是《民法典》编纂的第一步，后被《民法典》总则编吸收，为方便表述，本书案例分析部分仍然采用《民法总则》的表述。

② 2019 年 1 月 20 日晚，由最高人民法院和央视联合开展的“2018 年推动法治进程十大案件”评选活动投票结束，“郑州电梯劝烟案”被评为 2018 年推动法治进程十大案件之首。

③《侵权责任法》第二十四条规定：受害人和行为人对损害的发生都没有过错的，可以根据实际情况，由双方分担损失。

案例 2：刘甲与刘乙、阮某、张某健康权纠纷案[①]

2017 年 9 月 13 日，刘甲、阮某从桐柏到广州欲找工作，当日中午在广州工作的同乡刘乙带领张某在饭店接待刘甲、阮某，并饮用了白酒。饭后四人步行到刘乙的居住处，刘甲、阮某到二楼房间（单间）休息。14 点左右，刘甲从二楼房间窗户跌出，摔在水泥地上。事发房间为自制铁门，窗户为三扇钢窗，设有内开的扁铁防护栅，窗台距室内地面高约 90cm。刘甲花去医疗费等共计 21 万元。抢救期间，刘乙、阮某、张某分别支付医疗费 6000 元、30000 元、1800 元。刘甲起诉请求判令被告刘乙、阮某、张某连带赔偿自身医疗费等共计 21 万元。

生效裁判认为，被告刘乙出于老乡之情，招待故乡亲朋刘甲、阮某，席间备酒，符合邻里友善的乡土民情。酒后四人步行至休息处，刘甲能自主上二楼房间休息，无明显醉酒状态。刘甲休息的房间，窗台高度约 90cm，窗扇洞口净宽度 43cm，且窗户有防护栅。没有主动开启防护窗栅、主动攀爬窗台、主动侧身探出窗洞，是难以跌出窗外的。因此，刘甲受到损害应当认定为其自身行为造成，其损害后果应当由其自身承担。遂判决：驳回原告刘甲的诉讼请求。刘甲不服判决，提起上诉，二审维持原判。

在上述案例中，案例 1 堪称推进中国法治进程的典型案例，在司法裁判中要遵循公平正义的司法理念。案例 2 涉及平等民事主体之间的民事法律关系，且此类案件多见，即同桌人是否承担责任。因此，对于《民法典》的理解，首先要明确其立法目的，其次要明确其调整对象。

二、《民法典》的立法目的

依据《民法典》第一条的规定，《民法典》的立法目的是："为了保护民事主体的合法权益，调整民事关系，维护社会和经济秩序，适应中国特色社会主义发展要求，弘扬社会主义核心价值观，根据宪法，制定本法。"正如学者所言：《民法总则》贯彻落实了党中央的要求，突出和弘扬了社会主义核

① 详见河南省南阳市中级人民法院（2019）豫 13 民终 36 号民事判决书。

心价值观，把维护最广大人民的根本利益作为出发点和落脚点，根据当前我国社会出现的新问题、新变化进行了新调整，具有鲜明的价值取向和时代精神。[①]《民法典》总则编保留了《民法总则》的大部分规定，《民法典》的立法目的就规定在总则编中。《民法典》的立法目的应当包括如下方面：

（一）保护民事主体的合法权益

制定《民法典》的首要目的是保护民事主体的合法权益。《民法典》常常被称为“民事权利的宣言书”。它以确认、保障民事权益为根本宗旨。[②]因此说，民法的直接目的和首要目的，是保护民事主体的合法权益。这也是我国民法“权利本位”的一个彰显。[③]

《民法典》总则编以“提取公因式”的方法，将民事权利保护的共性规则确立下来。有关自然人、法人和非法人组织的规定，就是规定了民事权利主体。有关民事权利的规定，就是规定了民事权利的具体内容、体系以及民事权利的行使方式。有关民事法律行为和代理的规定，就是确认了民事权利行使所形成的民事法律关系。有关民事责任的规定，就是因侵害民事权利所应承担的民法上的后果。有关诉讼时效和期间的规定，就是民事权利行使的时间限制。《民法典》总则编通过构建完整的民事权利体系，强化了权利保障，也为法治建设奠定了重要基石。因为法治的基本价值是“规范公权，保障私权”。[④]因此说，民事主体是民事关系的参与者、民事权利的享有者、民事义务的履行者、民事主体的承担者。民事主体享有广泛的民事权益，必须得到法律保护。

（二）调整民事关系

民法调整的对象就是因民法的调整而形成的民事关系。依据《民法典》第二条“民法调整平等主体的自然人、法人和非法人组织之间的人身关系和

---

① 张鸣起主编：《民法总则专题讲义》，法律出版社 2019 年版，第 18 页。
② 王利明主编：《中华人民共和国民法总则详解》，中国法制出版社 2017 年版，第 1 页。
③ 参见梁慧星：《民法总论》，法律出版社 2011 年版，第 42 页。
④ 王利明主编：《中华人民共和国民法总则详解》，中国法制出版社 2017 年版，第 2 页。

财产关系”的规定，民法调整的是平等民事主体之间的人身关系和财产关系。

（三）维护社会和经济秩序

《民法典》被称为市民社会的百科全书和市场经济的基本法。[①] 因此说，维护公共秩序，以形成人们赖以生存的一般条件，这是民法社会化的立法目的。随着时代的发展进步，民法已经进入一个保护民事权益的同时必须兼顾社会正义或社会公平的时代，不但体现在人身领域，也体现在财产领域，一切民事活动包括民事权利的取得、享有、行使和消灭，必须受到社会公平的价值限制。

（四）适应中国特色社会主义发展要求

中国特色的社会主义是我国的基本制度、基本国情、基本道路，适应中国特色社会主义发展要求，既是民法的任务，也是民法的目的。民法适应我国基本政治体制，合理划分公法与民法的边界，适应基本经济制度，建立以公有制为主体、多种所有制共同发展相适应的所有权制度、市场经济制度，符合中国经济社会发展的实际，“立足我国具体国情，探索出一条具有中国特色的法学道路”。[②]

《民法典》总则编的许多制度设计，就是坚持从中国实际出发，因此也充分体现了中国特色。其中法人制度是《民法典》总则编中最具中国特色的制度之一。例如，将法人首先区分为营利法人和非营利法人，不仅符合我国的立法习惯，更为重要的是，能够涵盖现实中新出现的基金会和社会服务机构等法人类型，也有利于加强对非营利性社会组织的引导、规范和保护，促进其健康发展。

（五）弘扬社会主义核心价值观

弘扬社会主义核心价值观，是适应构建法治和德治相结合社会治理模式的现代化要求，新增加的一项立法目的。[③] 社会主义核心价值观是中国特色

---

① 王利明主编:《中华人民共和国民法总则详解》，中国法制出版社 2017 年版，第 3 页。

② 张鸣起主编:《民法总则专题讲义》，法律出版社 2019 年版，第 12 页。

③ 杜万华主编:《中华人民共和国民法总则实务指南》，中国法制出版社 2017 年版，第 4 页。

社会主义核心价值的总结和表达，包括富强、民主、文明、和谐、自由、平等、公正、法治、爱国、敬业、诚信、友善，既是一种道德价值，也是一种法律价值。法律是最低的道德，道德是法律的内核。①

《民法典》总则编对社会主义核心价值观的弘扬，主要表现在以下几个方面：一是民法确认了平等原则，强化了财产权的平等保护。二是民法确认了自愿原则，突出了“法无禁止皆自由”。三是民法确认了诚实信用原则，倡导秉持诚实、恪守承诺。四是民法确认了公序良俗原则，禁止滥用私权。五是民法确认了公平原则，避免民事主体之间权利义务失衡。简而言之，民法通过其基本原则、具体制度和规则的构建，为弘扬社会主义核心价值观发挥了重要作用。

人民法院作为国家审判机关，担负着执法办案、定分止争、惩恶扬善、维护正义的重要使命。因此说，社会主义核心价值观是司法裁量的价值指引。人民法院通过审判执行工作，弘扬社会主义核心价值观，促进人的自由全面发展，促进社会文明进步，维护社会公平正义，可以说是责任重大，使命光荣。

三、《民法典》的立法依据

《民法典》第一条“开门见山”地规定了其制定依据，“根据宪法，制定本法”。“我国宪法确定了保障公民人身权利和财产权利的原则。宪法的精神和原则必须在民事法律中予以体现和落实。通过编纂民法典，健全民事法律秩序，加强对民事主体合法权益的保护，更好地维护人民群众的切身利益。”②

宪法是我国的根本大法，也是制定民法典的基础和依据。一是彰显宪法的根本法地位，维护法律体系和谐统一。《宪法》第五条第三款规定：一切法律、行政法规和地方法规都不得同宪法相抵触。因此说，民法典的制定必须符合宪法的原则和精神。二是民法是宪法民事权利的私法化。宪法在我国不

---

① 杜万华主编：《中华人民共和国院民法总则实务指南》，中国法制出版社2017年版，第4页。

② 李建国副委员长于2017年3月8日所作的《关于〈中华人民共和国民法总则〉（草案）的说明》。

能司法化，如被称为中国“宪法司法化”第一案的齐某苓受教育权案[①]，备受质疑，因此宪法不能直接成为民法的渊源，宪法规定的公民的基本权利应当予以民法化，转化为民事权利而得以存在、实现和保护。[②]宪法规定的人身权利和财产权利，将对应民法中民事权利的整体体系，既是民事权利的宪政基础，也是民事权利得以不断扩张、创新和完善的法理依据。

值得注意的是，《民法典》的立法目的和立法依据不属于民事行为规范，也不属于裁判规范，在司法实践中不得作为裁判的依据。当然，在司法实践中也不得直接依据宪法裁判个案，因为宪法不能司法化。

四、《民法典》的调整对象

《民法典》第二条规定：“民法调整平等主体的自然人、法人和非法人组织之间的人身关系和财产关系。”该条源于《民法通则》第二条：“中华人民共和国民法调整平等主体的公民之间、法人之间、公民和法人之间的财产关系和人身关系。”相比较而言，有三点变化：一是“人身关系”与“财产关系”的顺序置换，突出了人身权利的重要性。二是民事主体由“二元”到“三元”的变化，即“公民、法人”到“自然人、法人、非法人组织”。三是用“自然人”替换了“公民”。自然人是指基于出生这一自然状态而作为民事主体的人。公民是指具有一国国籍，并根据该国宪法和法律规定享有权利和承担义务的人。自然人中既包括了我国公民，也包括外国人和无国籍人。

（一）平等主体之间的人身关系

平等主体之间的人身关系，是指平等主体之间与人身不可分离而无直接财产内容的社会关系。民法调整的人身关系，就是人格关系和身份关系，这两类法律关系在民法上分别表现为人格权和身份权。民法调整人身关系，突

① 最高人民法院的批示回复：“经研究，我们认为，根据本案事实，陈某琪等以侵犯姓名权的方式侵犯了齐某玲根据宪法规定所享有的受教育的基本权利，并造成了具体的损害后果，应承担相应的民事责任。”山东省高级人民法院据此判决，被告陈某琪及其父亲陈某政赔偿原告齐某苓因受教育权被侵犯而蒙受的直接与间接损失，其他被告负连带责任。

② 参见杜万华主编：《中华人民共和国民法总则实务指南》，中国法制出版社 2017 年版，第 5 页。

出对人格利益和身份利益的保护，体现人的尊严，体现人格平等和人格自由。

民法调整的人身关系包括两类：一是基于民事主体人格产生的人身关系，主要是自然人、法人、非法人组织的人格权，包括自然人的生命权、身体权、健康权、姓名权、肖像权、名誉权、荣誉权、隐私权、婚姻自主权等权利，以及法人、非法人组织的名称权、名誉权、荣誉权等权利。二是基于民事主体一定身份产生的人身关系，包括自然人基于身份关系产生的亲权，包括夫妻之间、父母子女之间、有扶养关系的祖父母与孙子女或外祖父母与外孙子女之间依法相互享有的身份权，以及因监护关系产生的监护权等，还包括民事主体基于知识产权获得的权利，如基于著作、专利、商标而享有的人身权。

（二）平等主体之间的财产关系

财产关系，是以财产为客体而发生的社会关系，是指平等主体在物的生产、分配、交换和使用过程中形成的以财产为内容的社会关系。在民法上财产关系主要表现为两种，一是财产所有关系，二是财产流转关系。财产所有关系是民事主体在占有、使用、收益和处分财产的过程中发生的社会关系。财产的归属关系，体现的是财产归谁所有的静的财产关系。财产流转关系是民事主体之间转移占有财产的社会关系，是动的财产关系。民法调整财产所有关系的目的在于维护财产的归属秩序，以保护财产的静的安全；调整财产的流转关系的目的在于维护财产的交易安全和秩序，以保护财产的动的安全。以所有权为核心的物权制度和以合同为核心的债权制度，是民事财产制度的核心，是市场经济的两大法律基石。①

民法调整的财产关系，充分体现了民事主体的意思自治，法律尽量不予干涉。民法调整的人身关系，体现了法律对民事主体的意思自治进行了严格的限制，如法律对结婚、离婚、抚养、收养、监护等进行了比较严格的限制。财产关系遭受侵害时一般适用损害赔偿等财产性救济方法来解决；人身关系遭受侵害时一般适用非财产性救济方法来解决。

---

① 参见杜万华主编：《中华人民共和国民法总则实务指南》，中国法制出版社2017年版，第9页。

五、《民法典》的法律效力

所谓法律效力，通常有广义和狭义两种理解。从广义上说，法律效力是泛指法律的约束力。不论是规范性法律文件还是非规范性法律文件，对人们的行为都产生法律上的约束作用。狭义上的法律效力，是指法律具体生效的范围，即法律对什么人、在什么地方和在什么时间适用的效力。《民法典》的法律效力，即指狭义的法律效力。民法的法律效力包括主体效力、空间效力和时间效力。民法的主体效力，是指民法适用的主体范围。民事主体包括自然人、法人、非法人组织。民法的空间效力，是指民法的适用范围。民法的时间效力，是指民法发生法律效力的时间以及是否具有溯及力。

1.《民法典》的主体效力。依据《民法典》第十二条的规定，凡在我国领域内发生的民事活动，不分主体，都适用我国民事法律。在民事主体中，自然人当然包括外国的自然人、无国籍的人，法人和非法人组织当然也包括外国的法人或者非法人组织。因此说，《民法典》对人的效力，系同时采用"属人主义"和"属地主义"两项原则。按照"属人主义"原则，凡是有我国国籍的自然人、法人和非法人组织，原则上均应适用我国法律。按照"属地主义"原则，凡在我国领域内从事民事活动的自然人、法人和非法人组织，无论是否具有我国国籍，均应适用我国法律。

2.《民法典》的空间效力。依据《民法典》第十二条的规定，民法适用于"中华人民共和国领域内"的民事活动，但"法律另有规定的，依照其规定"，是对《民法通则》第八条的继承和完善。这里的"法律另有规定"指的主要是现行《涉外民事关系法律适用法》，还包括一些民事特别法，如《票据法》《海商法》《民用航空法》等商事领域法律以及知识产权领域法律中涉外民事关系法律适用的零散规定。①

3.《民法典》的时间效力，即《民法典》何时生效的效力。根据《民法典》第一千二百六十条"本法自 2021 年 1 月 1 日起施行"之规定，《民法典》是从 2021 年 1 月 1 日起发生法律效力，于 2017 年 10 月起施行的《民法总则》同时废止。

---

① 王利明主编:《中华人民共和国民法总则详解》，中国法制出版社 2017 年版，第 65 页。

“法不溯及既往”是法治社会的一个基本原则，也是法治社会的一个标志，中外概莫能外。[①]《民法典》原则上不具有溯及力，具体表现在：一是《民法典》施行前发生的法律事实适用当时的法律，不适用《民法典》；二是某一法律事实发生在《民法典》施行前，但其行为延续至《民法典》施行后的，适用《民法典》的规定；三是《民法典》施行后发生的法律事实，当然适用《民法典》的规定。

当然，任何事情有原则就有例外，《民法典》的法律溯及力亦如此。对此，要注意有例外的情形，如虽然法律事实发生在《民法典》施行前，但当时的法律对此没有规定而《民法典》有规定的，例如，对于虚伪意思表示、第三人实施欺诈行为，《合同法》均无规定，发生纠纷后，基于“法官不得拒绝裁判”规则，可以将《民法典》相关规定作为裁判依据。又如，《民法典》施行前成立的合同，根据当时的法律应当认定无效，而根据《民法典》应当认定有效或者可撤销的，应当适用《民法典》的规定。在《民法典》无溯及力的场合，人民法院应当依据法律事实发生时的法律进行裁判，但如果法律事实发生时的法律虽有规定，但内容不具体、不明确的，如关于无权代理在被代理人不予追认时的法律后果，《民法通则》和《合同法》均规定由行为人承担民事责任，但对民事责任的性质和方式没有规定，而《民法典》对此有明确且详细的规定，人民法院在审理案件时，就可以在裁判文书的说理部分将《民法典》规定的内容作为解释法律事实发生时法律规定的参考。

六、对案例 1、案例 2 的简要评析

案例 1 属于生命权纠纷，应当适用《侵权责任法》相关规定。《侵权责任法》第六条第一款规定：“行为人因过错侵害他人民事权益，应当承担侵权责任。”[②]因此，确定杨某应否承担侵权责任，关键是要分析杨某对老汉在电梯间吸烟进行劝阻与老汉死亡的事实之间是否有因果关系，杨某是否存在

---

① 最高人民法院民事审判第二庭编著：《〈全国法院民商事审判工作会议纪要〉理解与适用》，人民法院出版社 2019 年版，第 107 页。

② 现为《民法典》第一千一百六十五条第一款规定：“行为人因过错侵害他人民事权益造成损害的，应当承担侵权责任。”

过错。首先，杨某劝阻老汉吸烟的行为未超出必要限度，属于正当劝阻行为。在劝阻老汉吸烟的过程中，杨某保持理性，平和劝阻，双方之间也没有发生肢体冲突和拉扯行为，本案中也没有证据证明杨某对老汉进行过呵斥或有其他不当行为。其次，杨某劝阻老汉吸烟的行为本身不会造成老汉死亡的结果。老汉自身患有心脏疾病，在未能控制自身情绪的情况下，心脏疾病发作不幸死亡。虽然从时间上看，杨某劝阻老汉吸烟的行为与老汉死亡的后果是先后发生的，但两者之间并不存在法律上的因果关系。最后，杨某没有侵害老汉生命权的故意或过失。杨某对老汉的身体情况并不知情，其劝阻老汉吸烟是履行公民应尽的社会责任，不存在加害的故意，而且杨某在得知老汉突发心脏疾病后，及时发挥专业技能对其积极施救。杨某对老汉的死亡无法预见，也不存在疏忽或懈怠，没有过错。因此，杨某对老汉在电梯间吸烟予以劝阻的行为与老汉死亡的结果不存在法律上的因果关系，杨某不存在过错，不应承担侵权责任。同时，每一起社会公众高度关注的热点案件，都是一堂全民共享的法治公开课，本案的启示是，遵守法律法规和社会公序良俗，是每个公民的义务，维护社会公共秩序和社会公共利益，是每个公民的责任，对这种合法正当行为，人民法院依法予以支持和保护，司法审判永远是社会正能量的守护者。正如最高人民法院院长周强在 2018 年全国人大代表大会上的工作报告中指出："让维护法律和公共利益的行为受到鼓励，让见义勇为者敢为，以公正判决树立行为准则，引领社会风尚。"

案例 2 涉及平等民事主体自然人之间的健康权纠纷。刘乙基于同乡亲朋之谊，宴请从老家桐柏到广州务工的刘甲、阮某二人，席间备酒，符合善良风俗。酒后四人步行至休息处，刘甲自主上二楼房间休息，无明显醉酒状态。刘甲的房间入户门为自制铁门，窗户为三扇钢窗，设有内开的扁铁防护栅，窗台距室内地面高约 90cm，室内有卫生间一处，刘甲未能提供证据证明刘乙提供休息的该房间存在安全隐患。因此，被告刘乙等人已经尽到了正常的共同饮酒人应尽的照顾义务，对刘甲的损害不存在过错，应当推定是刘甲自身行为造成的，自担风险，刘乙不应承担民事赔偿责任。本案的裁判同样弘扬了社会主义核心价值观，倡导了乡邻之间的友善，传递了正能量。该案的裁判无疑是正确的。

第二节　民法的基本原则

一、问题的提出

民法的基本原则是民法的主旨和基本准则。[①] 民法的基本原则是民事立法、解释和适用民事法律以及民事法律行为的基本准则，是体现民法精神，指导民事立法、民事司法实务和从事民事活动的精神和价值判断的基本原则。[②] 王轶教授认为，民法的基本原则是民事立法的准则，是民事主体进行民事活动的基本准则，是裁判者对民事法律、法规进行解释的基本依据。[③] 由此，民法的基本原则的重要性可见一斑。

在研究民法的基本原则之前，先看几则案例：

案例 3：刘某诉移动徐州分公司电信服务合同纠纷案[④]

2009 年 11 月 24 日，原告刘某在被告移动徐州分公司申请办理“神州行标准卡”，手机号码为 1590520××××，付费方式为预付费。原告当场预付话费 50 元，并参与移动徐州分公司充 50 元送 50 元的活动。双方约定在下列情况下，乙方（被告）有权暂停或限制甲方（原告）的移动通信服务，由此给甲方造成的损失，乙方不承担责任：（1）甲方银行账户被查封、冻结或余额不足等非乙方原因造成的结算时扣划不成功的；（2）甲方预付费使用完

---

① 王利明：《民法总则研究》（第三版），中国人民大学出版社 2018 年版，第 88 页。

② 邹海林：《民法总则》，法律出版社 2018 年版，第 33 页。

③ 王轶：《民法的基本原则》，载张鸣起主编：《民法总则专题讲义》，法律出版社 2019 年版，第 37~38 页。

④ 详见最高人民法院指导案例 64 号。该案的裁判要点：1. 经营者在格式合同中未明确规定对某项商品或服务的限制条件，且未能证明在订立合同时已将该限制条件明确告知消费者并获得消费者同意的，该限制条件对消费者不产生效力。2. 电信服务企业在订立合同时未向消费者告知某项服务设定了有效期限限制，在合同履行中又以该项服务超过有效期限为由限制或停止对消费者服务的，构成违约，应当承担违约责任。

毕而未及时补交款项的。

2010 年 7 月 5 日，原告通过银联卡网上充值 50 元。2010 年 11 月 7 日，原告在使用该手机号码时发现已被停机，经查得知被告于 2010 年 10 月 23 日因话费有效期到期而暂停移动通信服务，此时账户余额为 11.70 元。原告认为被告单方终止服务构成合同违约，遂诉至法院。

徐州市泉山区人民法院于 2011 年 6 月 16 日作出（2011）泉商初字第 240 号民事判决：被告移动徐州分公司于本判决生效之日起 10 日内取消对原告刘某的手机号码为 1590520×××× 的话费有效期的限制，恢复该号码的移动通信服务。一审宣判后，被告提出上诉，二审期间申请撤回上诉，一审判决已发生法律效力。

案例 4：北京某集团总医院申请执行陈某春医疗服务合同纠纷案①

2011 年 8 月 29 日，被告陈某春因交通事故受伤进入原告北京某集团总医院住院治疗，于次月 22 日出院。10 月 11 日，被告陈某春因“左下肢肿痛一周”入住原告骨科病房，入院初步诊断为：“左下肢深静脉血栓形成 DYT、左膝关节镜术后。”经治疗后检查，被告陈某春左下肢深静脉血检部分血管再通，关节活动度伸直 0 度，屈曲达 90 度。自 2012 年 3 月 25 日至 7 月 18 日，原告北京某集团总医院先后 20 余次通知其出院，但被告陈某春拒绝出院。自 2012 年 7 月 18 日，原告北京某集团总医院为被告陈某春办理了出院手续，且自该日起未再对被告陈某春进行住院治疗。

法院认为，被告陈某春的行为严重干扰了北京某集团总医院正常医疗秩序，侵害了原告北京某集团总医院的合法权益，影响了其他公民公平地享受医疗服务的权利，并于 2014 年 12 月 10 日作出判决，判决陈某春于本判决生效之日起 7 日内将床位腾退给原告北京某集团总医院。

但陈某春未自动履行生效判决，北京某集团总医院申请强制执行。执行期间，执行法官先后 6 次到医院做陈某春自动履行的思想工作，但其始终不予配合，其妻扬言闹事、拍照录音。鉴于陈某春拒不履行法律义务，法院于

① 详见最高人民法院于 2016 年 8 月 22 日发布的《最高人民法院关于弘扬社会主义核心价值观典型案例》。

2015年2月10日组织强制执行，将陈某春搬离病床，妥善安排至其居所，并对在执行现场妨碍法院执行的两名案外人采取司法拘留措施，确保这起案件顺利执行完毕。

案例5：某小区业主委员会诉邓某物业服务合同纠纷案①

2008年4月23日，某小区业主委员会成立，并在所在地镇政府进行备案。2011年6月21日，该小区新一届业主委员会经选举产生，并在所在地镇政府备案。2011年，该小区业主委员会开始对小区自行管理，同年制定了自治管理办法，明确了自治管理的范围、内容及收费标准等。邓某系该小区业主，其没有按照业主委员会确定的收费标准及收费时间交纳物业服务费用。该小区业主委员会遂将邓某起诉至法院，要求其交纳拖欠的物业服务费用。

生效裁判认为：业主可以自行管理建筑物及其附属设施，也可以委托物业服务企业或者其他管理人管理。由此可见，法律赋予业主对所居住的小区的物业管理予以选择的权利，业主有权对所居住小区进行自治管理。本案中，原告某小区业主委员会受业主大会的委托负责该小区的物业服务，并制定了自治管理办法，其与业主之间形成了物业服务法律关系。作为小区业主，被告在接受了相应的物业服务后应该按时交纳物业服务费用。法院于2012年10月24日作出判决：被告邓某给付原告某小区业主委员会物业服务费120元。

案例6：贵阳市生态环境局诉某某铝业公司、阮某某、田某某生态环境损害赔偿纠纷案②

贵阳市生态环境局诉称：2017年以来，某某铝业公司、田某某、阮某某将生产过程中产生的电解铝固体废物运输至贵阳市花溪区董家堰村塘边寨旁进行倾倒，现场未采取防雨防渗措施，2018年4月10日，又进行非法填埋。

① 详见最高人民法院于2016年8月22日发布的《最高人民法院关于弘扬社会主义核心价值观典型案例》。

② 详见最高人民法院于2019年6月5日发布的《人民法院保障生态环境损害赔偿制度改革典型案例》。

事发后环保部门委托有关部门检测发现，送检样品中含有大量的水溶性氟化物，极易对土壤、地下水造成严重污染，该批固体废物为疑似危险废物。经委托环境损害鉴定评估显示，该生态环境损害行为所产生的危险废物处置费用、场地生态修复等各项费用合计 413.78 万元。

案件审理过程中，在法院多次主持调解下，当事人自愿达成调解协议。主要内容包括：一、涉及边寨违法倾倒场地的危险废物处置费用、场地生态修复等费用由三被告承担。二、由赔偿权利人的代表贵阳市生态环境局于 2019 年 6 月 1 日前牵头组织启动案涉被污染地块后期修复及监测等工作。三被告按协议约定支付相应款项后，应于支付之日起 10 日内将相关单据提供给法院。法院对调解协议进行公告，公告期内未收到异议。贵阳市中级人民法院经审查后依法制作民事调解书并送达各方当事人。现某某铝业公司、阮某某、田某某已按调解书内容履行了支付义务。

在上述案例中，案例 3 涉及民法中的公平原则，案例 4 涉及民法中的公序良俗原则，案例 5 涉及民法中的诚实信用原则，案例 6 涉及民法中的绿色原则。《民法典》第三条到第九条分别规定了合法权益受法律保护原则、平等原则、意思自治原则、公平原则、诚实信用原则、公序良俗原则、绿色原则，这些原则构成了民法基本原则完整的整体。民事主体在民事活动中如何遵循民法的基本原则，裁判者在冲突的价值取向中如何充分解释适用民法的基本原则，颇值得研究。

二、民法的基本原则之一——合法权益受法律保护原则

《民法典》第三条规定：民事主体的人身权利、财产权利以及其他合法权益受法律保护，任何组织或者个人不得侵犯。该条源自于《民法通则》第五条“公民、法人的合法的民事权益受法律保护，任何组织和个人不得侵犯”的规定。该条以“民事主体”代替“公民、法人”，从而将“非法人组织”包括在内，同时以“人身权利、财产权利以及其他合法权益”代替“民事权益”。

民法在性质上属于权利法，奉行权利本位。[①] 近代民法思想有私权神圣

---

① 陈甦主编：《民法总则评注》（上册），法律出版社 2017 年版，第 21 页。

原则，虽现代以来受到修正，但仍然是民法的基本骨架。[①] 因此，民事权益受法律保护，我国法律历来均有明文规定。[②]《民法典》第三条的内涵包括：一是民法主要保护人身、财产等权益，主要是私权，而不是劳动权、受教育权等公法上的权利。二是民法不仅保护权利，而且保护利益。三是任何合法权益都受法律保护，任何组织和个人都不得非法侵害，也不得非法干预权利人行使权利。四是当民事权益受到侵害时，既可以公力救济，也可以私力救济。公力救济主要是通过民事诉讼或者仲裁方式实现，私力救济主要是通过自助行为、正当防卫、紧急避险等方式实现。

特别值得注意的是，我们利用合法权益受法律保护原则协助裁判并产生判决时，该原则并非我们的裁判依据。在法律解释中，裁判依据是被解释的法条；在漏洞补充中，裁判依据是经补充产生的新规则。合法权益受法律保护原则只是协助我们在疑难案件中寻找司法三段论大前提的工具，并不是三段论大前提本身。[③] 同时，民法的基本原则，人民法院在裁判时一般不应直接援引。

三、民法的基本原则之二——平等原则

平等原则，是指民事主体在法律地位上是平等的，其合法权益应当受到法律的平等保护。《民法典》第四条规定："民事主体在民事活动中的法律地位一律平等。"平等原则源于《民法通则》中第三条所确定的"当事人在民事活动中的地位平等"的基本原则，在《合同法》第三条又特意强调了"一方不得将自己的意志强加给另一方"，更突出了平等原则。平等原则是我国民法首要的核心的原则，反映了民事法律关系的本质特征。

---

① 参见梁慧星：《民法总论》，法律出版社 2011 年版，第 4 页。

② 《宪法》第十三条规定：公民的合法的私有财产不受侵犯。国家依照法律规定保护公民的私有财产和继承权。《物权法》第四条规定：国家、集体、私人的物权和其他权利人的物权受法律保护，任何单位和个人不得侵犯。《合同法》第八条第二款规定：依法成立的合同，受法律保护。《侵权责任法》第二条规定：侵害民事权益，应当依照本法承担侵权责任。本法所称民事权益，包括生命权、健康权、姓名权、名誉权、荣誉权、肖像权、隐私权、婚姻自主权、监护权、所有权、用益物权、担保物权、著作权、专利权、商标专用权、发现权、股权、继承权等人身、财产权益。

③ 参见陈甦主编：《民法总则评注》（上册），法律出版社 2017 年版，第 22 页。

平等原则是民事法律区别于其他部门法律的主要标志，是民法所调整的商品关系本质特征和基本要求的集中反映，也是市场经济的客观要求，而市场经济实质上就是商品经济，“商品是天生的平等派”，[①] 因此，民事主体在民事活动中需追求平等原则。平等原则在法国、德国、日本、瑞士等大多数国家的民法以及我国台湾地区“民法”中未有明文规定，学者称之为无须明文规定的公理性原则。[②] 需特别注意的是，平等原则所要求的平等，非指经济地位上的平等或经济实力的平等，而是“法律地位”的平等。此法律地位平等，是对民事活动当事人的基本要求，贯彻民事活动的始终。

平等原则首先体现为一项民事立法和民事司法的准则，即立法者和裁判者对于民事主体应平等对待。这是分配正义的要求，因为正义的核心语义是公平，即一视同仁，平等对待。[③] 平等原则还体现为一项民事主体进行民事活动的行为准则，即要求民事主体之间应平等相待，这是民法上平等原则的核心和灵魂。[④] 平等原则作为民法最基础和最根本的一项公理性原则，人民法院不得以该原则裁判民事纠纷，但可以发挥规范评价的积极作用。或者说，平等原则可作为法律解释的依据。

四、民法的基本原则之三——自愿原则

自愿原则，又称为私法自治原则或者意思自治原则，是指民事主体依照其自由意思为法律行为而享有权利和承担义务的原则。《民法典》第五条规定：“民事主体从事民事活动，应当遵循自愿原则，按照自己的意思设立、变更、终止民事法律关系。”该原则源于《民法通则》第四条规定：民事活动应当遵循自愿原则。2017 年《民法总则》第五条新增了“按照自己的意思设立、变更、终止民事法律关系”的表述，是对自愿原则的进一步阐释。

意思自治原则作为民法的基本原则，不仅应当在民法中得到确认，更应

---

① 马克思：《资本论》（第一卷），第 103 页。

② 马原主编：《中国民法教程》，中国政法大学出版社 1998 年版，第 32 页。

③ 王轶：《民法的基本原则》，载张鸣起主编：《民法总则专题讲义》，法律出版社 2019 年版，第 39 页。

④ 王轶：《民法的基本原则》，载张鸣起主编：《民法总则专题讲义》，法律出版社 2019 年版，第 41 页。

当成为民法最重要、最有代表性的原则。平等原则是意思自治原则的逻辑前提，意思自治原则的存在和实现，以平等原则的存在和实现为基础，只有在民事主体地位独立、平等的基础上，才能保障当事人从事民事活动的意志自由；交易领域中的公平原则是对意思自治原则的补充；诚实信用原则、公序良俗原则以及绿色原则是对意思自治原则的必要限制。因此说，意思自治原则是处于核心地位的民法基本原则。①

意思自治原则的核心是合同自由原则。《合同法》第四条规定了合同自由原则，即“当事人依法享有自愿订立合同的权利，任何单位和个人不得非法干预。”合同自由原则不仅是民法的基本原则，也是市场经济的基本原则。没有合同自由，就没有真正的民法和真正的市场经济。②合同自由原则是《合同法》的精髓和灵魂，反映了商品经济的运行规律。③合同自由原则亦是私法自治（意思自治）的核心部分，其实质是合同的成立以当事人的意思表示一致为必要，合同权利义务仅以当事人的意志而成立时，才具有合理性和法律上的效力。根据英国著名的契约法学者阿蒂亚的理论，契约自由的思想应当包括两方面的含义：首先，契约是当事人相互同意的结果；其次，契约是自由的选择。④

“绝对的自由就是不自由。”自愿原则应当受到限制：一是自愿原则是以民事主体平等和自由为前提。法律为保障各民事主体的意思自治，规定了诸多干预条款，以保障意思自治下的实质公平的实现。如《民法典》第一百二十八条规定：“法律对未成年人、老年人、残疾人、妇女、消费者等的民事权利保护有特别规定的，依照其规定。”相关法律对这些特殊民事主体都给予了特殊保护的规定。二是在所有权、知识产权等的支配使用处分中，法律明确规定了权利行使须以不违反法律禁止性规定、不损害公序良俗为条件。如《民法典》第一百三十二条规定：“民事主体不得滥用民事权利损害国家利益、社会公共利益或者他人合法权益。”《民法典》第一千零四十二条规

① 王轶：《民法的基本原则》，载张鸣起主编：《民法总则专题讲义》，法律出版社2019年版，第43页。

② 马原主编：《中国民法教程》，中国政法大学出版社1998年版，第32~33页。

③ 最高人民法院经济庭编著：《合同法释解与运用》，新华出版社1999年版，第21页。

④ 〔英〕阿蒂亚：《合同法概论》，程正康等译，法律出版社1982年版，第5页。

定："禁止包办、买卖婚姻和其他干涉婚姻自由的行为。禁止借婚姻索取财物。禁止重婚。禁止有配偶者与他人同居。禁止家庭暴力。禁止家庭成员间的虐待和遗弃。"三是在与他人之间设立民事权利义务关系时，应当遵循民法的基本原则，不得损害相对人的合法权益，不得损害国家利益、社会公共利益、他人利益，不得违反公序良俗。

五、民法的基本原则之四——公平原则

"法律是善良公平之术。"公平正义是法律的核心价值，民法必须以追求和实现公平正义为己任，因此说，公平是民法天然的基本价值。[①] 所谓公平原则，又称为公平正义原则，是指民事主体应根据社会公认的公平观念进行民事活动，设定民事权利和义务。《民法典》第六条规定："民事主体从事民事活动，应当遵循公平原则，合理确定各方的权利和义务。"公平原则来源于《民法通则》第四条规定：民事活动应当遵循公平原则。在民事领域，公平原则主要适用于合同关系。《合同法》第五条明确规定："当事人应当遵循公平原则确定各方的权利和义务。"现代民法设立公平原则的目的，在于市场交易的合同关系要求兼顾双方当事人的利益，并为诚实信用原则、情事变更原则和显失公平规则树立判断基准。[②]

公平既是一种道德情操，又是法律追求的最高价值目标。作为道德情操，公平要求人于利益不自取太多，而与人过少，于损害亦不自取过少，而与人太多。作为法律追求的最高价值目标，要求立法和司法都必须符合公平、正义的要求。民法调整平等民事主体间的权利义务关系，自然应当把公平作为它的一项基本原则。因此，公平原则包括两层含义：一是立法者和裁判者在民事立法和司法的过程中应维持民事主体之间的利益均衡；二是民事主体之间依据公平理念从事民事活动，以维持民事主体之间的利益均衡。

需要注意的是，《民法典》总则编中没有再采用过去的等价有偿原则，而以公平原则代之，是因为等价有偿原则是商品交换的规律，其并不一定在

① 杜万华主编：《中华人民共和国民法总则实务指南》，中国法制出版社2017年版，第24页。

② 参见梁慧星：《民法总论》，法律出版社1996年版，第43页。

每一次具体的商品交换过程中均充分表现出来。每一次具体的商品交换是以商品的价格作为表现形式的，但价格有时并不一定是商品的真正价值。只有在长期的商品交换中，在价格围绕着价值上下波动的长期运动中，才能够表现出等价有偿的规律。同时，由于合同的种类繁多，有些合同并不体现有偿特点（如赠与合同、借用合同等），以公平原则取代等价有偿原则，更有现实意义。

六、民法的基本原则之五——诚实信用原则

所谓诚实信用原则，是指贯穿于民法始终的，在民事活动中维持民事主体利益及社会利益平衡的行为准则，也是司法机关应依据公平、正义精神，兼顾当事人主观状态和社会公平观念进行民事裁判的依据。《民法典》第七条规定："民事主体从事民事活动，应当遵循诚信原则，秉持诚实，恪守承诺。"该原则源于《民法通则》第四条规定：民事活动应当遵循诚实信用的原则。也源于《合同法》第六条的规定："当事人行使权利、履行义务应当遵循诚实信用原则。"

对诚实信用原则的理解主要有两种观点，即"语义说"和"一般条款说"。"语义说"认为：诚实信用原则要求民事主体在从事民事活动时应该诚实、守信用。[①] 而"一般条款说"认为：诚实信用原则性质上属于一般条款，其实质在于遇到立法所未预见的新情况、新问题时，法院可依诚实信用原则行使公平裁量权，直接调整当事人之间的权利义务关系[②]。因"语义说"有望文生义之嫌，且没有考究诚实信用之语源，故并未揭示诚实信用原则的本质内涵。现代学者们大都用"一般条款说"对诚实信用原则予以释义，笔者亦同。

诚实信用原则是合同法中的一项极为重要的原则。在大陆法系，诚实信用原则被奉为现代债权法中的最高指导原则，学者称之为"帝王规则"[③]。该原则起源于罗马法，在罗马法中称为"善意"原则，《法国民法典》第1134条规定了"契约应依善意履行之"，即诚实信用。德国民法称之为"诚实和

---

① 佟柔主编：《中国民法》，法律出版社1990年版，第27页。
② 马原主编：《中国民法教程》，中国政法大学出版社1998年版，第34页。
③ 王家福主编：《中国民法学·民法债权》，法律出版社1991年版，第391页。

信用”原则，日本民法称之为“信义诚实”原则。《瑞士民法典》中也规定了“任何人都必须诚实、信用地行使其权利并履行其义务”。我国《民法通则》第四条规定：民事活动应当遵循诚实信用的原则。诚实信用原则是我国民法的基本原则之一，其使用范围及于整个民事活动领域。凡一切民事主体，从事民事活动，均应遵循。

诚实信用原则兼有道德性规范与法律强制性规范的双重特点，不允许当事人以约定排除其适用。合同约定条款违背诚实信用原则，应为无效。当事人履行合同违背诚实信用原则，使对方受到损害的，应当承担损害赔偿责任。在民事诉讼中，即使当事人未主动援引诚实信用原则，人民法院应当依职权主动予以适用。诚实信用原则之所以被称为“帝王规则”，是因为它具有如下功能：一是确定行为规则。诚实信用原则的基本功能，就是确定诚实守信，以善意的方式行使权利和履行义务的行为规则。诚实信用原则以道德伦理规范作为标准，将道德伦理规范上升为一般抽象的法律规范。二是平衡利益冲突。首先是平衡当事人之间的利益冲突。诚实信用原则在当事人于经济利益发生冲突和矛盾的时候，协调双方当事人的利益，作出平衡的选择。其次是平衡当事人利益与社会利益之间的冲突，要求当事人在从事民事活动时，要充分尊重他人和社会的利益，不得滥用权利，损害国家、集体和第三人的利益。三是解释法律和民事法律行为。诚实信用原则具有法律和民事法律行为的解释功能。它要求在法律与合同缺乏规定或者规定不明确的时候，司法人员应当根据诚信、公平的观念，准确解释法律和民事法律行为。

应当注意的是，诚实信用原则是将道德规范与法律规范合为一体的原则，具有道德调解和法律调解的双重功能，它主要是对人们内心信念的要求，因而其内涵、外延均具有不确定性，是未形成的法规，是白纸规定，是给法官的空白委任状。[①] 法官正是基于诚实信用原则而享有自由裁量权，在法无明文规定时依据公平的原则进行裁判，对现实中出现的各种新情况、新问题进行应付和处理。适用诚实信用原则的基本规范如下：一是一般不能以该原则修正具体规范。如在个案中，依诚实信用原则衡量的结果与适用具体规范的结果

① 蔡章麟：《债权契约与诚实信用原则》，载刁荣华主编：《中国法学论集》，汉林出版社 1971 年版，第 416 页。转引自《法学》1997 年第 4 期。

有差异时，应经适当的程序统一标准，以便做好诚实信用原则的类型化工作，防止法官滥用自由裁量权。二是应先以低层次的具体规范为出发点，如穷尽解释及类推适用之能事仍不能解决的，才能适用诚实信用原则做裁决依据。三是类推适用等漏洞补充方法应优先适用，以防止其他法律条款被“软化”。

七、民法的基本原则之六——公序良俗原则

所谓公序良俗原则，是指民事法律行为的内容及目的不得违反公共秩序和善良风俗。《民法典》第八条规定了公序良俗原则，即：“民事主体从事民事活动，不得违反法律，不得违背公序良俗。”这一原则的渊源是《民法通则》第七条规定的“民事活动应当尊重社会公德，不得损害社会公共利益”及第五十八条规定的“违反社会公共利益”的民事法律行为无效。公序良俗原则在《合同法》中的体现是该法第七条“当事人订立、履行合同，应当遵守法律、行政法规，尊重社会公德，不得扰乱社会经济秩序，损害社会公共利益”和第五十二条“损害社会公共利益”的合同无效的规定。公序良俗原则的核心功能在于发挥转介作用，将民法外的规范引入民法之中。公序良俗原则犹如一根双头虹管，一头插入法律价值层面，另一头插入社会伦理层面，具有克服成文法局限性的功能。①

《民法典》第八条“不得违反法律”的由来。“不得违反法律”曾沿用《民法通则》“必须遵守法律”，之所以修改为现在的条文，是因为在私法领域，人们享有充分的意思自治，各国民事立法皆遵循“法无禁止皆自由”的原则，《民法通则》要求民事行为依法进行，过分地限制了民事活动空间，违背了民法的基本精神，且民法多数规定属于任意性规定，民事主体是可以约定排除的。

公序良俗原则是现代民法一项重要的基本原则。在社会主义市场经济条件下，有维护国家利益、社会公共利益及一般道德观念的功能。因立法当时不可能预见一切损害国家利益、社会公共利益和道德秩序的行为而作出详尽的禁止性规定，故设立公序良俗原则以弥补禁止性规定的不足。公序良俗原则性质上为授权性规范，其目的在于，遇有损害国家利益、社会公共利益和

---

① 参见陈甦主编：《民法总则评注》（上册），法律出版社2017年版，第48页。

社会道德秩序的行为，而又缺乏相应禁止性法律规定时，人民法院可直接适用公序良俗原则而确认该行为无效。依学者通说，我国现行法所谓“社会公德”及“社会公共利益”，在性质和作用上与公序良俗原则相当，“社会公德”相当于“善良风俗”，“社会公共利益”相当于“公共秩序”。如全国人大常委会于 2014 年 11 月 1 日对《民法通则》第九十九条第一款和《婚姻法》第二十二条规定的姓名权解释如下：“公民依法享有姓名权。公民行使姓名权，还应当尊重社会公德，不得损害社会公共利益。公民原则上应当随父姓或者母姓。有下列情形之一的，可以在父姓和母姓之外选取姓氏：（一）选取其他直系长辈血亲的姓氏；（二）因由法定扶养人以外的人扶养而选取扶养人姓氏；（三）有不违反公序良俗的其他正当理由。少数民族公民的姓氏可以遵从本民族的文化传统和风俗习惯。”在这个立法解释中，社会公德、社会公共利益和公序良俗仍然不区分彼此。

当然，《民法典》第八条规定民事活动“不得违反法律”，明确规定了禁止权利滥用原则。所谓禁止权利滥用原则，是指一切民事权利的行使不得超过其正当界限，行使权利超过正当界限则构成权利滥用，应承担侵权责任。禁止权利滥用原则在现行法上的根据是我国《宪法》第五十一条规定：“中华人民共和国公民在行使自由和权利的时候，不得损害国家的、社会的、集体的利益和其他公民的合法的自由和权利。”因此，禁止权利滥用是我国宪法上的一项基本原则。禁止权利滥用是我国民法的一项基本原则，一切自然人、法人和非法人组织在行使民事权利时，均负有不得超过其正当界限即不得滥用其权利的义务。违反这一义务，即构成权利滥用，应承担损害赔偿责任。

禁止权利滥用原则与诚实信用原则联系紧密。从理论上讲，禁止权利滥用原则是诚实信用原则的当然内容，或者说是诚实信用原则的反面规范，即行使权利违背诚实信用原则的，就是权利滥用。在我国，为缩小诚实信用原则的内涵，增强直观性，便于人们理解掌握，《民法典》总则编将禁止权利滥用原则从诚实信用原则中独立出来，与诚实信用原则并列。

八、民法的基本原则之七——绿色原则

绿色原则，又称为人与自然和谐、可持续发展原则，是指民事主体从事民事活动，应当遵循节约资源，保护生态环境的原则。《民法典》第九条规定：

“民事主体从事民事活动，应当有利于节约资源、保护生态环境。”从民法基本原则的高度规定生态环境保护，是我国《民法总则》编纂中的一个创举。这种层级、内容的条款，在以前我国民法中尚未有过，属于创新。[①]

《民法总则》将绿色原则确立为基本原则，既传承了我国天地人和、人与自然和谐共生的优秀传统文化理念，又体现了党的十八大以来的新发展理念，与我国是人口大国，需要长期处理好人与资源生态的矛盾这样一个国情相适应。[②] 绿色原则首先要求在人与自然的关系上秉承一代人之内的分配正义，即代内正义；又要求在人与自然的关系上秉承各代人之间的分配正义，即代际正义；还要求在人与自然的关系上秉承人与其他物种之间的分配正义，即种际正义，是三重正义观的体现。[③] 绿色原则奠定了环境侵权行为民事责任的法理基础和立法根据。将绿色原则确立为我国民事基本原则，体现了鲜明的时代特征，适应了我国进入全面建成小康社会决胜阶段保护环境、维护生态平衡的要求，贯彻了党的十八大以来的新发展理念，有利于促进人与自然的和谐共处。

绿色原则的目的在于对民事主体施加“节约资源，保护生态环境”的社会责任，但“节约资源，保护生态环境”的社会责任从来都不应当是空泛的，而应当是具体的。除有关环境保护或者生态的法律规定的社会责任外，民法因其任意法的性质，缺乏民事主体在民事活动承担“节约资源，保护生态环境”的社会责任的条件或基础。因此，在司法实践中，绿色原则赋予了法官自由裁量权，应把该原则作为法律适用、法律解释、法律漏洞填补以及在利益冲突时的价值判断的标准和方法。

九、对案例 3、案例 4、案例 5、案例 6 的简要评析

在案例 3 中，涉及在合同领域如何准确运用民法中的公平原则问题。判断能否适用公平原则的主要依据，除了权利义务是否平衡，还需要考虑意思

---

① 陈甦主编：《民法总则评注》（上册），法律出版社 2017 年版，第 67 页。

② 李建国副委员长于 2017 年 3 月 8 日所作的《关于〈中华人民共和国民法总则〉（草案）的说明》。

③ 王轶：《民法的基本原则》，载张鸣起主编：《民法总则专题讲义》，法律出版社 2019 年版，第 51 页。

表示是否受到不合理的限制或者处于缔约磋商中的劣势。特别是格式合同案件中，一方当事人的意思表示实际上是受到拘束的，提供格式合同的一方往往处于强势地位，因此应当承担更多的义务。在本案中，知情权是电信用户在接受电信服务时的一项基本权利，用户在办理电信业务时，电信业务的经营者必须向其明确说明该电信业务的内容，包括业务功能、费用收取办法及交费时间、障碍申告等。如果用户在不知悉该电信业务的真实情况下进行消费，就会剥夺用户对电信业务的选择权，达不到真正追求的电信消费目的。依据《合同法》第三十九条第一款①的规定，采用格式条款订立合同的，提供格式条款的一方应当遵循公平原则确定当事人之间的权利和义务，并采取合理的方式提请对方注意免除或者限制其责任的条款，按照对方的要求，对该条款予以说明。电信业务的经营者作为提供电信服务合同格式条款的一方，应当遵循公平原则确定与电信用户的权利义务内容，权利义务的内容必须符合维护电信用户和电信业务经营者的合法权益、促进电信业的健康发展的立法目的，有效告知对方注意免除或者限制其责任的条款并向其释明。业务受理单、入网服务协议是电信服务合同的主要内容，确定了原告、被告双方的权利义务内容，入网服务协议第（四）项约定有权暂停或限制移动通信服务的情形，第（五）项约定有权解除协议、收回号码、终止提供服务的情形，均没有因有效期到期而中止、解除、终止合同的约定。而话费有效期限制直接影响到原告手机号码的正常使用，一旦有效期届满，将导致停机、号码被收回的后果，因此被告对此负有明确如实告知的义务，且在订立电信服务合同之前就应如实告知原告。如果在订立合同之前未告知，即使在缴费阶段告知，亦剥夺了当事人的选择权，有违公平和诚实信用原则。综上，本案被告既未在电信服务合同中约定有效期内容，亦未提供有效证据证实已将有效期限制明确告知原告，被告暂停服务、收回号码的行为构成违约，应当承担继续履行等违约责任，故对原告主张“取消被告对原告的话费有效期的限

---

① 现为《民法典》第四百九十六条第二款规定：“采用格式条款订立合同的，提供格式条款的一方应当遵循公平原则确定当事人之间的权利和义务，并采取合理的方式提示对方注意免除或者减轻其责任等与对方有重大利害关系的条款，按照对方的要求，对该条款予以说明。提供格式条款的一方未履行提示或者说明义务，致使对方没有注意或者理解与其有重大利害关系的条款的，对方可以主张该条款不成为合同的内容。”

制，继续履行合同”的诉讼请求依法予以支持。[①]

在案例4中，涉及公序良俗原则的判断问题。本案充分体现了执行工作的强制性，树立了法院的司法权威，弘扬了正确的社会价值导向。在近年来医患关系紧张的社会背景下，类似于本案的病人霸占病床、拒绝出院的现象并不罕见，已经成为“社会顽疾”。本案的典型意义就在于通过司法执行的途径，在法律途径下破解霸占医院病床的难题，为此类案件的执行提供了操作范本，倡导了在法治体系下解决矛盾纠纷的社会导向。在该案件的强制执行过程中，人民法院以维护生效法律文书的效力，维护当事人合法权益和社会公共利益为出发点，一方面勇于迎难而上，坚决执行，规范执行；另一方面积极做好风险防控和强制执行方案，确保案件执行的社会效果和法律效果。在执行过程中，用足、用好、用活强制执行措施，坚决依法采取罚款、拘留等强制措施，严厉打击抗拒执行、阻碍执行甚至暴力抗法的行为；通过邀请人大代表、政协委员、人民陪审员到场监督，邀请新闻媒体进行现场报道，增强法院执行工作的参与度和透明度，赢得公众的理解和社会舆论的支持。本案的顺利执行，也为积极构建社会各方力量参与的解决医患矛盾体系提供了契机和动力，对推进整个社会的法治意识具有积极的作用。[②]

在案例5中，涉及民事主体在从事民事活动中的诚实信用原则。本案中双方争议的焦点是业主委员会是否为本案的适格主体。近几年，由于传统物业公司与业主之间的矛盾激化，业主不满意物业公司的服务而不按时交纳物业管理费，物业公司收费率低，无法维持公司正常运营，最终撤出小区管理，或是业主不满物业公司的服务而将其“赶”出小区。这就造成小区无人管理的情况，为维护整洁、安全、和谐的小区环境，就出现了业主委员会自行管理小区的情况。目前，我国并没有一部专门的物业管理法律。在审理物业服务合同纠纷案件时，法院主要依据《物业管理条例》及物权法的相关规定。但这些法律法规对于类似业主委员会自管这种物业模式都没有明确的规定，类似案件在立案、审理、执行等各个环节都会遇到问题，也加大案件审理难

---

① 参见最高人民法院指导案例64号。

② 参见最高人民法院于2016年8月22日发布的《最高人民法院关于弘扬社会主义核心价值观典型案例》。

度。根据《物权法》第八十一条的规定，业主可以自行管理建筑物及其附属设施，也可以委托物业服务企业或者其他管理人管理。① 由此可见，法律赋予业主对所居住的小区的物业管理以选择的权利，业主有权对所居住小区进行自治管理。出于保护当事人合理诉求的考虑，同时业主委员会自管小区有利于营造舒适安全的环境，有利于维护小区和谐稳定，因此应对现阶段业主委员会自管模式中业主委员会的主体资格予以认定。②

在案例 6 中，涉及《民法总则》所倡导的绿色原则的问题。本案是由生态环境保护主管部门直接提起的生态环境损害赔偿诉讼案件。人民法院在审理过程中严格遵循以生态环境修复为中心的损害救济制度，多次主持调解，力促各方当事人在充分考虑受损生态环境修复的基础上达成调解，并在调解书中明确了被污染地块修复的牵头单位、启动时限等，确保生态环境修复工作得以有效开展。同时，人民法院考虑到生态环境修复的长期性，在调解书中明确将后期修复工作的实际情况纳入法院的监管范围，要求三被告及时向法院报送相关履行单据，最大限度保障生态修复目标的实现。③

第三节　民法的渊源

一、问题的提出

民法的渊源，是指民法的存在形式。从司法裁判角度理解民法的渊源，就是民事法官应当在何处寻找裁判依据。《民法典》第十条规定："处理民事纠纷，应当依照法律；法律没有规定的，可以适用习惯，但是不得违背公序良俗。"因此，法官在寻求法源时首先是法律，其次是习惯。

---

① 该条规定被《民法典》第二百八十四条第一款吸纳。

② 详见最高人民法院于 2016 年 8 月 22 日发布的《最高人民法院关于弘扬社会主义核心价值观典型案例》。

③ 详见最高人民法院于 2019 年 6 月 5 日发布的《人民法院保障生态环境损害赔偿制度改革典型案例》。

在研究民法的渊源之前，先看两则案例：

案例 7：西安奔驰女“哭诉维权”案

2019 年 2 月 25 日，西安投诉人某女士与西安利之星汽车有限公司签订了分期付款购买全新进口奔驰 CLS300 汽车购车合同；3 月 27 日，投诉人提车后因认为发动机存在问题与“利之星”4S 店自行协商退换车辆未果。此后，她多次与 4S 店沟通解决，却被告知无法退款也不能换车，只能按照“汽车三包政策”更换发动机，该女士被逼无奈，到店里维权。

2019 年 4 月 9 日，投诉人到“利之星”4S 店继续和店方协商，当晚要求与“利之星”4S 店签订退车退款书面协议；4 月 11 日，“奔驰女车主哭诉维权”的视频在网络上流传后，迅速引发舆论关注；4 月 13 日，梅赛德斯－奔驰官方发布声明表示，已派专门工作小组前往西安，将尽快与客户直接沟通。4 月 16 日，西安市场监管部门成立专案组调查“奔驰漏油事件”，同时税务机关进场因“金融服务费”对所有收据进行核实。5 月 27 日，西安市高新区市场监管部门通报西安利之星汽车有限公司涉嫌违法案件调查处理结果。随后西安利之星发表声明，接受处罚决定并诚恳致歉。

案例 8：李某与刘某餐饮服务合同纠纷案[①]

原告李某经营圣达大酒店，该酒店系个体经营户。2014 年 5 月 9 日，被告刘某在圣达大酒店为女儿办婚宴。婚宴当天被告共消费 29 桌，价格总计 15936 元。圣达大酒店在未通知被告的情况下，在被告办婚宴的当天在该酒店的另一个厅同时承办了 8 桌 3 周年白事酒席。

生效裁判认为：在本案中，圣达大酒店向被告提供了餐饮服务，被告应按照约定向圣达大酒店支付餐饮款共计 15936 元。圣达大酒店在合同履行过程中，在该酒店同时承办红白事宴席，违反了当地的风俗习惯，给反诉原告造成了一定的精神痛苦，综合本案实际，确定李某赔偿反诉原告刘某精神损害抚慰金 2000 元。

在上述案例中，案例 7 涉及民法的渊源——法律，案例 8 涉及民法的渊

---

① 详见河南省安阳市中级人民法院（2016）豫 05 民终 3864 号民事判决书。

源——习惯。那么，民法的渊源具体有哪些？各种渊源之间的适用次序如何？

二、民法的渊源——法律

对《民法典》第十条规定的“法律”，应作广义理解。2009年《最高人民法院关于裁判文书引用法律、法规等规范性法律文件的规定》第四条规定：“民事裁判文书应当引用法律、法律解释或者司法解释。对于应当适用的行政法规、地方性法规或者自治条例和单行条例，可以直接引用。”由此可见，一是明确了行政法规、地方性法规或者自治条例和单行条例可以作为民事案件裁判的法律依据。二是明确了人民法院引用行政法规、地方性法规或者自治条例和单行条例条文作为民事裁判的法律依据，前提条件是“应当适用”，即隐含了法官适用法律的审查和判断，但如何适用法律，人民法院应当结合案件情况，并根据有关法律规定进行。[①]

（一）宪法

《民法典》第十条强调“法律”是第一位的法源。值得讨论的问题是，此处的“法律”是否包括宪法？或者说，宪法能否成为民法的正式法律渊源？宪法是根本大法，是其他法律的基础，其他法律其实都是在不同程度上落实宪法所设定的要求，宪法显然不同于一般法律。因此，在通常语境下，“法律”一词并不包括宪法，故此经常有“宪法法律”的提法，将二者并列。这就是说，宪法不构成民法的形式渊源。那么，它能否成为民法的实质性渊源？近年来，这一问题引发了宪法学界和民法学界的极大关注和热烈讨论。《民法典》第一条明确规定“根据宪法，制定本法”。毫无疑问，“根据”一词表明，宪法是《民法典》的制定根据，是其合法性来源。因此，学者认为宪法是民法的重要渊源。[②]有学者认为，宪法条款只是对民法上概括条款的解释依据，不能直接成为民事案件的裁判依据，不是民法的渊源。[③]

---

① 吴兆祥：《〈关于裁判文书引用法律、法规等规范性法律文件的规定〉的理解与适用》，载《人民司法·应用》2009年第23期。

② 王利明主编：《中华人民共和国民法总则详解》，中国法制出版社2017年版，第51页。

③ 陈甦主编：《民法总则》（上册），法律出版社2017年版，第73页。

就此而言，尤其值得注意的是 2016 年 6 月最高人民法院发布的《人民法院民事裁判文书制作规范》。该规范的“（七）裁判依据”部分强调：“……（4）裁判文书不得引用宪法和各级人民法院关于审判工作的指导性文件、会议纪要、各审判业务庭的答复意见以及人民法院与有关部门联合下发的文件作为裁判依据，但其体现的原则和精神可以在说理部分予以阐述……”这就是说，民事裁判文书中不得引用宪法，但是，可以将宪法规范作为民事裁判说理的理由。从这样的理解来看，我国的最高司法机关似乎默许了“合宪性解释”的方法。也就是说，民事判决中不得直接援引宪法条文，但是，可以从宪法规范的条文和精神出发，来解释所具体适用的民事法律规范。这是否可以认为是一种宪法规范的“间接适用”方式？无疑，这在未来有待通过具体的指导性案例进一步观察，但是，宪法基本权利规范作为民事权利的解释和适用的实质性渊源，此种地位和功用不应受到质疑。

（二）法律

这里的“法律”是指狭义的法律，即仅指由全国人大代表大会及其常务委员会制定和颁布的立法文件。作为民法渊源的主要是民事法律，包括两个方面：一是民事基本法，如合同法、物权法、侵权责任法、婚姻法、收养法、继承法等以及知识产权法。二是商事特别法，如公司法、保险法、票据法、证券法等。这些法律都是民事法律的重要组成部分，也是裁判应当遵循的基本规则，法官可以直接援引这些法律裁判具体个案。

当然，公法中有许多涉及民事案件的裁判规范，如土地管理法、环境保护法、反不正当竞争法、建筑法、草原法、矿产资源法等。社会法中也涉及一些民事裁判规范，如社会保险法等。

（三）行政法规

国务院是最高国家行政机关，它可以根据宪法、法律和全国人大常委会的授权，制定、批准和发布法规、决定和命令，其中有关民事的法规、决定和命令，是民法的重要表现形式，其效力次于宪法和法律。如 2011 年 1 月 21 日国务院发布的《国有土地上房屋征收与补偿条例》是重要的民法的渊源，是处理相关民事案件的裁判规范和依据。

（四）司法解释与指导性案例

司法解释，是最高人民法院行使审判权的一个很重要的方面，是指导各级法院审判工作、保证法律实施的一种很重要的形式。司法解释是最高人民法院对在审判工作中如何具体运用法律法规所进行的解释。司法解释有“规定”“解释”“批复”“决定”四种形式。

在司法实践中还有大量的司法政策，它们属于准司法解释，人民法院在审判实践中是必须遵照执行的。在审判实践中，我们应当注意的是：一是要正确区分司法解释和司法政策，认清两者的不同性质和形式，不要把两者混为一谈。二是司法政策没有溯及力，不能依照新的司法政策来改变以前按照司法解释的规定终审的案件。三是在司法解释规定的溯及力范围内，保护双方当事人或者债权人的合法权益。这是由于：司法政策虽对审判工作具有重要指导和规范作用，但不是办案中强制适用的规范，在裁判文书中不得引用。司法政策的效力层次低于司法解释，它所依据的司法解释本身没有溯及力，处于从属地位的司法政策不能与司法解释相抵触。①

指导性案例的参照适用。我国虽不承认判例，但《最高人民法院关于案例指导工作的规定》（法发〔2010〕51 号）对指导性案例作出了规定。发布指导性案例的目的，首先是促进司法公正。指导性案例必须是一个公正的判决，是社会效果和法律效果有机统一的判决；必须是法官模仿的样板，是宣传法治的载体，是理论研究的对象。其次是它有解释法律，甚至在一定程度上弥补法律疏漏的作用。所以，探索推行案例指导制度，是要面对案件的多样性、复杂性而体现法律的统一性和司法行为的规范性，要让法律适用既有原则性，又有灵活性，更加适应个案的裁判，更有利于实现法律统一和维护司法公正。该规定赋予指导性案例以同类相似案件“参照”“同案同判”的司法效力。人民法院的法官在裁判类似案件的时候，“应当参照”指导性案例。如果事后作出的一个裁决违背了已经发布的指导性案例所适用的法律、司法解释、裁判规则和法律精神，是否应当撤销？二审法院是可以对这个违

---

① 参见最高人民法院民事审判第一庭编著：《最高人民法院婚姻法司法解释（三）理解与适用》，人民法院出版社 2011 年版，第 278~279 页。

背指导性案例的法律适用、司法解释、法律精神的裁决予以撤销的。在裁决书中，指导性案例可以作裁判说理用，在裁决理由部分论证，但又不同于普通法系的判例，不可以将指导性案例等同于法律条文或者正式的司法解释条文直接作为法律依据援引。①

最高人民法院2011年12月20日公布了《最高人民法院关于发布第一批指导性案例的通知》(法〔2011〕354号)，要求：各级人民法院对于指导性案例，要组织广大法官认真学习研究，深刻领会和正确把握指导性案例的精神实质和指导意义；要增强运用指导性案例的自觉性，以先进的司法理念、公平的裁判尺度、科学的裁判方法，严格参照指导性案例审理好类似案件，进一步提高办案质量和效率，确保案件裁判法律效果和社会效果的有机统一，保障社会和谐稳定。截至2020年3月3日，最高人民法院已经发布指导性案例132个，虽指导性案例的作用尚不凸显，但坚信前途会越来越光明。

(五)地方性法规

地方性法规是指地方各级人民代表大会、地方各级人民政府、民族自治区的自治机关，在宪法、法律规定的权限内所制定的、发布的决议、命令、法规、自治条例、单行条例等规范性法律文件。②地方性法规虽然在效力范围上具有从属性，且在适用范围上具有地域性，但它是地方国家权力机关依据宪法的授权而制定的法规，同样具有法的效力，其中调整民事关系的内容属于民法的渊源。

(六)国际条约和国际惯例

《民法典》第一百四十二条规定："涉外民事关系的法律适用，依照本章的规定确定。中华人民共和国缔结或者参加的国际条约同中华人民共和国的民事法律有不同规定的，适用国际条约的规定，但中华人民共和国声明保留

---

① 皋陶、曹守晔：《坚持能动司法理念，探索案例指导制度》，载《人民法院报》2010年12月29日。

② 王利明：《民法总则研究》(第三版)，中国人民大学出版社2018年版，第68页。

的条款除外。中华人民共和国法律和中华人民共和国缔结或者参加的国际条约没有规定的，可以适用国际惯例。”我国政府签署并经人大批准的国际公约或双边协定，具有与国内法等同的法律效力，也是法律重要的渊源之一。

三、民法的渊源——习惯

《民法典》第十条所说的“习惯”是指民事习惯，它的范围比合同法规定的交易习惯要宽，其主要是交易习惯，也包括其他民事习惯。[①]《合同法解释（二）》第七条规定：“下列情形，不违反法律、行政法规强制性规定的，人民法院可以认定为合同法所称‘交易习惯’：（一）在交易行为当地或者某一领域、某一行业通常采用并为交易对方订立合同时所知道或者应当知道的做法；（二）当事人双方经常使用的习惯做法。对于交易习惯，由提出主张的一方当事人承担举证责任。”因此，该条解释讲到交易习惯是待证事实，在诉讼当中应由主张交易习惯存在的一方承担举证责任。综观合同法，有 9 个条款规定了“交易习惯”，《婚姻法解释（二）》第十条[②]规定了“习俗”。民事立法中已经认可了习惯作为民法的渊源地位，《民法典》第十条进一步明确规定了习惯作为民法的渊源。

习惯要转化为习惯法，并成为裁判的依据，必须经过“合法性”判断，即《民法典》第十条规定的“法律没有规定的，可以适用习惯，但是不得违背公序良俗”。能够作为民法渊源的实际上是习惯法，“习惯”是人们日常生活中经过反复实践的交往规则。这些习惯能否被承认为习惯法，还需要区别对待。习惯法是指长期和恒定的获得特定群体内心确信的行为规则，且具有

---

① 梁慧星：《民法总则讲义》，法律出版社 2018 年版，第 26 页。

② 《婚姻法解释（二）》第十条：当事人请求返还按照习俗给付的彩礼的，如果查明属于以下情形，人民法院应当予以支持：（一）双方未办理结婚登记手续的；（二）双方办理结婚登记手续但确未共同生活的；（三）婚前给付并导致给付人生活困难的。适用前款第（二）、（三）项的规定，应当以双方离婚为条件。

《最高人民法院第八次全国法院民事商事审判工作会议纪要》第十条规定：婚姻法司法解释（二）第十条第一款第一项规定的“双方未办理结婚登记手续”是指男女双方既未办理结婚登记手续，也未共同生活。如果未婚男女双方确已共同生活但最终未能办理结婚登记手续，给付彩礼方请求返还彩礼，人民法院可以根据双方共同生活的时间、彩礼数额并结合当地风俗习惯等因素，确定是否返还以及返还的具体数额。

合法性的习惯。[①]

首先，习惯不违反法律的强制性规定。不论是作为具体裁判规范的习惯，还是用于填补法律漏洞的习惯，都应当与其他法律渊源之间保持一致性，而且其内容都不得违反法律的强制性规定。如有的地方的习惯是寡妇不得改嫁，该习惯属于“陋习”，与婚姻法所倡导的“婚姻自由”相违背，不能认可其效力。

其次，习惯不违反公序良俗。如绍兴市中级人民法院（2012）浙绍终字第950号民事判决书认为：按照民事法律适用原则。有法律依法律，无法律依民事习惯。虽祭奠权无法律明文规定，但仍应当按照民间的习惯进行保护。原告虽健在，但夫妻同穴安葬及生前为老人购置坟墓符合本地风俗习惯，故对原告购置双墓穴的诉请，予以支持。[②]

四、《民法典》与其他法律的适用关系

《民法典》与其他法律的适用关系，《民法典》第十一条作了明确规定：“其他法律对民事关系有特别规定的，依照其规定。”在司法实践中，应当注意下列问题：

（一）处理民事纠纷的法律适用原则

处理民事纠纷，应当遵循以下法律适用原则：一是处理民事纠纷，应当依照法律；法律没有规定的，可以适用习惯，但是不得违背公序良俗。民事关系十分复杂，对法律没有规定的事项，人民法院在一定条件下根据民间习惯或者商业惯例处理民事纠纷，有利于纠纷的解决。二是其他法律对民事关系有特别规定的，依照其规定。著作权法、专利法、保险法等民商事特别法既涉及民事法律关系，又涉及行政法律关系，还有一些涉及特殊商事规则，因此，民商事特别法有明确规定的，依照其规定。三是原则上适用我国国内法，适用国际法、国外法为例外，例外的法定条件是中国“法律另有规定的”，才可以“依照其规定”适用“中华人民共和国法律”以外的国际公约、国际

① 王利明主编：《中华人民共和国民法总则详解》，中国法制出版社2017年版，第56页。

② 梁慧星：《民法总则讲义》，法律出版社2018年版，第28页。

条例、国际习惯等国际法或者国外法。

（二）《民法典》总则编与民法通则的关系及其适用

根据《全国法院民商事审判工作会议纪要》第一条的规定：《民法通则》既规定了民法的一些基本制度和一般性规则，也规定了合同、所有权及其他财产权、知识产权、民事责任、涉外民事法律关系适用等具体内容。《民法典》总则编基本吸收了《民法通则》规定的基本制度和一般性规则，同时作了补充、完善和发展。《民法通则》规定的合同、所有权及其他财产权、民事责任等具体内容还需要在编撰民法典各分编时作进一步统筹，系统整合。因《民法典》施行后暂不废止《民法通则》，在此之前，《民法典》总则编与《民法通则》规定不一致的，根据新的规定优于旧的规定的法律适用规则，适用《民法典》总则编的规定。最高人民法院已依据 2017 年《民法总则》制定了关于诉讼时效问题的司法解释，而原依据《民法通则》制定的关于诉讼时效的司法解释，只要与《民法总则》不冲突，仍可适用。

（三）民法典与合同法的关系及其适用①

《民法典》施行后，《合同法》同时废止，因《民法典》施行前成立的合同发生的纠纷，原则上适用《合同法》的有关规定处理。因《民法典》施行后成立的合同发生纠纷，如果《合同法》“总则”对此的规定与《民法典》的规定不一致的，根据新的规定优于旧的规定的法律适用规则，适用《民法典》的规定。例如，关于欺诈、胁迫问题，根据《合同法》的规定，只有合同当事人之间存在欺诈、胁迫行为的，被欺诈、胁迫一方才享有撤销合同的权利，而依《民法典》的规定，第三人实施的欺诈、胁迫行为，被欺诈、胁迫一方也有撤销合同的权利。另外，《合同法》视欺诈、胁迫行为所损害利益的不同，对合同效力作出了不同规定：损害合同当事人利益的，属于可撤销或者可变更合同；损害国家利益则属于无效合同。《民法典》则未加以区分，规定一律按可撤销合同对待。再如，关于显失公平问题，《合同法》将显失公平与乘人之危作为两类不同的可撤销或者可变更合同事由，而《民法

① 参见《全国法院民商事审判工作会议纪要》第二条。

典》则将二者合并为一类可撤销合同事由。

在《民法典》施行前，如果《合同法》“分则”对此的规定不一致的，根据特别规定优于一般规定的法律适用规则，适用《合同法》“分则”的规定。例如，《民法典》仅规定显名代理，没有规定《合同法》第四百零二条的隐名代理和第四百零三条的间接代理，在《民法典》施行前，这两条规定应当继续适用。

（四）民法典与公司法的关系及其适用[①]

《民法典》与《公司法》的关系，是一般法与商事特别法的关系。《民法典》第三章“法人”第一节“一般规定”和第二节“营利法人”基本上是根据《公司法》的有关规定提炼的，二者的精神大体一致。因此，涉及《民法典》这一部分的内容，规定一致的，适用《民法典》或者《公司法》皆可；规定不一致的，根据《民法典》第十一条有关“其他法律对民事关系有特别规定的，依照其规定”的规定，原则上应当适用《公司法》的规定。

但是，应当注意也有例外情况，主要表现在两个方面：一是就同一事项，《民法典》制定时有意修正《公司法》有关条款的，应当适用《民法典》的规定。例如，《公司法》第三十二条第三款规定：“公司应当将股东的姓名或者名称向公司登记机关登记；登记事项发生变更的，应当办理变更登记。未经登记或者变更登记的，不得对抗第三人。”而《民法典》第六十五条的规定则把“不得对抗第三人”修正为“不得对抗善意相对人”。经查询有关立法理由，可以认为，此种情况应当适用《民法典》的规定。二是《民法典》在《公司法》规定基础上增加了新内容的，如《公司法》第二十二条第二款就公司决议的撤销问题进行了规定，《民法典》第八十五条在该条基础上增加规定：“……但是营利法人依据该决议与善意相对人形成的民事法律关系不受影响。”此时，也应当适用《民法典》的规定。

（五）司法解释、指导性案例的适用问题

从理论上讲法律渊源包括法律、习惯和法理。《民法典》并没有将“法理”

---

① 参见《全国法院民商事审判工作会议纪要》第三条。

规定为法律渊源，是因为还有司法解释、指导性案例。司法解释由最高人民法院作出并发布，具有法律效力，是人民法院在审判案件时可以引用作为裁判依据的规范性文件。指导性案例，最高人民法院赋予其以同类相似案件“参照”的司法效力。“参照”主要指参照指导性案例明确的裁判规则、阐释的法理、说明的事理，不同于适用法律、司法解释必须作为根据、依照，只要类似案件的裁判符合指导性案例的裁判要点，可以引用为说理的依据，也可以不在裁判文书中具体引用。如果当事人在诉讼中明确要求法院参照某个指导性案例，法官可以在裁判过程中或者在裁判文书的说理中作出回应并说明理由。

五、对案例 7、案例 8 的简要评析

在案例 7 中，我国《消费者权益保护法》第十八条明确规定，经营者应当保证其提供的商品或者服务符合保障人身、财产安全的要求。据调查和委托鉴定意见，西安利之星公司销售给某女士的轿车存在质量问题，虽然不存在主观故意，但仍然违反了法律规定，侵害了消费者的人身、财产安全权。受害人既可以依据《消费者权益保护法》维权，也可以依据《合同法》维权。该车主从理性沟通无果到无奈过激维权，该事件迅速成为舆论热点，说明此类维权事件并非个例，汽车 4S 店“店大欺客”属于社会痛点。全民围观式解决问题也非常态，法律应更好为消费者撑腰鼓劲，让“店大欺客”者付出代价，为消费者赢得应有的尊严。

在案例 8 中，李某经营的圣达大酒店当天中午同时承办了喜事婚宴和白事宴席，有违当地的风俗习惯，该习惯并不违反法律的强制性规定，但有违公序良俗，让承办喜宴的刘某心里不舒服，感到“晦气”。因此说，酒店有违风俗习惯的做法给刘某造成了心理上的伤害，带来了精神上的痛苦，法院酌定李某一方赔偿 2000 元，是适当的。原本没有纠纷的事，因酒店的不当行为而引发了一场诉讼。

第二章

民事主体——自然人

自然人从出生时起到死亡时止，具有民事权利能力，依法享有民事权利，承担民事义务。自然人是从事民事活动的重要民事主体。自然人从事民事活动需要具备民事权利能力和民事行为能力。自然人一出生就具有民事权利能力，但自然人将自己的民事权利能力变为现实，尚需要民事行为能力。民事行为能力是指自然人独立实施民事法律行为、行使民事权利和履行民事义务的资格。《民法通则》根据自然人年龄、智力、精神健康状况等方面的不同，将自然人的民事行为能力分为完全民事行为能力、限制民事行为能力和无民事行为能力。2017 年《民法总则》在《民法通则》的基础上，对自然人制度作了以下完善，《民法典》延续了这一制度：一是增加了保护胎儿利益的规定。《民法典》第十六条规定：涉及遗产继承、接受赠与等胎儿利益保护的，胎儿视为具有民事权利能力。但是胎儿娩出时为死体的，其民事权利能力自始不存在。自然人的民事权利能力始于出生，胎儿尚未出生，不能视为“自然人”，原则上不具有民事权利能力。但是为了保护胎儿的遗产继承、接受赠与等权利，有必要在对胎儿利益进行保护时，赋予胎儿一定的民事权利。当然，胎儿权利的行使，参照未成年人的监护制度。二是将限制民事行为能力的未成年人的年龄下限由《民法通则》的“十周岁”下调为“八周岁”。同时，作为成年人的无民事行为能力人或者限制民事行为能力人的认定是以“不能辨认自己行为”或者“不能完全辨认自己行为”为标准，改变了《民法通则》以“不能辨认自己行为的精神病人”或者“不能完全辨认自己行为的精神病人”为标准，《民法通则》是仅仅限制在精神病人方面，排除了其他情形的人群，如痴呆人。三是完善了监护制度。监护是保护无民事行为能力人或者限制民事行为能力人的合法权益，弥补其民事行为能力不足的法律制度。《民法典》以家庭监护为基础，社会监护为补充，国家监护为兜底，对监护制度作了完善。扩大被监护人范围，将智力障碍者以及因疾病等原因丧失或者部分丧失辨识认知能力的成年人也纳入被监护人范围，就是为了更好地应对人口老龄化问题，更好地维护老年人权益。同时，还完善了撤销监护，增设了临时监护等。通过对监护制度的完善，实现了对无民事行为能力或限制民事行为能力人全方位的保护。

第一节　自然人的民事权利能力

一、问题的提出

自然人是指具有生命的人类个体，是一个相对于法人的民法概念，是民事主体制度演化发展出法人这一重要类型后产生的民法概念，在法人这个法典编纂概念产生之前，自然人在民法典上被称作“人”。[①] 民事权利能力和民事行为能力是自然人参与到民事法律关系之中取得民事权利和履行民事义务的前提条件，是民法中的基础性概念，是民法主体制度中的两大支柱。[②]《民法典》第十三条规定：自然人从出生时起到死亡时止，具有民事权利能力，依法享有民事权利，承担民事义务。

在研究自然人的民事权利能力之前，先看两则案例：

案例 9：王某与南华村民委员会、南华村一社承包地征收补偿费用分配纠纷案[③]

王某之父王某甲系南华村一社村民，1999 年 5 月王某出生。2015 年 5 月 18 日，王某甲书写内容为“因一时疏忽，未给王某办理入户手续，现因上学及工作问题，特申请补办入户登记，在入户的同时，保证不参与南华一社分配”的保证书一份。2015 年 6 月 5 日，人口和计划生育委员会给派出所出具入户证明一份，证明王某甲计划外生育二孩王某，社会抚养费已全部征收。2015 年 8 月 17 日，派出所给王某办理了户口登记，登记在南华村一社。2017 年 3 月，南华村一社土地被政府征用，南华村一社社员每人先后四次共

---

① 陈甦主编:《民法总则评注》(上册)，法律出版社 2017 年版，第 86 页。

② 杨震:《自然人的民事权利能力与民事行为能力》，载张鸣起主编:《民法总则专题讲义》，法律出版社 2019 年版，第 74 页。

③ 详见甘肃省张掖市中级人民法院（2019）甘 07 民终 437 号民事判决书。

计获得土地补偿款157005元，王某未分配。

生效裁判认为：计划生育是我国的基本国策，王某系计划外超生子女，其父母违反了我国的计划生育政策毋庸置疑。但是，根据《民法总则》第十三条“自然人出生时起到死亡时止，具有民事权利能力，依法享有民事权利，承担民事义务”、第十四条“自然人的民事权利能力一律平等”的规定，自然人的民事权利在法律没有明确规定的前提下，任何组织和个人不能随意剥夺。依据《民法总则》第三十五条第一款“监护人应当按照最有利于被监护人的原则履行监护职责。监护人除为维护被监护人的利益外，不得处分被监护人的财产”的规定，王某甲通过保证书的形式不但处分了王某的财产权，而且涉及了王某的集体经济组织成员资格问题，作为集体经济组织成员的资格和待遇是特定的，不存在约定问题，它不因出具放弃保证而取消。因此，该保证书应属无效民事行为。综上，法院判决：南华村民委员会、南华村一社给付王某土地补偿款157005元，于判决生效后30日内付清。

案例10：李某、郭某阳诉郭某和、童某某继承纠纷案[①]

原告李某诉称：位于江苏省南京市某住宅小区的306室房屋，是其与被继承人郭某顺的夫妻共同财产。郭某顺因病死亡后，其儿子郭某阳出生。郭某顺的遗产，应当由妻子李某、儿子郭某阳与郭某顺的父母即被告郭某和、童某某等法定继承人共同继承。请求法院在析产继承时，考虑郭某和、童某某有自己的房产和退休工资，而李某无固定收入还要抚养幼子的情况，对李某和郭某阳给予照顾。

1998年3月3日，原告李某与郭某顺登记结婚。2002年，郭某顺以自己的名义购买了涉案建筑面积为45.08平方米的306室房屋，并办理了房屋产权登记。2004年1月30日，李某和郭某顺共同与南京军区南京总医院签订了人工授精协议书，对李某实施了人工授精，后李某怀孕。2004年4月，

① 详见最高人民法院指导案例50号。裁判要点：1. 夫妻关系存续期间，双方一致同意利用他人的精子进行人工授精并使女方受孕后，男方反悔，而女方坚持生出该子女的，不论该子女是否在夫妻关系存续期间出生，都应视为夫妻双方的婚生子女。2. 如果夫妻一方所订立的遗嘱中没有为胎儿保留遗产份额，因违反《继承法》第十九条规定，该部分遗嘱内容无效。分割遗产时，应当依照《继承法》第二十八条规定，为胎儿保留继承份额。

郭某顺因病住院，其在得知自己患了癌症后，向李某表示不要这个孩子，但李某不同意人工流产，坚持要生下孩子。5 月 20 日，郭某顺在医院立下自书遗嘱，在遗嘱中声明他不要人工授精生下的孩子，并将 306 室房屋赠与其父母郭某和、童某某。郭某顺于 5 月 23 日病故。李某于当年 10 月 22 日产下一子，取名郭某阳。原告李某无业，每月领取最低生活保障金，另有不固定的打工收入，并持有夫妻关系存续期间的共同存款 18705.4 元。被告郭某和、童某某系郭某顺的父母，居住在同一个住宅小区的 305 室，均有退休工资。2001 年 3 月，郭某顺为开店，曾向童某某借款 8500 元。司法评估机构对涉案 306 室房屋进行了评估，得出房产值为 19.3 万元。

法院于 2006 年 4 月 20 日作出一审判决：涉案的 306 室房屋归原告李某所有；李某于本判决生效之日起 30 日内，给付原告郭某阳 33442.4 元，该款由郭某阳的法定代理人李某保管；李某于本判决生效之日起 30 日内，给付被告郭某和 33442.4 元、给付被告童某某 41942.4 元。一审宣判后，双方当事人均未提出上诉，判决已发生法律效力。

在上述案例中，案例 9 涉及自然人的民事权利能力问题，案例 10 涉及胎儿利益保护问题。那么，自然人的民事权利能力有哪些？应当如何保护？

二、自然人民事权利能力的法律意义

2017 年《民法总则》将民事主体中的“自然人”代替了《民法通则》中的“公民”，体现了“天赋人权”“生而平等”等民法所蕴含的权利能力平等的价值内涵，也彰显了我国民事立法的开放与包容。自然人的民事权利能力是自然人依法享有民事权利和承担民事义务的资格，它是每个自然人平等地享有民事权利、承担民事义务的可能性。[①] 民事权利能力和民事行为能力的概念一直为大陆法系国家民事立法和学术理论所遵循，在罗马法中称为“人格”，据考证渊源于《奥地利民法典》。[②]

---

① 王利明：《民法总则研究》（第三版），中国人民大学出版社 2018 年版，第 174 页。

② 参见梁慧星：《民法总论》（第四版），法律出版社 2011 年版，第 56 页。

权利能力，是指人能成为权利的主体的能力。[①] 自然人的民事权利能力具有如下特征：

1. 自然人的民事权利能力具有平等性。我国《民法典》第十四条明确规定："自然人的民事权利能力一律平等。"作为一种资格与可能性，民事权利能力并非基于人出生这一自然现象而取得，而是来自法律的赋予。人生而平等，不存在拥有特殊民事权利能力的自然人，也不存在不享有民事权利能力的自然人。当然，自然人的民事权利能力一律平等，并不意味着每一名自然人民事权利能力的范围完全一致，因为法律可以对自然人民事权利能力作出适当的限制。如自然人拥有生育权，但生育权的行使受到限制，应当是合法的婚姻关系主体在合法的范围内方可依法行使生育权，正如笔者曾撰写《"二奶"，你拥有生育权但不能行使》一文，这是针对一起"二奶"讨要生育权的司法案例而撰写的。

2. 自然人的民事权利能力具有普遍性。自然人的民事权利能力是与生俱来的，是被法律所赋予的享有民事权利和履行民事义务的资格。因此，任何自然人均享有民事权利能力，不存在不具有民事权利能力的自然人。在近现代世界各国民法中，都承认外国人和无国籍人具有民事权利能力。否则，这些人的生命、健康、身体、财产等基本人权不能得到保护，有违最基本的人权思想。[②]

3. 自然人的民事权利能力具有不可剥夺性。自然人的民事权利能力始于出生、终于死亡。自然人的民事权利能力是一种法律人格要素，与自然人的生命密不可分、紧紧相依。因此，自然人的民事权利能力具有不可分割、不可转让、不可抛弃的属性。如自然人的人身权、身份权就具有不可剥夺性，不得转让、不可分割、不能抛弃。

值得注意的是，民事权利能力和民事权利是两个不同的概念，两者既存在实质的不同，也存在着密切的关联。民事权利能力是一种资格，是取得民事权利的前提与基础，是法律赋予民事主体享有获取实际利益的可能性。民事权利是自然人在具体的民事法律关系中所实际享有的利益，是自然人民事

---

① 〔德〕卡尔·拉伦茨：《德国民法通论》（上册），王晓晔等译，法律出版社2003年版，第36页。

② 参见王利明：《民法总则研究》（第三版），中国人民大学出版社2018年版，第175页。

权利能力实现的结果。民事权利能力是拥有权利的资格和承担义务的资格的统一体，而民事权利是一种利益，通常不包含民事义务在内。民事权利能力与自然人的意志无关，不能由其自由转让、放弃，民事权利的内容和范围直接取决于民事主体的意志，权利人可以依法处分。[①]

三、自然人民事权利能力的取得

自然人的民事权利能力始于出生，终于死亡，与自然人相伴终身。《民法典》第十三条规定："自然人从出生时起到死亡时止，具有民事权利能力，依法享有民事权利，承担民事义务。"从该条规定来看，自然人只有在生存期间才具有民事权利能力，可享有民事权利、承担民事义务，除非法律另有规定，胎儿、死者不能享有民事权利、承担民事义务。《民法典》第十六条关于胎儿利益的保护、第一百八十五条关于侵害英雄烈士等姓名、肖像、名誉、荣誉的民事责任的规定，即是以该条规定为基础的特别规定。

出生，在性质上属于民事法律事实中的事件，其法律后果是使自然人产生民事权利能力。通常情况下，出生应当具备两个条件：一是必须与母体相分离，二是出生时必须是活体。[②]关于出生时间的认定，存在不同观点：阵痛说、露出说、独立呼吸说。[③]从字面意思来理解，显然是独立呼吸说符合出生的两个条件。

关于出生时间的确定。自然人的出生时间具有法律意义，其关系到自然人及其利害关系人的权益变动。《民法通则》没有关于出生时间的规定，《民法通则意见》第一条规定：出生的时间以户籍登记为准；没有户籍登记

---

① 参见杨震：《自然人的民事权利能力与民事行为能力》，载张鸣起主编：《民法总则专题讲义》，法律出版社 2019 年版，第 76 页。还可参见王利明：《民法总则研究》（第三版），中国人民大学出版社 2018 年版，第 177 页。

② 参见王利明：《民法总则研究》（第三版），中国人民大学出版社 2018 年版，第 179 页。

③ 不同观点详见王利明：《民法总则研究》（第三版），中国人民大学出版社 2018 年版，第 180 页。又见王利明主编：《中华人民共和国民法总则详解》，中国法制出版社 2017 年版，第 66 页。还可参见杨震：《自然人的民事权利能力与民事行为能力》，载张鸣起主编：《民法总则专题讲义》，法律出版社 2019 年版，第 77 页。

的，以医院出具的出生证明为准，没有医院证明的，参照其他有关证明认定。《民法典》第十五条规定："自然人的出生时间和死亡时间，以出生证明、死亡证明记载的时间为准；没有出生证明、死亡证明的，以户籍登记或者其他有效身份登记记载的时间为准。有其他证据足以推翻以上记载时间的，以该证据证明的时间为准。"该条应当从以下方面理解适用：[①] 一是根据社会生活经验，医生是首先亲自处理出生和死亡的人，故其开具的出生证明和死亡证明证据效力排第一位。二是根据社会生活经验，自然人出生或死亡后，一般不会马上到派出所登记，中间有时间差，且管理户籍的工作人员不在出生或死亡现场，故其记载的证据效力排第二位；另外一个原因是，根据国情，部分人为了升学、升官等，篡改户籍登记簿的案例不少。三是"其他有效身份登记记载的时间"主要指外国人、无国籍人，因为他们在派出所没有登记。四是出生证明、死亡证明、户籍登记簿等为书面证据（书面证据具有相对证据效力、推定的证据效力），因此如有人主张异议的，人民法院可责成主张方举证，如举证的证据足以推翻记载时间，则采纳。五是如何认定"足以推翻"，由法院根据个案情况具体分析认定。

四、胎儿利益的保护

《民法典》第十六条规定："涉及遗产继承、接受赠与等胎儿利益保护的，胎儿视为具有民事权利能力。但是胎儿娩出时为死体的，其民事权利能力自始不存在。"该条是对胎儿利益的特殊保护，延续了 2017 年《民法总则》的规定。在此之前，涉及胎儿利益保护的，仅有《继承法》第二十八条有关于遗产分割时应当保留胎儿的继承份额的特别规定。《民法总则》确立了胎儿利益保护的一般规则，填补了我国民法在胎儿利益保护上的立法空缺，从而使民法在人的保护上拓展至出生前——胎儿期间。[②] 胎儿的民事权利能力是法律拟制的产物，胎儿本不应有权利能力，仅为保护其利益而有条件地承认部分权利能力。因此，各国立法皆用"视为有权利能力"表明其拟

① 参见梁慧星：《民法总则讲义》，法律出版社 2018 年版，第 53~54 页。

② 陈甦主编：《民法总则评注》（上册），法律出版社 2017 年版，第 103 页。

制性。[①]

司法实践中，适用《民法典》第十六条的规定，应当注意下列问题：一是本条是关于胎儿的特殊保护。胎儿在利益保护的范围内视为有民事权利能力，条文列举的范围包括遗产继承、接受赠与（含接受遗赠）。二是“等”所指的范围是损害赔偿请求权，在条文中直接规定尚有争议，用“等”字来暗示使条文具有一定的开放性。如在一起交通事故中，孕妇甲受到损害，经抢救无效死亡，但胎儿乙早产并因交通事故导致人身受到损害。此时，胎儿已经出生且为活体，视为具有民事权利能力，即可以以自己的名义向相关责任人主张损害赔偿请求权。显然，胎儿乙主张损害赔偿既符合立法本意，又符合情理。当然，婴儿的父亲是其法定的监护人，也是法定代理人，代理该婴儿行使损害赔偿请求权。三是“视为”就是把胎儿当作已经出生、有民事权利能力的主体。本条规定胎儿享有第一顺序继承权。权利的行使参照未成年人监护制度，由监护人作为法定代理人代理接受赠与、遗赠，行使继承权、损害赔偿请求权，但权利主体是胎儿，需明示受赠人是胎儿，财产是赠与胎儿。因未出生没有姓名，起诉人、原告只能用监护人的名字。四是胎儿娩出时是死体的，应对胎儿因“视为”所享有的民事权利能力进行否定，视为根本不存在。对于胎儿已经接受了赠与、遗赠的财产，赠与人、遗赠人可按照民法中不当得利的规定要求监护人返还。

五、自然人民事权利能力的终止

自然人的民事权利能力终于死亡。死亡系导致民事法律关系变动的法律事实，是不以人的意志为转移的自然事件。自然人死亡可分为生理死亡和宣告死亡，生理死亡也称为自然死亡，宣告死亡是一种法律拟制死亡，产生与生理死亡相同的法律后果。既然自然人死亡之后，不能再作为民事主体享有民事权利、承担民事义务，也就不具有作为民事诉讼主体的资格。

---

① 《瑞士民法典》第 31 条第 2 款规定：“胎儿以将来非死产为限，关于其个人利益的保护，视为既已出生。”《法国民法典》第 906 条规定：“胎儿在赠与时已存在者，即有承受生前赠与的能力。胎儿在遗嘱人死亡时已存在者，即有受遗赠的能力，但赠与或遗赠仅对于婴儿出生时能生存者，发生效力。”《日本民法典》第 721 条规定：“胎儿就损害赔偿请求权，视为已出生。”第 886 条规定：“胎儿就继承视为已出生。前款规定，不适用于胎儿以死体出生情形。”

在裁判文书中，将“死人”列为民事诉讼主体的现象并不罕见，也往往导致二审以程序违法而发还重审。这与《民法典》总则编的规定相悖，也不符合民事诉讼法原理。

死亡，涉及自然人权利义务关系的终止和民事主体资格的废止，准确判断自然人死亡时间具有重要的法律价值。自然人的生理死亡的判断时间，存在不同学说：心脏停止跳动说、呼吸停止说、脑死亡说。[①] 其实，自然人的生理死亡具体时间的确定，应当依据《民法典》第十五条“自然人的出生时间和死亡时间，以出生证明、死亡证明记载的时间为准；没有出生证明、死亡证明的，以户籍登记或者其他有效身份登记记载的时间为准。有其他证据足以推翻以上记载时间的，以该证据证明的时间为准”的规定处理。自然人被宣告死亡的具体时间的确定，应当依据《民法典》第四十八条“被宣告死亡的人，人民法院宣告死亡的判决作出之日视为其死亡的日期；因意外事件下落不明宣告死亡的，意外事件发生之日视为其死亡的日期”的规定处理。

数人在同一事件中死亡时间的推定。对此问题，《继承法意见》第二条规定：“相互有继承关系的几个人在同一事件中死亡，如不能确定死亡先后时间的，推定没有继承人的人先死亡。死亡人各自都有继承人的，如几个死亡人辈份不同，推定长辈先死亡；几个死亡人辈份相同，推定同时死亡，彼此不发生继承，由他们各自的继承人分别继承。”《保险法》第四十二条第二款规定：“受益人与被保险人在同一事件中死亡，且不能确定死亡先后顺序的，推定受益人死亡在先。”

死者的人格利益保护。自然人死亡后即丧失民事权利能力，无法作为民事主体享有权利、承担义务，但与死者有亲属关系的人继续生存，因此在某些情形下如侵害死者名誉、隐私等人格利益，也将对生者的合法权益构成侵害，生者应以死者近亲属的名义请求损害赔偿。《精神损害赔偿解释》第三条规定：“自然人死亡后，其近亲属因下列侵权行为遭受精神痛苦，向人民法院起诉请求赔偿精神损害的，人民法院应当依法予以受理：（一）以侮辱、诽谤、贬损、丑化或者违反社会公共利益、社会公德的其他方式，侵害死者

---

① 不同学说，读者可参见王利明：《民法总则研究》（第三版），中国人民大学出版社 2018 年版，第 187~188 页；张鸣起主编：《民法总则专题讲义》，法律出版社 2019 年版，第 80 页。

姓名、肖像、名誉、荣誉；（二）非法披露、利用死者隐私，或者以违反社会公共利益、社会公德的其他方式侵害死者隐私；（三）非法利用、损害遗体、遗骨，或者以违反社会公共利益、社会公德的其他方式侵害遗体、遗骨。”《民法典》第一百八十五条规定：“侵害英雄烈士等的姓名、肖像、名誉、荣誉，损害社会公共利益的，应当承担民事责任。”因此，从司法解释对一般的自然人的人格利益保护到《民法典》对英雄烈士的人格利益保护来看，死者的人格利益均应受到法律的保护。

六、对案例 9、案例 10 的简要评析

1. 对案例 9 的简要评析

在案例 9 中，涉及自然人王某民事权利能力的保护问题。国家为了公共利益的需要，可以依照法律规定对土地实行征收或者征用并给予经济补偿。土地被征用，就意味着村民永久失去了对该被征土地的使用权，从而一次性受领征地补偿费，它是村民基本和重要的生活来源。南华村一社在其多次进行的土地补偿款分配过程中，以王某甲出具的保证为由，未给王某分配土地补偿款。该保证书损害和剥夺了王某作为一个村民乃至公民应当享有的基本权利和经济利益，显然不是其自愿所为，在形式上不具有合法性。从内容上看，法律明确规定作为征地补偿对象的权利人享有获得征地补偿费用的权利，法定利益不得被侵害和剥夺。根据《民法总则》第十三条“自然人出生时起到死亡时止，具有民事权利能力，依法享有民事权利，承担民事义务”、第十四条“自然人的民事权利能力一律平等”的规定，自然人的民事权利在法律没有明确规定的前提下，任何组织和个人不能随意剥夺。违法生育与土地补偿款分配是两个法律关系，违法生育属于行政管理的范畴，并非本案所能解决，而土地补偿费的分配是行使民事权利的体现，即只要具有集体经济组织成员资格，就有权参与分配，不能因违法生育而差别对待。因此，王某具有南华村一社成员资格，享有分配征地补偿款的权利。

同时，本案中双方争议的焦点是该保证书的效力认定问题。从形式上看，王某甲声称其是因南华村一社以不给王某上户口为胁迫书写的保证书，对此南华村一社予以否认，王某甲对此尽管没有举证证明，但从保证的内容可以推断，出具这一保证的目的是给王某上户口，随之放弃“参与南华一社分配”

的权利，损害和剥夺了王某作为一个村民乃至公民应当享有的基本权利和经济利益，显然不是其自愿所为，在形式上不具有合法性。从内容上看，法定利益不得被侵害和剥夺。而南华村一社却以让王某甲出具保证这一约定的形式，剥夺了王某获取征地补偿费分配的资格，也严重影响到王某的生存权等基本权利。依据《民法总则》第三十五条第一款“监护人应当按照最有利于被监护人的原则履行监护职责。监护人除为维护被监护人的利益外，不得处分被监护人的财产”的规定，王某甲通过保证书的形式不但处分了王某的财产权，而且涉及王某的集体经济组织成员资格问题，作为集体经济组织成员的资格和待遇是特定的，不存在约定的问题，它不因出具放弃保证而取消。由此看来，王某甲于 2015 年 5 月 18 日出具的保证书无论就形式还是内容而言都是违法的，应属无效民事行为。

2. 对案例 10 的简要评析

在案例 10 中，涉及胎儿利益的保护问题。本案争议焦点主要有两方面：[①]

首先，郭某阳是否为郭某顺和李某的婚生子女？《最高人民法院关于夫妻离婚后人工授精所生子女的法律地位如何确定的复函》中指出：“在夫妻关系存续期间，双方一致同意进行人工授精，所生子女应视为夫妻双方的婚生子女，父母子女之间权利义务关系适用《婚姻法》的有关规定。”郭某顺因无生育能力，签字同意医院为其妻子即原告李某施行人工授精手术，该行为表明郭某顺具有通过人工授精方法获得其与李某共同子女的意思表示。只要在夫妻关系存续期间，夫妻双方同意通过人工授精生育子女，所生子女均应视为夫妻双方的婚生子女。《民法通则》第五十七条规定：“民事法律行为从成立时起具有法律约束力。行为人非依法律规定或者取得对方同意，不得擅自变更或者解除。”因此，郭某顺在遗嘱中否认其与李某所怀胎儿的亲子关系，是无效民事行为，应当认定郭某阳是郭某顺和李某的婚生子女。

其次，在郭某顺留有遗嘱的情况下，对 306 室房屋应如何析产继承？《继承法》第五条规定：“继承开始后，按照法定继承办理；有遗嘱的，按照遗嘱继承或者遗赠办理；有遗赠扶养协议的，按照协议办理。”被继承人郭某顺死亡后，继承随之开始。鉴于郭某顺留有遗嘱，本案应当按照遗嘱继承办理。

---

① 关于争议焦点的评析，参见最高人民法院指导案例 50 号。

《继承法》第二十六条第一款规定："夫妻在婚姻关系存续期间所得的共同所有的财产，除有约定的以外，如果分割遗产，应当先将共同所有的财产的一半分出为配偶所有，其余的为被继承人的遗产。"《继承法意见》第三十八条规定："遗嘱人以遗嘱处分了属于国家、集体或他人所有的财产，遗嘱的这部分，应认定无效。"登记在被继承人郭某顺名下的306室房屋，已查明是郭某顺与原告李某在夫妻关系存续期间取得的夫妻共同财产。郭某顺死亡后，该房屋的一半应归李某所有，另一半才能作为郭某顺的遗产。郭某顺在遗嘱中，将306室全部房产处分归其父母，侵害了李某的房产权，遗嘱的这部分应属无效。此外，《继承法》第十九条规定："遗嘱应当对缺乏劳动能力又没有生活来源的继承人保留必要的遗产份额。"[①] 郭某顺在立遗嘱时，明知其妻子腹中怀有胎儿而没有在遗嘱中为胎儿保留必要的遗产份额，该部分遗嘱内容无效。《继承法》第二十八条第一句规定："遗产分割时，应当保留胎儿的继承份额。"[②] 因此，在分割遗产时，应当为该胎儿保留继承份额。综上，在扣除应当归李某所有的财产和应当为胎儿保留的继承份额之后，郭某顺遗产的剩余部分才可以按遗嘱确定的分配原则处理。

当然，如果本案适用《民法总则》第十六条"涉及遗产继承、接受赠与等胎儿利益保护的，胎儿视为具有民事权利能力。但是胎儿娩出时为死体的，其民事权利能力自始不存在"的规定裁判，显然，郭某顺在立遗嘱时没有保留妻子腹中胎儿的份额，该胎儿视为具有民事权利能力，侵害了该胎儿的合法权益。此时，郭某顺的妻子可以以胎儿的法定监护人的名义作为原告请求认定遗嘱部分无效，因胎儿没有出生，还不具有诉讼主体资格。在本案中，胎儿已经出生，且为活体，则胎儿完全有权主张自己应当享有的份额。当然，该婴儿是原告，其母亲是法定监护人和法定代理人。因此，本案的裁判，无论是适用《继承法》的规定，还是适用《民法总则》的规定，均能实现儿童利益最大化的原则，可谓有异曲同工之妙。

---

① 《民法典》第一千一百四十一条亦作了同样的规定。

② 《民法典》第一千一百五十五条规定："遗产分割时，应当保留胎儿的继承份额。胎儿娩出时是死体的，保留的份额按照法定继承办理。"

第二节 自然人的民事行为能力

一、问题的提出

自然人的民事行为能力，是指得以自己的意思表示使其行为发生法律上效果的资格。[①] 换言之，它是自然人可以独立进行民事活动的能力或者资格。那么，研究自然人的民事行为能力之前，先看两则案例：

案例 11：张某诉张某甲、彭某房屋买卖合同纠纷案[②]

2015 年 5 月 9 日，张某（乙方）与张某甲、彭某（甲方）签订《购房协议》一份。《购房协议》第一条约定：甲方将涉案房产以人民币 345000 元出售给乙方。《购房协议》第三条第二款约定：在将来协助乙方办理产权过户，甲方保证该房屋没有产权纠纷和财务纠纷。《购房协议》第四条第三款约定：在办理房屋过户时，所有费用归乙方承担。《购房协议》第六条约定：本合同自甲、乙双方签订之日起生效，甲方不享有该房屋的任何权利，同时不承担该房屋任何法律和经济责任，甲、乙双方在签署本合同时，具有完全民事行为能力，对各自的权利、义务清楚明白，并按本合同规定履行。《购房协议》签订后，张某依约向张某甲、彭某支付了全部购房款，张某甲、彭某亦已将涉案房产及权属证书交付给了张某。现涉案房产由张某出租。经庭审询问，双方当事人均称涉案房屋已满足过户至张某名下的条件。

生效裁判认为：一、关于张某与张某甲、彭某签订的《购房协议》的效力问题。《合同法解释（二）》第十四条规定：合同法第五十二条第（五）项规定的"强制性规定"，是指效力性强制性规定。本案中，《购房协议》系张某甲、彭某作为监护人代理被监护人张某乙处分其房产，与张某签订。首先，根据《民法总则》第二十条的规定，《购房协议》签订时张某乙为无民事行为能力人，

---

① 参见王泽鉴：《民法总则》（增订版），中国政法大学出版社 2001 年版，第 119 页。

② 详见湖南省长沙市中级人民法院（2018）湘 01 民终 3398 号民事判决书。

其监护人有权代理其实施民事法律行为。其次，《民法总则》第三十五条第一款规定：监护人应当按照最有利于被监护人的原则履行监护职责。监护人除为维护被监护人利益外，不得处分被监护人的财产。根据该条法律规定，监护人处分被监护人财产应当受到“除为维护被监护人利益外”的限制，故该条法律规定是对监护权行使的限制性规定，而非禁止性规定。再次，张某甲、彭某出售张某乙名下房屋时的价格明显高于张某乙按照拆迁政策所应当享有的补偿价格。最后，根据《民法总则》第三十四条的规定，即使监护人代理被监护人实施的民事法律行为侵害了被监护人的合法权益，其救济途径也应当是由监护人承担法律责任，而不应当波及善意第三人。综上，张某甲、彭某代理张某乙签订的《购房协议》合法有效，对本案双方当事人具有法律约束力。

二、关于张某甲、彭某、张某乙是否应履行涉案房产过户的义务问题。《民法总则》第一百七十六条规定：民事主体依照法律规定和当事人约定，履行民事义务，承担民事责任。如前所述，张某甲、彭某代理张某乙签订的《购房协议》合法有效，双方当事人应当根据《购房协议》约定，全面履行各自的合同义务。本案《购房协议》签订后，张某依约支付了全部购房款，张某甲、彭某也代理张某乙依约履行了房屋交付的义务，现经庭审询问，双方均认可该房屋已经具备办理产权过户的条件，故张某甲、彭某应当继续代理张某乙依约履行协助张某办理产权过户的义务，过户的相关费用依约应由张某自行负担。

综上所述，法院对张某诉请本案争议房产过户的请求予以支持，但从未成年人利益角度出发，本案诉讼费只应由其监护人张某甲、彭某负担。

案例 12：周某与徐某民间借贷纠纷案[①]

法院认为，本案争议焦点为周某与徐某间是否存在民间借贷法律关系。现分析如下：一审法院于 2016 年 8 月 31 日作出（2016）浙 0604 民特 7 号民事判决，宣告徐某为限制民事行为能力人。根据《民法总则》第二十二条的规定，不能完全辨认自己行为的成年人为限制民事行为能力人，实施民事法律行为由其法定代理人代理或者经其法定代理人同意、追认，但是可以独立实施纯获利益的民事法律行为或者与其智力、精神健康状况相适应的民事法律行为。虽案

① 详见浙江省高级人民法院（2018）浙民申 2821 号民事裁定书。

涉借款发生在该生效判决之前，但考虑到徐某因智力发育不成熟，不能认清自己行为后果的状态具有持续性，故对案涉借款关系的发生应进行审慎审查。周某申请再审认为浙江省立同德医院司法鉴定所出具的浙同德司鉴所（2016）精鉴（刑）字第30号《法医精神病鉴定意见书》与（2016）民特7号民事判决书存在互相矛盾的内容，根据《最高人民法院关于民事诉讼证据的若干规定》第九条（现为第十条）规定，已为法院发生法律效力的裁判所确认的事实，当事人无需提供证据证明，但当事人有相反证据足以推翻的除外。周某提交的鉴定意见证明效力明显低于生效裁判，并不足以推翻生效裁判。周某主张其未参与认定徐某限制民事行为能力案件，故对该案判决结果不予认可，根据《民事诉讼法》第一百八十七条第一款的规定，申请认定公民无民事行为能力或者限制民事行为能力，由其近亲属或者其他利害关系人向该公民住所地基层人民法院提出。故周某的该项主张亦缺乏依据，不予支持。

根据《民间借贷规定》第十六条第二款规定，被告抗辩借贷行为尚未实际发生并能作出合理说明，人民法院应当结合借贷金额、款项交付、当事人的经济能力、当地或者当事人之间的交易方式、交易习惯、当事人财产变动情况以及证人证言等事实和因素，综合判断查证借贷事实是否发生。鉴于本案系现金交付，无银行转账记录可供印证，且周某在多次诉讼过程中陈述存有多处矛盾，结合周某的收入和出借款项比例，以及在前债未清的情况下，仍多次向徐某出借款项存在可疑等情况综合考虑，尚不能得出案涉借款真实交付的心证。原审法院对周某的诉请不予支持有相应依据。

综上，周某的再审申请不符合《民事诉讼法》第二百条第（一）项、第（六）项[①]项规定的情形。裁定如下：驳回周某的再审申请。

---

① 《民事诉讼法》第二百条规定："当事人的申请符合下列情形之一的，人民法院应当再审：（一）有新的证据，足以推翻原判决、裁定的；（二）原判决、裁定认定的基本事实缺乏证据证明的；（三）原判决、裁定认定事实的主要证据是伪造的；（四）原判决、裁定认定事实的主要证据未经质证的；（五）对审理案件需要的主要证据，当事人因客观原因不能自行收集，书面申请人民法院调查收集，人民法院未调查收集的；（六）原判决、裁定适用法律确有错误的；（七）审判组织的组成不合法或者依法应当回避的审判人员没有回避的；（八）无诉讼行为能力人未经法定代理人代为诉讼或者应当参加诉讼的当事人，因不能归责于本人或者其诉讼代理人的事由，未参加诉讼的；（九）违反法律规定，剥夺当事人辩论权利的；（十）未经传票传唤，缺席判决的；（十一）原判决、裁定遗漏或者超出诉讼请求的；（十二）据以作出原判决、裁定的法律文书被撤销或者变更的；（十三）审判人员审理该案件时有贪污受贿，徇私舞弊，枉法裁判行为的。"

在上述案例中，案例 11 涉及法定代理人代理无民事行为能力人的效力问题，案例 12 涉及成年人作为限制民事行为能力人进行民事活动的效力问题。那么，自然人的民事行为能力从年龄上如何界定？未成年人的民事法律行为是由自己还是其法定代理人来进行？对不能辨认或者不能完全辨认自己行为的成年人如何认定其民事行为能力？由谁来向人民法院申请认定？

二、自然人民事行为能力的法律意义

《民法典》总则编关于自然人的民事行为能力的规定，基本上是在《民法通则》的基础上作出升级版的表达。2017 年《民法总则》就将限制民事行为能力的未成年人的年龄下限由《民法通则》的“十周岁”下调为“八周岁”。同时，作为成年人的无民事行为能力人或者限制民事行为能力人的认定是以“不能辨认自己行为”或者“不能完全辨认自己行为”为标准，改变了《民法通则》“不能辨认自己行为的精神病人”或者“不能完全辨认自己行为的精神病人”的标准，《民法通则》是仅仅限制在精神病人方面，排除了其他情形的人群，如痴呆人。

自然人民事行为能力的法律意义在于：一是通过民事行为能力制度可以保护未成年人和心智不健全者的合法权益。未成年人与心智不健全者不能够清晰地知道自己行为的后果，为避免权益受到损害的风险，不赋予其民事行为能力或者限制其民事行为能力，将他们的行为限定在一定民事活动范围之内或排除在民事交易活动范围之外，从而达到保护的目的。在现实生活中，不乏痴呆老年人不能辨认或者不能完全辨认自己的行为，将其家庭的财产赠与或以非常低的价格出卖给保姆或者其他人，该痴呆老年人处分财产的行为效力如何？适用《民法通则》及其司法解释很难认定痴呆老年人为无民事行为能力人或者限制民事行为能力人，因为他不是精神病人。适用《民法典》总则编来认定痴呆老年人处分财产的效力就轻而易举，因为以正常人的判断，就可以认定痴呆老年人为限制民事行为能力人或者无民事行为能力人。由此可见，《民法典》总则编对成年人的民事行为能力的认定方便多了，保护力度也是很大的。二是通过民事行为能力制度来维护交易安全和提高交易效率。在现实生活中，交易双方可以彼此判断民事法律行为主体是否具备从事交易行为的能力，交易结果能否得到司法的认可。同时通过法定代理人制度的设计，充分保障无民事行为能力人和限制民事行为能力人可以有效地进行民事活动，从而达到取得民事权利和设定民事义务的目的。

民事行为能力具有不可剥夺性。民事行为能力是法律赋予自然人按照自己的意思取得权利和设定义务的资格，是自然人介入民事交往的前提，关系到自然人自身权益，也关系到相对人利益，更关系到社会交易安全与经济效率。因此，自然人不可自行放弃、抛弃民事行为能力，民事行为能力也不允许他人非法剥夺与限制，除非依法定程序宣告之外。①

三、完全民事行为能力的自然人

我国《民法典》第十七条规定了成年人与未成年人的划分标准，即"十八周岁以上的自然人为成年人。不满十八周岁的自然人为未成年人"。成年人与未成年人的划分，为确定自然人的民事行为能力状态设定了一项客观标准，即以自然人是否已经成年作为其是否具有完全民事行为能力的必要条件。

完全民事行为能力，是指自然人能够以自己的行为独立享有民事权利，承担民事义务的资格。《民法典》第十八条规定："成年人为完全民事行为能力人，可以独立实施民事法律行为。十六周岁以上的未成年人，以自己的劳动收入为主要生活来源的，视为完全民事行为能力人。"因此说，作为成年人的自然人具有完全民事行为能力可以独立实施民事法律行为，16周岁以上的未成年人以自己的劳动收入为主要生活来源的，不将其作为限制民事行为能力人。

四、限制民事行为能力的自然人

限制民事行为能力，又称不完全民事行为能力，是指自然人以自己的行为在一定范围内享有民事权利和负担民事义务的资格。与完全民事行为能力人相比，限制民事行为能力人仅能独立地实施与其年龄、智力程度相适应的

---

① 参见杨震:《自然人的民事权利能力与民事行为能力》，载张鸣起主编:《民法总则专题讲义》，法律出版社2019年版，第83页。

民事法律行为。《民法典》第十九条规定："八周岁以上的未成年人为限制民事行为能力人，实施民事法律行为由其法定代理人代理或者经其法定代理人同意、追认，但是可以独立实施纯获利益的民事法律行为或者与其年龄、智力相适应的民事法律行为。"该条是以《民法通则》第十二条第一款[①]为基础，吸收《合同法》第四十七条第一款的规定，补充修改完成的。其中，将《民法通则》所规定的"十周岁以上"降为"八周岁以上"，"可以独立实施纯获利益的民事法律行为"吸收了《合同法》第四十七条第一款的规定。因此说，该条是继承和发展了我国民事立法的产物。

《民法典》第十九条规定了未成年人享有限制民事行为能力的最低年龄界限（年龄时间点），未成年人不能独立实施民事法律行为时如何参与民事交易，以及未成年人可以例外地独立实施哪些民事法律行为。解决了未成年人实施的民事法律行为在哪些情形下是有效的，在哪些情形下只有经过法定代理人的同意或追认才能产生法律约束力的问题。那么，在未经法定代理人同意或者追认之前，该民事行为的效力处于待定状态。依据该条规定，限制民事行为能力主要限定在两种条件下：一是纯获利益的民事法律行为；二是与其年龄、智力相适应的民事法律行为。学者认为，这两种条件不是对民事法律行为范围的限制，而是对民事法律行为性质（本质）的限制或限定。因此，意味着未成年人可以独立实施何种性质或者类型的民事法律行为。[②]

一般而言，成年人具有完全民事行为能力，但在辨认能力存在缺陷的情况下，或者是限制民事行为能力人，或者为无民事行为能力人。如一些成年人存在精神智障、老年痴呆等而不能完全辨认自己的行为内容与法律后果，不能独立实施一些民事活动，当属限制民事行为能力人。因此，《民法典》第二十二条规定："不能完全辨认自己行为的成年人为限制民事行为能力人，

---

① 《民法通则》第十二条第一款规定："十周岁以上的未成年人是限制民事行为能力人，可以进行与他的年龄、智力相适应的民事活动；其他民事活动由他的法定代理人代理，或者征得他的法定代理人的同意。"《合同法》第四十七条第一款规定："限制民事行为能力人订立的合同，经法定代理人追认后，该合同有效，但纯获利益的合同或者与其年龄、智力、精神健康状况相适应而订立的合同，不必经法定代理人追认。"

② 陈甦主编：《民法总则评注》（上册），法律出版社2017年版，第132页。

实施民事法律行为由其法定代理人代理或者经其法定代理人同意、追认，但是可以独立实施纯获利益的民事法律行为或者与其智力、精神健康状况相适应的民事法律行为。”该条规定与《民法通则》相比较，规定了限制民事行为能力人可以独立实施纯获利益的民事法律行为或者与其智力、精神健康状况相适应的民事法律行为，无需同意或追认。同时规定了法定代理人可以同意，还可以追认。

值得注意的是，对与其智力、精神健康状况相适应的民事法律行为的判定具有一定的实践弹性。一般以日常生活需求为标尺，既要考虑到不同年龄阶段自然人意思能力的差异程度，又要考虑行为人成长生活环境的不同，并结合现代生活急速变化的情形，在个案中实现法律所追求的公平正义。同时，经法定代理人同意、追认，限制民事行为能力人可以独立实施各类民事法律行为，“同意”应当是指事先同意，“追认”应当是指事后同意。

五、无民事行为能力的自然人

无民事行为能力，是指自然人没有以自己的行为取得民事权利和承担民事义务的资格。因此，无民事行为能力的自然人，其无资格独立地按照自己的意思参与民事活动，只能依靠法定代理人代理其实施民事法律行为。《民法典》第二十条规定：“不满八周岁的未成年人为无民事行为能力人，由其法定代理人代理实施民事法律行为。”该条规定在《民法通则》第十二条第二款的基础上修改而成，将“不满十周岁”修改为“不满八周岁”，将“代理民事活动”修改为“代理实施民事法律行为”。

8周岁以上不能辨认自己行为的未成年人和不能辨认自己行为的成年人，当属于无民事行为能力人。对此，《民法典》第二十一条规定：“不能辨认自己行为的成年人为无民事行为能力人，由其法定代理人代理实施民事法律行为。八周岁以上的未成年人不能辨认自己行为的，适用前款规定。”该条规定与《民法通则》相比较，取消了精神病人的概念，规定了无论是成年人还是8周岁以上的未成年人，只要不能辨认自己的行为，就可以认定为无民事行为能力人。如患有痴呆症的老年人若不能辨认自己行为，则认定为无民事行为能力人。

无民事行为能力人由法定代理人代理实施民事法律行为。《民法典》第二十三条规定:“无民事行为能力人、限制民事行为能力人的监护人是其法定代理人。”当然，依据该条的规定，无民事行为能力人、限制民事行为能力人的法定代理人是其监护人。[①]

六、无民事行为能力、限制民事行为能力的司法认定

一般而言，自然人的民事行为能力演变呈现出一定的规律性和稳定性:不满八周岁的未成年人为无民事行为能力人，不能独立从事民事活动;年满8周岁到18周岁之前为限制民事行为能力人，可以独立并受限制地从事民事活动;年满18周岁后为完全民事行为能力人，可以完全独立自主地实施民事法律行为。然而，天有不测风云，人有旦夕祸福。自然人在成长、变老的过程中，如遇病魔、事故等不测，还能否辨认自己的行为就成了问题，则其民事行为能力就需要重新审视。

因此,《民法典》第二十四条对成年人的民事行为能力的认定作了规定，即第一款:“不能辨认或者不能完全辨认自己行为的成年人，其利害关系人或者有关组织，可以向人民法院申请认定该成年人为无民事行为能力人或者限制民事行为能力人。”第二款:“被人民法院认定为无民事行为能力人或者限制民事行为能力人的，经本人、利害关系人或者有关组织申请，人民法院可以根据其智力、精神健康恢复的状况，认定该成年人恢复为限制民事行为能力人或者完全民事行为能力人。”第三款:“本条规定的有关组织包括:居民委员会、村民委员会、学校、医疗机构、妇女联合会、残疾人联合会、依法设立的老年人组织、民政部门等。”依据该条规定，自然人的民事行为能力只有依据法定程序和法律依据才能被宣告限制、剥夺及恢复。

---

① 《民法总则》第二十七条规定:“父母是未成年子女的监护人。未成年人的父母已经死亡或者没有监护能力的，由下列有监护能力的人按顺序担任监护人:(一)祖父母、外祖父母;(二)兄、姐;(三)其他愿意担任监护人的个人或者组织，但是须经未成年人住所地的居民委员会、村民委员会或者民政部门同意。”第二十八条规定:“无民事行为能力或者限制民事行为能力的成年人，由下列有监护能力的人按顺序担任监护人:(一)配偶;(二)父母、子女;(三)其他近亲属;(四)其他愿意担任监护人的个人或者组织，但是须经被监护人住所地的居民委员会、村民委员会或者民政部门同意。”

在司法实践中，适用《民法典》第二十四条时应当注意下列问题：一是无民事行为能力或者限制民事行为能力的认定完全取决于成年人的利害关系人或者有关组织的申请，人民法院才能宣告。不能辨认或者不能完全辨认自己行为的成年人的利害关系人或者有关组织可以根据保护成年人的实际需要或者维护交易安全的现实需要，决定是否进行民事行为能力认定的申请。特别值得强调的是，申请事由不限于精神病人，原来的《民法通则》仅仅规定了精神病人，与现实脱离太远，因此只要符合条件，均可申请人民法院依法认定。二是确立了恢复限制民事行为能力或者完全民事行为能力的申请认定规范。当被认定为无民事行为能力的成年人恢复部分辨认能力之后，经成年人本人、其利害关系人或者有关组织申请，法院可以认定该成年人恢复为限制民事行为能力人。同理，若达到完全民事行为能力，经过法定程序，人民法院可以认定该成年人恢复为完全民事行为能力人。三是申请主体得以扩大。申请认定主体扩大到利害关系人、有关组织；申请恢复主体扩大到成年人本人、利害关系人、有关组织。四是关于无民事行为能力或者限制民事行为能力的认定应当注意：一般应由司法鉴定机构决定；参照医院出具的有关诊断证明、鉴定加以确认；可以参照群众公认的事实和证据进行认定。换言之，以司法鉴定为原则，不进行司法鉴定为例外。因此，成年人是否为无民事行为能力人或者限制民事行为能力人，不以人民法院宣告为前提条件，可以结合具体个案，根据成年人能否辨认或完全辨认自己的行为作为判断标准来认定。

七、自然人住所的认定标准

自然人的住所，是指自然人居住的场所。《民法典》第二十五条规定："自然人以户籍登记或者其他有效身份登记记载的居所为住所；经常居所与住所不一致的，经常居所视为住所。"

确定自然人住所的法律意义在于：一是确定自然人的民事主体状态，如宣告失踪、宣告死亡都以自然人下落不明为前提，下落不明是自然人离开最后住所没有音讯的状况。二是确定债务清偿地。《合同法》第六十二条第三项规定："履行地点不明确，给付货币的，在接受货币一方所在地履行；交付不动产的，在不动产所在地履行；其他标的，在履行义务一方所在地履行。”三是确定诉讼管辖法院和司法文书送达地。《民事诉讼法》第二十一条第一款规定：“对公民提起的民事诉讼，由被告住所地人民法院管辖；被告住所地与经常居住地不一致的，由经常居住地[①]人民法院管辖。”四是涉外民事法律关系中确定法律适用的准据法。

八、对案例11、案例12的简要评析

在案例11中，《民法总则》第二十条规定：“不满八周岁的未成年人为无民事行为能力人，由其法定代理人代理实施民事法律行为”，张某甲、彭某作为张某乙的法定代理人，有权代理当时为无民事行为能力人的张某乙与张某签订《购房协议》。虽《民法总则》第三十五条规定“监护人除为被监护人利益外，不得处分被监护人的财产”，但该规定并非效力性强制性规定，并不影响《购房协议》的效力。故张某甲、彭某代理张某乙与张某签订的《购房协议》系双方真实意思表示，合法有效。《购房协议》签订后，张某依约足额支付了购房款，全面履行了合同义务，且双方在一审庭审中均认可房屋已具备办理产权过户的条件，故法院判令张某甲、彭某、张某乙协助张某办理过户手续并无不妥。

在案例12中，涉及限制民事行为能力人的民事行为的效力问题。鉴于徐某系限制民事行为能力人，其智力不足以适应民间借贷法律行为，故未经其法定代理人代理或者经其法定代理人同意、追认，其以短信形式认可借款事实的行为不能予以认定。在本案中，多份证据证明徐某为限制民事行为能力人，作为出借人的周某应当对自己认为的借款人徐某的民事行为能力予以察觉，这与作为完全民事行为能力人的周某所诉的民间借贷不相符合。因此，在出借人周某自己的证据矛盾，又不能自圆其说的情况下，法院判决驳回债权人周某的诉讼请求是正确的。

---

① 经常居住地，依据《最高人民法院关于适用〈中华人民共和国民事诉讼法〉的解释》第四条的规定，是指公民离开住所地至起诉时已连续居住一年以上的地方，但公民住院就医的地方除外。

第三节　自然人的监护

一、问题的提出

监护是民法上所规定的对无民事行为能力人和限制民事行为能力人的人身、财产及其他合法权益进行监督、保护的一项制度。[①] 履行监督、保护义务的人称为监护人；而被监督、保护的人称为被监护人。《民法总则》贯彻落实了联合国《儿童权利公约》《残疾人权利公约》的原则和精神，在借鉴其他国家和地区的立法例，立足中国国情和实践的基础上，构建起以家庭监护为基础，社会监护为补充，国家监护为兜底的具有中国特色的监护制度。[②]《民法典》总则编延续了《民法总则》关于监护的规定。监护制度与民事主体制度、婚姻家庭制度有着密切的联系，是《民法典》中需要重点完善的制度之一。

在研究自然人的监护制度之前，先看几则案例：

案例 13：全国首例代孕引发监护权纠纷案[③]

罗荣某、谢某某系夫妻，罗某系两人之子。罗某与陈某于 2007 年 4 月 28 日登记结婚，双方均系再婚，再婚前，罗某已育有一子一女，陈某未生育（患有不孕不育症）。婚后，罗某与陈某通过购买他人卵子，并由罗某提供精子，通过体外受精胚胎移植技术，出资委托其他女性代孕，于 2011 年 2 月 13 日生育一对异卵双胞胎，两名孩子出生后随罗某、陈某共同生活。2014 年 2 月 7 日，罗某因病经抢救无效死亡，嗣后，陈某携两名孩子共同生活。

---

① 佟柔主编：《中国民法》，法律出版社 1990 年版，第 75 页。

② 石宏主编：《〈中华人民共和国民法总则〉条文说明、立法理由及相关规定》，北京大学出版社 2017 年版，第 58 页。

③ 案例详见上海市第一中级人民法院（2015）沪一中少民终字第 56 号民事判决书。在人民大会堂举行的十二届全国人大五次会议第三次全体会议上，最高人民法院院长周强做了关于最高人民法院工作的报告，其中，周强在报告中特别提到，上海法院审结全国首例代孕引发的监护权纠纷案，以“儿童利益最大化”原则明确监护权归属。

2014 年 12 月，罗荣某、谢某某提起监护权之诉，要求确认其两人为两名孩子的监护人，判令陈某将两名孩子交由其抚养。诉讼中法院委托司法鉴定，鉴定结论为：不排除罗荣某、谢某某与孩子存在祖孙亲缘关系；排除陈某为孩子的生物学母亲。

罗荣某、谢某某认为，陈某并非生物学母亲，不构成自然血亲关系；代孕行为违法，陈某与两名孩子之间亦不形成拟制血亲关系；在孩子生父死亡、生母不明的情况下，应由祖父母作为法定监护人并抚养孩子。

陈某则认为，以代孕方式生育子女系经其夫妻双方一致同意，孩子出生后亦由其夫妻实际抚养，故应适用最高人民法院 1991 年的《关于夫妻关系存续期间以人工授精所生子女的法律地位的函》推定其为夫妻的婚生子女，或根据孩子自出生起由其夫妻共同抚养的事实认定为形成事实收养关系或者有抚养关系的继父母子女关系。

上海市闵行区人民法院于 2015 年 7 月 29 日作出（2015）闵少民初字第 2 号民事判决：一、两名孩子由罗荣某、谢某某监护；二、陈某于判决生效之日将两名孩子交由罗荣某、谢某某抚养。宣判后，陈某向上海市第一中级人民法院提出上诉。上海市第一中级人民法院于 2016 年 6 月 17 日作出（2015）沪一中少民终字第 56 号民事判决：一、撤销上海市闵行区人民法院（2015）闵少民初字第 2 号民事判决；二、驳回罗荣某、谢某某的原审诉讼请求。

案例 14：法院指定民政部门担任未成年人监护人①

2014 年，刚满 9 个月的张某在重度残疾的父母离婚后随父生活。村委会指定张某姑姑张某甲担任张某监护人。张某甲以其亦系视力一级残疾人、无固定生活收入、村委会指定不妥为由，请求法院撤销指定。

法院认为：第一，成年人父母系其法定监护人，但张某父亲为视力一级残疾人，无固定工作和生活收入来源，不具有担任张某监护人能力；张某母亲为智力二级残疾人，不能完全辨认自身行为，亦不具备担任张某监护人能力。张某祖母、外祖父母虽属近亲属，但亦均因身体和经济原因，不具有担任张某监护人能力。张某甲作为张某姑姑，系与张某关系较密切的亲属，其

① 详见《最高人民法院公报》2015 年第 8 期（总第 226 期）。

担任张某监护人，应以自愿为前提。现张某甲在被村委会指定为监护人后诉请撤销，表明其不愿担任监护人。且张某甲自身为视力一级残疾，其丈夫虽无残疾，但两人现有3岁孩子需抚养，同时还需赡养老人及残疾亲属，再由其担任张某监护人并不妥当，亦不利于张某健康成长。第二，根据《民法通则意见》第十九条规定，判决撤销原指定监护人的，可同时另行指定监护人。鉴于张某父母和近亲属无监护能力，且无关系密切的其他亲属、朋友愿意承担监护责任，依法应由张某父母所在单位或未成年人住所地居委会、村委会或民政部门担任监护人。因张某父母均无业，无工作单位，且张某作为一个刚满9个月的婴儿，既需专门场所安置，亦需专门人员照顾，更需一大笔经费来保障其成年之前的教育、医疗及日常生活，故村委会担任监护人亦不能使其得到妥善安置。第三，张某住所地民政局承担着接收孤儿、弃婴和城市生活无着落的流浪乞讨人员的救助等社会职能，其下属儿童福利院承担社会孤残弃婴的养、治、教、康等职能，确定民政局担任张某监护人，由儿童福利院代为抚养，可为张某生活和健康提供良好的环境，更有利于张某成长，故判决撤销村委会对张某甲的监护人指定，指定市民政局为张某监护人。

案例15：林某虐待子女被撤销监护人资格案[①]
——全国首例撤销监护人资格判决

被申请人林某，女，系福建省某县村民。林某于2004年生育小龙（化名），因小龙的生父一直身份不明，故小龙自出生后一直随林某共同生活。林某曾有过三四次不成功的婚姻，生活中不但对小龙疏于管教，经常让小龙挨饿，而且多次殴打小龙，致使小龙后背满是伤疤。自2013年8月始，当地政府、妇联、村委会干部及派出所民警多次对林某进行批评教育，但林某仍拒不悔改。2014年5月29日凌晨，林某再次用菜刀划伤小龙的后背、双臂。同年6月13日，该村村民委员会以被申请人林某长期对小龙的虐待行为已严重影响小龙的身心健康为由，向法院提出依法撤销林某对小龙监护人资格的申请。审理期间，法院征求小龙的意见，其表示不愿意随其母林某共同生活。

法院经审理认为，监护人应当履行监护职责，保护被监护人的身体健康、

---

① 案例详见最高人民法院于2019年5月31日发布的《保护未成年人权益十大优秀案例》。

照顾被监护人的生活，对被监护人进行管理和教育，履行相应的监护职责。被申请人林某作为小龙的监护人，采取打骂等手段对小龙长期虐待，经有关单位教育后仍拒不悔改，继续对小龙实施虐待，其行为已经严重损害小龙的身心健康，故不宜再担任小龙的监护人。因此，依法撤销林某对小龙的监护人资格，并依法指定该村民委员会担任小龙的监护人。

上述三则案例，可谓影响重大，法院的裁判结果均得到了最高人民法院的认可，案例 13 在最高人民法院工作报告中被赞扬，案例 14 入选《最高人民法院公报》，案例 15 系最高人民法院公布的保护未成年人权益的十大优秀案例。监护制度在《民法通则》中仅有 3 个条文，而在《民法总则》中扩展到 14 个条文，可谓“浓墨重彩”，明确了父母子女之间的抚养、赡养等义务，扩大了被监护人的范围，强化了政府的监护职责，并就监护人的确定、监护职责的履行、撤销监护等制度作了明确的规定。《民法典》总则编延续了《民法总则》的规定。

二、自然人监护的法律意义

监护是保护无民事行为能力人或者限制民事行为能力人的合法权益，弥补其民事行为能力不足的法律制度。《民法典》总则编以家庭监护为基础，社会监护为补充，国家监护为兜底，对监护制度作了完善；扩大被监护人范围，将智力障碍者以及因疾病等原因丧失或者部分丧失辨识认知能力的成年人也纳入被监护人范围，就是为了更好地应对人口老龄化问题，更好地维护老年人权益；同时，还完善了撤销监护制度，增设了临时监护，等等。

现代监护不仅要尊重监护人的意愿，更要尊重被监护人的意愿，要有利于被监护人的利益。《民法总则》在监护立法的理念上有三项突破：一是尊重被监护人真实意愿的原则；二是最有利于被监护人的原则；三是确立了公权力介入监护的路径。[①] 依据《民法总则》的规定，监护制度的主要功能表现在：弥补了无民事行为能力人和限制民事行为能力人的能力瑕疵；为不具有

① 参见夏吟兰：《监护》，载张鸣起主编：《民法总则专题讲义》，法律出版社 2019 年版，第 99 页。

完全民事行为能力的成年智障者提供权利保障的路径；保护被监护人的合法权益，维护社会秩序稳定；提供替代性社会保障的功能。[①]《民法总则》的这些规定都被《民法典》总则编所吸收。

监护旨在监督、保护被监护人的人身、财产及其他合法权益，属于民法上的强制性规范。因此，监护具有三个显著特征：一是监护的适用对象具有特定性。被监护人须为无民事行为能力人和限制民事行为能力人。有民事行为能力的成年人，仅在其年老体衰而不能自理生活的情形下，才可以适用监护。二是监护人的担任具有限定性。监护是为保护民事行为能力瑕疵的自然人的利益，监护人必须具有民事行为能力。但并非具有民事行为能力的民事主体均可以成为监护人。三是监护关系的形成具有法定性。因民法的规定而形成的监护关系，其内容不得以意思自治予以排除或变更。虽监护方式设立不同，但监护人在监护关系存续期间对被监护人所承担的义务均为法定义务。基于法律规定而产生的监护义务，不得通过意思表示而移转给他人承担。

关于监护的法律性质，我国民法理论有不同的观点或者学说：监护权利说、监护义务说、监护职责说。[②]监护职责说是我国民法理论的通说，为《民法通则》所采用。从《民法典》第三十四条第一款“监护人的职责是代理被监护人实施民事法律行为，保护被监护人的人身权利、财产权利以及其他合法权益等”的规定来看，监护的主要内容是代理被监护人实施民事法律行为，保护被监护人的权益。因此，《民法典》总则编继续坚持了监护职责说。

三、监护的分类——以被监护人为划分标准

监护的类型，根据《民法典》总则编的规定，划分为两类：一是以被监护人为划分标准，将监护分为未成年人监护和成年人监护；二是以产生监护法律关系的途径和方法为标准，将监护分为法定监护、指定监护、遗嘱监护、意定监护和国家监护。

---

① 参见夏吟兰：《监护》，载张鸣起主编：《民法总则专题讲义》，法律出版社2019年版，第103~104页。

② 不同观点详见王利明：《民法总则研究》（第三版），中国人民大学出版社2018年版，第207~208页；邹海林：《民法总则》，法律出版社2018年版，第86页；杜万华主编：《中华人民共和国民法总则实务指南》，中国法制出版社2017年版，第113页。

（一）未成年人监护

未成年人监护是以未成年人为被监护人的监护。《民法典》第二十七条对未成年子女法定监护的范围作了列举式的规定，即“父母是未成年子女的监护人。未成年人的父母已经死亡或者没有监护能力的，由下列有监护能力的人按顺序担任监护人：（一）祖父母、外祖父母；（二）兄、姐；（三）其他愿意担任监护人的个人或者组织，但是须经未成年人住所地的居民委员会、村民委员会或者民政部门同意。”该条的规定基本上继承了《民法通则》第十六条[①]的内容，并进行了修订：一是扩大了未成年人法定监护人的范围。将自然人监护人的范围扩张到了所有愿意且有能力承担监护职责的人，而不再局限于关系密切的其他亲属和朋友。同时，增加了其他社会组织可以担任未成年人监护人的规定。二是取消了未成年人父、母所在单位对于其他个人或有关组织担任未成年人监护人的同意权，并以民政部门代之。

《民法典》第二十七条明确规定了三类法定监护人的监护顺序。同时，基于对民事主体意思自治的尊重，《民法典》总则编依然允许法定监护人以协商方式对法定监护顺序进行调整。因此，未成年子女法定监护人的监护顺序是：第一顺序是未成年子女的父母。父母对子女的监护职责，始于子女出生这一法律事实，终于子女年满18周岁成年。基于亲子之间的血缘关系，任何人非经法定程序都不能剥夺限制父母对子女的监护权。当然，父母也不得处分、变更监护人的身份。第二顺序是未成年子女的父母通过遗嘱指定的监护人。《民法典》第二十九条规定：“被监护人的父母担任监护人的，可以通过遗嘱指定监护人。”因此，遗嘱指定监护人优先于其他顺序的人。第三顺序是适格监

---

① 《民法通则》第十六条规定：“未成年人的父母是未成年人的监护人。未成年人的父母已经死亡或者没有监护能力的，由下列人员中有监护能力的人担任监护人：（一）祖父母、外祖父母；（二）兄、姐；（三）关系密切的其他亲属、朋友愿意承担监护责任，经未成年人的父、母的所在单位或者未成年人住所地的居民委员会、村民委员会同意的。对担任监护人有争议的，由未成年人的父、母的所在单位或者未成年人住所地的居民委员会、村民委员会在近亲属中指定。对指定不服提起诉讼的，由人民法院裁决。没有第一款、第二款规定的监护人的，由未成年人的父、母的所在单位或者未成年人住所地的居民委员会、村民委员会或者民政部门担任监护人。”

护人之间通过协商确定的监护人。第四顺序是未成年子女的祖父母、外祖父母。第五顺序是未成年子女的成年兄、姐。第六顺序是经未成年子女所在地的“两委会”或者民政部门同意的其他愿意担任监护人的个人或者有关组织。

由于监护在本质上是一种职责，《民法典》总则编对于父母、祖父母、外祖父母、兄、姐等与被监护人血缘关系最为紧密的法定监护人采取了限制原则，未赋予其拒绝担任监护人的权利；对其他个人或有关组织，则采取了任意原则，允许其选择不担任未成年人的监护人。[①] 当然，监护人不履行监护职责或者侵害被监护人合法权益的，应当承担相应的法律责任。

（二）成年人监护

成年人监护是依据法律规定和约定对无民事行为能力或者限制民事行为能力的成年人所实施的监护。《民法通则》中没有出现“成年人监护”的术语，第十七条规定了对无民事行为能力或者限制民事行为能力的精神病人的监护，该条规定指向的“成年精神病人的监护”实质是成年人监护。《民法典》总则编明确规定了成年人监护，扩大了成年人监护对象的范围，不再以精神病人作为单一判断基准，以成年人不能辨认或不能完全辨认自己行为作为判断基准。

成年人监护中的法定监护，即依据法律规定对无民事行为能力或者限制民事行为能力的成年人所进行的监护，监护人的范围、顺序以及监护职责都是依法确定的。《民法典》第二十八条规定：“无民事行为能力或者限制民事行为能力的成年人，由下列有监护能力的人按顺序担任监护人：（一）配偶；（二）父母、子女；（三）其他近亲属；（四）其他愿意担任监护人的个人或者组织，但是须经被监护人住所地的居民委员会、村民委员会或者民政部门同意。”该条修改完善的优点在于：将成年人作为被监护人的范围进行了扩张，删除了“精神病人”的前置条件。同时，在取消被监护人单位的同意权的同时，规定当关系密切的其他亲属、朋友表示愿意承担监护职责时，应由“两委会”或民政部门对其进行选任。

成年人法定监护人的监护顺序。《民法典》总则编为防止具有监护资格

---

① 陈甦主编：《民法总则评注》（上册），法律出版社 2017 年版，第 193 页。

的监护人相互推诿导致监护人缺位，规定了监护人顺序。同时，《民法典》总则编对于配偶、父母、子女、其他近亲属等法定监护人同样采取了限制原则，除非丧失监护能力，否则不得拒绝担任监护人；对其他个人或有关组织，依然采取任意原则，允许其选择不担任成年人监护人的自由。依据《民法典》第二十八条的规定，第一顺序是配偶。配偶是婚姻关系存续期间的夫妻双方。《民法典》第一千零五十九条第一款规定："夫妻有相互扶养的义务。"因此，具有法定扶养义务的配偶一方是第一顺序监护人。当然，配偶一方可以通过协议方式[①]将监护职责自始交由后位法定监护人承担。第二顺序是父母、子女。《民法典》第二十六条第二款规定："成年子女对父母负有赡养、扶助和保护的义务。"因此，成年子女负有赡养父母的法定义务，被监护人有成年子女的，应当承担监护职责；父母作为被监护人最近的直系血亲，如具备监护能力，同样应承担监护职责。第三顺序是其他近亲属。被监护人没有第一、第二顺序监护人或上述监护人没有监护能力的，由有监护能力的兄、姐、弟、妹等其他近亲属承担监护职责。第四顺序是经监护人住所地的居民委员会、村民委员会或者民政部门同意的其他愿意担任监护人的个人或者组织。

成年人在没有具有法定监护资格的人的情形下，由国家承担兜底监护职责。对此，《民法典》第三十二条规定："没有依法具有监护资格的人的，监护人由民政部门担任，也可以由具备履行监护职责条件的被监护人住所地的居民委员会、村民委员会担任。"监护首先是家庭的责任，但对因各种原因处于监护困境的成年被监护人，国家应及时介入履行国家责任。

四、监护的分类——以产生监护法律关系的途径和方法为标准

《民法典》总则编以产生监护法律关系的途径和方法为标准，将监护分为法定监护、指定监护、遗嘱监护、意定监护和国家监护。

（一）法定监护

法定监护，是指按照法律规定的范围和顺序直接产生的监护。法定监护

---

① 《民法总则》第三十条规定："依法具有监护资格的人之间可以协议确定监护人。协议确定监护人应当尊重被监护人的真实意愿。"

在我国是最主要的监护方式。《民法通则》仅仅规定了未成年人的法定监护，2017年《民法总则》在此基础上对成年人的法定监护也作出了规定，完善了法定监护制度。

《民法典》第二十七条对未成年子女的法定监护作了规定，即“父母是未成年子女的监护人。未成年人的父母已经死亡或者没有监护能力的，由下列有监护能力的人按顺序担任监护人：（一）祖父母、外祖父母；（二）兄、姐；（三）其他愿意担任监护人的个人或者组织，但是须经未成年人住所地的居民委员会、村民委员会或者民政部门同意。”《民法典》第二十八条对成年人的监护作了规定：“无民事行为能力或者限制民事行为能力的成年人，由下列有监护能力的人按顺序担任监护人：（一）配偶；（二）父母、子女；（三）其他近亲属；（四）其他愿意担任监护人的个人或者组织，但是须经被监护人住所地的居民委员会、村民委员会或者民政部门同意。”关于未成年人、成年人的法定监护，在前文已作了阐述，不再赘述。

（二）指定监护

指定监护，是指对监护人的确定有争议时，由民政部门、基层群众组织或者人民法院指定而产生的监护。指定监护不是一种特殊的监护方式，仅是解决担任监护人争议的手段。对此，《民法典》第三十一条对指定监护作了详细的规定，即“对监护人的确定有争议的，由被监护人住所地的居民委员会、村民委员会或者民政部门指定监护人，有关当事人对指定不服的，可以向人民法院申请指定监护人；有关当事人也可以直接向人民法院申请指定监护人。居民委员会、村民委员会、民政部门或者人民法院应当尊重被监护人的真实意愿，按照最有利于被监护人的原则在依法具有监护资格的人中指定监护人。依照本条第一款规定指定监护人前，被监护人的人身权利、财产权利以及其他合法权益处于无人保护状态的，由被监护人住所地的居民委员会、村民委员会、法律规定的有关组织或者民政部门担任临时监护人。监护人被指定后，不得擅自变更；擅自变更的，不免除被指定的监护人的责任。”

1. 有权指定监护人的机关。被监护人住所地的居民委员会、村民委员会或者民政部门有权指定监护人。“两委会”与民政部门并无法律地位上的差别，相互之间也没有隶属关系，均可以自主指定监护人。有指定监护人的请求时，被请求的“两委会”或者民政部门应当依法作出指定监护人的决定。指定监护人的决定不是行政行为，只是一种引起监护关系发生的法律事实，利害关系人可以通过民事诉讼请求变更或者撤销该法律事实。当然，《民法典》第三十一条第一款规定，有关当事人对“两委会”或者民政部门指定监护人不服的，可以向人民法院申请指定监护人。据此，有关当事人可以不经“两委会”或者民政部门指定监护人，直接申请人民法院指定监护人。

2. 指定监护人的原则。依据《民法典》第三十一条第二款的规定，有关单位指定监护人应当遵循如下原则：一是只能在“具有监护资格的人”的范围内，对监护人进行指定。“具有监护资格的人”，不仅包括各类法定监护人，还包括相关主体通过遗嘱或者协议方式指定的法定监护人范围之外的适格主体。二是相关单位应当充分尊重被监护人的真实意愿，并以此作为指定监护人的主要依据。三是当被监护人对监护人的指定结果未表达明确意愿时，相关单位应根据最有利于被监护人的原则在依法具有监护资格的人中指定监护人。

3. 临时监护人制度。依据《民法典》第三十一条第三款的规定，担任监护人发生争议，或者无人对被监护人履行监护义务时，被监护人住所地的居民委员会、村民委员会、法律规定的有关组织或者民政部门，应当担任临时监护人。临时监护作为一种特殊保护措施，仅适用于监护原因发生后到监护人确定前的这一段时间。若监护人最终得以确定，临时监护即应宣告终止。当然，临时监护是相关单位所承担的法定职责，当法定情形出现时，相关单位应依职权主动承担该项职责，而无须以当事人的申请作为前提条件。

4. 指定监护人的效力。有权指定机关指定监护人的，在被指定的监护人与被监护人之间发生法定的监护关系，监护人不得以其意思变更或者终止监护关系。正如《民法典》第三十一条第四款规定：监护人被指定后，不得擅自变更；擅自变更的，不免除被指定的监护人的责任。

（三）遗嘱监护

遗嘱监护，是按照父母订立的遗嘱产生的监护。《民法典》第二十九条规定了遗嘱监护，即“被监护人的父母担任监护人的，可以通过遗嘱指定监护人。”该条的规定是2017年《民法总则》创新的制度设计，填补了《民法通则》监护制度中的一个漏洞。父母和子女之间具有最亲密的血缘关系，允许父母生前安排好其身后的未成年子女的照顾事宜，应当是父母子女关系中合乎情理的一种选择，以遗嘱方式指定未成年子女的监护人，在我国民间是有文化和历史传统的。

父母是未成年人的法定监护人，遗嘱监护是父母对未成年人法定监护的扩展。遗嘱监护应当具备的生效要件有以下几点：一是指定监护人的遗嘱应当符合遗嘱生效的实质和形式要件。虽遗嘱监护属于监护制度的范畴，但指定监护人作为一项意思表示，须以遗嘱本身的合法有效为前提条件。二是遗嘱监护的适用对象，既包括父母的未成年子女，也包括民事行为能力欠缺的成年子女。三是遗嘱监护只能由被监护人的父母作出，且该父母的监护权不能被终止或者撤销。四是遗嘱应由最后行使监护权的父或母一方作出。遗嘱监护在未成年人的父母死亡时发生效力，此时，遗嘱指定的监护人对未成年人开始履行监护义务。

需要注意的是，遗嘱监护系单方法律行为，被指定的监护人有无对未成年人进行监护的义务，还取决于被指定的监护人是否接受遗嘱指定，若不接受，则不能发生遗嘱监护的效力。此时，则将继续根据法定监护或指定监护的相关规则进行监护人选任。

（四）意定监护

意定监护，是具有完全民事行为能力的成年人，根据自己的意愿选择监护人，并与其订立监护合同，将自己的监护事务部分或全部委托给受托人，当监护原因发生时，由受托人依据合同约定承担监护责任的一种监护设立方法。[①]《民法通则》并没有规定意定监护，在成年监护制度改革中诞生的意定监护制度，具有普遍的保护丧失或者部分丧失民事行为能力的成年人的重大意义。[②]《民法典》第三十三条规定了意定监护，即“具有完全民事行为能力的成年人，可以与其近亲属、其他愿意担任监护人的个人或者组织事先协商，以书面形式确定自己的监护人。协商确定的监护人在该成年人丧失或者部分

① 参见李霞：《意定监护制度论纲》，载《法学》2011 年第 4 期。

② 杨立新主编：《中华人民共和国民法总则要义与案例解读》，中国法制出版社 2017 年版，第 144 页。

丧失民事行为能力时，履行监护职责。”较之于法定监护制度中蕴含的法律父爱主义倾向，意定监护是民法意思自治原则的具体体现，其核心价值在于对被监护人自我决定权的尊重，而对于监护制度而言，将被监护人的自我决定权置于优先地位，具有更为天然的正当性。①

在意定监护中，监护合同在法律性质上与委托合同较为类似，但当合同中约定的权利义务转化为法定监护职责后，任何一方当事人非经法定程序，均不得擅自变更监护关系。因此，在整个意定监护制度中，委托监护合同始终处于核心地位，合同内容贯穿了监护人选任、监护事项分配、监护关系设立、监护责任承担、监护关系终止等各个环节，对于监护双方权利义务关系的确定，起着至关重要的基础性作用。

在理解适用意定监护时，应当注意下列问题：一是意定监护的主体应为具有完全民事行为能力的成年人。我国民法并没有将限制民事行为能力人作为意定监护权主体。二是意定监护人的范围包括其近亲属、其他愿意担任监护人的个人或者组织。三是协商确定监护人须具备书面形式这一特殊要件，即当事人应当在有完全民事行为能力时，以书面文字的方式对确定自己的监护人进行的意思表示。四是关于丧失或者部分丧失民事行为能力的认定。依据《民法典》总则编的有关规定，应当以不能辨认或不能完全辨认自己的行为作为判断标准，以确定是丧失或者部分丧失民事行为能力。

（五）国家监护

国家监护，是公权力机构在法定条件下，以监护人的身份履行监护职责，承担监护责任。《民法典》第三十二条规定：“没有依法具有监护资格的人的，监护人由民政部门担任，也可以由具备履行监护职责条件的被监护人住所地的居民委员会、村民委员会担任。”该条是对《民法通则》规定的修订与完善。在家庭监护缺位时，国家和社会力量理应成为有益补充。因此，监护并不仅是家庭的责任，而是家庭、社会和国家三者共同承担的责任。公权力介入监护领域是各国监护制度改革的趋势，国家通过运用各种公权力手段和社会公

---

① 参见李霞:《成年监护制度的现代转向》，载《中国法学》2015 年第 2 期。

共机制干预和介入监护领域，实践其保护弱势群体合法权益的职责。[①]

在之前的实践中，从对《民法总则》第三十二条的文义解释来看，立法者有意让民政部门承担主要监护责任，而“两委会”则发挥补充性作用。[②]换言之，当被监护人没有其他适格监护人时，应优先由民政部门对其承担监护职责，只有当被监护人住所地的“两委会”具备更好的监护能力，或民政部门暂时不具备监护能力时，才可由“两委会”担任监护人。在现实生活中，民政部门作为监护人，主要是通过委托其下设或管理的儿童福利院、未成年人保护中心、养老院、精神病院等机构来实际履行监护职责。这些机构接受民政部门监督，并对其负责。

五、监护人的监护职责及其履行

《民法典》第三十四条规定了监护人的监护职责，第三十五条规定了监护人监护职责的履行。监护人的监护职责及其履行，是在《民法通则》的基础上进行修订与完善的。

（一）监护人的监护职责

监护人的监护职责，是监护人对被监护人所承担的监护义务，为监视、照顾和保护被监护人的人身和财产安全的法定义务。《民法典》第三十四条规定：“监护人的职责是代理被监护人实施民事法律行为，保护被监护人的人身权利、财产权利以及其他合法权益等。监护人依法履行监护职责产生的权利，受法律保护。监护人不履行监护职责或者侵害被监护人合法权益的，应当承担法律责任。”该条的规定承继了《民法通则》第十八条[③]的主要内容。

---

① 参见夏吟兰：《监护》，载张鸣起主编：《民法总则专题讲义》，法律出版社2019年版，第107页。

② 参见陈甦主编：《民法总则评注》（上册），法律出版社2017年版，第232页。

③ 《民法通则》第十八条规定：“监护人应当履行监护职责，保护被监护人的人身、财产及其他合法权益，除为被监护人的利益外，不得处理被监护人的财产。监护人依法履行监护的权利，受法律保护。监护人不履行监护职责或者侵害被监护人的合法权益的，应当承担责任；给被监护人造成财产损失的，应当赔偿损失。人民法院可以根据有关人员或者有关单位的申请，撤销监护人的资格。”

2017年《民法总则》将《民法通则》第十八条的监护撤销规则移至第三十四条予以专门规定，在该条第二款将“监护人一方履行监护的权利”调整为“监护人依法履行监护职责产生的权利”。由此可见，立法者把监护人享有权利和承担义务的法律基础统一到了“监护职责”，反映了将监护的法律性质定位于一种职责的立法选择。①

监护职责的内容。根据《民法典》第三十四条第一款的规定，监护人的监护职责主要包括代理被监护人实施法律行为和保护被监护人的合法权益两项，其中前者为积极保护，旨在使被监护人可以有效参与社会交往活动；后者为消极保护，旨在防止被监护人合法权益遭受损害。②我们知道，监护人是被监护人的法定代理人，故监护人有权代表被监护人实施各类民事法律行为，并对被监护人实施的超出行为能力的法律行为，行使同意权和追认权。依据《民法典》第三十五条的规定，无论监护人代理实施的是财产行为还是身份行为，都必须按照最有利于被监护人的原则行使代理权，否则将构成代理权的滥用。监护人保护被监护人的合法权益，在实践中主要表现为：照顾被监护人的生活，为其提供必要物质条件的义务；保护被监护人的人身权益的义务；管理和保护被监护人财产的义务；合理管束、教育被监护人的义务。③

因监护而产生的权利的法律保护。监护，在法律性质上并非民事权利，但监护职责的行使仍然具有不可侵犯并且排除干涉的效力，任何个人或组织无法定理由，均不得妨碍监护人正常履行监护职责。因此，当监护人的监护权行使遭受阻碍时，监护人可依法进行救济。

监护人的法律责任。根据《民法典》第三十四条第三款的规定，监护人不履行监护职责或者侵害被监护人合法权益的，应当承担法律责任。监护义

---

① 参见陈甦主编：《民法总则评注》（上册），法律出版社2017年版，第242页。

② 参见陈甦主编：《民法总则评注》（上册），法律出版社2017年版，第245页。

③ 参见《最高人民法院关于贯彻执行〈中华人民共和国民法通则〉若干问题的意见（试行）》［1988年4月2日法（办）发〔1988〕6号］第十条的规定：监护人的监护职责包括：保护被监护人的身体健康，照顾被监护人的生活，管理和保护被监护人的财产，代理被监护人进行民事活动，对被监护人进行管理和教育，在被监护人合法权益受到侵害或者与人发生争议时，代理其进行诉讼。

务不履行的法律责任，包括但不限于停止侵害、排除妨碍、消除危险、返还财产、继续履行、赔偿损失等民事责任。

（二）监护人监护职责的履行

监护人监护职责的履行，应当遵循最有利于被监护人原则和尊重被监护人真实意愿原则。对此，《民法典》第三十五条规定："监护人应当按照最有利于被监护人的原则履行监护职责。监护人除为维护被监护人利益外，不得处分被监护人的财产。未成年人的监护人履行监护职责，在作出与被监护人利益有关的决定时，应当根据被监护人的年龄和智力状况，尊重被监护人的真实意愿。成年人的监护人履行监护职责，应当最大限度地尊重被监护人的真实意愿，保障并协助被监护人实施与其智力、精神健康状况相适应的民事法律行为。对被监护人有能力独立处理的事务，监护人不得干涉。"该条的规定，明确了监护制度的核心价值在于最大限度促进和保护被监护人的利益，同时颠覆了传统的监护职责履行方法，并在监护人与被监护人之间形成了一种全新的交往模式，是监护制度改革的一大亮点，不仅与国际监护制度改革的整体趋势相吻合，也符合我国社会发展对于监护规则的实际需求。①

根据《民法典》第三十五条的规定，监护人履行监护职责应当遵循下列原则：

1. 最有利于被监护人原则。民法设置监护的目的是保护无民事行为能力人和限制民事行为能力人的合法利益，因此，监护人在履行监护职责时，应当遵循最有利于被监护人的原则。以此原则，应当以被监护人的最大利益为中心，来考量何种选择和决定最有利于被监护人，充分尊重被监护人的意愿，最大限度地避免对被监护人的损害。

在司法实践中，可从如下方面理解"最有利于被监护人原则"：一是保证被监护人生存和发展的权利，是实现一切其他权益的基础。二是建立以被监护人为本位的监护理念，将被监护人看作权利主体，而非法律保护的客体。三是在合理范围内尊重被监护人的自主决定权。四是妥善保管、利用和处分

① 参见陈甦主编：《民法总则评注》（上册），法律出版社 2017 年版，第 253 页。

被监护人的财产权益。[①]

如《江某诉钟某变更抚养关系案——依法保障未成年人的受教育权》[②]，原告江某与被告钟某于2009年3月10日登记结婚，婚后育有一子，取名江某俊。2011年9月20日，双方因感情不和，经法院调解协议离婚，约定儿子江某俊由母亲钟某抚养，江某每月支付抚养费600元，直到孩子独立生活为止。离婚后，钟某将婚姻的不幸转嫁到孩子身上，以种种理由拒绝让父子相见。更为严重的是，钟某无工作，租住在廉租房内靠亲人接济为生，常年闭门不出，也不让江某俊上学读书。江某曾于2015年6月8日向法院起诉要求变更抚养权，后撤回起诉。为了孩子的成长，2016年10月11日江某再次向法院提起诉讼要求变更江某俊抚养关系，后经法院主持调解，江某与钟某达成和解协议，江某俊抚养权依然归钟某，江某俊的生活、教育所需费用均由江某承担。江某按约履行了调解书约定的义务，但是钟某拒不履行调解书约定义务。江某俊年满8周岁，已达到适学年龄，经法院多次执行，钟某仍拒绝送孩子上学，严重影响了孩子的健康成长，而江某俊的爷爷奶奶为了孩子上学，频繁越级上访，导致矛盾激化。2018年3月，原告江某再次向法院起诉，要求变更儿子抚养关系。为了化解矛盾，法院联合该市未成年人保护办公室、妇联、团委、家调委及社区、教育等部门工作人员积极配合，多次上门调解，钟某仍拒绝送孩子上学。经与孩子沟通，孩子表示愿意上学读书，市未成年人保护办公室和妇联联合取证，并作为未成年人保护组织出庭支持诉讼。法院经审理认为，适龄儿童接受义务教育是家长的义务，根据市团委、妇联作为未成年人保护组织为江某俊调取的大量证据材料，证明钟某作为法定监护人，剥夺江某俊的受教育权，严重影响了孩子的身心健康发展，侵犯了未成年人的合法权益。为保护江某俊的受教育权，保障其健康成长，法院在事实证据充分的情况下，依法变更江某俊的抚养关系。父母或者其他监护人应当尊重未成年人受教育的权利，必须使适龄未成年人依法入学接受并完成义务教育，不得使接受义务教育的未成年人辍学。与子女共同生活的一方不尽抚养义务，另一方要求

---

① 参见陈甦主编:《民法总则评注》(上册)，法律出版社2017年版，第257~258页。

② 参见最高人民法院于2019年5月31日发布的《保护未成年人权益十大优秀案例》。

变更子女抚养关系的，人民法院应予支持。本案中，江某俊随钟某生活期间，钟某不履行监护义务，拒绝送江某俊上学，不让孩子接受义务教育，严重侵犯了孩子的受教育权利。钟某无工作，无住房，无经济来源，无法保障孩子生活、学习所需，且侵犯了孩子受教育权，本着儿童利益最大化原则，法官判决支持江某变更抚养关系的诉求。

2. 不得擅自处分被监护人的财产。监护制度的目的在于对被监护人进行管理和照顾，既包括对被监护人的人身权益进行照顾，也包括对被监护人的财产进行照管。监护人在履行监护职责时，一般只是对被监护人的财产进行管理，而不能通过被监护人的财产为自己谋利。因此，监护人除为维护被监护人利益外，不得处分被监护人的财产。此处的"不得"，充分反映了立法者对于保护被监护人财产权益的坚定态度，人民法院可直接认定违反该规定的行为无效。①

3. 尊重被监护人自主意愿原则。在《民法典》出台之前，《民法总则》秉持人文关怀的理念，从关爱、保护被监护人的角度考虑，要求监护人在履行监护职责时，应当尽可能尊重被监护人自己处理事务的意愿，尤其是对成年人监护，注重将传统的"消极防御保护"与"积极辅助"被监护人相结合。②根据被监护人的类型不同，侧重点应当有所不同：

（1）尊重未成年被监护人的真实意愿。《民法典》第十九条规定："八周岁以上的未成年人为限制民事行为能力人，实施民事法律行为由其法定代理人代理或者经其法定代理人同意、追认，但是可以独立实施纯获利益的民事法律行为或者与其年龄、智力相适应的民事法律行为。"第二十条规定："不满八周岁的未成年人为无民事行为能力人，由其法定代理人代理实施民事法律行为。"因此，并非所有未成年人的民事法律行为都由监护人一概代理，8周岁以上的未成年人可以独立实施与其年龄和智力状况相适应的民事法律行为。对于超出其年龄和智力范围，仍需要监护人代理实施的其他法律行为，若未成年人表达了与其年龄和智力状况相符合的真实意愿，则应当得到监护人的尊重。人民法院审理离婚案件，确定未成年人抚养权的归属时应当充分

---

① 参见陈甦主编：《民法总则评注》（上册），法律出版社2017年版，第262页。

② 参见李世刚：《〈民法总则〉关于"监护"规定的释评》，载《法律适用》2017年第9期。

听取未成年人的意见，这时的未成年人一般是在 8 周岁以上，可以清晰地表达自己的意愿，因此，应当尊重未成年人的真实意愿。

（2）尊重成年被监护人的真实意愿。对于成年被监护人，监护人更应当尽可能地尊重被监护人的意愿。老年人的民事行为能力并不是突然丧失的，而是逐渐减弱的，因此，监护人应当理解老年人从限制民事行为能力人到无民事行为能力人的变化过程，对于被监护人有能力独立处理的事务，应当尊重其真实意愿。成年被监护人实施的与其认知水平、判断能力、行为能力相符合的行为，尤其是实施与日常生活相关的行为，监护人不应干涉。

六、监护人监护资格的撤销

设定撤销监护人资格制度，是为了更好地保护被监护人的利益，也体现了对监护人失职行为的惩罚，在世界各地立法中已是通例。我国《民法典》第三十六条规定了监护人监护资格的撤销，即“监护人有下列情形之一的，人民法院根据有关个人或者组织的申请，撤销其监护人资格，安排必要的临时监护措施，并按照最有利于被监护人的原则依法指定监护人：（一）实施严重损害被监护人身心健康行为的；（二）怠于履行监护职责，或者无法履行监护职责并且拒绝将监护职责部分或者全部委托给他人，导致被监护人处于危困状态的；（三）实施严重侵害被监护人合法权益的其他行为的。本条规定的有关个人和组织包括：其他依法具有监护资格的人，居民委员会、村民委员会、学校、医疗机构、妇女联合会、残疾人联合会、未成年人保护组织、依法设立的老年人组织、民政部门等。前款规定的个人和民政部门以外的组织未及时向人民法院申请撤销监护人资格的，民政部门应当向人民法院申请。”该条规定，在参考由最高人民法院、最高人民检察院、公安部、民政部四部门于 2015 年 1 月 1 日发布并实施的《关于依法处理监护人侵害未成年人权益行为若干问题的意见》（以下简称《成年监护人侵害意见》）的基础上，结合司法实践经验，对原有的监护人资格撤销制度进行了修订和完善。

（一）撤销监护资格的申请主体

撤销监护资格的申请主体，应当以与被监护人具有法律和生活关系的利害关系人为限。《成年监护人侵害意见》第二十七条规定："下列单位和人员（以下简称有关单位和人员）有权向人民法院申请撤销监护人资格：（一）未成年人的其他监护人，祖父母、外祖父母、兄、姐，关系密切的其他亲属、朋友；（二）未成年人住所地的村（居）民委员会，未成年人父、母所在单位；（三）民政部门及其设立的未成年人救助保护机构；（四）共青团、妇联、关工委、学校等团体和单位。申请撤销监护人资格，一般由前款中负责临时照料未成年人的单位和人员提出，也可以由前款中其他单位和人员提出。"

《民法典》第三十六条规定的撤销监护资格的申请主体是"有关个人或者组织"，并将"有关个人或者组织"界定为：其他依法具有监护资格的人，居民委员会、村民委员会、学校、医疗机构、妇女联合会、残疾人联合会、未成年人保护组织、依法设立的老年人组织、民政部门等。这些个人或者组织均负有保护被监护人的特定职责，规定其可以申请撤销监护人资格，目的是及时披露监护中存在的问题，对监护权的行使起到监督和制约作用，避免监护人滥用监护权侵害被监护人利益。切记，民政部门以外的其他利害关系人"未及时向人民法院申请撤销监护人资格的，民政部门应当向人民法院申请"，立法强调了民政部门的法律责任和社会责任。

（二）撤销监护资格的法定事由

监护关系一旦被撤销，将使监护双方的原有生活产生重大改变，因此对是否存在撤销监护资格的法定事由进行界定时，应当始终保持格外谨慎的态度，并以最有利于被监护人利益为原则。依据《民法典》第三十六条第一款的规定，若监护人有如下情形，则构成撤销监护资格的法定事由：一是实施严重损害被监护人身心健康行为的，如实践中的性侵害、暴力伤害未成年被监护人等严重损害身心健康的行为。二是监护人怠于履行监护职责，或者无法履行监护职责并且拒绝将监护职责部分或者全部委托给他人，导致被监护人处于危困状态的。三是监护人实施严重侵害被监护人合法权益的其他行为的，主要是指侵害被监护人的财产权益。

在司法实践中，人民法院可以参照《成年监护人侵害意见》第三十五条的规定："被申请人有下列情形之一的，人民法院可以判决撤销其监护人资格：（一）性侵害、出卖、遗弃、虐待、暴力伤害未成年人，严重损害未成年人身心健康的；（二）将未成年人置于无人监管和照看的状态，导致未成年人面临死亡或者严重伤害危险，经教育不改的；（三）拒不履行监护职责长达六个月以上，导致未成年人流离失所或者生活无着的；（四）有吸毒、赌博、长期酗酒等恶习无法正确履行监护职责或者因服刑等原因无法履行监护职责，且拒绝将监护职责部分或者全部委托给他人，致使未成年人处于困境或者危险状态的；（五）胁迫、诱骗、利用未成年人乞讨，经公安机关和未成年人救助保护机构等部门三次以上批评教育拒不改正，严重影响未成年人正常生活和学习的；（六）教唆、利用未成年人实施违法犯罪行为，情节恶劣的；（七）有其他严重侵害未成年人合法权益行为的。”

（三）撤销监护资格的法律效果

监护人监护资格被撤销后，不能让被监护人处于“真空”状态，民法应及时跟进。一是为被监护人安排必要的临时监护措施。被监护人在权益受到监护人侵害之后，人民法院在指定监护人之前，为避免被监护人处于无人监护的状态，可以临时指定被监护人的亲属、村民委员会、居民委员会、民政部门等担任临时监护人，履行法律规定的监护职责。二是原监护关系终止，新监护关系设立。三是当被撤销监护资格的是被监护人的父母或子女时，其可以在符合法定条件的情况下申请恢复监护资格。

（四）监护资格撤销后的抚养义务

在我国现行法上，关于监护人资格被撤销后原监护人的抚养义务履行问题，最早规定于《未成年人保护法》第五十三条①之中，即被撤销监护资格的父母应当依法继续负担抚养费用。《婚姻法》第二十条规定：“夫妻有相互扶养的义务。一方不履行扶养义务时，需要扶养的一方，有要求对方付给扶

---

① 《未成年人保护法》第五十三条规定：“父母或者其他监护人不履行监护职责或者侵害被监护的未成年人的合法权益，经教育不改的，人民法院可以根据有关人员或者有关单位的申请，撤销其监护人的资格，依法另行指定监护人。被撤销监护资格的父母应当依法继续负担抚养费用。”

养费的权利。”第二十一条规定：“父母对子女有抚养教育的义务；子女对父母有赡养扶助的义务。父母不履行抚养义务时，未成年的或不能独立生活的子女，有要求父母付给抚养费的权利。子女不履行赡养义务时，无劳动能力的或生活困难的父母，有要求子女付给赡养费的权利。禁止溺婴、弃婴和其他残害婴儿的行为。”因此,《民法典》总则编在《未成年人保护法》《婚姻法》的基础上明确规定了监护资格撤销后的抚养义务，即第三十七条规定：“依法负担被监护人抚养费、赡养费、扶养费的父母、子女、配偶等，被人民法院撤销监护人资格后，应当继续履行负担的义务。”依据该条规定，要明确一个道理：监护权归监护权，扶养费归扶养费。

（五）监护资格的恢复

监护资格的恢复，是指撤销监护人资格之后，符合法定条件者可以恢复原监护人的资格，该制度是对监护人资格撤销制度的补充。撤销监护人资格后，并非不可恢复，对于监护人在被撤销监护人资格后，确有悔改表现，且有继续担任监护人意愿的，经申请，人民法院在尊重被监护人真实意愿的前提下，出于照顾被监护人的生活考虑，可视情况恢复其监护人资格。对此,《民法典》第三十八条规定：“被监护人的父母或者子女被人民法院撤销监护人资格后，除对被监护人实施故意犯罪的外，确有悔改表现的，经其申请，人民法院可以在尊重被监护人真实意愿的前提下，视情况恢复其监护人资格，人民法院指定的监护人与被监护人的监护关系同时终止。”

依据《民法典》第三十八条的规定，恢复监护权必须符合法律规定的限定条件：一是恢复监护人资格的适用对象仅限于被监护人的父母或者子女；二是被撤销监护资格的监护人没有对被监护人实施故意犯罪；三是被撤销监护资格的监护人确有悔改表现；四是要尊重被监护人的真实意愿，如果被监护人不同意恢复父母或者子女监护资格的，则不得恢复。

七、监护关系的终止事由

监护关系因一定的法律事实而发生，也因一定的法律事实而终止。监护关系的终止，包括绝对终止和相对终止。绝对终止意味着监护存在的消灭，监护关系终止后，再无必要为被监护人另行设立监护人；而监护关系的相对终止又称监护人变更，是目前监护人因出现特定原因不能继续履行监护职责，但被监护人仍然需要继续监护的，依法为被监护人另行设置监护人。《民法典》第三十九条规定了监护关系的终止，即“有下列情形之一的，监护关系终止：（一）被监护人取得或者恢复完全民事行为能力；（二）监护人丧失监护能力；（三）被监护人或者监护人死亡；（四）人民法院认定监护关系终止的其他情形。监护关系终止后，被监护人仍然需要监护的，应当依法另行确定监护人。”该条是单独增设监护关系终止的相关规定，弥补了《民法通则》在这方面的缺位。

依据《民法典》第三十九条的规定，首先，监护关系的绝对终止包括两类：一是被监护人取得或恢复完全民事行为能力时，监护关系自然绝对终止。当然，在被监护人民事行为能力恢复之后又丧失的情况下，依然是监护关系的绝对终止，被监护人民事行为能力又丧失后所形成的监护关系，是一个新的监护法律关系。二是被监护人死亡。被监护人死亡的法律事实的发生，导致监护对象的不复存在，监护关系自然彻底终结。其次，监护关系的相对终止包括两类：一是监护人死亡。当监护人死亡，监护关系自然终结，但被监护人仍然需要监护时，则依法另行确定监护人，形成新的监护关系。二是监护人丧失监护能力。具备监护能力是监护人承担监护职责的前提条件，若监护人丧失监护能力，自然与被监护人的监护关系终止。

监护关系终止的法律后果表现为两个方面：一是身份上的法律后果。在被监护人取得或恢复完全民事行为能力后监护关系终止的情况下，监护人不再承担监护职责，被监护人则成为完全民事行为能力人，可以独立从事各类民事法律行为，行使权利并承担义务。在监护关系相对终止的情况下，还需要形成新的监护法律关系。二是财产上的法律后果。在监护关系绝对终止的情况下，监护人将其代为保管的所有财产返还被监护人（被监护人成为完全民事行为能力人）或其继承人（被监护人死亡）。在监护关系相对终止的情况下，监护人应将其代为保管的所有财产移交新的监护人。

八、对案例13、案例14、案例15的简要评析

1. 对案例13的简要评析

在案例13中，代孕所生的两名孩子的亲子关系，法律上的生母应根据

出生事实认定为代孕者，法律上的生父根据血缘关系及认领行为认定为罗某，由于罗某与代孕者之间不具有合法的婚姻关系，故所生子女为非婚生子女。收养法规定收养必须向民政部门登记方始成立，经补办公证而确认的事实收养关系仅限于收养法实施之前已经收养的情形；如以事实收养关系认定，实际上是认可了代孕所生子女的亲权由代孕母亲转移至抚养母亲，将产生对代孕行为予以默认的不良效果，因此，法院判决关于不成立事实收养关系的认定意见是正确的。根据法律规定，非婚生子女与婚生子女享有同等权利，故拟制血亲的继父母子女关系，其子女范围亦应包括非婚生子女在内。《婚姻法》第二十七条第二款系以是否存在抚养教育的事实作为拟制血亲的继父母子女关系形成与否的衡量标准，根据上述规定，其形成应同时具备两个条件：一是非生父母一方具有将配偶一方的未成年子女视为自己子女的主观意愿，双方以父母子女身份相待；二是非生父母一方对配偶一方的未成年子女有抚养教育的事实行为。缔结婚姻之后，对于一方的非婚生子女，如作为非生父母的一方具备了上述主观意愿和事实行为的，也可形成有抚养关系的继父母子女关系。本案中陈某存在抚养其丈夫罗某的非婚生子女的事实行为，且已完全将两名孩子视为自己子女，故应认定双方之间已形成有抚养关系的继父母子女关系，其权利义务关系应当适用父母子女关系的有关规定。判定代孕所生子女的监护权归属应秉承儿童最大利益原则，本案中无论是从争议双方的年龄及监护能力，还是从孩子对生活环境及情感的需求，以及家庭结构完整性对孩子的影响等各方面考虑，将监护权判归陈某更有利于孩子的健康成长。[①]

2. 对案例 14 的简要评析

在案例 14 中，认定监护人的监护能力，应根据监护人身体健康状况、经济条件，以及与被监护人在生活上的联系状况等综合因素确定。未成年人近亲属无监护能力，亦无关系密切的其他亲属、朋友愿意承担监护责任的，人民法院可根据对被监护人有利的原则，直接指定具有承担社会救助和福利职能的民政部门担任监护人。该案的判决突出了国家监护责任的重要作用，彰显了法律温情的一面。

---

① 详见上海市第一中级人民法院（2015）沪一中少民终字第 56 号民事判决书。

3. 对案例 15 的简要评析

在案例 15 中，本案受理后，该县人民法院主动探索由村民委员会作为申请主体申请撤销监护失当未成年人的监护权工作，并根据法律的有关规定，在没有其他近亲属和朋友可以担任监护人的情况下，按照最有利于被监护人成长的原则，指定当地村民委员会担任小龙的监护人，通过充分发挥审判职能作用向社会表达一种对未成年人关爱的新视角。

《成年监护人侵害意见》对各级人民法院处理监护权撤销案件的相关问题作了较为明确的规定。该意见颁布之前，我国关于监护权撤销制度的规定主要是《民法通则》第十八条和《未成年人保护法》第五十三条，有关规定较为笼统模糊。本案在该意见出台之前即作出了撤销监护人资格的判决，开创了我国撤销监护权的先例，直接推动了该意见的颁布，为该意见中有关有权申请撤销监护人资格的主体及撤销后的安置问题等规定的出台，贡献了实践经验。[①]

第四节　宣告失踪

一、问题的提出

宣告失踪，是指自然人离开自己的住所下落不明达到法定期限，经利害关系人申请，人民法院依照法定程序宣告其为失踪人，并通过财产代管人代为管理和支配失踪人财产的民法制度。以宣告失踪制度与宣告死亡制度并列，这一“双轨制”立法模式源自于《苏俄民法典》。[②] 宣告失踪制度的确立，旨在结束下落不明的自然人的财产关系不稳定状态，为失踪人设立财产代管人，由财产代管人继续失踪人的交易和支配归属失踪人的财产，既有利于维护失踪人的利益，又确保交易的安全，以稳定社会生活秩序。

---

① 参见最高人民法院于 2019 年 5 月 31 日发布的《保护未成年人权益十大优秀案例》。

② 张俊浩主编:《民法学原理》(上册)，中国政法大学出版社 2000 年版，第 102 页。

在研究宣告失踪之前，先看一则案例：

案例 16：邱某霖申请宣告邱某明失踪案[①]

下落不明人邱某明，男，1970 年 9 月 22 日出生，汉族，原住四川省冕宁县泸沽镇交通南路 ×× 号，系申请人邱某霖的父亲。2015 年 3 月 22 日，邱某明在冕宁县泸沽镇失踪，并经多方寻找至今下落不明。申请人邱某霖申请宣告邱某明失踪后，法院于 2019 年 1 月 23 日在《人民法院报》刊登寻找邱某明的公告。法定公告期间为三个月，现已届满，邱某明仍然下落不明。

法院认为，公民下落不明满 2 年的，利害关系人可以向人民法院申请宣告其失踪，并指定财产代管人。本案中，申请人邱某霖与被申请人邱某明系父子关系，因此其可以作为申请人向法院申请宣告被申请人邱某明失踪，并指定财产代管人。申请人邱某霖所提供的证明证实被申请人邱某明已下落不明 3 年时间的事实，故申请人邱某霖申请宣告被申请人邱某明失踪于法有据，予以支持。对于申请人邱某霖要求指定其为财产代管人的申请，法院认为，鉴于被申请人现无配偶，也无其他子女，可以指定申请人邱某霖作为其财产代管人。依照《民法总则》第四十条、第四十一条、第四十二条第一款，《民事诉讼法》第一百八十三条、第一百八十五条，《最高人民法院关于适用〈中华人民共和国民事诉讼法〉的解释》第三百四十三条之规定，判决如下：一、宣告邱某明失踪；二、指定邱某霖为失踪人邱某明的财产代管人。

上述案例是一起典型的宣告失踪案。那么，宣告失踪应当具备哪些条件？财产代管人的责任如何确定？宣告失踪的效力如何？

二、宣告失踪的条件

《民法典》第四十条规定了宣告失踪的条件，即“自然人下落不明满二年的，利害关系人可以向人民法院申请宣告该自然人为失踪人。”2017 年《民法总则》以“自然人”替代了《民法通则》的“公民”，《民法典》总则编

---

① 详见四川省冕宁县人民法院（2019）川 3433 民特 1 号民事判决书。

延续了这一规定。自然人是私法范畴，与《民法典》总则编所规定的民事主体——自然人相一致。公民属于公法的范畴，强调的是具有一国国籍的自然人。《民法典》总则编使用了“自然人”，并以此为基础确定人民法院对宣告失踪案件的管辖权。

根据《民法典》第四十条的规定，宣告失踪应当具备下列条件：

1. 自然人下落不明满 2 年。下落不明是一种事实状态，是自然人离开住所而失去音讯的状态。下落不明的状态是持续地、不间断地经过 2 年期间。下落不明的 2 年期间，因自然人失去音讯的原因不同而有不同的起算点。根据《民法典》第四十一条的规定，下落不明的期限自自然人失去音讯之日起计算；战争期间下落不明的，则自战争结束之日或者有关机关确定的下落不明之日起计算。在下落不明的 2 年期间内，自然人恢复音讯后又失去音讯的，下落不明的持续状态因恢复音讯而中断，该 2 年期间重新计算。

2. 须利害关系人申请。宣告失踪实行的是当事人申请主义，没有利害关系人宣告失踪的申请，人民法院不得依职权宣告下落不明的自然人失踪。对下落不明的自然人，有权提出宣告失踪的人以被申请人的近亲属和其他与其有民事权利义务关系的人为限。《民法通则意见》第二十四条规定：“申请宣告失踪的利害关系人，包括被申请宣告失踪人的配偶、父母、子女、兄弟姐妹、祖父母、外祖父母、孙子女、外孙子女以及其他与被申请人有民事权利义务关系的人。”申请宣告失踪的利害关系人范围与申请宣告死亡的利害关系人范围相同，但没有顺序限制，即申请的提出不受与失踪人关系亲疏远近的限制。显然，与被申请人无利害关系的人，不得申请宣告失踪。当然，利害关系人申请宣告失踪的，应当向有管辖权的人民法院提出。

3. 须经人民法院判决宣告失踪。宣告失踪对下落不明人及其利害关系人的私法关系具有较大影响，因此必须由法院通过判决的方式作出，以防止制度滥用。多个利害关系人向法院提出宣告失踪申请，其中一个或多个申请人撤回申请，只要有人坚持申请人民法院宣告失踪的，不影响法院继续审理。当然，申请人全部申请人民法院撤回申请的，法院不需要对撤回申请是否正当、合法进行审查，应当直接裁定终结案件。

三、财产代管人的责任

根据《民法典》总则编的有关规定，财产代管人的责任表现为：

1. 财产代管人的确定。《民法典》第四十二条对此作了规定，即“失踪人的财产由其配偶、成年子女、父母或者其他愿意担任财产代管人的人代管。代管有争议，没有前款规定的人，或者前款规定的人无代管能力的，由人民法院指定的人代管。”因此，人民法院宣告自然人失踪的，应当确定财产代管人代为管理失踪人的财产。财产代管人由失踪人的配偶、父母、成年子女或者其他愿意担任财产代管人的人担任，人民法院在宣告失踪时，应当对此予以确认。若没有符合法定条件的代管财产的人选，或者就其人选发生争议的，人民法院应当在宣告失踪时指定财产代管人。

2. 财产代管人的权限。《民法典》第四十三条对此进行了规定：“财产代管人应当妥善管理失踪人的财产，维护其财产权益。失踪人所欠税款、债务和应付的其他费用，由财产代管人从失踪人的财产中支付。财产代管人因故意或者重大过失造成失踪人财产损失的，应当承担赔偿责任。”该条规定源自于《民法通则》第二十一条第二款：“失踪人所欠税款、债务和应付的其他费用，由代管人从失踪人的财产中支付。”显然，《民法典》作了补充，明确了财产代管人妥善管理财产的义务，并规定了财产损害的赔偿责任。因此，财产代管人的责任可以概括为三个方面：一是妥善管理。具体是指对财产实施妥当的保存行为以及必要的经营行为和处分行为，以维护失踪人的财产权益。二是用财偿债。财产代管人不仅仅是保管人，除了维持失踪人财产的现有正常状态，在法律以及法院授权的范围内，有权代理失踪人从事一定的民事行为，即以失踪人的财产代其清偿债权债务，也有权代理其接受债权。三是过错担责。无论是财产代管人针对失踪人财产实施何种代管行为，法律均要求代管人尽善良管理人义务。所谓善良管理人是指诚实、谨慎而富有经验的管理人应当承担能够达到的注意程度的义务。[①] 财产管理人没有尽到善良管理人的注意义务而造成失踪人财产损失的，应当承担赔偿责任。

3. 财产代管人的变更。《民法典》第四十四条规定了财产代管人变更，

---

① 陈甦主编：《民法总则评注》（上册），法律出版社2017年版，第316页。

即“财产代管人不履行代管职责、侵害失踪人财产权益或者丧失代管能力的，失踪人的利害关系人可以向人民法院申请变更财产代管人。财产代管人有正当理由的，可以向人民法院申请变更财产代管人。人民法院变更财产代管人的，变更后的财产代管人有权要求原财产代管人及时移交有关财产并报告财产代管情况。”该条规定源自于《民法通则意见》第三十五条[①]的规定。《民法典》总则编的规定，旨在确定财产代管人变更的条件、申请的主体和程序以及后果。依据该条规定，失踪人的利害关系人须具备法定情形方可向人民法院申请变更财产代管人：财产代管人不履行代管职责；财产代管人侵害失踪人的财产利益，只要代管人有损害失踪人利益的故意或重大过失，无论是否已造成实际损失，均构成撤销其代管权利的事由；财产代管人丧失代管能力，包括代管人丧失或者部分丧失其民事行为能力，或代管人因患病、长期外出等原因无法履行代管职责。[②]

四、宣告失踪的效力

自然人被宣告失踪后的法律效果表现为：被宣告失踪的人的民事主体资格依然存在，民事权利能力不因此而消灭，宣告失踪仅是对下落不明的自然人失踪的客观事实的司法确认，对于失踪人所涉及的人身关系和财产关系均不发生实质影响。[③]

当然，失踪人重新出现的，宣告失踪应予撤销。财产代管的法律关系应当消灭。对此，《民法典》第四十五条规定：“失踪人重新出现，经本人或者利害关系人申请，人民法院应当撤销失踪宣告。失踪人重新出现，有权要求财产代管人及时移交有关财产并报告财产代管情况。”

---

① 《民法通则意见》第三十五条规定：“失踪人的财产代管人以无力履行代管职责，申请变更代管人的，人民法院比照特别程序进行审理。失踪人的财产代管人不履行代管职责或者侵犯失踪人财产权益的，失踪人的利害关系人可以向人民法院请求财产代管人承担民事责任。如果同时申请人民法院变更财产代管人的，变更之诉比照特别程序单独审理。”

② 参见陈甦主编：《民法总则评注》（上册），法律出版社 2017 年版，第 320 页。

③ 参见杜万华主编：《中华人民共和国民法总则实务指南》，中国法制出版社 2017 年版，第 109 页。

五、对案例 16 的简要评析

在案例 16 中，首先，本案符合宣告失踪的条件。一是邱某明下落不明满 2 年，自人民法院公告期满实际上已满了 4 年。二是有利害关系人申请，即失踪人邱某明之子邱某霖申请人民法院宣告其父亲失踪。三是人民法院依法判决宣告邱某明失踪。宣告失踪适用特别程序，一审终审，判决宣告后立即生效。其次，本案在判决宣告邱某明失踪的同时，指定了其子邱某霖作为财产代管人，符合法律规定。因此，本案的判决是正确的。

第五节　宣告死亡

一、问题的提出

所谓宣告死亡，是指自然人下落不明达到法定期限，经利害关系人申请，人民法院经过法定程序在法律上推定失踪人死亡的一项制度。[①] 自然人下落不明，与其有关的财产关系和人身关系，因其下落不明而处于不稳定状态。因自然人下落不明而出现的财产关系和人身关系的不稳定状态，不仅不利于下落不明的自然人的利益的保护，而且严重影响利害关系人的利益而有损于社会生活和法律秩序的安定。因此，从立法上确立宣告死亡制度，有效地平衡了各方利益。

在研究宣告死亡制度之前，先看一则案例：

案例 17：张某美申请宣告公民死亡案[②]

张某美称，刘某昌系其夫。刘某昌失踪前系“鲁岚渔 61×××”轮船员，2018 年 9 月 3 日，“鲁岚渔 61×××”轮在黄海水域与“NAVIOSETOILE”

① 王利明：《民法总则研究》（第三版），中国人民大学出版社 2018 年版，第 242~243 页。

② 详见青岛海事法院（2018）鲁 72 民特 409 号民事判决书。

轮发生碰撞后沉没，刘某昌失踪，经有关机关确认已无生还可能。申请人张某美特申请依法宣告刘某昌死亡。

经审理查明：下落不明人刘某昌，男，汉族，1975年6月11日出生，户籍地山东省日照市，系申请人张某美之夫。2018年9月18日，日照市岚山区海洋与渔业监督监察大队出具证明称，“2018年9月3日，‘鲁岚渔61×××’轮在黄海水域与‘NAVIOSETOILE’轮发生碰撞，致‘鲁岚渔61×××’轮沉没，船上3名船员失踪，经多方搜救未果，现已无生还可能。失踪人员名单：刘某昌”。申请人张某美申请宣告刘某昌死亡后，法院于2018年10月26日在《人民法院报》发出寻找刘某昌的公告。法定公告期间为三个月，现已届满，刘某昌仍然下落不明。

法院认为，刘某昌出海作业因意外事故下落不明，经有关机关证明无生还可能，本院已按法定程序发出寻找刘某昌的公告，公告期三个月已届满，刘某昌仍杳无音信，符合法律规定的宣告死亡的条件。依照《中华人民共和国民事诉讼法》第一百八十五条规定，判决如下：宣告刘某昌死亡。本判决为终审判决。

上述案例是一起典型的法院宣告死亡案例。那么，宣告死亡应当具备哪些条件？宣告死亡时间如何认定？宣告死亡的法律后果有哪些？当被宣告死亡的自然人“复活”时，宣告死亡应当如何撤销？

二、宣告死亡的条件

宣告失踪仅是对下落不明的自然人失去音讯的事实状态的认可，而宣告死亡则是对下落不明的自然人死亡的推定。因此，宣告死亡，在学理上又称为拟制死亡或者推定死亡。[①] 宣告失踪和宣告死亡具有不同的目的和法律意义，宣告死亡在条件、程序和效果上，均与宣告失踪有所不同。宣告死亡旨在结束被宣告死亡的自然人以其住所为中心而形成的权利义务关系，包括财产关系和人身关系，利益保护的重心偏向于利害关系人的利益。

---

① 参见杜万华主编：《中华人民共和国民法总则实务指南》，中国法制出版社2017年版，第190页。

《民法典》第四十六条规定："自然人有下列情形之一的，利害关系人可以向人民法院申请宣告该自然人死亡：（一）下落不明满四年；（二）因意外事件，下落不明满二年。因意外事件下落不明，经有关机关证明该自然人不可能生存的，申请宣告死亡不受二年时间的限制。"[①] 据此，宣告死亡应当具备以下条件：

1. 自然人下落不明达到法定期限。下落不明是自然人离开最后居住地没有音讯、生死不明的一种状态。如果确知某人仍然活着，即便不知道确切地址和联系方式，也不属于下落不明。下落不明的起算时间从失去音讯之日起计算。战争期间下落不明的起算时间自战争结束之日或者有关机构确定下落不明之日起计算。

自然人下落不明达到法定期限，可以分为三种情形：一是自然人下落不明满 4 年。此类属于自然人正常下落不明的情形。二是因意外事件，下落不明满 2 年。意外事件是指非因行为人的故意或者过失，而是由于当事人意志以外的原因偶然发生的事故，包括海难、雪崩、地震、海啸等，但不包括战争。战争期间下落不明的，需要满 4 年才可申请宣告死亡。三是因意外事件下落不明，经有关机关证明该自然人不可能生存的，申请宣告死亡不受 2 年时间限制。如"马航 370 失联"，经有关机关证明该航班的乘客已经不可能生存，此时利害关系人可以申请人民法院宣告某一自然人死亡，就不受 2 年时间的限制。

2. 须经利害关系人申请。宣告死亡实行申请主义。没有宣告死亡的申请，人民法院不得依职权宣告下落不明的自然人死亡。利害关系人必须与被申请宣告死亡的人存在民事权利义务关系，既可以是亲属关系，也可以是财产共有关系、债权债务关系。依据《民法通则意见》第二十五条的规定，申请宣告死亡的利害关系人的顺序是：（1）配偶；（2）父母、子女；（3）兄弟姐妹、祖父母、外祖父母、孙子女、外孙子女；（4）其他有民事权利义务关系的人。

---

① 该条源自于《民事诉讼法》第一百八十四条："公民下落不明满四年，或者因意外事故下落不明满二年，或者因意外事故下落不明，经有关机关证明该公民不可能生存，利害关系人申请宣告其死亡的，向下落不明人住所地基层人民法院提出。申请书应当写明下落不明的事实、时间和请求，并附有公安机关或者其他有关机关关于该公民下落不明的书面证明。"

但依据《民法典》第四十六条的规定，利害关系人对死亡宣告的申请不再有顺位规定，在符合条件的情况下均可提出宣告死亡的申请，可以根据自己的利益考虑单独申请，也可以一同申请。

值得特别注意的是，当同一自然人下落不明达到了法定期限，有多个利害关系人向人民法院申请时，有的申请人民法院宣告该自然人失踪，有的申请人民法院宣告该自然人死亡。此时，应当如何处理？依据《民法典》第四十七条的规定：对同一自然人，有的利害关系人申请宣告死亡，有的利害关系人申请宣告失踪，符合本法规定的宣告死亡条件的，人民法院应当宣告死亡。该规定有效地回应了现实生活和司法实践中的争论。

3. 由人民法院依特别程序作出宣告。宣告死亡只能由人民法院依法审理，其他任何机构都无权宣告自然人死亡。利害关系人申请下落不明人死亡的，向下落不明人住所地基层人民法院提出，人民法院受理后，应当发出寻找下落不明人的公告。宣布死亡的公告期为 1 年。因意外事件下落不明的，经有关机关证明该自然人不可能生存的，宣告死亡的公告期为 3 个月。公告期届满，下落不明人依然没有音讯，人民法院可以作出宣告死亡的判决。

三、宣告死亡时间的认定

被宣告死亡的死亡日期，对于利害关系人和被宣告死亡的下落不明人而言，均有重要的法律意义，如何确定死亡日期，是事实问题和法律问题的结合。人民法院依据利害关系人的申请，依照法定程序宣告下落不明的自然人死亡。作出这种推定死亡首先要确定死亡的具体时间。如果死亡时间不确定，就不利于确定相关的权利义务关系，如死亡赔偿金的计算标准、养老金的领取、抚恤金的领取、婚姻关系的终止、继承开始时间的确定，等等。

关于宣告死亡时间的确定，《民法典》第四十八条规定：“被宣告死亡的人，人民法院宣告死亡的判决作出之日视为其死亡的日期；因意外事件下落不明宣告死亡的，意外事件发生之日视为其死亡的日期。”该条规定源自于《民法通则意见》第三十六条第一款“被宣告死亡的人，判决宣告之日为其死亡的日期。判决书除发给申请人外，还应当在被宣告死亡的人住所地和人民法院所在地公告”，并作了修正，增加了“因意外事件下落不明宣告死亡的，意外事件发生之日视为其死亡的日期”。

在理解适用《民法典》第四十八条时，应当注意：一是《民法通则》没有关于自然人被宣告死亡时死亡时间如何确定的规定，实践中通常有两种做法，一种是在判决书中直接写明宣告死亡日期，另一种是判决生效之日。本条明确规定为判决“作出”之日。二是“视为”和“推定”的区别，一般来说“视为”是不允许推翻的，“推定”是可以推翻的，但《民法典》第一千二百二十二条[①]规定的关于医疗机构有过错的推定是个例外，不允许推翻。

自 2015 年 12 月 1 日起实施的《保险法解释（三）》第二十四条规定：“投保人为被保险人订立以死亡为给付保险金条件的人身保险合同，被保险人被宣告死亡后，当事人要求保险人按照保险合同约定给付保险金的，人民法院应予支持。被保险人被宣告死亡之日在保险责任期间之外，但有证据证明下落不明之日在保险责任期间之内，当事人要求保险人按照保险合同约定给付保险金的，人民法院应予支持。”依据该条规定，虽然宣告死亡属于推定死亡，但是其法律后果与自然死亡是一致的，因此在保险合同法律关系中宣告死亡也会导致保险事故的发生，保险人应当按约定支付保险金。由于宣告死亡是推定死亡，故被保险人从下落不明之日起即可能已经实际死亡了，从保护受益人角度出发，该条第二款规定如果下落不明之日在保险责任期限内，应视为保险事故发生在保险责任期限内。

四、宣告死亡的法律后果

在我国，宣告死亡的法律后果可以概括为推定被宣告人死亡，因此发生与自然人自然死亡相同的效力。其实，宣告死亡与自然人正常死亡的法律后果应当有所区别。宣告死亡的法律后果表现为：

1. 宣告死亡的效力及于一切人。自然人如果被宣告死亡，将对该自然人已经形成的财产关系和人身关系的效力产生影响。该效力不仅及于申请人，而且及于其他任何人。也就是说，不仅申请宣告死亡的人可以主张宣告死亡

---

① 《民法典》第一千二百二十二条规定：“患者在诊疗活动中受到损害，有下列情形之一的，推定医疗机构有过错：（一）违反法律、行政法规、规章以及其他有关诊疗规范的规定；（二）隐匿或者拒绝提供与纠纷有关的病历资料；（三）遗失、伪造、篡改或者违法销毁病历资料。”

的法律效果，其他利害关系人也可以主张相关的权利。

2. 宣告死亡并不当然消灭被宣告死亡人的民事主体资格。《民法典》第四十九条规定："自然人被宣告死亡但是并未死亡的，不影响该自然人在被宣告死亡期间实施的民事行为的效力。"该条的规定，旨在明确被宣告死亡人在实际生存的情况下行为的效力，避免因宣告死亡的推定而与事实不符所产生的可能对实际生存者及法律行为关系人的不利。

3. 财产关系的变动。自然人如果被宣告死亡，则对其财产关系产生一定的影响。因为自然人被宣告死亡后，该自然人的财产被作为遗产由其继承人继承。

4. 婚姻关系的消灭。自然人如果被宣告死亡，其婚姻关系自然终止。对此，《民法典》第五十一条规定："被宣告死亡的人的婚姻关系，自死亡宣告之日起消灭。死亡宣告被撤销的，婚姻关系自撤销死亡宣告之日起自行恢复，但是其配偶再婚或者向婚姻登记机关书面声明不愿意恢复的除外。"因此，自然人如果被宣告死亡，其婚姻关系自然终止。

五、宣告死亡的撤销

当被宣告死亡的自然人"复活"时，其本人或者利害关系人即有权撤销之前的死亡宣告。对此，《民法典》第五十条作了明确规定，即"被宣告死亡的人重新出现，经本人或者利害关系人申请，人民法院应当撤销死亡宣告。"该条源自于《民法通则》第二十四条第一款："被宣告死亡的人重新出现或者确知他没有死亡，经本人或者利害关系人申请，人民法院应当撤销对他的死亡宣告。"由于"重新出现"已经包括了"确知他没有死亡"，2017 年《民法总则》删除了"或者确知他没有死亡"。其实，《民事诉讼法》第一百八十六条也作了同样的规定，即"被宣告失踪、宣告死亡的公民重新出现，经本人或者利害关系人申请，人民法院应当作出新判决，撤销原判决。"因此，宣告死亡的撤销，应当具备下列条件：一是被宣告死亡的人重新出现；二是必须经本人或者利害关系人申请；三是须由人民法院作出撤销宣告的判决。

死亡宣告被撤销后，将产生的法律后果表现为以下三点：

1. 尊重死亡宣告后的婚姻自由。宣告死亡与自然死亡产生类似的法律效果，被宣告死亡人的婚姻关系，自死亡宣告之日起消灭，其配偶可另行缔结婚姻关系。在死亡宣告被撤销后，被宣告死亡人与其配偶的婚姻关系是否得以恢复，则视不同情形而定。对此，《民法典》第五十一条作了规定："被宣告死亡的人的婚姻关系，自死亡宣告之日起消灭。死亡宣告被撤销的，婚姻关系自撤销死亡宣告之日起自行恢复，但是其配偶再婚或者向婚姻登记机关书面声明不愿意恢复的除外。"该条的规定源自于《民法通则意见》第三十七条①，并作了修改完善。

2. 尊重死亡宣告后的收养关系。当自然人被宣告死亡后，其未成年子女在法律上和事实上都已失去了抚养人。在法律上，未成年子女在法律关系上失去了法定的抚养人。在事实上，由于自然人长期下落不明，无法履行对未成年子女的抚养义务。因此，未成年子女可以被他人收养。当死亡宣告撤销后，对收养关系的影响如何？对此，《民法总则》第五十二条作了规定："被宣告死亡的人在被宣告死亡期间，其子女被他人依法收养的，在死亡宣告被撤销后，不得以未经本人同意为由主张收养行为无效。"该条规定源自于《民法通则意见》第三十八条②的规定，并作了修改完善。

3. 财产关系应当恢复。他人因宣告死亡而取得被宣告死亡人的财产的，撤销死亡宣告后导致取得的财产失去了法律根据，构成民法上的不当得利，应当予以返还，被撤销宣告死亡的人有权请求返还。对此，《民法典》第五十三条规定："被撤销死亡宣告的人有权请求依照本法第六编取得其财产的民事主体返还财产；无法返还的，应当给予适当补偿。利害关系人隐瞒真实情况，致使他人被宣告死亡取得其财产的，除应当返还财产外，还应当对由此造成的损失承担赔偿责任。"该条规定源自于《民法通则》第二十五条"被撤销宣告死亡的人有权请求返还财产。依照继承法取得他的财产的公民

---

① 《民法通则意见》第三十七条规定：被宣告死亡的人与配偶的婚姻关系，自死亡宣告之日起消灭。死亡宣告被人民法院撤销，如果其配偶尚未再婚的，夫妻关系从撤销死亡宣告之日起自行恢复；如果其配偶再婚后又离婚或者再婚后配偶又死亡的，则不得认定夫妻关系自行恢复。

② 《民法通则意见》第三十八条规定：被宣告死亡的人在被宣告死亡期间，其子女被他人依法收养，被宣告死亡的人在死亡宣告被撤销后，仅以未经本人同意而主张收养关系无效的，一般不应准许，但收养人和被收养人同意的除外。

或者组织，应当返还原物；原物不存在的，给予适当补偿”和《民法通则意见》第三十九条“利害关系人隐瞒真实情况使他人被宣告死亡而取得其财产的，除应返还原物及孳息外，还应对造成的损失予以赔偿”的规定。考虑到“原物”的返还在实践中较为困难，而且容易造成适用范围的狭窄，该条将“原物”更正为“财产”。[①]

当然，被撤销死亡宣告的人请求返还财产，其财产已被第三人合法取得的，第三人可不予返还。但依继承法取得财产的自然人或者组织，应当返还财产或者给予适当补偿。

六、对案例 17 的简要评析

在案例 17 中，本案符合宣告死亡的条件。一是本案被宣告死亡人刘某昌下落不明虽不满法定期限，但系基于意外事件，经有关机关日照市岚山区海洋与渔业监督监察大队出具证明其不可能生存。二是有被宣告死亡人刘某昌的配偶张某美作为利害关系人向人民法院申请宣告死亡。三是经人民法院依特别程序，并经公告三个月期满后，依法判决宣告刘某昌死亡，因系特别程序，故一审终审，判决宣告后立即生效。因此，本案的判决是正确的。

第六节　个体工商户和农村承包经营户

一、问题的提出

个体工商户和农村承包经营户，在我国简称“两户”。“两户”是 2017 年《民法总则》对自然人直接从事商事或者经营活动所作出的特别规定。《民法总则》对自然人从事商事或者经营活动的社会需求和现实，以个体工商户和农村承包经营户的形式肯定其特有的民事主体地位。个体工商户和农村承包

① 参见陈甦主编：《民法总则评注》（上册），法律出版社 2017 年版，第 365 页。

经营户作为独立的民事主体，这是民法有关民事主体极具中国特色的规定。[①]《民法典》总则编延续了《民法总则》的规定。在研究个体工商户和农村承包经营户之前，先看两则案例：

案例 18：花甲湖建材厂、科达机电公司、吴某买卖合同纠纷案[②]

花甲湖建材厂系个体工商户，经营者是吴某。2011 年 12 月 1 日，科达机电公司与花甲湖建材厂签订《购销合同》，由花甲湖建材厂从科达机电公司处购买墙体材料成型设备，合同标的额为 301 万元整。合同生效后，科达机电公司依约履行了合同义务，向花甲湖建材厂交付了合同项下的设备，履行了安装调试义务，并验收合格。合同约定金额 128000 元作为设备质保金，自质保期满后一周内，由买方现金支付给卖方。期满后，花甲湖建材厂未按约付款，形成诉讼。

科达机电公司向一审法院起诉请求：1. 判令花甲湖建材厂立即向科达机电公司支付欠款 128000 元及利息；2. 判令吴某对上述债务承担连带责任。

科达机电公司答辩称，吴某作为个体工商户的经营者，根据《民法总则》第五十六条的规定，对花甲湖建材厂的债务承担连带责任，并无不当。

花甲湖建材厂理由：吴某不应是本案的被告。花甲湖建材厂虽然登记为个体工商户，但是按照民法总则和民事诉讼法的相关规定，花甲湖建材厂具有独立的民事主体资格，具有相应的民事权利能力和行为能力，应当对自己的经营行为所产生的债务独立承担责任。

生效裁判认为：花甲湖建材厂逾期支付货款应当承担相应的违约金，一审法院按照年利率 6% 判令花甲湖建材厂支付相应利息是正确的。《民法总则》第五十六条第一款规定，个体工商户的债务，个人经营的，以个人财产承担；家庭经营的，以家庭财产承担；无法区分的，以家庭财产承担。本案中，花甲湖建材厂作为有字号的个体工商户，应当以营业执照上登记的字号为当事人，吴某作为花甲湖建材厂的实际经营者，应以其个人或家庭财产对花甲湖建材厂的债务承担付款责任，吴某作为实际经营者只需注明其基本信

---

① 邹海林：《民法总则》，法律出版社 2018 年版，第 104 页。

② 详见安徽省马鞍山市中级人民法院（2018）皖 05 民终 1712 号民事判决书。

息即可，一审法院将吴某列为被告是错误的，应予更正。据此，二审判决如下：花甲湖建材厂于本判决生效后10日内向科达机电公司支付欠款128000元及逾期付款利息。

案例19：邱某与邹某侵权责任纠纷案[①]

邱某、邹某均为大塘社区居民。第一轮农村土地承包到户时，邹某家庭以其父亲为户名承包了位于该村地名为“石牛塘”的荒山，县人民政府于1984年颁发了土地承包证，该证显示，该地块地名为“石牛塘”，性质为自留山，面积为1.5亩，四至界限略。第二轮土地承包经营权证上显示，该地承包户仍为邹某之父，土地类型为林地，块数为1块，四至边界略。第一轮土地承包到户之后，邱某之母在上述承包地范围开挖了一片荒地耕种。2017年，邱某未经邹某许可，在开挖的土地上建房。镇政府于2017年7月28日下发停工通知，房屋处于停工状态。

邹某向一审法院起诉请求：1.判决邱某停止对邹某“石牛塘”林权的侵害并恢复原状；2.赔偿邹某因此遭受的损失5000元。

一审法院认为，农村土地承包经营权证是土地承包经营合同生效后，国家依法确认承包方享有土地承包经营权的法律凭证。邹某在第二轮土地承包时，取得了本案争议林地的承包经营权，应当受到法律的保护，任何组织和个人不得干预其生产经营的自主权，不得非法侵占承包地。邱某未经同意而在邹某的承包地内建房，侵犯了邹某的土地承包经营权，应负相应的法律责任，邹某要求邱某停止对其承包的林权的侵害并恢复原状的诉讼请求，应予以支持。邹某要求赔偿损失5000元，因没有证据证明损失的存在，不予支持。据此判决：一、由邱某于判决生效后20日内，停止对邹某“石牛塘”林地的侵害并恢复原状；二、驳回邹某的其他诉讼请求。

邹某不服判决，提起上诉，二审维持原判。

在上述案例中，案例18涉及个体工商户的有关法律问题，案例19涉及农村承包经营户的有关法律问题。在《民法典》总则编的规定中对个体工商

---

① 详见贵州省铜仁市中级人民法院（2018）黔06民终482号民事判决书。

户和农村承包经营户的规定仅有 3 个条文，但在现实生活和司法实践中涉及的问题并不少，颇值得研究。

二、个体工商户的法律问题

根据《民法典》第五十四条“自然人从事工商业经营，经依法登记，为个体工商户。个体工商户可以起字号”的规定，个体工商户，是指经过依法登记，从事工商业经营的自然人。该规定吸收了《民法通则》第二十六条“公民在法律允许的范围内，依法经核准登记，从事工商业经营的，为个体工商户”的规定，但是改核准主义为登记许可主义。显然，该规定删除了“在法律允许的范围内”的表述，既体现了对当事人私法自治的尊重，也体现了对自然人经营自由的保障。①

个体工商户规定在“自然人”一章中，表明了个体工商户在性质上仍然属于从事工商业经营活动的自然人，不属于非法人组织。个体工商户的法律特征表现为：一是个体工商户的经营资本直接来自个人财产或者家庭共有财产，可以由自然人经营，也可以由家庭经营，财产所有者、经营者、劳动者“合为一体”。二是个体工商户从事工业和手工业、建筑业、商业、饮食业、服务业、修理业等非农业性经营活动。三是个体工商户对外以户的名义独立进行民事活动，这里的“户”是指工商登记上的户。这与自然人以个人名义对外从事经营活动是不完全相同的。四是个体工商户必须依法登记。登记事项包括经营者姓名和住所、组成形式、经营范围、经营场所。个体工商户使用名称的，名称作为登记事项。五是个体工商户可以起字号。在“字号”名义下进行的一切民事行为都是个体工商户的行为。

个体工商户的法律地位。个体工商户享有民事主体资格，对外以户的名义独立进行民事活动，成为民事主体的一种特殊形式，它是一种既不同于自然人，也不同于法人、非法人组织的特殊民事主体。自然人在一定条件下成为个体工商户，并没有改变其一般民事权利能力和民事行为能力，只是取得了从事某些商品生产和经营活动的民事权利能力和民事行为能力。

个体工商户的债务承担。《民法典》第五十六条第一款规定：“个体工商

① 王利明：《民法总则研究》（第三版），中国人民大学出版社 2018 年版，第 255 页。

户的债务，个人经营的，以个人财产承担；家庭经营的，以家庭财产承担；无法区分的，以家庭财产承担。”依据该规定，个体工商户的债务承担遵循下列原则处理：一是个人经营的个体工商户，是以全部个人财产承担无限清偿责任，其全部财产包括作为投资经营的全部资本和家庭公共财产中的应有份额。清偿债务的顺序先以投资经营的资本清偿，不足部分再由家庭公共财产中的应有份额清偿。二是家庭经营的个体工商户，属于家庭合伙经营性质。债务清偿先以投资经营的全部资本清偿，不足部分再以家庭公共财产中经营者个人应得份额清偿，且经营者之间承担无限连带责任。没有参加经营的家庭成员，对经营债务不承担清偿责任。三是个体工商户是个人经营还是家庭经营无法区分的，按照有利于保护债权人债权实现的原则确认，认定为家庭经营，应当以家庭财产承担无限责任。

三、农村承包经营户的法律问题

根据《民法典》第五十五条“农村集体经济组织的成员，依法取得农村土地承包经营权，从事家庭承包经营的，为农村承包经营户”的规定，农村承包经营户，是指依法取得农村土地承包经营权，从事家庭承包经营的农户。该条规定与《民法通则》第二十七条“农村集体经济组织的成员，在法律允许的范围内，按照承包合同规定从事商品经营的，为农村承包经营户”的规定相比较，一是删除了“在法律允许的范围内”，更体现了私法的属性。二是以“农村土地承包经营权”取代“承包合同”，与物权法的表述一致，赋予承包人用益物权。三是以“家庭承包经营”取代“商品经营”，表述更加严谨。因此，2017年《民法总则》在《民法通则》的基础上，围绕土地承包经营权由“合同性质及债权保护”向“物权性质及物权保护”的转化作了修改完善。《民法典》总则编保留了《民法总则》的规定。

稳定土地承包关系，赋予农民长久而有保障的土地承包经营权，关系到我国广大农民生存和发展的权利，关系到我国农业的持续发展、农村经济的繁荣和农村社会的和谐稳定。农村承包经营户的法律特征表现为：一是农村承包经营户仅以农村集体经济组织成员为限，非农村集体经济组织成员不能取得农村承包经营户的法律地位；二是农村承包经营户不以登记为必要，但应当依法取得农村土地承包经营权，取得农村土地承包经营权是成为农村承包经营户的前提条件；三是农村承包经营户以农村土地的承包经营为目的。

农村承包经营户的法律地位是具有民事主体资格。应当明确的是，农村承包经营户不是法人，也不是自然人之间的一般结合，而是一种基于承包经营合同关系建立的家庭劳动组织，该组织具有农业承包经营的权利能力，在法律上享有民事主体资格。

关于农村承包经营户的诉讼主体资格问题。《最高人民法院关于审理涉及农村土地承包纠纷案件适用法律问题的解释》第三条规定："承包合同纠纷，以发包人和承包人为当事人。前款所称承包方是指以家庭承包方式承包本集体经济组织农村土地的农户，以及以其他方式承包农村土地的单位或者个人。"因此，当出现土地承包纠纷时，诉讼主体应以承包经营户的名义提起。尤其是土地承包经营权确权登记后，农村承包经营户可以作为民事诉讼的原告与被告参与诉讼活动。

关于农村承包经营户的债务承担问题。《民法典》第五十六条第二款规定："农村承包经营户的债务，以从事农村土地承包经营的农户财产承担；事实上由农户部分成员经营的，以该部分成员的财产承担。"依据该条规定，农村承包经营户的债务承担表现为：一是事实上由家庭从事承包经营的，应以家庭财产承担责任。该家庭财产仅指家庭成员共同所有的财产，不包括家庭财产中属于个人的财产。二是事实上个人从事承包经营的，应以个人财产承担责任。

四、对案例 18、案例 19 的简要评析

在案例 18 中，涉及个体工商户的民事诉讼主体资格。在民事诉讼中，以户主（业主）为诉讼当事人。根据《民事诉讼法解释》第五十九条"在诉讼中，个体工商户以营业执照上登记的经营者为当事人。有字号的，以营业执照上登记的字号为当事人，但应同时注明该字号经营者的基本信息。营业执照上登记的经营者与实际经营者不一致的，以登记的经营者和实际经营者为共同诉讼人"的规定，花甲湖建材厂为适格的被告，无须将吴某个人列为被告。同时，根据《民法总则》第五十六条第一款"个体工商户的债务，个人经营的，以个人财产承担；家庭经营的，以家庭财产承担；无法区分的，

以家庭财产承担”的规定，若吴某个人经营，则以个人财产承担责任；若是家庭经营，则以家庭财产承担责任；若难以区分是个人经营还是家庭经营，则推定为家庭经营，以家庭财产承担责任。因此，涉及个体工商户的责任承担问题，应当在裁判文书中释明该个体工商户的经营形式，从而准确判断由个人承担责任还是以家庭财产承担责任。否则，在裁判文书执行过程中，还需要查明经营形式，再确定是否追加被执行人。就本案而言，一审法院将个体工商户的经营者吴某列为被告，且原告也请求让其承担连带责任，因此一审判决让吴某承担连带责任并无不当。在本案中，涉及作为实体法的《民法总则》与程序法的《民事诉讼法》的协调与衔接问题，依据实体法没有必要将吴某列为被告，但依据程序法将吴某列为被告更便于判决的执行，且无不妥。因此，本案二审改判倒不如维持的法律效果和社会效果好。

在案例 19 中，《民法总则》第五十六条第二款规定，农村承包经营户的债务，以从事农村土地承包经营的农户财产承担；事实上由农户部分成员经营的，以该部分成员的财产承担。从该条文表述可知，农村承包经营户的债务由农户财产承担。本案邹某作为权利人之一，可以单独提起诉讼。事实上由部分农户成员经营的，以该部分成员的财产承担相应的债务，没有必要将其家庭成员均列为当事人。同时，《物权法》第一百二十七条[①]规定：“土地承包经营权自土地承包经营权合同生效时设立。县级以上地方人民政府应当向土地承包经营权人发放土地承包经营权证、林权证、草原使用权证，并登记造册，确认土地承包经营权。”邹某一户已取得争议地的承包经营权，而邱某对案涉争议地没有相应的承包经营权证，不存在边界不明的情况。虽然邹某第一轮承包经营权证和第二轮承包经营权证的部分信息有所差别，但这是政府职能部门在登记时存在的问题，并不影响邹某对案涉争议地享有的承包经营权。因此，法院的判决是正确的。

---

① 《民法典》第三百三十三条规定：“土地承包经营权自土地承包经营权合同生效时设立。登记机构应当向土地承包经营权人发放土地承包经营权证、林权证等证书，并登记造册，确认土地承包经营权。”

第三章

民事主体——法人

法人是指依据法律成立，具有民事权利能力和民事行为能力，依法独立享有民事权利、承担民事义务的组织。法人制度是民事法律的一项基本制度。《民法通则》将法人分为企业法人、机关法人、事业单位法人、社会团体法人四类。《民法典》总则编遵循《民法通则》关于法人分类的基本思路，适应社会组织改革发展要求，按照法人设立目的和功能等方面的不同，将法人分为营利法人、非营利法人和特别法人三类。

应当注意：一是《民法典》总则编列举了几种典型的法人具体类型，而现实生活纷繁复杂，对没有列举而又存在的其他法人组织，应按照其特征，分别归入营利法人或者非营利法人，因为对这两类法人的列举均采用的“等”，该处的“等”是“等外等”。二是《民法典》总则编对法人制度的规定相对原则，且诸多条款在原有相关法条和司法解释的基础上修改而成，因此在适用时应当结合相关法律和司法解释的有关规定，准确适用法律。

第一节 法人概说

一、问题的提出

法人是依法成立的，具有民事权利能力和民事行为能力，依法独立享有民事权利和承担民事义务的组织体。[①] 法人作为民法上的民事主体，得以自己的名义进行民事活动，享有民事权利和承担民事义务，除自然人外，最为重要的是法人。《民法典》第五十七条规定："法人是具有民事权利能力和民事行为能力，依法独立享有民事权利和承担民事义务的组织。"该条为法人下了定义，宣告了法人具有独立的民事主体地位，这是法人一章后续其他条文得以展开的前提和基础。[②]

在研究法人的有关法律问题之前，先看两则案例：

案例 20：华苑商务大酒店、岑某买卖合同纠纷案 [③]

黎某及其设立的华鹏公司作为乙方（承包方）于 2016 年 8 月与发包方大坑山林场（甲方）签订《华苑酒店资产承包经营合同》，主要约定有：甲方出资设立的华苑酒店的经营餐饮和住宿经营权归乙方自主经营；承包期限 20 年；酒店资产移交前的债权债务由甲方享有和承担。移交日之后由乙方经营形成的债权债务由乙方享有和承担。同时将华苑酒店经工商变更登记为华苑大酒店，法定代表人为黎某。华苑大酒店因经营需要，向岑某购买货物，由黎某于 2018 年 7 月 29 日出具 30 万元的欠条。

---

① 谭启平：《法人制度的一般规定》，载张鸣起主编：《民法总则专题讲义》，法律出版社 2019 年版，第 180 页。

② 参见杜万华主编：《中华人民共和国民法总则实务研究》，中国法制出版社 2017 年版，第 225 页。

③ 详见广东省肇庆市中级人民法院（2019）粤 12 民终 398 号民事判决书。

2018年7月18日，大坑山林场为甲方，黎某为乙方，黄某为丙方共同签订《转让协议》，约定三方同意，乙方将承包经营合同的权利义务全部转让给丙方，转让款为730万元。同年7月24日，“华苑大酒店”经工商登记变更为“华苑商务酒店”，法定代表人为黄某。

一审法院认为，黎某、华鹏公司承包经营“华苑大酒店”期间，岑某向该酒店供应货物，由法定代表人黎某确认应付货款30万元，华苑大酒店及其经营者黎某、华鹏公司应当承担清偿责任。原“华苑酒店”由原经营管理的大坑山林场与黎某及华鹏公司签订承包经营合同，经工商变更登记为“华苑大酒店”，相关的权利人又自行以资产转让方式，由黄某受让“华苑大酒店”的承包方的经营资产后，将该酒店变更登记为华苑商务酒店，按照《民法总则》第五十九条“法人的民事权利能力和民事行为能力，从法人成立时产生，到法人终止时消灭”和第六十条“法人以其全部财产独立承担民事责任”的规定，涉案的原“华苑酒店”“华苑大酒店”及本案华苑商务酒店，均是不同时期依法成立的同一法人，华苑商务酒店应当依法承担以酒店名义所负的债务。华苑商务酒店承担责任后，可按相关合同约定，向合同的相对方进行追偿。据此判决：限黎某、华鹏公司及华苑商务酒店在该判决发生法律效力之日起10日内，支付给岑某货款30万元。

华苑商务大酒店不服判决，提起上诉。二审依法驳回上诉，维持原判。

案例21：冯某、陈某文股权转让纠纷案①

上诉人冯某因与被上诉人陈某文股权转让纠纷一案，不服一审法院民事裁定，提起上诉。二审法院经审查认为，本案为股权转让纠纷。合同或者其他财产权益纠纷的当事人可以书面协议选择被告住所地、合同履行地、合同签订地、原告住所地、标的物所在地等与争议有实际联系的地点的人民法院管辖，但不得违反法律对级别管辖和专属管辖的规定。涉案《股权转让协议》载明目标公司为深圳云聚汇数码有限公司，并于第8-1条约定，甲、乙双方履行本协议产生争议时，如协商不成，可提交目标公司住所地有管辖权的人民法院通过诉讼方式解决。该约定不违反法律关于级别管辖和专属管辖

① 详见广东省深圳市中级人民法院（2019）粤03民辖终483号民事裁定书。

的规定，合法有效。《民法总则》第六十三条规定，法人以其主要办事机构所在地为住所。依法需要办理法人登记的，应当将主要办事机构所在地登记为住所。第六十四条规定，法人存续期间登记事项发生变化的，应当依法向登记机关申请变更登记。根据上述规定，深圳云聚汇数码有限公司依法登记的工商信息载明其住所地位于原审法院辖区，故根据约定，原审法院对本案具有管辖权。被上诉人陈某文提交的租赁合同等证据不足以证明深圳云聚汇数码有限公司主要办事机构所在地位于北京市朝阳区，原审裁定将本案移送北京市朝阳区人民法院处理，确属不当，予以纠正。依据《民事诉讼法》第一百七十条第一款第（二）项、第一百七十一条规定，裁定如下：一、撤销原民事裁定；二、本案由深圳市南山区人民法院管辖。

在上述案例中，案例 20 涉及法人的独立民事责任问题，案例 21 涉及法人住所的认定问题。那么，如何理解法人的法律意义？如何理解法人的民事权利能力和民事行为能力？如何理解法人的独立民事责任？如何判断法人的住所？

二、法人的法律意义

《民法典》第五十七条对法人的规定，源自于《民法通则》第三十六条第一款的规定，揭示了法人的民事主体性质及其法律特征。法人是“自然人”的对称，是自然人之外最为重要的民事主体，有自身独立的法律人格，可以以自己的名义起诉和应诉、拥有财产、进行交易、承担责任。江平教授将法人概括为独立名称、独立意思、独立财产、独立责任，这是团体独立人格的四大要素，其中独立财产为本，独立名称为表，独立意思为动力，独立责任为其一切民事活动的最终归宿。独立财产与独立责任是法人独立人格的两大基本支柱，而独立责任是独立财产的最终体现。[①] 在司法实践中，我们往往把是否能够独立承担民事责任作为衡量一个企业是否具有法人资格的最终标准。作为民事主体的法人，必须能够独立承担民事责任才能独立地参与民事活动，为自己取得权利、设定义务，并对自己的行为后果承担民事责任。

---

① 江平主编：《法人制度论》，中国政法大学出版社 1994 年版，第 32 页。

法人的法律特征表现为以下几个方面：一是独立名称。《民法典》第五十八条第二款规定："法人应当有自己的名称、组织机构、住所、财产或者经费……"因此说，独立名称，表明了法人应当具有民事权利能力和民事行为能力，表明了法人是民法所规定的主体。二是独立财产。所谓独立财产，是指法人所具有的独立于其投资人以及法人成员的财产。法人拥有独立的财产，是法人能够参与民事活动，享有民事权利和承担民事义务的基础，也是法人独立承担民事责任的前提。投资人以出资额为限对法人承担有限的民事责任，法人以其独立的财产承担无限的民事责任。因此，独立财产对法人来说是至关重要的。三是独立组织。法人是一种独立组织，这是法人与自然人的根本区别。法人虽为民事主体，但专属于自然人的民事权利和利益，法人不得享有。独立组织，既是人的集合，也是财产的集合，更是从事民事活动的载体。四是独立责任。《民法典》第六十条规定："法人以其全部财产独立承担民事责任。"法人的独立责任是独立于投资人而言，投资人除有法定情形（如承诺出资而没有到位、抽逃出资、隐匿法人财产、没有履行清算责任，等等）外不再对法人承担民事责任。

法人的本质。关于法人的本质问题，存在不同学说，代表性的观点是拟制说、否定说、实在说。法人拟制说认为，享有民事权利能力应以有着自由意思的自然人为限。在自然人之外，承认法人有民事权利能力，不过是法律的拟制。《德国民法典》采用法律拟制说，该法第 26 条规定："董事会在诉讼及非讼事件中代表社团，具有法定代理人身份。"既然法人的董事为法人的法定代表人，则作为被代理人的法人没有行为能力，这与拟制说关于法人为法律的拟制，并无自然人的意思能力与行为能力的主张，是符合的。法人否定说认为，法人还原于多数个人的集合或财产的集合，认为除此之外别无他物。① 法人实在说认为，法人是现实的社会存在，其本身就存有适于且必须赋予法律人格的社会实体，法人本身是"社会的生活单位"，具备法律上的实体基础，具有意思属性，而其意思借助于法人机关加以实现。② 依据我国《民法典》总则编的规定，法人具有权利能力、行为能力和意思能力，同时

---

① 参见黄立：《民法债编总论》，中国政法大学出版社 2002 年版，第 109 页。

② 参见龙卫球：《民法总论》，中国法制出版社 2001 年版，第 363 页。

承认法人意思借由机关加以实现。因此,《民法典》总则编对法人的本质采用了法人实在说，非法人拟制说。立法者所言“法人是法律拟制的人”，应理解为其可能有以下含义：立法者是从生活事实的角度阐述法人的构造，其意指法律将法人比附于人，是人为创造的产物。在《民法总则》立法者的表达体系中，“法人是法律拟制的人”意在表达法律对法人的建构作用，并无为法人拟制说或实在说择优背书的含义。①

三、法人的民事权利能力和民事行为能力

关于法人的民事权利能力和民事行为能力的问题,《民法典》第五十九条规定：“法人的民事权利能力和民事行为能力，从法人成立时产生，到法人终止时消灭。”该条的规定源自于《民法通则》第三十六条第二款，是原封不动地承袭了该条款的规定。

法人的民事权利能力。根据《民法典》第五十九条的规定，法人的民事权利能力从法人成立时产生，到法人终止时消灭。法人的民事权利能力，是指法人作为民事权利主体，享受民事权利并承担民事义务的资格。法人的民事权利能力是法人从事民事行为和民事活动的前提和基础。尽管法人和自然人一样具有民事权利能力，但是“权利能力就其本义而言只有法人才享有，而法人的权利能力总是只在某些特定的、从成员的权利能力诞生出来的意义上存在。因此，法人也就不能被看作是人所享有的全部权利的承担者”。②法人民事权利能力的限制表现在：一是法人自身性质的限制。法人与自然人有着根本的区别，法人是一种独立的组织，不是如同自然人是一个生命体，因此不是所有人格权的承担者。如，法人不可能存在生命权、健康权、身体权。二是法律法规上受到限制。法人的民事权利能力是一种法律赋予的民事权利能力，民法虽倡导“法无禁止皆自由”的理念，但毕竟受到法律的限制，如准入许可的限制、禁止经营的限制。

法人的民事行为能力。法人的民事行为能力从法人成立时产生，到法人终止时消灭。法人的民事行为能力是指法人作为民事权利主体，以自己的行

① 参见陈甦主编:《民法总则评注》，法律出版社2017年版，第394页。

② 〔德〕迪特尔·施瓦布:《民法导论》，郑冲译，法律出版社2006年版，第101页。

为享有民事权利并承担民事义务的资格。法人与自然人不同，不存在年龄大小与精神、智力是否健全的问题，因此没有无民事行为能力、限制民事行能力、完全民事行为能力的划分，法人一旦成立，即具有民事行为能力。法人一旦终止，其民事行为能力立即消灭。

四、法人的独立民事责任

能否独立承担民事责任，是我国民法上的法人与非法人组织区别的标志。[①] 法人的独立民事责任，是指法人以自己的财产独立承担民事责任。对此，《民法典》第六十条规定："法人以其全部财产独立承担民事责任。"该条是对《民法通则》第四十八条"全民所有制企业法人以国家授予它经营管理的财产承担民事责任。集体所有制企业法人以企业所有的财产承担民事责任。中外合资经营企业法人、中外合作经营企业法人和外资企业法人以企业所有的财产承担民事责任，法律另有规定的除外"规定的修改完善。一是将某一类法人的具体规定升为法人的一般规定，按照"提取公因式"的立法技术，将该规定提取到一般规定中，该规定不仅可以适用于营利法人，还可以适用于非营利法人、特别法人。二是更加抽象、简洁地规定法人的独立民事责任。三是没有保留独立责任的例外性规定。

法人的民事责任在法人制度中有两种意义：一是法人是否以其全部资产独立清偿其所负债务；二是法人对其成员以法人名义从事的民事活动是否承担责任。前者是外部责任，所要解决的是当法人的全部资产不足以清偿债务时，投资人是否需要承担清偿责任的问题；后者是内部责任，即在什么情况下成员实施的行为后果应由法人承担责任，什么情况下由成员自己承担责任。[②] 显然，《民法典》第六十条规定的法人以其全部财产独立承担民事责任，应当是指外部责任。

法人的独立民事责任，包括两层含义：一是法人与法人成员的财产独立。法人的财产独立是法人独立承担民事责任的基础。法人成员设立法人的目的在于实现法人成员的财产与法人的财产区分开来，两者相互独立，法人以自

---

① 邹海林：《民法总则》，法律出版社 2018 年版，第 114 页。

② 参见陈甦主编：《民法总则评注》（上册），法律出版社 2017 年版，第 412 页。

己独立的财产承担民事责任。二是法人与法人成员的民事责任独立。基于法人与法人成员的相互财产独立，其导致的法律后果是法人的民事责任与成员的民事责任也是相互独立的，法人不对法人成员的债务承担民事责任，仅对法人的债务承担民事责任。同样，法人成员也不对法人的债务承担民事责任，仅对自身的债务承担民事责任。

例如，最高人民法院在审理上诉人圣火公司与被上诉人鑫晟公司、水矿公司建设工程施工合同纠纷案[①]时认为：水矿公司与鑫晟公司均为国有独资公司，系具有民事权利能力和民事行为能力、依法独立享有民事权利和承担民事义务的法人。根据《民法总则》第六十条“法人以其全部财产独立承担民事责任”的规定，鑫晟公司应以其财产独立承担民事责任。从鑫晟公司提交的 2011 年至 2015 年度审计报告来看，其具备独立的财务制度。圣火公司与水矿公司之间没有合同关系，其认为水矿公司应对鑫晟公司的债务承担连带责任，但未提交证据证明前述两公司存在财务混同等事实，根据《民事诉讼法》第五十六条“当事人对自己提出的主张，有责任提供证据”的规定，一审法院对圣火公司主张水矿公司对鑫晟公司的债务承担连带责任的诉请不予支持。关于水矿公司应否对鑫晟公司的债务承担连带责任，《公司法》第二十条第三款规定，公司股东滥用公司法人独立地位和股东有限责任，逃避债务，严重损害公司债权人利益的，应当对公司债务承担连带责任。该法第六十三条规定，一人有限责任公司的股东不能证明公司财产独立于股东自己的财产的，应当对公司债务承担连带责任。水矿公司虽系鑫晟公司的唯一股东，但鑫晟公司提交了 2011 年至 2015 年度的财务审计报告，证明鑫晟公司与水矿公司之间没有财产混同，圣火公司也未主张并提交证据证明水矿公司滥用鑫晟公司法人独立地位以逃避债务严重损害其债权人利益，故一审对于圣火公司要求水矿公司对鑫晟公司的债务承担连带责任的请求不予支持，并无不当。

需要注意的是，法人的独立责任是以其“全部财产”来承担，这就意味着法人对外承担的是一种无限责任，除非该法人终止，等同于自然人死亡。当然，投资人仅以认缴的出资额为限对法人承担有限责任。

---

① 详见最高人民法院（2018）最高法民终 239 号民事判决书。

五、法人住所的司法认定

《民法典》第六十三条对法人的住所作了规定，即“法人以其主要办事机构所在地为住所。依法需要办理法人登记的，应当将主要办事机构所在地登记为住所。”该条的规定源自于《民法通则》第三十九条“法人以它的主要办事机构所在地为住所”和《公司法》第十条“公司以其主要办事机构所在地为住所”的规定，并结合《民事诉讼法解释》第三条“公民的住所地是指公民的户籍所在地，法人或者其他组织的住所地是指法人或者其他组织的主要办事机构所在地。法人或者其他组织的主要办事机构所在地不能确定的，法人或者其他组织的注册地或者登记地为住所地”的规定，将法人的住所地与登记制度联系起来，明确规定了依法需要办理法人登记的，应当以主要办事机构所在地为登记住所。

法人住所的确定，对于明确审批管理、税务管理、监管管辖、准据法选择、文书送达等，都具有法律意义。在民法上，法人住所地的确定具有如下法律意义：一是确定诉讼管辖地。依据民事诉讼法的有关规定，对法人或者非法人组织提起的民事诉讼，由被告住所地人民法院管辖。二是确定法律文书收受地。《民事诉讼法》第八十八条第一句规定，直接送达诉讼文书有困难的，可以委托其他人民法院代为送达，或者邮寄送达。三是确定债务履行地。履行地点不明确，给付货币的，在接受货币一方的所在地履行，其他标的在履行义务一方的所在地履行。四是确定法人登记管辖地。五是在涉外经济及民事诉讼中确定适用的法律。

在立法过程中，关于住所地立法规定存在分歧，立法机关认为：将主要办事机构所在地作为法人的住所，是确定法人所在地的一般规则，这是世界各国各地区的通行做法。[①] 司法实践中适用《民法典》第六十三条时，如果出现登记住所与主要办事机构所在地不一致的情形，且对他人利益造成影响的，应当按照《民法典》第六十五条关于“法人的实际情况与登记的事项不一致的，不得对抗善意相对人”的规定处理。

---

① 参见杜万华主编：《中华人民共和国民法总则实务指南》，中国法制出版社 2017 年版，第 247 页。

六、对案例 20、案例 21 的简要评析

在案例 20 中，虽然岑某是与华苑大酒店形成买卖合同关系并经怀集县华苑大酒店的法定代表人黎某结算确认货款数额，但因华苑商务酒店只是怀集县华苑大酒店变更企业名称后的主体，即使华苑商务酒店与怀集县华苑大酒店是由不同承包者进行经营管理，但企业内部的承包关系变更不能否定企业的独立法人主体资格，该两家酒店实为同一法人主体。本案中，怀集县华苑大酒店是以企业名义对外经营，并非以承包者名义进行经营，该企业是案涉货款的责任主体，故华苑商务酒店应对怀集县华苑大酒店对外经营过程中拖欠岑某的案涉货款承担清偿责任。华苑商务酒店认为其与怀集县华苑大酒店是两个资产各自独立的主体，华苑商务酒店不应对怀集县华苑大酒店的债务承担责任的主张缺乏事实和法律依据，法院不予支持。当然，对于案涉酒店的内部承包及转让事宜与本案不属于同一法律关系的问题，当事人如有争议可另行依法主张。

在案例 21 中，涉及法人的住所问题。根据《民法总则》第六十三条的规定，法人以其主要办事机构所在地为住所。法人的住所地与登记制度联系起来，依法需要办理法人登记的，应当将主要办事机构所在地登记为住所。法人住所地的确定，便于确定诉讼法院的管辖地。因此，本案指定原审法院继续审理是正确的。

第二节　法人的法定代表人

一、问题的提出

自然人、法人、非法人组织是《民法典》总则编明确承认的三类民事主体。然而，不同于自然人的法人作为一种法律构造的组织体，不论对其本质采取何种认识，事实上需要借助自然人或自然人的结合体代为行为，才能参与社会经济活动。诸如下列两则案例：

案例 22：金鑫联鑫公司与向某、刘某、喳西泰公司、六建公司、李某建设工程施工合同纠纷案①

最高人民法院经审查认为，金鑫联鑫公司于 2012 年 5 月 28 日与刘某、向某签订《内部承包协议》，该协议首部的甲方为“金鑫联鑫公司”；尾部的甲方（盖章）为“金鑫联鑫公司合同专用章”，代表（签字）为“李某”。金鑫联鑫公司认可该《内部承包协议》签订时，李某系其法定代表人。《民法总则》第六十一条第二款规定：“法定代表人以法人名义从事的民事活动，其法律后果由法人承受。”李某以金鑫联鑫公司的名义与刘某、向某签订《内部承包协议》的法律后果应当由金鑫联鑫公司承受，金鑫联鑫公司与刘某、向某之间形成内部承包关系。之后，金鑫联鑫公司的法定代表人李某与六建公司签订《项目内部承包合同》。而且刘某、向某也对案涉工程进行了施工。二审法院结合金鑫联鑫公司在此之前已就案涉工程与刘某、向某签订《内部承包协议》的事实，认定六建公司以内部承包的方式将案涉工程转包给了金鑫联鑫公司，刘某、向某在与金鑫联鑫公司签订《内部承包协议》后获得案涉工程施工项目并无不当。综上，裁定如下：驳回金鑫联鑫公司的再审申请。

案例 23：卫东、二妮侵权责任纠纷案②

二妮是魏冯营村村民，2003 年二妮承包村南果园 58 亩。2012 年魏冯营村按上级要求对村里土地进行平整，二妮承包的果园也在平整的范围内，平整面积为 30 亩。2013 年 5 月，二妮与买树人协商购买其平整地上种植的树木，双方协商价格为 61530 元，后遭人阻止并未卖成树。当时任村委主任的卫东负责二妮承包地的平整，并将二妮承包地上的树木砍伐并卖掉，卖树款也未支付给二妮。

生效裁判认为，根据《侵权责任法》第三十四条第一款规定：“用人单位的工作人员因执行工作任务造成他人损害的，由用人单位承担侵权责任。”

① 详见最高人民法院（2019）最高法民申字 2329 号民事裁定书。

② 详见河南省焦作市中级人民法院（2018）豫 08 民再 95 号民事判决书。

《民法总则》第六十二条规定:“法定代表人因执行职务造成他人损害的,由法人承担民事责任。法人承担民事责任后,依照法律或者法人章程的规定,可以向有过错的法定代表人追偿。”卫东作为当时的村委会主任,对二妮承包的果园土地进行平整、砍伐树木属于履行工作范围,应属于职务行为。卫东在履行工作中对二妮财产造成的损害,应由魏冯营村委会承担责任。如果卫东在履行工作中,未正确履职造成村委会损失,魏冯营村委会在承担责任后,有权向卫东主张权利。原一审、二审认定卫东的行为属于个人行为并由卫东承担赔偿责任属认定事实错误,应予纠正。据此再审改判为:魏冯营村民委员会赔偿二妮树木款61530元。

在上述案例中,案例22涉及法人的法定代表人以法人的名义从事民事活动的法律后果,应当由法人承受;案例23涉及法定代表人因执行职务造成他人损害的,由法人承担民事责任。那么,如何理解法人机关?什么人才能代表法人进行民事活动?有资格代表法人的人实施的行为是否都由法人承担?法人的法定代表人执行职务行为造成他人损害时如何承担责任?法人章程或者法人权力机构对法人的法定代表人代表权的限制对第三人是否有效?

二、法人机关的法律意义

法人是法律的构造物,想要获得并维持法律上的生命,其内部结构必须遵守设立人以及法律制度的安排,即法人必须有相应的“组织机构”。[①] 法人机关,是指存在于法人组织体内部的担当法人行为和责任的机构。[②] 法人机关是法人的组织机构的组成部分,可以代表法人为意思表示或行为。法人机关代表法人为意思表示或行为,是指以法人名义为意思表示或行为,称为法人机关的代表行为。法人机关的代表行为,因被法人吸收,即为法

---

① 谭启平:《法人制度的一般规定》,载张鸣起主编:《民法总则专题讲义》,法律出版社2019年版,第199页。

② 杨立新主编:《中华人民共和国民法总则要义与案例解读》,中国法制出版社2017年版,第226页。

人的意思表示或行为。《民法典》第六十一条关于法人的代表人的规定，第八十条、第八十一条、第八十二条关于营利法人的权力机构、执行机构和监督机构的规定，第九十一条、第九十三条关于理事会的规定等，规定的都是法人的组织机构。

法人机构可以分为三类：一是意思形成机构即权力机构，是形成法人意志的机构。二是意思表示机构即执行机构，是执行法人意思机构所形成的决议或其他指定事项的机构。如《民法典》第八十条规定：营利法人应当设权力机构。权力机构行使修改法人章程，选举或者更换执行机构、监督机构成员，以及法人章程规定的其他职权。第八十一条规定：营利法人应当设执行机构。执行机构行使召集权力机构会议，决定法人的经营计划和投资方案，决定法人内部管理机构的设置，以及法人章程规定的其他职权。执行机构为董事会或者执行董事的，董事长、执行董事或者经理按照法人章程的规定担任法定代表人；未设董事会或者执行董事的，法人章程规定的主要负责人为其执行机构和法定代表人。三是法人的监督机构。如《民法典》第八十二条规定：营利法人设监事会或者监事等监督机构的，监督机构依法行使检查法人财务，监督执行机构成员、高级管理人员执行法人职务的行为，以及法人章程规定的其他职权。

因此，法人的组织机构是具有不同职能的机构组成的，只有这样才能满足处理法人的内部事务或者实施法人的决定的需求。法人的组织机构，并不具有代表法人从事民事活动的一般地位，所以不能统称为法人机关；只有那些依照法律或者法人章程的规定可以代表法人从事民事活动的机构，才是法人机关。依据我国民法的规定，法人机关与法人的执行机构相分离，法人机关仅可以代表法人从事民事活动的代表人为限，即法定代表人或法人代表。[①]

法人机关的法律特征表现为：一是法人机关是根据法律、章程或条例的规定而设立。二是法人机关是法人的有机组成部分。法人机关不是独立主体，不能独立于法人之外。三是法人机关是形成、表示和实现法人意志的机构。四是法人机关是法人的领导或代表机关。

---

① 参见邹海林：《民法总则》，法律出版社2018年版，第116页。

三、法定代表人的法律意义

法定代表人，是指依照法律或法人组织章程的规定，代表法人行使职权的负责人。《民法典》第六十一条第一款规定："依照法律或者法人章程的规定，代表法人从事民事活动的负责人，为法人的法定代表人。"本条款的规定，在法律上确立了法定代表人制度。法人的法定代表人的法律特征表现为以下几个方面：

1. 法定代表人的法定性。即法定代表人由法律或法人的组织章程规定的自然人担任。我国有关法律明确规定了营利法人的法定代表人，如《公司法》第十三条规定："公司法定代表人依照公司章程的规定，由董事长、执行董事或者经理担任，并依法登记。公司法定代表人变更，应当办理变更登记。"一个自然人按照公司法和公司章程规定的程序被确定为法定代表人，并经工商登记后，即具有了公司法定代表人的身份。公司法定代表人的行为构成公司的代表行为。法定代表人虽然由自然人担任，但应当以公司的名义，并在法律、法规规定和公司章程规定的权限范围内从事活动。法律、法规规定公司的某些行为必须由法定代表人作出的，应当由法定代表人作出。公司的法定代表人为一人，但可以依照公司章程的规定，由董事长、不设董事会的有限责任公司的执行董事或者经理担任。修订前的公司法规定公司的董事长为法定代表人，显然有些僵硬。

2. 法定代表人的代表性。即法定代表人有权代表法人从事民事活动。法定代表人根据法律和章程的规定，有权代表法人对外行为，法定代表人不需要事先取得法人的特别授权，因为法定代表人的对外行为是基于法律和章程的规定。当然，若法定代表人的对外行为超越了法律规定或者组织章程的规定，则另当别论。

3. 法定代表人的后果性。即法定代表人以法人的名义从事民事活动，由法人承担法律后果。《民法典》第六十一条第二款规定："法定代表人以法人名义从事的民事活动，其法律后果由法人承受。"我们知道，法定代表人都是由自然人来担任，那么自然人对外行为表现为两个方面：一是法定代表人以自然人个人的名义对外行为，其法律后果自然由自然人本人承担；二是法定代表人以法人的名义对外行为，其法律后果自然由法人承受。因此需要区分法定代表人的对外行为的性质，才能确定其行为的法律后果由谁承受。当然，该规定具有强行法的性质，不允许当事人通过约定排除或限制其适用。[①]如，湖南省高级人民法院在审理上诉人市场服务中心因与被上诉人某农商银行、原审第三人潘某青抵押合同纠纷一案中认为：[②]市场服务中心提出李某华的签字或盖章是个人行为，不是职务行为，某农商银行辩称其有理由相信李某华的签字或盖章是职务行为。法院认为，判断事业单位负责人的行为是个人行为还是职务行为，关键要看其是以个人名义还是单位名义从事该行为。李某华当时系市场服务中心的法定代表人，其签字、盖章涉及的本案担保的一系列文书中所载明的内容均是以市场服务中心名义进行的民事活动，而非以个人名义，抵押的房产是市场服务中心的房产而非李某华个人的财产，贷款用于市场服务中心为股东的中南公司项目建设，依据《民法总则》第六十一条第二款“法定代表人以法人名义从事的民事活动，其法律后果由法人承受”的规定，李某华的行为应认定为职务行为。

四、法定代表人职务行为的责任承担

根据代表说，法定代表人是法人的机关，法人与法定代表人是同一个人格，不存在两个主体。正如学者所言，法定代表人与法人是同一个人格关系。[③]法人的法定代表人在执行法人事务的过程中，造成他人财产或者人身损害的，其侵权行为被视为法人自身的侵权行为，依法由法人承担侵权责任。因此，《民法典》第六十二条第一款规定：“法定代表人因执行职务造成他人损害的，由法人承担民事责任。”该条款属于《民法总则》的创新，在《民法通则》中并没有“法定代表人因执行职务造成他人损害的”直接规定，其在第四十三条规定“企业法人对它的法定代表人和其他工作人员的经营活动，承担民事责任”，应当包括“法定代表人因执行职务造成他人损害”的情况。[④]当然，法定代表人在执行职务过程中因自身的过错造成他人损害的，

---

① 参见王利明：《民法总则研究》（第三版），中国人民大学出版社2018年版，第293页。

② 详见湖南省高级人民法院（2019）湘民终228号民事判决书。

③ 王泽鉴：《民法总则》，北京大学出版社2009年版，第166页。

④ 参见陈甦主编：《民法总则评注》（上册），法律出版社2017年版，第429页。

法人承担民事责任后，是否有权向法定代表人追偿，并不明确。对此，《民法典》第六十二条第二款规定："法人承担民事责任后，依照法律或者法人章程的规定，可以向有过错的法定代表人追偿。"

法人对法定代表人的代表行为引起的法律后果予以承受，不受代表行为是法律行为还是法律行为以外的其他行为的影响。因为，代表行为即为法人的行为。无论代表行为是法律行为、准法律行为、事实行为、诉讼行为，均为法人的行为。[①] 法定代表人因执行职务造成他人损害的，由法人承担民事责任，就是《民法典》侵权责任编规定的法人侵权责任，包含在《民法典》第一千一百九十一条第一款[②] 规定的"用人单位的责任"之中。法人为法定代表人因执行职务造成他人损害承担侵权责任的构成要件包括：一是须有加害他人的侵权行为。适用过错责任原则的侵权行为，加害人应当具有过错的要件，适用无过错责任原则的侵权行为，加害人无须具有过错的要件。二是须因法人的法定代表人及其他工作人员的执行职务行为造成损害。法定代表人因执行职务造成他人损害的，《民法典》总则编明确规定了法人承担民事责任，法人的其他工作人员因执行职务造成他人损害的，则应当适用《民法典》总则编第一千一百九十一条第一款的规定，由法人承担民事责任。虽法律依据不同，但结果相同，可谓异曲同工之妙。三是须因执行职务的行为而发生。法人的法定代表人及其他工作人员的行为是不是执行职务行为，须在个案中根据具体情况作出准确判断。

依据《民法典》第六十二条第二款的规定，法人就法定代表人的行为承担民事责任后，可以向有过错的法定代表人追偿。该条第一款解决了法定代表人因执行职务造成他人损害的外部责任问题，即由法人承担民事责任。该条第二款解决了法人的内部责任问题，即法定代表人有过错的，需要承担与其过错相适应的民事责任。追偿应当符合两个条件：一是法定代表人有过错。言外之意，法定代表人没有过错的，则无须承担相应的民事责任。二是须有法律或法人章程的规定。

---

① 王泽鉴:《民法总则》，北京大学出版社 2009 年版，第 166 页。

②《民法典》第一千一百九十一条第一款规定：用人单位的工作人员因执行工作任务造成他人损害的，由用人单位承担侵权责任。

法人就其法定代表人的职务行为所承担的民事责任，既包括侵权责任，也包括非侵权责任。《民法典》第六十一条第二款针对合同责任等非侵权责任作了规定，《民法典》第六十二条针对法定代表人的职务侵权行为所致的民事责任进行了规定。

五、法定代表人代表权的限制

法定代表人代表法人从事民事活动的权限，在法人的内部关系上称为“职权”，在法人的外部关系上称为“代表权”。法定代表人“执行职务”的行为，若就法人的外部关系而言，与以法人名义为法律行为和法律行为以外的其他行为，具有相同的法律意义。[①]

法人的章程或者权力机构对法定代表人的代表权的限制，不但是必要的，而且是对法定代表人的约束，是完全有效力的。换言之，法定代表人超越了法人章程或者权力机构对其授权范围的限制，就其法人内部关系，该法定代表人实施的超越权限的民事行为系无效行为。但是，法定代表人超越权限实施的民事行为就外部关系而言，其效力如何？《民法通则》并未直接规定，《合同法》第五十条规定：“法人或者其他组织的法定代表人、负责人超越权限订立的合同，除相对人知道或者应当知道其超越权限的以外，该代表行为有效。”该条规定弥补了一个法律漏洞。同年出台的《合同法解释（一）》第十条规定：“当事人超越经营范围订立合同，人民法院不因此认定合同无效。但违反国家限制经营、特许经营以及法律、行政法规禁止经营规定的除外。”由此，法人对其代表人权限的限制不得对抗善意第三人的规则，得以建立。《民法典》第六十一条第三款规定：“法人章程或者法人权力机构对法定代表人代表权的限制，不得对抗善意相对人。”该条款明确了对法定代表人的代表权的限制。

《民法典》第六十一条第三款与《合同法》第五十条规定的实质内容是相同的，但有着不同的规范目的。《民法总则》第六十一条第三款是从内部管理角度进行规范，《合同法》第五十条是从对外从事民事法律行为的角度进行规范。这两个法律条款的立法精神一致，在内在逻辑上是相互支撑和牵

① 邹海林：《民法总则》，法律出版社2018年版，第118页。

连的。《民法典》第六十一条第三款（被《民法典》总则编所吸收）的规范是《合同法》第五十条规范的逻辑前提，《合同法》第五十条规范是《民法总则》第六十一条第三款规范的逻辑结果。①

法人的法定代表人的代表权在本质上应当有所限制。法定代表人的权限属于法人组织体的内部关系，法人组织体的内部关系适用自愿原则。法人的章程以及权力机构的决议，对法定代表人的权限予以限制，应属于必然。章程对代表人的限制，包括法人设立目的的限制或经营范围的限制，基本功能在于约束法定代表人的行为，约束法定代表人代表法人从事民事活动的范围。

法人的法定代表人的代表权的限制不得对抗善意相对人。"不得对抗"是法人章程或者法人权力机构对法定代表人的限制的法律后果。所谓"不得对抗"，指的是对于满足构成要件的相对人，法人不能拒绝承担责任，不能否认其法定代表人与该相对人所为的行为的效果归属于自己。② 因此，在处理法人与相对人的关系问题时，首先应当维护相对人对法人制度的信赖，如法人成立的必要条件、法人承受代表行为的法律后果等，以促进交易的便捷和安全。法定代表人为代表行为时，相对人知其代表权的限制事实而仍然与法人进行交易，基于诚实信用和意思自治，相对人应对其自己的行为承担后果，不得主张法人承受代表行为违反限制引起的法律后果。因此，《民法典》总则编明确规定了法人的法定代表人超越法人章程或者法人权力机构对法定代表人代表权的限制，仅仅保护善意相对人的权利，不保护恶意相对人的权利。如湖南省高级人民法院在审理上诉人市场服务中心因与被上诉人某农商银行、原审第三人潘某青抵押合同纠纷一案中认为：③ 市场服务中心提出，其对外担保须领导班子会议同意并上报长沙市商务局和财政局审批后才能确定，且公章是伪造的，不应由市场服务中心承担责任。《关于同意潘某青借款并提供抵押担保的函》仅表明同意提供抵押担保，因函

① 杜万华主编：《中华人民共和国民法总则实务指南》，中国法制出版社 2017 年版，第 241 页。

② 参见陈甦主编：《民法总则评注》（上册），法律出版社 2017 年版，第 424 页。

③ 详见湖南省高级人民法院（2019）湘民终 228 号民事判决书。

上该中心的公章是伪造的，双方未签订书面抵押合同，抵押合同尚未成立。法院认为，依据《民法总则》第六十一条第三款“法人章程或者法人权力机构对法定代表人代表权的限制，不得对抗善意相对人”的规定，市场服务中心未提供该中心章程对担保决策程序规定的证据，即使有规定，也是其内部对法定代表人权利的限制，市场服务中心未提供证据证明某农商银行明知该限制，且案涉《请示》《报告》中的相关文字表述表明，案涉担保是经过该中心研究决定的，故即使违反了单位的内部规定，也不能对抗某农商银行。

在司法实践中，往往涉及相对人是否“善意”的举证责任的分配问题。关于相对人是否善意的举证责任分配方面，应当区分法定代表人“超越权限”的行为是属于超越法定权限，还是超越约定权限，分别确定不同的证明责任。对于法定限制，基于法律规定的公开性，任何人不得以其自身不知法律为由提出免责或减责抗辩，故相对人的善意需要自己举证证明；对于约定限制，交易相对人的善意是被依法推定的，相对人知道或应当知道法定代表人权力受到限制的事实，应由法人一方承担举证责任。如《全国法院民商事审判工作会议纪要》第十八条规定：善意，是指债权人不知道或者不应当知道法定代表人超越权限订立担保合同。《公司法》第十六条对关联担保和非关联担保的决议机关作出了区别规定，相应地，在善意的判断标准上也应当有所区别。一种情形是，为公司股东或者实际控制人提供关联担保，《公司法》第十六条明确规定必须由股东（大）会决议，未经股东（大）会决议，构成越权代表。在此情况下，债权人主张担保合同有效，应当提供证据证明其在订立合同时对股东（大）会决议进行了审查，决议的表决程序符合《公司法》第十六条的规定，即在排除被担保股东表决权的情况下，该项表决由出席会议的其他股东所持表决权的过半数通过，签字人员也符合公司章程的规定。另一种情形是，公司为公司股东或者实际控制人以外的人提供非关联担保，根据《公司法》第十六条的规定，此时依照公司章程来规定是由董事会决议还是股东（大）会决议。无论章程是否对决议机关作出规定，也无论章程规定决议机关为董事会还是股东（大）会，根据《民法典》第六十一条第三款关于“法人章程或者法人权力机构对法定代表人代表权的限制，不得对抗善意相对人”的规定，只要债权人能够证明其在订立担保合同时对董事会决议或者股东（大）会决议进行了审查，同意决议的人数及签字人员符合公司章程的规定，就应当认定其构成善意，但公司能够证明债权人明知公司章程对决议机关有明确规定的除外。债权人对公司机关决议内容的审查一般限于形式审查，只要求尽到必要的注意义务即可，标准不宜太过严苛。公司以机关决议系法定代表人伪造或者变造、决议程序违法、签章（名）不实、担保金额超过法定限额等事由抗辩债权人非善意的，人民法院一般不予支持。但是，公司有证据证明债权人明知决议系伪造或者变造的除外。

六、对案例 22、案例 23 的简要评析

在案例 22 中，关键是作为法定代表人的李某与刘某、向某签订《内部承包协议》行为的认定问题。首先，李某系金鑫联鑫公司的法定代表人；其次，《内部承包协议》首部甲方为金鑫联鑫公司，尾部加盖了该公司的合同专用章，印证了李某签订合同的行为代表了金鑫联鑫公司，是一种职务行为；最后，该协议也得到了履行。因此，根据《民法总则》第六十一条第二款“法定代表人以法人名义从事的民事活动，其法律后果由法人承受”的规定，金鑫联鑫公司应当对其法定代表人李某以其法人名义从事的民事活动承担民事责任。

在案例 23 中，关键是魏冯营村委会主任卫东行为的认定问题，即卫东的行为是个人行为还是职务行为的问题。由于平整土地是魏冯营村委会的一项集体活动，卫东作为村委会主任，应当属于履行职务行为。根据《民法总则》第六十二条“法定代表人因执行职务造成他人损害的，由法人承担民事责任。法人承担民事责任后，依照法律或者法人章程的规定，可以向有过错的法定代表人追偿”的规定，魏冯营村委会应当对二妮承担赔偿责任。当然，若卫东将卖树款直接给付魏冯营村委会，则魏冯营村委会确认承担责任无疑。若卖树人没有支付货款，则魏冯营村委会可以向卖树人主张权利。同时，若卫东将树款据为己有，则卫东还涉嫌刑事犯罪，同样不影响魏冯营村委会对二妮承担还款责任。

第三节　法人登记公示

一、问题的提出

在比较法上，法人登记的效力有创设效力和宣示效力之分。如我国台湾地区“民法”第三十条规定：法人非经向主管机关登记，不得成立。相反，《瑞士民法典》第六十条第一款规定：非以经济为目的的社团，自设立该团体的意思明确表示于章程时，取得法人资格。在我国大陆地区，原则上法人以登记为成立标志。[①]

在研究法人登记公示之前，先看一则案例：

案例24：黄某诉康宝兴公司、康宝兴公司工会股东资格确认纠纷案[②]

二审查明：一审起诉人黄某于2019年6月28日向四川省新津县人民法院递交了起诉状，起诉康宝兴公司及该公司工会，起诉材料有起诉状、黄某身份证明、康宝兴公司企业公示信息等与诉请相关的证明材料。一审法院收到起诉材料后，通过外出调查查明康宝兴公司主要办事机构所在地为成都市成华区万年场横街××号，并据此认为康宝兴公司的住所地不在其辖区，对本案无管辖权，对黄某的起诉裁定不予受理。

二审法院认为，本案的焦点是原审法院对本案是否有管辖权。本案系股东资格确认纠纷，《民事诉讼法》第二十六条规定：“因公司设立、确认股东资格、分配利润、解散等纠纷提起的诉讼，由公司住所地人民法院管辖。”《民事诉讼法解释》第三条规定：“……法人或者其他组织的住所地是指法人或者其他组织的主要办事机构所在地。法人或者其他组织的主要办事机构所在

① 参见谭启平：《法人制度的一般规定》，载张鸣起主编：《民法总则专题讲义》，法律出版社2019年版，第196页。

② 详见四川省成都市中级人民法院（2019）川01民终13809号民事裁定书。

地不能确定的，法人或者其他组织的注册地或者登记地为住所地。”根据本案起诉人黄某提供的起诉材料，虽然缺少起诉人与被告之间的关系以及持股等证据材料，需经审查后告知补正，但是起诉人黄某提供的康宝兴公司企业公示信息中的住所地为成都市新津县五津镇××路，该地址在原审法院辖区，在起诉时没有关于该企业登记地与主要办事机构所在地不一致的证据时，原审法院对本案有管辖权。遂裁定撤销一审法院民事裁定；指令一审法院受理本案。

在上述案例中，涉及法人登记的公示问题。试问：何谓法人的登记？法人登记的类型有哪些？法人登记事项的效力如何？

二、法人的登记

法人的设立和存续，依法实行登记制度。法人的登记，是指法人将其组织体要素依照法律规定向登记机关报告并予以公示的方法。[①]依照《民法典》第七十七条规定：营利法人经依法登记成立。第八十八条规定：具备法人条件，为适应经济社会发展需要，提供公益服务设立的事业单位，经依法登记成立，取得事业单位法人资格；依法不需要办理法人登记的，从成立之日起，具有事业单位法人资格。第九十条规定：具备法人条件，基于会员共同意愿，为公益目的或者会员共同利益等非营利目的设立的社会团体，经依法登记成立，取得社会团体法人资格；依法不需要办理法人登记的，从成立之日起，具有社会团体法人资格。第九十二条规定：具备法人条件，为公益目的以捐助财产设立的基金会、社会服务机构等，经依法登记成立，取得捐助法人资格。依法设立的宗教活动场所，具备法人条件的，可以申请法人登记，取得捐助法人资格。法律、行政法规对宗教活动场所有规定的，依照其规定。由此可见，《民法典》总则编对不同类型的法人登记作了不同的规定。

法人登记的主要功能在于公示，在于向社会公开法人的信息，便于第三人查询知悉，起到保护社会公众信赖利益的作用，保障交易安全。根据《民法典》第六十六条“登记机关应当依法及时公示法人登记的有关信息”的规

① 邹海林：《民法总则》，法律出版社2018年版，第126页。

定，登记机关应当“依法”公示，强调了公示本身要符合法律规定，凡是法律规定要公开的信息，都应当通过登记及时公示。

在实务中，不同类型的法人应当登记公示的内容有所不同。《社会团体登记管理条例》第十二条第二款规定：“社会团体登记事项包括：名称、住所、宗旨、业务范围、活动地域、法定代表人、活动资金和业务主管单位。”《企业法人登记管理条例》第九条规定：“企业法人登记注册的主要事项：企业法人名称、住所、经营场所、法定代表人、经济性质、经营范围、经营方式、注册资金、从业人数、经营期限、分支机构。”《公司登记管理条例》第九条规定：“公司的登记事项包括：（一）名称；（二）住所；（三）法定代表人姓名；（四）注册资本；（五）公司类型；（六）经营范围；（七）营业期限；（八）有限责任公司股东或者股份有限公司发起人的姓名或者名称。”

在司法实践中，需要明确的是，法人登记为行政行为，受行政法律关系调整。因法人实际情况与登记事项不一致而引发的民商事案件，是否需要待行政登记行为被撤销后再作审理？这涉及民商事案件与行政案件如何协调处理的问题。关于涉及法人登记信息的民行交叉案件的处理，总体上应当坚持基础法律关系先行的原则。①

三、法人的设立登记、变更登记和注销登记

法人的登记可分为三种类型：设立登记、变更登记和注销登记。

1. 法人的设立登记。设立登记，是指法律设立时的民事主体地位的登记。一般而言，设立登记是法人设立的必要条件，非经登记，法人的民事主体地位无从产生。当然，依照法律规定不需要进行设立登记的法人属于例外。因此，在我国，除依法不需要办理法人登记即可成立的少数法人外，绝大多数法人只有经登记机关依法登记，才能取得法人资格。②

《民法典》总则编对于法人的设立登记没有原则性的规定，但对于营利法人和社会团体法人、捐助法人等非营利法人，有设立登记的一般要求。其

---

① 参见杜万华主编：《中华人民共和国民法总则实务指南》，中国法制出版社2017年版，第259页。

② 参见李适时主编：《中华人民共和国民法总则释义》，法律出版社2017年版，第181页。

他法律对于应当登记成立的法人，就其设立登记均有相关的规定。如《公司法》第六条第一款规定："设立公司，应当依法向公司登记机关申请设立登记。符合本法规定的设立条件的，由公司登记机关分别登记为有限责任公司或者股份有限公司；不符合本法规定的设立条件的，不得登记为有限责任公司或者股份有限公司。"

2. 法人的变更登记。变更登记，是法人设立后的存续期间因登记事项发生变化而进行的登记。法人的变更登记，仅限于法人的登记事项发生了变更，法人应当在登记事项发生变更后的法定期间内向主管登记机关办理变更登记。法人存续期间的登记事项发生变化而未经登记的，不得对抗善意第三人。①

《民法典》第六十四条对法人的变更登记作了原则性的规定，即"法人存续期间登记事项发生变化的，应当依法向登记机关申请变更登记。"该条规定源自于《民法通则》第四十四条第一款"企业法人分立、合并或者有其他重要事项变更，应当向登记机关办理登记并公告"的规定。但是，该条的规定对于需要办理变更登记的事项不局限于"企业法人分立、合并或者其他重要事项"，而是所有法人存续期间登记事项的变化均应当申请变更登记。其实，法人的变更登记在以下法律法规中均有体现，《公司法》第二十二条第四款规定："公司根据股东会或者股东大会、董事会决议已办理变更登记的，人民法院宣告该决议无效或者撤销该决议后，公司应当向公司登记机关申请撤销变更登记。"第一百七十八条规定："有限责任公司增加注册资本时，股东认缴新增资本的出资，依照本法设立有限责任公司缴纳出资的有关规定执行。股份有限公司为增加注册资本发行新股时，股东认购新股，依照本法设立股份有限公司缴纳股款的有关规定执行。"《公司登记管理条例》第二十六条规定："公司变更登记事项，应当向原公司登记机关申请变更登记。未经变更登记，公司不得擅自改变登记事项。"

3. 法人的注销登记。注销登记，是法人存续期间届满而解散或者因其他法定原因而解散以终止法人民事主体地位的登记。《民法典》总则编没有明

① 《日本民法典》第四十六条规定：法人设立的登记发生变更时，必须在两周以内在主事务所在地或三周以内在其他事务所所在地进行变更登记；各自在其登记以前，不得以其变更对抗第三人。

文规定法人的注销登记，仅仅是把注销登记作为法人终止的前置事由作了提示性的规定，具体条文是《民法典》第七十二条第三款的规定，即“清算结束并完成法人注销登记时，法人终止；依法不需要办理法人登记的，清算结束时，法人终止。”

法人的注销登记，法律、行政法规有明确规定的，依照其规定办理。如，《公司法》第一百八十八条规定：“公司清算结束后，清算组应当制作清算报告，报股东会、股东大会或者人民法院确认，并报送公司登记机关，申请注销公司登记，公告公司终止。”《公司登记管理条例》第四十二条规定：“有下列情形之一的，公司清算组应当自公司清算结束之日起30日内向原公司登记机关申请注销登记：（一）公司被依法宣告破产；（二）公司章程规定的营业期限届满或者公司章程规定的其他解散事由出现，但公司通过修改公司章程而存续的除外；（三）股东会、股东大会决议解散或者一人有限责任公司的股东、外商投资的公司董事会决议解散；（四）依法被吊销营业执照、责令关闭或者被撤销；（五）人民法院依法予以解散；（六）法律、行政法规规定的其他解散情形。”

四、法人登记事项的效力

法人登记事项，是指法人申请登记而记载于登记簿的事项。依据我国现行法的规定，登记的效力因登记的类型不同而有所区别：一是设立登记采取登记要件主义。我国法律法规对依法需要办理登记的法人采取登记要件主义。如《企业法人登记管理条例》第三条规定：“申请企业法人登记，经企业法人登记主管机关审核，准予登记注册的，领取《企业法人营业执照》，取得法人资格，其合法权益受国家法律保护。”《民法典》第七十七条规定：“营利法人经依法登记成立。”言外之意，法律要求法人必须办理设立登记的，其没有登记，就不能取得法人资格。二是变更登记采取登记对抗主义。《民法典》第六十四条规定：“法人存续期间登记事项发生变化的，应当依法向登记机关申请变更登记。”第六十五条规定：“法人的实际情况与登记的事项不一致的，不得对抗善意相对人。”从该条规定可以看出，可以将变更登记的效力解释为登记对抗主义。[①] 三是注销登记的效力，是从办理注销登记完毕之日起，法人资

① 王利明：《民法总则研究》（第三版），中国人民大学出版社2018年版，第284页。

格消灭。在司法实践中，法人被注销登记的，其诉讼主体资格也不复存在。

法人的登记事项，仅以法人实际已经登记的事项为限。《民法典》第六十五条规定："法人的实际情况与登记的事项不一致的，不得对抗善意相对人。"该条是在《公司法》第三十二条第三款"公司应当将股东的姓名或者名称向公司登记机关登记；登记事项发生变更的，应当办理变更登记。未经登记或者变更登记的，不得对抗第三人"的基础上进行修订而成。法人的实际情况与登记的事项不一致，包括两种情形：一是法人设立登记时即出现法人的实际情况与登记的事项不一致；二是法人存续期间登记事项发生变更但未依法及时办理变更登记。尽管立法要求法人在设立登记时应当如实登记相关事项，法人存续期间登记事项发生变更的应当及时申请变更登记，但基于各种原因，实践中仍然会出现法人的实际情况与登记的事项不相符的情形。对此，《民法典》第六十五条明确规定"不得对抗善意相对人"。因此，如果相对人按照记载登记的事项和法人发生民事法律关系，应根据相对人是否为善意来认定法律关系的效力。所谓"善意"，是指相对人对登记簿记载内容失实情况不知且不应知。不应知，是指相对人已经尽到合理的注意义务，对法人登记信息与实际情况不一致的情况并不知情，其不知并非出于其自身的过失。[①]"不得对抗"，是指法人不能以登记失实为由，否认既存的法律关系，拒绝向善意相对人承担责任。值得注意的是，在该条中适用的是"善意相对人"，而不是"善意第三人"。例如，法人的法定代表人变更后未及时在登记机关办理变更登记，如果原董事长继续以法人名义对外实施民事法律行为，在相对人不知道也不应当知道变更事项时，则原董事长所实施的民事法律行为的后果仍然应当由法人承受。

法人的变更登记并非要件主义，而是对抗主义，仅仅是不得对抗善意相对人，且应当由未登记一方承担相对人"恶意"的举证责任，不能由相对人举证证明其为善意。依据文义解释方法，《民法典》第六十五条的规范目的在于保护善意相对人的利益，是对善意相对人有利的规范，根据规范说则应当由相对人举证证明自己善意。但与《民法典》第六十一条的情况类似，如果严格按照规范表达来确定证明责任分配，反而无助于该规范"保护善意相对人"的目的实现。因此，更恰当的方式应当是无须按照文字表达来进行解

---

① 陈甦主编：《民法总则评注》（上册），法律出版社 2017 年版，第 447 页。

释，而是对此作一种“反面解读”，由未经登记的法定代表人、股东等举证证明相对人恶意，从而使未登记事项对相对人发生效力，而不是由相对人举证证明自己善意，以使未登记事项对自己不发生效力。[①]

五、对案例 24 的简要评析

在本案中，关于涉案康宝兴公司住所地的问题，其实程序法和实体法均有明确规定。在前述案例中已经充分说明了民事诉讼法及其司法解释的相关规定，不再赘述。根据《民法总则》第六十三条“法人以其主要办事机构所在地为住所。依法需要办理法人登记的，应当将主要办事机构所在地登记为住所”，第六十四条“法人存续期间登记事项发生变化的，应当依法向登记机关申请变更登记”以及第六十五条“法人的实际情况与登记的事项不一致的，不得对抗善意相对人”之规定和《民事诉讼法解释》第三条规定“……法人或者其他组织的住所地是指法人或者其他组织的主要办事机构所在地。法人或者其他组织的主要办事机构所在地不能确定的，法人或者其他组织的注册地或者登记地为住所地”，法人的主要办事机构所在地、登记地与住所地应当是重合的，公司住所变更需要依法办理变更登记手续，经登记机关对外进行公示，否则不得对抗善意相对人。因此，康宝兴公司企业公示信息中的住所地为成都市新津县五津镇 ×× 路，该地址在原审法院辖区，原审法院对本案有管辖权，裁定不予受理不当，应予纠正。

第四节　法人的设立与设立中的法人

一、问题的提出

“没有规矩，不能成方圆”。任何社会组织要成为法人，不能自行设立，必须依据法律法规的规定设立，正如《民法典》第五十八条第一款规定“法

---

① 参见陈甦主编:《民法总则评注》(上册)，法律出版社 2017 年版，第 448 页。

人应当依法成立”。然而，“世间不如意事十有八九”，基于个中原因，导致有些设立中的法人最终没有依法成立。诸如下列两则案例：

案例25：水务局与二建公司、城投公司建设工程施工合同纠纷案①

2015年8月31日，二建公司与三水厂工程建设管理处签订建设工程施工合同，约定：工程名称为三水厂建设工程施工项目I标段，工期为2015年8月31日至2016年5月31日。签约合同价人民币750万元。合同签订后，原告二建公司进场施工。施工中存在工程量变更。变更内容在工程联系单或工程变更签证联系单上有载明，三水厂工程建设管理处相关人员在其上签名、盖章予以确认。变更工程部分经司法鉴定价款为510万元。市政府批复：经研究决定，同意水务局按照相关规定，依法组建三水厂工程建设管理处作为该工程项目法人，行使职责和权利，承担相应的义务和风险。

生效裁判认为，案涉工程已经竣工验收并交付使用，二建公司有权主张相应的工程价款。二建公司主张工程变更部分的工程造价为人民币510万元，有三水厂工程建设管理处相关人员盖章、签名的工程联系单或工程变更签证联系单及鉴定意见书等证实，予以采信。由于三水厂工程建设管理处无独立的财产等，不能独立承担民事责任，其相应的民事责任由其设立机构水务局承担。城投公司对二建公司主张的工程款不承担支付责任。据此判决：水务局支付二建公司工程款510万元。

案例26：胡某与李某、龙顺酒店、叶某房屋租赁合同纠纷再审审查案②

四川高级人民法院经审查认为，本案争议焦点为胡某应否向李某支付租金。首先，叶某、胡某与李某签订第二份《房屋租赁合同》之时龙顺酒店并未成立，且伍某、胡某、叶某于2015年7月13日以案涉租赁房屋为经营场所，共同注册登记设立了龙顺酒店，由此可见胡某为龙顺酒店发起人之一。

① 参见安徽省滁州市中级人民法院（2019）皖11民终2212号民事判决书。

② 参见四川省高级人民法院（2019）川民申3288号民事裁定书。

其次，发起人为公司设立对外签订的合同应否承担责任。根据《民法总则》第七十五条第二款“设立人为设立法人以自己名义从事民事活动产生的民事责任，第三人有权选择请求法人或者设立人承担”，《公司法解释（三）》第二条“发起人为设立公司以自己名义对外签订合同，合同相对人请求该发起人承担合同责任的，人民法院应予支持。公司成立后对前款规定的合同予以确认，或者已经实际享有合同权利或者履行合同义务，合同相对人请求公司承担合同责任的，人民法院应予支持”之规定，本案中李某选择主张发起人胡某、叶某承担责任符合法律规定。据此裁定：驳回胡某的再审申请。

在上述案例中，案例25、案例26均涉及《民法典》第七十五条所规定的设立中的法人从事民事活动的民事责任承担问题。试问：法人的设立应当符合哪些条件？设立中的法人从事民事活动的民事责任如何承担？

二、法人的设立

从法人制度的发展来看，各国立法关于法人的成立共有五种不同的方式：一是自由主义，也称为放任主义，即法人的设立不必具备何种形式，只要具备法人的实质，政府即予以承认。二是特许主义，又称为立法特许主义，即专门颁布某项法律而成立某个法人组织。三是核准主义，又称为行政许可主义，即法人的设立必须经过行政机关的许可。四是准则主义，又称为登记主义，即只要符合国家规定的设立标准，仅需要向登记主管机关办理登记，法人即可成立。五是强制主义，即国家在特定范围内强制设立法人。[①]我国法律对于法人的设立程序采取了准则主义和核准主义两类。[②]如，公司的设立原则上采取了准则主义，捐助法人、宗教场所法人等的设立采取了核准主义。

根据《民法典》第五十八条“法人应当依法成立。法人应当有自己的名

① 不同观点，请读者参见王利明：《民法总则研究》（第三版），中国人民大学出版社2018年版，第274页；谭启平：《法人制度的一般规定》，载张鸣起主编：《民法总则专题讲义》，法律出版社2019年版，第193~194页；史尚宽：《民法总论》，中国政法大学出版社2000年版，第151页；郑玉波：《民法总则》，中国政法大学出版社2003年版，第178页。

② 王利明：《民法总则研究》（第三版），中国人民大学出版社2018年版，第276页。

称、组织机构、住所、财产或者经费。法人成立的具体条件和程序，依照法律、行政法规的规定。设立法人，法律、行政法规规定须经有关机关批准的，依照其规定”的规定，法人应当依法成立。依据该条规定，法人的设立应当具备如下条件：一是法人应当有自己的名称。法人的名称一经登记注册，即享有专用权，并受法律保护。二是法人应当有自己的组织机构。法人的组织机构对内管理法人的事务，对外代表法人从事民事活动。法人的组织机构，因法人类型不同其内部架构的要求也不相同。三是法人应当有自己的住所。法人住所的确定，便于国家对法人的监督和管理，便于债务的履行，便于诉讼管辖的确定。《民法典》第六十三条规定“法人以其主要办事机构所在地为住所。依法需要办理法人登记的，应当将主要办事机构所在地登记为住所。”四是法人应当有必要的财产或经费。任何法人都需要必要的财产或经费，这是法人能够独立享有民事权利和承担民事义务的物质基础，也是独立承担民事责任的财产保障。学者认为，“财产”是对营利法人的要求，“经费”是对非营利法人或特别法人的要求。①

值得特别注意的是，法人成立的具体条件和程序，依照法律、行政法规的规定进行。我国许多法律、行政法规对各种类型的法人的设立程序都有特别规定，如，《公司法》第二十三条规定：“设立有限责任公司，应当具备下列条件：（一）股东符合法定人数；（二）有符合公司章程规定的全体股东认缴的出资额；（三）股东共同制定公司章程；（四）有公司名称，建立符合有限责任公司要求的组织机构；（五）有公司住所。”根据法律规定需要依法登记的企业法人、社会团体法人等，必须履行登记手续才能取得法人资格。

三、设立中的法人的法律意义

设立中的法人是相对于法人的设立行为而言的，未取得法人地位的组织体。②设立中的法人，没有取得法人的应有人格，不能以自己的名义从事民事活动。但是，设立中的法人已经具备了法人的某些要素，仅仅是还在办理

① 参见张新宝：《〈中华人民共和国民法总则〉释义》，中国人民大学出版社2017年版，第111页。

② 邹海林：《民法总则》，法律出版社2018年版，第150页。

登记或审批过程中，必然存在设立人以自己的名义或者设立法人的名义从事民事活动。对此，法律应当如何规范？《民法典》第七十五条规定："设立人为设立法人从事的民事活动，其法律后果由法人承受；法人未成立的，其法律后果由设立人承受，设立人为二人以上的，享有连带债权，承担连带债务。设立人为设立法人以自己的名义从事民事活动产生的民事责任，第三人有权选择请求法人或者设立人承担。"

《民法典》第七十五条的规定是关于法人设立行为的法律后果的规定，共有两款，是针对不同情形的：第一款针对的是设立人未以自己的名义从事民事活动的情形，既包括设立人以设立中法人的名义从事的民事活动，比如订立合同，也包括法人设立过程中可能出现的侵权行为等不涉及行为人名义的民事活动。第二款针对的是设立人以自己的名义从事民事活动的情形。①

四、发起人以自己的名义签订合同的法律后果

《公司法解释（三）》第二条作出了明确规定："发起人为设立公司以自己名义对外签订合同，合同相对人请求该发起人承担合同责任的，人民法院应予支持。公司成立后对前款规定的合同予以确认，或者已经实际享有合同权利或者履行合同义务，合同相对人请求公司承担合同责任的，人民法院应予支持。"

公司的设立是一个过程。在这个过程中，发起人要负责制订发起人协议、制定公司章程、选举负责人等一系列事务。按照公司法人制度的基本要求，公司经登记方能取得法人资格，而设立中的公司还不是法人，因此只能由发起人代表设立中的公司完成设立的有关事务，对外从事一定的法律行为。所以，如何看待公司发起人的法律地位，尤其是公司发起人行为的法律依据、权限范围以及行为后果的法律归属等，都成为公司设立中非常重要的法律问题。

不论是从权利角度，还是从义务和责任方面来看，公司发起人有权利也

---

① 李适时主编：《中华人民共和国民法总则释义》，法律出版社2017年版，第226页、第229页。

有义务为了设立公司从事相应的行为。由于公司尚在设立过程中，发起人无法以成立后公司的名义从事相应行为，因此，发起人常常是以个人名义对外签订合同的。这时，该合同尽管可能是为了设立公司的利益而为之的，但具体到某个合同上，其具有相对性，即应仅在当事人之间产生相应的效力。那么，原则上就应当坚持合同的相对性和名义主义原则，即合同只在特定的当事人之间发生法律效力，合同的相对人应向发起人主张合同权利，而不能向合同关系以外的公司主张合同权利。因此，《公司法解释（三）》第二条第一款规定："发起人为设立公司以自己名义对外签订合同，合同相对人请求该发起人承担合同责任的，人民法院应予支持。"

但是，发起人毕竟可以被视为设立中公司的机关，如果发起人在设立公司的过程中以自己的名义对外签订合同确实是为了公司的利益，且公司成立后愿意承认该合同，那么，赋予合同相对人相应的选择权，由公司承担相应的责任更具有现实意义。也就是说，公司成立后如果确认了该合同或者公司已实际成为合同主体，而且合同相对人也起诉要求公司承担责任，这表明公司愿意成为合同主体且合同相对人也愿意接受公司作为合同主体，此时由公司承担合同责任符合合同法中代理的一般原理，因此可以由公司承担合同责任。因此，《公司法解释（三）》第二条第二款规定："公司成立后对前款规定的合同予以确认，或者已经实际享有合同权利或者履行合同义务，合同相对人请求公司承担合同责任的，人民法院应予支持。"在总结公司法实践经验基础上，《民法典》第七十五条规定："设立人为设立法人从事的民事活动，其法律后果由法人承受；法人未成立的，其法律后果由设立人承受，设立人为二人以上的，享有连带债权，承担连带债务。设立人为设立法人以自己的名义从事民事活动产生的民事责任，第三人有权选择请求法人或者设立人承担。"

五、发起人以设立中公司的名义对外签订合同的法律效果

发起人以设立中公司名义对外签订合同，公司成立后合同相对人请求公司承担合同责任的，人民法院应予支持。公司成立后有证据证明发起人利用设立中公司的名义为自己的利益与相对人签订合同，公司以此为由主张不承担合同责任的，人民法院应予支持，但相对人为善意的除外。

具体而言：（1）设立中的公司不是公司法人，因而其行为不能一般适用法律关于法人的规定，而应适用非法人团体的法律要求；（2）设立中的公司是处于筹建阶段而仅未依法登记的公司雏形，在这个阶段里，股东已经出资，已经具有了初步的公司机关，甚至已经制定了公司章程，亦即，设立中的公司具有了一定的权利能力和行为能力，这些能力只是因为未登记而受到一定限制而已；（3）设立中的公司是一种设立中的公司团体，因而其行为与将来要成立的公司具有某种必然的联系，这种联系使得设立中公司的行为可以成为成立后公司的行为。可以看出，设立中的公司应该是具有一定独立地位的组织，而非松散的创立人联合。

司法实践中，我国法院也开始以此理论处理相应问题。在福州商贸大厦筹备处与福建佳盛投资发展有限公司借款纠纷案［最高人民法院（2005）民二终字第 147 号民事判决书］中，最高人民法院认为，银行与公司筹备处签订借款合同，该借款抵押合同是双方当事人的真实意思表示，合法有效，筹备处可以作为当事人参加因该借款合同产生的诉讼。[①]也就是说，在本案中，法院将筹备处视为一个事实上的法人，认定其为独立的民事主体。有学者认为，该做法与国外的“事实公司”不谋而合，可以认为最高人民法院通过判决的方式创设了我国公司法中所没有的一个法律规则，即在事实上已经具备公司的一切特征的设立中公司应独立承担民事责任，其股东应承担有限责任。[②]

发起人是为设立公司而签署公司章程、向公司认缴出资或者股份并履行公司设立职责的人。那么，在一定意义上可以认为，发起人是设立中公司的执行机关，发起人对外代表设立中的公司进行创立活动，对内负责公司筹办事务。当然，从理论上来说，设立中的公司是一种独立的组织形式，因此，在内部关系上，应该根据公司章程的规定和即将成立公司的目的来确定设立中的公司股东或发起人的权利和义务。这时，股东或发起人必须从事一定的行为，如任命管理人，缴纳认缴出资额以及履行公司法和公司章程所规定的设立公司所必需的行为。

---

① 参见《最高人民法院公报》2006 年第 7 期（总第 117 期）。

② 吴越：《公司法先例初探》，法律出版社 2008 年版，第 15 页。

对于公司一般的业务，可以由全体股东或发起人授权管理人去做，股东会或发起人的相应决议也可以以简单多数通过。管理人应根据公司法规定履行忠实义务和注意义务并承担相应责任。但是，对于公司章程的修改、接纳新的股东，需要全体股东的一致同意，因为这时公司毕竟还未成立，它不具备法律规定的完全权利能力，所以，它这时应适用类似于合伙的规则。管理人开展相应业务活动，必须在公司章程确定的经营范围内进行，如果从事超出设立目的的任何经营活动，都应先得到全体股东或发起人的一致同意。管理人的权力是根据公司设立的目的、公司章程的规定以及股东或发起人决议所决定的。如果没有股东或发起人的同意，管理人就不能从事相应经营活动。

在对外关系上，设立中的公司具有一定的权利能力，可以从事设立公司所必需的事实上、法律上的必要行为，如开设银行账户以收取股东出资、购买设备以备经营等。设立中的公司是由公司管理人代表的，但该代表权须限制在公司设立目的的范围内，如为促成公司登记必要的法律行为，维护已经出资财产的必要法律行为。如果要进行提前业务活动，必须经过全体股东或全体发起人的同意。

设立中的公司毕竟是还未依法成立的公司，那么，在设立公司的过程中以公司的名义所签订的合同或其他债务应该由谁承担呢？《公司法解释（三）》第三条第一款规定："发起人以设立中公司名义对外签订合同，公司成立后合同相对人请求公司承担合同责任的，人民法院应予支持。"该款只是给了合同相对人一个选择，即其可以选择要求成立后的公司承担合同责任。换言之，其也可以选择要求发起人承担责任，而不要求成立后的公司承担。但其一旦做出选择，就只能按照该选择来做。同时，为了防止发起人为谋取自己的利益而滥用设立中公司的名义，该条第二款规定："公司成立后有证据证明发起人利用设立中公司的名义为自己的利益与相对人签订合同，公司以此为由主张不承担合同责任的，人民法院应予支持，但相对人为善意的除外。"

六、公司未成立时的发起人责任

《公司法解释（三）》第四条对发起人的责任作了统一的规定：一是公司因故未成立时发起人的对外责任的承担。该条第一款规定："公司因故未成立，债权人请求全体或者部分发起人对设立公司行为所产生的费用和债务承担连带清偿责任的，人民法院应予支持。”二是公司因故未成立后的发起人之间内部责任的承担。该条第二款作出了规定：“部分发起人依照前款规定承担责任后，请求其他发起人分担的，人民法院应当判令其他发起人按照约定的责任承担比例分担责任；没有约定责任承担比例的，按照约定的出资比例分担责任；没有约定出资比例的，按照均等份额分担责任。”三是公司因故未成立，有各种原因，其中可能是由部分发起人的过错引起的，那么，按照民商法的过错者承担责任原理，其他发起人可以主张有过错方承担相应的责任。该条第三款规定：“因部分发起人的过错导致公司未成立，其他发起人主张其承担设立行为所产生的费用和债务的，人民法院应当根据过错情况，确定过错一方的责任范围。”

需要注意的是，《公司法解释（三）》第四条规定了公司设立不能时，发起人按出资比例承担该设立阶段产生的债务情形，但并未规定设立中公司在设立阶段从事经营活动产生的盈利如何分配。根据权利义务相一致的法理以及民法的公平原则，对公司设立阶段的债权分配，应比照适用债务承担的规定，发起人有权按出资比例分配公司设立阶段从事经营行为所产生的盈利。

七、发起人的侵权责任

发起人的侵权责任有对内责任和对外责任之分，前者主要是指发起人对公司的损害赔偿责任，即在公司设立过程中发起人因损害公司利益而应对公司承担的责任。发起人的主要目的在于设立公司，但在公司设立过程中常常会出现发起人故意或过失损害公司利益的情况。任何人都要为其行为中的故意或过失损害他人的行为承担责任。《公司法》第九十四条第（三）项规定：股份有限公司的发起人在公司设立过程中，由于其过失致使公司利益受到损害的，应当对公司承担赔偿责任。

对于发起人因设立公司中履职造成第三人的损害的，赋予第三人选择权，其既可以要求发起人承担个人责任，也可以要求成立后的公司承担侵权责任，可以更好地保护第三人。同时，这种做法也可以限制发起人的不当行为，从而保护成立后公司的利益。当然，如果公司未成立，则自然因发起人之间的合伙关系而应由全体发起人承担连带责任。因此，《公司法解释（三）》第五条第一款规定：“发起人因履行公司设立职责造成他人损害，公司成立后受害人请求公司承担侵权赔偿责任的，人民法院应予支持；公司未成立，受害人请求全体发起人承担连带赔偿责任的，人民法院应予支持。”如果该损害是由发起人过错造成的，则“公司或者无过错的发起人承担赔偿责任后，可以向有过错的发起人追偿”。

需要注意的是，由于《公司法》没有规定发起人对第三人承担损害赔偿责任，也未规定其过错形式，根据民法与公司法的关系，公司法没有规定的，民法可以补充适用，所以，发起人对第三人承担损害赔偿责任既包括过错责任也包括无过错责任。

八、对案例 25、案例 26 的简要评析

在案例 25 中，争议焦点为：二建公司要求水务局支付涉案工程价款的理由能否成立。二建公司与三水厂工程建设管理处签订《建设工程施工合同》后，二建公司按照合同约定完成了施工义务，案涉工程已经竣工验收并交付使用，故三水厂工程建设管理处应按合同约定支付相应工程价款。由于三水厂工程建设管理处是由水务局申请设立，未办理相应的独立法人登记手续，不能独立对外承担民事责任。《民法总则》第七十五条规定，设立人为设立法人从事的民事活动，其法律后果由法人承受；法人未成立的，其法律后果由设立人承受，设立人为二人以上的，享有连带债权，承担连带债务。设立人为设立法人以自己的名义从事民事活动产生的民事责任，第三人有权选择请求法人或者设立人承担。因此，水务局对三水厂工程建设管理处所欠二建公司的工程价款应承担付款义务。

在案例 26 中，关于作为龙顺酒店的发起人之一胡某应否承担本案的民事责任问题。依据《民法总则》第七十五条第二款“设立人为设立法人以自己的名义从事民事活动产生的民事责任，第三人有权选择请求法人或者设立人承担”的规定，作为债权人的李某有权选择请求设立人之一的胡某承担支付租赁合同租金的义务。同时，《公司法解释（三）》第二条“发起人为设立公司以自己名义对外签订合同，合同相对人请求该发起人承担合同责任的，人民法院应予支持。公司成立后对前款规定的合同予以确认，或者已经实际享有合同权利或者履行合同义务，合同相对人请求公司承担合同责任的，人民法院应予支持”亦作出了同样的规定。因此，胡某辩解不承担民事责任的理由不能成立。

第五节 法人的合并与分立

一、问题的提出

关于法人的合并与分立，《民法典》第六十七条规定了法人合并、分立权利义务的承担，即“法人合并的，其权利和义务由合并后的法人享有和承担。法人分立的，其权利和义务由分立后的法人享有连带债权，承担连带债务，但是债权人和债务人另有约定的除外。”法人的合并与分立，属于法人登记变更的重大事项，涉及合并与分立民事权利和义务的享有与承担问题。

在研究法人的合并、分立之前，先看两则案例：

案例 27：花垣妇幼中心与创鼎医疗买卖合同纠纷案[①]

2016 年 6 月 7 日，创鼎医疗（乙方）与原花垣县妇幼保健院（甲方）签订《销售合同》，双方约定：乙方出售给甲方一台手提式彩超机，生产厂商为徐州大为电子设备有限公司，单价为 35.9 万元，甲方分 3 年按月付清货款。合同签订后，创鼎医疗依约交付了所出售的手提式彩超机，却未收到任何货款。2016 年 6 月 7 日，花垣县机构编制委员会办公室向该县卫生和计划生育局下发《关于组建花垣县妇幼保健计划生育服务中心的通知》，将花垣县妇幼保健院和花垣县计划生育服务站整合，组建花垣妇幼中心。

生效裁判认为，创鼎医疗与原花垣县妇幼保健院签订的医疗器械买卖合同合法、有效。现花垣县妇幼保健院已和花垣县计划生育服务站整合，组建成花垣妇幼中心，故其合同权利义务由花垣妇幼中心承受。因花垣妇幼中心未支付货款，已构成根本违约，现创鼎医疗要求花垣妇幼中心提前支付全部货款 35.9 万元，予以支持。据此判决：花垣妇幼中心于本判决生效后 10 日内支付给创鼎医疗货款 35.9 万元。

---

① 参见湖南省怀化市中级人民法院（2019）湘 12 民终 1342 号民事判决书。

案例 28：军粮公司与姚某、郭某、刘某买卖合同纠纷案[①]

2015 年初，军粮公司收购玉米，市场单价为 2.3 元 / 公斤。2015 年 8 月 20 日，姚某共卖给军粮公司玉米计款 372071 元，军粮公司方给姚某出具领据一份，并由当时粮库主任郭某、贸易部负责人刘某予以签字确认。2015 年 11 月军粮公司向姚某支付货款 10 万元，未付剩余货款。2017 年 3 月 7 日，军粮公司进行改制。

生效裁判认为，姚某与军粮公司之间的玉米买卖是双方当事人真实意思的表示，不违反国家法律的有关规定，也不损害社会公共利益，双方的买卖合法有效。双方当事人应按照约定诚信履行，任何违反合同约定的一方应当承担相应的法律责任。郭某、刘某在领据上签字属于职务行为，不应该承担支付货款的责任，遂判决：被告军粮公司支付姚某货款 272071 元及利息。

在上述案例中，案例 27 涉及法人的合并问题，案例 28 涉及法人的分立问题。试问：法人合并与分立后的权利和义务是如何享有和负担的？

二、法人的合并

《民法典》第六十七条对法人的合并与分立作了规定，该规定是对《民法通则》第四十四条和《合同法》第九十条的改造和吸收。《民法通则》第四十四条规定："企业法人分立、合并或者有其他重要事项变更，应当向登记机关办理登记并公告。企业法人分立、合并，它的权利和义务由变更后的法人享有和承担。" 2017 年《民法总则》将原来的"企业法人"扩展到"法人"，表明了调整对象为所有法人类型的合并与分立，同时，区分了法人合并、分立的不同法律效果。

法人合并，是指两个以上的法人通过订立合同，并依照法定程序而合并为一个法人的法律事实，是法人在法律人格上的变化。法人是拟人化的民事主体，有民事权利能力和民事行为能力，得以意思自治为基础，对法人的组

① 河南省漯河市中级人民法院（2018）豫 11 民终 3024 号民事判决书。

织体结构进行变更，除法律、行政法规另有规定，法人的合并无须经政府主管部门或其授权的部门批准。

法人的合并方式。按照法人合并的方式不同，分为吸收合并和新设合并。吸收合并，是指一个或多个法人归并到一个现存的法人中，被合并的法人资格消灭，存续法人的主体资格仍然存在。吸收合并的典型就是兼并，即由存续的法人兼并主体资格归于消灭的法人。在吸收合并中，在坚持自愿原则的基础上，形成法人财产所有权的转让。新设合并，是指两个以上的法人合并为一个新的法人，原来的法人消灭，新的法人产生。新设合并形成了一个新的法人，原来被合并的法人所有的权利和义务均由新的法人承受。

法人的类型不同，合并的程序也不相同。国家机关法人、事业单位法人等，其法人合并主要由国家依据立法或者行政命令的方式进行。营利法人的合并，涉及法人的财产所有权、债权债务的处理，必须按照法定程序进行。法人在合并的情形下，对债权人有合并事实的通知义务，是为了保护法人的债权人的利益，但对于不同目的的法人，法律、行政法规对法人合并事实的通知另有规定的，应当依照其规定。如《公司法》第一百七十三条规定：公司合并，应当由合并各方签订合并协议，并编制资产负债表及财产清单。公司应当自作出合并决议之日起十日内通知债权人，并于三十日内在报纸上公告。债权人自接到通知书之日起三十日内，未接到通知书的自公告之日起四十五日内，可以要求公司清偿债务或者提供相应的担保。

三、法人的分立

法人分立，是指一个法人依照法定程序予以拆分而设立为两个或两个以上的法人的法律行为。作为有民事权利能力和民事行为能力的法人，完全有权自主决定改变法人的组织体结构，除非法律、行政法规规定法人变更组织体结构应当经政府主管部门或其授权的部门批准。

法人的分立方式。按照法人分立的方式不同，可以分为新设分立与派生分立。新设分立，又称为创设分立，是指将原来的一个法人分成两个或两个以上新的法人，原法人资格消灭，分立后的新的法人成立。新设分立，要将原来法人的财产所有权和债权债务，分割成两个或两个以上的部分，就分割后的财产成立数个新的法人。派生分立，又称为存续分立，是指将原来法人分出一部分或几部分成立一个或几个新的法人，原法人资格仍然存在，分立出的法人成为新的法人。派生分立，仅仅是在仍然存续的法人中，将财产所有权和债权债务分出一部分或几部分，归分立后的新的法人承受。

法人的分立，应当自其权力机构作出分立决议之日起，在法定期间内将分立事实通知债权人。为了保护债权人利益，法人在其分立的情形下，对债权人承担法人分立事实的通知义务。对于不同目的的法人，法律、行政法规对法人分立事实的通知另有规定的，应当依照其规定，如《公司法》第一百七十五条第二款规定："公司分立，应当编制资产负债表及财产清单。公司应当自作出分立决议之日起十日内通知债权人，并于三十日内在报纸上公告。"

四、法人的合并与分立的债权和债务

法人合并原则上不影响法人合并前的权利义务关系的有序承受。自《民法通则》施行以来，合并后的法人承受合并前的各法人享有的权利和承担的义务，已为我国民法的基本立场。[①]《民法通则》第四十四条第二款规定："企业法人分立、合并，它的权利和义务由变更后的法人享有和承担。"据此规定，法人合并的，由合并后的法人享有和承担法人合并前各法人的权利和义务。《合同法》第九十条规定："当事人订立合同后合并的，由合并后的法人或者其他组织行使合同权利，履行合同义务……"合同法开始区分法人的合并与分立对法人的债权人的影响的不同，专门对法人合并前的权利义务的承担作出了规定。《公司法》第一百七十四条规定："公司合并时，合并各方的债权、债务，应当由合并后存续的公司或者新设的公司承继。"基于上述规定，将企业法人的合并扩展到法人的合并，《民法典》第六十七条第一款规定："法人合并的，其权利和义务由合并后的法人享有和承担。"

法人分立的后果。一是法人资格的变化。即由原来的一个法人变为多个法人，新设法人由于原法人的资格已经消灭，因而分立后的各个法人不能再

---

① 邹海林：《民法总则》，法律出版社2018年版，第156页。

使用原法人的名称，必须使用新的名称；派生分立的，存续的法人仍然使用原来的名称，法人资格不变，分立后的新法人，不能使用存续法人的名称，需要另行设置名称，取得新的法人资格。二是债权债务关系发生变化。新设分立，要根据分立协议将原法人的债权债务分成各个部分，由新设立的法人承受。派生分立，也是根据分立协议，将存续法人的债权债务分出一部分，由新设法人承受。《合同法》第九十条规定："……当事人订立合同后分立的，除债权人和债务人另有约定的以外，由分立的法人或者其他组织对合同的权利和义务享有连带债权，承担连带债务。"由此，法人分立后，除法人和债权人另有约定的以外，由分立后的法人连带享有分立前的法人享有的权利，连带承担分立前的法人承担的义务。《公司法》第一百七十六条规定："公司分立前的债务由分立后的公司承担连带责任。但是，公司在分立前与债权人就债务清偿达成的书面协议另有约定的除外。"2017年《民法总则》在吸收过去立法经验的基础上，在第六十七条第二款规定："法人分立的，其权利和义务由分立后的法人享有连带债权，承担连带债务，但是债权人和债务人另有约定的除外。"据此，法人分立的，债权人与债务人约定优先；未约定按照法定（享有连带债权，负担连带债务）。《民法典》总则编延续了这一规定。

值得注意的是，《民法典》第六十七条第二款与《公司法》第一百七十六条的规定有所不同：一是承受权利义务的范围不同。前者就法人分立前的权利和义务的承继问题作了规定，后者仅就公司分立前的债务承担问题作了规定。二是当事人分担法人分立前的债务的意思表示的时间限定不同。对于"分立前的债务由分立后的法人承担连带责任"的除外情形，前者规定只以债权人和债务人能够达成债权债务分担的约定为必要，而无论该约定是达成于法人分立前还是分立后。后者要求债权人与债务人在公司分立前达成债务分担的协议。[①] 因此，前者的规定合情合理，后者的规定有所不妥，在司法适用时，应当按照前者的规定适用。

五、对案例27、案例28的简要评析

在案例27中，综合本案证据，应当认定创鼎医疗与原花垣县妇幼保健

---

① 参见李适时主编：《中华人民共和国民法总则释义》，法律出版社2017年版，第195页。

院之间存在买卖合同关系，创鼎医疗依约交付了所出售的手提式彩超机，原花垣县妇幼保健院却未支付货款。关键是花垣妇幼中心是否应当承担支付涉案货款的责任，涉及原花垣县妇幼保健院和花垣县计划生育服务站整合，组建花垣妇幼中心。依据《民法总则》第六十七条第一款“法人合并的，其权利和义务由合并后的法人享有和承担”的规定，合并后花垣妇幼中心应当对原花垣县妇幼保健院的债务承担民事责任。因此，判令花垣妇幼中心承担还款责任并无不当。

在案例 28 中，姚某与军粮公司之间的玉米买卖是双方当事人真实意思的表示，为有效合同。依据《民法总则》第六十七条规定：“法人合并的，其权利和义务由合并后的法人享有和承担。法人分立的，其权利和义务由分立后的法人享有连带债权，承担连带债务，但是债权人和债务人另有约定的除外。”虽然军粮公司于 2017 年 3 月 7 日改制，但仍应对改制前的债务承担连带责任。因此，判令军粮公司承担还款责任并无不当。

第六节　法人的分支机构

一、问题的提出

法人的组织机构包括法人的分支机构。法人的分支机构，是指由法人以其财产设立的相对独立地从事民事活动而不具有法律地位的办事机构。法人的分支机构不具有独立性，但为了实现法人的目的而相对独立地从事民事活动。《民法通则》没有对法人的分支机构作出规定，《民法总则》作出了法人分支机构的一般规定，即第七十四条：“法人可以依法设立分支机构。法律、行政法规规定分支机构应当登记的，依照其规定。分支机构以自己的名义从事民事活动，产生的民事责任由法人承担；也可以先以该分支机构管理的财产承担，不足以承担的，由法人承担。”《民法典》总则编延续了这一规定。

在研究法人的分支机构之前，先看一则案例：

案例 29：盛丰公司、梧州分公司与肖某、吴某民间借贷纠纷案[①]

梧州分公司是盛丰公司设立的分支机构，从梧州分公司成立至 2013 年 10 月 8 日，吴某为梧州分公司的负责人。肖某于 2013 年 7 月 9 日转账 500 万元至梧州分公司财务张某的账户、次日转账 500 万元。7 月 10 日，梧州分公司向肖某分别出具了两张借条，其中一张借条载明：梧州分公司因流动资金周转需要，今借到肖某人民币 500 万元整，利息人民币壹拾万元整；另外一张借条载明：梧州分公司因流动资金周转需要，今借到肖某 2000 万元整，利息人民币肆拾万元整。两张借条还载明借款期限为一个月，超期还款每天按借款总额的万分之五加收违约金。梧州分公司在借款人处加盖了公章，吴某自愿对上述借款本息承担保证责任，并在保证人处签名。上述借款到期后，肖某认为梧州分公司没有还款，遂诉至法院，请求判令梧州分公司和盛丰公司共同归还借款本金 2500 万元及违约金和相应利息，吴某对梧州分公司、盛丰公司的上述债务承担连带清偿责任。

一审法院判决：一、梧州分公司、盛丰公司共同向原告肖某归还借款本金 2500 万元及违约金、相应利息；二、吴某对上述债务承担连带清偿责任。盛丰公司、梧州分公司不服一审判决，提起上诉。

最高人民法院认为：一、一审法院认定梧州分公司有权订立案涉借款合同是否正确。分公司是公司在其住所以外设立的从事经营活动的机构，不具有法人资格，其民事责任由公司承担。本案中，梧州分公司系盛丰公司设立，依法经工商部门登记成立并取得了营业执照。根据《民法总则》第七十四条之规定，作为盛丰公司的分支机构，梧州分公司可以以自己的名义从事民事活动。即使盛丰公司对于梧州分公司的经营权限有内部规定，该内部规定也不能对抗与梧州分公司从事交易的善意相对人。因此，一审法院认定梧州分公司有权订立案涉借款合同正确。二、一审法院认定梧州分公司与肖某之间存在借贷关系以及盛丰公司应承担还款责任是否正确。肖某并非梧州分公司内部人员，其在签订合同时并不了解盛丰公司对梧州分公司内部授权的范

---

① 详见最高人民法院（2018）最高法民终 1290 号民事判决书。

围。吴某时任梧州分公司的负责人；梧州分公司在梧州当地亦有较为频繁的经营活动。作为相对人，肖某有充分理由相信梧州分公司有相应的借款需求，且吴某有权代表梧州分公司作出意思表示。据此驳回上诉，维持原判。

在上述案例中，涉及法人的分支机构民事活动的效力认定及民事责任的承担问题。试问：法人是否可以设立分支机构？设立分支机构是否需要审批、登记？法人分支机构的法律地位如何？分支机构以自己的名义从事民事活动，产生的民事责任如何承担？

二、法人分支机构的设立批准和登记

《民法典》第七十四条第一款规定："法人可以依法设立分支机构……"依据该规定，法人是否可以自主设立分支机构的问题，涉及两方面的内容：一是可否设立分支机构？二是设立分支机构是否需要审批？对此，需要依照相关法律和行政法规的规定。《公司法》第十四条第一款规定：公司可以设立分公司。《民办非企业单位登记管理暂行条例》第十三条规定：民办非企业单位不得设立分支机构。《社会团体登记管理条例》第十七条规定：社会团体的分支机构不得再设立分支机构。社会团体不得设立地域性的分支机构。《商业银行法》第十九条规定：商业银行根据业务需要可以在中华人民共和国境内外设立分支机构。设立分支机构必须经国务院银行业监督管理机构审查批准。在中华人民共和国境内的分支机构，不按行政区划设立。商业银行在中华人民共和国境内设立分支机构，应当按照规定拨付与其经营规模相适应的营运金额。拨付各分支机构营运资金的总和，不得超过总行资本金总额的百分之六十。《保险法》第七十四条第一款规定：保险公司在中华人民共和国境内设立分支机构，应当经保险监督管理机构批准。第七十九条规定：保险公司在中华人民共和国境外设立子公司、分支机构，应当经国务院保险监督管理机构批准。《基金会管理条例》第十二条第一款规定：基金会拟设立分支机构、代表机构的，应当向原登记管理机关提出登记申请，并提交拟设机构的名称、住所和负责人等情况的文件。该条第二款规定：登记管理机关应当自收到前款所列全部有效文件之日起60日内作出准予或者不予登记的决定。准予登记的，发给《基金会分支（代表）机构登记证书》；不予登记的，应当书面说明理由。

《民法典》第七十四条第一款还规定："……法律、行政法规规定分支机构应当登记的，依照其规定。"如，营利法人的分支机构均需要进行营业登记。《公司法》第十四条第一款规定：公司可以设立分公司。设立分公司，应当向公司登记机关申请登记，领取营业执照。分公司不具有法人资格，其民事责任由公司承担。《商业银行法》第二十一条规定：经批准设立的商业银行分支机构，由国务院银行业监督管理机构颁发经营许可证，并凭该许可证向工商行政管理部门办理登记，领取营业执照。《保险法》第七十七条规定：经批准设立的保险公司及其分支机构，凭经营保险业务许可证向工商行政管理机关办理登记，领取营业执照。

三、法人分支机构的法律地位

法人的分支机构以自己的名义从事民事活动，享有权利并承担义务，有其自己的名称、住所和财产。但是，法人的分支机构不独立承担民事责任，虽有财产，但无须独立，分支机构的财产属于法人的财产的一部分。同时，分支机构拥有一定的财产，并非法人的分支机构存在的必要条件。当然，法人分支机构的名称和住所则是其设立和存续的必要条件。

法人分支机构属于法人的组成部分，但不是法人机关或者法人的内部办事机构，其对外有以自己的名义从事民事活动的职能。法人机关或者法人的内部办事机构在法人的组织体内部形成法人的意思，对外则应当以法人的名义为法律行为。由此，法人机关或其内部办事机构的行为，即是法人的行为。但是，法人分支机构在进行民事活动时，以自己的名义进行，有自己独立的意思，与法人之间不具有代表或被代表的关系。所以，法人分支机构应当是相对独立于法人的"非法人组织"。据此，学者认为：为了民事主体制度的发展以及实务便利，法人分支机构具有"非法人组织"的本质特征，解释上有必要承认法人分支机构的非法人组织地位，并可参照适用《民法总则》关于非法人组织的规定。[①]

---

① 参见邹海林：《民法总则》，法律出版社2018年版，第125页。同时，王利明教授认为：如果法人的分支机构已经登记，能够以自己的名义从事民事活动，则其已经符合非法人组织的特征，应当属于非法人组织。参见王利明：《民法总则研究》（第三版），中国人民大学出版社2018年版，第268页。

法人的分支机构包括领取了营业执照的分支机构和未领取营业执照的分支机构，两者的区别表现在：一是未领取营业执照的分支机构，不得以自己的名义独立从事民事活动，而只能以法人的名义从事民事活动；领取了营业执照的分支机构，可以以自己的名义对外从事民事活动。二是领取了营业执照的分支机构可以成为独立的诉讼主体，以自己的名义起诉、应诉。《民事诉讼法解释》第五十二条规定："民事诉讼法第四十八条规定的其他组织是指合法成立、有一定的组织机构和财产，但又不具备法人资格的组织，包括：（一）依法登记领取营业执照的个人独资企业；（二）依法登记领取营业执照的合伙企业；（三）依法登记领取我国营业执照的中外合作经营企业、外资企业；（四）依法成立的社会团体的分支机构、代表机构；（五）依法设立并领取营业执照的法人的分支机构；（六）依法设立并领取营业执照的商业银行、政策性银行和非银行金融机构的分支机构；（七）经依法登记领取营业执照的乡镇企业、街道企业；（八）其他符合本条规定条件的组织。"据此，依法成立的社会团体的分支机构、依法设立并领取营业执照的分支机构具有诉讼主体资格，可以作为民事诉讼的当事人；未领取营业执照的分支机构，只能以法人的名义起诉、应诉。《民事诉讼法解释》第五十三条规定："法人非依法设立的分支机构，或者虽依法设立，但没有领取营业执照的分支机构，以设立该分支机构的法人为当事人。"三是领取了营业执照的分支机构可以先以自己的财产承担责任；未领取营业执照的分支机构应当由其所属法人承担责任。

四、法人分支机构的行为及责任承担

法人分支机构不具有独立于法人的地位，但因其以自己的名义从事民事活动，享有权利和承担义务，具有相对于非法人组织的民事主体地位。法人分支机构以自己的名义从事民事活动的能力，源自于2017年《民法总则》的规定。法人分支机构没有自己的独立财产，其设立不能完成与法人的责任财产的"风险隔离"，法人分支机构仍然属于法人的组成部分，其民事活动所产生的民事责任，应当由法人承担民事责任。对此，《民法典》第七十四条第二款规定："分支机构以自己的名义从事民事活动，产生的民事责任由法人承担；也可以先以该分支机构管理的财产承担，不足以承担的，由法人承担。"

依据《民法典》第七十四条第二款及民事诉讼法的相关规定，在司法实践中，依法领取了营业执照的法人分支机构，作为权利人时，可以自己的名义直接作为原告；作为义务人时，可以直接将法人的分支机构和法人列为共同被告，但金融、保险等机构的分支机构等仅列分支机构为被告即可。如黑龙江高级人民法院在审理上诉人建三江农商行因与被上诉人鸿达种业公司等金融借款合同纠纷一案中认为：案涉纠纷争议的焦点问题是建三江农商行是否有权就其分支机构签订的合同作为诉讼主体主张权利。根据《民法典》第一百零二条关于“非法人组织是不具有法人资格，但是能够依法以自己的名义从事民事活动的组织”及《民事诉讼法》第四十八条第一款关于“公民、法人和其他组织可以作为民事诉讼的当事人”的规定，七星分理处作为建三江农商行依法设立、取得营业执照的分支机构可以自己的名义从事民事活动，并可以作为民事诉讼的当事人。同时，《民法典》第七十四条第二款规定：“分支机构以自己的名义从事民事活动，产生的民事责任由法人承担；也可以先以该分支机构管理的财产承担，不足以承担的，由法人承担。”《公司法》第十四条第一款规定：“……分公司不具有法人资格，其民事责任由公司承担。”即分支机构虽在机构、人员、财产等方面具有一定的独立性，但人员管理由法人决定、资产隶属于法人，其仍属于法人的组成部分，不能独立承担民事责任。以上相关条款系从不同领域、不同角度对分支机构主体资格及民事责任承担所作的规定，实质上并不存在矛盾。有从程序法角度，对分支机构的民事诉讼地位的规定，也有从实体法上对民事责任最终归属的规定。法律在一定领域、一定程度上承认分支机构的“主体资格”主要是适应经济生活发展的需要，减轻诉讼负担。因此，建三江农商行就七星分理处签订的合同提起本案诉讼不违反法律规定，应予准许。①

依据《民法典》第七十四条第二款的规定，法人的分支机构承担民事责任的规则是：一是法人的分支机构须以自己的名义从事民事活动，其后果才由法人的分支机构承担，非以法人的分支机构的名义从事民事活动，法人的分支机构视情形再确定是否承担民事责任。二是对于法人的分支机构以自己的名义从事民事活动产生的债务，先以法人的分支机构的财产予以清偿。三

---

① 详见黑龙江省高级人民法院（2018）黑民终749号民事裁定书。

是法人的分支机构以自己的财产不足以清偿债务，由法人负责清偿，即法人承担的是补充责任。补充责任是不真正连带责任的一种变形形态，是特殊的不真正连带责任。[①]

五、对案例 29 的简要评析

在本案中，肖某将款项 2500 万元汇入梧州分公司财务人员的账户，梧州分公司出具借条，肖某与梧州分公司形成民间借贷法律关系。根据《民法总则》第七十四条之规定，梧州分公司以自己的名义从事民事活动，产生的民事责任由盛丰公司承担；也可以先以梧州分公司管理的财产承担，不足以承担的，由盛丰公司承担。故肖某就其对梧州分公司享有的债权，可要求盛丰公司承担相应的清偿责任。同时，作为出借人，肖某的主要合同义务是按约定向借款人梧州分公司支付钱款，其并没有向盛丰公司告知的义务。吴某的越权代表行为有可能使梧州分公司与盛丰公司遭受损失，其可另行向吴某主张权利。因此，本案法院的裁判是正确的。

第七节　法人的终止与解散

一、问题的提出

法人的终止，又称为法人的消灭，是指法人丧失民事主体资格，不再具有民事权利能力与民事行为能力的一种状态。[②] 法人解散，是指已经成立的法人，因法人章程规定或者法定事由出现而停止经营活动，开始进行清算，使法人人格消灭的行为。法人在经营活动过程中，因法定情形的出现，导致法人解散，因法定原因的出现，导致法人终止。

在研究法人的终止与解散之前，先看一则案例：

---

① 杨立新主编:《中华人民共和国民法总则要义与案例解读》，中国法制出版社 2017 年版，第 270 页。

② 参见江平主编:《法人制度论》，中国政法大学出版社 1994 年版，第 154 页。

案例30：林某清诉凯莱公司、戴某明公司解散纠纷案[①]

凯莱公司成立于2002年1月，林某清与戴某明系该公司股东，各占50%的股份，戴某明任公司法定代表人及执行董事，林某清任公司总经理兼公司监事。凯莱公司章程明确规定：股东会的决议须经代表二分之一以上表决权的股东通过，但对公司增加或减少注册资本、合并、解散、变更公司形式、修改公司章程作出决议时，必须经代表三分之二以上表决权的股东通过。股东会会议由股东按照出资比例行使表决权。2006年起，公司陷入僵局。同年，林某清委托律师向凯莱公司和戴某明发函称，因股东权益受到严重侵害，林某清作为享有公司股东会二分之一表决权的股东，已按公司章程规定的程序表决并通过了解散凯莱公司的决议，要求戴某明提供凯莱公司的财务账册等资料，并对凯莱公司进行清算。戴某明回函称，林某清作出的股东会决议没有合法依据，不同意解散公司，并要求林某清交出公司财务资料。

法院生效裁判认为：首先，凯莱公司的经营管理已发生严重困难。根据《公司法》第一百八十三条和《公司法解释（二）》第一条的规定，判断公司的经营管理是否出现严重困难，应当从公司的股东会、董事会或执行董事及监事会或监事的运行现状进行综合分析。"公司经营管理发生严重困难"的侧重点在于公司管理方面存有严重内部障碍，如股东会机制失灵、无法就公司的经营管理进行决策等，不应片面理解为公司资金缺乏、严重亏损等经营性困难。本案中，凯莱公司仅有戴某明与林某清两名股东，两人各占50%的股份，凯莱公司章程规定"股东会的决议须经代表二分之一以上表决权的股东通过"，且各方当事人一致认可该"二分之一以上"不包括本数。因此，只要两名股东的意见存有分歧、互不配合，就无法形成有效表决，显然影响公司的运营，股东会机制已经失灵。执行董事戴某明作为互有矛盾的两名股

---

① 详见最高人民法院指导案例8号。该指导案例的裁判要点：《公司法》第一百八十三条将"公司经营管理发生严重困难"作为股东提起解散公司之诉的条件之一。判断"公司经营管理是否发生严重困难"，应从公司组织机构的运行状态进行综合分析。公司虽处于盈利状态，但其股东会机制长期失灵，内部管理有严重障碍，已陷入僵局状态，可以认定为公司经营管理发生严重困难。对于符合公司法及相关司法解释规定的其他条件的，人民法院可以依法判决公司解散。

东之一，其管理公司的行为，已无法贯彻股东会的决议。林某清作为公司监事不能正常行使监事职权，无法发挥监督作用。由于凯莱公司的内部机制已无法正常运行，无法对公司的经营作出决策，即使尚未处于亏损状况，也不能改变该公司的经营管理已发生严重困难的事实。其次，由于凯莱公司的内部运营机制早已失灵，林某清的股东权、监事权长期处于无法行使的状态，其投资凯莱公司的目的无法实现，利益受到重大损失，且凯莱公司的僵局通过其他途径长期无法解决。《公司法解释（二）》第五条明确规定了“当事人不能协商一致使公司存续的，人民法院应当及时判决”。据此，凯莱公司已符合公司法及《公司法解释（二）》所规定的股东提起解散公司之诉的条件。二审法院从充分保护股东合法权益，合理规范公司治理结构，促进市场经济健康有序发展的角度出发，依法作出了公司解散的判决。

上述案例是一起典型的法人解散的案例。试问：法人终止的法定情形有哪些？法人解散的法定情形又有哪些？

二、法人终止的法定情形

《民法典》第六十八条规定：“有下列原因之一并依法完成清算、注销登记的，法人终止：（一）法人解散；（二）法人被宣告破产；（三）法律规定的其他原因。法人终止，法律、行政法规规定须经有关机关批准的，依照其规定。”该条规定了法人终止的法定情形，即法人解散、法人被宣告破产、法律规定的其他原因。

我们知道，《民法通则》第四十五条规定：“企业法人由于下列原因之一终止：（一）依法被撤销；（二）解散；（三）依法宣告破产；（四）其他原因。”《民法典》第六十八条的规定与《民法通则》第四十五条的规定在概念的内涵和用语的准确等方面存在重大变化：一是关于“法人解散”概念的内涵。《民法典》适用的是广义上的概念，包括法人依权力机构决议等自行解散，法人依法被吊销营业执照、登记证书，被责令关闭或者被撤销等行政解散、法人因陷入僵局被人民法院强制解散，具体情形在该法第六十九条作了详细规定。而《民法通则》将“解散”与“依法被撤销”并列使用，表明是将“法人解散”在狭义上适用，仅指法人自行解散。二是“法人终止”概念的内涵。

对此，《民法典》总则编延续了《民法总则》的规定。《民法总则》第六十八条第一款明确规定“有下列原因之一并依法完成清算、注销登记的，法人终止”，将“法人解散”与“法人终止”作了明确区分，理顺了“法人解散”与“法人终止”的关系，将“法人终止”对应于法人设立或法人成立，并为清算阶段的法人人格的承认提供了制度基础。①

《民法典》第六十八条第二款规定：“法人终止，法律、行政法规规定须经有关机关批准的，依照其规定。”该款规定在逻辑上与第五十八条第三款“设立法人，法律、行政法规规定须经有关机关批准的，依照其规定”相呼应。既然设立法人，允许法律、行政法规规定“须经有关机关批准”，那么终止法人时，亦应当“须经有关机关批准”。如，《商业银行法》第六十九条第一款规定：“商业银行因分立、合并或者出现公司章程规定的解散事由需要解散的，应当向国务院银行业监督管理机构提出申请，并附解散的理由和支付存款的本金和利息等债务清偿计划。经国务院银行业监督管理机构批准后解散。”《民办教育促进法》第五十六条规定：“民办学校有下列情形之一的，应当终止：（一）根据学校章程规定要求终止，并经审批机关批准的；（二）被吊销办学许可证的；（三）因资不抵债无法继续办学的。”

法人终止的程序。依照《民法典》第六十八条的规定，法人终止的程序是：有法定终止的情形；须依法完成清算程序；进行了注销登记。在一般情况下，法人完成了上述三个程序，其法人资格终止，法人消灭。除非法律、行政法规规定须经有关机关批准的，依照其规定。

三、法人解散的法定情形

《民法典》第六十九条规定：“有下列情形之一的，法人解散：（一）法人章程规定的存续期间届满或者法人章程规定的其他解散事由出现；（二）法人的权力机构决议解散；（三）因法人合并或者分立需要解散；（四）法人依法被吊销营业执照、登记证书，被责令关闭或者被撤销；（五）法律规定的其他情形。”《公司法》第一百八十条规定：“公司因下列原因解散：（一）公司章程规

① 参见李适时主编：《中华人民共和国民法总则释义》，法律出版社2017年版，第196~197页。

定的营业期限届满或者公司章程规定的其他解散事由出现；（二）股东会或者股东大会决议解散；（三）因公司合并或者分立需要解散；（四）依法被吊销营业执照、责令关闭或者被撤销；（五）人民法院依照本法第一百八十二条的规定予以解散。”法人解散后，一般需要经过清算程序，清理法人财产和债权债务，处理未尽事宜，最终通过注销登记等方式，消灭法人人格。

依照《民法典》第六十九条，并结合《公司法》第一百八十条的规定，法人解散包括自愿解散和强制解散。

1. 自愿解散，是指法人基于自身意愿而自行解散，如法人的权力机构决议解散、章程规定的存续期间届满等。自愿解散是私法自治的体现，原则上应当予以尊重，除非涉及社会公共利益。就公司法人而言，自愿解散取决于公司股东，股东会或股东大会可以选择解散或者不解散公司。但是，自愿解散不等于解散程序的任意，解散程序仍须依法进行，且不得经章程和股东会或股东大会决议随意变更。依照《公司法》第一百八十条，公司自愿解散包括以下情形：

（1）公司章程规定的营业期限届满，公司未形成延长营业期限的决议。在我国，营业期限属于公司章程任意记载事项，公司章程可以不规定公司存续的期限。如果公司章程中规定了营业期限，在此期限届满后，股东会或股东大会没有形成有效的延长营业期限的决议的，公司就应当解散并进入清算程序。

（2）公司章程规定的其他解散事由出现。所谓“其他解散事由”泛指公司章程自由设计的其他解散情形，包括但不限于产品和服务的消费结构的急剧恶化、特定消费群体的消失等使公司失去存续的必要性的情况。[①]解散事由一般是公司章程相对必要记载事项，股东在制定公司章程时，可以预先约定公司的各种解散事由。在公司经营中，章程规定的解散事由出现，公司就应解散，可以由股东会或股东大会根据章程规定作出解散决议予以确认。至于公司章程是否规定公司解散事由，约定何种解散事由，只要不违背法律的强制性规定，原则上由企业自主决定。在公司章程中预先明确规定公司解散

① 刘俊海：《新公司法的制度创新：立法争点与解释难点》，法律出版社2006年版，第601页。

事由，可以较好地解决公司在经营发展中因各种原因导致的公司僵局或股东压迫引发的重大矛盾，从而减少公司未来可能出现的不必要纷争。

（3）股东会或股东大会决议解散公司。这是指虽无法定或章程规定的解散事由出现，但公司在经营中认为必要时，经股东会或股东大会决议解散公司。相对于公司章程的事先规定，这种情形往往是公司在经营过程中，因种种原因使其不再愿意继续经营下去，而经过股东会或股东大会决议随时解散的制度。严格来讲，这种解散是不问原因的，可由公司自由决定。这时，依相关规定，国有独资公司的解散，必须由国有资产监督管理机构决定。一人有限公司由股东决定。其他有限责任公司必须经代表2/3以上表决权的股东通过；股份有限公司必须经出席会议的股东所持表决权的2/3以上通过。

（4）公司合并或分立。公司经股东会或股东大会决议可以合并或分立，从而导致公司解散。在公司吸收合并时，除存续公司外，其他被吸收的公司解散；在公司新设合并时，所有参与合并的公司均告解散。在公司新设分立时，原公司解散；在公司派生分立时，因原公司仍然存在而不存在公司解散问题。解散公司的权利义务均由合并或分立后的公司概括承受，公司无须进行清算。

2. 强制解散，又称为非自愿解散，是指法人非因自身意愿，被政府有关部门或法院裁判而解散。强制解散又可分为：

（1）主管机关命令解散。当公司设立或营业行为违反法律、法规，违背公序良俗时，行政主管机关可以依法强制解散公司。《公司法》第一百八十条第（四）项规定“依法被吊销营业执照、责令关闭或者被撤销”即属于该情况，具体包括三种情形：一是《公司法》第二百一十一条第一款规定，即“公司成立后无正当理由超过六个月未开业的，或者开业后自行停业连续六个月以上的，可以由公司登记机关吊销营业执照”。二是《公司法》第二百一十二条规定，即“外国公司违反本法规定，擅自在中国境内设立分支机构的，由公司登记机关责令改正或者关闭，可以并处五万元以上二十万元以下的罚款”。三是《公司法》第二百一十三条规定，即“利用公司名义从事危害国家安全、社会公共利益的严重违法行为的，吊销营业执照”。其中的“社会公共利益”就是《民法典》第八条规定的“公序良俗”，即“民事主体从事民事活动，不得违反法律，不得违背公序良俗”。

（2）法院判决解散。这是指《公司法》第一百八十条第（五）项规定的情形，即“人民法院依照本法第一百八十二条的规定予以解散”。我国法律实务中通常提到的公司解散诉讼指的就是这种股东请求法院强制解散公司的情形，《公司法解释（二）》将其简称为解散公司诉讼。《民法典》第六十九条第（五）项规定的“法律规定的其他情形”，就是一个开放式的兜底条款，包括了上述情形。

当法人内部治理出现僵局时，法院应法人成员的请求，可依法解散法人。如，最高人民法院在审理再审申请人董某琴、东北亚公司因与被申请人荟冠公司及一审第三人东证公司公司解散纠纷一案[①]时认为：荟冠公司以东北亚公司经营管理发生严重困难、其股东利益受到重大损害、通过其他途径不能解决僵局等事实为由，请求解散东北亚公司。需要指出的是，有限责任公司系具有自主决策和行为能力的组织体，虽然公司会由于内部成员间的对抗而出现机制失灵、无法运转，公司决策和管理无法形成有效决议而陷入僵局，但是基于公司永久存续性的特征，国家公权力对于股东请求解散公司的主张必须秉持谨慎态度。当股东之间的冲突不能通过协商达成谅解，任何一方都不愿或无法退出公司时，为保护股东的合法权益，强制解散公司就成为唯一解决公司僵局的措施。在公司解散案件中，法律并未设置主张解散公司的股东需要行使某项权利作为请求人民法院解散公司的前置程序。一审、二审法院根据查明的案件事实，在多次调解未果的情况下，为充分保护公司股东合法权益，依法规范公司治理结构，促进市场经济健康发展，作出解散东北亚公司的判决，适用法律并无不当。同时，东北亚公司已经符合公司解散的法定条件的问题：一是东北亚公司的经营管理已发生严重困难。判断公司的经营管理是否出现严重困难，侧重点在于公司经营管理是否存在严重的内部障碍，股东会或董事会是否因矛盾激化而处于僵持状态，一方股东无法有效参与公司经营管理。二是东北亚公司继续存续会使荟冠公司股东权益受到重大损失。荟冠公司作为东北亚公司的第二大股东，早已不能正常行使参与公司经营决策、管理和监督以及选择管理者的股东权利，荟冠公司投资东北亚公

---

① 详见最高人民法院（2017）民申2148号民事裁定书，载《最高人民法院公报》2018年第7期。

司的合同目的无法实现，股东权益受到重大损失。三是通过其他途径亦不能解决东北亚公司股东之间的冲突。基于有限责任公司的人合性，股东之间应当互谅互让，积极理性地解决冲突。在东北亚公司股东发生矛盾冲突后，荟冠公司试图通过修改公司章程改变公司决策机制解决双方纠纷，或通过向董某琴转让股权等退出公司的方式解决公司僵局状态，但均未能成功。即使荟冠公司向东证公司转让部分股权，也由于荟冠公司与董某琴双方的冲突历经诉讼程序方能实现。

四、对案例30的简要评析

在案例30中，2012年4月9日，最高人民法院发布了指导性案例《林某清诉常熟市凯莱实业有限公司、戴某明公司解散纠纷案》（指导案例8号）。该指导性案例根据《公司法》第一百八十三条及《公司法解释（二）》第一条等规定的精神，对涉案公司的经营状态、是否符合公司僵局的特征等作出了正确认定，明确了依法判断公司经营管理是否发生严重困难及股东请求解散公司的条件。该指导性案例的发布，对于依法妥善处理公司僵局的有关问题，充分保护股东合法权益，规范公司治理结构，促进市场经济健康发展具有积极的指导意义。[①]

该指导性案例的裁判要点确认：《公司法》第一百八十三条将公司经营管理发生严重困难作为股东提起解散公司之诉的条件之一，判断公司经营管理是否发生严重困难，应从公司组织机构的运行状态进行综合分析。公司虽处于盈利状态，但其股东会机制长期失灵，内部管理有严重障碍，已陷入僵局状态，可以认定为公司经营管理发生严重困难。对于符合公司法及相关司法解释规定的其他条件的，人民法院可以依法判决公司解散。该案例主要解决的是如何判断《公司法》第一百八十三条规定的公司经营管理发生严重困难及依法妥善处理公司僵局状态的问题。公司经营管理发生严重困难是认定公司是否处于僵局状态的重要因素，但对于如何进行具体

① 参见最高人民法院案例指导工作办公室、执笔人陈龙业：《〈林某清诉常熟市凯莱实业有限公司、戴某明公司解散纠纷案〉的理解与参照》，载《人民司法·案例》2014年第6期。

判断，在司法实务中存在认识上的不统一。该指导性案例的裁判要点结合公司法及有关司法解释的规定，对此作了明确，能够对类似案件的处理提供指导和参考。①

第八节 法人的清算

一、问题的提出

法人的清算，是指法人在终止前，应当对其财产进行清算，对债权债务关系进行了结，从而使法人归于消灭的必经程序。《民法典》第七十条第一款规定："法人解散的，除合并或者分立的情形外，清算义务人应当及时组成清算组进行清算。"法律之所以要求法人及时清算，主要在于保护债权人的利益，并使法人能够及时终止，退出市场，塑造良好的营商环境。

在研究法人的清算之前，先看一则案例：

案例 31：存亮公司诉蒋某东、王某明等买卖合同纠纷案②

存亮公司诉称向拓恒公司供应钢材，拓恒公司尚欠货款 139 万元。被告房某福、蒋某东和王某明为拓恒公司的股东，拓恒公司未年检，被工商部门吊销营业执照，至今未组织清算。因拓恒公司怠于履行清算义务，导致公司财产流失、灭失，存亮公司的债权得不到清偿，房某福、蒋某东和王某明应对拓恒公司的债务承担连带责任。故请求判令拓恒公司偿还存亮公司货款 139 万元及违约金，房某福、蒋某东和王某明对拓恒公司的债务承担连带清偿责任。

上海市松江区人民法院于 2009 年 12 月 8 日作出（2009）松民二（商）

---

① 参见最高人民法院案例指导工作办公室、执笔人陈龙业：《〈林某清诉常熟市凯莱实业有限公司、戴某明公司解散纠纷案〉的理解与参照》，载《人民司法 · 案例》2014 年第 6 期。

② 详见最高人民法院指导案例 9 号。

初字第1052号民事判决：一、拓恒公司偿付存亮公司货款139万元及相应的违约金；二、房某福、蒋某东和王某明对拓恒公司的上述债务承担连带清偿责任。宣判后，蒋某东、王某明提出上诉。上海市第一中级人民法院于2010年9月1日作出（2010）沪一中民四（商）终字第1302号民事判决：驳回上诉，维持原判。

法院生效裁判认为：存亮公司按约供货后，拓恒公司未能按约付清货款，应当承担相应的付款责任及违约责任。房某福、蒋某东和王某明作为拓恒公司的股东，应在拓恒公司被吊销营业执照后及时组织清算。因房某福、蒋某东和王某明怠于履行清算义务，导致拓恒公司的主要财产、账册等均已灭失，无法进行清算，房某福、蒋某东和王某明怠于履行清算义务的行为，违反了公司法及其司法解释的相关规定，应当对拓恒公司的债务承担连带清偿责任。拓恒公司作为有限责任公司，其全体股东在法律上应一体成为公司的清算义务人。公司法及其相关司法解释并未规定蒋某东、王某明所辩称的例外条款，因此无论蒋某东、王某明在拓恒公司中所占的股份为多少，是否实际参与了公司的经营管理，两人在拓恒公司被吊销营业执照后，都有义务在法定期限内依法对拓恒公司进行清算。

在上述案例中，涉及股东怠于履行清算义务所导致的侵权民事责任。试问：清算义务人的法律问题有哪些？法人清算的法律适用如何？清算法人的相关问题如何进行？

二、清算义务人的法律问题

《民法典》第七十条第一款规定：“法人解散的，除合并或者分立的情形外，清算义务人应当及时组成清算组进行清算。”第二款规定：“法人的董事、理事等执行机构或者决策机构的成员为清算义务人。法律、行政法规另有规定的，依照其规定。”第三款规定：“清算义务人未及时履行清算义务，造成损害的，应当承担民事责任；主管机关或者利害关系人可以申请人民法院指定有关人员组成清算组进行清算。”该条第一款、第二款均为强制性规范，且属于不完全法条。第三款规定的是当第二款中的清算义务人未及时履行相关清算职责，主管机关或者利害关系人有申请人民法院对清算人进行司法指定的请求权。但该款规定并非独立的请求权基础，不过是一个归责条款，说明清算义务人在此种情况下负有民事责任。当然，该款也属于不完全法条。[①]

清算义务人，是指基于其与法人之间存在的特定法律关系，在法人解散时对其负有依法组织清算义务的民事主体。在我国的立法中，2017 年《民法总则》颁布前尚未出现“清算义务人”的概念，在《合伙企业法》《个人独资企业法》中出现了“清算人”的概念，其他法律如《公司法》中适用“清算组”的概念，在《企业破产法》中还适用了“依法负有清算责任的人”。《民法总则》明确提出了“清算义务人”的概念，第七十条第一款中的“及时”，是指依照一般社会常识或者具体行业的市场交易习惯，在合理的期限内将信息传达给相对人且不影响该相对人判断。“及时”的要求，在不同地区应采取不同条件予以实现。[②]

清算义务人确定的一般原则。董事、理事既可能是法人执行机构的成员，也可能是法人决策机构的成员。但无论其为执行机构的成员还是决策机构的成员，均应由董事、理事或与董事、理事具有相当地位的主体作为清算义务人。当然，允许法律、行政法规设例外规定。如《公司法》第一百八十三条规定：“公司因本法第一百八十一条第（一）项、第（二）项、第（四）项、第（五）项规定而解散的，应当在解散事由出现之日起十五日内成立清算组，开始清算。有限责任公司的清算组由股东组成，股份有限公司的清算组由董事或者股东大会确定的人员组成。逾期不成立清算组进行清算的，债权人可以申请人民法院指定有关人员组成清算组进行清算。人民法院应当受理该申请，并及时组织清算组进行清算。”可以看出，考虑到有限责任公司与股份有限公司的差异，《公司法》第一百八十三条分别规定了有限责任公司和股份有限公司清算组的组成原则，即有限责任公司的清算组由股东组成，股份有限公司的清算组由董事会或者股东大会确定的人员组成。当然，基于私法自治原则，它们也可以聘请外部专业人士参与清算。

不过，需要注意的是，公司自愿清算的，其清算义务人为公司董事会或执行董事。《民法典》第七十条第二款规定：“法人的董事、理事等执行机构

---

① 参见陈甦主编：《民法总则评注》（上册），法律出版社 2017 年版，第 475~476 页。

② 参见陈甦主编：《民法总则评注》（上册），法律出版社 2017 年版，第 476 页。

或者决策机构的成员为清算义务人。法律、行政法规另有规定的，依照其规定。”同时需要强调，清算义务人与清算组是两个概念，前者解决的是谁有义务在公司自愿解散后组织进行清算，继而依法律或章程的规定及时成立清算组，否则，将承担相应法律责任。《民法典》第七十条第三款规定：“清算义务人未及时履行清算义务，造成损害的，应当承担民事责任；主管机关或者利害关系人可以申请人民法院指定有关人员组成清算组进行清算。”对此，最高人民法院通过司法解释的方式规定了清算义务人应当清算而未清算时应当承担的民事责任。如《公司法解释（二）》第十八条规定：有限责任公司的股东、股份有限公司的董事和控股股东未在法定期限内成立清算组开始清算，导致公司财产贬值、流失、毁损或者灭失，债权人主张其在造成损失范围内对公司债务承担赔偿责任的，人民法院应依法予以支持。有限责任公司的股东、股份有限公司的董事和控股股东因怠于履行义务，导致公司主要财产、账册、重要文件等灭失，无法进行清算，债权人主张其对公司债务承担连带清偿责任的，人民法院应依法予以支持。上述情形系实际控制人原因造成，债权人主张实际控制人对公司债务承担相应民事责任的，人民法院应依法予以支持。《公司法解释（二）》第十九条规定：有限责任公司的股东、股份有限公司的董事和控股股东，以及公司的实际控制人在公司解散后，恶意处置公司财产给债权人造成损失，或者未经依法清算，以虚假的清算报告骗取公司登记机关办理法人注销登记，债权人主张其对公司债务承担相应赔偿责任的，人民法院应依法予以支持。第二十条规定：公司解散应当在依法清算完毕后，申请办理注销登记。公司未经清算即办理注销登记，导致公司无法进行清算，债权人主张有限责任公司的股东、股份有限公司的董事和控股股东，以及公司的实际控制人对公司债务承担清偿责任的，人民法院应依法予以支持。公司未经依法清算即办理注销登记，股东或者第三人在公司登记机关办理注销登记时承诺对公司债务承担责任，债权人主张其对公司债务承担相应民事责任的，人民法院应依法予以支持。

三、法人清算的法律适用

根据《民法典》第七十一条“法人的清算程序和清算组职权，依照有关法律的规定；没有规定的，参照适用公司法的有关规定”的规定，法人清算程序及清算组职权可以概括为：有规定按规定，无规定参照公司法的规定。

1. 法人的清算程序。清算程序，是指在法人解散的清算过程中，按照有关法律、法规的规定应该经过的具体步骤。由此，清算是一个过程，是严格按照法律设置的评选程序进行的过程。法人解散事由出现之日起 15 日内要成立清算组，清算组正式成立后，法人开始进入实质性清算程序。启动清算程序后，公告债权人并进行债权人登记，开始清理公司财产。财产清理后还要编制资产负债表和财产清单，制定清算方案，在经过相关部门组织确认后，可按照方案来分配财产。清算结束后，清算组应当制作清算报告和清算期间收支报表以及各种财务账簿，经股东会（股东大会）或者人民法院确认后，报送登记机关申请注销公司登记，并进行公告。

2. 清算人的职责。根据《公司法》第一百八十四条的规定，清算组在清算期间行使下列职权：（1）清理公司财产，分别编制资产负债表和财产清单；（2）通知、公告债权人；（3）处理与清算有关的公司未了结的业务；（4）清缴所欠税款以及清算过程中产生的税款；（5）清理债权、债务；（6）处理公司清偿债务后的剩余财产；（7）代表公司参与民事诉讼活动。这些属于清算组的职权，但从规范清算程序的立法目的考虑，它们也属于清算组依法应尽的义务和职责。清算组成员应当忠于职守，依法履行清算义务。清算组不依照公司法的规定向公司登记机关报送清算报告，或者报送清算报告隐瞒重要事实或者有重大遗漏的，由公司登记机关责令改正。公司在进行清算时，隐匿财产，对资产负债表或者财产清单作虚假记载，或者在未清偿债务前分配公司财产的，由公司登记机关责令改正，对公司处以隐匿财产或者未清偿债务前分配公司财产金额 5% 以上 10% 以下的罚款；对直接负责的主管人员和其他直接责任人员处以 1 万元以上 10 万元以下的罚款。

3. 公司法的参照适用。依据《民法典》第七十一条的规定，法人的清算程序和清算组职权，如果没有具体规定的，可以参照公司法的有关规定。

四、清算法人的相关问题

法人解散后即进入清算阶段，清算中的法人与解散前的法人是同一个法律统一体，清算中的法人仍然具有独立的法人地位，只是与解散前的法人相比，清算中法人的权利能力和行为能力缩减，被严格限制在以清算为目的的范围内。对此，《民法典》第七十二条规定：清算期间法人存续，但是不得从事与清算无关的活动。法人清算后的剩余财产，根据法人章程的规定或者法人权力机构的决议处理。法律另有规定的，依照其规定。清算结束并完成法人注销登记时，法人终止；依法不需要办理法人登记的，清算结束时，法人终止。

鉴于解散前法人与清算中法人人格的同一性，清算中法人具有从解散前法人继续下来的民事诉讼及新的民事诉讼中的当事人能力。因此，要依法选任清算人代表法人诉讼，《公司法解释（二）》第十条规定：公司依法清算结束并办理注销登记前，有关公司的民事诉讼，应当以公司的名义进行。公司成立清算组的，由清算组负责人代表公司参加诉讼；尚未成立清算组的，由原法定代表人代表公司参加诉讼。

清算期间，法人仅为清算目的而存续，不得从事与清算无关的活动。清算的目的在于将围绕法人发生的各种法律关系进行全面的清理了结，然后合法终止，退出市场。只有法人终止，才意味着清算任务结束。因此，凡依法不需要办理法人登记的，清算结束时，法人即告终止；依法需要办理法人登记的，则清算结束后，还应当进一步办理法人注销登记手续，当完成法人注销登记时，法人终止。

五、对案例 31 的简要评析

在案例 31 中，该案例旨在为如何认定公司的清算义务人提供指导，明确了有限责任公司的股东、股份有限公司的董事和控股股东，不能以其不是实际控制人或者未实际参加公司经营管理为由，免除清算义务。该案例确定的法律适用标准，对于构建合理有序的公司清算程序有良好的示范意义，且可以督促小股东在大股东不积极履行清算义务的情况下依法申请人民法院对公司进行清算，对于保护债权人利益、倡导诚实守信经营、形成良好的市场经济秩序，具有重要意义。①

该指导性案例的裁判要点确认：有限责任公司的股东、股份有限公司的董事和控股股东，应当依法在公司被吊销营业执照后履行清算义务，不能以

① 最高人民法院案例指导工作办公室、执笔人姚宝华：《〈上海存亮贸易有限公司诉蒋某东、王某明等买卖合同纠纷案〉的理解与参照》，载《人民司法·案例》2014 年第 6 期。

其不是实际控制人或者未实际参加公司经营管理为由免除清算义务。

在我国，有限责任公司的全体股东是有限公司的清算义务人；股份有限公司的控股股东和董事是股份有限公司的清算义务人。本案例中的被告蒋某东、王某明等是拓恒公司的股东，而该公司是有限责任公司，故蒋某东、王某明是法定的清算义务人。

未履行清算义务后果之一——清算赔偿责任。《公司法解释（二）》第十八条第一款规定，有限责任公司的股东、股份有限公司的董事和控股股东未在法定期限内组成清算组开始清算，导致公司财产贬值、流失、毁损或者灭失，应对债权人主张的债权在造成公司财产减少的范围内承担赔偿责任，该责任为补充性赔偿责任。未履行清算义务后果之二——连带清偿责任。《公司法解释（二）》第十八条第二款规定，有限责任公司的股东、股份有限公司的董事和控股股东因怠于履行义务，导致公司主要财产、账册、重要文件等灭失，无法进行清算的，要对公司的债务承担连带清偿责任。未履行清算义务后果之三——清算义务人内部责任的分担问题。清算义务人不履行清算义务造成公司的债权人受损时，如果存在两个或两个以上的清算义务人违反清算义务的，就会产生责任分担问题。关于内、外部责任划分问题，一般根据以下原则处理：处于同一法律位阶的责任主体，对外应承担连带责任，对内则依过错大小或依约定按份处理。

第九节 营利法人

一、问题的提出

《民法总则》对于法人制度最重要的创新和特点是法人的分类概念和体系。[①]《民法总则》既没有沿用《民法通则》将法人分为企业法人、机关法人、

① 赵旭东：《营利法人》，载张鸣起主编：《民法总则专题讲义》，法律出版社 2019 年版，第 210 页。

事业单位法人和社会团体法人（后三类又统称为非企业法人），也没有采取西方国家民法典多采用社团法人与财团法人的基本分类，而是采取了营利法人、非营利法人和特别法人的基本分类，并在非营利法人之下又分为事业单位法人、社会团体法人、捐助法人。《民法总则》实现了对法人类型概念的突破和创新，又保持了我国法人制度立法的连续性和稳定性。《民法典》总则编延续了《民法总则》的这些规定。

在研究营利法人之前，先看三则案例：

案例 32：黄某忠诉陈某庆等股东资格确认案①

2004 年 4 月 21 日，原告黄某忠与被告陈某庆、陈某、张某、顾某平、王某英共同设立了宏冠公司，注册资本为 400 万元。其中：张某出资 120 万元，持股 30 %；黄某忠、顾某平各出资 80 万元，各持股 20 %；陈某、陈某庆、王某英各出资 40 万元，各持股 10 %。2006 年 10 月 20 日，工商部门根据宏冠公司的申请，将宏冠公司登记的注册资本由 400 万元变更登记为 1500 万元，同时将股东及持股比例变更登记为：张某出资 120 万元，持股 8.00%；黄某忠、顾某平各出资 80 万元，各持股 5.33%；陈某、陈某庆、王某英各出资 40 万元，各持股 2.67%；新宝公司出资 1100 万元，持股 73.33%。同时，章程内容的主要变更为：宏冠公司的注册资本由原来的 400 万元增加至 1500 万元；增加新宝公司为股东，等等。股东会决议载明的主要内容为：同意修改后的公司章程；增加公司注册资本，由原来的 400 万元增加到 1500 万元，新宝公司增加投资 1100 万元，等等。

2009 年 5 月 21 日，被告陈某庆作为宏冠公司股东代表与苏州恩纳斯公司签订股权转让合同，苏州恩纳斯公司以 8248500 元价格受让了宏冠公司的全部股权，受让方苏州恩纳斯公司暂定为一个公司，在正式办理股权转让前提供最终的股东名单。2009 年 6 月 24 日，工商部门出具《公司准予变更登

---

① 详见《最高人民法院公报》2015 年第 5 期（总第 223 期）。该案裁判摘要：未经公司有效的股东会决议通过，他人虚假向公司增资以“稀释”公司原有股东股份，该行为损害原有股东的合法权益，即使该出资行为已被工商行政机关备案登记，仍应认定为无效，公司原有股东股权比例应保持不变。

记通知书》，载明：江苏恩纳斯公司原股东已由原告黄某忠、被告陈某庆、陈某、张某、顾某平、王某英、新宝公司变更为苏州恩纳斯公司、南通远华贸易有限公司，上述变更事项已经工商备案，等等。

另查明，根据宏冠公司章程的规定，公司增加注册资本，应由公司股东会作出决议，并经代表三分之二以上表决权的股东通过。被告新宝公司用于所谓增资的1100万元，于2006年10月18日完成验资后，宏冠公司就以“借款”的形式归还新宝公司。

生效裁判认为：在原告黄某忠没有依公司章程对其股权作出处分的前提下，除非宏冠公司进行了合法的增资，否则原告的持股比例不应当降低。新宝公司等被告辩称宏冠公司曾于2006年10月20日完成增资1100万元，并为此提供了所谓股东会的决议，但原告及被告王某英均予以否认。因此，黄某忠、陈某庆、陈某、张某、顾某平、王某英作为宏冠公司的前股东未就宏冠公司增资1100万元事宜召开过股东会。在未召开股东会的情况下，所谓宏冠公司增资1100万元的行为，违反了宏冠公司的章程及法律的规定，是无效的行为。同时，宏冠公司用于所谓增资的1100万元，在完成验资后，就以“借款”的形式归还新宝公司，此种情形不能认定新宝公司已经履行了出资的义务。因此，法院认定，宏冠公司并未在2006年10月20日完成实质上的增资，宏冠公司以增资为名，降低原告的持股比例，侵犯了原告的合法权益。据此判决：确认原告黄某忠自2004年4月21日起至2009年6月24日止持有宏冠公司（已变更名称为江苏恩纳斯重工机械有限公司）20.00%的股权。

新宝公司不服一审判决，向上海市第二中级人民法院提出上诉。二审法院确认了一审查明的事实，并作出判决：驳回上诉，维持原判。

案例33：徐工机械公司诉川交工贸公司等买卖合同纠纷案[①]

原告徐工机械公司诉称：川交工贸公司拖欠其货款未付，而川交机械公司、瑞路公司与川交工贸公司人格混同，三个公司实际控制人王某礼以及川

① 详见最高人民法院指导案例15号。该案裁判要点：1.关联公司的人员、业务、财务等方面交叉或混同，导致各自财产无法区分，丧失独立人格的，构成人格混同。2.关联公司人格混同，严重损害债权人利益的，关联公司相互之间对外部债务承担连带责任。

交工贸公司股东等人的个人资产与公司资产混同，均应承担连带清偿责任。请求判令：川交工贸公司支付所欠货款1100万元及利息；川交机械公司、瑞路公司及王某礼等个人对上述债务承担连带清偿责任。

川交机械公司成立于1999年，股东为路桥公司、王某礼、倪某、杨某刚等，2001年，股东变更为王某礼、李某、倪某，2008年，股东再次变更为王某礼、倪某。瑞路公司成立于2004年，股东为王某礼、李某、倪某，2007年，股东变更为王某礼、倪某。川交工贸公司成立于2005年，股东为吴某、张某蓉等人，2008年，股东变更为张某蓉（占90%股份）、吴某（占10%股份），其中张某蓉系王某礼之妻。在公司人员方面，三个公司的经理均为王某礼，财务负责人均为凌某，出纳会计均为卢某，工商手续经办人均为张某；三个公司的管理人员存在交叉任职的情形，如过某利兼任川交工贸公司副总经理和川交机械公司销售部经理的职务，且免去过某利川交工贸公司副总经理职务的决定系由川交机械公司作出；吴某既是川交工贸公司的法定代表人，又是川交机械公司的综合部行政经理。在公司业务方面，三个公司在工商行政管理部门登记的经营范围均涉及工程机械且部分重合，其中川交工贸公司的经营范围被川交机械公司的经营范围完全覆盖；在公司财务方面，三个公司共用结算账户，凌某、卢某、汤某明、过某利的银行卡中曾发生高达亿元的往来，资金的来源包括三个公司的款项，对外支付的依据仅为王某礼的签字；在川交工贸公司向其客户开具的收据中，有的加盖其财务专用章，有的则加盖瑞路公司财务专用章；在与徐工机械公司均签订合同、均有业务往来的情况下，三个公司于2005年8月共同向徐工机械公司出具《说明》，称因川交机械公司业务扩张而注册了另外两个公司，要求所有债权债务、销售量均计算在川交工贸公司名下，并表示今后尽量以川交工贸公司名义进行业务往来；2006年12月，川交工贸公司、瑞路公司共同向徐工机械公司出具《申请》，以统一核算为由要求将2006年度的业绩、账务均计算至川交工贸公司名下。

江苏省徐州市中级人民法院于2011年4月10日作出（2009）徐民二初字第0065号民事判决：一、川交工贸公司于判决生效后10日内向徐工机械公司支付货款1100万元及逾期付款利息；二、川交机械公司、瑞路公司对川交工贸公司的上述债务承担连带清偿责任；三、驳回徐工机械公司对王某礼等人的诉讼请求。宣判后，川交机械公司、瑞路公司提起上诉。江苏省高级人民法院于2011年10月19日作出（2011）苏商终字第0107号民事判决：驳回上诉，维持原判。

案例34：李某军诉上海佳动力环保科技有限公司公司决议撤销纠纷案①

原告李某军系被告佳动力公司的股东，并担任总经理。佳动力公司股权结构为：葛某乐持股40%，李某军持股46%，王某胜持股14%。三位股东共同组成董事会，由葛某乐担任董事长，另两人为董事。公司章程规定：董事会行使包括聘任或者解聘公司经理等职权；董事会须由三分之二以上的董事出席方有效；董事会对所议事项作出的决定应由占全体股东三分之二以上的董事表决通过方有效。2009年7月18日，佳动力公司董事长葛某乐召集并主持董事会，三位董事均出席，会议形成了“鉴于总经理李某军不经董事会同意私自动用公司资金在二级市场炒股，造成巨大损失，现免去其总经理职务，即日生效”等内容的决议。该决议由葛某乐、王某胜及监事签名，李某军未在该决议上签名。

上海市黄浦区人民法院于2010年2月5日作出（2009）黄民二（商）初字第4569号民事判决：撤销被告佳动力公司于2009年7月18日形成的董事会决议。宣判后，佳动力公司提出上诉。上海市第二中级人民法院于2010年6月4日作出（2010）沪二中民四（商）终字第436号民事判决：一、撤销上海市黄浦区人民法院（2009）黄民二（商）初字第4569号民事判决；二、驳回李某军的诉讼请求。

法院生效裁判认为：根据《公司法》第二十二条第二款的规定，董事会决议可撤销的事由包括：一、召集程序违反法律、行政法规或公司章程；二、表决方式违反法律、行政法规或公司章程；三、决议内容违反公司章程。从

① 详见最高人民法院指导案例10号。该案裁判要点：人民法院在审理公司决议撤销纠纷案件中应当审查：会议召集程序、表决方式是否违反法律、行政法规或者公司章程，以及决议内容是否违反公司章程。在未违反上述规定的前提下，解聘总经理职务的决议所依据的事实是否属实，理由是否成立，不属于司法审查范围。

召集程序看，佳动力公司于2009年7月18日召开的董事会由董事长葛某乐召集，三位董事均出席董事会，该次董事会的召集程序未违反法律、行政法规或公司章程的规定。从表决方式看，根据佳动力公司章程规定，对所议事项作出的决定应由占全体股东三分之二以上的董事表决通过方有效，上述董事会决议由三位股东（兼董事）中的两名表决通过，故在表决方式上未违反法律、行政法规或公司章程的规定。从决议内容看，佳动力公司章程规定董事会有权解聘公司经理，董事会决议内容中“总经理李某军不经董事会同意私自动用公司资金在二级市场炒股，造成巨大损失”的陈述，仅是董事会解聘李某军总经理职务的原因，而解聘李某军总经理职务的决议内容本身并不违反公司章程。

董事会决议解聘李某军总经理职务的原因如果不存在，并不导致董事会决议撤销。首先，公司法尊重公司自治，公司内部法律关系原则上由公司自治机制调整，司法机关原则上不介入公司内部事务；其次，佳动力公司的章程中未对董事会解聘公司经理的职权作出限制，并未规定董事会解聘公司经理必须要有一定原因，该章程内容未违反公司法的强制性规定，应认定有效，因此，佳动力公司董事会可以行使公司章程赋予的权力作出解聘公司经理的决定。故法院应当尊重公司自治，无需审查佳动力公司董事会解聘公司经理的原因是否存在，即无需审查决议所依据的事实是否属实，理由是否成立。综上，原告李某军请求撤销董事会决议的诉讼请求不成立，依法予以驳回。

在上述案例中，案例32涉及营利法人的权力机构问题，案例33涉及营利法人的关联公司人格混同损害债权人利益问题，案例34涉及营利法人的决议瑕疵问题。试问：何谓营利法人？如何分类、设立？营业执照的意义如何？章程如何？权力机构、执行机构、监督机构如何运行？如何规制出资人滥用权利？如何规制营利法人关联交易？营利法人瑕疵决议如何撤销？营利法人的社会责任如何？

二、营利法人的法律意义

根据《民法典》第七十六条第一款的规定，营利法人是指以取得利润并分配给股东等出资人为目的而成立的法人。其实，营利法人，是非营利法人的对称。从经济学角度看，利润是指资本的增值，即以现金、实物、劳务等为资本而获得经济上的利益。营利法人须以营利为目的。[①]营利法人的出资人设立营利法人的根本目的是取得利润，其除了要求法人取得利润外，还要求法人将取得的利润以合法的方式分配给出资人。因此，营利法人除以取得利润为目的外，还应以取得的利润分配给出资人为目的。

《民法总则》保持了《民法通则》企业法人与非企业法人分类的做法，独创了营利法人与非营利法人的分类，改变了大陆法系社团法人与财团法人的分类方法。[②]这种方法具有较强的包容性，因为营利法人能够涵盖公司以外的其他从事经营活动并以分配利润为目的的组织。非营利法人能够涵盖社会团体法人、事业单位法人以外的其他不以分配利润为目的的组织。因此，这种分类方法有利于健全社会组织法人治理结构，并有利于加强对这类组织的引导和规范，促进社会治理创新。[③]

营利法人的界定需要注意：一是营利是指法人成立时是以营利为目的，并不要求成立后营利结果的发生。如股东设立有限责任公司，连续亏损，但仍然是以营利为目的，不能以亏损的结果来否定有限责任公司是营利法人的本质特征。二是虽然将取得利润并分配给出资人作为营利法人的成立目的，但并不表示营利法人必须以此作为分配利润的规范基础。《民法典》第七十六条规定本身并不能单独作为当事人主张权利的依据。营利法人如何进行利润分配应属于其自身决策的范畴。该条规范的意义在于界定营利法人的概念，为其后的法律适用奠定基础，不在于对营利法人的利润分配提出强制性的法律要求。[④]

三、营利法人的类型

根据《民法典》第七十六条第二款的规定，营利法人包括有限责任公司、

---

① 史尚宽：《民法总论》，中国政法大学出版社2000年版，第143页。

② 王利明：《民法总则研究》（第三版），中国人民大学出版社2018年版，第306页。

③ 参见李适时主编：《中华人民共和国民法总则释义》，法律出版社2017年版，第299页。

④ 参见赵旭东：《营利法人》，载张鸣起主编：《民法总则专题讲义》，法律出版社2019年版，第213页。

股份有限公司和其他企业法人等。其中，有限责任公司和股份有限公司作为《公司法》上规定的公司类型，可以概括为公司法人，而其他企业法人属于非公司企业法人。因此，营利法人可以分为公司法人和非公司企业法人。

关于公司法人的有关问题。根据《公司法》第二条的规定，公司法人包括有限责任公司和股份有限公司。公司法人是典型的营利法人。公司是企业法人，有独立的法人财产，享有法人财产权。有限责任公司是股东以其认缴的出资额为限对公司承担责任的公司。股份有限公司是股东以其认购的股份为限对公司承担责任的公司。有限责任公司的股东人数在50人以下，适合中小型企业，设立手续和公司的组成比较简单，具有非公众和非公开的性质。股份有限公司是其全部资本分为等额股份，股东对公司承担有限责任，发起人的人数不得超过200人，公司成立以后的股东人数没有上限，资本证券化，具有公开性。同时，《公司法》还规定了一人有限公司和国有独资公司两类特殊的有限责任公司，虽属于有限责任公司，但其股东人数、公司组织结构等与一般的有限责任公司均有较大差别，因此《公司法》对这两类公司作了特别规定。

关于非公司企业法人的问题。所谓企业，是指主要从事经营活动的市场主体。企业是一个开放的、包容的概念，其范围比公司更广。[①] 非公司企业法人种类繁多，各有不同，因此现行法分别作了不同规定。如，非公司制的国有企业即属于非公司企业法人的类别，不受《公司法》的调整，而是适用《全民所有制工业企业法》；城镇集体所有制企业和乡村集体所有制企业，分别适用《城镇集体所有制企业条例》和《乡村集体所有制企业条例》；乡镇企业适用《乡镇企业法》；事业单位、社会团体设立的企业依据《企业法人登记管理条例》第二十六条的规定：事业单位、科技性的社会团体根据国家有关规定，设立具备法人条件的企业，由该企业申请登记，经登记主管机关核准，领取《企业法人营业执照》，方可从事经营活动。

《民法典》第七十六条第二款规定“营利法人包括有限责任公司、股份有限公司和其他企业法人等”，其中的“等”字，就是指企业法人之外的其他营利法人，也就是非企业营利法人，如营利性民办学校、民办医院、民办

① 参见陈甦主编：《民法总则评注》（上册），法律出版社2017年版，第513页。

养老院、民办博物馆等。[①] 当然，上述法人若属于非营利性质，则应当被归类于非营利法人。

关于不同类型营利法人的法律适用。《民法典》总则编第三章第二节对营利法人的章程、决议、组织机构、关联交易等制度进行了规定，这些规定应当适用于所有类型的营利法人。当然，营利法人的类型不同，适用的法律也有所不同：一是公司法人的法律适用。《民法典》与《公司法》的关系，是一般法与商事特别法的关系。《民法典》总则编第三章"法人"第一节"一般规定"和第二节"营利法人"基本上是根据《公司法》的有关规定提炼的，二者的精神大体一致，因此，涉及《民法典》总则编这一部分的内容，规定一致的，适用《民法典》总则编或者《公司法》皆可；规定不一致的，根据《民法典》第十一条有关"其他法律对民事关系有特别规定的，依照其规定"的规定，原则上应当适用《公司法》的规定。但是，应当注意也有例外情况，主要表现在两个方面：首先，就同一事项，《民法典》总则编制定时有意修正《公司法》有关条款的，应当适用《民法典》总则编的规定。例如，《公司法》第三十二条第三款规定："公司应当将股东的姓名或者名称向公司登记机关登记；登记事项发生变更的，应当办理变更登记，未经登记或者变更登记的，不得对抗第三人。"而《民法典》第六十五条的规定则把"不得对抗第三人"修正为"不得对抗善意相对人"。经查询有关立法理由，可以认为，此种情况应当适用《民法典》总则编的规定。其次，《民法典》总则编在《公司法》规定基础上增加了新内容的，如《公司法》第二十二条第二款就公司决议的撤销问题进行了规定，《民法典》第八十五条在该条基础上增加规定"但是营利法人依据该决议与善意相对人形成的民事法律关系不受影响"。此时，也应当适用《民法典》总则编的规定。[②] 二是非公司企业法人的法律适用。如前所述，对非公司企业法人的法律规制主要是依靠单行法调整，对非公司企业法人共性制度一直以来存在法律空白，《民法典》总则编规定了营利法人的一般规则，填补了漏洞。非公司企业法人作为营利法人的

---

① 参见杜万华主编：《中华人民共和国民法总则实务指南》，中国法制出版社 2017 年版，第 296 页。

② 参见《全国法院民商事审判工作会议纪要》第三条。

一种，应当适用《民法典》总则编对于营利法人规定的一般规则。同时，《民法典》总则编将企业法人与公司法人一并设置在营利法人之下，鉴于营利法人在营利方面的共性，就给予了其他营利法人类推适用《公司法》的法律解释空间。[①]类推适用并非直接适用，不能违背单行法对非公司企业法人的规定，是在单行法没有规定的情况下进行漏洞的填补。

四、营利法人的登记成立

营利法人的成立，是指营利法人具备法律规定的实质要件，完成设立程序，经登记机关登记、签发营业执照，取得民事权利能力和民事行为能力的法律事实。《民法典》第五十八条第二款规定："法人应当有自己的名称、组织机构、住所、财产或者经费。法人成立的具体条件和程序，依照法律、行政法规的规定。"第三款规定："设立法人，法律、行政法规规定须经有关机关批准的，依照其规定。"营利法人从成立之时起取得法人资格，获得民事权利能力和民事行为能力，从而有权依据登记的经营范围和经营方式开展生产经营活动，并以法人的名义享有权利和承担义务。

法人成立需要设立。法人设立就是依法产生法人的行为。法人设立的原则大致包括：自由设立主义、特许设立主义、许可设立主义、准则设立主义、强制设立主义。[②]我国营利法人的设立原则是准则设立主义和许可设立主义相结合。换言之，设立一般的公司，适用准则设立主义，但涉及国家安全、公共利益和关系国计民生的特定行业和项目的公司设立，适用许可设立主义。其他企业法人适用许可设立主义，如设立中外合资经营企业应报国家对外经济贸易主管部门审查批准。无论采取何种设立主义，营利组织取得营利法人资格只有一种方式，即经过登记程序设立。因此，《民法典》第七十七条规定："营利法人经依法登记成立。"营利法人的设立是成立的必经程序，营利法人的成立是设立的法律后果或直接目的。营利法人在被核准登记、取

---

① 参见沈德咏主编：《〈中华人民共和国民法总则〉条文理解与适用》，人民法院出版社2017年版，第567页。

② 详见王利明主编：《中华人民共和国民法总则详解》，中国法制出版社2017年版，第324~325页。

得营业执照之前称为设立中的法人，此时不具备独立的主体资格，不能以营利法人的名义进行民事活动，在性质上属于无权利能力社团。[①]《公司法》第六条第二款规定，法律、行政法规规定设立公司必须报经批准的，应当在公司登记前依法办理批准手续。《民法典》总则编并没有如此规定，其目的在于厘清公法与私法规范的界限。若法律、行政法规要求营利法人应在设立前报批的，营利法人应在公司成立登记申请之前报批。这就是所谓的“先证后照”，即营利法人的设立或者经营范围涉及前置许可的，需要先取得许可证或批准文件才能向登记机关申请登记。

营利法人设立登记的法律效力主要表现在以下几个方面：一是确认效力。营利法人的设立登记是营利法人取得法人资格的生效要件，设立登记完成，意味着营利法人的主体资格得以确认，营利法人即称为法律主体，包括公法主体和私法主体。因此，登记法律事实的完成是营利法人具有民事主体地位的标志。二是证明效力。设立登记具有证明效力，即产生向营利法人签发营业执照以证明其存在的合法状态的效力。营利法人的设立登记完成，登记机关有责任向营利法人签发营业执照。《民法典》第七十八条规定：“依法设立的营利法人，由登记机关发给营利法人营业执照。营业执照签发日期为营利法人的成立日期。”营业执照是营利法人设立登记完成后的产物，是设立登记产生证明效力的表现形式。三是公信效力。国家机关对营利法人设立登记后，登记机关对营利法人的登记内容就具有公信力，对营利法人具有法律拘束力。设立登记而记载于登记簿的事项，对与营利法人交易的相对人产生信赖利益，并以此推定相对人不知营利法人不同于登记事项的实际情况。[②]设立登记的公信效力，具有保护交易安全和社会公众合法权益的积极功效。营利法人的实际情况与设立登记事项不一致的，不得对抗善意相对人。

在司法实践中，营利法人采用欺诈方式取得设立登记的法律效力如何？《民法典》总则编未作规定。《公司法》第一百九十八条规定，虚报注册资本、提交虚假材料或者采取其他欺诈手段隐瞒重要事实取得公司登记的，除承担行政罚款责任外，情节严重的，撤销公司登记或者吊销营业执照。在实践中，

① 参见赵旭东主编：《公司法学》（第四版），高等教育出版社2015年版，第117页。

② 邹海林：《民法总则》，法律出版社2018年版，第171页。

若出资人以欺骗手段取得登记后，利用营利法人严重损害债权人利益的，公司债权人可以依据《民法典》第八十三条第二款[①]或《公司法》第二十条第三款、第六十三条请求出资人对营利法人的债务承担连带责任。

五、营利法人的营业执照

营业执照制度源自于计划经济时期，最初是对企业经营范围的界定。营业执照是登记机关对营利法人核准登记后，向其签发的资格证明文件。营业执照的登记事项主要包括：名称、地址（住所地）、负责人（法定代表人）、资金数额、经济成分、经营范围、经营方式、从业人数、经营期限等。营业执照分为正本和副本，两者具有相同的法律效力。《民法典》第七十八条规定："依法设立的营利法人，由登记机关发给营利法人营业执照。营业执照签发日期为营利法人的成立日期。"在实践中，营业执照分为企业法人营业执照和营业执照（不具备法人资格的企业），显然，该条应当是指企业法人营业执照。营利法人经登记机关核准登记是其取得法人资格的实质法律要件，登记机关签发营业执照是其核准登记的法律形式，也是证明营利法人取得法人资格的外在标志。登记机关的核准登记和签发营业执照在内容、时间和效力上具有同一性，营业执照的签发日期是营利法人的成立日期。

营业执照的性质问题。营业执照具有双重性质，即主体资格的凭证和经营资格的凭证。因此，营业执照的性质可以定性为：一是营利法人已经成立并具备法人资格的证明文件；二是表明营利法人有权从事经营活动的证明文件。营利法人没有取得营业执照的，处于法人设立阶段，不能以法人名义参与民事活动。

营利法人的经营项目可分为一般类经营项目和许可类经营项目。根据《公司法》第十二条规定，公司的经营范围由公司章程规定，并依法登记。公司的经营范围中属于法律、行政法规规定的必须经批准的项目，应当依法经过批准。若营业执照涉及的经营范围是一般类经营项目的，由登记机关核

---

① 《民法典》第八十三条第二款规定：营利法人的出资人不得滥用法人独立地位和出资人有限责任损害法人债权人的利益；滥用法人独立地位和出资人有限责任，逃避债务，严重损害法人债权人的利益的，应当对法人债务承担连带责任。

准并颁发营业执照；涉及许可类经营项目的，则需要取得该行业主管机关的审批之后，由登记机关核准并颁发营业执照。

营利法人超越营业执照载明的经营范围所订立合同的效力如何？《合同法解释（一）》第十条规定："当事人超越经营范围订立合同，人民法院不因此认定合同无效。但违反国家限制经营、特许经营以及法律、行政法规禁止经营规定的除外。"因此，营利法人超越营业执照载明的经营范围从事生产经营等营利活动所签订的合同，除违反国家限制经营、特许经营以及法律、行政法规禁止经营的规定外，并不一定无效，至于效力的认定还应结合影响合同效力的其他事由进行认定。

营利法人被吊销营业执照后的效力如何？我们知道，营业执照是营利法人开展经营活动的条件。因此，营利法人被吊销营业执照后，无权继续开展经营活动，但其主体资格仍然存在。对此，最高人民法院法经〔2000〕23号函中指出："吊销企业法人营业执照，是工商行政管理局对实施违法行为的企业法人给予的一种行政处罚……企业法人营业执照被吊销后，应当由其开办单位（包括股东）或者企业组织清算组依法进行清算，停止清算范围之外的活动。清算期间，企业民事诉讼主体资格依然存在。"最高人民法院在其后的其他批复中，也确认了营利法人的营业执照被吊销并不导致其主体资格消灭。《民法典》总则编也采取了该种立场。依据《民法典》第六十九条的规定，营利法人被吊销营业执照的，即产生法人解散的效力，但法人出现解散事由后，法人资格仍然存在。依据《民法典》第七十二条第三款的规定："清算结束并完成法人注销登记时，法人终止；依法不需要办理法人登记的，清算结束时，法人终止。"其实，《民法典》总则编的规定与《公司法》第一百八十条和第一百八十三条的有关规定以及《企业法人登记管理条例》第二十条、《公司登记管理条例》第四十四条的规定相一致。因此，营利法人被吊销营业执照，法人资格并不因此终止，仅是工商行政管理机关给予营利法人的一种行政处罚手段，不影响营利法人的民事诉讼主体资格。

六、营利法人的章程

营利法人的章程，是指营利法人成员订立的规范法人活动范围、组织结构、议事规则、盈余分配、内部成员之间的权利义务及其他重要事项的法律文件。[①]《民法典》第七十九条规定:"设立营利法人应当依法制定法人章程。"同时,《公司法》第十一条明确规定,设立公司必须依法制定公司章程。因此,章程是营利法人成立的必备性文件。

法人章程具有以下特点:(1)法定性。法人章程是营利法人按照有关规定制定的法律文件,是营利法人的"宪章",其制作、内容、形式都必须符合法律的要求。(2)公开性。营利法人章程一经依法制作并登记,必须以法定方式予以公开,置于规定的场所供股东查阅并方便公众查询和了解。(3)真实性。营利法人章程是反映营利法人基本情况的法律文件,是调整股东与公司、股东与股东、公司与第三人之间关系的重要依据。所以,营利法人章程的内容必须是真实的,否则不仅要受到相应行政处罚,更会对公司和股东产生不利的民事责任后果。(4)自治性。营利法人章程是发起人或股东共同制定的,所以,它是公司股东或发起人意思自治的产物。每个公司都会根据自己的实际情况,制定出符合自己需要的行为规范。而且,公司章程一旦制定,其实施是靠公司自己进行的。

法人章程是关于法人组织和行为的自治规则。法人章程是根据法人成员共同的民事法律行为而成立的,其内容对于公司法具有补充性和排除公司法中选择性条款的效力,在实体意义上,构成了法人组织和活动的基本准则,在法人一系列文件中处于宪章性的地位。[②]关于章程的性质存在不同观点,主要是合同说、自治说、宪章说。[③]我国通说认为,章程是营利法人自治性质的根本规则,虽学说观点不同,但都强调自治,设立人基于长远发展,在法律允许的范围内,根据自己的意思规定营利法人的组织关系和经营行为。[④]

营利法人应当根据相应法律、行政法规制定章程。制定章程是设立营利法人所有民事法律行为中最核心、最基础的环节。法人章程的内容可以分为必要记载事项和任意记载事项。法律明文规定必须在章程中载明或者选定

---

① 王利明:《民法总则研究》(第三版),中国人民大学出版社 2018 年版,第 311 页。

② 参见朱慈蕴:《公司法原论》,清华大学出版社 2011 年版,第 82 页。

③ 不同观点请参见王利明:《民法总则研究》(第三版),中国人民大学出版社 2018 年版,第 311~312 页;陈甦主编:《民法总则评注》(上册),法律出版社 2017 年版,第 539~540 页。

④ 参见赵旭东:《营利法人》,载张鸣起主编:《民法总则专题讲义》,法律出版社 2019 年版,第 225 页。

才能生效的事项，为必要记载事项，其中又包括绝对必要记载事项和相对必要记载事项。前者是指法律规定在章程中必须具备的内容，不记载这些内容，该章程是无效的，登记机关将不予登记。后者是指在法人章程中进行记载才能生效的法定事项，但欠缺该事项并不影响法人章程的整体效力。法律没有明文规定，可以由章程制定者任意选择是否记载的事项，为任意记载事项。例如，《公司法》第二十五条第一款规定："有限责任公司章程应当载明下列事项：（一）公司名称和住所；（二）公司经营范围；（三）公司注册资本；（四）股东的姓名或者名称；（五）股东的出资方式、出资额和出资时间；（六）公司的机构及其产生办法、职权、议事规则；（七）公司法定代表人；（八）股东会会议认为需要规定的其他事项。"《公司法》还规定了相对必要记载事项。例如，《公司法》第十六条第一款规定："……公司章程对投资或者担保的总额及单项投资或者担保的数额有限额规定的，不得超过规定的限额。"

营利法人的章程一经登记，即具有法律效力，成为法人的行为准则，也是营利法人设置组织机构、开展活动的基本准则。具体而言，章程的法律效力表现如下：一是营利法人章程的时间效力。该效力主要在于营利法人章程生效时间的确定。章程是一种决议行为，应当从决议行为生效时发生效力，即股东签字或盖章，或创立大会通过时有效。虽然章程通过时公司尚未成立，但成立后就受章程约束，即章程相当于默示设定了一个对公司生效的时间——公司成立时；公司成立登记时就需要产生公司的董事和监事，自然受章程约束。其实，认定公司章程从决议行为作出时生效，有助于在公司成立过程中确定当事人的权利义务关系，尤其是在股份的认购等事项方面。① 二是营利法人章程对人的效力。即章程对哪些主体有约束力，使其享有权利或承担义务。② 应该说，营利法人的章程对营利法人的成员均有约束力。因为章程是营利法人成员意思自治的结果，故其生效于营利法人章程的制定者制定章程的意思表示完成时。

---

① 参见陈甦主编：《民法总则评注》（上册），法律出版社 2017 年版，第 543 页。

② 参见赵旭东：《营利法人》，载张鸣起主编：《民法总则专题讲义》，法律出版社 2019 年版，第 226 页。

七、营利法人的权力机构

营利法人的权力机构即法人的决策机构，也称意思机关或社员总会，是对营利法人重大事务进行表决的最高机构。对此，《民法典》第八十条第一款规定："营利法人应当设权力机构。"因此，任何营利法人都必须有自己的权力机构，形成成员的共同意志。一般而言，营利法人的权力机构以召开出资人会议的形式而不采取常设机构或日常办公的方式行使各项职权。权力机构以会议的形式行使职权，是由权力机构的性质和所有权与经营权相分离的营利法人的基本原理决定的。[①] 如《公司法》第三十六条规定："有限责任公司股东会由全体股东组成。股东会是公司的权力机构，依照本法行使职权。"

营利法人权力机构的职权。依据《民法典》第八十条第二款的规定，权力机构行使修改法人章程，选举或者更换执行机构、监督机构成员，以及法人章程规定的其他职权。因此，营利法人权力机构的职权表现为：一是修改法人章程。法人章程是法人成立和存续的必备文件，其内容涉及法人的内部治理和对外关系最为重要的事项。法人章程涉及法人权力机构、执行机构、监督机构的权力分配，权力机构的法律定位高于执行机构和监督机构[②]，因此，涉及法人权利分配的法人章程就只能由权力机构制定或修改。[③] 二是选举或者更换执行机构、监督机构成员。营利法人的权力机构是其成员共同意志的形成机构，有权选举执行机构、监督机构成员。执行机构、监督机构成员受法人权力机构委任，为法人服务，参与法人日常经营管理活动和监督活动，取得相应的报酬。当然，对于执行机构、监督机构中不适合的成员，权

---

① 安建主编：《中华人民共和国公司法释义》，法律出版社 2013 年版，第 71 页。

② 参见陈甦主编：《民法总则评注》（上册），法律出版社 2017 年版，第 551 页。

③ 《公司法》第四十三条第二款规定：股东会会议作出修改公司章程、增加或者减少注册资本的决议，以及公司合并、分立、解散或者变更公司形式的决议，必须经代表三分之二以上表决权的股东通过。第一百零三条第二款规定：股东大会作出决议，必须经出席会议的股东所持表决权过半数通过。但是，股东大会作出修改公司章程、增加或者减少注册资本的决议，以及公司合并、分立、解散或者变更公司形式的决议，必须经出席会议的股东所持表决权的三分之二以上通过。

力机构可以更换。三是法人章程规定的其他职权。法人章程的制定属于营利法人设立人私法自治范畴，法人章程可以对权力机构的职权作出具体规定。

八、营利法人的执行机构

营利法人的执行机构，是根据法律规定和章程，执行法人权力机构的决议，从事日常管理的机构。执行机构是营利法人的必设机构，具有常设机构的性质，为维持营利法人的正常运转所必需。因此，《民法典》第八十一条第一款规定："营利法人应当设执行机构。"

营利法人执行机构的职权。根据《民法典》第八十一条第二款"执行机构行使召集权力机构会议，决定法人的经营计划和投资方案，决定法人内部管理机构的设置，以及法人章程规定的其他职权"的规定，营利法人执行机构的法定职权表现为：一是召集权力机构会议。一般而言，营利法人的执行机构负责召集权力机构会议，并执行权力机构的决议。权力机构和执行机构的关系类似于人民代表大会和人民代表大会常委会的关系。[①] 如，《公司法》第四十条规定："有限责任公司设立董事会的，股东会会议由董事会召集，董事长主持；董事长不能履行职务或者不履行职务的，由副董事长主持；副董事长不能履行职务或者不履行职务的，由半数以上董事共同推举一名董事主持。有限责任公司不设董事会的，股东会会议由执行董事召集和主持。董事会或者执行董事不能履行或者不履行召集股东会会议职责的，由监事会或者不设监事会的公司的监事召集和主持；监事会或者监事不召集和主持的，代表十分之一以上表决权的股东可以自行召集和主持。"二是决定法人的经营计划和投资方案。法人的经营计划和投资方案是与法人营业有关的重要内容，由执行机构决定，完全符合执行机构设置的目的。三是决定法人内部管理机构的设置。法人内部管理机构如何设置，是执行机构经营决策权的重要体现，是执行机构执行权力机构决议，实施法人经营计划和投资方案，保障法人良好运行的基础。四是法人章程规定的其他职权。法人章程可以对执行机构的未尽事项作出规定，是尊重法人意思自治的体现，也是执行机构履行职权的体现。

---

① 陈甦主编：《民法总则评注》（上册），法律出版社 2017 年版，第 562 页。

营利法人的法定代表人。执行机构的主要负责人是法人的法定代表人，法定代表人有权代表法人对外进行民事活动。对此，《民法典》第八十一条第三款规定："执行机构为董事会或者执行董事的，董事长、执行董事或者经理按照法人章程的规定担任法定代表人；未设董事会或者执行董事的，法人章程规定的主要负责人为其执行机构和法定代表人。"

九、营利法人的监督机构

在所有权与经营权相分离的现代营利法人中，权力机构并不直接管理或者控制营利法人，营利法人被交由执行机构治理。为了防止执行机构滥用权力，保护营利法人和出资人的利益，需要设计监督机制，对执行机构中营利法人的实际经营管理人进行监督。对此，《民法典》第八十二条规定："营利法人设监事会或者监事等监督机构的，监督机构依法行使检查法人财务，监督执行机构成员、高级管理人员执行法人职务的行为，以及法人章程规定的其他职权。"

监事会或监事是营利法人的监督机构的基本形式。依照法人章程的规定，监督机构的成员由权力机构选任或更换，监督机构应当对权力机构负责，独立行使监督执行机构和法人高级管理人员的行为的职权。当然，法律另有规定的，依照其规定。基于监督机构的监督职能，其与营利法人的执行机构、高级管理人员之间存在利益冲突，执行机构的成员、高级管理人员不得兼任监督机构的成员。①

营利法人监督机构的职权。根据《民法典》总则编的规定，监督机构的职权表现为：一是检查法人财务。监督机构可以对营利法人的财务状况进行检查，如查阅法人账簿、会计报表、利润分配方案等会计资料，并可提出质疑。二是监督执行机构的成员及高级管理人员执行职务的行为，包括但不限于对违反法律、行政法规、公司章程或者权力机构决议的董事、高级管理人员提出罢免的建议；当董事、高级管理人员的行为损害营利法人的利益时，要求董事、高级管理人员予以纠正。三是行使营利法人章程规定的其他职权。营利法人可以根据自身情况和实现监督机构职能的需要，在法人章程中对监

---

① 《公司法》第五十一条第四款规定：董事、高级管理人员不得兼任监事。

督机构的职权作出规定，并依章程的规定行使职权。

十、营利法人出资人滥用权利的规制

营利法人的出资人依法、正当行使权利受法律保护，滥用权利亦应当受到法律制裁。《公司法》第二十条[①]规定了公司股东滥用股东权利、法人独立地位和股东有限责任等制度损害他人利益的，应当承担赔偿责任甚至连带责任。《民法典》总则编在《公司法》第二十条规定的基础上进一步提炼抽象形成了对所有营利法人出资人的共性要求，即第八十三条第一款规定：营利法人的出资人不得滥用出资人权利损害法人或者其他出资人的利益；滥用出资人权利造成法人或者其他出资人损失的，应当依法承担民事责任。第二款规定：营利法人的出资人不得滥用法人独立地位和出资人有限责任损害法人的债权人利益。滥用法人独立地位和出资人有限责任，逃避债务，严重损害法人的债权人利益的，应当对法人债务承担连带责任。禁止权利滥用作为调整法律主体行使权利的基本原则，自然能够调整营利法人及相关当事人的行为。[②]

《民法典》第八十三条第一款规定了营利法人的出资人不得滥用出资人权利损害法人或者其他出资人的利益。该条款所保护的法益，是法人的内部关系中相关当事人的合法权益，具体表现在：一是在实体法律的遵守方面，出资人行使权利不得超越法律规定的边界；二是在程序方面，出资人权利的行使要遵守法律规定的程序。[③]营利法人的出资人滥用出资人权利损害营利法人的利益或者其他出资人的利益的，以损害赔偿的民事责任对受害的营利法人和其他出资人提供救济。换言之，营利法人或者其他出资人可以请求滥用权利的出资人承担损害赔偿责任，并不考虑滥用权利的出资人是否违反民

---

① 《公司法》第二十条规定：公司股东应当遵守法律、行政法规和公司章程，依法行使股东权利，不得滥用股东权利损害公司或者其他股东的利益；不得滥用公司法人独立地位和股东有限责任损害公司债权人的利益。公司股东滥用股东权利给公司或者其他股东造成损失的，应当依法承担赔偿责任。公司股东滥用公司法人独立地位和股东有限责任，逃避债务，严重损害公司债权人利益的，应当对公司债务承担连带责任。

② 赵旭东：《营利法人》，载张鸣起主编：《民法总则专题讲义》，法律出版社 2019 年版，第 236 页。

③ 参见杜万华主编：《中华人民共和国民法总则实务指南》，中国法制出版社 2017 年版，第 317 页。

事义务而成立的侵权行为。[①]

《民法典》第八十三条第二款规定了营利法人的出资人不得滥用法人独立地位和出资人有限责任损害法人的债权人利益。立法创制了出资人有限责任和法人独立责任制度，并赋予出资人和法人各自不同的人格，以独立人格、独立责任作为法人制度的核心。[②]因此，出资人滥用营利法人独立责任和出资人有限责任，逃避债务，严重损害法人的债权人利益的，应当对法人债务承担连带责任。之所以如此规定，是利用了“法人人格否认制度”。该制度在英美法系被称为“揭开公司法人面纱”，其基本含义是指在具体的法律关系中，基于公司股东滥用公司人格的特定事由，揭开公司法人的面纱或否认公司的独立人格，将公司股东与公司视为一体，使股东与公司一起对公司债务承担连带责任的法律制度。这种对公司法人面纱刺破或否认的制度是对公司股东有限责任的一种修正，其实质是通过个案的审查和判断预防股东滥用公司的人格，保障债权人的合法利益。也就是说，它不是对公司法人人格全面、彻底、永久地否认。所以，这种制度并非通过解散命令、设立无效的诉讼、设立取消的诉讼等去全面否定法人人格，而是对特定的法律关系，将其形式上存在的法人人格视为实际上不存在。[③]公司法人人格否认制度的法理是民事权利不得滥用，其方式是严格责任，其目标是衡平社会利益，保护第三人的利益。

公司法人人格否认最早由英美法系创立，以后被大陆法系国家和地区借鉴。我国2005年修订《公司法》时正式引入公司法人人格否认制度，该法第二十条规定：“公司股东应当遵守法律、行政法规和公司章程，依法行使股东权利，不得滥用股东权利损害公司或者其他股东的利益；不得滥用公司法人独立地位和股东有限责任损害公司债权人的利益……公司股东滥用公司法人独立地位和股东有限责任，逃避债务，严重损害公司债权人利益的，应当对公司债务承担连带责任。”

---

① 参见邹海林：《民法总则》，法律出版社2018年版，第180页。

② 参见杜万华主编：《中华人民共和国民法总则实务指南》，中国法制出版社2017年版，第318页。

③ 参见〔日〕末永敏和：《现代日本公司法》，金洪玉译，人民法院出版社2000年版，第15页。

《全国法院民商事审判工作会议纪要》规定：公司人格独立和股东有限责任是公司法的基本原则。否认公司独立人格，由滥用公司法人独立地位和股东有限责任的股东对公司债务承担连带责任，是股东有限责任的例外情形，旨在矫正有限责任制度在特定法律事实发生时对债权人保护的失衡现象。在审判实践中，要准确把握《公司法》第二十条第三款规定的精神。一是只有在股东实施了滥用公司法人独立地位及股东有限责任的行为，且该行为严重损害了公司债权人利益的情况下，才能适用。损害债权人利益，主要是指股东滥用权利使公司财产不足以清偿公司债权人的债权。二是只有实施了滥用法人独立地位和股东有限责任行为的股东才对公司债务承担连带清偿责任，而其他股东不应承担此责任。三是公司人格否认不是全面、彻底、永久地否定公司的法人资格，而是在具体案件中依据特定的法律事实、法律关系，突破股东对公司债务不承担责任的一般规则，例外地判令其承担连带责任。人民法院在个案中否认公司人格的判决的既判力仅仅约束该诉讼的各方当事人，不当然适用于涉及该公司的其他诉讼，不影响公司独立法人资格的存续。如果其他债权人提起公司人格否认诉讼，已生效判决认定的事实可以作为证据使用。四是《公司法》第二十条第三款规定的滥用行为，实践中常见的情形有人格混同[①]、过度支配与控制、资本显著不足等。在审理案件时，需要根据查明的案件事实进行综合判断，既审慎适用，又当用则用。实践中存在标准把握不严而滥用这一例外制度的现象，同时也存在因法律规定较为原则、抽象，适用难度大，而不善于适用、不敢于适用的现象，均应当引起高度重视。

---

① 《全国法院民商事审判工作会议纪要》第十条规定：认定公司人格与股东人格是否存在混同，最根本的判断标准是公司是否具有独立意思和独立财产，最主要的表现是公司的财产与股东的财产是否混同且无法区分。在认定是否构成人格混同时，应当综合考虑以下因素：（1）股东无偿使用公司资金或者财产，不作财务记载的；（2）股东用公司的资金偿还股东的债务，或者将公司的资金供关联公司无偿使用，不作财务记载的；（3）公司账簿与股东账簿不分，致使公司财产与股东财产无法区分的；（4）股东自身收益与公司盈利不加区分，致使双方利益不清的；（5）公司的财产记载于股东名下，由股东占有、使用的；（6）人格混同的其他情形。在出现人格混同的情况下，往往同时出现以下混同：公司业务和股东业务混同；公司员工与股东员工混同，特别是财务人员混同；公司住所与股东住所混同。人民法院在审理案件时，关键要审查是否构成人格混同，而不要求同时具备其他方面的混同，其他方面的混同往往只是人格混同的补强。

同时，资本显著不足亦影响公司法人人格的独立。对此，《全国法院民商事审判工作会议纪要》第十二条规定：资本显著不足指的是，公司设立后在经营过程中，股东实际投入公司的资本数额与公司经营所隐含的风险相比明显不匹配。股东利用较少资本从事力所不及的经营，表明其没有从事公司经营的诚意，实质是恶意利用公司独立人格和股东有限责任把投资风险转嫁给债权人。由于资本显著不足的判断标准有很大的模糊性，特别是要与公司采取“以小博大”的正常经营方式相区分，因此在适用时要十分谨慎，应当与其他因素结合起来综合判断。

十一、营利法人关联交易的规制

关联交易，一般是指具有投资关系或合同关系的不同主体之间所进行的交易，又称为关联方交易。关联交易行为会严重损害公司、少数股东和债权人的利益，《公司法》第二十一条规定，公司的控股股东等关联方利用关联关系损害公司利益，给公司造成损失的，应当承担赔偿责任。《民法典》第八十四条规定：营利法人的控股出资人、实际控制人、董事、监事、高级管理人员不得利用其关联关系损害法人的利益。利用关联关系给法人造成损失的，应当承担赔偿责任。

何谓关联关系？一般是指对营利法人具有的事实上的控制关系，即因为股权控制、公司法上的治理结构控制以及其他法律或事实关系所形成的控制关系。主要表现为营利法人与其控股出资人、实际控制人、董事、监事、高级管理人员之间的关系。关联关系人与营利法人之间的交易，被称为关联交易。

在司法实践中，认定滥用关联关系交易应当考虑下列因素：一是关联交易的主体存在关联关系，包括控股出资人、实际控制人、董事、监事、高级管理人员。二是关联交易的行为分为经营者实施的关联交易和控制人实施的关联交易。三是关联交易的结果既损害了法人利益，也损害了次要出资人和债权人的利益。四是关联交易的主观存在输送不正当利益的过错。由此可见，滥用关联交易，可适用侵权责任的过错责任原则的构成要件来处理。

《全国法院民商事审判工作会议纪要》第十一条规定可以参照适用：公司控制股东对公司过度支配与控制，操纵公司的决策过程，使公司完全丧失独立性，沦为控制股东的工具或躯壳，严重损害公司债权人利益，应当否认公司人格，由滥用控制权的股东对公司债务承担连带责任。实践中常见的情形包括：（1）母子公司之间或者子公司之间进行利益输送的；（2）母子公司或者子公司之间进行交易，收益归一方，损失却由另一方承担的；（3）先从原公司抽走资金，然后再成立经营目的相同或者类似的公司，逃避原公司债务的；（4）先解散公司，再以原公司场所、设备、人员及相同或者相似的经营目的另设公司，逃避原公司债务的；（5）过度支配与控制的其他情形。控制股东或实际控制人控制多个子公司或者关联公司，滥用控制权使多个子公司或者关联公司财产边界不清、财务混同，利益相互输送，丧失人格独立性，沦为控制股东逃避债务、非法经营，甚至违法犯罪工具的，可以综合案件事实，否认子公司或者关联公司法人人格，判令其承担连带责任。

十二、营利法人瑕疵决议的撤销

营利法人瑕疵决议的撤销，是指营利法人的权力机构或者执行机构作出的决议在内容上或程序上不符合法律或者章程的规定，根据出资人的主张对该决议进行撤销的制度。对此，《民法典》第八十五条规定：营利法人的权力机构、执行机构作出决议的会议召集程序、表决方式违反法律、行政法规、法人章程，或者决议内容违反法人章程的，营利法人的出资人可以请求人民法院撤销该决议，但是营利法人依据该决议与善意相对人形成的民事法律关系不受影响。

营利法人的决议的撤销，在《公司法》第二十二条中有规定，《民法典》第八十五条再次规定。决议撤销的理由有两个，一是作出决议的会议召集程序、表决程序违反法律规定或章程约定；二是决议本身违反章程或法律，因此赋予股东尤其是小股东撤销权。什么情况属于召集程序、表决程序违法目前尚无明确的法律规定，《公司法解释（四）》第四条作了原则性的规定："股东请求撤销股东会或者股东大会、董事会决议，符合公司法第二十二条第二款规定的，人民法院应当予以支持，但会议召集程序或者表决方式仅有轻微瑕疵，且对决议未产生实质影响的，人民法院不予支持。"当然，如果决议已经实施并产生损害后果，依《民法典》第八十五条的规定撤销决议后，并不必然导致法人与相对人之间的法律关系无效，目的是保护善意相对人，保护交易安全。

需要注意的是，决议撤销之诉属于形成之诉，在法院作出撤销决议的判决之前，决议仍为有效决议。但法院作出撤销决议的判决后，其效力及于撤销权人、公司以及第三人，即判决具有对世效力，决议撤销后，发生决议自始不生效后果。但这种溯及力不能及于基于对公司决议的信赖而与公司交易的第三人，不论是公司内部成员，还是在此之外的第三方，只要构成善意，其与公司之间的交易行为就不会因这种溯及力而失去效力。

十三、营利法人的社会责任

营利法人追求利润是本质属性，但作为社会经济活动的基本单位，仍然需要承担一定的社会责任。对此，《民法典》第八十六条规定：营利法人从事经营活动，应当遵守商业道德，维护交易安全，接受政府和社会的监督，承担社会责任。

依据《民法典》第八十六条的规定，营利法人的社会责任主要表现在以下几个方面：一是遵守商业道德。商业道德是从事商业活动应当遵循的道德规范，促使营利法人形成良好的经营作风、树立商业信誉，也有助于维护诚信的市场经营秩序。二是维护交易安全。营利法人从事经营活动，应当维护交易安全，主动披露交易信息，积极履行合同义务，不能损害交易相对方的合法权益。三是接受政府和社会监督。通过监督，促使营利法人的行为规范化，更有效地维护国家利益、社会公共利益和营利法人自身的合法权益，维护市场秩序，促进营利法人的健康发展。四是承担社会责任。目的是促使营利法人在自身发展中实现经济效益和社会效益的共同进步。①

十四、对案例32、案例33、案例34的简要评析

（一）对案例32的简要评析

在案例32中，涉及营利法人的权力机构问题。宏冠公司系被上诉人黄

---

① 参见杜万华主编：《中华人民共和国民法总则实务指南》，中国法制出版社2017年版，第329页。

某忠与一审被告陈某庆等人共同出资设立，设立时原告依法持有宏冠公司20%股权。在黄某忠没有对其股权作出处分的前提下，除非宏冠公司进行了合法的增资，否则原告的持股比例不应当降低，宏冠公司的章程明确约定公司增资应由股东会作出决议。因此，在没有证据证明黄某忠明知且在股东会上签名同意宏冠公司增资至1500万元的情况下，对宏冠公司设立时的股东内部而言，该增资行为无效，且对于黄某忠没有法律约束力，不应以工商变更登记后的1500万元注册资本金额来降低黄某忠在宏冠公司的持股比例，而仍旧应当依照20%的股权比例在股东内部进行股权分配，判决黄某忠自设立后至股权转让前持有宏冠公司20%的股权并无不当。

（二）对案例33的简要评析

在案例33中，涉及营利法人的关联公司人格混同损害债权人利益问题。该案例涉及关联公司人格混同的认定及法律责任承担问题，有利于进一步完善我国公司法人人格否认制度，有利于防止关联公司滥用公司法人独立地位和股东有限责任，恶意逃避债务，损害公司债权人利益，有利于规范关联公司的经营行为，促进企业依法生产经营和健康发展。[①]

在本案中，川交工贸公司与川交机械公司、瑞路公司人格混同。一是三个公司人员混同。三个公司的经理、财务负责人、出纳会计、工商手续经办人均相同，其他管理人员亦存在交叉任职的情形，川交工贸公司的人事任免存在由川交机械公司决定的情形。二是三个公司业务混同。三个公司实际经营中均涉及工程机械相关业务，经销过程中存在共用销售手册、经销协议的情形，对外进行宣传时信息混同。三是三个公司财务混同。三个公司使用共同账户，以王某礼的签字作为具体用款依据，对其中的资金及支配无法证明已作区分；三个公司与徐工机械公司之间的债权债务、业绩、账务及返利均计算在川交工贸公司名下。因此，三个公司之间表征人格的因素（人员、业务、财务等）高度混同，导致各自财产无法区分，已丧失独立人格，构成人

---

① 参见最高人民法院案例指导办公室、执笔人刘净:《〈徐工集团工程机械股份有限公司诉成都川交工贸有限责任公司等买卖合同纠纷案〉的理解与参照》，载《人民司法·案例》2014年第6期。

格混同。

川交机械公司、瑞路公司应当对川交工贸公司的债务承担连带清偿责任。公司人格独立是其作为法人独立承担责任的前提。《公司法》第三条第一款规定："公司是企业法人，有独立的法人财产，享有法人财产权。公司以其全部财产对公司的债务承担责任。"公司的独立财产是公司独立承担责任的物质保证，公司的独立人格也突出地表现在财产的独立上。当关联公司的财产无法区分，丧失独立人格时，就丧失了独立承担责任的基础。《公司法》第二十条第三款规定："公司股东滥用公司法人独立地位和股东有限责任，逃避债务，严重损害公司债权人利益的，应当对公司债务承担连带责任。"本案中，三个公司虽在工商登记部门登记为彼此独立的企业法人，但实际上相互之间界限模糊、人格混同，其中川交工贸公司承担所有关联公司的债务却无力清偿，又使其他关联公司逃避巨额债务，严重损害了债权人的利益。上述行为违背了法人制度设立的宗旨，违背了诚实信用原则，其行为本质和危害结果与《公司法》第二十条第三款规定的情形相当，故参照《公司法》第二十条第三款的规定，川交机械公司、瑞路公司对川交工贸公司的债务应当承担连带清偿责任。

当然，本案从《民法总则》第八十三条的规定来看，亦应当认定交机械公司、瑞路公司与川交工贸公司人格混同，造成徐工机械公司的债权不能得到清偿，应当承担连带责任。

（三）对案例 34 的简要评析

在案例 34 中，涉及营利法人的决议瑕疵问题。该案例涉及法院对解聘总经理职务的董事会决议如何进行审查的问题，旨在为明确公司决议撤销之诉的司法审查范围提供指导。该案例有利于强化法官的商事审判思维，鼓励公司在市场经济条件下依法自治和健康发展。[①]

该指导案例的裁判要点确认：人民法院在审理公司决议撤销纠纷案件中应当审查以下事项：会议召集程序、表决方式是否违反法律、行政法规或者

① 参见最高人民法院案例指导工作办公室、执笔人刘净：《〈李某军诉上海佳动力环保科技有限公司公司决议撤销纠纷案〉的理解与参照》，载《人民司法·案例》2014 年第 6 期。

公司章程，以及决议内容是否违反公司章程。在未违反上述规定的前提下，解聘总经理职务的决议所依据的事实是否属实、理由是否成立，不属于司法审查的范围。

在本案例中，董事会由佳动力公司董事长召集，三位董事均出席董事会，两位董事表决通过，在召集程序和表决方式上未违反法律、行政法规以及公司章程的规定。从决议内容来看，公司章程规定董事会有权解聘公司经理，董事会决议内容中“总经理李某军不经董事会同意私自动用公司资金在二级市场炒股，造成巨大损失”的陈述仅是董事会解聘李某军总经理职务的原因，而解聘李某军总经理职务的决议内容本身并不违反公司章程。因此，本案不存在公司决议可撤销的法律原因。

第十节　非营利法人

一、问题的提出

非营利法人是指不以出资人、设立人或者会员获得经济利益为目的的法人。非营利法人是与营利法人相对应的法人形式，与营利法人在法律性质上有着根本区别。《民法典》第八十七条第一款规定：“为公益目的或者其他非营利目的成立，不向出资人、设立人或者会员分配所取得利润的法人，为非营利法人。”第二款规定：“非营利法人包括事业单位、社会团体、基金会、社会服务机构等。”由于非营利法人的公益性或非营利性，国家对非营利法人的成立实行特许主义，必须获得主管机关批准——特别许可。

在研究非营利法人之前，先看两则案例：

案例 35：眼科医院与田某确认合同无效纠纷案[①]

2017 年 8 月 11 日，眼科医院（甲方）、田某（乙方）签订一份医疗合作

---

① 参见云南省普洱市中级人民法院（2019）云 08 民终 777 号民事判决书。

经营合同，约定：乙方对眼科医院增资400万元，医院性质由个人变为股份合作制，甲方占医院股份48%，乙方占医院股份52%。2017年8月2日起，眼科医院所有资产属于双方共同财产。眼科医院于2014年9月29日被批准登记为非营利性医疗机构（民办非企业单位）。田某未分配过利润。

生效裁判认为，本案焦点是双方签订的医疗合作经营合同的效力问题。《民法总则》第八十七条第一款规定："为公益目的或者其他非营利目的成立，不向出资人、设立人或者会员分配所取得利润的法人，为非营利法人。"国务院1998年10月25日发布的《民办非企业单位登记管理暂行条例》第二条规定："本条例所称民办非企业单位，是指企业事业单位、社会团体和其他社会力量以及公民个人利用非国有资产举办的，从事非营利性社会服务活动的社会组织。"故眼科医院的性质为非营利性法人。从医疗合作经营合同的具体内容来看，该合同为商业性合同，目的是获取商业利益，这与国家设立非营利性机构的根本目的相悖。故该合同为无效合同。本案中，因双方均不能提交相应的证据证明各自应负责任的大小，应当认定双方均负同等责任。据此，确认眼科医院与田某签订的医疗合作经营合同无效；眼科医院于本判决生效之日起30日内退还田某投资款1800000元。

案例36：王某与益民医院股东会决议纠纷案①

王某的上诉请求：依法撤销益民医院于2016年11月9日形成的股东会决议。

益民医院原性质为自收自支事业单位，于2002年进行产权改制。马某于2012年8月30日将其产权67%赠与陈某、33%赠与王某，接受赠与的股权全部投入社会团体登记的益民医院。现益民医院系法人型民办非企业单位，登记管理机关为民政局，业务主管单位为卫生与计划生育委员会。2016年11月9日，益民医院召开股东（出资人）会议，形成《益民医院股东会（出资人）决议》，会议参加人员为陈某的代表马某。

生效裁判认为，根据《民法总则》第九十四条第二款规定的"捐助法人的决策机构、执行机构或者法定代表人作出决定的程序违反法律、行政法规、

① 参见江苏省扬州市中级人民法院（2018）苏10民终2025号民事裁定书。

法人章程，或者决定内容违反法人章程的，捐助人等利害关系人或者主管机关可以请求人民法院撤销该决定。但是，捐助法人依据该决定与善意相对人形成的民事法律关系不受影响”，捐助人可行使撤销权限于捐助法人的决策机构、执行机构或法定代表人作出的决定，本案中，益民医院的决策机构、执行机构均为院领导班子，而非股东（出资人）会，王某依据该条规定主张撤销案涉股东（出资人）会决议，于法无据，不予支持。据此，驳回原告王某的起诉。

在上述案例中，案例 35 涉及非营利法人的性质问题，案例 36 涉及捐助法人的有关问题。试问：《民法典》总则编对事业单位法人、社会团体法人、捐助法人作了哪些具体明确的规定？非营利法人终止后剩余财产应当如何处置？

二、事业单位法人

事业单位法人，是指为适应经济社会发展需要，由国家机关或其他组织利用国有资产举办的，为提供公益服务，依照法定程序而设立的非营利法人，如从事新闻、出版、电视、电影、教育、文艺等事业的法人。何谓事业单位？《事业单位登记管理暂行条例》第二条规定：事业单位，是指国家为了社会公益目的，由国家机关举办或者其他组织利用国有资产举办的，从事教育、科技、文化、卫生等活动的社会服务组织。

关于事业单位法人资格的取得，依据《民法典》第八十八条的规定需满足以下条件：具备法人条件，为适应经济社会发展需要，提供公益服务设立的事业单位，经依法登记成立，取得事业单位法人资格；依法不需要办理法人登记的，从成立之日起，具有事业单位法人资格。据此，事业单位法人具有如下鲜明的特点：一是广泛从事社会公益活动。社会公益活动包括文化、教育、卫生、体育、新闻、出版等事业，是社会主义精神文明的重要工具。二是拥有独立的财产或经费。拥有独立的财产，是所有事业单位的共性。但是，按经费来源划分，可以分为财政全供事业单位、差额供给事业单位、自收自支事业单位。三是依法成立。我国目前对事业单位的设立采取许可主义，即事业单位法人的设立须经行政机关许可。依据《事业单位登记管理暂行条例》第三条的规定，事业单位经县级以上各级人民政府及其有关主管部门批准成立后，应当依照该条例规定登记或者备案。[①]

关于事业单位法人治理结构，《民法典》第八十九条规定："事业单位法人设理事会的，除法律另有规定外，理事会为其决策机构。事业单位法人的法定代表人依照法律、行政法规或者法人章程的规定产生。"由此可见，事业单位法人既不是以营利为目的的营利法人，也不是以政府单纯行政管理为职能设立的行政机关法人，更不是以实现会员共同意愿为目的的社会团体法人，而是以公益为目的设立的事业单位法人。[②]从《民法典》第八十九条的规定来看，一是事业单位法人的决策机构原则上是理事会。一般而言，理事会的筹建是由举办人牵头进行的。根据某个事业单位的法人的实际情况，理事会可以由举办人、出资人、职工代表、行业专家、利益相关人等共同组成。二是事业单位法人须设立法定代表人，须有章程，其法定代表人应当根据章程的规定产生。事业单位章程是法人治理结构的制度载体和理事会、管理层的运行规则，也是有关部门对事业单位进行监管的重要依据。事业单位章程草案由理事会通过，并经举办单位同意后，报登记管理机关核准备案。三是若法律对事业单位法人的组织机构、法定代表人另有规定的，应当依照其规定，设立事业单位法人的组织机构，确定其法定代表人。例如，《高等教育法》第三十条第一款规定："……高等学校的校长为高等学校的法定代表人。"《义务教育法》第二十六条规定，学校实行校长负责制。而代表法人从事民事活动的负责人，为法人的法定代表人。因此，作为事业单位法人的学校的法定代表人是基于法律的规定产生。

三、社会团体法人

社会团体法人，是指具备法人条件，基于会员共同意愿，为实现公益目的或者会员的共同利益等非营利目的而依法设立的社会团体。社会团体法人广泛存在于现实生活中，如工会、共青团、妇联会、青联会、法学会，等等。

---

① 《事业单位登记管理暂行条例》第六条规定：申请事业单位法人登记，应当具备下列条件：（一）经审批机关批准设立；（二）有自己的名称、组织机构和场所；（三）有与其业务活动相适应的从业人员；（四）有与其业务活动相适应的经费来源；（五）能够独立承担民事责任。

② 参见杨立新主编：《中华人民共和国民法总则要义与案例解读》，中国法制出版社2017年版，第331页。

《民法典》第九十条规定："具备法人条件，基于会员共同意愿，为公益目的或者会员共同利益等非营利目的设立的社会团体，经依法登记成立，取得社会团体法人资格；依法不需要办理法人登记的，从成立之日起，具有社会团体法人资格。"由此可见，成立的自愿性表明社会团体法人须尊重会员意志；目的的非营利性表明社会团体法人应以追求社会公共利益或会员的共同利益的实现为宗旨。前者决定社会团体法人的自治价值，后者决定社会团体法人必要的他治价值。①

依据《民法典》第九十条的规定，社会团体法人的特征表现为：一是会员的自愿性。社会团体法人的设立必须基于会员的共同意愿而设立，会员的自愿性集中体现在社会团体法人的章程之中，该章程由会员共同制定，对社会团体法人及其会员都具有约束力。二是目的的非营利性。不同类型的社会团体法人各有其自身的设立目的，但公益性或者会员的共同利益是社会团体法人的共性，该共性就决定了社会团体法人的非营利性。三是成立的法定性。依据《民法典》第九十条的规定，社会团体法人必须经过法定程序依法成立。依法需要登记的社会团体，经依法登记成立取得社会团体法人资格；依法不需要办理法人登记的，从成立之日起，具有社会团体法人资格。②《社会团体登记管理条例》对社会团体法人的登记条件、管辖以及法定程序等都进行了详细的规定，是社会团体依法登记的法规依据。四是性质的社团性。传统民法的法人分类根据组织基础将法人分为社团法人与财团法人，社团法人是以社员的集合为基础的法人。社会团体法人虽与事业单位、基金会同属非营利法人的类型，但在组织结构上具有不同的构造。社会团体法人是社团法人的一个类型，社会团体法人一定是社团法人，

---

① 陈甦主编：《民法总则评注》（上册），法律出版社2017年版，第653页。

② 《社会团体登记管理条例》第三条规定："成立社会团体，应当经其业务主管单位审查同意，并依照本条例的规定进行登记。社会团体应当具备法人条件。下列团体不属于本条例规定登记的范围：（一）参加中国人民政治协商会议的人民团体；（二）由国务院机构编制管理机关核定，并经国务院批准免于登记的团体；（三）机关、团体、企业事业单位内部经本单位批准成立、在本单位内部活动的团体。"基于此，八大民主党派、中国文联、中国法学会、中国作协等全国性社会团体属于依据法律的规定和政府命令或是基于特殊事件成立的社会团体，无须进行法人登记。

而社团法人并非一定是社会团体法人。

社会团体法人设立时，应当依法制定法人章程。对此，《民法典》第九十一条第一款规定："设立社会团体法人应当依法制定法人章程。"社会团体法人章程由设立人或发起人拟定，并提交给社会团体法人的登记机关，社会团体法人经登记成立后，由其会员大会或会员代表大会表决通过。因此，社会团体法人章程是由权力机构制定的。同时，《社会团体登记管理条例》第十四条对社会团体的章程应当包括的事项进行了详细规定：（一）名称、住所；（二）宗旨、业务范围和活动地域；（三）会员资格及其权利、义务；（四）民主的组织管理制度，执行机构的产生程序；（五）负责人的条件和产生、罢免的程序；（六）资产管理和使用的原则；（七）章程的修改程序；（八）终止程序和终止后资产的处理；（九）应当由章程规定的其他事项。

社会团体法人的组织机构。《民法典》第九十一条第二款、第三款规定了社会团体法人的机构设置：社会团体法人应当设会员大会或者会员代表大会等权力机构。社会团体法人应当设理事会等执行机构。理事长或者会长等负责人按照法人章程的规定担任法定代表人。具体而言，社会团体法人应设置下列机构：一是权力机构。社会团体法人的会员大会是社会团体法人的最高权力机关，可以对社会团体的重要事项作出决定。当然，会员过多的，可由会员代表大会行使权力，会员代表大会对会员大会负责。二是执行机构。社会团体法人的理事会成员由会员大会或会员代表大会选出，执行大会的决策，直接对会员大会或会员代表大会负责。因理事会管理的需要，理事会设理事长一人，理事长由理事会选举产生。三是法定代表人。社会团体法人的法定代表人由法人章程规定，并由理事长、会长等负责人担任。四是监督机构。对此，《民法典》总则编并没有规定，可由社会团体法人根据章程规定自由取舍。

四、捐助法人

所谓捐助法人，是指具备法人条件，为公益目的以捐助财产设立的基金会、社会服务机构等非营利法人。一般认为，捐助法人就是大陆法系中的财团法人，因其系以捐赠人捐助的财产为集合体，故称捐助法人。[①]《民法通则》

① 参见陈甦主编：《民法总则评注》（上册），法律出版社2017年版，第660页。

将捐助法人纳入社会团体法人，把基金会包括在内。2004 年国务院颁布了新的《基金会管理条例》，其第二条规定："本条例所称基金会，是指利用自然人、法人或者其他组织捐赠的财产，以从事公益事业为目的，按照本条例的规定成立的非营利性法人。"从该条规定来看，明确了基金会不再属于所谓的社会团体法人。2016 年的《慈善法》第三条强调慈善活动是指自然人、法人和其他组织以捐赠财产或者提供服务等方式而自愿开展的公益活动。

2017 年《民法总则》首次明确了捐助法人，并对其基本法律问题作了规定。该法第九十二条规定："具备法人条件，为公益目的以捐助财产设立的基金会、社会服务机构等，经依法登记成立，取得捐助法人资格。依法设立的宗教活动场所，具备法人条件的，可以申请法人登记，取得捐助法人资格。法律、行政法规对宗教活动场所有规定的，依照其规定。"从《民法典》总则编的规定来看，捐助法人的特点表现为：一是目的的非营利性。捐助法人只能为社会公益设立，为公益法人，属于非营利法人。二是财产的集合体。捐助法人是以财产的集合为基础成立的法人，其财产来源于民间的捐赠和捐助。一般而言，捐助行为通过捐助合同来实现，该合同属于双方法律行为，适用民法上的赠与合同的规定。捐助行为可以是生前行为，也可以是死因行为，通过遗嘱的方式为之。捐助行为完成之后，捐助财产即成为捐助法人独立所有的财产，独立于捐助人。三是没有成员或会员。捐助法人不同于通常的社会团体法人，由成员或者会员成立会员大会或者会员代表大会。捐助法人的财产是独立的，捐助人不能享有支配所捐赠的财产，即不能成为成员或者管理者。当然，捐助法人也有大量的管理人员和劳务人员，共同维护捐助法人的正常运转。为了充分依照章程管理财产，捐助法人需要设立理事会和监事会。四是须依法登记。捐助法人系以公益为目的的他治法人，为保证该公益目的的实现，应当通过法律加以明确规定。捐助法人的设立原则主要有两种：一是准则主义，即只要符合一定的条件就可以经过登记设立。二是许可主义，即设立捐助法人必须得到主管机关的许可。我国对捐助法人的设立均采取许可主义。①

① 参见赵旭东：《非营利法人》，载张鸣起主编：《民法总则专题讲义》，法律出版社 2019 年版，第 268 页。

捐助法人的类型。根据《民法典》第九十二条的规定，捐助法人的类型分为基金会、社会服务机构和宗教捐助法人。一是基金会。基金会是指利用自然人、法人或者非法人组织捐赠的财产，以从事公益事业为目的，按照《基金会管理条例》成立的非营利法人。基金会具有公益性、非营利性、非政府性和基金信托性。《民法典》总则编将基金会定性为“非营利性法人”，改变了将基金会定性为社会团体法人的规定，基金会本质上是为捐助目的而存在的独立的财产集合，根据章程由基金会的管理人员运作。典型的基金会有中国残疾人基金会、茅盾文学奖基金会、宋庆龄儿童基金会等。二是社会服务机构，即指由社会公益性资金或政府财政拨款举办的以公益为目的，运用专业技能在某些专业领域提供社会服务的机构。我国《慈善法》首次用“社会服务机构”代替“民办非企业单位”。社会服务机构是民间力量通过捐助方式举办的非营利组织，以自身的资产对社会提供公益性的社会服务。如民办学校、民办医院、民办养老院等非企业法人组织，设立人可以根据设立目的，如果选择营利就登记为营利法人，如果选择公益性就登记为社会服务机构。三是宗教活动场所。宗教活动场所与宗教团体是不同的，前者是指活动的场所，后者是指社会团体。宗教活动场所是信教自然人举行集体宗教活动的地方，包括寺院、宫观、清真寺、教堂以及其他固定宗教活动处所。因此，《民法典》第九十二条第二款规定，依法设立的宗教活动场所，具备法人条件的，可以申请法人登记，取得捐助法人资格。

捐助法人设立时，应当由捐助人依法制定法人章程。《民法典》第九十三条第一款规定：“设立捐助法人应当依法制定法人章程。”捐助法人的设立和存续以捐助人提供的财产为基础，以实现捐助人的价值目的为条件，捐助人在设立捐助法人时应当制定法人章程。捐助人制定的法人章程，是捐助法人从事公益目的活动的依据。我国《慈善法》第十一条规定：慈善组织的章程，应当符合法律法规的规定，并载明下列事项：名称和住所；组织形式；宗旨和活动范围；财产来源及构成；决策、执行机构的组成及职责；内部监督机制；财产管理使用制度；项目管理制度；终止情形及终止后的清算办法；其他重要事项。

捐助法人的组织机构。虽然捐助法人因没有成员而不能形成权力机构，但捐助法人在目的范围内使用捐助人的财产，有必要设立相应的决策机构、执行机构和监督机构。对此,《民法典》第九十三条第二款、第三款作了规定:“捐助法人应当设理事会、民主管理组织等决策机构，并设执行机构。理事长等负责人按照法人章程的规定担任法定代表人。捐助法人应当设监事会等监督机构。”在实践中，执行机构一般为捐助法人的总经理、执行委员会或常务理事会等。决策机构和执行机构同属管理机构，是为保证章程的落实和机制的顺利运转而设立。同时，法定代表人一般为理事长等负责人。考虑到捐助法人有对外开展活动的需要，因此规定捐助法人应当有明确的法定代表人，且《民法总则》为法定代表人的选任留下了私法自治的空间。[①]

捐助人的权利。捐助法人是以捐助人捐赠财产为基础而成立的公益性非营利法人。虽捐助法人的财产与捐助人相独立，但捐助人对捐赠财产的使用、管理情况仍然享有知情权。对此,《民法典》第九十四条第一款规定:“捐助人有权向捐助法人查询捐助财产的使用、管理情况，并提出意见和建议，捐助法人应当及时、如实答复。”该规定有利于更好地鼓励自然人、企业及其他组织积极捐赠，保证捐赠目的的实现。因此，捐助人对捐助法人享有知情权、监督权、建议权，有权向捐助法人查询捐赠财产的使用、管理情况，并提出意见和建议，捐助法人必须及时、如实答复。

捐助法人决定的撤销。对于内容和程序存在瑕疵的捐助法人决定，捐助人和主管机关享有撤销权。对此,《民法典》第九十四条第二款规定:“捐助法人的决策机构、执行机构或者法定代表人作出决定的程序违反法律、行政法规、法人章程，或者决定内容违反法人章程的，捐助人等利害关系人或者主管机关可以请求人民法院撤销该决定。但是，捐助法人依据该决定与善意相对人形成的民事法律关系不受影响。”对于该条应当从如下方面理解与适用:一是行使撤销权的主体广泛。捐助人和主管机关行使撤销权没有问题，但条文中表述为“捐助人等利害关系人”，说明捐助人的继承人、捐赠财产的特定受益人应当享有同样的权利。二是撤销的对象是决定，包括法人管理机构作出的决议，也包括代表人对外作出的决定。三是撤销的事由明确。撤销事由包括程序或内容违反法人章程，或者程序违反法律、行政法规。四是

---

① 参见赵旭东:《非营利法人》，载张鸣起主编:《民法总则专题讲义》，法律出版社2019年版，第272页。

行使撤销权必须以诉讼方式向人民法院提起。仲裁机构可否拥有此项权利，答案是否定的，因为《民法典》总则编并没有授权仲裁机构裁决的权力。五是与善意相对人的交易不受影响。这是为了确保交易安全，保护善意相对人的合理信赖。[①]

五、非营利法人终止后的剩余财产分配

非营利法人不以营利为目的，具有公益性质，不得向出资人分配利润。当非营利法人终止时，其法人的财产应当如何处理？对此，《民法典》第九十五条规定："为公益目的成立的非营利法人终止时，不得向出资人、设立人或者会员分配剩余财产。剩余财产应当按照法人章程的规定或者权力机构的决议用于公益目的；无法按照法人章程的规定或者权力机构的决议处理的，由主管机关主持转给宗旨相同或者相近的法人，并向社会公告。"

依据《民法典》总则编的规定，分两步处置剩余财产：一是剩余财产按照章程的规定或者权力机构的决议用于公益目的。公益法人终止了，章程对剩余财产的处置有明确规定，或者法人的权力机构作出处置决议的，依照其处理，这是私法自治原则的体现。但是，不得违反法律的强制性规定，如将剩余财产分配给出资人，这显然属于无效。二是不能按照法人章程规定或者权力机构的决议处理剩余财产的，由主管机关主持转给宗旨相同或相近的以公益为目的的法人，并向社会公告。这是公益法人财产社会归属依照，只能继续用于公益目的，不能再回归私人或政府所有。[②] 简言之：公益归公益，剩余财产由章程或权力机构决定；主管机关转赠的，同时向社会公告。

六、对案例 35、案例 36 的简要评析

在案例 35 中，关键是眼科医院的法人性质问题，进而影响到《眼科医院医疗合作经营合同》的效力。从登记情况来看，眼科医院被批准登记为非

---

① 参见赵旭东：《非营利法人》，载张鸣起主编：《民法总则专题讲义》，法律出版社 2019 年版，第 273 页。

② 参见王利明主编：《中华人民共和国民法总则详解》（上册），中国法制出版社 2017 年版，第 390 页。

营利性医疗机构，属于非营利法人。既然属于非营利法人，就需要遵守“为公益目的或者其他非营利目的”的宗旨。田某加入，双方签订了《眼科医院医疗合作经营合同》，田某增资400万元，将眼科医院的非营利性改变为营利性，实属不妥。因此，应当认定该合同无效。合同无效的后果是眼科医院返还田某投资款。当然，田某亦存在过错，其投资款的利息就做了“公益”吧。因此，法院的裁判是正确的。

在案例36中，依据《民法总则》第九十四条第二款“捐助法人的决策机构、执行机构或者法定代表人作出决定的程序违反法律、行政法规、法人章程，或者决定内容违反法人章程的，捐助人等利害关系人或者主管机关可以请求人民法院撤销该决定。但是，捐助法人依据该决定与善意相对人形成的民事法律关系不受影响”的规定，如果捐助法人的决策机构、执行机构或者法定代表人作出决定的程序违反法律、行政法规、法人章程的规定，捐助法人等利害关系人或者主管机关可以向人民法院请求撤销。而本案原告王某请求撤销股东会决议，显然不能适用《民法总则》第九十四条的规定，因此应当驳回王某的起诉。换言之，王某起诉的请求权基础没有《民法总则》第九十四条作支撑。

第十一节　特别法人

一、问题的提出

特别法人，是我国《民法总则》的首创，是适应我国国情而构建的法人类型。[①] 对此，《民法总则》第九十六条规定：“本节规定的机关法人、农村集体经济组织法人、城镇农村的合作经济组织法人、基层群众性自治组织法人，为特别法人。”自《民法通则》以来，我国基本形成了企业法人和非企

① 谭启平：《特别法人》，载张鸣起主编：《民法总则专题讲义》，法律出版社2019年版，第274页。

业法人的分类思路，2017 年《民法总则》直接将法人区分为营利法人、非营利法人和特别法人。在现实生活中，存在大量的组织体，有些组织体不是以营利为目的，如国家机关法人、基层群众性自治组织法人，其承担社会公共事务的管理职能，称其为非营利法人并不十分妥当；有些组织体以营利为目的，但其又具有一定的公益目的或承担着管理社会生活的公共职能，如农村集体经济组织法人，称其为营利法人也并不十分妥当。基于某些组织体在目的、设立、变更、终止等方面具有的特殊性，若难以纳入营利法人和非营利法人的范畴，可以特别法人的形式予以规范。[①] 因此，《民法总则》第三章第四节专门规定了“特别法人”，《民法典》总则编延续了相关规定。

在研究特别法人之前，先看两则案例：

案例 37：王家岗乡政府、宋某合同纠纷再审审查案[②]

王家岗乡政府申请再审称：一是有新证据足以推翻原判决。二是原判决认定的基本事实缺乏证据证明。

最高人民法院经审查认为，根据原审查明的事实，王家岗乡政府作为机关法人，超越法定行政管理职权从事房地产开发活动，对《联合协议书》被宣告无效的结果负有过错，而本案现有的证据可以证明，宋某签订了《国有建设用地使用权出让合同》，缴纳了土地出让金，并且对未能办理国有土地使用权证不具有过错。因此，原审依据查明的事实和现有的证据认定王家岗乡政府应当赔偿宋某损失的基本事实并不缺乏证据证明。王家岗乡政府再审申请期间提交的新证据经本院审查，不足以推翻原审对宋某已经缴纳 240 万元国有土地出让金的认定。而原审也已查明，《遗留问题处理方案》系就宋某退出案涉地块开发后如何解决遗留问题的协议，并不带有行政管理色彩，应为有效的民事合同而非行政调解协议。综上，王家岗乡政府的再审申请不符合《民事诉讼法》第二百条规定的应当再审的情形，遂裁定驳回王家岗乡政府的再审申请。

---

① 参见邹海林：《民法总则》，法律出版社 2018 年版，第 194 页。

② 详见最高人民法院（2019）最高法民申 940 号民事裁定书。

案例 38：奥某与程家沟村民委员会追偿权纠纷案[①]

奥某上诉请求：撤销原裁定，指令原审法院审理本案。事实和理由：上诉人的起诉有明确的被告，而且被告及其代理人还出庭参加了诉讼活动，进行了答辩。上诉人作为被上诉人的借款担保人，履行担保义务后，上诉人有权向被上诉人追偿。

二审法院认为，本案系因上诉人与被上诉人担保合同引发的追偿权纠纷，根据《民法总则》第一百零一条第一款“居民委员会、村民委员会具有基层群众性自治组织法人资格，可以从事为履行职能所需要的民事活动”的规定，本案被上诉人程家沟村民委员会具备独立承担民事责任的能力，应为本案的适格当事人。至于上诉人的诉讼请求应否得到支持，需进入实体审理后作出判定。一审法院以没有明确的被告为由驳回上诉人的起诉明显有误。遂裁定撤销原民事裁定；本案指令原审法院继续审理。

在上述案例中，案例 37 涉及机关法人的有关问题，案例 38 涉及基层群众性自治组织法人的有关问题。试问：《民法典》总则编对特别法人是如何规定的？

二、机关法人

所谓机关法人，是指依照法律和行政命令组建的，享有公权力并以从事国家管理活动为主的各级国家机关。[②] 自《民法通则》确立机关法人的民事主体地位以来，尽管对于机关法人的地位争论较大，我国主流理论对于国家机关成为民法上的法人还是完全认可的。[③] 对此，《民法典》第九十七条规定：“有独立经费的机关和承担行政职能的法定机构从成立之日起，具有机关法人资格，可以从事为履行职能所需要的民事活动。”因此说，《民法典》总则编延续了《民法通则》的立法精神，承认了机关法人资格，并赋予其新的内涵：一是将机关法人作为“特别法人”的一种类型予以规定；二是对机关法人的内涵作了新的调整，将“承担行政职能的法定机构”纳入了机关法人的

① 山西省吕梁市中级人民法院（2019）晋 11 民终 2002 号民事裁定书。

② 参见王利明：《民法总则研究》（第三版），中国人民大学出版社 2018 年版，第 357 页。

③ 参见徐强胜：《正确理解机关法人制度》，载《人民法治》2017 年第 10 期。

范畴；三是对机关法人从事民事活动的范围作出限制，即“可以从事为履行职能所需要的民事活动”。从而完善了我国的机关法人制度。[①]

机关法人在性质上属于公法人，是履行公共职能的法人。但是，法律赋予了其出于行使职权的需要而享有相应的民事权利能力和民事行为能力。因此，机关法人的显著特征表现为：一是机关法人成立的法定性。机关法人是依照宪法和法律的规定经由行政决定设立的履行国家社会管理公共职能的组织，民法承认其法人地位。因此，机关法人不是根据出资人或捐助人的意愿而设立。机关法人不需要办理设立登记，自成立之日起就已经设立。二是机关法人不限于国家机关。以执行国家管理社会事务的职能为目的而设立的国家机关，如权力机关、行政机关等，依法代表国家从事立法、司法、行政等事务和活动，具有机关法人地位。银监会、保监会、证监会、民主党派的各级机关等，也具有机关法人的地位。三是机关法人的民事主体地位的法定性。机关法人自成立之日起已经设立，民事主体地位亦相伴而生，具有天然的法定性。四是机关法人经费的独立性。独立经费是机关法人独立承担民事责任的基础。“判断某个组织是否为机关法人除了主要看其是否依法律法规和行政决定直接成立，且从事公共管理职能外，还要看是否有独立的经费。一个机关的内部职能部门虽说也是依据法律和行政命令直接成立，也从事公共管理职能，但这些职能部门只是机关的组成部分，如某部委内部的一个司局，其没有独立的经费，所以机关内部的职能部门并不能成为机关法人。”[②]

机关法人终止后的责任承担。对此，《民法典》第九十八条规定：“机关法人被撤销的，法人终止，其民事权利和义务由继任的机关法人享有和承担；没有继任的机关法人的，由作出撤销决定的机关法人享有和承担。”因此，机关法人丧失民事主体资格，其民事权利能力和民事行为能力终止。但是，没有继任的机关法人的，其权利义务则由作出撤销决定的机关法人享有和承担。《民法典》第九十八条规定与第六十七条“法人合并的，其权利和义务由合并后的法人享有和承担。法人分立的，其权利和义务由分立后的法人享

① 参见杜万华主编：《中华人民共和国民法总则实务指南》，中国法制出版社 2017 年版，第 374 页。

② 李适时主编：《中华人民共和国民法总则释义》，法律出版社 2017 年版，第 303 页。

有连带债权，承担连带债务，但是债权人和债务人另有约定的除外”规定的立法精神相一致，凸显了对法人的利益相关人权利的立法保护。

三、农村集体经济组织法人

农村集体经济组织具有鲜明的中国特色。赋予其法人地位符合党中央有关改革精神，有利于完善农村集体经济实现形式和运行机制，增强农村集体经济发展活力。①《民法典》第九十九条规定：“农村集体经济组织依法取得法人资格。法律、行政法规对农村集体经济组织有规定的，依照其规定。”对农村集体经济组织法人应当作如下理解：②

1. 农村集体经济组织法人的资产不可分割性。农村集体经济组织法人是农民作为民事主体，在法律主体上的表现形式。农村和城市郊区的土地，除由法律规定属于国家所有的以外，属于农民集体所有；宅基地、自留地、自留山，属于农民集体所有。农民集体所有的土地，由县级人民政府登记注册，核发证书，确认所有权。农民集体作为所有权人，其在法律主体上的表现形式就是农村集体经济组织。因此，农村集体经济组织以土地为中心，以地缘为基础，集体资产属于本集体成员集体所有，不可分割。

2. 农村集体经济组织法人的成员社区性。农村集体经济组织成员由社区内的农民以土地等集体财产为纽带组成，其加入、退出有特别的程序和限制性规定。农村集体经济组织法人的成员具有天然性和身份性；农村集体经济组织的成员的加入和退出，均与集体所有的土地性质和农民的身份密切相关。因此，农村集体经济组织的成员具有一定的封闭性，不能无限制地自由流动。

3. 农村集体经济组织法人的相对稳定性。由于农村集体经济组织的地域性和社区性，其非经法律规定不能任意消灭，不能轻易宣布解散和清算。

4. 农村集体经济组织法人的职能特定性。农村集体经济组织法人是集体资产管理的主体，尤其是管理着农民集体所有的土地。农村集体经济组织的

---

① 李建国副委员长于2017年3月8日所作的《关于〈中华人民共和国民法总则〉（草案）的说明》。

② 参见李适时主编：《中华人民共和国民法总则释义》，法律出版社2017年版，第311~313页。

主要功能包括管理集体财产、开发集体资源、发展集体经济和服务集体成员。农村集体经济组织法人对外从事经营活动，具有营利性，但对内部成员则为非营利性。同时，不少集体经济组织法人承担经济职能，也承担一定的村集体公益性的社会功能。

四、城镇农村的合作经济组织法人

合作经济组织法人，又称合作社法人，是指一定区域内的民事主体在自愿联合的基础上设立的，以互助合作、民主管理共同实现成员经济利益为目的的特别法人。[①] 事实上，合作经济组织法人在城镇、农村均大量存在，供销合作社就是城镇农村的合作经济组织法人的典型代表。对此，《民法典》第一百条规定："城镇农村的合作经济组织依法取得法人资格。法律、行政法规对城镇农村的合作经济组织有规定的，依照其规定。"

合作经济组织是否具有民法上的法人地位，在民法中已经有相应规定。例如，《农民专业合作社法》第五条规定："农民专业合作社依照本法登记，取得法人资格。农民专业合作社对由成员出资、公积金、国家财政直接补助、他人捐赠以及合法取得的其他资产所形成的财产，享有占有、使用和处分的权利，并以上述财产对债务承担责任。"由此可见，立法上认可合作经济组织的法人地位，其独立从事民事活动，依法承担民事责任。

五、群众性自治组织法人

群众性自治组织法人，是指特定社区的群众为实现一定目标而自愿结合起来的自我管理、自我教育和自我服务的群体，在现实生活中，是指农村的村民委员会和城镇的居民委员会，简称"两委"。"两委"在自治群众制定和实施公约，建设精神文明，办理公共事务和公益事业，调解民间纠纷，协助维护社会治安，协助基层人民政府推行工作等方面，发挥了基层群众性自治组织的作用。[②] 但民法上一直没有确认"两委"的独立民事主体的法人地位，

---

① 参见邹海林：《民法总则》，法律出版社 2018 年版，第 198 页。

② 参见中国审判理论研究会民商事专业委员会编著：《〈民法总则〉条文理解与司法适用》，法律出版社 2017 年版，第 177 页。

《民法总则》首次予以规定。[①]“两委”具有基层群众性自治组织法人资格，可以从事为履行职能所需要的民事活动。

“两委”法人与其他法人相比，可谓“与众不同”：一是设立特殊。“两委”均是依据法律直接设立的。村民委员会是各行政村依据《村民委员会组织法》设立，居民委员会是依据《城市居民委员会组织法》设立。二是变更和终止特殊。除非村乡合并或者居民社区的区划发生变化，否则“两委”不终止。三是行使职能特殊。“两委”主要从事公益事业和提供公共服务，还承担着营利法人和非营利法人不可能承担的其他法定义务。四是组织结构特殊。“两委”成员都必须经过公开选举产生。五是责任承担特殊。居民委员会的债务应以向居民筹集的费用、政府拨付的工作经费和居民委员会的经济收入补助来承担。村民委员会的债务原则上以办公经费来承担。

六、对案例 37、案例 38 的简要评析

在案例 37 中，王家岗乡政府有独立经费，承担行政管理职能，并且依法成立，属于典型的机关法人。作为行政机关的王家岗乡政府既可以履行行政管理职能，也可以从事民事法律行为。在本案中，王家岗乡政府与宋某所签订的《国有建设用地使用权出让合同》《遗留问题处理方案》属于典型的民事合同，不属于行政调解协议。因此，王家岗乡政府的再审申请理由不能成立。

在案例 38 中，依据《民法总则》第一百零一条第一款“居民委员会、村民委员会具有基层群众性自治组织法人资格，可以从事为履行职能所需要的民事活动”的规定，程家沟村民委员会具有基层群众性自治组织法人资格，可以从事为履行职能所需要的民事活动。同时，本案是担保追偿权纠纷，奥某为程家沟村民委员会的债务担保，承担了担保责任之后，依法享有追偿权。一审法院以没有明确的被告为由驳回奥某的起诉，纯属“无稽之谈”，应当指定一审法院继续审理本案。

---

① 参见王利明主编:《中华人民共和国民法总则详解》，法律出版社 2017 年版，第 409 页。

第四章

民事主体——非法人组织

依据《民法典》第一百零二条的规定，非法人组织是不具有法人资格，但是能够依法以自己的名义从事民事活动的组织。非法人组织包括个人独资企业、合伙企业、不具有法人资格的专业服务机构等。此处的“等”是“等外等”。值得注意的是，依据该法第一百零四条的规定，非法人组织的财产不足以清偿债务的，其出资人或者设立人承担无限责任。法律另有规定的，依照其规定。

一、问题的提出

非法人组织是指不具有法人资格，但具有相应的民事权利能力和民事行为能力的社会组织。非法人组织既不同于自然人又不同于法人，是自然人与法人之外的第三类民事主体。《民法总则》首次将非法人组织规定为独立的一类民事主体，既顺应了民事主体制度的发展趋势，也适应了现实社会生活的需要，为解决合伙等一类组织的法律地位提供了法律根据。[①]《民法典》总则编延续了相关规定。

在研究非法人组织之前，先看一则案例：

案例 39：李某与香堤湾公司健康权纠纷案[②]

2018 年 10 月 1 日，原告李某到被告香堤湾公司进行温泉洗浴，当日 12 时左右，李某到一楼大厅外南边进行温泉洗浴时，不慎踩到有所损坏的窨井盖受伤。当日，李某被香堤湾公司工作人员送往医院进行治疗，被诊断为左膝外伤，香堤湾公司支付门诊医疗费。后李某于 6 日进行复查，被诊断为左膝外伤、腓骨小头骨折，门诊治疗建议休息。李某系市区昊天桶装水服务部经营者，该服务部为个体工商户。上年度河南省批发和零售业职工平均工资为 46683 元 / 年，居民服务业职工平均工资为 39522 元 / 年。李某请求赔偿误工费、交通费、自购药费共计 6000 元。

生效裁判认为，被告香堤湾公司作为从事洗浴等娱乐项目的非法人组织，在其窨井盖有所损坏的情况下，应当及时采取予以维修或者设置警示标志等措施排除安全隐患，但其未尽到该安全保障义务，原告在进行温泉洗浴时不慎踩到该窨井盖受伤，被告香堤湾公司应当承担赔偿责任。原告受伤发

---

① 参见郭明瑞：《非法人组织》，载张鸣起主编：《民法总则专题讲义》，法律出版社 2019 年版，第 291 页。

② 参见河南省郑州市中级人民法院（2019）豫 01 民终 8852 号民事判决书。

生在当日12时左右，但其未尽到注意自身安全的义务，故原告应当承担相应的责任。综合考虑本案情况，原告承担10%的责任，被告香堤湾公司应当承担90%的责任。据此判决香堤湾公司赔偿李某5400元。

在上述案例中，涉及非法人组织香堤湾公司的诉讼主体、民事责任问题。试问：《民法典》总则编对非法人组织的概念、类型、成立、解散与清算、债务承担是如何规定的？

二、非法人组织的法律意义

根据《民法典》第一百零二条第一款的规定，所谓非法人组织，是指不具有法人资格，但是能够依法以自己的名义从事民事活动的组织。从境外立法例视角来看，非法人组织相当于德国立法例上的“无权利能力社团”，日本立法例上的“非法人社团和非法人财团”，我国台湾地区则称为“非法人财团”。[①]在我国，《民法通则》并没有规定非法人组织，但《合同法》《担保法》等实体法中规定了“其他组织”是民事主体。在程序法中，《民事诉讼法》规定了其他组织的民事诉讼主体资格，《民事诉讼法解释》细化了其他组织的类型。[②]从《民法典》的规定来看，第二条规定：“民法调整平等主体的自然人、法人和非法人组织之间的人身关系和财产关系。”其中把民事主体分为三种类型：自然人、法人和非法人组织。《民法总则》第二章规定了“自然人”，第三章规定了“法人”，第四章规定了“非法人组织”。《民法总则》总结司法经验，顺应社会发展趋势要求，将非法人组织作为与自然人、法人并列的民事主体，并作为专门一章在《民法总则》中作出规定，体现了民事立

---

① 王利明：《民法总则研究》（第三版），中国人民大学出版社2018年版，第371页。

② 《民事诉讼法解释》第五十二条规定：“民事诉讼法第四十八条规定的其他组织是指合法成立、有一定的组织机构和财产，但又不具备法人资格的组织，包括：（一）依法登记领取营业执照的个人独资企业；（二）依法登记领取营业执照的合伙企业；（三）依法登记领取我国营业执照的中外合作经营企业、外资企业；（四）依法成立的社会团体的分支机构、代表机构；（五）依法设立并领取营业执照的法人的分支机构；（六）依法设立并领取营业执照的商业银行、政策性银行和非银行金融机构的分支机构；（七）经依法登记领取营业执照的乡镇企业、街道企业；（八）其他符合本条规定条件的组织。”

法的进步。[①]《民法典》总则编亦如此。

根据《民法典》总则编对非法人组织的规定，非法人组织具有如下特征：

1. 非法人组织是一种组织体。组织体是不同的人为实现一定目标，相互协作结合而成的集体或团体。一个组织需要由多个人组成，各参与者为共同的目标而相互协调各自的行为。非法人组织不以两个以上的自然人的集合形成的组织体为限，其包括人的集合以及财产的集合所形成的组织体。作为一种组织体，其并非松散的民事主体的集合，而是能够以自己的名义对外行为的具有一定的组织机构和组织规则，在结构上较为稳定的社会组织。[②]非组织体不能称为非法人组织。

2. 非法人组织须依法设立。非法人组织作为独立的民事主体，应当依法设立。对此，《民法典》第一百零三条规定："非法人组织应当依照法律的规定登记。设立非法人组织，法律、行政法规规定须经有关机关批准的，依照其规定。"

3. 非法人组织依法以自己的名义从事民事活动。民事主体最为重要的特点是能够以自己的名义从事民事活动。组织的范围广泛，但能够成为民事主体的只有法人和非法人组织。对此，《民法典》第一百零二条第一款规定："非法人组织是不具有法人资格，但是能够依法以自己的名义从事民事活动的组织。"非法人组织能以"自己的名义"从事民事活动，这使得非法人组织具有民事权利能力，具有民事主体资格，能够以自己名义享有权利、承担义务，成为民事法律关系的主体。非法人组织具有自己的意思形成机关和意思表示机关，能够独立进行民事法律行为，即非法人组织具有民事行为能力。

4. 非法人组织的民事责任相对独立。非法人组织以自己的名义从事民事活动，应当以自己所有的财产对自己的行为负责，以自己的财产对非法人组织的债务承担民事责任。非法人组织以其财产对其债务人承担民事责任，仅具有相对的意义，其民事责任是相对独立的。对此，《民法典》第一百零四

---

① 参见杜万华主编：《中华人民共和国民法总则实务指南》，中国法制出版社 2017 年版，第 399 页。

② 参见杨立新主编：《中华人民共和国民法总则要义与案例解读》，中国法制出版社 2017 年版，第 383 页。

条规定："非法人组织的财产不足以清偿债务的，其出资人或者设立人承担无限责任。法律另有规定的，依照其规定。"

三、非法人组织的类型

关于非法人组织的类型，《民法典》总则编作了开放性的规定，即第一百零二条第二款规定："非法人组织包括个人独资企业、合伙企业、不具有法人资格的专业服务机构等。"而此处的"等"为"等外等"，并没有把所有情形列完，留有余地。依据《民法典》总则编的规定，非法人组织主要包括的类型如下：

1. 个人独资企业。依据《个人独资企业法》第二条的规定，个人独资企业是指依照该法在中国境内设立，由一个自然人投资，财产为投资人个人所有，投资人以其个人财产对企业债务承担无限责任的经营实体。《民法典》总则编确认个人独资企业为非法人组织，具有独立的民事主体资格，是非法人组织的重要类型。当然，个人独资企业如果按照《公司法》的有关规定成为有限责任公司，依法领取了企业法人营业执照，则不属于非法人组织，应当按照《公司法》的有关规定来处理民事责任承担问题。

2. 合伙企业。合伙企业包括普通合伙企业和有限合伙企业。根据《合伙企业法》第二条第二款的规定，普通合伙企业是指由普通合伙人组成，合伙人对合伙企业债务承担无限连带责任的组织。有限合伙企业是指由普通合伙人和有限合伙人组成的合伙企业，其中由普通合伙人负责合伙企业的经营管理，并对合伙企业债务承担无限连带责任，而有限合伙人通常不负责合伙企业的经营管理，仅以其认缴的出资额为限，对合伙企业债务承担有限责任。①

3. 不具备法人资格的专业服务机构。专业服务机构是为社会公众提供专业服务的社会组织。具备法人条件的，取得法人资格的专业服务机构属于法人；不具备法人条件的，不能取得法人资格的专业服务机构，则属于非法人组织。不具备法人资格的专业服务机构，主要是指不具备法人资格的律师事务所、会计师事务所等，对于其他组织体是否属于非法人组织，需要根据具体情况判断。例如，外商投资设立的中外合资经营企业、外资企业不符合法

---

① 参见李飞主编：《中华人民共和国合伙企业法释义》，法律出版社2006年版，第374页。

人条件的，为非法人组织；依照乡镇企业法设立的乡镇企业，不符合法人条件的，也属于非法人组织。[①] 注册会计师协会、律师协会则属于典型的社会团体，需要在民政部门办理社团登记，在组织性质上属于《民法典》总则编所确立的非营利法人。

4. 其他非法人组织。《民法典》总则编关于其他非法人组织的规定与《民法总则》一致。《民法总则》（三审稿）第一百零一条第二款规定："非法人组织包括个人独资企业、合伙企业、不具有法人资格的专业服务机构和其他组织。"最终，《民法总则》第一百零二条第二款规定："非法人组织包括个人独资企业、合伙企业、不具有法人资格的专业服务机构等。"因此可以得出结论，《民法总则》第一百零二条第二款的"等"字表示，除列举的三类非法人组织外，还有其他非法人组织。[②]

由于《民法总则》第一百零二条第二款的"等"字表示除列举的三类非法人组织外，还有其他非法人组织。因此，学者专家对实践中常见的几类组织体是否为非法人组织颇具争议：一是业主委员会和业主大会是否为非法人组织？有学者认为，不具备法人资格的业主大会、业主委员会被归为非法人组织这一类民事主体。[③] 也有学者认为，房地产相关行政部门并没有强行要求业主大会进行备案登记，因此业主大会和业主委员会很难成为《民法总则》所规定的非法人组织。[④] 二是法人的分支机构和筹备中的法人是否属于非法人组织，存在争议。有学者认为，判断一个主体属于何类主体，应以该类主体的根本特征为判断标准，而不能仅以法律将其规定在何类为标准。个体工商户和农村承包经营户、法人的分支机构、筹备中的法人均可以以自己的名义进行民事活动，都应当属于非法人组织。[⑤] 也有学者

---

① 参见李适时主编：《中华人民共和国民法总则释义》，法律出版社 2017 年版，第 326 页。

② 参见郭明瑞：《非法人组织》，载张鸣起主编：《民法总则专题讲义》，法律出版社 2019 年版，第 302 页。

③ 参见郭明瑞：《非法人组织》，载张鸣起主编：《民法总则专题讲义》，法律出版社 2019 年版，第 302 页。

④ 参见王利明：《民法总则研究》（第三版），中国人民大学出版社 2017 年版，第 381 页。

⑤ 参见郭明瑞：《非法人组织》，载张鸣起主编：《民法总则专题讲义》，法律出版社 2019 年版，第 303 页。

认为，法人的分支机构应当区分情形而定，筹备中的法人不属于非法人组织。[①] 笔者认为，判断这些组织体是否属于非法人组织，既要紧扣《民法典》总则编给予非法人组织的定义，又要结合《民事诉讼法》及其司法解释对“其他组织”的进一步解释，进而区分这类组织体是否属于非法人组织。判断某一组织体是否为非法人组织，可以从如下三个方面综合分析判断：一是合法成立，符合法律规定的成立条件和设立程序；二是具备一定的组织机构和财产，属于组织体；三是不具备法人资格，不属于法人的范畴。换言之，非法人组织没有在工商行政管理机关领取法人营业执照或者在民政部门办理社会团体法人登记。

四、非法人组织的设立

非法人组织的设立，虽然不同于法人那样有严格的设立条件和设立程序，但是仍然需要完成一定的程序和满足相应的条件，能够使非法人组织具有合法性、可识别性。对此，《民法典》第一百零三条规定：“非法人组织应当依照法律的规定登记。设立非法人组织，法律、行政法规规定须经有关机关批准的，依照其规定。”据此，可从如下方面理解适用：

1. 非法人组织应当依照法律的规定登记。依据《民法典》第一百零三条第一款的规定，非法人组织应当依照法律的规定登记。由此可见，非法人组织原则上都应当进行登记。其实，在《个人独资企业法》《合伙企业法》以及不具备法人资格的专业机构的管理办法中，也都规定了设立登记的程序。因此，非法人组织在设立时都必须进行登记，不登记不能取得经营资格。

非法人组织的登记包括设立登记、变更登记、注销登记。设立登记是非法人组织成立的必备要件，相当于非法人组织的“出生证明”。[②] 完善了设立登记，非法人组织才具备民事主体资格。若登记事项发生变更，非法人组织的负责人或代表人应当及时向登记机关办理变更登记。未及时办理变更登记，导致第三人损失的，应由非法人组织或其设立人、投资人承担责任。非

---

① 参见王利明：《民法总则研究》（第三版），中国人民大学出版社 2017 年版，第 381 页。

② 参见杜万华主编：《中华人民共和国民法总则实务指南》，中国法制出版社 2017 年版，第 405 页。

法人组织或其设立人、投资人承担责任后，若认为非法人组织的负责人或代表人存在过错的，可向其追偿。非法人组织经清算等程序需要注销的，应办理注销登记。注销登记相当于非法人组织的“死亡证明”。办理注销登记后，非法人组织失去民事主体地位。①

2. 须经有关机关批准的，依照其规定。依据《民法典》第一百零三条第二款的规定，对于特殊类型的非法人组织，法律、行政法规规定须经有关机关批准的，依照其规定。非法人组织未依照法律、行政法规规定经有关部门批准的，不能成立，不具有民事主体资格。如我国《合伙企业法》第九条第二款规定：“合伙企业的经营范围中有属于法律、行政法规规定在登记前须经批准的项目的，该项经营业务应当依法经过批准，并在登记时提交批准文件。”

当然，对于应当经批准设立的非法人组织而言，在批准之后，仍然应当办理登记。批准和登记的功能存在一定的区别，批准主要是基于管理的需要，而登记主要起到一种公示的作用，即通过登记公示非法人组织的主体资格状况，从而降低交易相对人的识别成本，维护交易安全。②

五、非法人组织的代表人

非法人组织作为民事主体，需要对外从事民事法律行为，作出意思表示。非法人组织属于组织，其意思的形成与表示都需要相应的机关完成。③ 对此，《民法典》第一百零五条规定：“非法人组织可以确定一人或者数人代表该组织从事民事活动。”

非法人组织的代表人由非法人组织自己决定。依据《民法典》第一百零五条的规定，可以得出三层意思：一是非法人组织的代表人由非法人组织自

① 参见杜万华主编：《中华人民共和国民法总则实务指南》，中国法制出版社 2017 年版，第 406 页。

② 参见王利明主编：《中华人民共和国民法总则详解》，中国法制出版社 2017 年版，第 422 页。

③ 参见杜万华主编：《中华人民共和国民法总则实务指南》，中国法制出版社 2017 年版，第 411 页。

己决定；二是非法人组织的代表人可以是一人，也可以是多人[①]；三是非法人组织的代表人代表该组织从事民事活动。非法人组织的代表人虽名义上由该组织自主决定，但非法人组织事务的最终决策权由出资人或者设立人享有。因此，非法人组织代表人的确定实际上是由出资人或者设立人决定。[②]

代表人与代理人具有一定的相似性，都可能发生行为效果的归属问题。但两者存在一定的区别：一是代理需要被代理人对代理人进行专门的授权。代表不需要专门授权。二是代理人行为的法律效果归属于被代理人，而代表人的行为就直接视为主体自身的行为，不发生法律效果的归属过程。三是举证责任不同。在越权代表的情形下，原则上法律行为有效，需要由非法人组织证明对方当事人知道或者应当知道代表人的代表权限。在无权代理的情形下，原则上法律行为效力待定，除非相对人证明成立表见代理。[③]

非法人组织的代表人应当进行公示。代表人代表非法人组织从事民事活动，对非法人组织和相对人的权益有着直接的影响。因此，非法人组织的代表人应当以一定的方式进行公示，与之交易的相对人基于公示的公信力而产

---

① 《合伙企业法》第二十六条规定：合伙人对执行合伙事务享有同等的权利。按照合伙协议的约定或者经全体合伙人决定，可以委托一个或者数个合伙人对外代表合伙企业，执行合伙事务。作为合伙人的法人、其他组织执行合伙事务的，由其委派的代表执行。第二十七条规定：依照本法第二十六条第二款规定委托一个或者数个合伙人执行合伙事务的，其他合伙人不再执行合伙事务。不执行合伙事务的合伙人有权监督执行事务合伙人执行合伙事务的情况。第二十八条规定：由一个或者数个合伙人执行合伙事务的，执行事务合伙人应当定期向其他合伙人报告事务执行情况以及合伙企业的经营和财务状况，其执行合伙事务所产生的收益归合伙企业，所产生的费用和亏损由合伙企业承担。合伙人为了解合伙企业的经营状况和财务状况，有权查阅合伙企业会计账簿等财务资料。

② 《合伙企业法》第六十七条规定：有限合伙企业由普通合伙人执行合伙事务。执行事务合伙人可以要求在合伙协议中确定执行事务的报酬及报酬提取方式。第六十八条规定：有限合伙人不执行合伙事务，不得对外代表有限合伙企业。有限合伙人的下列行为，不视为执行合伙事务：(一）参与决定普通合伙人入伙、退伙；(二）对企业的经营管理提出建议；(三）参与选择承办有限合伙企业审计业务的会计师事务所；(四）获取经审计的有限合伙企业财务会计报告；(五）对涉及自身利益的情况，查阅有限合伙企业财务会计账簿等财务资料；(六）在有限合伙企业中的利益受到侵害时，向有责任的合伙人主张权利或者提起诉讼；(七）执行事务合伙人怠于行使权利时，督促其行使权利或者为了本企业的利益以自己的名义提起诉讼；(八）依法为本企业提供担保。

③ 参见王利明：《民法总则研究》(第三版)，中国人民大学出版社 2018 年版，第 383 页。

生信赖，与之交往。公示方式分为两种：一是在登记机关公示。将非法人组织的代表人作为登记事项，在登记机关予以公示。二是在非法人组织主要办事机构所在地公示，如在显著位置展示营业执照副本。非法人组织的代表人的公示目的，旨在确保交易的安全。

在司法实践中，作为非法人组织的合伙企业的诉讼主体的确认，应当依据民事诉讼法司法解释的有关规定进行。《民事诉讼法解释》第六十条规定："在诉讼中，未依法登记领取营业执照的个人合伙的全体合伙人为共同诉讼人。个人合伙有依法核准登记的字号的，应在法律文书中注明登记的字号。全体合伙人可以推选代表人；被推选的代表人，应由全体合伙人出具推选书。"第六十二条规定："下列情形，以行为人为当事人：（一）法人或者其他组织应登记而未登记，行为人即以该法人或者其他组织名义进行民事活动的；（二）行为人没有代理权、超越代理权或者代理权终止后以被代理人名义进行民事活动的，但相对人有理由相信行为人有代理权的除外；（三）法人或者其他组织依法终止后，行为人仍以其名义进行民事活动的。"

六、非法人组织的债务承担

《民法总则》对非法人组织的规定，主要是规范非法人组织的债务承担问题，旨在明确非法人组织的行为效果的最终归属，从而确定其民事责任能力。[①]《民法典》总则编亦如此。《民法典》第一百零四条规定："非法人组织的财产不足以清偿债务的，其出资人或者设立人承担无限责任。法律另有规定的，依照其规定。"

依据《民法典》第一百零四条的规定，非法人组织的债务承担遵循下列原则：

1. 非法人组织首先以其经营管理的财产清偿债务。严格意义上说，非法人组织并无自己的责任财产，非法人组织出资人或设立人的财产属于非法人组织的责任财产，为其对外承担责任的担保，是其交易信用的基础。但是，非法人组织能够作为独立的民事主体，能够以自己的名义独立参与民事活动并享有民事权利。因此，如果非法人组织有财产，则首先应当以非法人组织

---

① 陈甦主编：《民法总则评注》（上册），法律出版社2017年版，第727页。

的财产清偿债务。如《合伙企业法》第三十八条规定："合伙企业对其债务，应先以其全部财产进行清偿……"

2. 非法人组织的财产不足以清偿债务的，则设立人或者出资人承担无限责任。非法人组织的出资人或者设立人对非法人组织进行的出资构成非法人组织的责任财产，但是，非法人组织因不具备法人资格，则其财产与出资人或者设立人并没有设立"隔离带"，造成非法人组织的财产与出资人或者设立人的财产"混同"，因此需要由非法人组织的出资人或者设立人承担无限责任。如《合伙企业法》第三十九条规定："合伙企业不能清偿到期债务的，合伙人承担无限连带责任。"

在司法实践中，有的债权人起诉时仅仅将非法人组织列为被告，要求其承担清偿责任，此时人民法院可以判决该非法人组织承担清偿责任。若在执行过程中，该非法人组织的财产不足以清偿债务，可在执行程序追加出资人或者设立人为被执行人，承担无限责任。若债权人一并将非法人组织、出资人或者设立人作为共同被告进行诉讼，则人民法院可以判决该非法人组织承担清偿责任，出资人或者设立人承担连带责任。两种办法可谓有"异曲同工"之妙。

3. 出资人或者设立人承担债务的除外规定。《民法典》总则编确立了出资人或者设立人对非法人组织的债务承担无限责任的一般原则。但是，《民法典》第一百零四条第二款规定："法律另有规定的，依照其规定。"言外之意，如果法律对此有除外规定的，应当适用该除外规定。如《合伙企业法》第二条规定："……普通合伙企业由普通合伙人组成，合伙人对合伙企业债务承担无限连带责任。本法对普通合伙人承担责任的形式有特别规定的，从其规定。有限合伙企业由普通合伙人和有限合伙人组成，普通合伙人对合伙企业债务承担无限连带责任，有限合伙人以其认缴的出资额为限对合伙企业债务承担责任。"《个人独资企业法》第二十八条规定："个人独资企业解散后，原投资人对个人独资企业存续期间的债务仍应承担偿还责任，但债权人在五年内未向债务人提出偿债请求的，该责任消灭。"

七、非法人组织的解散

非法人组织的成立是设立行为的结果，非法人组织的终止是解散行为的结果。非法人组织的解散，关系其权利能力的存续、民事主体资格的消亡，意义重大。对此,《民法典》第一百零六条规定:“有下列情形之一的,非法人组织解散:(一)章程规定的存续期间届满或者章程规定的其他解散事由出现;(二)出资人或者设立人决定解散;(三)法律规定的其他情形。”

依据《民法典》的规定,非法人组织的解散事由包括:一是非法人组织的章程规定的存续期间届满。非法人组织设立时,出资人或者设立人在章程中明确规定了非法人组织的存续期间,该期间届满后,出资人或者设立人没有让该非法人组织存续的意思表示,则非法人组织应当予以解散。二是非法人组织的章程规定的其他解散事由的出现。出资人或者设立人可以在非法人组织的章程中规定该组织解散的有关情形,当章程中规定的情形出现时,出资人或者设立人对解散非法人组织的意思表示一致的,该非法人组织应当解散。三是出资人或者设立人决定解散。非法人组织在存续期间,如果出资人或者设立人对于解散事宜意思表示一致的,该非法人组织解散。四是法律规定的其他情形。这是个兜底条款。如《合伙企业法》第八十五条规定:“合伙企业有下列情形之一的,应当解散:(一)合伙期限届满,合伙人决定不再经营;(二)合伙协议约定的解散事由出现;(三)全体合伙人决定解散;(四)合伙人已不具备法定人数满三十天;(五)合伙协议约定的合伙目的已经实现或者无法实现;(六)依法被吊销营业执照、责令关闭或者被撤销;(七)法律、行政法规规定的其他原因。”

八、非法人组织的清算

非法人组织解散,关键是对非法人组织的内部外部法律关系予以了解、清理,以保护债权人和出资人、设立人的合法权益。因此,《民法典》第一百零七条规定:“非法人组织解散的,应当依法进行清算。”

非法人组织的清算,应当依法确定清算人。清算人是非法人组织开展清算事务的执行人,是其在清算期间的代表人,对外代表非法人组织开展清算活动。清算人一般由出资人或者设立人担任,也可以约定由第三人担任。当出资人、设立人或者第三人对非法人组织的清算人选任不能形成一致意见的,出资人或者设立人可以请求人民法院或由主管机关确定。例如,《合伙企业法》第八十六条规定:“合伙企业解散,应当由清算人进行清算。清算人由全体合伙人担任;经全体合伙人过半数同意,可以自合伙企业解散事由出现后十五日内指定一个或者数个合伙人,或者委托第三人,担任清算人。自合伙企业解散事由出现之日起十五日内未确定清算人的，合伙人或者其他利害关系人可以申请人民法院指定清算人。”

非法人组织清算人的职责。非法人组织的清算人是清算事务执行人，其主要职责表现在：清理非法人组织的财产、编制资产负债表和财产清单；处理和清算有关非法人组织未了结的事务；清缴所欠税款；清理债权债务，了结非法人组织的内部外部法律关系；等等。具体的清算职责，非法人组织的章程有规定的依规定，没有规定的依照有关法律的具体规定。①

九、对案例39的评析

在本案中，香堤湾公司作为非法人组织，从事娱乐项目，应当领取了营业执照，完全可以享有民事权利、承担民事义务，完全具有作为民事诉讼主体的资格，况且本案的标的额6000元并不算大，完全没有必要列出资人或者设立人作为共同被告。若在香堤湾公司的财产不足以清偿债务时，可由追加的出资人或者设立人承担民事责任。

在本案中，依据《侵权责任法》第三十七条第一款②“宾馆、商场、银行、车站、娱乐场所等公共场所的管理人或者群众性活动的组织者，未尽到安全保障义务，造成他人损害的，应当承担侵权责任”的规定，香堤湾公司作为公共场所的经营者对窨井盖有所损坏未及时维修或设置明显标志，存在过错，应当承担侵权责任。同时，李某没有尽到注意义务，对损坏发生存在一定的过错，判决其承担10%的责任，也是妥当的。

---

① 例如，《合伙企业法》第八十七条规定：清算人在清算期间执行下列事务：（一）清理合伙企业财产，分别编制资产负债表和财产清单；（二）处理与清算有关的合伙企业未了结事务；（三）清缴所欠税款；（四）清理债权、债务；（五）处理合伙企业清偿债务后的剩余财产；（六）代表合伙企业参加诉讼或者仲裁活动。第八十八条规定：清算人自被确定之日起十日内将合伙企业解散事项通知债权人，并于六十日内在报纸上公告。债权人应当自接到通知书之日起三十日内，未接到通知书的自公告之日起四十五日内，向清算人申报债权。债权人申报债权，应当说明债权的有关事项，并提供证明材料。清算人应当对债权进行登记。清算期间，合伙企业存续，但不得开展与清算无关的经营活动。

② 《民法典》第一千一百九十八条第一款规定：“宾馆、商场、银行、车站、机场、体育场馆、娱乐场所等经营场所、公共场所的经营者、管理者或者群众性活动的组织者，未尽到安全保障义务，造成他人损害的，应当承担侵权责任。”

第五章

民事权利

保护民事权利是民事立法的重要任务。《民法典》总则编承继了《民法通则》的做法，设专章全面系统地规定了民事主体享有的各项民事权利，尤其是对人的权利的保护可谓空前。民法是私法的基本法，它以对人的保护为核心，以权利为本位，系统全面地规定了自然人、法人、非法人组织在民事活动中享有的各种人身、财产权益。因此，《民法典》总则编凸显对民事权利的尊重，加强对民事权利的保护，为《民法典》各分编和民商事特别法具体规定民事权利奠定了基础。

《民法典》总则编对民事权利的规定，主要内容是：(1) 关于人身权利。自然人的人身自由、人格尊严受法律保护。自然人享有生命权、健康权、身体权、姓名权、肖像权、名誉权、荣誉权、隐私权、婚姻自主权等权利。在信息化社会，自然人的个人信息保护尤其重要，《民法典》第一百一十一条作了针对性规定，自然人的个人信息受法律保护。(2)关于财产权利。“有恒产者有恒心。”《民法典》第一百一十三条规定，民事主体的财产权利受法律平等保护。民事主体依法享有物权、债权、继承权、股权和其他投资性权利。尤其值得注意的是对虚拟财产的保护，即《民法典》第一百二十七条规定：法律对数据、网络虚拟财产的保护有规定的，依照其规定。(3)关于知识产权。为了加强对知识产权的保护，促进科技创新，建设创新型国家，《民法典》第一百二十三条规定：民事主体依法享有知识产权。知识产权是权利人依法就下列客体享有的专有的权利：(一)作品；(二)发明、实用新型、外观设计；(三)商标；(四)地理标志；(五)商业秘密；(六)集成电路布图设计；(七)植物新品种；(八)法律规定的其他客体。该条款对知识产权作了概括性规定，以统领各知识产权单行法律。

民事权利不得滥用。《民法典》总则编规定，民事主体行使权利时，应当履行法律规定的和当事人约定的义务。民事主体不得滥用民事权利损害国家利益、社会公共利益或者他人合法权益。

第一节　民事权利概说

一、问题的提出

党的十九大明确提出，要保护人民人身权、财产权、人格权。而现行民事立法中的有些规范已经滞后，难以适应人民日益增长的美好生活需要。《民法典》的颁布，健全和充实民事权利种类，形成更加完备的民事权利体系，完善权利保护和救济规则，形成规范有效的权利保护机制，对于更好地维护人民权益，不断增加人民群众获得感、幸福感和安全感，促进人的全面发展，具有十分重要的意义。①

在研究民事权利之前，先看三则案例：

案例 40：张某交通肇事案②

2017 年 1 月 7 日 19 时许，被告人张某驾驶豫 R1A××× 号小型普通客车与行人赵某合发生碰撞，造成赵某合死亡。《道路交通事故认定书》认定张某负此事故全部责任。案发后被告人张某一次性补偿赵某合亲属损失 10 万元，并取得赵某合亲属出具的谅解书。被害人赵某合生前属分散供养五保户。自 2007 年起至事故发生时，赵某合一直由外甥、外甥女即附带民事诉讼六原告人轮流供养。六附带民事诉讼原告人要求依法判令保险公司在保险责任限额范围内承担死亡赔偿金、丧葬费等共计 32 万元。

生效裁判认为：虽然被害人赵某合属分散供养五保户，且近亲属也均已去世，但六附带民事诉讼原告人作为被害人除近亲属以外最亲近的亲属，在

---

① 王晨在 2020 年 5 月 22 日在第十三届全国人民代表大会第三次会议上所作的关于《中华人民共和国民法典（草案）》的说明。

② 参见河南省桐柏县人民法院（2017）豫 1330 刑初 187 号刑事附带民事判决书。

本次事故发生前一直与被害人共同生活近10年，轮流照顾其饮食起居，接替母亲承担起舅舅赵某合的赡养义务，赵某合客观上已经成为六附带民事诉讼原告人的家庭成员。基于此，六附带民事诉讼原告人赔偿权利主体资格符合情理和法理。据此判令保险公司赔偿六附带民事诉讼原告人经济损失32万元。

案例41：海里行房产公司与农业推广中心物权保护纠纷案①

最高人民法院认为，本案的主要争议焦点为：农业推广中心占用案涉土地及房屋是否构成侵权，如构成侵权，海里行房产公司的损失如何认定及承担。《民法总则》第一百二十条规定："民事权益受到侵害的，被侵权人有权请求侵权人承担侵权责任。"本案中，2007年7月3日，海里行房产公司经招拍挂程序受让案涉土地，与国土资源局签订了国有土地使用权出让合同，并分别于2014年7月30日、2016年6月21日取得了案涉土地使用权证和房屋产权证。2007年9月，农业推广中心搬入种子站办公至今，并在该土地上修建临时车库一间。海里行房产公司本案起诉请求农业推广中心停止侵害，返还案涉房屋、场地，拆除案涉土地上修建的车库，并要求农业推广中心赔偿其经济损失。最高人民法院认为，本案为物权保护纠纷，海里行房产公司的诉讼请求能否成立，应查清以下事实：海里行房产公司对案涉土地及房屋是否具有物权，农业推广中心对案涉土地及房屋的占用是否属于无权占有，是否损害了海里行房产公司的民事权益，农业推广中心是否存在过错，是否构成侵权，如构成侵权，给海里行房产公司造成多少损失等。而一审法院并未查清以上事实，仅以农业推广中心占用种子站办公的行为主观上无过错，不构成侵权为由，就对海里行房产公司的诉讼请求未予支持，属于认定事实不清。据此，裁定撤销原判，发还重审。

案例42：王某与于某买卖合同纠纷案②

2001年至2016年，原告于某在临沂市兰山区经营吉达胶带厂，从事胶带生产业务。2012年8月9日，被告王某购买原告生产的胶带，拖欠原告货

---

① 参见最高人民法院（2019）最高法民终1904号民事裁定书。

② 详见山东省临沂市中级人民法院（2019）鲁13民终8305号民事判决书。

款 24420 元，并出具欠条一份。原告主张被告未偿还上述欠款，要求被告予以偿还。被告则抗辩称上述货款已通过现金或承兑方式结清，当时原告称欠条在家未带，让其子于某某出具了欠款结清说明一份，内容为“今与王某欠款已结清，于某，2017.1.27”。

二审法院认为，被上诉人于某委托其子于某某向上诉人王某追索欠款，于某某出具欠款已结清的说明，属于其受委托事项范围，其后果应当由委托人于某承担。于某主张出具欠款结清的说明构成重大误解；于某某出具欠款结清的说明是王某以声称如果不出具说明就不付款的胁迫手段，使于某某在违背真实意思的情况下作出的行为。根据《民法总则》的规定：重大误解的当事人自知道或者应当知道撤销事由之日起三个月内没有行使撤销权，或者当事人受胁迫，自胁迫行为终止之日起一年内没有行使撤销权的，撤销权消灭。即使于某某出具结算说明构成重大误解或者属于受胁迫的民事行为，于某某或者于某应当在规定期限内行使撤销权，逾期不行使则撤销权消灭，对该结算说明的效力，予以确认。因此，上诉人王某上诉请求款项已经结清的理由成立，应予支持；一审判决认定事实清楚，但是适用法律不当，判决结果错误，依法予以纠正。据此判决：一、撤销原判；二、驳回被上诉人于某的诉讼请求。

在上述案例中，案例 40 涉及受害人的生命权受到侵害，其近亲属是否有权请求赔偿的问题，案例 41 涉及物权保护问题，案例 42 涉及民事权利中的撤销权问题。试问：民事权利的法律意义如何？民事权利保护的范围如何？民事权利如何进行分类？

二、民事权利的法律意义

民事权利是民法的核心，《民法典》总则编是民事权利的总论，民法分则是民事权利的分论。民事权利是民事法律关系最重要的因素，是贯彻《民法典》始终的主线。[①] 民事权利受法律保护的理念被写在《民法典》第三条：

① 中国审判理论研究会民商事专业委员会编著：《〈民法总则〉条文理解与司法适用》，法律出版社 2017 年版，第 193 页。

“民事主体的人身权利、财产权利以及其他合法权益受法律保护，任何组织或者个人不得侵犯。”演化为我国民法颇具导向性的理念，凸显我国民法保护民事权利的核心价值，以贯彻落实权利本位、权利导向的民法典编纂宗旨。[①]因此，民事权利受法律保护的理念，既是我国民法对历史经验反思与总结得出的价值选择与政策结论，也为当代经济社会发展的法治环境提供观念引导与制度保障，既有历史意义也有现实意义，既有政治宣示作用也有法治引领作用。[②]

民事权利是受法律保护的民事主体享有的涉及人格、身份以及财产的各种权利和利益。民事权利不仅受民法保护，而且受其他法律保护。如《刑法》严厉打击侵犯自然人的人身权、财产权的行为，就是对民事权利的刑法保护。知识产权法对知识产权方面的法律保护，商法对商人财产权的保护。当然，《民法典》对民事权利的保护预留了空间，保留了开放性，该法第一百二十六条规定：“民事主体享有法律规定的其他民事权利和利益。”因此说，《民法典》全面确认和保护民事权利，使其真正成为“民事权利的宣言书”，并奠定了现代法治的坚实基础。[③]

三、《民法典》总则编保护民事权利的范围

《民法典》总则编保护民事权利的范围，主要包括：

1. 关于人身权利。自然人的人身自由、人格尊严受法律保护；自然人享有生命权、健康权、身体权、姓名权、肖像权、名誉权、荣誉权、隐私权、婚姻自主权等权利。在信息化社会，自然人的个人信息保护尤其重要，《民法典》第一百一十一条作了针对性的规定，自然人的个人信息受法律保护。任何组织和个人需要获取他人个人信息的，应当依法取得并确保信息安全，不得非法收集、使用、加工、传输他人个人信息，不得非法买卖、提供或者公开他人个人信息。在互联网时代，公民的隐私权不能完全涵盖个人信息权，长期以来混为一谈，这对网络信息安全保护非常不利。将个人信息保护写进

① 参见邹海林：《民法总则》，法律出版社2018年版，第213页。
② 参见陈甦主编：《民法总则评注》（上册），法律出版社2017年版，第21页。
③ 参见王利明：《民法总则研究》（第三版），中国人民大学出版社2018年版，第405页。

民法总则，这意味着公民个人信息权首次成为独立人格权写入民法总则。在司法实践中应当注意的是：任何组织和个人想要获取他人的个人信息，必须通过合法的手段获得，比如有法律、行政法规的明确授权或者经过当事人的同意，如果通过非法手段获得他人个人信息则属于侵害他人个人信息权的行为；在合法获取他人个人信息之后，应当确保他人个人信息的安全，如果因为故意或者重大过失造成他人个人信息被泄露也属于侵害他人个人信息权的行为；在合法获取他人个人信息之后，不按照法律规定或者当事人的授权，非法使用、加工、传输、买卖、公开他人的个人信息也属于侵害他人个人信息权的行为，侵权人应当承担相应的侵权责任。

2. 关于财产权利。"有恒产者有恒心。"加强对财产权利的保护对于增强人民群众财产财富安全感，提振社会信心，维护社会公平正义，激发人民群众创造财富的积极性，具有重要现实意义。因此，《民法典》第一百一十三条规定，民事主体的财产权利受法律平等保护。民事主体依法享有物权、债权、继承权、股权和其他投资性权利。尤其值得注意的是对虚拟财产的保护，即《民法典》第一百二十七条规定：法律对数据、网络虚拟财产的保护有规定的，依照其规定。该条款的增加，体现了"与时俱进地审慎修订立法"的理念，符合当前时代发展对于网络虚拟财产的保护需求，提供了高位阶的网络虚拟财产保护民事法律依据，为后续涉网络虚拟财产的立法留足空间。未来还需要随着实践的推进，案例的积累，理论的争鸣，逐渐明晰网络虚拟财产保护的范围和规则。

3. 关于知识产权。为了加强对知识产权的保护，促进科技创新，建设创新型国家，《民法典》第一百二十三条规定："民事主体依法享有知识产权。知识产权是权利人依法就下列客体享有的专有的权利：（一）作品；（二）发明、实用新型、外观设计；（三）商标；（四）地理标志；（五）商业秘密；（六）集成电路布图设计；（七）植物新品种；（八）法律规定的其他客体。该条款对知识产权作了概括性规定，以统领各知识产权单行法律。"

四、民事权利中的支配权、请求权、抗辩权、形成权

根据权利的作用不同，民事权利可以分为支配权、请求权、抗辩权、形成权。

1. 支配权。即权利人得直接支配其标的物，而具有排他性的权利。[①] 物权是典型的支配权，民事权利主体无须借助于他人的行为，就能够行使其权利，即支配其标的物，并通过对标的物直接支配以享受其权利。如物权中的所有权，权利人对于所有物进行包括占有、使用、收益、处分等排他性的全面支配的物权。当然，知识产权、人格权、身份权在性质上亦属于支配权。

一般而言，支配权的法律特征表现为：一是支配性。支配权的核心在于支配。二是优先性。在同一权利客体上并存支配权和其他民事权利的，物权优先于债权、限制物权优先于所有权、担保物权优先于其他物权。三是排他性。在同一标的物上不能存在内容相同的两个物权，但可以设立多个内容不同的物权。

2. 请求权。所谓请求权，是指要求特定人为特定行为（作为、不作为）的权利，在权利体系中居于枢纽的地位，因为任何权利为发挥其功能，或恢复不受侵害的圆满状态，均须借助于请求权的行使。[②] 请求权包括债权请求权、物权请求权、人格权请求权、继承法上的请求权等。[③]

债权以请求权为内容，基于债的关系而产生的请求权应适用诉讼时效，应无疑义。债包括合同之债、无因管理之债、不当得利之债和损害赔偿之债，无论何种债的关系，其请求权均适用诉讼时效。而且，不仅基于债的关系产生的债权人请求债务人履行义务的权利（即第一次的请求权）适用诉讼时效；债权人因债务人不履行义务而产生的损害赔偿请求权（即第二次请求权）也适用诉讼时效。身份上的请求权包括亲属之间的扶养请求权、退休金请求权、抚恤金请求权等。此种请求权基于特定的身份关系而产生，只要这种身份关系存在，其请求权就存在；倘若身份关系归于消灭，其请求权也随之消灭。物权请求权，亦称物上请求权，有狭义和广义之分。狭义的物权请求权是指基于物权而产生的请求权，即当物权人在其物被侵害或有可能遭受侵害时，有权请求恢复物权的圆满状态或防止侵害；广义的物权请求权除了基于物权

---

① 参见郑玉波：《民法总则》，中国政法大学出版社 2003 年版，第 66 页。

② 参见王泽鉴：《民法概要》，中国政法大学出版社 2003 年版，第 41 页。

③ 参见王利明：《民法总则研究》（第三版），中国人民大学出版社 2018 年版，第 423 页。

而产生的请求权以外，还包括占有人的占有保护请求权。[①] 物权请求权包括确认物权、返还原物、消除危险和排除妨碍、恢复原状、损害赔偿的请求权。[②]

3. 抗辩权。抗辩权又称为请求权的反对权，是指对抗请求权人行使请求权的权利。抗辩权为相对于请求权的对立权利，无请求权即无抗辩权。[③] 所谓抗辩，是指一方当事人行使权利时，他方当事人所提出的对抗或者异议。[④] 从民法理论角度来看，抗辩权有广义和狭义之分。广义的抗辩权包括对抗、异议或者否认他人行使民事权利的权利。狭义的抗辩权是指对抗他人行使请求权的权利。一般而言，我们通常所说的抗辩权是指狭义的抗辩权。

抗辩权是当事人所享有的法律明确规定的一项权利。抗辩权必须基于法律规定而产生，如果是约定的抗辩事由，仅产生合同的权利，一方行使基于约定的抗辩事由所产生的权利，仍然是行使合同权利。[⑤] 抗辩权是实体法上所规定的一项权利。例如，《民法典》第一百九十二条第一款规定：诉讼时效期间届满的，义务人可以提出不履行义务的抗辩。再如，在双务合同中，《民法典》合同编所规定的先履行抗辩权、同时履行抗辩权、后履行抗辩权。如果当事人不主动援引抗辩权，视为已经主动抛弃了抗辩权，则人民法院不能依职权主动审查是否存在抗辩事由。[⑥] 同时，一方援引抗辩权则必须要证明有抗辩事由的存在，此时人民法院才应当审查是否存在抗辩事由。[⑦]

在司法实践中，常常出现原告请求被告继续履行合同，承担给付款项的民事责任，而被告却提出合同无效的情形。被告提出合同无效的行为，是行使抗辩权？还是反诉？能否另行提起一个诉讼？在实践中，案件承办人基于个中原因让被告另行提起诉讼，本案却中止审理。笔者认为，被告提出合同无效的行为，行使的是提起反诉的权利，由于该诉与本诉有牵连，但不能让

---

① 王利明：《物权法研究》，中国人民大学出版社 2002 年版，第 101 页；又见王泽鉴：《民法物权》（通则 · 所有权），中国政法大学出版社 2001 年版，第 63 页。

② 参见《物权法》第三十三条至第三十八条对物权请求权的规定。

③ 参见邹海林：《民法总则》，法律出版社 2018 年版，第 222 页。

④ 参见王泽鉴：《民法概要》，中国政法大学出版社 2003 年版，第 42 页。

⑤ 参见王利明：《民法总则研究》（第三版），中国人民大学出版社 2018 年版，第 429 页。

⑥ 《民法总则》第一百九十三条规定：“人民法院不得主动适用诉讼时效的规定。”

⑦ 参见王泽鉴：《民法总则》，北京大学出版社 2009 年版，第 77 页。

被告另行提起诉讼，来阻止本案的诉讼。如果那样的话，法院也助推了被告滥用诉权的不诚信行为。如果被告提出给付的债务数额没有原告所诉的多，应该减少一部分，则为典型的行使抗辩权。

4.形成权。形成权是指当事人一方可以自己单方的意思表示，使法律关系发生、内容变更或者消灭的权利。民法上的形成权，被称为法学上的重要发现，使人们能在固有的生活秩序中认识到一些有别于物权、债权、人格权、身份权的其他权利。权利人一旦主张这些权利，便会产生相应的权利义务关系的变动，包括法律关系的产生、变更和消灭。①

形成权仅仅是权利人一方的意思表示，使权利人与相对方的法律关系发生变化，包括债权关系、物权关系、身份关系。例如，合同解除，享有解除权的一方当事人按照合同的约定或者法律的规定，向合同相对方发出解除合同的通知，对方在合同约定的期间或者法律规定的期间没有提出异议（或者向人民法院提起诉讼）的，则发生合同解除的法律效力。再如，可撤销合同，在合同存在可撤销的情形时，享有撤销权的一方向人民法院提起撤销合同之诉，法院认定符合撤销条件的，则可判决撤销合同，使双方当事人回到合同订立前的状态。同时，形成权一般有存续期间，且该期间为除斥期间，不存在中止、中断和延长的情形。

五、民事权利中的绝对权与相对权

根据民事权利的效力所及义务人的范围不同，可将民事权利分为绝对权与相对权。

所谓绝对权，是指无须通过义务人实施一定的行为即可以实现，并能对抗不特定人的权利。②因为绝对权的义务人是权利人之外的一切人，因此其又称为“对世权”。绝对权主要包括物权、知识产权、人身权。所谓相对权，是指必须通过义务人实施一定的行为才能实现，相对权的义务人是特定的义务人。因为相对权的效力仅及于特定的义务人，因此其又称为“对人权”。债权就是典型的相对权，债权人的请求权只能向特定的债务人行使，才得以

---

① 参见邹海林:《民法总则》，法律出版社2018年版，第223页。

② 参见魏振瀛主编:《民法》，北京大学出版社2000年版，第37页。

实现，这也是合同相对性原则的要求。

绝对权与相对权的主要区别在于：一是前者的义务人不特定；后者的义务人特定。二是前者的权利义务不对应，权利义务具有单一性；后者的权利义务具有相对性。三是前者具有排他性，权利人在遭受侵害时可以针对任何第三人提出主张与提起诉讼；后者是仅对特定人产生效力的权利。四是前者多适用权利公示原则，并受物权法、侵权责任法的保护；后者不具有公示性，仅为合同主体双方知晓。五是前者受到侵害，其救济方法首先是恢复原状，其次是赔偿损失；而后者的侵害多为损害赔偿救济方式。

六、对案例 40、案例 41、案例 42 的简要评析

在案例 40 中，因道路交通事故使赵某合的生命权遭到侵害，而肇事者张某在受到刑事责任追究的同时，应当承担民事赔偿责任。当然，肇事者张某驾驶的机动车在保险公司投了保险，应当由保险公司在保险责任范围内依法承担保险责任。本案的争议焦点是，六个刑事附带民事原告人是否具备民事权利主体，即作为原告是否适格。由于赵某合属于五保户，没有近亲属来主张权利，但六个刑事附带民事原告人与赵某合形成了事实上的赡养关系，应当视为赵某合的近亲属，作为原告主张民事权利是完全可以的。因此，本案支持了六个刑事附带民事原告人的请求，是一份温情的判决，体现了法律的温度。

在案例 41 中，《物权法》第三十四条规定："无权占有不动产或者动产的，权利人可以请求返还原物。"第三十七条规定："侵害物权，造成权利人损害的，权利人可以请求损害赔偿，也可以请求承担其他民事责任。"《侵权责任法》第六条第一款规定："行为人因过错侵害他人民事权益，应当承担侵权责任。"第十九条规定："侵害他人财产的，财产损失按照损失发生时的市场价格或者其他方式计算。"根据上述法律规定，物权权利人可以请求无权占有不动产或者动产的一方返还原物，无权占有存在过错侵害他人民事权益的，应当承担相应的侵权责任。因此，最高人民法院以事实不清为由，裁定发回重审是完全正确的。

在案例 42 中，问题的关键是于某让其儿子于某某给王某出具欠款结清说明的效力如何。于某主张王某欠款 24420 元的诉讼请求与于某的儿子于某某出具的欠款说明相矛盾，若于某认为仍存在欠款，则于某某出具的欠款说

明属于重大误解的范畴。而重大误解的撤销权又属于民事权利中的形成权，形成权一般有存续期间，依据《民法总则》第一百五十二条“重大误解的当事人自知道或者应当知道撤销事由之日起三个月内没有行使撤销权”的规定，于某应当在法定期限三个月内行使撤销权，但于某没有行使撤销权，则撤销权消灭。也就是说，于某某出具的欠款说明具有法律效力，则认定王某对于某的欠款已经结清，故应当驳回于某的诉讼请求。

第二节 人格权

一、问题的提出

人格权是指以主体依法固有的人格利益为客体，以维护和实现人格平等、人格尊严、人身自由为目的的权利，包括生命权、身体权、健康权、姓名权、名称权、肖像权、名誉权、隐私权、婚姻自主权等权利。[①] 我国《民法典》第一百零九条规定：“自然人的人身自由、人格尊严受法律保护。”第一百一十条规定：“自然人享有生命权、身体权、健康权、姓名权、肖像权、名誉权、荣誉权、隐私权、婚姻自主权等权利。法人、非法人组织享有名称权、名誉权、荣誉权。”第一百一十一条规定：“自然人的个人信息受法律保护。任何组织或者个人需要获取他人个人信息的，应当依法取得并确保信息安全，不得非法收集、使用、加工、传输他人个人信息，不得非法买卖、提供或者公开他人个人信息。”

在研究人格权之前，先看三则案例：

案例 43：男子冰面遛狗溺亡索赔案 [②]

一男子在永定河冰面遛狗时溺亡，其家属以有关单位未尽到安全保障义

---

① 参见王利明：《民法总则研究》（第三版），中国人民大学出版社 2018 年版，第 407 页。

② 详见《2019 年度人民法院十大民事行政及国家赔偿案例》，载《人民法院报》2020 年 1 月 13 日。

务为由提起诉讼，请求法院判令被告赔偿丧葬费、幼儿抚养费等共计 62 万元。法院经审理认为，男子溺亡地点位于永定河拦河闸侧面消力池，难以认定为公共场所，且其在明知进入河道冰面行走存在风险的情况下，仍进入该区域，最终导致溺亡，该行为属于侵权责任法上的自甘风险行为，应自行承担相应损害后果。

案例 44：许某与星泓商贸公司名誉权纠纷案①

2016 年 8 月 1 日，许某与星泓商贸公司签订了《委托经营管理协议》，约定许某将购买的房屋委托给星泓商贸公司经营管理，双方按合同约定获取收益。即“甲方（许某）同意自计租之日起 3 年内的房屋租金全部委托乙方（星泓商贸公司）用于进行市场培育和运营管理，乙方无需支付甲方费用，甲方也不需要向乙方支付任何委托管理费用。从正式开业起第 4 年开始，委托管理收益按乙方与承租户所签租赁合同的实际租金扣除 10% 的管理成本和相关税费后支付给甲方”。协议签订后，许某以预期收益过低为由，加入名为“天贸城业主二群”的微信群，群成员 498 名，并在该群组织其他业主“维权”。2019 年 4 月 27 日 9 时 30 分左右，许某与其他业主共数十人在某广场以拉横幅、堵门等方式“维权”，横幅内容为“天贸城还我血汗钱”“天贸城合同欺诈霸王条款”“虚假宣传高额回报诱骗业主投资还我公道”。公安民警出警对许某进行劝解。后许某将视频上传至抖音 APP 及微信群进行传播。4 月 27 日 9 时 40 分左右，许某及其他人在星泓商贸公司投资建设的“天某某项目部”打横幅“维权”。4 月 29 日，许某及其他人在天贸城售楼部打横幅“维权”。5 月 11 日，许某组织五六十人再次到天贸城以拉横幅、堵门等形式“维权”。5 月 14 日，星泓商贸公司以许某侵害其名誉权为由向法院提起诉讼。

生效裁判认为，法人的名誉权受法律保护，是否构成侵害名誉权，应当根据行为人的行为是否违法、受害人是否确有名誉被损害的事实、行为人的行为与损害后果之间是否有因果关系、行为人主观上是否有过错来认定。无论何种权利，其行使的前提是不影响他人的正常生活，超越了这个边界，权

① 详见陕西省安康市中级人民法院（2019）陕 09 民终 860 号民事判决书。

利便不再为权利，行为也就不再受到保护。因此，单就许某的行为本身而言，其并不属于公民正常行使权利的范畴，而是超越了合理边界，具有社会危害性，许某依法应承担法律责任。本案中，星泓商贸公司作为独立法人，享有完全的名誉权。许某的侵权行为导致星泓商贸公司的社会评价和商业信誉明显降低。星泓商贸公司要求许某立即停止散播虚假言论等侵害星泓商贸公司名誉权的一切行为，并在华商报、安康日报头版头条公开赔礼道歉，其请求符合法律规定，予以支持。考虑到许某的行为的确给星泓商贸公司的商誉造成负面影响，一定程度上影响了星泓商贸公司的经营业绩，给星泓商贸公司造成了相应的经济损失，酌情由许某赔偿星泓商贸公司经济损失 5000 元较为适宜。据此判决：一、许某立即停止侵害星泓商贸公司名誉权的一切行为。二、许某在判决生效后 3 日内在华商报和安康日报上公开向星泓商贸公司赔礼道歉（相关内容需经星泓商贸公司及人民法院许可）。如许某逾期不赔礼道歉，人民法院将在上述媒体刊登民事判决书的内容，相关费用全部由许某承担。人民法院将依据《民事诉讼法》第一百一十一条规定追究法律责任。三、许某在判决生效后 3 日内赔偿星泓商贸公司经济损失 5000 元。

案例 45：安某与刘某隐私权纠纷再审审查案[①]

四川高级人民法院审查认为：一、根据《民法总则》第一百一十一条“自然人的个人信息受法律保护。任何组织和个人需要获取他人个人信息的，应当依法取得并确保信息安全，不得非法收集、使用、加工、传播他人个人信息，不得非法买卖、提供或者公开他人个人信息”的规定，本案双方当事人因物权保护纠纷和隐私权纠纷产生争议而分别诉至法院，双方为起诉所提供的个人信息应在法院和该案当事人之间的有限范围内公开。安某在物权保护纠纷立案后将载有刘某、王某的姓名、住址、身份证号码等个人信息的起诉书发布至“树高业主交流群”和“树高主委员会筹备组”；在收到隐私权纠纷的诉讼文书后又将载有刘某的姓名、住址、身份证号码等个人信息的起诉书副本等发布至“树高业主委员会筹备组”。树高其他业主并不是物权保护纠纷案和本案的当事人，无权查看物权保护纠纷案及本案中包含他人个人信息

① 参见四川省高级人民法院（2018）川民申 6116 号民事裁定书。

的诉讼文书，安某未提交证据证明其公开刘某个人信息具有法律规定的除外情形，也未采取任何遮蔽、隐名等措施，致个人信息在小区微信群内被公开，其行为侵犯了刘某的隐私权，依法应承担相应的民事责任。二、赔礼道歉是承担侵权责任的方式之一，原审法院判决安某在其发布过起诉书的“树高业主交流群”和“树高业主委员会筹备组”中向刘某赔礼道歉并无不当，即使该交流群现已被解散，亦不能否定原判决的正确性与公正性。据此裁定：驳回安某的再审申请。

在上述案例中，案例 43 涉及自然人的人格权中的生命权问题，案例 44 涉及法人名誉权问题，案例 45 涉及自然人的个人信息问题。试问：何谓人格权？具体内容有哪些？侵害人格权适用何种归责原则？

二、人格权的法律意义

人身权是由人格权和身份权两个系列的民事权利共同构成的。依据权利赖以产生的社会关系的不同及客体的不同，可将人身权分为：以人格利益为客体的人身权，即称为人格权；以身份利益为客体的人身权，即称为身份权。关于身份权问题，本章第三节再作论述。

（一）人格权

所谓人格权，是指民事主体依法专属享有的，以人格利益为客体的，为维护民事主体的独立人格所必备的法定权利。依据权利客体的性质不同，人格权可分为物质性人格权和精神性人格权。物质性人格权，即指自然人对与物质性的人格要素有关的利益所依法享有的不可转让的支配权。具体包括生命权、身体权、健康权。由此可见，物质性人格权仅是自然人才能依法享有的。精神性人格权，即指民事主体对与其精神性的人格要素有关的利益所依法享有的不可转让的支配权。具体包括姓名权、名称权、肖像权、名誉权、隐私权、贞操权、信用权、婚姻自主权等。

人格权是民事主体所固有的，以维护主体独立人格所必备的生命健康、人格尊严、人身自由以及姓名、肖像、名誉、隐私等各种权利。人格权是民事主体与生俱来的固有权利，因此它具有自然属性。人格权的自然权利特征，表现在特定民事主体人格权的取得无须具备行为能力，或为一定的法律行为。它始终与特定的民事主体相伴而客观存在，且不以其意志为转移。同时，人格权作为一种私权，法律为了保护人格权，在《民法典》第四编对“人格权”作了明确规定，具有法律属性。因此，人格权表现为法律属性的一面。

（二）一般人格权的意义

一般人格权，是指民事主体基于以人格独立、人格自由、人格尊严为全部内容的一般人格利益而享有的一种基本权利。因此，一般人格权是以权利人全部人格利益为客体的一种概括性权利，当被具体化时，就表现为具体的人格权。

一般人格权和具体人格权相比，具有独特的法律特征：一是一般人格权的主体具有普遍性。一般人格权作为一种总括性的权利，可以被所有的民事主体平等地享有。二是一般人格权的客体具有高度的概括性。具体人格权确定和保护具体的人格利益，而一般人格权则不同，它确定保护一般的人格利益，在构成上表现为一种集合性的权利，涵盖了各种具体的人格权。三是一般人格权的内容具有抽象性。当人格利益遭到侵害时，若该人格利益不能被现行法律所明文规定的具体人格权所保护，则民事主体就可以依据一般人格权的法律规定，寻求法律上的救济。

（三）一般人格权的内容

通说认为，一般人格权的内容包括人格独立、人格自由和人格尊严。一般人格权的这三项基本内容，也是一般人格权客体的三大法益，可以概括人格权的所有内容。[①]《民法典》第一百零九条规定：“自然人的人身自由、人格尊严受法律保护。”似乎该条的规定中并没有人格独立的内容，但是，没有人格独立，人身自由、人格尊严则成为“空中楼阁”，因此，人格独立是一般人格权不言而喻就存在的。人身自由是自然人自主参加社会各项活动、参与各种社会关系、行使其他人身权利和财产权利的基本保障，是自然人行使其他一切权利的前提和基础。人格尊严是自然人作为人的基本条件之一，

---

① 参见杨立新：《人身权法论》（第三版），人民法院出版社2006年版，第358~363页。

也是社会文明进步的一个基本标志。[①]

1. 人格独立。人格独立的实质内容，是民事主体对人格独立享有，表现为民事主体在人格上一律平等，在法律面前，任何民事主体都享有平等的主体资格，享有独立人格，不受他人的支配、干涉和控制。人格独立表明人人都有平等的权利，人人都有保护个人人格的权利，人人都有捍卫个人独立性的权利。它包括：民事主体的人格不受他人支配，民事主体的人格不受他人干涉，民事主体的人格不受他人控制。

2. 人格自由。一般人格权中的人格自由是私法上的抽象自由，既不是公法上的自由，也不是私法上的具体自由权。它不是泛指主体的行为自由和意志自由，也不是指财产自由、契约自由，而是经过高度概括、高度抽象的人格不受约束、不受控制的状态。它既是指人格的自由地位，也是指人格的自由权利，是权利主体自主参加社会活动、享有权利、行使权利的基本前提和基础。权利主体丧失人格自由，就无法行使任何权利，不能从事任何社会活动。正如罗马法所言，自由人在行为受到阻碍或被人拘束的时候，他的具体自由权受到了限制，但他仍享有人格自由，不丧失自由人的身份，因而他仍可依其自由的人格而寻求司法保护，救济其具体自由权的损害。如果自然人、法人丧失人格自由，则其只能沦为他人的财产，成为物的具体形式，而不再成其为人。这种情况，在一定意义上说明了人格自由与人身自由的关系，具有借鉴意义和启发意义。在今天的法律中，人格自由仍具有这种法律上的意义，它是公民自然人、法人享有一切具体自由权的基础和根源。作为一般人格权内容的人格自由，包括以下两个方面的内容：（1）保持人格的自由；（2）发展人格的自由。

3. 人格尊严。人格尊严是一个极抽象的概念，非如有的著作所说的人格尊严是每个公民对自己的社会地位、社会价值的自我认识和自我评价，而是指民事主体作为一个“人”所应有的最起码的社会地位并且应受到社会和他人最起码的尊重。换言之，所谓人格尊严，即把人真正当成“人”。因此，无论公民职业、职务、政治立场、宗教信仰、文化程度、财产状况、民族、种族、性别有何差别，其人格尊严是相同的，绝无高低贵贱之分。[②]

---

① 参见李适时主编：《中华人民共和国民法总则释义》，法律出版社 2017 年版，第 337 页。

② 梁慧星：《中国民法经济法诸问题》，法律出版社 1991 年版，第 73 页。

人格尊严在性质上，与人格独立、人格自由并不相同。人格独立是人的客观地位，人格自由是人的主观状态，而人格尊严则是一种主观认识与客观评价的结合。（1）人格尊严是一种人的观念，是公民、法人对自身价值的认识。这种认识基于自己的社会地位和自身价值，它来源于自身的本质属性，并表现为自己的观念认识。因而，人格尊严具有主观的因素。（2）人格尊严具有客观的因素。这种客观的因素是他人、社会对特定主体作为人的尊重。这种客观因素是一种对人的价值的评价，但与名誉这种社会评价不同，它是对人的最起码的做人的资格的评价，评价的内容不是褒贬，而是对人的最起码的尊重，是把人真正作为一个人所应具有的尊重。因而无论人的各种属性、状态有何不同，但其尊严的评价却无任何不同之处。（3）人格尊严是人的主观认识和客观评价的结合。它既包括自我认识的主观因素，也包括社会和他人的客观评价和尊重，这两种因素结合在一起，才构成完善的人格尊严。

人格尊严是一般人格权客体即一般人格利益的基础。“人的尊严是宪法体系的核心。”[①] 各国宪法均以相当重要的地位规定这一内容，并在民事法中规定其为一般人格权的主要内容。1982 年以来，我国从宪法到基本法、单行法，都强调人格尊严受法律保护，构建了以人格尊严为核心的一般人格权体系。

人格尊严作为一般人格权体系的核心，它决定了一般人格权所具有的三项基本功能。在法律适用中，应当依据人格尊严解释各项具体人格权，创造新的具体人格权，以及补充不被具体人格权所涵盖的一般人格利益。例如在实务上和理论上所争论的以营利为目的是否为侵害肖像权的必要构成要件，只要弄清人格尊严是各项具体人格权的基础，则必然得出营利目的不是侵害肖像权责任构成的必要条件，就不会舍本逐末，硬去强调侵害肖像权的构成必须具备营利目的要件，使对肖像权的法律保护走上歧途。

三、人格权——生命权、身体权、健康权

根据《民法典》第一百一十条、第一百一十一条的规定，自然人享有生命权、身体权、健康权、姓名权、肖像权、名誉权、荣誉权、隐私权、婚姻自主权、个人信息权等权利。法人、非法人组织享有名称权、名誉权、荣誉

---

① 王泽鉴:《人格权、慰抚金与法院造法》，载《法令月刊》第 44 卷第 12 期。

权。下文分别简要述之。

（一）生命权

生命体现了最高的人格利益，是人之所以为人的根本权利。中国古代学者云："人之所宝，莫宝于生命。"生命之所以如此重要和富有实质价值，就是因为生命是人具有民事权利能力的基础，若人不具有生命，则不能成为民事主体。生命权是指自然人维持其生命存在，以保证其生命安全利益为基本内容的具体人格权。[①] 联合国《公民权利和政治权利国际公约》第六条第一款规定："人人有固有的生命权。这个权利应受法律保护。不得任意剥夺任何人的生命。"我国是该公约的缔约国。我国《民法通则》第九十八条规定，"公民享有生命健康权"，即生命权和健康权。《民法典》第一千零二条规定："自然人享有生命权。自然人的生命安全和生命尊严受法律保护。任何组织或者个人不得侵害他人的生命权。"

生命权的重要特征在于：一是生命权的客体是生命及其安全利益，这与身体权和健康权明显不同。二是生命权只有在生命安全受到威胁，或者处于危险状态时，才能够行使，否则没有主张权利的必要。而且，对于生命权的主体来说，该项权利的主要内容在于排除生命安全所受到的危险和威胁。例如，请求他人消除危险、排除妨害；对所受不法侵害进行正当防卫；对威胁生命安全的危险，有权采取紧急避险措施。三是生命权一旦受到实际侵害，任何法律救济对于权利主体都是毫无意义的，法律救济的唯一功能在于使权利主体的近亲属得到财产上的补偿和精神上的抚慰。

生命权的内容包括：一是生命安全维护权。该项权利是生命权的首要内容。生命是人的最高人格利益，生命权的基本内容实际上就是维护生命的延续，也就是保护人的生命不受非法侵害。此外，生命安全维护权还包括改变生命危险环境的内容。当环境对人的生命安全构成了威胁的时候，权利人有权要求改变这种环境。二是有限的生命利益支配权。生命权是否包括生命利益支配权，实际上意味着生命权人可否处分自己的生命。对此，传统理论持

---

① 参见杨立新：《人身权利》，载张鸣起主编：《民法总则专题讲义》，法律出版社 2019 年版，第 320 页。

否定观点。如西方宗教认为，生命是上帝所赋予的，毁弃生命是侵犯全能上帝的特权。从民法角度看，自然人无权处分自己的生命。三是司法保护请求权。生命权的司法保护请求权，是指生命权人请求司法机关依法消除生命危险的权利。生命权人行使该权利时，应当依照法定程序进行。

（二）身体权

身体权是指自然人维护其身体完整并支配其肢体、器官和其他组织的具体人格权。[①] 关于身体权大陆法系普遍承认为一种独立的人格权，并予以法律保护。《奥地利民法典》第1325条将身体权与健康权合并规定，其规定身体伤害是指一切身体或精神健康或身体完好性的不利影响。德国、日本、瑞士以及我国台湾地区都将身体权作为一种独立的人格权加以确认。《民法典》第一千零三条规定："自然人享有身体权。自然人的身体完整和行动自由受法律保护。任何组织或者个人不得侵害他人的身体权。"

身体权的法律特征表现在：一是身体权主体的特殊性。自然人作为民事主体享有身体权。法人不具有自然人的身体，不享有身体权。同时，胎儿的身体和健康受法律保护。死者的遗体、遗骨也受法律保护。二是身体权存在的固有性。身体是自然人享受法律人格的物质基础，离开了身体，自然人无任何权利可言，不能具备法律上的人格。三是身体权客体的多元性。具体表现为：任何殴打、搜查、侵扰、破坏的方式都是侵害自然人身体权的行为；自然人有权决定是否捐献自己身体的体液、器官、其他组织和死后的遗体；自然人有权拒绝克隆自己的要求等。四是身体权内容的有限支配性和绝对性。自然人在有限的范围内有支配自己身体的权利。权利人在社会道德、公共利益及法律强制性规定的范围内对自己的身体有可处分身体完整利益的权利。五是侵害身体权的请求权的特殊性。侵害他人身体的，应当承担赔礼道歉、停止侵害、赔偿损失等侵权责任。这是通常采取的责任形式。侵害身体权但未造成严重后果的，可以根据情形判令侵权人停止侵害、恢复名誉、消除影响、赔礼道歉。采取侮辱、殴打、非法搜查等手段侵害他人身体的，受

---

① 参见杨立新：《人身权利》，载张鸣起主编：《民法总则专题讲义》，法律出版社2019年版，第320页。

害人应该有权请求精神损害赔偿。

身体权的内容包括：一是身体完整保持权。侵害身体权，就是侵害身体组成部分的完整性，包括身体组成部分的实质性完整和形式上完整。二是身体组成部分的有限支配权。曾有人认为，身体权仅为维护身体完整的权利，但随着民法理论的发展，通行的理论已承认公民对其身体组织，包括肢体、器官、血液、毛发等享有支配权。例如，公民为美容需要剪短自己的头发，为挽救伤者自愿捐出骨髓等情况，就是公民对自己身体组织的支配，他当然可以将这些身体组织抛弃，也可以让与他人，但这些行为必须经自然人本人同意或由其亲自实施。

（三）健康权

健康权是指自然人以其机体生理机能正常运作和功能完善发挥，以其维持人体生命活动的利益为内容的人格权。健康权是一项独立的人格权。从法律的角度上说，健康是指维持人体生命活动的生理机能的正常运作和功能的完善发挥，简言之，健康所概括的，就是人体生理机能的完善性。《民法典》第一千零四条规定："自然人享有健康权。自然人的身心健康受法律保护。任何组织或者个人不得侵害他人的健康权。"

健康权的基本法律特征如下：一是健康权以人体的生理机能正常运作和功能的正常发挥为具体内容，但不是以人体的整体构造为客体。对于健康权、身体权两大人格权的客体，即健康和身体，应当如何区分，有学者称："惟身体系肉体之构造，健康则系生理之机能。"① 这一区分标准是简洁而适用的。但是，健康一般系通过身体构造的完整性而实现，当人体的肉体构造遭到损害，进而损害健康者，应认定为身体损害抑或认定为健康损害，不无疑问。如断人肢体而致生理机能的不完善，应如何认定？对此，应按照民法关于身体权和健康权法律保护的分工，认定为健康权损害为宜。关于身体损害事实的标准必须是身体构造的完整性、完全性受到损害，而对于身体机能运作的正常性及其整体功能的完善性没有明显的影响。当身体构造的完整性、完全性受到损害，并对人体机能运作的正常性及其整体功能的完善性造成损

① 何孝元：《损害赔偿之研究》，台湾商务印书馆1982年版，第135页。

害的，当认定为对健康权的损害。二是健康权以维持人体的正常生命活动为根本利益，但不是以人的生命安全和生命价值为客体。健康权所体现的根本利益，在于维护人体机能的完善性，进而维持人体的正常生命活动。尽管生命和健康紧密关联，但它们却不是一个概念，生命和健康同样存在于身体这一物质形态之中，相伴相存，但健康是维持人体正常生命活动的基础，当健康受到损害时，无论是发生器质性的改变还是功能性的改变，都可以经过医治而使其康复或好转，保持人体的生命能力，当生命权受到侵害时，生命的丧失却具有不可逆转性，这是健康权和生命权的一个重要区别。此外，健康权以维持人体的正常生命活动为根本利益，但不是以生命为客体，不是保护生命安全、生命价值的利益。三是健康权保护的是公民身体功能的正常发挥，使其运作、运动自主，但不是保护身体、意志不受外界约束。

健康权的内容包括：一是健康维护权。健康维护权是健康权的基本内容之一。健康维护权的首要内容是自然人保持自己健康的权利。这不仅是自然人维护自身生命、提高自己的生活质量、追求体格完美状态的权利，同时也具有维护社会利益、提高人类生存质量的意义。二是劳动能力。劳动能力既不是独立的人格权，也不是独立的人格利益，而是健康权的基本内容。它只是自然人从事创造物质财富和精神财富活动的脑力和体力的总和，是自然人健康权的一项基本人格利益，存在于健康权中，不具有独立人格利益的地位。三是健康支配权。人格权具有人格利益的支配权，健康权也具有支配权的性质。

四、人格权——姓名权、名称权、肖像权

（一）姓名权

姓名权系使用自己姓名的权利。[①] 申言之，姓名权是自然人依法享有的决定、使用、改变自己姓名，并排除他人干涉、盗用和假冒等不可侵犯的一项人身权利。《民法通则》第九十九条第一款规定："公民享有姓名权，有权决定、使用和依照规定改变自己的姓名，禁止他人干涉、盗用、假冒。"《民法通则意见》第一百四十一条规定："盗用、假冒他人姓名、名称造成损害的，

① 王泽鉴：《侵权行为法》（第一册），中国政法大学出版社 2001 年版，第 120 页。

应当认定为侵犯姓名权、名称权的行为。”《民法典》第一百一十条规定，自然人享有姓名权。第一千零一十二条规定：“自然人享有姓名权，有权依法决定、使用、变更或者许可他人使用自己的姓名，但是不得违背公序良俗。”

姓名权具有如下法律特征：一是姓名权的主体是自然人。虽然法人、其他组织有名称，但不是姓名权的主体。因而，自然人死亡后不再享有姓名权，但法律对自然人生前所获得的名誉权予以保护。二是姓名权的客体是姓名。姓名权的客体不仅包括真名即本名，还包括别名、笔名、艺名等。《民法典》第一千零一十七条规定：“具有一定社会知名度，被他人使用足以造成公众混淆的笔名、艺名、网名、译名、字号、姓名和名称的简称等，参照适用姓名权和名称权保护的有关规定。”三是姓名可以依法变更。依据《户口登记条例》第十八条的规定，未满 18 岁的人需要变更姓名时，由其本人或者父母、收养人向户口登记机关申请变更登记；已满 18 岁的人需要变更姓名时，由本人向户口登记机关申请变更登记。当然，笔名、艺名等的变更则无须履行法定手续。

姓名权的内容主要有：一是姓名决定权，又称命名权，是指自然人决定自己姓名的权利，任何人无权干涉。自然人的姓，原则上不能选择。在我国现实生活中有子女随父姓的习惯，在《民法典》出台之前，《婚姻法》第二十二条规定：“子女可以随父姓，可以随母姓。”即使女子结婚后是在自己的姓名之外再加上丈夫的姓，也是依据当事人自己的意志决定。如果自然人依法重新选择姓氏，法律应当具体问题具体分析。例如，原告“北雁云依”出生于 2009 年 1 月 25 日，其父亲名为吕某峰，母亲名为张某峥。因酷爱诗词歌赋和中国传统文化，吕某峰、张某峥夫妇二人决定给爱女起名为“北雁云依”，并以“北雁云依”为名办理了新生儿出生证明和计划生育服务手册新生儿落户备查登记。2 月，吕某峰前往燕山派出所为女儿申请办理户口登记，被民警告知拟被登记人员的姓氏应当随父姓或者母姓，即姓“吕”或者“张”，否则不符合办理出生登记条件。因吕某峰坚持以“北雁云依”为姓名为女儿申请户口登记，被告燕山派出所遂依照《婚姻法》第二十二条之规定，于当日作出拒绝办理户口登记的具体行政行为。该案经过两次公开开庭审理，原告“北雁云依”的法定代理人吕某峰在庭审中称：其为女儿选取的“北雁云依”之姓名，“北雁”是姓，“云依”是名。法院生效裁判认为：2014 年 11 月

1日，第十二届全国人民代表大会常务委员会第十一次会议通过了《全国人民代表大会常务委员会关于〈中华人民共和国民法通则〉第九十九条第一款、〈中华人民共和国婚姻法〉第二十二条的解释》，该立法解释规定："公民依法享有姓名权。公民行使姓名权，还应当尊重社会公德，不得损害社会公共利益。公民原则上应当随父姓或者母姓。有下列情形之一的，可以在父姓和母姓之外选取姓氏：（一）选取其他直系长辈血亲的姓氏；（二）因由法定扶养人以外的人扶养而选取扶养人姓氏；（三）有不违反公序良俗的其他正当理由。少数民族公民的姓氏可以从本民族的文化传统和风俗习惯。"本案不存在选取其他直系长辈血亲姓氏或者选取法定扶养人以外的扶养人姓氏的情形，案件的焦点就在于原告法定代理人吕某峰提出的理由是否符合上述立法解释规定的"有不违反公序良俗的其他正当理由"。首先，从社会管理和发展的角度，子女承袭父母姓氏有利于提高社会管理效率，便于管理机关和其他社会成员对姓氏使用人的主要社会关系进行初步判断。倘若允许随意选取姓氏甚至恣意创造姓氏，则会增加社会管理成本，不利于维护社会秩序和实现社会的良性管控，而且极易使社会管理出现混乱，增加社会管理的风险性和不确定性。其次，公民选取姓氏涉及公序良俗。在中华传统文化中，"姓名"中的"姓"，即姓氏，主要来源于客观上的承袭，系先祖所传，承载了对先祖的敬重、对家庭的热爱等，体现着血缘传承、伦理秩序和文化传统。而"名"则源于主观创造，为父母所授，承载了个人喜好、人格特征、长辈愿望等。公民对姓氏传承的重视和尊崇，不仅体现了血缘关系、亲属关系，更承载着丰富的文化传统、伦理观念、人文情怀，符合主流价值观念，是中华民族向心力、凝聚力的载体和镜像。公民原则上随父姓或者母姓，符合中华传统文化和伦理观念，符合绝大多数公民的意愿和实际做法。反之，如果任由公民凭个人意愿喜好随意选取姓氏甚至自创姓氏，则会造成对文化传统和伦理观念的冲击，违背社会善良风俗和一般道德要求。最后，公民依法享有姓名权。公民行使姓名权属于民事活动，既应当依照《民法通则》第九十九条第一款和《婚姻法》第二十二条的规定，还应当遵守《民法通则》第七条的规定，即应当尊重社会公德，不得损害社会公共利益。通常情况下，在父姓和母姓之外选取姓氏的行为，主要存在于实际扶养关系发生变动、有利于未成年人身心健康、维护个人人格尊严等情形。本案中，原告"北雁云依"的父母自创"北雁"

为姓氏、选取“北雁云依”为姓名给女儿办理户口登记的理由是“我女儿姓名‘北雁云依’四字，取自四首著名的中国古典诗词，寓意父母对女儿的美好祝愿”。此理由仅凭个人喜好愿望并创设姓氏，具有明显的随意性，不符合立法解释第二款第（三）项的情形，不应给予支持。据此驳回原告“北雁云依”要求确认被告燕山派出所拒绝以“北雁云依”为姓名办理户口登记行为违法的诉讼请求。[①] 二是姓名使用权，即自然人对自己的姓名的专有使用权。使用自己的姓名是自然人姓名权的重要内容，自然人在民事活动中，除法律另有规定的外，可以使用本名，也可以使用自己的笔名、艺名或化名等。任何组织与个人都不得强迫自然人使用或不使用某一姓名。当然，在商业社会，如果姓名权人能进行商业开发而为其带来财富，在不违背社会公德的情况下，也可转让给他人进行商业使用。三是姓名变更权，即自然人按照法律规定改变自己姓名的权利，也称为姓名变更权。其含义为，自然人可以按照自己的意愿依照规定改变自己的姓名，不受其他限制。这种变更姓名的行为，虽然仅依单方意思表示就可以生效，但是不经过公示不得对抗第三人。姓名的变更也必须经过登记，非依变更登记程序不产生效力。

（二）名称权

名称权，是指自然人以外的其他民事主体在社会活动中依法享有的决定、使用、改变和转让自己的名称，并排除他人非法干涉的一种民事权利。自然人拥有姓名，而法人、其他组织不得拥有姓名，但拥有名称。名称，又称字号，是特定团体为与其他团体相区别而使用的文字语言符号。名称是使法人、个体工商户、个人合伙特定化的最重要的标志，是其人格的重要组成部分。《民法典》第一千零一十三条规定：“法人、非法人组织享有名称权，有权依法决定、使用、变更、转让或者许可他人使用自己的名称。”

名称权的法律特征表现在：一是名称权主体的特定性。名称权的主体是法人和其他组织，当然，包括个体工商户、个人合伙。二是其他经营单位不得使用。基于此，名称权具有可转让性这一显著特征，以区别于其他人格权，

① 详见最高人民法院发布的指导案例89号：“北雁云依”诉济南市公安局历下区分局燕山派出所公安行政登记案。

也区别于姓名权。三是名称权的客体具有间接的财产利益。人格权以不具有直接的财产因素或不具有财产因素为基本特征，名称权属于前者。这主要表现在商业名称上，老字号、老商号、名牌企业效益好、信誉高，因而其名称具有较高的使用价值。四是名称权取得的法定性。名称权的取得必须依照法定程序进行，如企业法人的名称必须依法进行工商登记，方能有效成立。

名称权的内容包括：一是名称设定权。法人及特殊自然人组合享有名称权的最基本内容，就是为自己设定名称的权利，他人不得强制干预。二是名称使用权。名称权主体对其名称享有独占使用的权利，排除他人非法干涉和非法使用。三是名称变更权。名称权主体在使用其名称的过程中，可以依法变更自己登记使用的名称。名称变更，可以部分变更，也可以全部变更。变更名称必须依法进行变更登记，其程序与设定名称相同。名称一经变更登记后，原登记的名称视为撤销，不得继续使用，应当使用新登记的名称进行经营活动。名称变更应依主体意志而为，他人不得强制干涉。四是名称转让权。名称转让可以是部分转让，即将名称使用权转让给他人使用；也可以是全部转让，即将名称权全部转让于他人享有。部分转让者，名称权人仍享有名称权，仍得自行使用名称，但名称使用人因使用权的转让，而依约定使用该名称。全部转让者，原名称权人丧失名称权，不得继续使用；受让人成为该名称的权利人，享有专有使用权及名称权的一切权利。

（三）肖像权

肖像权，是指自然人所依法享有的，以与自己的肖像有关的人格利益为客体的人格权。肖像上所体现的人格利益包括精神利益和物质利益两部分。英美侵权行为法中，肖像属于名誉方面的利益，侵害他人肖像权一般归入侵害名誉权，而仅公开他人肖像则被认为是侵害隐私权。① 我国《民法通则》第一百条规定："公民享有肖像权，未经本人同意，不得以营利为目的使用公民的肖像。"第一百二十条第一款规定，公民的肖像权受到侵害的，有权要求停止侵害，恢复名誉，消除影响，赔礼道歉，并可以要求赔偿损失。《民法典》第一千零一十八条规定："自然人享有肖像权，有权依法制作、使用、

① 张新宝：《侵权责任法原理》，中国人民大学出版社 2005 年版，第 197 页。

公开或者许可他人使用自己的肖像。肖像是通过影像、雕塑、绘画等方式在一定载体上所反映的特定自然人可以被识别的外部形象。”

肖像权的法律特征表现为：一是肖像权包含的是一种精神方面的利益。自然人的肖像具有证明和体现其独立人格的功能，事关其人格尊严。因此，法律保护权利人对自己形象享有维护其完美性的权利，保护权利人禁止他人非法毁损、恶意玷污和歪曲自己肖像的权利。二是肖像权还体现了一定的物质利益。自然人的肖像具有美学价值，好的肖像作品会给人带来美的享受。在市场经济条件下，这种美学价值可以被利用，可以转化为财产上的利益。三是肖像权是自然人专属享有的民事权利。肖像权的主体只能是自然人，法人和其他社会组织因为不具备自然人的形态、神态特征而无从构成其肖像，当然也就不享有肖像权。四是肖像权的专有性具有相对性。即他人虽未经权利人同意而使用其肖像，但法律规定不构成侵权的情形，一般包括：为社会公共利益而使用其肖像的行为；为自然人本人的利益而使用其肖像的行为；社会新闻报道为弘扬正气、揭露丑恶现象而使用他人肖像；善意使用政治家以及公众人物肖像的行为；使用在特定场合出席特定活动的人物的肖像；出于科学研究和文化教育的目的而在特定范围内使用肖像等。

肖像权的内容包括：一是肖像制作权。自然人依法享有制作自己肖像的权能，未经肖像权人的同意，任何人不得擅自制作其肖像。二是肖像拥有权。自然人依法拥有自己的肖像，他人不得侵害其拥有，不得侮辱、损坏权利人的肖像。三是肖像使用权。自然人依法享有使用自己肖像的权能，包括决定是否使用、在什么时间和条件下使用、采取什么方式使用，以及决定复制的数量、传播的范围等。他人不得非法干预或禁止，更不得非法使用。

五、人格权——名誉权和荣誉权

（一）名誉权

所谓名誉权，是指民事主体就其自身属性和价值所获得的社会评价，并享有保有和维护的一种人格权。我国法律对名誉权有较为详细的规定，以《民法通则》和《民法通则意见》最为集中。《民法通则》第一百零一条规定：“公民、法人享有名誉权，公民的人格尊严受法律保护，禁止用侮辱、诽谤等方式损害公民、法人的名誉。”这是法律对于名誉权作为一种民事权利的确认，是保护名誉权的法律根据。《民法典》第一百一十条规定了自然人、法人均享有名誉权。第一千零二十四条规定：“民事主体享有名誉权。任何组织或者个人不得以侮辱、诽谤等方式侵害他人的名誉权。名誉是对民事主体的品德、声望、才能、信用等的社会评价。”

名誉权的法律特征表现为：一是名誉权的专属性。名誉权的主体是特定的自然人、法人和其他组织。同时，名誉权作为一种专属性的权利，是不可转让、继承的。二是名誉权原则上具有非财产性。名誉权是与民事主体就自身的属性和价值所获得的社会评价以及自我认识有关的合法权益。但是，当民事主体的名誉权受到侵害时，有些特殊的行业亦会因此造成财产收入的减少。如称某男律师道德水平差，喜好与女当事人发生不正当的两性关系、代理的案件全部败诉，这样一来，女当事人不敢找他代理、咨询，男当事人担心败诉亦不敢找他，使该律师无业务可做，自然就减少了财产收入，此时名誉权就与财产相关联。当然，名誉权与信用权是不同的，信用权是以经济活动上的可靠性及支付能力为内容的权利，又称为经济上信誉权。信用权系经济上的评价，名誉权是社会上的评价。①

名誉权的具体内容包括：一是名誉保有权。即指民事主体通过自己的行为使自己的名誉处于最佳状态的权利。名誉是民事主体在社会上的评价，权利人无法以主观的力量人为地去改变它、支配它，只能对已获得名誉予以保有。二是名誉维护权。即指名誉权人维护自己名誉不受非法侵犯的权利。如陈某某诉莫某兰、莫某明、邹某丽侵犯健康权、名誉权纠纷案的裁判要旨：公民享有名誉权，公民的人格尊严受法律保护，禁止用侮辱、诽谤等方式损害公民的名誉。国家保障未成年人的人身、财产和其他合法权益不受侵犯。行为人以未成年人违法为由对其作出侮辱行为，该行为对未成年人名誉造成一定影响的，属于名誉侵权行为，应依法承担相应责任。② 三是名誉支配权。即指名誉权人对于名誉权所体现出来的利益所享有的支配权。民事主体可以利用自己良好的名誉与他人进行广泛的政治、经济交往，使自己获得更好的

① 王泽鉴：《侵权行为法》（第一册），中国政法大学出版社2001年版，第125页。
② 详见《最高人民法院公报》2015年第5期（总第222期）。

社会效益和财产效益。名誉的支配权不包括抛弃权、处分权，不能将名誉利益任意抛弃，也不得任意转让，更不能由继承人继承。[①]

（二）荣誉权

所谓荣誉权，是指自然人、法人、非法人组织对其获得的荣誉及其利益所享有的保持、支配的具体人格权。[②]荣誉权是否属于人格权，一直存在争议：否定意见认为，荣誉权既非人格权也非身份权。[③]还有的人认为荣誉权属于身份权。[④]肯定意见认为，荣誉权是特别的人格权，获得荣誉也能获得良好的社会评价，甚至可以说，荣誉是特殊形式的名誉。[⑤]《民法典》第一百一十条将荣誉权与其他特定人格权一并规定，确立了荣誉权是一种具体的人格权。《民法典》第一千零三十一条规定："民事主体享有荣誉权。任何组织或者个人不得非法剥夺他人的荣誉称号，不得诋毁、贬损他人的荣誉。获得的荣誉称号应当记载而没有记载的，民事主体可以请求记载；获得的荣誉称号记载错误的，民事主体可以请求更正。"

荣誉是对自然人、法人、非法人组织的积极的社会评价，包括道德、尊严等方面的因素。荣誉权的主体是广泛的民事主体，即自然人、法人、非法人组织均可享有。荣誉权的内容包括荣誉保持权、荣誉利益的支配权、物质利益获得权和物质利益支配权。例如，葛某生诉洪某快名誉权、荣誉权纠纷案的裁判要旨：对侵害英雄烈士名誉、荣誉等行为，英雄烈士的近亲属依法向人民法院提起诉讼的，人民法院应予受理。英雄烈士事迹和精神是中华民族的共同历史记忆和社会主义核心价值观的重要体现，英雄烈士的名誉、荣誉等受法律保护。人民法院审理侵害英雄烈士名誉、荣誉等案件，不仅要依法保护相关个人权益，还应发挥司法彰显公共价值功能，维护社会公共利益。

---

① 杨立新：《人身权法论》（第三版），人民法院出版社 2006 年版，第 588 页。

② 参见杨立新：《人身权利》，载张鸣起主编：《民法总则专题讲义》，法律出版社 2019 年版，第 323 页。

③ 姚明斌：《褪去民法权利的外衣——"荣誉权"三思》，载《中国政法大学学报》2009 年第 6 期。

④ 王歌雅：《荣誉权的价值阐释与规制思考》，载《环球法律评论》2013 年第 3 期。

⑤ 参见王利明：《人格权法研究》，中国人民大学出版社 2005 年版，第 490 页。

任何组织和个人以细节考据、观点争鸣等名义对英雄烈士的事迹和精神进行污蔑和贬损，属于歪曲、丑化、亵渎、否定英雄烈士事迹和精神的行为，应当依法承担法律责任。①

六、人格权——隐私权和婚姻自主权

（一）隐私权

学界通说认为，隐私是一种与公共利益、群体利益无关，当事人不愿他人知道或他人不便知道的个人信息，当事人不愿他人干涉或他人不便干涉的个人私事，以及当事人不愿他人侵入或他人不便侵入的个人领域。②隐私之所以能够成为隐私，是主客观两方面的因素相互作用的结果。客观方面的因素是指隐私的内容从根本上属于特定个人单方面即可作为的事务、单方面即可操纵的信息或单方面即可控制的领域。至于这些隐私内容是否与公共利益有关，并不妨碍其成为隐私。主观方面的因素是指特定个人对这些隐私内容秘而不宣，不希望社会或他人知晓的心态和愿望。其实，凡是自然人不愿公开的个人事务、个人信息或个人领域，均属于隐私。依通说，隐私权是指自然人享有的对其个人的，与公共利益、群体利益无关的个人信息、私人活动和私有领域进行支配的具体人格权。③

《民法典》第一千零三十二条规定："自然人享有隐私权。任何组织或者个人不得以刺探、侵扰、泄露、公开等方式侵害他人的隐私权。隐私是自然人的私人生活安宁和不愿为他人知晓的私密空间、私密活动、私密信息。"由此可见，隐私与隐私权是不同的。隐私是一种客观事实或实际状态，不必然受到法律的保护。而隐私权是一种法律上的权利，权利主体在法律规定的范围内均可自由作为，在其受非法侵害时得受法律保护。从隐私的角度来看，隐私的本质是自然权利，故只有在主体不违背法律的强行性规定和重要的公共道德情况下，隐私才受法律保护。而受法律保护的隐私必定是隐私权的客体。

---

① 详见最高人民法院指导案例 99 号。

② 梁慧星：《隐私的本质与隐私权的概念》，载《人民司法》2003 年第 4 期。

③ 梁慧星：《隐私的本质与隐私权的概念》，载《人民司法》2003 年第 4 期。

隐私权的法律特征：一是隐私权主体的特定性。隐私权的主体只能是依法享有民事权利资格的特定公民个人，既不能是抽象的公民总体或群体，也不能是由少数公民组建的合伙组织。合伙组织享有的秘密，不具有人格权的特征，不能构成隐私权。当然，法人的商业秘密和经营秘密不属于人格权的范畴。二是隐私权客体的相关性、内容具有秘密性和真实性。三是隐私权保护的有限性。四是隐私权具有处分性，是一种支配权。

隐私权的主要内容：一是生活安宁权。即自然人所享有的生活安定和宁静的权利，并且有权排斥他人对自己正常生活的骚扰，对这样一种权利的侵害也是对隐私的侵害。二是隐私保密权。即私人生活秘密是个人的重要隐私，它包括个人的经历、恋爱史、疾病史等，这些隐私非经本人的同意，不得非法披露。三是隐私支配权。隐私权是绝对权，权利主体依法可自主支配，无需其他任何人的配合与协助，即可独自完成。权利主体亦可公开自己的部分或全部隐私，可准许他人知悉或利用自己的隐私。每个人对自己的私人生活秘密都享有支配的权利，并享有维护我们的隐私不受非法披露的权利。

（二）婚姻自主权

婚姻自由，是指婚姻当事人按照法律的规定在婚姻问题上所享有的充分的权利，对此，任何人不得强制或干涉。婚姻自主权是法律赋予公民的一种权利。《宪法》第四十九条规定，禁止破坏婚姻自由。《民法典》第一千零四十一条第二款规定："实行婚姻自由、一夫一妻、男女平等的婚姻制度。"第一千零四十二条第一款规定："禁止包办、买卖婚姻和其他干涉婚姻自由的行为。禁止借婚姻索取财物。"第一千零四十六条规定："结婚应当男女双方完全自愿，禁止任何一方对另一方加以强迫，禁止任何组织或者个人加以干涉。"可见，婚姻自由是由法律所规定并受法律所保护的一种权利。任何人，包括当事人的父母在内，都不得侵犯这种权利，否则就是违法行为。如果使用了暴力，构成犯罪，应当依法追究其刑事责任。婚姻自由包括两个方面的内容：结婚自由和离婚自由。

追求婚姻的美满和幸福，是人们的共同愿望。从人类发展的历史来看，建立在真正爱情基础上的婚姻才是可以同欢乐共患难的可靠婚姻。从整个社会来看，美满的婚姻总是与不如意的婚姻甚至是不幸的婚姻并存着。我们既不能企求所有婚姻都是十分幸福的，也不可能消除社会上的一切不幸婚姻。但是提倡正确的恋爱观、婚姻观、家庭观，坚持合法婚姻，坚持对婚姻问题采取严肃态度，坚持妥善处理婚姻家庭关系中的各种现实问题，用自己的智慧来创造家庭生活的幸福，尽量增加美好婚姻和家庭，尽量减少不幸婚姻和家庭，提高全社会的婚姻质量和家庭的稳定，这是我们共同的选择，也是我们共同的目标。①

七、人格权——个人信息权

所谓个人信息权，是指自然人依法对其本人的个人身份信息所享有的支配并排除他人侵害的人格权。②《民法典》第一百一十一条规定："自然人的个人信息受法律保护。任何组织和个人需要获取他人个人信息的，应当依法取得并确保信息安全，不得非法收集、使用、加工、传输他人个人信息，不得非法买卖、提供或者公开他人个人信息。"该条是新创规定，在民法总则中作出原则性规定，把个人信息保护作为基本制度，"而没有规定独立的个人信息权"。③ 该条宣示了：有必要收集自然人个人信息的机关单位负有依法取得与保护信息安全的义务，违反义务需追究责任；后一句是禁止性法律规定，是效力性强制规定，法院审理案件时可用以作为侵害自然人个人信息案件的审理裁判依据，认定行为无效，追究加害人的侵权责任。《民法典》第一千零三十四条规定："自然人的个人信息受法律保护。个人信息是以电子或者其他方式记录的能够单独或者与其他信息结合识别特定自然人的各种信息，包括自然人的姓名、出生日期、身份证件号码、生物识别信息、住址、电话号码、电子邮箱、健康信息、行踪信息等。个人信息中的私密信息，适用有关隐私权的规定；没有规定的，适用有关个人信息保护的规定。"

个人信息是与特定自然人相关联的、反映个体特征的、具有可识别性的符号系统，包括自然人的身份、民族、工作、家庭、财产、健康等各方面的

---

① 参见何志：《婚姻法判解研究与适用》，人民法院出版社 2004 年版，第 38 页。

② 参见杨立新：《人身权利》，载张鸣起主编：《民法总则专题讲义》，法律出版社 2019 年版，第 325 页。

③ 王利明：《民法总则研究》（第三版），中国人民大学出版社 2018 年版，第 409 页。

信息。个人信息权的特征表现为：一是自然人的个人性。个人信息的主体仅限于自然人，法人和非法人组织则不享有此项权利。二是自然人的可识别性。每个自然人的个人信息均不相同，才形成了“此人非彼人”。因此说，个人信息权具有明显的可识别性。三是自然人的具体人格权。个人信息权是以自然人的个人信息作为人格要素设立的民事权利，是一种独立的人格权。四是个人信息权是支配权。个人信息权是自然人本人所享有的权利，自我掌握、自我支配其个人信息，他人不得非法干涉、非法侵害。

个人信息权的权利内容包括：一是占有权。个人信息权的主体是自然人本人，自然人本人对个人信息享有占有的权利，他人不得非法占有。二是决定权。自然人对其个人信息是否使用、如何使用、是否允许他人收集和利用等拥有完全的决定权。任何组织和个人不得非法收集、使用、加工、传输他人个人信息，不得非法买卖、提供或者公开他人个人信息。三是保护权。《民法典》第一百一十一条就规定了自然人的个人信息受法律保护。四是知情权。自然人本人得以查询其个人信息及其有关的处理情况，并要求答复的权利。对信息的控制与支配，必须首先了解哪些个人信息被收集、处理与利用的情况，特别是在此过程中信息是否被保持完整、正确与适时。五是更正权。自然人得以请求信息处理主体对不正确、不全面、不时新的个人信息进行更正与补充。更正权具体包括：个人信息错误更正权，即对于错误的个人信息本人有更正的权利。个人信息补充权，即对于遗漏或新发生的个人信息，本人有补充的权利。个人信息更新权，即本人要求对于过时的个人信息及时更新的权利。六是封锁权，是指在法定或约定事由出现时，本人得以请求信息处理主体以一定方式暂时停止信息处理的权利。本人有权请求信息处理主体暂时停止信息的处理与利用。该项请求权是依照公平信息使用原则建构的。根据该原则，在没有通知当事人并获得其书面同意之前，信息处理主体不可以将个人为某种特定目的所提供的资料用在另一个目的上。七是删除权。即在法定或约定的事由出现时，本人得以请求信息处理主体删除其个人信息的权利。八是信息报酬请求权，是指本人因其个人信息被商业性利用而得以向信息处理主体请求支付对价的权利。报酬请求权来源于“信息有价”的社会观念。特定的信息处理主体必须在对信息控制、处理与利用前后向本人提供一定的报酬。

八、侵害人格权的归责原则

一般说来，侵害人格权适用过错责任原则。过错责任原则是以过错作为价值判断标准，判断行为人对其造成的损害是否承担侵权责任的归责原则。过错责任原则适用于一般侵权行为。

所谓过错责任原则，是指以过错作为归责的构成要件和归责的最终要件，同时也以过错作为确定行为人责任范围的重要依据。在一般侵权行为中，均适用过错责任原则，这意味着除民法明文规定的特殊侵权行为外，其他的一般侵权行为的受害人在诉讼过程中，必须证明构成侵权行为发生的所有要件，特别要证明加害人对致害行为存在主观过错。只有在能够证明加害人的行为具有过错的情况下，受害人才能要求加害人承担侵权行为的民事责任。

过错责任原则包括下列两个方面的内容：一是过错是侵权责任的必要构成要件，即行为人只有在主观方面有过错的情况下才会承担民事责任，若加害人没有过错，即使行为与损害之间存在因果关系，加害人也不承担侵权赔偿责任。二是在一般情况下，过错只是加害人承担侵权责任的根据，而不是作为确定赔偿范围的依据，因为赔偿责任的大小决定于损害事实的大小。[①]但在特殊情况下，过错可以作为确定责任范围的依据：其一，若受害人对损害的发生也有过错，应该进行过失相抵，决定加害人和受害人各自应当承担的责任的范围；其二，共同侵权人内部责任份额的确定应当以其过错程度或原因力作为依据等。

在司法实践中，适用过错责任原则应当注意过错责任原则的构成要件。过错责任原则的构成要件如下：一是损害事实。损害是指侵权行为给受害人造成的不利后果，包括财产损害、人身损害和精神损害。侵权法的功能之一在于补偿受害人所受的损害，使其利益尽可能恢复到如同未曾受到损害的状态，因此，无损害即无责任。二是违法行为。违法行为是指侵权行为具有违法性，侵害了他人的法定权利和合法利益。若行为人的行为符合法律规定，如依法执行公务，即使造成损害，不能也不应当承担民事责任。三是因果关系。因果关系是指侵权人实施的违法行为和损害后果之间存在因果上的联系。四是

---

① 马原主编：《中国民法教程》，人民法院出版社1989年版，第310~311页。

主观过错。主观过错包括故意和过失两种形态。上述四个构成要件，缺一不可。

九、对案例43、案例44、案例45的简要评析

在案例43中，涉及冰面遛狗男子溺亡的人格权中的生命权问题。该男子失去生命，给家人带来了巨大痛苦。造成悲剧的责任归谁？男子的近亲属以有关单位没有尽到安全保障义务，应当承担相应的民事责任为由，提起了民事诉讼。其实，本案受害人男子遭受损害后果虽然令人同情，但是并不能因此而令无过错者承担赔偿责任，应当自担后果。本案的价值，对个人而言，每个人都要对自己的安全负责，如果对自身的安全疏忽大意或者过于自信，造成损害后果，无法获得行为人给予的赔偿或者补偿。以往多有案件为顾全受害人的损害而判决或者调解无过错方承担责任，是不符合法律规定的。对法律而言，界定本案被告是否有责任，还是要适用违反安全保障义务的法律规定。尽管侵权责任法规定承担安全保障义务的主体是公共场所的管理者，但消费者权益保护法已经将其扩展为经营者。本案被告是经营者，在其经营区域对他人负有安全保障义务，只要尽到了应尽的义务，采取了必要的安全措施，即使发生他人损害也不承担侵权责任。①

在案例44中，争议焦点为：许某的行为是否构成对星泓商贸公司名誉权的侵害。西谚云："你的权利止于我的鼻尖""你可以唱歌，但不能在午夜破坏我的美梦"。权利当止于他人鼻尖，否则就是对权利的滥用。许某以维权的名义聚众打横幅、喊口号，称"陕西安康天贸城虚假宣传诱骗业主投资合同霸王条款"，"天贸城还我血汗钱"，以及"维权惨被殴打辱骂，业主坐地痛哭民警围观不作为"，并将上述视频剪辑配发字幕在抖音APP、微信视频等网络媒体进行传播。许某等人存在拉横幅、喊口号、堵门、自行倒地痛哭误导他人等违法行为，并不存在"业主维权遭殴打辱骂，民警不作为"的情况。许某在剪辑制作的抖音小视频中突出文字"维权惨被殴打辱骂，业主坐地痛哭民警围观不作为"，该视频在网络传播量巨大，主观上存在故意歪曲夸大事实的行为，具有明显过错。许某使用"天贸城虚假宣传""天贸城还我血汗

---

① 参见《2019年度人民法院十大民事行政及国家赔偿案例》，载《人民法院报》2020年1月13日。

钱”“天贸城合同欺诈霸王条款”等文字，该文字明显贬损星泓商贸公司商业信誉，超过了批评、评价的必要限度，致使星泓商贸公司的客观社会评价被降低，故许某的行为构成对星泓商贸公司名誉权的侵害。许某主张星泓商贸公司虚假宣传，诱骗其签订购买商铺合同，其若认为星泓商贸公司履行合同不符合约定，可通过协商、调解、诉讼等合法方式维权。因此，本案中许某的非理性，造成了对星泓商贸公司名誉权的侵害，应当承担侵权的民事责任。

在案例45中，涉及隐私权的问题，而实质内容是涉及当事人个人信息保护问题。根据《民法总则》第一百一十一条“自然人的个人信息受法律保护。任何组织和个人需要获取他人个人信息的，应当依法取得并确保信息安全，不得非法收集、使用、加工、传输他人个人信息，不得非法买卖、提供或者公开他人个人信息”的规定，安某在未征得刘某同意的情况下，擅自在“树高业主交流群”和“树高业主委员会筹备组”发布刘某的个人信息，主观上存在明显过错，并且对刘某造成了伤害，依法应当承担侵权的民事责任。因此，法院判令安某赔礼道歉，是正确的。

第三节　身份权

一、问题的提出

所谓身份权，即指民事主体基于其特定的身份关系而产生并由其专属享有的，以身份利益为客体的，为维护该种身份关系所必备的权利。身份权以其与亲属法的关系为标准，分为亲属法上的身份权和亲属法外的身份权。前者包括亲权、配偶权、亲属权，这些权利只能由自然人享有。后者主要是指荣誉权，也包括知识产权中的身份权等。对此，《民法典》第一百一十二条规定：“自然人因婚姻家庭关系等产生的人身权利受法律保护。”这一规定就是对身份权的规定。

在研究身份权之前，先看两则案例。

案例 46：拒付抚养费构成侵害亲权

原告郑某与被告郑某某系父女关系。2017 年 3 月 19 日，被告郑某某与原告母亲胡某达成离婚协议，3 月 30 日双方经登记离婚。离婚协议书第二条约定，“婚生女儿郑某跟随女方（胡某）生活，教育费由男方（郑某某）承担（凭正式发票每学期支付一次），医疗费由男、女方每人支付二分之一（凭正式发票支付），生活费等其他费用由女方承担”。被告郑某某离婚后以原告郑某改名为由，拒付 2018 年上半年的教育费及医疗费。

法院审理后认为，被告郑某某与胡某签订的离婚协议书第二条有关婚生女抚养费的约定，被告郑某某意思表示真实，内容合法，并无异议。被告郑某某未按照离婚协议书约定的期限履行支付原告郑某教育费及医疗费用不当。遂判决：被告郑某某支付原告郑某抚养费从 2018 年 1 月 1 日起按照 2017 年 3 月 19 日离婚协议书第二条履行，即教育费（凭正式发票每学期支付一次）由被告郑某某承担，医疗费（凭正式发票支付）由被告郑某某承担二分之一。

案例 47：妙龄女青年为讨“性福”打官司①

在结婚的当晚，小青发现小生竟有生理缺陷，根本就不能过正常的夫妻生活。这无疑让小青陷入深深的苦恼中，她痛恨小生欺骗自己，想到自己年纪轻轻就要忍受无“性”婚姻带来的痛苦，心中颇有不甘，便生起要与小生离婚的念头。当她向小生提出离婚时，小生却坚决不同意。小青欲诉诸法院，但一想到离婚的理由是令人闻之色变的“性”问题，她又一时没了勇气，加上小生苦苦哀求，让小青给他一次机会，等他一段时间，待去医院治疗无效再离婚。善良的小青思虑一番后，又一次答应了小生的请求。

遭遇了财力、人力一场空后，眼见小生病情治愈无望，小青再次提出离婚，却未料遭到小生及其一家的强烈反对。想到为了治疗小生的病，自己不辞辛劳，跟随四处奔波，花费了不少金钱，还浪费了她最宝贵的两年光阴，而小生一家却如此自私、薄情，小青痛恨不已。伤心之余，为了追求自己的

---

① 案例详见中国法院网 2004 年 1 月 20 日的报道。

幸福，她决定求助法律。

2003年11月，经过一番踌躇，小青终于鼓起勇气，来到新余市渝水区人民法院，起诉要求与小生离婚，并要求依法分割家庭财产。但区法院审理后认为，两人的感情尚未完全破裂，最终驳回了小青的离婚诉讼请求。面对打输的官司及人们的冷嘲热讽和流言蜚语，小青没有被击倒，她顶着压力，提出上诉。经中院的极力调解，小青和小生自愿离婚，出于对小生的同情，家庭财产中小青除带走一对金耳环外，其余的均留给了小生，并自愿额外给予小生经济帮助2000元。

在上述案例中，案例46涉及亲权问题，案例47涉及配偶权问题。试问：如何理解身份权的亲权、配偶权、亲属权？

二、亲权

亲子关系在外国法中称为"亲权"，是父母对子女基于身份关系所产生的权利和义务。对亲权概念的界定，学术界主要有以下几种观点，第一种定义为："亲权是指父母对未成年子女在人身和财产方面的管教和保护的权利和义务。"[①] 第二种定义为："父母保护教养未成年子女之权利义务，谓之亲权。"[②] 第三种定义为："亲权在近代立法，谓以教养保护未成年子女为中心之职能，不仅为权利，同时为义务。"[③] 第四种定义认为："亲权是指父母对未成年子女有身份上及财产上的以监督保护为内容的权利义务的总称。"[④] 上述各定义，尽管表述上有差异，但其基本的内涵是一致的，都表明了亲权是基于基本的身份关系而产生的一种专属于父母的权利和义务。具体来讲，亲权是指父母对未成年子女在人身和财产方面的管教和保护的权利和义务，它以保护未成年子女的利益为唯一目的，因而，已成年及已结婚成年子女均不在亲权的范围之内。亲权作为一种身份权，不得任意抛弃，非亲属身份人之间不产生亲权。

---

① 李志敏主编：《比较家庭法》，北京大学出版社1988年版，第227~228页。

② 林菊枝：《亲属法专题研究》，台湾五南图书公司1985年版，第139页。

③ 史尚宽：《亲属法》，台湾荣泰印书馆1980年版，第590页。

④〔日〕我妻荣编：《新版新法律学辞典》，董潘舆译，中国政法大学出版社1991年版，第521页。

我国婚姻法中虽未专设亲权制度，但有相关的内容。《婚姻法》第三十六条第一款规定："父母与子女间的关系，不因父母离婚而消除。离婚后，子女无论由父或母直接抚养，仍是父母双方的子女。"这就在法律上明确了父母双方即使离婚仍然是子女的父母。《民法通则》第十六条第一款规定："未成年人的父母是未成年人的监护人。"第十八条第一款规定："监护人应当履行监护职责，保护被监护人的人身、财产及其他合法权益，除为被监护人的利益外，不得处理被监护人的财产。"该法第一百三十三条还规定，被监护人造成他人损害的，由监护人承担民事责任。但对未成年子女触犯刑律的，父母不承担刑事责任。①

亲权的具体内容包括：一是父母对子女有抚养教育的权利和义务。《民法典》第一千零六十七条第一款规定："父母不履行抚养义务的，未成年子女或者不能独立生活的成年子女，有要求父母给付抚养费的权利。"第一千零六十八条规定："父母有教育、保护未成年子女的权利和义务。……"这些规定，是父母对子女抚养教育的法定义务。二是父母对子女负有保护和管教的权利和义务。《民法典》第一千零六十八条规定："父母有教育、保护未成年子女的权利和义务。未成年子女造成他人损害的，父母应当依法承担民事责任。"因此，父母有管教和保护未成年子女的权利和义务，在未成年子女对他人造成损害时，父母有承担民事责任的义务。三是父母对子女的姓氏有同等的决定权。子女的姓氏是身份关系的标志。因此，外国法对此多作了规定。比较通用的原则有两种：第一种是婚生子女以父母的婚姻姓氏为姓氏，非婚生子女以生母的姓氏为姓氏。对非婚生子女也有采用首先确认亲子关系一方的姓氏。第二种是婚生子女的姓氏可以随父姓，也可以随母姓，由双方

---

① 监护是对于不在亲权照顾之下的无民事行为能力人和限制民事行为能力人设置的民事法律制度。亲权与监护的区别在于：（1）亲权的行使以亲子关系为基础；而监护人与被监护人之间没有特定人身关系，监护权须经特定法律程序才能取得。（2）亲权立法采取放任主义，立法上对亲权人的限制较少；而监护立法采取限制主义，立法对监护人的活动进行严格的限制。（3）亲权人对子女负有扶养义务；而监护人对被监护人不负扶养义务。但监护人因监护可以得到报酬；而亲权人不可以。（4）亲权人对于子女的财产进行处分的限制较宽，多享有用益物权；而监护人不是为了被监护人的利益，不得使用其财产。（5）行使亲权无专门的机关进行监督；而监护则有专门机关的监督，并在监护开始时须对被监护人的财产开出清单。

协商确定。协议不成时，有的家庭法还规定，由监护机关指定。四是父母对未成年子女的财产依法享有管理、使用、收益和处分的权利和义务。

三、配偶权

配偶权，是由英美法系国家率先提出并使其日臻完善的。在英美法国家看来，配偶权是指配偶之间要求对方陪伴、钟爱和帮助的权利。配偶权是基本身份权，是基于法律规定的夫妻身份地位而产生的，但配偶权作为基本身份权还包括诸多派生的身份权。究竟配偶权包括哪些派生的身份权利，学者们的主张颇不相同，配偶权“不独为权利人之利益，同时为受其行使之相对人之利益而存在”。这决定了配偶权从本质上讲是权利，但却以义务为中心，权利人在道德和伦理观的驱使下自愿或非自愿地受制于相对人的利益，因而权利之中包含义务。基于此，有的学者称配偶权为“合权利义务为一体的新型权利”。笔者认为，配偶权作为一项基本身份权，主要包括下列内容：

1. 夫妻姓名权。夫妻姓名权，是指夫妻缔结婚姻关系后，妻子是否有独立姓氏的权利，配偶各自有无独立的姓名权是配偶有无独立人格的标志。各国关于夫妻姓名权的立法，有 5 种基本类型：（1）坚持妻从夫姓原则。如《瑞士民法典》第 161 条就作此规定。（2）实行约定婚姻姓氏，无约定时从夫姓或从妻姓。如《德国民法典》第 1355 条第 2 款就作此规定。（3）允许双方当事人任意约定原则。如原《苏俄婚姻和家庭法典》第 18 条就作此规定。（4）妻子在姓名前冠以夫姓原则。如我国国民党统治时期的“中华民国民法”第一千条就作此规定。（5）保持各自姓氏原则。如我国《民法典》第一千零五十六条规定：“夫妻双方都有各自使用自己姓名的权利。”我国法律的规定，完全贯彻了男女平等的原则。当然，法律并不排除配偶之间可以就夫妻姓氏进行约定。

2. 住所决定权。住所决定权，是指夫妻选定婚后共同生活住所的权利。我国《民法典》实行的也是自由主义原则，该法第一千零五十条规定：“登记结婚后，根据男女双方约定，女方可以成为男方家庭的成员，男方可以成为女方家庭的成员。”这表明在我国男女双方都有平等决定夫妻住所的权利。

3. 同居义务。同居义务，是指男女双方基于配偶身份都负有同对方共同生活的义务，夫妻性生活是同居义务的重要内容。此外，同居义务还包括相互协助义务、共同寝食义务，这两种义务要求夫妻相互支持对方的意愿和活动，共同料理家事，相互扶养、扶助，当配偶一方遭遇危难，对方负有救助、救援义务。同居义务是法定义务，是夫妻双方共同的、平等的义务，非有正当理由夫妻任何一方不得拒绝履行同居义务。

4. 贞操忠实义务。贞操忠实义务，又称配偶性生活排他专属义务，是指配偶专一性生活的义务，它要求配偶双方互负贞操忠实义务，不为婚外性生活。广义的贞操义务还包括不得恶意遗弃对方以及不得为第三人利益牺牲、损害配偶一方的利益。夫妻互负贞操忠实义务是婚姻关系最本质的要求，婚姻关系的稳定性在很大程度上依赖于性生活上的忠贞不贰。如果性生活没有排他性，虽然不会丧失自身的积极作用，但却扩大了消极作用，正如学者所言："在夫妻生活中，偶然因一方不愿意而未能发生性关系，这可能消极地影响着夫妻的婚姻和睦，但它对婚姻关系的损伤远不及一次被发现的婚外性行为。"由此可见，夫妻互负贞操忠实义务对婚姻关系的稳定和婚姻生活的和谐有着极其重要的作用。

5. 日常事务代理权。日常事务代理权，亦称家事代理权，是指配偶一方在与第三人就实施日常事务为一定法律行为时，享有代理对方配偶行使权利的权利。其法律后果是配偶一方代表家庭所为的行为，对方配偶必须承担后果责任，配偶双方对其行为承担共同的连带责任。

四、亲属权

亲属，是因婚姻或血缘而产生的人与人之间的特定身份关系，以及具有这种特定身份关系的人相互之间的身份、地位等。亲属权是指父母与成年子女、祖父母与孙子女、外祖父母和外孙子女，以及兄弟姐妹之间的身份权。亲属权的性质就是身份权，是除了配偶关系和亲子关系以外的其他近亲属之间的身份权，也就是除了配偶和父母与未成年子女之外的其他近亲属之间的权利义务关系。这种权利义务关系标志的是这些近亲属之间的身份地位以及相互之间的权利义务关系。

根据不同类别，亲属权有如下内容：一是父母与子女之间。父母对精神病成年子女有抚养权；子女对父母的赡养权；父母子女间互有行为能力宣告、失踪宣告和死亡宣告申请权，以及一方失踪后的财产代管权。二是祖父母与孙子女、外祖父母与外孙子女之间。有负担能力的祖父母、外祖父母，对于丧失亲权保护的未成年孙子女、外孙子女有抚养、教育权；有负担能力的孙子女、外孙子女，对于子女已经死亡的祖父母、外祖父母有赡养权；互有继承权，行为能力宣告、失踪宣告和死亡宣告申请权，以及一方失踪后的财产代管权。三是兄弟姐妹之间。有负担能力的兄、姐对丧失亲权保护的未成年弟、妹有抚养教育权；互有继承权，行为能力宣告、失踪宣告和死亡的申请权，以及一方失踪后的财产代管权；由兄、姐抚养成人的弟、妹对于丧失劳动能力不能独立生活的兄、姐有扶养权。

在司法实践中，应当明确的是，亲权与亲属权的区别：（1）权利主体不同。亲权的主体只能是父母，亲属权的主体是更广泛的亲属。（2）权利主体的相对人不同。亲权权利主体的相对人只能是未成年子女；亲属权权利主体的相对人是包括成年子女在内的更广泛的人。（3）权利内容不同。亲权的内容中包含了广泛的教养权；而亲属权的主要内容是亲属间的扶养、抚养和赡养等。（4）双方当事人的地位不同。在亲权中，强调的是父母的权利（义务），子女不享有对等的亲权；而在亲属权中，当事人的地位对等，权利义务是相互的。

五、对案例 46、案例 47 的简要评析

在案例 46 中，郑某与郑某某系父女关系，系亲权关系。父母对未成年子女的抚养是一种法定义务，不因父母双方的离婚而改变。根据《婚姻法解释（一）》第二十一条的规定，抚养费包括子女生活费、教育费、医疗费等费用，现原告郑某要求被告郑某某支付抚养费及医疗费，理由充分，符合有关法律规定，予以支持。同时，在司法实践中，不乏父母离婚后，子女在跟随母亲生活期间改为母姓，男方因此而拒付抚养费的情况。本案就是一个典型。我们知道，子女可以随父姓，也可以随母姓。因此，随父姓或随母姓，均不改变其亲权关系，即血缘关系不变，作为父亲的一方没有不给付抚养费的法定理由。

在案例 47 中，一位农村姑娘为追求自己的“性福”，勇敢地站了出来向法律求助，在当今社会特别是在相对封闭落后的农村，在人们仍视“性”为

洪水猛兽的今天，其勇气确实值得赞赏。百年修得同船渡，千年修得共枕眠。传统意义上的夫妻本来就应该如西方结婚誓言所说的：从今而后，不论境遇好坏，家境贫富，生病与否，誓言相亲相爱，至死不分离。一方有难，另一方理当同甘共苦，不离不弃共同来面对困境。道德判官总是站在弱者这一边，从弱者（丈夫）角度看此事，这位妻子的行为肯定是自私的，是应该受到谴责的。但是从法律层面上说，法律并没有作出公民在配偶患病时不得提出离婚诉讼的规定，也就是说公民有权在任何时候提起离婚诉讼并获得支持。法院在追究原告的道德责任并因此而不准离婚时，法官就不是法官，而是道德判官，手中抡起的不是法槌，而是道德大棒。

且不说一审法官坐到道德审判席上是否是另一种形式的枉法（或许称好心好意的枉法），就从道德层面上说事，要是站在妻子的角度看问题，丈夫患有性功能障碍，几年都不能尽人伦，这对于妙龄的妻子来说就是道德的吗？法院凭什么要人家应该承受这种痛苦，并苦等遥不可及的“性福”呢？二审法官调解离婚，则值得赞同。

把法律的事，交给法律；把道德的事，交给道德。各司其职，互不干涉，这样，社会公众的神圣不可侵犯的权利才能得到保障。

第四节　财产权——物权

一、问题的提出

《民法典》对于财产权利的保护，在该法第一百一十三条作为财产权利保护的统领条款规定：“民事主体的财产权利受法律平等保护。”财产权利的平等保护是依法治国的需要，体现了对民生的最大关注，促进社会财富的增长。[①] 对于财产权的物权，《民法典》第一百一十四条规定：“民事主体依法

---

① 参见王利明主编：《中华人民共和国民法总则详解》，中国法制出版社 2017 年版，第 464 页。

享有物权。物权是权利人依法对特定的物享有直接支配和排他的权利，包括所有权、用益物权和担保物权。”该法第一百一十五条规定：“物包括不动产和动产。法律规定权利作为物权客体的，依照其规定。”第一百一十六条规定：“物权的种类和内容，由法律规定。”第一百一十七条规定：“为了公共利益的需要，依照法律规定的权限和程序征收、征用不动产或者动产的，应当给予公平、合理的补偿。”

在研究物权之前，先看一则案例：

案例48：一房二卖，谁拥有物权？

宏业公司和王某于2019年8月1日签订商品房买卖合同，将位于该市宏业花园的一处别墅以300万元的价格卖给王某，并约定王某在5日内交付房款，宏业公司在10月1日前将别墅交付给王某，一并将产权证书办妥。一方违约的处以房款300万元的20%的违约金。

同年8月16日，宏业公司为解决经营中的资金困难，和牛某签订了商品房买卖合同，将已于8月1日签订合同卖给王某的别墅又以250万元的价格卖给牛某，牛某于当日即交付房款250万元，并约定宏业公司在50日内交付别墅，一并将产权证书办妥。9月20日，宏业公司将别墅的产权证书办妥，连同别墅及产权证书一并交付于牛某。

同年9月29日，牛某对别墅进行装修。次日，王某到宏业公司催促其履行合同，得知宏业公司已将自己所预订的别墅卖给牛某，王某于10月8日以宏业公司为被告诉至法院，请求判令宏业公司交付别墅，并支付违约金60万元。法院审理中，牛某作为有独立请求权的第三人申请参加诉讼。

上述案例涉及物权的有关概念。试问：如何理解物权？物权的客体包括哪些？如何理解物权法定原则？如何理解征收征用？

二、物权的法律意义

《物权法》第二条第三款明确规定：本法所称物权，是指权利人依法对特定的物享有直接支配和排他的权利，包括所有权、用益物权和担保物权。《民法典》第一百一十四条规定：“民事主体依法享有物权。物权是权利人依法对特定的物享有直接支配和排他的权利，包括所有权、用益物权和担保物权。”物权是对物直接支配的权利，得享受其利益，并具有排他的绝对效力。具体来说，物权包括两个方面的内容：一是对物的直接支配，并享受其利益；二是排他的保护绝对性。此两者系来自物的归属，即法律将特定物归属于某权利主体，由其直接支配，享受其利益，并排除他人对此支配领域的侵害或干预，此为物权本质之所在。①

从物权的定义来看，物权具有下列法律特征：

1. 物权的主体具有对世性。物权的权利主体是特定的权利人，而义务主体则是权利人以外的一切不特定人，该义务主体均负有不得侵害物权人的权利及妨害物权人行使权利的义务。因此，物权的效力可以向一切人主张，物权人有权排除他人对其支配之物给予的侵害、妨碍与干涉，在受他人侵害时，物权人得主张物上请求权，排除他人侵害，以恢复物权之原状。因此，物权的主体具有对世性，物权又称为绝对权。

2. 物权的客体具有特定性。物权以物为其客体，而且物权的客体必须具有确定性，也就是说，物权的客体必须是现存、独立和特定之物。《民法典》第一百一十五条规定，物包括不动产和动产。法律规定权利作为物权客体的，依照其规定。由此可见，物权的客体包括动产和不动产，以及法律规定的权利作为物权的标的，如《民法典》第四百四十条所规定的作为权利质押的标的——汇票、本票、支票；债券、存款单；仓单、提单；可以转让的基金份额、股权；可以转让的注册商标专用权、专利权、著作权等知识产权中的财产权；现有的以及将有的应收账款；法律、行政法规规定可以出质的其他财产权利。因此，物权客体的特定性是实现物权的支配效力的客观要求。

3. 物权的内容是以直接支配权为核心。物权是法律赋予物权人对物的直接支配的权利。所谓“直接”，指物权人对于其物的支配，无须他人意思或行为的介入，即可获得实现。所谓“支配”，指依权利人的意思，对标的物加以管领处分。而此种管领处分，不限于法律行为，包括事实上的使用、处分等一切可对物实施的任何行为。我国《民法通则》第七十一条规定，财产

---

① 王泽鉴：《民法物权》（通则·所有权），中国政法大学出版社 2001 年版，第 37 页。此观点亦是德国民法学者的通说。

所有权是指所有人依法对自己的财产享有占有、使用、收益和处分的权利。《民法典》第三百三十一条规定，土地承包经营权人依法对其承包经营的耕地、林地、草地等享有占有、使用和收益的权利，有权从事种植业、林业、畜牧业等农业生产。《民法典》第三百八十六条所规定的担保物权，即担保物权人在债务人不履行到期债务或者发生当事人约定的实现担保物权的情形，依法享有就担保财产优先受偿的权利，但法律另有规定的除外。上述权利都是典型的物权，均体现了物权的直接支配权。因此说，物权的内容若失去了直接支配权，则失去了物权存在的价值和社会作用。

三、物权与债权的区别

物权和债权是民法中的两类最基本的财产权，它们的联系非常紧密：物权往往是债权发生的前提，而债权履行的结果则往往是物权的取得或转移。如在买卖合同中，出卖人对标的物必须享有物权，才得以使买卖合同的债权发生，否则，不能发生债权；作为债权的买卖合同履行的结果是，出卖人丧失标的物物权而取得价款，买受人支付价款而取得标的物物权。当然，近现代以来，不仅物权有债权化之趋势，债权亦有物权化之现象，租赁权之物权化即为典型，债权与担保物权结合而横扫千军，亦足为证。①

但是，物权和债权毕竟是民法中两类不同的财产权，有其各自不同的法律属性。正如孙宪忠先生在研究德国的物权与债权的区分时所言："应当说物权与债权整体之间的区分确实是存在的，而且在理论上也是清晰可见的。"具体而言，物权和债权的区别如下：

1. 权利发生不同——物权实行法定主义；债权以任意主义为原则，以法定主义为例外

物权的发生实行法定主义，即物权的种类和基本内容均由法律规定，不允许当事人自由创设物权的种类或者随意变更物权的内容。而债权的发生（指合同债权，也是在实务中占绝对优势的债权）则无此限制，可由当事人自由确定，因此被称为任意主义，是债权发生的一般原则，只要当事人创设

---

① 谢在全：《民法物权论》，中国政法大学出版社2001年版，第31页。

的债权不违反《民法典》第一百五十三条[①]之规定，则可根据契约自由原则而创设债权。

需要明确的是，债权发生以任意主义为原则，以法定主义为例外。其例外的情形是：侵权行为之债、不当得利之债、无因管理之债，是不允许当事人自由创设，而仍然受到法律的限制，为法定债权。

2. 权利性质不同——物权是支配权；债权是请求权

支配权是物权的核心内容，权利人无须借助于他人的行为就能够行使权利，即直接支配其标的物，并通过对标的物直接支配以享受其利益。如房屋所有人将其房屋出租而享有收取租金之利益。而债权为请求权，则需要借助于他人（债务人）的意思和行为，才能实现其利益。如买受人只有请求出卖人履行交付买卖合同标的物的义务，才能实现买卖合同的目的，合同利益才能得以实现。

3. 权利效力不同——物权是绝对权、排他权、优先权、追及权；债权是相对权，不具有排他、优先、追及的效力

物权是绝对权，它的权利主体是特定的，权利人之外的一切人均为义务主体，这些义务主体均负有不得侵害和妨害权利人所享有物权的义务。是故，物权的效力得向一切人主张，是绝对权或对世权。而债权是相对权，它的权利主体和义务主体均为特定的人，债权人的请求权只能向特定的债务人行使才得以实现，这也是合同相对性原则的要求。因此，债权为相对权或对人权。

物权是排他权，在同一物上不能存在内容相同的两个物权。但同一物上可设立多个内容不同的物权，如同一房屋之上，存在房屋的所有权，该房屋可设立抵押权，在抵押期间，该房屋可设立租赁权，该房屋之上就存在三种物权，即所有权、抵押权、租赁权；而债权则不具有排他性，同一物之上可以并存数个内容相同的债权，各个债权之间具有平等的效力。

物权是优先权，当物权与债权并存时，物权优先于债权；而债权则相互

---

① 《民法典》第一百五十三条规定："违反法律、行政法规的强制性规定的民事法律行为无效。但是，该强制性规定不导致该民事法律行为无效的除外。违背公序良俗的民事法律行为无效。"

平等。如在破产案件中，抵押权人所享有的抵押物不属于破产财产，依法可行使优先受偿权，若有剩余，才纳入破产财产。而其他一般债权人的债权平等，只能按各自的债权比例清偿。

物权是追及权，物权的标的物不管辗转流通于何人之手，物之所有权人均可依法向其索取，请求其返还该物，任何人均不得拒绝。但应当注意的是，物权的追及效力应当受到善意取得制度的限制；而债权则无追及的效力。

4. 权利期限不同——物权的期限采无期限和有期限相结合的原则；债权有期限

在物权中，所有权和永佃权无期限限制，其他用益物权和担保物权均有期限限制。如《民法典》第三百三十二条规定，耕地的承包期为三十年。草地的承包期为三十年至五十年。林地的承包期为三十年至七十年。前款规定的承包期限届满，由土地承包经营权人依照农村土地承包的法律规定继续承包。第四百一十九条规定，抵押权人应当在主债权诉讼时效期间行使抵押权；未行使的，人民法院不予保护。[①] 而债权性质上为有期限的权利，任何人不允许存在无期限的债权。

四、物权的类型

（一）《民法典》对物权的分类

根据《民法典》第二编“物权”的规定，物权分为如下四类：

1. 所有权。所有权是指民事主体在法律规定的范围内对于所有物进行包括占有、使用、收益、处分并排他性的全面支配的物权。《民法典》第二百四十条规定，所有权人对自己的不动产或者动产，依法享有占有、使用、收益和处分的权利。所有权是物权完全、充分的唯一形式，是最典型的物权。正因如此，所有权临于其他物权之上，成为其他各类物权的基础，即为发挥物的效能，可从所有权中派生、衍生出虽不具全面性物权特征但仍不失为物权的其他类别。

---

① 根据《担保法解释》第十二条之规定，担保物权人在主债务超过诉讼时效后的二年内行使担保物权的，人民法院应予支持。此规定与《民法典》的规定不一致，根据法律的位次性和新法优于旧法的适用原则，当然要适用《民法典》。

2. 用益物权。根据《民法典》第三百二十三条规定，用益物权是指用益物权人对他人所有的不动产或者动产，依法享有占有、使用和收益的权利。它是从所有权中分离出来的一项物权形式，此物权以取得物的使用价值为目的。传统民法上的用益物权通常包括地上权、地役权、典权和永佃权等。我国《物权法》所规定的用益物权包括：土地承包经营权、建设用地使用权、宅基地使用权、地役权。

3. 担保物权。根据《民法典》第三百八十六条、第三百八十七条的规定，担保物权是指在借贷、买卖等民事活动中，债务人或者第三人将自己所有的财产作为履行债务的担保。债务人未履行债务时，债权人依照法律规定的程序就该财产优先受偿的权利，其建立基础仍为所有权。此物权以取得物的交换价值为目的，通常有抵押权、质权和留置权。

4. 占有权。根据《民法典》的有关规定，占有是指占有人对不动产或者动产的实际控制。占有人可能是依法有权占有不动产或者动产，如根据租赁合同在租期内占有对方交付的租赁物；也可能是无权占有他人的不动产或者动产，如借他人的物品，过期不还。占有人不知道自己是无权占有的，为善意占有；明知自己属于无权占有的，为恶意占有。

（二）学理上的物权分类

1. 完全物权与定限物权。以对于标的物之支配效力的范围为标准，可将物权分为完全物权与定限物权。在所有的物权形态中，所有权是物权中最完整、最充分的权利形态，它是对物的全面支配的物权，因此所有权又被称为完全物权。定限物权是所有权以外的物权，它是在所有权权能与所有权人发生分离的基础上产生的。在商品经济条件下，商品具有使用价值和交换价值，与之相适应，定限物权依其所支配内容为标准，可分为用益物权和担保物权。用益物权是以支配物之使用价值为内容之物权，地上权、永佃权、地役权、典权为用益物权。担保物权系以支配物之交换价值为内容之物权，抵押权、质权、留置权为担保物权。

2. 主物权与从物权。以物权是否具有独立性为标准，可将物权分为主物权与从物权。主物权是可以独立存在的权利，其不以其他权利的存在为前提，所有权、地上权、永佃权及典权均属于物权体系中的主物权。反之，从物权则不能够独立存在，从物权的存在必须以其他权利的存在为前提。例如，担保物权的存在就必须以合法债权的存在为前提，没有债权也就没有担保物权，而一旦债权已经获得清偿，则担保物权随即消灭。《民法典》第三百九十三条规定，主债权消灭，担保物权消灭。因此，担保物权为从属于债权之物权。

3. 不动产物权与动产物权。以标的物种类为标准，可区分为不动产物权与动产物权。凡存在于不动产上之物权，称为不动产物权，如土地所有权、建筑物区分所有权、不动产抵押权等。存在于动产上之物权，称为动产物权，如动产所有权、动产质权等。

4. 意定物权与法定物权。以物权发生的根据为标准，可以区分为意定物权与法定物权。基于当事人之意思而发生的物权为意定物权，我国民法上所规定之物权，除留置权外均可以依当事人的意思而发生，都属于意定物权。法定物权，是指直接由法律规定而发生的物权，至于当事人有无设定物权之意思，在所不问。例如，留置权、农村土地承包经营权、法定抵押权，都属于法定物权。再如，《民法典》第八百零七条[①]所规定的建设工程承包人的优先权即为法定物权。

5. 登记物权与不登记物权。以物权之变动是否须经登记为标准，可以区分为登记物权与不登记物权。物权变动必须经登记才能发生效力的物权为登记物权。例如，《民法典》第二百零九条第一款规定："不动产物权的设立、变更、转让和消灭，经依法登记，发生效力；未经登记，不发生效力，但法律另有规定的除外。"第二百一十四条规定："不动产物权的设立、变更、转让和消灭，依照法律规定应当登记的，自记载于不动产登记簿时发生效力。"物权变动无须登记，只须交付即生效力的物权为不登记物权，动产物权多为不登记物权。例如，《民法典》第二百二十四条规定："动产物权的设立和转让，自交付时发生效力，但是法律另有规定的除外。"第二百二十五条规定："船舶、航

---

① 《民法典》第八百零七条规定："发包人未按照约定支付价款的，承包人可以催告发包人在合理期限内支付价款。发包人逾期不支付的，除根据建设工程的性质不宜折价、拍卖外，承包人可以与发包人协议将该工程折价，也可以请求人民法院将该工程依法拍卖。建设工程的价款就该工程折价或者拍卖的价款优先受偿。"

空器和机动车等的物权的设立、变更、转让和消灭，未经登记，不得对抗善意第三人。”

6. 本权与占有。以其有无物权之实质内容为标准，可以区分为本权与占有：民法上的占有，通常是指主体对物的实际控制。占有仅仅是一种事实状态，即对标的物具有事实上的管领力，它本身并不是物权。例如，小偷对于其盗窃所得的财物，虽然没有所有权和占有权，但他却实际控制着财物。相对占有而言，所有权和其他物权则为本权。

7. 典型物权与准物权。按照罗马法以来在法学中确定的物权法定原则，各种物权的类型及内容，必须由民法典和其他民法明确规定。据此可将物权分为典型物权和准物权。所谓典型物权，是由民法基本法即民法典明确承认的物权种类。而准物权是由民法特别法或者行政法规规定的物权类型。如《民法典》第三百二十八条规定，依法取得的海域使用权受法律保护。第三百二十九条规定，依法取得的探矿权、采矿权、取水权和使用水域、滩涂从事养殖、捕捞的权利受法律保护。

五、物权的客体——不动产与动产

《民法典》第一百一十五条规定：“物包括不动产和动产。法律规定权利作为物权客体的，依照其规定。”该条规定源自于《物权法》第二条第二款规定：“本法所称物，包括不动产和动产。法律规定权利作为物权客体的，依照其规定。”由此可见，物可分为不动产和动产。我国《民法通则》并未对不动产给出明确的定义，最高人民法院所作的司法解释认为：“土地、附着于土地的建筑物及其他定着物、建筑物的固定附属设备为不动产。”[①]我国《担保法》第九十二条第一款对不动产的定义是：“本法所称不动产是指土地以及房屋、林木等地上定着物。”[②]我国台湾地区“民法”第六十六条第（一）项则规定：称不动产者，谓土地及其定着物。可见，我国在立法上基本把不动

---

① 《最高人民法院关于贯彻执行〈中华人民共和国民法通则〉若干问题的意见（试行）》（本书以下简称《民法通则意见》）第一百八十六条。

② 不动产，指依自然性质或者法律的规定不可移动的物，包括土地、土地定着物、与土地尚未脱离的土地生成物、因自然或者人力添附于土地并且不能分离的其他物。

产分为土地和定着物两部分。土地作为重要自然资源，要成为支配的对象和交易的客体，必须加以特定化，这种特定化主要是通过登记来完成的，因此土地一般都有地籍。定着物，系指固定附着于土地上的物，在我国，现行法上主要包括房屋等建筑物、构筑物和林木。何谓动产？根据我国《担保法》第九十二条第二款的规定，所谓动产，是指不动产以外的物。我国台湾地区“民法”第六十七条规定，动产系指不动产以外之物。

在实务中需要特别注意的是，货币是特别动产。其特别性表现在：货币是一种特殊的种类物，在交易上可以互相替换。货币的占有和所有是同一的，即“所有和占有一致原则”。具体而言：一是货币占有的取得就视为货币所有权的取得，货币占有的丧失即视为货币所有权的丧失。二是货币一旦交付，将会发生所有权的移转。三是货币在发生占有移转以后，货币的所有人只能请求对方返还一定数额的金钱，而不能根据物权请求权要求占有人返还原物或返还对原物的占有，也不能要求返还原状。[①]四是根据货币“所有和占有一致原则”，货币的所有权取得不适用善意取得制度。

动产和不动产之区分，重点在于位置移动对其价值的影响，对动产而言，“能动”为其基本特点，其容易移动位置且价值不会因移动而受影响，不动产则大相径庭，不动产的位置固定不动，一般不能移动，或者移动会导致其价值受到重大损失，这是二者区别的重要原因。基于以上原因，二者在物权变动方式、物权形态等诸多方面存在重大区别。如动产可以移转占有设定动产质权，不动产则不可；在物权变动中，动产的公示方式为交付占有，不动产的公示方式则为登记，这样动产买卖就因交付而转移所有权，而不动产则必须办理登记才能转移所有权。

在司法实践中，当事人依约为出质的金钱开立保证金专门账户，且质权人取得对该专门账户的占有控制权，符合金钱特定化和移交占有的要求，即使该账户内资金余额发生浮动，也不影响该金钱质权的设立。如中国农业发展银行安徽省分行诉张某标、安徽长江融资担保集团有限公司执行异议之诉纠纷案，生效裁判认为：金钱作为一种特殊的动产，可以用于质押。金钱质押作为特殊的动产质押，不同于不动产抵押和权利质押，还应当符合金钱特

① 陈华彬：《物权法原理》，国家行政学院出版社1998年版，第467页。

定化和移交债权人占有两个要件，以使金钱既不与出质人其他财产相混同，又能独立于质权人的财产。本案中，首先，金钱以保证金形式特定化。长江担保公司于2009年4月3日在农发行安徽分行开户，且与《贷款担保业务合作协议》约定的账号一致，即双方当事人已经按照协议约定为出质金钱开立了担保保证金专户。保证金专户开立后，账户内转入的资金为长江担保公司根据每次担保贷款额度的一定比例向该账户缴存保证金；账户内转出的资金为农发行安徽分行对保证金的退还和扣划，该账户未作日常结算使用，故符合《担保法解释》第八十五条规定的金钱以特户等形式特定化的要求。其次，特定化金钱已移交债权人占有。占有是指对物进行控制和管理的事实状态。案涉保证金账户开立在农发行安徽分行，长江担保公司作为担保保证金专户内资金的所有权人，本应享有自由支取的权利，但《贷款担保业务合作协议》约定未经农发行安徽分行同意，长江担保公司不得动用担保保证金专户内的资金。同时，《贷款担保业务合作协议》约定在担保的贷款到期未获清偿时，农发行安徽分行有权直接扣划担保保证金专户内的资金，农发行安徽分行作为债权人取得了案涉保证金账户的控制权，实际控制和管理该账户，此种控制权移交符合出质金钱移交债权人占有的要求。据此，应当认定双方当事人已就案涉保证金账户内的资金设立质权。关于账户资金浮动是否影响金钱特定化的问题。保证金以专门账户形式特定化并不等于固定化。案涉账户在使用过程中，随着担保业务的开展，保证金账户的资金余额是浮动的。担保公司开展新的贷款担保业务时，需要按照约定存入一定比例的保证金，必然导致账户资金的增加；在担保公司担保的贷款到期未获清偿时，扣划保证金账户内的资金，必然导致账户资金的减少。虽然账户内资金根据业务发生情况处于浮动状态，但均与保证金业务相对应，除缴存的保证金外，支出的款项均用于保证金的退还和扣划，未用于非保证金业务的日常结算。即农发行安徽分行可以控制该账户，长江担保公司对该账户内的资金使用受到限制，故该账户资金浮动仍符合金钱作为质权的特定化和移交占有的要求，不影响该金钱质权的设立。①

① 详见最高人民法院指导案例54号。

六、物权法定原则

物权法定原则，又称物权法定主义，是指物权的种类、内容由法律明确规定，而不能由当事人通过合同任意设定。《物权法》第五条规定："物权的种类和内容，由法律规定。"《民法典》第一百一十六条亦作出了同样规定。由此可知，物权法定原则是物权立法的一项基本原则，在全部物权法的结构体系上处于枢纽地位。

对物权法定的内容，民法理论上的理解不尽相同。大陆法学者多认为，物权法定包括物权种类和物权内容法定两个方面。我国物权法的规定即是，具体而言：

物权种类法定，是指物权类型除法律明确规定的外，不得创设。物权种类法定是物权法定原则的核心内容，各国立法均以明确物权种类为物权法体系构造的第一要务。各国法把物权分为完全物权（即所有权）和定限物权（包括用益物权和担保物权），并分别予以规定。但不管是完全物权还是定限物权，各国民法均就其诸具体物权形态，逐条加以规定。物权种类主要规定在民法典物权编中，但也有的在矿产法、海商法、担保法等特别法中规定一些具体的物权类型。如《日本民法典》规定了所有权、地上权、永佃权，地役权、留置权、先取特权、质权，抵押权、占有权。其《商法典》则规定了商事留置权、商事质权等数种物权。我国《民法通则》没有采用物权的概念，而使用了财产所有权和与财产所有权有关的财产权的概念，其规定既不全面，也不科学。因此，建立完善的物权法体系，尤以物权种类的选择为重要。

物权内容法定，即物权权能的法定，是指物权主体的权利义务的内容由法律明确规定。物权内容法定，禁止任何法定物权权能以外的新创设。物权内容法定，要求物权人在行使其物权时，必须严格遵守法定的物权权利的范围；超出或违反法律对物权权能的规定，为权利滥用，为法律所不许。物权内容法定，首先是所有权权能法定。大陆法系国家对所有权的内容规定不同，有的采概括方式界定，如德国，有的采列举方式界定，如日本。以列举方式界定所有权权能，使人能清楚把握和理解，且为我国现行法律所采用。但各国关于所有权权能的规定不尽相同。如《日本民法典》第206条规定，所有权具有使用、收益及处分三项权能，而我国《民法典》第二百四十条则规定，所有权包括占有、使用、收益和处分四项权能。所有权为完全物权，其内容法定；定限物权内容则以所有权内容为限。关于定限物权内容法定，法律规定的方式不尽相同。有的由法律直接规定定限物权的诸项权能，如承包经营权。有的由法律以规定权利人权利和义务人义务的内容的方式确定，如典权。但物权内容法定并非绝对，对于某些物权，除法律规定的内容以外，如另有习惯的，并不排斥习惯的适用。

物权法定原则是法律中的强制性规范，当事人必须遵守。虽物权法并没有明确规定违背物权法定原则的后果，但根据物权法的原理，违背物权法定原则将产生下列后果：[①] 一是不认可为物权的原则。按照物权法定原则，不依物权法或者其他法律规定的物权种类设定的物权，不可认定其为物权。依大陆法系普遍认可的法理，物权的种类历来为强制性规范。换句话说，物权的种类只能由法律规定，法律之外，当事人约定的物权种类不为法律认可。二是无物权效力的原则。不依物权法或者其他法律规定的物权种类设定的物权，无物权的效力。这一规则，针对的是当事人虽然按照法律规定的物权种类设定物权，但其设定的内容违反法律的情形。如当事人虽用抵押权、质权的合法术语，但内容实际为保证，则不能认可取得了担保物权。三是无效物权行为转换为其他有效法律行为。物权的设定、移转行为虽然无效，但是该行为符合其他法律行为生效的条件的，许可其产生相应的法律后果。即物权的设定或者移转仍然欠缺某些条件，依法不能认可当事人的行为发生物权的效果，但当事人的设定物权的原因行为意思表示真实，没有法律上的瑕疵，因此该原因行为应该发生符合原因行为生效要件的法律上的效果。一般情况下，当事人的行为可能发生债权法的后果。如当事人通过设立抵押合同的形式取得抵押权，虽然双方签订了抵押合同，由于没有登记，则不能产生抵押权的法律后果。然而，由于抵押合同属于债权法调整领域，双方意思表示真

---

① 梁慧星:《民法典建议稿》第二百二十四条规定:“非依本法或者其他法律规定的物权种类而设定的物权，不得认可其为物权。非依本法规定的物权内容而设定的物权，无物权的效力。物权的设定虽然无效，但该行为符合其他法律行为的生效要件的，许可其产生相应的法律后果。”

实一致，就有效，抵押人要承担《民法典》上的缔约过失责任，即因其过错而承担损害赔偿责任。

七、征收与征用

法律保护公民的财产权不受侵犯，非经权利人同意不得被强制转让，这是现代法治的一条基本原则，法学上称之为“物权的绝对性原则”。物权的绝对性原则与契约自由原则、过错责任（自己责任）原则，被称为现代民法的三大基本原则。侵犯公民的财产权的行为，重者可以构成刑事犯罪，轻者可以构成侵权责任。正像强制缔约制度是合同自由原则的例外、无过错责任制度是过错责任原则的例外一样，征收和征用制度是物权绝对性原则的例外规则。[①] 对此，我国《民法典》也作了专门规定，该法第二百四十三条规定：“为了公共利益的需要，依照法律规定的权限和程序可以征收集体所有的土地和组织、个人的房屋以及其他不动产。征收集体所有的土地，应当依法及时足额支付土地补偿费、安置补助费以及农村村民住宅、其他地上附着物和青苗等的补偿费用，并安排被征地农民的社会保障费用，保障被征地农民的生活，维护被征地农民的合法权益。征收组织、个人的房屋以及其他不动产，应当依法给予征收补偿，维护被征收人的合法权益；征收个人住宅的，还应当保障被征收人的居住条件。任何组织或者个人不得贪污、挪用、私分、截留、拖欠征收补偿费等费用。”《民法典》的规定与我国《宪法》第十条第三款“国家为了公共利益的需要，可以依照法律规定对土地实行征收或者征用并给予补偿”的规定精神相一致，是符合现代法治的精神和原则的。《民法典》第一百一十七条规定：“为了公共利益的需要，依照法律规定的权限和程序征收、征用不动产或者动产的，应当给予公平、合理的补偿。”

何谓征收？简单地说，就是财产所有权的变更，财产由原权利人变更为国家所有；何谓征用？简单地说，就是财产使用权的一时变更，国家在必要

---

① 例如，《法国民法典》第545条规定：“任何人不得被强制转让其所有权，但因公用并在事前受公正补偿时，不在此限。”《德国基本法》第14条第3款规定：“剥夺所有权只有为公共福利的目的才能被允许。”这就是关于征收制度的规定。

使用后，该财产会物归原主。在特定情况下征用也会转化为征收。如在抗洪抢险中，国家征用民用船只运送抗洪抢险物资，这是征用；在堤防出现缺口时，国家动用包括民用船只在内的船舶沉船堵险，这里就从征用转变为征收。何谓公益征收、征用？就是国家为了公共利益的需要，强制取得个人和集体的财产（包括所有权和使用权），并给予相应补偿的行为。过去我们对征收和征用这两个概念有时混淆使用，如我国《宪法》第十条第三款原来规定："国家为了公共利益的需要，可以依照法律规定对土地实行征用。"这里的"征用"对象，明显是指农村和城市郊区农民集体所有的土地：这里的"征用"，究其本意，应是指征收为主，包括征用。因为虽然不能排除国家为了公共利益的需要一时占有农民集体所有土地的情况，但就一般情况而言，是将土地所有权由农民集体所有变更为国家所有。

征收和征用都是通过运用国家强制力而对公民的私有财产权进行限制的形式，它们属于不同的法律制度。第一，二者的法律效果不同。征收是所有权的改变，征用则是使用权的改变。征收是国家从被征收人手中直接取得所有权，其结果是所有权发生了转移；征用则主要是在紧急状态下的对私有财产的强制使用，一旦紧急状态结束，被征用的财产应返还给原权利人。第二，对二者的补偿是不同的。在征用的情况下，因为所有权没有移转，如果标的物没有毁损灭失，就应当返还原物；而在征收的情况下，不存在返还的问题。由于征收是所有权的移转，对被征收人造成的损失更大，对其作出的补偿也相对更高一些。第三，二者的适用条件不同。征用一般适用于临时性的紧急状态，而征收则不一定是在紧急状态中适用，即使不存在紧急状态，为了共同利益的需要也可以征收。由于征收要发生所有权的移转，所以征收的程序比征用更为严格。第四，二者的行为的客体不同。征收的客体主要是土地等不动产，而征用的客体除了不动产外，还包括动产和劳务等。第五，二者的主观目的不同。征用的实施必须是直接满足公共使用的需要，而征收的主观目的要宽泛些，既包括直接运用于公共目的，也包括各种有利于公共利益的使用。

征收、征用动产或者不动产必须基于公共利益的需要，必须符合法律规定的权限和程序，必须给予公平、合理的补偿。其实，征收、征用涉及行政行为，当发生纠纷时，应当提起行政复议或者行政诉讼，而不是适用民事诉讼来解决行政行为。

八、对案例 48 的简要评析

在本案中，属于典型的二重买卖，亦即常说的“一女二嫁”。在本案处理时应注意：

1. 正确确认宏业公司与王某、宏业公司与牛某分别签订的别墅买卖合同的效力。该两份买卖合同中，宏业公司与王某所签订的买卖合同，是双方当事人真实意思表示，为生效合同。宏业公司与牛某所签订的买卖合同，虽宏业公司有违民法所倡导的诚实信用原则，隐瞒了订立合同的重要事实，但牛某并未请求撤销该合同，故亦属生效合同。因此，两份合同均为有效合同，应依法受法律保护。

2. 本案的处理意见当是，宏业公司与牛某之间的买卖合同有效，宏业公司将别墅的产权证书办妥交付于牛某，牛某因此而取得了别墅的产权，应当依法受到保护。宏业公司与王某之间的买卖合同有效，宏业公司擅自违约，应当对王某承担违约责任，支付违约金 60 万元，但王某请求宏业公司交付别墅，因牛某取得了别墅的物权而成为不可能，可调解宏业公司将其他别墅交付给王某，若调解不成，应判决宏业公司退回王某所交的房款 300 万元，并支付违约金 60 万元。

3. 在本案中，王某虽将房款交付于宏业公司，但既未收到别墅，又未取得别墅的产权证书。因此，王某不拥有物权。宏业公司将别墅交付于牛某，且牛某取得了别墅的产权证书。因此，牛某拥有物权。

第五节　财产权——债权

一、问题的提出

依学者见解：“债权债务之法律关系，自权利之方面而言之，谓之债权关系。自债务方面而言，谓之债务关系。债权者，以对于特定之人，请求特定之行为(作为或不作为)为内容之权利也。”[①]《民法通则》第八十四条规定:“债是按照合同的约定或者依照法律的规定,在当事人之间产生的特定的权利和义务关系。享有权利的人是债权人,负有义务的人是债务人。债权人有权要求债务人按照合同的约定或者依照法律的规定履行义务。”《民法典》第一百一十八条规定:“民事主体依法享有债权。债权是因合同、侵权行为、无因管理、不当得利以及法律的其他规定,权利人请求特定义务人为或者不为一定行为的权利。”因此说,债权是权利人请求特定义务人为或者不为一定行为的权利。

在研究债权之前,先看三则案例:

案例 49:安美居公司与李某商品房预约合同纠纷案[②]

2019 年 6 月 30 日,李某与安美居公司签订了《商品房认购协议书》,约定:李某认购安美居公司所开发的房屋,总房价为 127 万元;签署认购协议书当日,李某缴付定金 5 万元,在签订《商品房买卖合同》时选择银行按揭方式付款;李某签署本协议后 7 日内必须到指定地点按约定缴纳相应款项并签署《商品房买卖合同》,逾期视为李某放弃该商品房的权利,本协议终止,定金不予退还。7 月 19 日,双方就学区房写入合同、违约责任约定及办理房屋登记资料的时间发生争议,未能签订商品房买卖合同。李某于 7 月 25 日向安美居公司发函要求双倍返还定金、支付资金占用费等。7 月 27 日,安美居公司向李某回复《告知函》,认为李某提出的修改办证期限及学区房的承诺理由不成立,其无法接受。双方就争议未能协商一致,李某遂诉至法院。

生效裁判认为:李某缴纳的 5 万元定金是否应予退还。双方于 6 月 30 日签订了《商品房认购协议书》,双方之间形成商品房预约合同关系,李某支付给安美居公司的定金 5 万元属立约定金。后因李某要求修改安美居公司提供的买卖合同部分条款,而安美居公司拒绝修改,双方未能在约定期限内签订商品房买卖合同。商品房买卖合同未能订立并非李某的过错,属于不可归责于当事人双方的事由导致合同未能订立。据此判决:被告安美居公司退还

---

① 参见史尚宽:《债法总论》,中国政法大学出版社 2000 年版,第 1 页。

② 参见广西壮族自治区桂林市中级人民法院(2019)桂 03 民终 3883 号民事判决书。

原告李某购房定金5万元。

案例50：尹某军与颜某奎健康权、身体权纠纷案[①]

尹某军与颜某奎同住淮南市田家庵区老龙眼洞泉村。2012年11月26日17时许，双方因小区菜地问题发生口角并厮打，颜某奎持刀将尹某军捅伤。尹某军随后被送往医院治疗，经诊断为全身多处刀刺伤、左坐骨神经挫伤、右腓总神经损伤。2013年8月22日，淮南市田家庵区人民法院作出（2013）田刑初字第00346号刑事判决，颜某奎犯故意伤害罪，判处有期徒刑一年零三个月。2014年8月25日，尹某军另行提起民事诉讼，请求人民法院判如所请。

生效裁判认为：一是关于误工费。尹某军系退休职工，对于退休职工，如其主张误工费，其应向法院举出劳务合同或聘用合同、工资表、单位误工证明等证据。但尹某军仅向法院提交了营业执照和考勤表，且考勤表标注的日期为2012年6月至9月，时间段较短，上述证据不足以支持尹某军关于误工费的主张，对尹某军关于误工费的诉讼请求不予支持。二是关于精神抚慰金。本案颜某奎已因伤害尹某军的犯罪行为被判处有期徒刑一年零三个月，颜某奎被判处刑罚对尹某军是一种精神上的抚慰；且精神抚慰金不属于物质损失的范畴，故对尹某军关于精神抚慰金的诉讼请求不予支持。三是关于残疾赔偿金。首先，从本案的事实和相关法律规定看，颜某奎的故意伤害行为致尹某军构成十级伤残。《侵权责任法》第四条规定，侵权人因同一行为应当承担行政责任或者刑事责任的，不影响依法承担侵权责任；该法第十六条规定，侵权行为造成受害人残疾的，侵权人应当赔偿受害人残疾赔偿金。根据上述事实和法律规定，尹某军关于残疾赔偿金的诉讼请求有事实和法律依据。其次，从公平的角度看，犯罪行为对受害人造成的伤害甚至比纯

---

① 参见安徽省淮南市中级人民法院（2015）淮民一终字第00929号民事判决书，载《最高人民法院公报》2019年第3期。该案的裁判要旨：刑事案件的受害人因犯罪行为受到身体伤害，未提起刑事附带民事诉讼，而是另行提起民事侵权诉讼的，关于残疾赔偿金是否属于物质损失范畴的问题，刑事诉讼法及司法解释没有明确规定。刑事案件受害人因犯罪行为造成残疾的，今后的生活和工作必然受到影响，导致劳动能力下降，造成生活成本增加，进而变相地减少物质收入，故残疾赔偿金应属于物质损失的范畴，应予赔偿。

粹的民事侵权造成的伤害更大，如不予支持残疾赔偿金，会导致受害人因遭受犯罪行为侵害得到的赔偿较少，遭受纯粹民事侵权行为的侵害得到的赔偿相对较多，对受害人不公平，支持残疾赔偿金更符合公平原则。最后，从残疾赔偿金的性质看，因侵权行为造成受害人残疾的，必然会对受害人今后的生活和工作造成影响，造成受害人的生活成本增加或者劳动能力下降，进而变相减少受害人的物质收入，残疾赔偿金应属于物质损失的范畴。

案例 51：全国首例网络个人大病求助纠纷案[①]

莫先生与许女士的儿子出生后身患重病。莫先生利用“水滴筹”进行网络筹款筹得 15.3 万余元。莫先生之子去世后，许女士向水滴筹公司举报称，水滴筹的钱基本没用。水滴筹公司向北京市朝阳区人民法院提起诉讼，要求莫先生全额返还筹集款，并按照同期银行贷款利率支付利息。法院认定筹款发起人莫先生隐瞒名下财产和其他社会救助，违反约定用途将筹集款项挪作他用，构成违约，一审判令莫先生全额返还筹款 153136 元并支付相应利息。

在上述案例中，案例 49 涉及合同债权问题，案例 50 涉及侵权之债，案例 51 涉及不当得利问题。试问：债权的种类有哪些？如何理解？

二、合同之债

《民法典》第一百一十九条规定：“依法成立的合同，对当事人具有法律约束力。”该条实际上揭示了合同具有法律效力的依据。《合同法》第二条规定：“本法所称合同是平等主体的自然人、法人、其他组织之间设立、变更、终止民事权利义务关系的协议。婚姻、收养、监护等有关身份关系的协议，适用其他法律的规定。”从《合同法》的规定来看，《合同法》中的合同只适用于平等民事主体。

合同是当事人之间设立、变更、终止民事权利义务关系的协议。合同是民法中最重要的概念之一，但在世界两大法系中，对合同概念的基本理解是

---

① 《2019 年度人民法院十大民事行政及国家赔偿案件》，载《人民法院报》2020 年 1 月 13 日。

不一样的，有协议说和允诺说两种不同学说。大陆法系采用协议说。大陆法系关于合同的定义来源于罗马法。在罗马法上，合同为双方当事人之间发生债权债务的合意。《法国民法典》第1101条规定：“合同为一种合意，依此合意，一人或数人对于其他一人或数人负担给付、作为或不作为的债务。”这是大陆法系民法的经典定义，包含三个要素：合同为双方行为、合同为双方合意、合同为发生债的原因。而《德国民法典》则从“法律行为”的角度规定了契约的概念，该法第305条规定：“以法律行为发生债的关系或改变债的关系的内容者，除法律另有规定外，必须有当事人双方之间的契约。”这就是说契约是发生、变更债的关系的法律行为。正如德国学者萨维尼所指出的：“契约之本质在于意思之合致。”①

英美法系主张允诺说。在英美法系，学者一般认为合同就是一种允诺，这是由英国的历史习惯和诉讼程序的影响所决定的，他们认为，合同的本质不在于合意，而在于允诺，因而，合同法的宗旨在于保障允诺的实现，当一方违反允诺时，另一方应当予以补救。如美国的《第二次合同法重述》第1条为合同下的定义是，合同是一项或一组这样的诺言：它或它们一旦被违反，法律就会给予救济；或者是法律以某种方式确认的义务的履行。②

我们看到，大陆法系民法合同定义与英美法系民法合同定义，有较大的差异。依大陆法系民法，合同是一种双方的法律行为，是双方当事人的合意。但上述英美法系合同定义，则认为合同是一个或一系列允诺，将合同归结为当事人承担债务的单方意思表示。这与大陆法系合同定义有实质上的区别。

在我国，无论是在理论上还是在立法上，接受的都是大陆法系的协议说的主张，后来认为合同就是一种协议。《民法通则》第八十五条第一款规定：“合同是当事人之间设立、变更、终止民事关系的协议。”在中国的民法教科书中，亦将合同界定为协议。《合同法》亦按协议说界定合同的概念，是完全正确的。《民法典》第四百六十四条第一款规定：“合同是民事主体之间设立、变更、终止民事法律关系的协议。”因此说，合同具有以下法律特征：

1. 合同是平等民事主体之间的民事法律行为。合同是发生、变更、消灭

① 胡长清：《中国民法债编总论》，商务印书馆1934年版，第16页。

② 王军编著：《美国合同法》，中国政法大学出版社1996年版，第1页。

民事法律关系的法律事实。民事法律关系与其他法律关系最本质的区别在于：合同法律关系的主体在法律地位上是完全平等的。《合同法》中的合同的当事人是平等主体的自然人、法人、其他组织，这些主体尽管在法律上的人格可能不尽一致，但在法律上的主体地位则是平等的。这在《民法典》第三编“合同”中已经得到了修正，表述为“民事主体”。

2. 合同是两方以上当事人的意思表示一致的民事法律行为。合同成立必须有两方以上的当事人，他们相互作出意思表示，并且达成一致。若合同当事人的意思表示不一致，就不会形成合同。

3. 合同是以设立、变更、终止民事权利义务关系为目的的民事法律行为。合同是一种民事行为。民事行为是一种主要的法律事实，即民事主体实施的能够引起民事权利和民事义务产生、变更或者终止的行为。合同是一种最基本的民事行为，是以协议的方式设立、变更、终止民事权利义务关系的法律事实。

4. 合同是当事人在平等、自愿的基础上产生的民事法律关系。《合同法》第三条明确规定了合同当事人的法律地位平等，一方不得将自己的意志强加给另一方。第四条亦规定了当事人依法享有自愿订立合同的权利，任何单位和个人不得非法干预。从法律上确保了合同当事人的平等、自愿。

5. 合同是具有法律约束力的民事法律行为。《合同法》第八条对合同具有法律约束力作出了明确规定，即“依法成立的合同，对当事人具有法律约束力。当事人应当按照约定履行自己的义务，不得擅自变更或者解除合同。依法成立的合同，受法律保护”。除不可抗力等法律规定的情形外，当事人一方不履行合同或者履行合同义务不符合约定，都要承担继续履行、采取补救等措施或者赔偿损失等违约责任。《民法典》第一百一十九条规定：“依法成立的合同，对当事人具有法律约束力。”由此看来，《民法典》总则编的规定更简洁。

三、侵权之债

《民法典》第一百二十条规定：“民事权益受到侵害的，被侵权人有权请求侵权人承担侵权责任。”该规定源自于《侵权责任法》第二条第一款“侵害民事权益，应当依照本法承担侵权责任”和第三条“被侵权人有权请求侵权人承担侵权责任”。《民法典》第一百二十条规定的是“侵权行为”。王利明教授认为侵权行为是指由于过错侵害他人的人身和财产而依法应承担民事责任的行为，以及依法律的特别规定应当承担民事责任的其他损害行为。[①]杨立新教授认为，侵权行为是指行为人由于过错，或者在法律特别规定的场合下不问过错，违反法律规定的义务，以作为或不作为的方式，侵害他人人身权利和财产权利及其利益，依法应当承担损害赔偿等法律后果的行为。[②]王利明教授和杨立新教授对侵权行为所作出的定义并无原则分歧。笔者认为，侵权行为是指行为人因过错侵害他人人身、财产权利或法律所保护的利益，而应依法承担相应民事责任的行为，以及依法律特别规定无过错也应承担民事责任的行为。侵权行为具有如下基本特征：

1. 侵权行为是一种违法的作为或不作为的行为。行为可分为作为与不作为。作为是有所而为，如司机因过失而发生交通事故，造成他人的人身和财产受到损害。不作为是有所不为。如病人拨打120急救电话，而120却不及时接诊，导致病人不能得到救治，即为不作为。因此，侵权行为包括作为与不作为两种违法行为，其行为的违法是违反法律规定，当然，也包括违反公序良俗。如山西某青年挖掘死亡女性的坟墓，盗取骨骸，运送到南方配阴婚，该青年的行为显然违反了公序良俗。

2. 侵权行为侵害的是他人的人身权、物权等绝对权利，并造成了现实的损害。他人，包括自然人、法人和其他组织。侵权行为必须要造成实际损害或者存在实际损害发生的危险，仅有行为而无损害，不构成侵权行为。[③]侵权行为所侵害的客体既包括物权、知识产权、人身权等，也包括法律上尚未规定为权利但应受法律保护的合法利益。债权能否成为侵权行为的客体，历来存在“肯定说”和“否定说”。[④]不过，“肯定说”已为司法实践所采纳，立法界也一直呼吁侵害债权应当纳入侵权责任法保护范畴。

3. 侵权行为一般是一种过错行为，但在法律有特别规定的情况下，也可

---

① 王利明：《侵权行为法研究》（上卷），中国人民大学出版社2004年版，第8页。

② 杨立新：《侵权法论》，人民法院出版社2004年版，第13页。

③ 张新宝：《侵权责任法原理》，中国人民大学出版社2005年版，第17页。

④ 请读者参阅王利明主编：《民法·侵权行为法》，中国人民大学出版社1993年版，第256页。

以是一种无过错行为。过错责任是《法国民法典》所确立的近代民法的三大基本原则之一。因为法律要保护人的行动自由，所以规定在通常情况下，行为人只要没有过错就不对自己的行为所造成的损害承担赔偿责任。换言之，行为人只有在有过错的情况下，才对自己的行为所造成的损害承担赔偿责任。但到了现代，在社会本位理念的指导下，法律强调对弱者的保护。在高度危险作业等特殊侵权责任中，法律就要求行为人承担无过错的民事赔偿责任，即行为人在没有过错的情况下给他人造成损害的，也要承担民事赔偿责任。

四、无因管理

《民法典》第一百二十一条对无因管理作了规定，即："没有法定的或者约定的义务，为避免他人利益受损失而进行管理的人，有权请求受益人偿还由此支出的必要费用。"该规定源自于《民法通则》第九十三条："没有法定的或者约定的义务，为避免他人利益受损失进行管理或者服务的，有权要求受益人偿付由此而支付的必要费用。"从本质上来说，该规定与《民法通则》的规定并无二致。

追根溯源，无因管理制度的理念源自于古代法中对拾得遗失物具体事实的法律规定。无因管理制度源自于古罗马法，属于准契约的一种，赋予两种诉权：一是无因管理的反面诉权，即管理人对于本人的诉权，这是无因管理人请求必要费用的诉讼。二是无因管理正面诉权，即本人对管理人之诉权，这是本人对无因管理人请求返还原物的诉讼。我国《民法典》合同编已经将无因管理与不当得利纳入了"准合同"范畴，显然属于"准契约"。

无因管理的法律特征表现为：一是民事主体的广泛性。一般民事主体必须具有一定的民事行为能力，而无因管理的民事主体则无此限制，只要能从事一定的事实行为即可。任何自然人、法人、非法人组织均可成为无因管理的民事主体。换言之，只要具有民事权利能力的民事主体皆可成为无因管理的主体。二是无因管理是一种事实行为。无因管理是一种法律事实，产生民法上无因管理之债，是一种法定之债，《民法典》第一百二十一条专门对此作出规定。三是管理人没有法定义务或者约定的义务。在无因管理中，管理人既没有法定的义务，也没有约定义务。四是管理人为他人管理事务。无因管理的目的旨在避免他人利益遭受损失。无因管理制度既保护管理人的利益，鼓励助人为乐的行为，也保护个人利益免受他人不当的干涉。[①] 五是必要费用的补偿性。无因管理人为管理他人事务，避免利益受损所付出的必要费用，无因管理人有权请求他人支付。必要费用包括因为事务管理而必须要支付的费用和有益于被管理人的费用。[②]

五、不当得利

2017 年《民法总则》第一百二十二条对不当得利作了修改，即："因他人没有法律根据，取得不当利益，受损失的人有权请求其返还不当利益。"该条规定源自于《民法通则》第九十二条："没有合法根据，取得不当利益，造成他人损失的，应当将取得的不当利益返还受损失的人。"相比较而言，《民法总则》规定没有"法律根据"即构成不当得利，比《民法通则》的"合法根据"更加严格，且权利主体是受损失的人。《民法典》总则编延续了《民法总则》的规定。因此，不当得利是指没有法律上的根据，使他人受损而自己获得利益。财产受损失的人称为受损人或受害人，取得不当利益的人称为受益人。

不当得利制度的设立，旨在矫正欠缺法律关系的财产利益变动，平衡受益人与受害人之间的利益冲突，通过授予受害人不当得利返还请求权和要求受益人承担不当得利返还义务，确定利益归属，维护正常的社会经济秩序。[③] 不当得利返还请求权的理论基础在于公平观念，即"无论任何人均不得基于他人的损害而受有利益"。因此，不当得利返还义务是用来恢复不当得利事件发生时当事人之间所应当具有的利益状态，所以说不当得利制度主要维护财产的静态利益。[④]

不当得利的发生原因主要有两种：因给付而产生的不当得利与基于给付外的事实而产生的不当得利。对基于给付而产生的不当得利的情形，容

---

① 参见黄立：《民法债编总论》，中国政法大学出版社 2002 年版，第 171 页。

② 参见王利明主编：《中华人民共和国民法总则详解》（上册），中国法制出版社 2017 年版，第 510~511 页。

③ 参见中国审判理论研究会民商事专业委员会编著：《〈民法总则〉条文理解与司法适用》，法律出版社 2017 年版，第 217 页。

④ 参见黄茂荣：《不当得利》，根植法学 2011 年版，第 8 页；转引自王利明主编：《中华人民共和国民法总则详解》（上册），中国法制出版社 2017 年版，第 517 页。

易处理。在基于给付外的事实而产生的不当得利中，其典型形式是因受益人实施侵权行为而产生的不当得利，主要有以下几种情况：[①]（1）非法使用他人财物。如非法使用他人的房屋，或租赁期限届满而对租赁物继续使用和收益等，均构成对他人财物的侵害，行为人应负侵权责任；同时，由于行为人从财物之上获得利益无法律上的根据，亦应负不当得利的返还责任。（2）非法出租他人财产并获得利益。无租赁权或未经他人同意而出租他人财产，或在租赁关系消灭以后拒不返还租赁物，而将租赁物出租给他人，从而获得租金。非法出租他人财产，构成对他人财产的侵害，行为人应负侵权责任；由此获得的租金无法律上的根据，因而构成不当得利，应负不当得利的返还责任。（3）非法处分他人财产并获得利益。未经权利人同意的情况下，无标的物处分权的人擅自处分他人标的物的行为，构成不当得利。如无处分权人将他人财产出卖给第三人，而第三人构成善意取得时，受害人可请求无权处分人返还不当得利，并可基于侵权行为请求赔偿损失。（4）侵害他人知识产权而获得利益。如未经专利权人的许可而使用其专利获得利益。（5）侵害他人肖像权、名称权、姓名权获得利益。

六、对案例49、案例50、案例51的简要评析

在案例49中，首先是双方签订的《商品房认购协议书》系双方真实意思表示，不违反法律规定，合法有效。涉案的认购协议属于定金合同，是用于担保双方将来达成协商一致的交易。在《商品房认购协议书》中，双方约定的付款方式为银行贷款。同时，双方对具体的违约责任等诸多直接影响双方权利义务的重要条款未能在签订正式的商品房买卖合同时协商达成一致。依照《最高人民法院关于审理商品房买卖合同纠纷案件适用法律若干问题的解释》（以下简称《商品房买卖合同解释》）第四条的规定："出卖人通过认购、订购、预订等方式向买受人收受定金作为订立商品房买卖合同担保的……因不可归责于当事人双方的事由，导致商品房买卖合同未能订立的，出卖人应当将定金返还买受人。"本案中，李某签订认购协议书后按约支付了购房定金，同时与安美居公司协商签订的商品房买卖合同，

① 参见杨立新：《侵权法论》，人民法院出版社2004年版，第234~240页。

基于各自利益考虑，无法就重要条款达成一致的意思表示，致使本约不能订立。双方当事人磋商不成，并非哪一方当事人对认购协议无故反悔，对未能签订商品房买卖合同均无过错，故属于不可归责于双方的原因，不在定金合同所指的违约情形内。因此，对李某要求安美居公司返还 5 万元定金的诉讼请求，应当予以支持。

在案例 50 中，在刑事司法中，受害人得到的刑事附带民事赔偿的范围非常有限，一般是直接损失，包括医疗费、交通费、丧葬费等。死亡赔偿金、残疾赔偿金、精神抚慰金等原则上不予赔偿。在道路交通事故损害赔偿中，被告人被追究刑事责任后，精神抚慰金在交强险范围内优先支付，其他赔偿项目与一般的民事案件并无差别。最高人民法院于 2002 年 7 月 11 日发布的《关于人民法院是否受理刑事案件被害人提起精神损害赔偿民事诉讼问题的批复》（法释〔2002〕17 号，已失效）中明确规定："对于刑事案件被害人由于被告人的犯罪行为而遭受精神损失提起的附带民事诉讼，或者在该刑事案件审结以后，被害人另行提起精神损害赔偿民事诉讼的，人民法院不予受理。"《人身损害赔偿解释》（法释〔2003〕20 号）将死亡赔偿或残疾赔偿改变性质，规定其为财产性质的损害赔偿，其目的是在刑事附带民事的案件中即使是狭义的精神损害不赔，但是死亡或者残疾还是要赔的。在司法实践中，刑事附带民事赔偿的标准曾一度参照一般的人身损害赔偿标准进行，但面对执行难、矛盾大的情况，就不再执行。在本案中，从法理、学理上说，裁判支持残疾赔偿金并没有错。但是，仍然在实践中难以行通。笔者建议，在刑事附带民事诉讼中，加大对民事部分的调解力度，让受害人表示谅解，对被告人的刑罚会起到好的作用。

在案例 51 中，大病筹款是社会救助贫困患病者的慈善行为，体现的是公众的善意和慈爱。本案被告因孩子患病，进行公开筹款，一是隐瞒自己已有财产的事实，二是在筹集善款的事由消失后，却将筹款作为私有财产。这是检验一个人良心的试金石。要知道，捐款人都是热心人士，或者富有，或者也是贫困者，他们拿出自己的钱接济贫困者，救助危难，都是高尚行为。采取欺骗手段骗取善款，甚至将筹集的善款据为自己私有，是欺诈行为，是借机欺诈获得他人捐款的违法行为，也是违反善良风俗的行为，在民法上就是不当得利。不当得利之债的法律后果是返还不当得利，法院判决本案被告返还筹集的善款给捐赠人，完全符合法律的规定。[①]

第六节 财产权——知识产权

一、问题的提出

《民法典》第一百二十三条对知识产权及其类型作了规定，即：“民事主体依法享有知识产权。知识产权是权利人依法就下列客体享有的专有的权利：（一）作品；（二）发明、实用新型、外观设计；（三）商标；（四）地理标志；（五）商业秘密；（六）集成电路布图设计；（七）植物新品种；（八）法律规定的其他客体。”

在研究知识产权之前，先看一则案例：

案例 52：全国首例“小猪佩奇”著作权纠纷案[②]

因认为“小猪佩奇”形象被盗用，该动画形象著作权所有人艾斯利贝克戴维斯有限公司、娱乐壹英国有限公司将聚凡电子商务有限公司、嘉乐玩具实业有限公司诉至法院。杭州互联网法院采用网上宣判形式，公开宣判了全国首例涉“小猪佩奇”著作权侵权纠纷判决案件，判决被告两公司赔偿共计15万元。宣判后，被告嘉乐公司提出上诉，杭州市中级人民法院二审维持原判。

在上述案例中，涉及知识产权中的著作权问题。试问：如何理解知识产权？

二、知识产权的法律意义

“知识产权”，英文为“intellectual property”，德文为“Gestiges Eigentum”，

① 参见《2019 年度人民法院十大民事行政及国家赔偿案件》，载《人民法院报》2020 年 1 月 13 日。

② 《2019 年度人民法院十大民事行政及国家赔偿案件》，载《人民法院报》2020 年 1 月 13 日。

其原意均为“知识（财产）所有权”或者“智慧（财产）所有权”，也称智力成果权。在我国台湾地区，则称之为智慧财产权。根据我国《民法通则》的规定，知识产权属于民事权利，是基于创造性智力成果和工商业标记依法产生的权利的统称。有学者考证，该词最早于17世纪中叶由法国学者卡普佐夫提出，后为比利时著名法学家皮卡第所发展。

所谓知识产权，是指公民或法人等主体依据法律的规定，对其从事智力创作或创新活动所产生的知识产品所享有的专有权利，又称为“智力成果权”“无形财产权”，主要包括发明专利、商标以及工业品外观设计等方面组成的工业产权和自然科学、社会科学以及文学、音乐、戏剧、绘画、雕塑、摄影和电影摄影等方面的作品组成的版权（著作权）两部分。具体而言：一是知识产权的客体是人的智力成果，有人称为精神的（智慧的）产出物。这种产出物（智力成果）也属于一种无形财产或无体财产，但是它与那种属于物理的产出物的无体财产（如电、气）、与那种属于权利的无形财产（如抵押权、商标权）不同，它是人的智力活动（大脑的活动）的直接产物。这种智力成果又不仅是思想，而是思想的表现。但它又与思想的载体不同。二是权利主体对智力成果为独占的、排他的利用，在这一点上，又相似于物权中的所有权，所以过去将之归入财产权。三是权利人从知识产权中取得的利益既有经济性的，也有非经济性的。这两方面结合在一起，不可分。因此，知识产权既与人格权中的亲属权（其利益主要是非经济的）不同，也与财产权（其利益主要是经济的）不同。

从法律上讲，知识产权的特征表现为：一是地域性，即除签有国际公约或双边、多边协定外，依一国法律取得的权利只能在该国境内有效，受该国法律保护。二是独占性或专有性，即只有权利人才能享有，他人不经权利人许可不得行使其权利。三是时间性，各国法律对知识产权分别规定了一定期限，期满后则权利自动终止。

三、侵害知识产权的归责原则

从我国知识产权法对侵害知识产权的行为和责任的规定来看，我国现行法对侵害知识产权采用的是以过错责任为原则，以推定过错责任原则为例外。

《著作权法》第四十七条和第四十八条所规定的侵害著作权的行为都是过错行为，而且，其中大多数行为只能是故意的。值得研究的是第四十七条第（十一）项规定的“其他侵犯著作权以及与著作权有关的权益的行为”。这是一个开放性、概括性的规定，它除了可以随科技发展和作品利用形式的增多而解决新出现的问题外，还可以被解释适用于间接侵权的情况，如储存、运送侵权复制品、媒体发表侵权作品等情况。因此，这类行为应适用过错责任原则。

《商标法》第五十七条规定了七种侵犯商标专用权的行为，其中第（四）项、第（五）项、第（六）项只能是故意行为。第（一）项、第（二）项基本上属于故意行为，但不排除个别善意的情况。第（三）项从文字上看属于无过错责任，但第六十四条第二款规定：“销售不知道是侵犯注册商标专用权的商品，能证明该商品是自己合法取得并说明提供者的，不承担赔偿责任。”据此，可以认为对这类行为法律所采取的是过错推定原则。第（七）项是一个概括性规定，按照《〈商标法〉实施条例》的规定，第（七）项规定的“给他人的注册商标专用权造成其他损害”的行为也都属于故意或过失行为。

《专利法》规定了两种侵犯专利权的行为，即第六十条规定的未经许可实施他人专利的行为和第六十三条规定的假冒他人专利的行为，采取过错责任原则。依据《专利法》第七十条“为生产经营目的使用、许诺销售或者销售不知道是未经专利权人许可而制造并售出的专利侵权产品，能证明该产品合法来源的，不承担赔偿责任”的规定，行为人如能证明其产品的合法来源，即不承担赔偿责任，反之，如不能证明产品的合法来源，即推定其有过错，应承担赔偿责任。

《反不正当竞争法》所规定的侵犯他人商业秘密的行为都是故意行为或有过失的行为，显然采用了过错责任原则。

四、知识产权——著作权

著作权，又称为版权，分为著作人格权与著作财产权。其中著作人格权的内涵包括了公开发表权、姓名表示权及禁止他人以扭曲、变更方式利用著作损害著作权人名誉的权利。著作财产权是无体财产权，是基于人类智慧所产生之权利，故属智慧财产权的一种。

著作权的主体即权利人，是指作者以及其他依著作权法而享有著作权的自然人、法人、非法人单位。著作权的客体，是指受著作权法所保护的作品。作品是文学艺术和科学领域内具有独创性并能以某种有形形式复制的智力创作成果。[①] 著作权的客体具体包括：语文著作，包含文学作品（诸如小说、诗歌）、参考作品、评论；音乐著作；戏剧、舞蹈著作；美术著作，包含艺术作品，例如油画、素描、雕塑；摄影著作；图形著作，包括地图、技术制图及摄影以外之平面或立体图形著作物；视听著作，即内含影像及声音互相配合之影音著作物，例如电影、电视节目等；录音著作；建筑著作；电脑程序著作。

著作权的内容，是指著作权具有哪些具体的权利。我国著作权法规定，著作权包括两类具体的权利，即著作人身权（又称精神权利）和著作财产权（又称经济权益）。与著作权有关的权益，即著作邻接权等权利，是基于表演者、录音制作者和广播电视组织进行传播作品而对其表演活动、录音制品和广播电视节目享有的权利。所以，著作邻接权不在著作权的内容范围内。《著作权法》第一条除规定保护著作权外，还明确规定了保护与著作权有关的权益，即著作邻接权。

著作权的具体内容包括：发表权，即决定作品是否公之于众的权利；署名权，即表明作者身份，在作品上署名的权利；修改权，即修改或者授权他人修改作品的权利；保护作品完整权，即保护作品不受歪曲、篡改的权利；复制权，即以印刷、复印、拓印、录音、录像、翻录、翻拍等方式将作品制作一份或者多份的权利；发行权，即以出售或者赠与方式向公众提供作品的原件或者复制件的权利；出租权，即有偿许可他人临时使用电影作品和以类似摄制电影的方法创作的作品、计算机软件的权利（计算机软件不是出租的主要标的的除外）；展览权，即公开陈列美术作品、摄影作品的原件或者复制件的权利；表演权，即公开表演作品，以及用各种手段公开播送作品的表演的权利；放映权，即通过放映机、幻灯机等技术设备公开再现美术、摄影、电影和以类似摄制电影的方法创作的作品等的权利；广播权，即以无线方式公开广播或者传播作品，以有线传播或者转播的方式向公众传播、广播的作品，以及通过扩音机或者其他传送符号、声音、图像的类似工具向公众传播、

① 参见刘春田：《知识产权法》，中国人民大学出版社 2002 年版，第 47 页。

广播的作品的权利；信息网络传播权，即以有线或者无线方式向公众提供作品，使公众可以在其个人选定的时间和地点获得作品的权利；摄制权，即以摄制电影或者以类似摄制电影的方法将作品固定在载体上的权利；改编权，即改变作品，创作出具有独创性的新作品的权利；翻译权，即将作品从一种语言文字转换成另一种语言文字的权利；汇编权，即将作品或者作品的片段通过选择或者编排，汇集成新作品的权利；应当由著作权人享有的其他权利。

五、知识产权——专利权

专利权，是指专利权人在法定期间内对其发明创造依法享有的人身权和财产权。由于专利权是一种无形财产，所以它与有形财产相比，有其独有的特点：（1）专有性。专有性也称独占性，指专利权人对其发明创造所享有的独占性的制造、使用、销售和进口的权利。也就是说，其他任何单位或个人未经专利权人许可不得进行为生产、经营目的的制造、使用、销售和进口其专利产品，使用其专利方法，或者未经专利权人许可为生产、经营目的的制造、使用、销售和进口依照其方法直接获得的产品。否则，就是侵犯专利权。（2）地域性。即一个国家依照本国专利法授予的专利权，仅在该国法律管辖的范围内有效，对其他国家没有任何约束力，外国对其专利权不承担保护的义务。搞清楚专利权的地域性特点是很有意义的，这样，我国的单位或个人如果研制出有国际市场前景的发明创造，就不仅应及时申请国内专利，而且还应不失时机地在拥有良好市场前景的其他国家和地区申请专利，否则国外的市场就得不到保护。（3）时间性。即专利权人对其发明创造所拥有的专有权只在法律规定的时间内有效，期限届满后，专利权人对其发明创造就不再享有制造、使用、销售和进口的专有权。这样，原来受法律保护的发明创造就成了社会的公共财富，任何单位或个人都可以无偿地使用。对于专利权的期限，各国专利法都有明确的规定，对发明专利权的保护期限自申请日起计算一般在 10 年至 20 年不等；对于实用新型和外观设计专利权的期限，大部分国家规定为 5 年至 10 年，我国现行专利法规定的发明专利、实用新型专利以及外观设计专利的保护期限自申请日起分别为 20 年、10 年和 10 年。

专利权保护的对象包括：（1）发明。即人类在利用自然、改造自然的过程中所创造出的具有积极意义并表现为技术形式的智力成果。发明应当包含创新，必须利用自然规律或自然现象。违背自然规律的创造不是发明，自然规律本身也不是发明。发明是具体的技术性方案，“具体”是指发明必须能够实施，达到一定效果并具有可重复性。（2）实用新型。即对产品的形状、构造或者形状和构造的结合所提出的适于实用的新的技术方案。（3）外观设计。又称为工业品外观设计，或者简称为工业设计，即指对产品的形状、图案、色彩或者其结合所提出的富有美感并适于工业应用的新设计。外观设计必须以产品为依托，对于那些游离于某一具体的产品之外的设计，充其量只能认为是一种纯美术作品，可以受著作权法的保护，但不能作为外观设计受到专利法的保护。外观设计以产品的形状、图案和色彩等为构成要素，以视觉美感为目的，而不去追求实用功能。外观设计必须适合于工业应用，即该外观设计可以通过工业手段大量复制。

专利权人的权利包括：（1）独占实施权。这一权利包括两个方面：第一，专利权人自己实施其专利的权利，即专利权人对其专利产品依法享有的进行制造、使用、销售、允许销售的专有权利，或者专利权人对其专利方法依法享有的专有使用权以及对依照该专利方法直接获得的产品的专有使用权和销售权。第二，专利权人禁止他人实施其专利的特权。除专利法另有规定的以外，发明和实用新型专利权人有权禁止任何单位或者个人未经其许可实施其专利；外观设计专利权人有权禁止任何单位或者个人未经其许可实施其专利。（2）转让权。即专利权人将其获得的专利所有权转让给他人的权利。转让专利权的，当事人应当订立书面合同，并向国务院专利行政部门登记，由国务院专利行政部门予以公告。专利权的转让自登记之日起生效。中国单位或者个人向外国人转让专利权的，必须经国务院有关主管部门批准。（3）许可实施权。即专利权人通过实施许可合同的方式，许可他人实施其专利并收取专利使用费的权利。（4）标记权。即专利权人有权自行决定是否在其专利产品或者该产品的包装上标明专利标记和专利号。（5）请求保护权。即专利权人认为其专利权受到侵犯时，有权向人民法院起诉或请求专利管理部门处理以保护其专利权的权利。保护专利权是专利制度的核心，他人未经专利权人许可而实施其专利，侵犯专利权并引起纠纷的，专利权人可以直接向人民法院起诉，也可以请求管理专利工作的部门处理。（6）放弃权。专利权人可以在专利权保护期限届满前的任何时候，以书面形式声明或以不缴纳年费的方式自动放弃其专利权。（7）出质权。专利权人还享有将其专利权中的财产权进行出质的权利。

专利权人的义务包括：（1）按规定缴纳专利年费的义务。专利年费又叫专利维持费，专利权人应当自被授予专利权的当年开始缴纳年费。（2）不得滥用专利权的义务。即专利权人应当在法律所允许的范围内选择其利用专利权的方式并适度行使自己的权利，不得损害他人的知识产权和其他合法权益。

六、知识产权——商标权

根据《商标法》第八条的规定，任何能够将自然人、法人或者其他组织的商品与他人的商品区别开的标志，包括文字、图形、字母、数字、三维标志、颜色组合和声音等，以及上述要素的组合，均可以作为商标申请注册。注册商标的专用权受到法律保护。商标专用权属于最典型的“工业产权”，它的主要价值在于其经济方面而不是其知识方面。因此，商标专用权基本上是财产性质的权利，而较少具有人身性质。正如有的学者所指出的：“商标反映的是一种利益关系，这种利益关系是通过在市场上把标记与商品或服务不断地联系在一起而产生的。”[①] 我国为了保护民事主体的商标专用权，于1982年首次颁布了《商标法》，后于1993年、2001年、2013年、2019年进行了四次修正。因此说，《商标法》可谓因时而异，与时俱进。

七、对案例52的简要评析

在案例52中，全国首起“小猪佩奇”著作权纠纷案体现了涉外知识产权平等保护原则和国民待遇原则，有利于优化外商营商环境。《伯尔尼公约》《世界版权公约》《与贸易有关的知识产权协议》均明确规定，涉外著作权受法律保护，是国际公认的基本法律原则。中英两国同为《伯尔尼公约》的成员国，“小猪佩奇”动画由艾贝戴和娱乐壹两家跨国公司享有相关著作权（含信息网络传播权等权利），受我国著作权法的保护。“小

---

① 刘春田：《商标与商标权辨析》，载《知识产权》1998年第1期。

猪佩奇”动画是艾贝戴和娱乐壹两家跨国公司拥有的美术作品，曾先后在美国和中国申请著作权登记并获得登记证书，其享有的相关知识产权依法受保护。本案中，涉案两被告未经原告授权许可，擅自生产和销售与“小猪佩奇”有关玩具的行为，已构成侵权。该案判决结果彰显了我国依法平等保护中外知识产权的司法理念，也表现了我国严格保护知识产权的良好国际形象。值得关注的是，不同种类的销售者对于所销售的不同商品所承担的审查义务不尽相同，电商平台与平台内销售者所承担的知识产权注意义务也不相同。①

第七节　财产权——几种特殊权利的保护

一、问题的提出

《民法典》第一百二十四条规定了自然人的继承权，即：“自然人依法享有继承权。自然人合法的私有财产，可以依法继承。”第一百二十五条规定了民事主体的投资性权利，即：“民事主体依法享有股权和其他投资性权利。”第一百二十七条规定了虚拟财产的保护，即：“法律对数据、网络虚拟财产的保护有规定的，依照其规定。”

在研究这三种特殊权利的保护之前，先看一则案例：

案例 53：太一热力公司、李某军与居立门业公司公司盈余分配纠纷案②

最高人民法院认为：一、关于太一热力公司是否应向居立门业公司进行盈余分配的问题。公司在经营中存在可分配的税后利润时，有的股东希望将

① 参见《2019 年度人民法院十大民事行政及国家赔偿案件》，载《人民法院报》2020 年 1 月 13 日。

② 案例来源：最高人民法院（2016）民终 528 号民事判决书，载《最高人民法院公报》2018 年第 8 期。

盈余留作公司经营以期待获取更多收益，有的股东则希望及时分配利润实现投资利益，一般而言，即使股东会或股东大会未形成盈余分配的决议，对希望分配利润股东的利益也不会发生根本损害，因此，原则上这种冲突的解决属于公司自治范畴，是否进行公司盈余分配及分配多少，应当由股东会作出公司盈余分配的具体方案。但是，当部分股东变相分配利润、隐瞒或转移公司利润时，则会损害其他股东的实体利益，已非公司自治所能解决，此时若司法不加以适度干预则不能制止权利滥用，亦有违司法正义。虽目前有股权回购、公司解散、代位诉讼等法定救济路径，但不同的救济路径对股东的权利保护有实质区别，故需司法解释对股东的盈余分配请求权进一步予以明确。为此,《公司法解释（四）》第十五条规定:“股东未提交载明具体分配方案的股东会或者股东大会决议，请求公司分配利润的，人民法院应当驳回其诉讼请求，但违反法律规定滥用股东权利导致公司不分配利润，给其他股东造成损失的除外。”在本案中，首先，太一热力公司在全部资产被整体收购后没有其他经营活动，一审法院委托司法审计的结论显示，太一热力公司清算净收益为75973413.08元，即使扣除双方有争议的款项，太一热力公司也有巨额的可分配利润，具备进行盈余分配的前提条件。其次，李某军同为太一热力公司及其控股股东太一工贸公司法定代表人，未经公司另一股东居立门业公司同意，没有合理事由将5600万余元公司资产转让款转入兴盛建安公司账户，转移公司利润，给居立门业公司造成损失，属于太一工贸公司滥用股东权利，符合《公司法解释（四）》第十五条但书条款规定应进行强制盈余分配的实质要件。最后，前述司法解释规定的股东盈余分配的救济权利，并未规定需以采取股权回购、公司解散、代位诉讼等其他救济措施为前置程序，居立门业公司对不同的救济路径有自由选择的权利。因此，一审判决关于太一热力公司应当进行盈余分配的认定有事实和法律依据，太一热力公司、李某军关于没有股东会决议不应进行公司盈余分配的上诉主张不能成立。

二、关于如何确定居立门业公司分得的盈余数额问题。在未对盈余分配方案形成股东会或股东大会决议情况下司法介入盈余分配纠纷，系因控制公司的股东滥用权利损害其他股东利益，在确定盈余分配数额时，要严格公司举证责任以保护弱势小股东的利益，但还要注意优先保护公司外部关系中债权人、债务人等的利益。居立门业公司应分得的盈余数额，以一审判决认定的太一热力公司截至2014年10月31日可分配利润51165691.8元为基数，扣减存在争议的入网“接口费”1038.21万元，再按居立门业公司40%的股权比例计算，即为16313436.72元。

三、关于太一热力公司是否应向居立门业公司支付盈余分配款利息的问题。公司经营利润款产生的利息属于公司收入的一部分，在未进行盈余分配前相关款项均归属于公司；在公司盈余分配前产生的利息应当计入本次盈余分配款项范围，如本次盈余分配存在遗漏，仍属公司盈余分配后的资产。公司股东会或股东大会作出盈余分配决议时，在公司与股东之间即形成债权债务关系，若未按照决议及时给付则应计付利息，而司法干预的强制盈余分配则不然，在盈余分配判决未生效之前，公司不负有法定给付义务，故不应计付利息。本案中，首先，居立门业公司通过诉讼应分得的盈余款项系根据本案司法审计的净利润数额确定，此前太一热力公司对居立门业公司不负有法定给付义务，若《审计报告》未将公司资产转让款此前产生的利息计入净利润，则计入本次盈余分配后的公司资产，而不存在太一热力公司占用居立门业公司资金及应给付利息的问题。其次，李某军挪用太一热力公司款项到关联公司放贷牟利，系太一热力公司与关联公司之间如何给付利息的问题，居立门业公司据此向太一热力公司主张分配盈余款利息，不能成立。最后，居立门业公司一审诉讼请求中并未明确要求太一热力公司给付本判决生效之后的盈余分配款利息。因此，一审判决判令太一热力公司给付自2010年7月11日起至实际付清之日的利息，既缺乏事实和法律依据，也超出当事人的诉讼请求，本院予以纠正。

四、关于李某军是否应对太一热力公司的盈余分配给付不能承担赔偿责任的问题。盈余分配是用公司的利润进行给付，公司本身是给付义务的主体，若公司的应分配资金因被部分股东变相分配利润、隐瞒或转移公司利润而不足以现实支付时，不仅直接损害了公司的利益，也损害到其他股东的利益，利益受损的股东可直接依据《公司法》第二十条第二款的规定向滥用股东权利的公司股东主张赔偿责任，或依据《公司法》第二十一条的规定向利用其关联关系损害公司利益的控股股东、实际控制人、董事、监事、高级管理人员主张赔偿责任，或依据《公司法》第一百四十九条的规定向违反法律、行政法规或者公司章程的规定给公司造成损失的董事、监事、高级管理人员主张赔偿责任。

综上，据此判决：一、撤销原判；二、太一热力公司于本判决生效后10日内给付居立门业公司盈余分配款16313436.72元；三、太一热力公司到期不能履行上述给付义务，由李某军承担赔偿责任。

上述案例，涉及民事主体的投资性权利。试问：如何理解自然人的继承权？如何理解民事主体的投资性权利？如何理解虚拟财产的保护？

二、自然人的继承权

所谓继承权，是指自然人依照合法遗嘱或者法律规定而取得被继承人的遗产的权利。《民法典》第一百二十四条规定了自然人享有继承权的一般条款，即："自然人依法享有继承权。自然人合法的私有财产，可以依法继承。"财产被他人依法取得的死者被称为被继承人，依法取得被继承人财产的自然人被称为继承人，而被继承人死亡时所遗留的合法财产被称为遗产。在继承开始前，它是一种期待权、专属权。在继承开始后，它是既得权。所以继承权可以分为客观意义上的继承权和主观意义上的继承权两种。

客观意义上的继承权是指继承开始前继承人的法律地位，实质上是继承人所具有的继承遗产的权利能力，是一种法律资格。在被继承人死亡前，继承权仅是一种期待权，继承人不能实现继承权。继承权具有显著的身份属性，继承权是以一定的身份为前提的权利，继承人只能是被继承人的近亲属。但是客观意义上的继承权仅在于赋予继承人取得被继承人遗产的资格，而且在于让继承人取得被继承人的某种人身利益。因此它不能转让或者放弃。

主观意义上的继承权是指当具备法定条件时，继承人实际享有的继承被继承人遗产的具体权利。这里的法定条件是指留有遗产的被继承人死亡，并且继承人未丧失继承权。主观意义上的继承权是由客观意义上的继承权在法定条件发生时转化而来的，是继承人在继承法律关系中享有的实际权利，是一种既得权。主观意义上的继承权主体是继承人，义务主体是不特定的除继承人外的一切人，它一旦为继承人享有，也就排斥为他人享有，因此它属于绝对权，具有排他性。它以财产利益为内容，是一种财产权。继承人可以实际取得，也可以放弃。

继承权的法律特征表现为：一是继承权是一项仅为自然人所享有的权利。继承权的主体只能是自然人。法人、其他组织或者国家，这些自然人以外的民事主体只能作为受遗赠人取得死者的遗产，而不能享有继承权。二是继承权是一种发生在具有一定身份关系的自然人之间的财产权利。继承权一般都是以继承人和被继承人存在婚姻、血缘关系为前提条件的；如我国继承法规定法定继承权存在于配偶、子女、父母、兄弟姐妹、祖父母、外祖父母之间。继承权是继承人取得被继承人财产所有权的一种权利，以财产利益为内容，只有被继承人生前所有的合法财产，才能作为继承权的客体。三是继承权的实现要有一定的法律事实出现。客观意义上的继承权只是继承人享有的一种期待权；只有留有遗产的被继承人死亡这一法律事实出现以后，继承权才能成为既得权，开始遗产继承，继承权才从可能性变为现实性。四是继承权是被继承人合法遗嘱的指定或公民依照法律的规定而享有的权利。继承可以分为遗嘱继承和法定继承。继承权的取得有两种途径：一是按照被继承人合法有效的遗嘱取得，二是依据法律的规定直接取得，即由法律规定的法定继承人取得继承权。当然，继承权作为一项民事权利，从继承开始到遗产分割前，继承人可以根据自己的意志决定接受还是放弃继承权，其他人不得干涉。

在司法实践中应当注意：一是继承权的放弃要用明示方式，默示则不发生法律效力。二是继承权的发生根据是指继承权因哪些原因而发生。古今中外的继承法律制度都是将继承人与被继承人之间关系的亲疏远近作为认定依据，几乎一致认定，继承权的发生根据是与被继承人之间的婚姻关系、血缘关系和共同生活的扶养关系。我国婚姻法和继承法也是以婚姻关系、血缘关系和相互扶养关系作为继承权的发生依据。三是继承权的实现必须以公民死亡这一特定的法律事实为前提，只有被继承人死亡这一法律事实发生以后并且被继承人拥有合法财产，继承权才从可能性变为现实性。四是继承权的标的只能是合法的私有财产。自然人的人身权利随着自然人的死亡而消失，不能作为继承权的标的转移给他人，只有被继承人生前所有的个人合法财产，才能作为继承权的标的。五是继承权的接受和放弃取决于继承人的意志。继承权作为一项民事权利，从继承开始到遗产分割前，继承人可以根据自己的意志决定接受还是放弃继承权，其他人不得干涉。六是遗产分配的原则。一般情况下，同一顺序继承人继承遗产的份额应当均等。即各继承人在对被继承人所尽扶养义务和各自经济状况、劳动能力大致相同的情况下，对遗产应作大体均等的分配。特殊情况下可以不均等分配遗产。[①]

三、民事主体的投资性权利

民事主体的投资性权利，是指民事主体依法享有股权和其他投资性权利。对此，《民法典》第一百二十五条规定："民事主体依法享有股权和其他投资性权利。"股权和其他投资性权利因法律行为而发生，但其权利在性质上不同于物权又不同于债权，而是具有自身特点的财产权。[②] 其特点在于均是无形财产权和原则上可转让。股权和其他投资性权利作为独立的民事权利类型列举，凸显了《民法典》总则编对金融业发展的助推。

股权随着公司相伴而生。股权是由于股东向公司投资而享有的权利。公司法人是依法设立，有独立的财产，能够依自己的名义享有民事权利和承担民事义务，并以自己的全部财产对公司的债务承担民事责任的营利法人。股东的有限责任是指股东对公司的债务仅以出资或应出资额为限承担的责任。对于有限责任公司而言，股东以其认缴的出资额为限对公司承担责任；股份有限公司的股东则以其认购的股份为限对公司承担责任。

股东权利是指股东因出资而对公司所享有的权利。股东一旦投资于公司，该投资就成为公司法人财产权而不归属于自己，但同时换来了相应的股东对公司的权利，即股东权，它是基于股东身份而享有的。从股东的权利关系到股东与公司的关系，可以说是公司法的核心问题。按照不同的标准，股东权可以有不同的分类：一是按照股东权的内容，可以分为自益权和共益权。这是股东权的最基本分类。自益权是指股东以自己的利益为目的而行使的权利，如请求分红的权利、请求分配公司剩余财产的权利。这类权利无需其他股东的配合就可以行使。共益权是指股东参与公司经营管理

---

① 参见何志主编：《婚姻继承法原理精要与实务指南》，人民法院出版社 2008 年版，第 708~709 页。

② 参见邹海林：《民法总则》，法律出版社 2018 年版，第 262 页。

的权利，其尽管也是以自己的利益为目的，但客观上是有利于公司和其他股东的，故称为共益权，如表决权、查阅权。这类权利一般需要结合其他股东的表示一同行使。自益权主要是财产权，共益权则主要是管理公司事务的参与权，它们共同构成完整的股东权。自益权表明了股东权的财产性和请求性，共益权则直接表明了股东权的身份性和支配性。二是按照股东权的性质，可以分为固有权和非固有权。固有权是指除非得到股东的同意，不得以章程或股东会决议予以剥夺或限制的权利，它又称为不可剥夺权。非固有权是指可以依照公司章程或股东会决议予以剥夺或限制的权利，又称可剥夺权。固有权往往是和股东的基本权益相关的权利，如对股份和出资的所有权、普通股的表决权，因而，这类权利常常由公司法或商法加以明确规定，以强行法形式赋予股东。

股权表现为股东对公司行使的权利，主要包括：参与公司经营管理权、参加股东会并行使表决权、提案权、质询权、董事和监事的任免权、查阅权、公司增资时的优先购买权、优先受让出资权、转让出资或股份的权利、股息和红利分配权、剩余财产分配请求权等权利。

其他投资性权利，是指民事主体通过投资享有的股权以外的其他权利。一般而言，民事主体通过购买证券、基金、保险等而享有的是非债权性质的民事权利。[①] 其他投资性权利显然不包括股权的投资性权利。因此，对其他投资性权利应扩充为基于投资所取得的合法利益。比较典型的是信托利益、各种期权、多种财产权组合的利益等。[②] 也就是说，对其他投资性权利的保护，采取宽容的态度，对《民法典》第一百二十五条的立法目的采取扩张性解释，更有利于促进大金融的健康发展。

四、虚拟财产的保护

关于虚拟财产的保护问题，《民法典》第一百二十七条作了规定，即："法律对数据、网络虚拟财产的保护有规定的，依照其规定。"该条的规定，明

---

① 参见邹海林：《民法总则》，法律出版社 2018 年版，第 263 页。

② 参见杜万华主编：《中华人民共和国民法总则实务指南》，中国法制出版社 2017 年版，第 489 页。

确了虚拟财产权是互联网时代下确认的新型权利，有利于加强对民事主体权利的保护。[①]

身处“互联网 +”的时代，区块链的持续发力，数据、网络虚拟财产保护越来越重要。其实，网络虚拟财产并不是一个明确的法律概念，网络虚拟财产的法律性质，众说纷纭，存在物权说、债权说、知识产权说等三大主流观点。如，比特币便属于虚拟财产，在有些国家和地区用比特币购物。网络游戏中的装备也是虚拟财产，可用于游戏群中的交易，可以用人民币去购买。《民法典》第一百二十七条确认了虚拟财产的私权属性，提供了法律保护的依据。虽然该条仅为指引性规范，但其重要性毋庸置疑，虽然无法直接解决虚拟财产所产生的法律争议，但可以为后续制定网络虚拟财产的规定提供依据。

五、对案例 53 的简要评析

案例 53 作为公报案例，裁判评理已经很清晰明了。本案主要涉及《公司法解释（四）》关于股东请求判决公司分配利润的条件，在此简要介绍。《公司法解释（四）》第十四条规定：“股东提交载明具体分配方案的股东会或者股东大会的有效决议，请求公司分配利润，公司拒绝分配利润且其关于无法执行决议的抗辩理由不成立的，人民法院应当判决公司按照决议载明的具体分配方案向股东分配利润。”根据该规定，股东请求判决公司分配利润，须符合以下条件：一是公司决定分配利润的决议为有效决议。公司是否分配利润为公司自主经营问题，如分配利润，需要经过法定程序，一般首先由公司董事会制定并通过利润分配方案，其次报公司股东会或股东大会审议批准。其中董事会决议和股东会或股东大会决议均须符合法定条件和程序，其作出的决议均为有效决议。二是公司拒绝分配利润且其关于无法执行决议的抗辩理由不成立。公司通过分配利润决议后，如果公司执行了决议，自不存在相应诉讼。只有在公司通过了分配利润决议，但拒绝执行该决议，且无正当理由时，才需要通过法院判决解决。一般情形，公司通过分配利润决议，就会

---

① 参见王利明主编：《中华人民共和国民法总则详解》（上册），中国法制出版社 2017 年版，第 543 页。

立即按照决议对股东进行利润分配，但实践中可能会出现因突发事件或其他不可预测事件导致公司无钱或不能分配（如因诉讼账户被冻结等）。这时，公司可以不按照公司决议进行分配。但是，公司一旦通过分配决议，利润分配请求权转化为普通债权，非特殊且正当事由，公司不能随意撤销或更改决议。而且，即使有特殊且正当的事由导致不能分配，如该事由很快消失或不能成为正当障碍，则公司也应立即按照决议分配利润，即使公司可能重新通过决议不予分配利润。

正常情形下，股东需要提交公司有效决议，协议载明具体分配方案时，才可以要求法院判决分配利润，否则，法院将予以驳回。但《公司法解释（四）》第十五条规定："股东未提交载明具体分配方案的股东会或者股东大会决议，请求公司分配利润的，人民法院应当驳回其诉讼请求，但违反法律规定滥用股东权利导致公司不分配利润，给其他股东造成损失的除外。"依该规定，如果股东滥用其权利而致使公司不分配利润，且给其他股东造成损失的，股东也可以在未提交载明具体分配方案的公司决议下请求公司分配利润，如公司不分配利润，但董事、高级管理人员领取过高薪酬，或者由控股股东操纵公司购买与经营无关的财物或者服务，用于其自身使用或者消费，或者隐瞒或者转移利润等情形。该条规定，突破了股东抽象的利润分配请求权不得诉讼的法理，体现了应有的司法干预。但是，对于适用该规定，必须慎重，当事人如果能够通过其他途径，如按照《公司法》第七十四条退出机制解决的话，或通过侵权诉讼解决，则不宜适用该解释规定。只有在当事人确实没有明显的其他方法解决时，法院方可适用该解释解决问题。

第八节　民事权利的取得、行使和保护

一、问题的提出

众所周知，民事法律关系的三要素为民事法律关系的主体、客体和内容。其中，主体即指民事主体，包括自然人、法人、非法人组织；客体即指民事

主体权利义务共同指向的对象；内容即指民事主体的权利义务。权利是民法的核心。[①] 基于民法的“权利法”特性和“权利义务产生”的原理，在民事法律关系的规范构架中，权利是连接主体和客体的纽带，是确定义务和责任的前提。因此，以权利为中心的民法制度有三个重要支点：民事权利的变动规则、民事权利的行使规则、民事权利的保护规则。[②]

在研究民事权利的取得、行使和保护之前，先看两则案例：

案例 54：行为人饮酒驾驶、肇事逃逸后能否要求获赔交强险[③]

2018 年 1 月 17 日 19 时许，赵某驾驶皖 NAV××× 号越野车，沿 X009 线由西向东行驶至裕安区固镇镇鸿都星城小区附近时，撞上钱某驾驶的皖 NYL××× 号二轮摩托车，致钱某受伤，后赵某逃离现场。事故当天，赵某找他人顶替被公安机关查获。《道路交通事故认定书》认定赵某负事故的全部责任，钱某无责任。9 月 28 日，法院以被告人赵某犯交通肇事罪，判处其有期徒刑一年，缓刑二年。5 月 7 日，赵某与钱某就后续赔偿事宜，达成了赔偿协议。协议内容为：赵某一次性支付钱某伤残赔偿金、精神损害赔偿金等一切损失费用共计 25 万元，并于当日兑现。赵某在接受公安机关的询问过程中，承认自己当晚酒后驾车发生事故后又找人顶替的事实。赵某所驾驶的车辆在人保财险投保了机动车交通事故强制责任保险，且事故发生在保险期限内。赵某赔偿受害人损失后，向法院起诉要求人保财险在交强险限额内赔偿其因交通事故造成的各项损失 12.2 万元。

生效裁判认为，赵某酒后驾驶车辆属于严重违法的行为，如果对违法行为予以赔付，会纵容违法行为的发生，引导错误的价值取向，也有违保险制

① 王泽鉴：《民法概要》，中国政法大学出版社 2003 年版，第 75 页。

② 参见王卫国：《民事权利的确定、行使和保护》，载张鸣起主编：《民法总则专题讲义》，法律出版社 2019 年版，第 381 页。

③ 参见赵应军、耿广玉：《行为人饮酒驾驶、肇事逃逸后能否要求获赔交强险——安徽六安中院判决赵某诉人保财险六安公司保险纠纷案》，载《人民法院报》2019 年 6 月 13 日。该案的裁判要旨：行为人因饮酒驾驶肇事后逃逸，并找人“顶包”致使公安机关无法进行酒精测试，从而无法认定行为人是否构成醉驾。行为人在赔偿事故受害人损失后，向法院起诉要求保险公司在交强险范围内予以理赔，不应得到支持。详见安徽省六安市中级人民法院（2019）皖 15 民终 1036 号民事判决书。

度设立的初衷。另外，交强险是法定保险，具有社会公益性和救助性，是针对机动车造成第三者人身损害而设立的，主要目的在于最大限度地为交通事故受害人提供及时和基本的保障，有利于受害人获得及时有效的医疗救助，且赔偿费用是用于补偿受害人而不是赔偿肇事者。据此判决驳回赵某的诉讼请求。

案例55：具有定金性质的彩礼协议无效①

2005年5月，付某与冯某经人介绍相识恋爱。同月25日，双方签订《协议书》，约定："冯某将人民币2万元作担保交给付某保管、支配，如将来夫妻关系破裂：一、付某提出分手愿退还给冯某人民币4万元；二、冯某提出分手付某分文不退。口说无凭，特立此据为证。"冯某所在村村委会在《协议书》上盖章。同年6月8日，付某与冯某登记结婚，次年4月23日生子冯小某。婚后，双方一同外出务工，2012年9月双方分隔两地务工，且不再联系，付某亦未对婚生子冯小某尽抚养义务。婚生子冯小某一直跟随冯某生活。2016年2月6日，冯小某因食物中毒住院治疗，产生医疗费25838.03元，冯某主张其向案外人借款3.5万元用于支付冯小某医疗费用。付某向法院起诉离婚，并要求直接抚养婚生子冯小某。而冯某则主张付某双倍返还彩礼，并补偿其在分居期间支付的冯小某医疗费。

法院经审理认为，双方婚前了解时间较短，感情基础薄弱，夫妻感情已完全破裂，加之双方均同意离婚，故对付某提出离婚的诉讼请求，予以支持。对冯某提出要求付某返还彩礼4万元等请求，因双方已经缔结婚姻关系且结婚多年，故不予支持。法院判决：一、准许付某与冯某离婚。………五、驳回付某的其余诉讼请求。一审判决后，付某和冯某均不服，提起上诉。二审法院认为，彩礼协议违反婚姻法的规定及公序良俗，故离婚时彩礼给付方提

---

① 参见张景卫：《具有定金性质的彩礼协议无效——重庆三中院判决冯某诉付某离婚纠纷案》，载《人民法院报》2019年4月11日。该案的裁判要旨：婚姻双方当事人签订关于结婚彩礼的《协议书》，约定彩礼给付方提出分手或离婚彩礼不予退还，彩礼收受方提出分手或离婚双倍返还彩礼，违反婚姻法规定及公序良俗，故离婚时彩礼给付方要求提出离婚的彩礼收受方按双方协议书约定双倍返还彩礼的请求不应得到支持。详见重庆市第三中级人民法院（2018）渝03民终437号民事判决书。

出离婚的彩礼收受方按双方签订的协议书约定双倍返还彩礼的上诉请求不应得到支持。故判决驳回了冯某要求返还彩礼的上诉请求，并对一审判决其他不合理判项进行了改判。

在上述案例中，案例54涉及民事权利的取得问题，案例55涉及民事权利的行使问题。试问：如何理解民事权利的取得、行使和保护？

二、民事权利的取得

关于民事权利的取得，《民法典》第一百二十九条规定："民事权利可以依据民事法律行为、事实行为、法律规定的事件或者法律规定的其他方式取得。"该条概括列举法律行为、事实行为等法律事实，域外立法例并无这种规范，应当属于《民法总则》的独创。[①] 该条设立了权利取得方式的规则，实际上是引起权利变动的法律事实，即所谓的权利得丧变更。[②] 民事权利的取得，对于取得权利的民事主体来说，其民事权利表现为从无到有的状态；对于相对人来说，其民事权利则表现为从有到无的状态。如，甲将其房屋出卖给乙，乙支付了对价，并办理了过户手续，则对于甲来说，原本对其房屋享有所有权，因买卖法律事实的发生，导致丧失了对其房屋的所有权；对于乙来说，本对房屋不享有所有权，因买卖法律事实的发生，取得了对房屋的所有权。

民事法律行为、事实行为、事件的表述方式，涉及民事法律事实类型的划分问题。民事法律事实，是指能够引起民事法律关系发生、变更或者消灭的客观事实。依据《民法典》第一百二十九条的规定，民事权利的取得情形如下：

1. 依民事法律行为取得民事权利。民事法律行为，是指以意思表示为要素，以设立、变更、终止民事权利和民事义务为目的的行为。[③] 民事法律行

---

① 参见陈甦主编：《民法总则评注》（下册），法律出版社2017年版，第897页。

② 王泽鉴：《民法概要》，中国政法大学出版社2003年版，第75页。

③ 参见杜万华主编：《中华人民共和国民法总则实务指南》，中国法制出版社2017年版，第501页。

为以意思表示为基本工具，基于内心意思——行为意思、表示意思和效果意思的方向定位，借助表示行为的外部表达，导致特定法律关系或权利的得丧变更，在此结构中，是行为人的意愿而非法律引导出法律效果。① 我们知道，民事权利大类分为人身权和财产权，民事权利的取得由此可以分为人身权的取得和财产权的取得。人身权取得的民事法律行为可称为人身行为，如结婚、离婚可以使婚姻关系发生变化。财产权取得的民事法律行为可称为财产行为，如当事人通过买卖合同、赠与合同、互易合同等方式取得民事权利。在现实生活和司法实践中，依民事法律行为取得民事权利是最为主要的方式，且多属于继受取得，即通过某种法律行为从原权利人处取得某项民事权利。

2. 依事实行为取得民事权利。事实行为，是指行为人实施一定的行为时在主观上并没有确立、变更或消灭某一法律关系的意思，但由于法律的规定，同样会引起一定的民事法律后果的行为。② 换言之，事实行为是事实上有此行为，即产生法律上的效果，行为人有无取得此种法律效果的意思，没有必要追问，又称为非表示行为。③ 如合法建造、拆除房屋等事实行为设立或者消灭物权的，自事实行为成就时发生效力。④ 在现实生活中，通过事实行为取得民事权利的，多见于原始取得，即根据法律规定，最初取得民事权利或不依赖于原权利人的意志而取得某项民事权利。

3. 依法律规定的事件取得民事权利。所谓事件，是指与民事主体自然人的意志无关，能够引起民事法律关系发生、变更、消灭的法律事实。事件是客观存在的，不以人的意志为转移。如，自然人的出生、成年、死亡等能够引起民事法律关系的变动；基于主物的添附而取得相应的民事权利。

4. 依法律规定的其他方式取得民事权利。一是法律的直接规定。民事权利还可以依据法律的直接规定取得。如抵押权人的优先权、质权人的质权、建设工程承包人的优先权等均是基于法律的规定而取得。二是司法行为。因人民法院、仲裁委员会的法律文书或者人民政府的征收决定等，导致物权设

---

① 参见〔德〕迪特尔·梅迪斯库：《德国民法总论》，邵建东译，法律出版社 2007 年版，第 159 页。

② 参见佟柔：《中国民法》，法律出版社 1990 年版，第 37 页。

③ 参见王泽鉴：《民法概要》，中国政法大学出版社 2003 年版，第 81 页。

④ 参见《物权法》第三十条的规定。

立、变更、转让或者消灭的，自法律文书或者人民政府的征收决定等生效时发生效力。[①]三是不当得利、无因管理等。

三、民事权利的行使

民事权利的行使，是指权利人的权利内容得以实现。民事权利行使的目的或者效果均会导致民事权利的变动。因此说，民事权利的行使，是民事权利变动的法律事实。[②]关于民事权利的行使，《民法典》第一百三十条规定了自愿原则，第一百三十一条规定了义务必须履行原则，第一百三十二条规定了禁止权利滥用原则。

1. 自愿原则。《民法典》第一百三十条规定："民事主体按照自己的意愿依法行使民事权利，不受干涉。"该条的规定与自愿原则以及民事法律行为的意思自治相协调，强调民事权利应由权利人自愿行使，域外立法例并无此规范，应当属于《民法总则》的独创。[③]

自愿原则，是《民法典》的一项基本原则，该法第五条规定：民事主体从事民事活动，应当遵循自愿原则，按照自己的意思设立、变更、终止民事法律关系。在物权领域，所有权人在法律允许的范围内可以自由地占有、使用、处分、收益其所有物；在债权领域，当事人订立合同拥有完全的自由，除非法律规定不得拒绝缔约之外；在人格权领域，当事人拥有结婚自由和离婚自由的权利。因此说，基于权利行使的自愿，当事人以其意思形成私法上的权利义务关系，自主决定地创造相互间的私法关系。

当然，民事权利行使虽说自愿，但亦应当有所限制：一是民事权利的行使不得违反法律、行政法规的强制性规定。民事权利的行使，应当遵循"法无禁止皆自由"的原则。二是民事权利的行使不得违反该民事权利本身所固有的性质。如结婚、离婚应当遵循自愿原则，不得附条件，不能约定"离婚后女方不得再嫁，否则收回离婚时分给女方的房屋"，这类约定显然是无效的。三是民事权利的行使不得违反公序良俗原则。《民法典》第八

---

① 参见《物权法》第二十八条的规定。

② 参见邹海林：《民法总则》，法律出版社 2018 年版，第 226 页。

③ 参见陈甦主编：《民法总则评注》（下册），法律出版社 2017 年版，第 906 页。

条明确规定了："民事主体从事民事活动，不得违反法律，不得违背公序良俗。"该法第一百五十三条第二款明确规定了："违背公序良俗的民事法律行为无效。"

2. 义务必须履行原则。《民法典》第一百三十一条规定："民事主体行使权利时，应当履行法律规定的和当事人约定的义务。"在民事法律关系中，权利与义务往往是"一对孪生兄弟"，只有适当履行相应的义务，才能通过行使权利来实现本有的目的。而在现实生活中，民事主体行使权利存在两种错误倾向，一是权利的片面化，二是权利的绝对化。[①] 因此，《民法典》第一百三十一条强调了"义务必须履行原则"。

义务必须履行原则表现为两个方面：一是法定义务必须履行。即基于法律的规定，民事主体必须履行的义务。如网络服务提供者安全保障义务，宾馆、商场、车站、娱乐等公共场所的管理人的法定安全保障义务。任何人负有不得侵害他人的人身权、财产权等民事义务。二是约定义务必须履行。民事主体之间可以自愿地对行为义务作出约定，只要不违反法律、行政法规的强制性规定，只要不违背公序良俗原则，当事人均应当按照约定的义务履行，否则构成违约，即要承担民事责任。

3. 禁止权利滥用原则。《民法典》第一百三十二条规定："民事主体不得滥用民事权利损害国家利益、社会公共利益或者他人合法权益。"该条是禁止权利滥用原则的一般条款。其实，禁止权利滥用原则是一项古老的法律规则。权利滥用的禁止实质上是诚实信用原则的具体化体现，也是罗马法以来民法的一项重要原则。[②] 我国《宪法》第五十一条规定："中华人民共和国公民在行使自由和权利的时候，不得损害国家的、社会的、集体的利益和其他公民的合法的自由和权利。"在《民法通则》第七条、《合同法》第七条、《物权法》第七条均宣示了该原则。同时，《民法典》第一百三十二条又强调了该原则。

---

① 参见王卫国：《民事权利的取得、行使和保护》，载张鸣起主编：《民法总则专题讲义》，法律出版社 2019 年版，第 391 页。

② 参见王利明主编：《中华人民共和国民法总则详解》，中国法制出版社 2017 年版，第 567 页。

四、民事权利的保护

遵循传统民法理论，按照民事权利人是寻求国家力量还是私人力量进行救济作为分类标准，民事权利保护途径可以分为公力救济和私力救济。所谓公力救济，就是在民事权利受到侵害时，由民事权利人通过向人民法院提起诉讼或者向仲裁机构申请仲裁的方式来保护自己的民事权利。国家提供的民事权利的保护方法主要是民事诉讼程序和仲裁程序。民事诉讼依据当事人的诉讼请求不同可以分为三类：确认之诉、给付之诉、变更之诉。确认之诉是当事人的权利存在或归属发生争议时，请求人民法院进行确认而提起的民事诉讼。给付之诉是当事人请求人民法院责令相对方为一定行为，以实现民事权利的民事诉讼。变更之诉是当事人请求人民法院对已经存在的民事权利义务关系予以变更的民事诉讼。

所谓私力救济，就是在民事权利受到侵害时，民事权利人通过自己的力量或者其他非国家力量来保护自己免受侵害的民事权利。比如，权利人直接和加害人通过协商进行和解，或者借助第三人、民间调解组织进行居中调处而达成调解协议。私力救济途径除了和解、调解方式外，一般认为还包括防御和自助，其中防御又可以分为正当防卫和紧急避险。

1. 正当防卫。即指权利人的民事权利受到他人正在进行的不法侵害时，为排除不法侵害而对侵害人采取的行为。正当防卫应当具备以下几个要件：一是须针对不法侵害。权利人排除侵害的行为必须针对不法侵害，对于合法行为，比如电力部门依据电力法的有关规定，对属于权利人所有但是妨碍电力设施正常运行的树木进行砍伐，表面上看虽然也侵害了权利人的物权，但是由于电力部门的砍伐行为合法，不允许权利人防卫。二是须不法侵害正在发生。权利人只能对现实正在发生的侵害采取防卫措施，不允许事前防卫或者事后防卫。三是须排除不法侵害的行为针对不法侵害人本人。防卫措施只能指向实施侵害者本人，不能对他人进行防卫。四是须不能超过必要限度。是否超过必要限度，应当结合侵害发生的剧烈和紧急程度，当时所处的客观环境以及防卫行为对不法侵害人的损害程度。由于不法侵害行为发生时，时间往往比较紧迫，而且正当防卫损害的是不法侵害人的权益，所以对限度的要求不能过于苛刻。因此，权利人因正当防卫给侵害人造成损害的，不承担民事责任。超过必要限度，造成不应有的损害的，应当承担适当的民事责任。

2. 紧急避险。即指权利人为避免民事权利受到现实危险的危害，不得已而损害第三人合法权益的行为。紧急避险应当具备以下要件：首先，危险正在发生。和正当防卫一样，紧急避险要求危险正在发生。比如，对面的车辆正在向自己驾驶的车辆撞来，房屋正在燃烧或者火势正在向自己的房屋蔓延。其次，不得已而为之。因为紧急避险损害的是第三人的合法权益，所以要求权利人只能在别无他法的情况下方能避险。比如，如果不及时取邻居鱼塘里的水救火，火情就会加剧，而附近又没有可以及时灭火的水源。最后，避险所造成的损失在必要限度内。衡量避险行为是否超过必要限度，关键是看其所损害的合法权益是否大于所保护的权益，如果大于则超过了必要限度，如果小于则是在必要限度内。

依据民法原理，因紧急避险造成损害的，由引起险情的人承担民事责任。如果危险是由自然原因引起的，紧急避险人不承担民事责任或者承担适当的民事责任。因紧急避险采取措施不当或者超过必要限度，造成不应有的损害的，紧急避险人应当承担适当的民事责任。

3. 自助行为。即权利人在自己的民事权利受到侵害后，为恢复民事权利的原有状态，而对侵害人的人身或者财产实施的必要强制性措施。自助行为在实践中应当把握以下几个要件：[①]首先，自助行为的主体应当是权利人或者是与权利人有利害关系的其他人，如近亲属、合伙人等。法人也应当有相应的自主权利，比如超市发现盗窃商品的人，在警察到来之前可以暂时对其进行扣留。其次，公力救济不能一时到达。比如，侵害人在权利人的房屋门前非法建有障碍物而堵塞权利人进出的通道，权利人可以动用自己的力量直接将障碍物推倒。再如，邻人所有的树木枝丫将权利人的房顶压坏或者妨碍其对房屋的修缮，权利人可以径行将树枝砍伐。显然，类似上述情况，如果依靠公权力，对权利人来说显然在时间上非常缓慢并且不经济。最后，手段上以能够保护自己的民事权利为限。比如，权利人发现自己的首饰失窃后，在来不及报警的情况下，通过自力从偷窃者手中夺回失窃首饰后，不能再对偷窃者进行人身伤害。

---

① 孟勤国：《物权二元结构论》，人民法院出版社2002年版，第137页。

五、对案例 54、案例 55 的简要评析

在案例 54 中，关于交通事故肇事者因酒驾逃逸而未经酒精检测能否认定为醉驾问题。赵某自认其在交通事故发生前饮酒，属于饮酒驾驶。事故发生后，赵某“找他人顶替”的行为，亦是严重的违法行为。酒驾、“顶包”，“罪上加罪”，赵某饮酒驾车发生交通事故逃逸已经被刑事处罚。在赵某向受害人承担赔偿责任后就所驾驶车辆所投保的交强险主张权利，因赵某酒后驾车违反法律禁止性规定，保险公司不应当在交强险范围内承担赔偿责任。因此，法院判决驳回赵某的诉讼请求是正确的。

在案例 55 中，关于涉案彩礼是否应该返还的问题。《婚姻法解释二》第十条中涉及的彩礼，必须是基于当地的风俗习惯，为了最终缔结婚姻关系而为的给付，具有明显的习俗性。因此，法院对于当事人诉请返还彩礼的案件，应当根据双方或收受钱款一方所在地的实际情况，如果存在给付彩礼方能缔结婚姻关系的风俗习惯，则金钱给付一般认定为彩礼，否则只能按照赠与处理，而本案当事人所在地具有婚前给付彩礼的习惯。所以，案涉《协议书》约定的 2 万元应该认定为彩礼。同时，该条规定：“当事人请求返还按照习俗给付的彩礼的，如果查明属于以下情形，人民法院应当予以支持：（一）双方未办理结婚登记手续的；（二）双方办理结婚登记手续但确未共同生活的；（三）婚前给付并导致给付人生活困难的。适用前款第（二）、（三）项的规定，应当以双方离婚为条件。”本案冯某向付某支付彩礼后，双方办理了婚姻登记手续，共同生活并生育一子，婚后生活长达十年之久，涉案彩礼不应该返还。当然，定金罚则亦不适用于婚姻等有关身份关系的协议。

第六章

民事法律行为

依据《民法典》第一百三十三条的规定，民事法律行为是民事主体通过意思表示设立、变更、终止民事法律关系的行为。该制度是民事主体在缔结法律行为、订立遗嘱等民事活动中实现自己意图的一项重要民事制度。《民法典》总则编在借鉴《合同法》及其司法解释的基础上，对民事法律行为进行了完善：

扩充了民事法律行为内涵。依据《民法典》第一百三十三条的规定，民事法律行为既包括合法的法律行为，又包括无效、可撤销和效力待定的法律行为。这样既尊重民事主体的意愿，也强调民事主体对自己的行为负责，有利于提升民事主体的规则意识和责任意识。《民法典》总则编与《民法通则》对民事法律行为规定的区别在于，《民法通则》仅仅指“合法行为”，除此之外，均称之为“民事行为”。

增加了意思表示规则。意思表示是民事主体希望产生特定法律效果的内心意愿的外在表达，是构成民事法律行为的基础。《民法典》总则编对其作出方式、生效和撤回等作了规定。对意思表示规则的司法适用，主要依据《民法典》总则编和《合同法》司法解释的规定，作出正确的判断和认定。

完善了民事法律行为效力规则。一是民事法律行为的有效条件发生了变化。《民法典》第一百四十三条规定民事法律行为有效应具备下列条件：行为人具有相应的民事行为能力；意思表示真实；不违反法律、行政法规的强制性规定，不违背公序良俗。与《民法通则》所规定的条件相比，第三个条件（即不违反法律或者社会公共利益）发生了变化，《民法典》总则编的规定更具体明确。在司法实践中，违反了前两个条件之一的，民事法律行为的效力可能有效、无效、可撤销、效力待定，需要具体情形具体对待。若违反了法律、行政法规关于效力性的强制性规定或者公序良俗，其民事法律行为的效力属于无效。二是明确规定了民事法律行为因存在重大误解、欺诈、胁迫、显失公平等行为的，可向人民法院或者仲裁机构申请撤销，《民法典》总则编将"乘人之危"并入"显失公平"之中，作为可撤销的情形。同时，《民法典》第一百五十二条对撤销权消灭区分不同情形作了规定，此与《民法通则》的规定不同。三是《民法典》总则编对民事法律行为存在可撤销情形的，民事主体只能向人民法院或者仲裁机构申请撤销，并没有规定变更。

回应现实需求，明确了虚假表示与隐藏行为。依据《民法典》第一百四十六条规定，行为人与相对人以虚假的意思表示实施的民事法律行为无效。以虚假的意思表示隐藏的民事法律行为的效力，依照有关法律规定处理。《民法通则》没规定虚伪表示的民事法律行为，后因实践中虚假行为太多，作此规定。实践中，虚假的意思表示之目的主要有：规避法定义务（如阴阳法律行为、房产赠予法律行为）、规避强制执行（财产转移）、规避金融管制（如为规避企业间的借贷，企业间签订股权转让协议和回购协议）、规避非法债务（洗钱、赌博）、虚假诉讼等。以虚假的意思表示隐藏的民事法律行为的效力如何？这要看隐藏行为是否符合法律规定。符合，则有效。不符合，则无效。

第一节　民事法律行为概说

一、问题的提出

根据《民法典》第一百三十三条的规定，所谓民事法律行为，是指民事主体通过意思表示设立、变更、终止民事法律关系的行为。也就是说，民事法律行为是以意思表示为核心，能够产生当事人预期的法律效果的行为。民事法律行为是产生、变更和消灭民事法律关系的最为重要的法律事实。[①] 法律行为是以发生私法上效果的意思表示为核心的行为，它是实现"私法自治的工具"。[②]

在研究民事法律行为之前，先看一则案例：

案例 56：胡某诉张某变更抚养关系案[③]

——全国第一道未成年人"人身安全保护令"

原告胡某、被告张某于 2000 年经法院判决离婚，女儿张某某（1996 年出生）由父亲张某抚养。离婚后，张某经常酗酒，酒后打骂女儿张某某。2005 年，张某因犯抢劫罪被判处有期徒刑三年。刑满释放后，张某酗酒恶习未有改变，长期对女儿张某某实施殴打、谩骂，并限制张某某人身自由，不允许其与外界接触，严重影响了张某某的身心健康。2011 年 3 月 19 日深夜，张某酒后将睡眠中的张某某叫醒实施殴打，张某某左脸受伤，自此不敢回家。同月 26 日，不堪忍受家庭暴力的张某某选择不再沉默，向司法部门写求救

① 参见王利明：《民法总则研究》（第三版），中国人民大学出版社 2018 年版，第 475 页。

② 参见〔德〕迪特尔·梅迪库斯：《德国民法总论》，邵建东译，法律出版社 2000 年版，第 142 页。

③ 《保护未成年人十大优秀案例》，载《人民法院报》2019 年 5 月 31 日。

信，揭露其父家暴恶行，态度坚决地表示再也不愿意跟随父亲生活，要求跟随母亲胡某生活。胡某遂向法院起诉，请求变更抚养关系。鉴于被告长期存在严重家暴行为，为防止危害后果进一步扩大，经法官释明后，原告胡某向法院提出了保护张某某人身安全的申请。

法院经审理认为，被告张某与其女张某某共同生活期间曾多次殴打、威胁张某某，限制张某某人身自由的情况属实，原告的申请符合法律规定。依法裁定：一、禁止张某威胁、殴打张某某；二、禁止张某限制张某某的人身自由。裁定作出后，该院向市妇联、区派出所、被告所在村委会下达了协助执行通知书，委托上述单位监督被告履行裁定书确定的义务。后本案以调解方式结案，张某某自 2011 年 4 月 28 日起由胡某抚养。

在上述案例中，涉及胡某向人民法院提起诉讼的方式，使当事人之间的民事法律关系发生变动。试问：民事法律行为的法律意义如何？民事法律行为的演进如何？民事法律行为与相关概念有何区别？

二、民事法律行为的意义

民事法律行为是民事法律关系变动的要素，是由于民事主体的意思表示使得民事法律关系发生变动的行为，当属于法律事实的一类。《民法典》第一百二十九条规定："民事权利可以依据民事法律行为、事实行为、法律规定的事件或者法律规定的其他方式取得。"该条与《民法典》第一百三十三条的规定是相互呼应的，也就是说，民事法律行为是取得民事权利的方式之一。民事法律行为的法律特征表现为：

1. 民事法律关系在性质上属于法律事实。法律事实是依法能够引起民事权利义务产生、变更和消灭的客观事实。民事法律关系的产生、变更和消灭，是民法适用一定事实的结果。如缔结法律行为而形成法律行为法律关系、发生交通事故而形成道路交通事故损害赔偿法律关系、标的物灭失而导致物的所有权关系消灭。

2. 民事法律行为是民事主体实施的以产生私法上效果的目的行为。《民法典》第二条明确规定了民事主体包括自然人、法人和非法人组织。同时，《民法典》调整的是平等民事主体之间的关系。因此，民事法律行为的目的在于发生私法上的效果，包括人身关系和财产关系。

3. 民事法律行为的核心是意思表示。所谓意思表示，是指向外部表明意欲发生一定私法上效果的意思的行为。[①]换言之，意思表示是民事主体为达到特定法律效果的意思表达。比如，订立法律行为中的要约邀请，就是表达法律行为一方当事人向不特定当事人发出与其订立法律行为的邀请，该要约邀请的内容应当明确、具体，若有当事人向其抛出“橄榄枝”，就达到了发出要约邀请的目的，双方订立法律行为成立，就形成了民事法律关系，即法律行为法律关系。“如果法律行为能够产生主体预期的后果，按照当事人的自主意愿安排其民事活动，当事人必须要能够自主作出意思表示，而且这种意思表示能够依法在当事人之间产生拘束力。”[②]

4. 民事法律行为的法律效果是设立、变更、终止民事法律关系。民事法律关系作为私法自治的工具，其法律效果表现为：一是设立民事法律关系，即在民事主体之间创设民事法律关系。如男女双方结婚，创设了婚姻家庭法律关系。二是变更民事法律关系，即通过民事法律行为对民事主体之间的既存民事法律关系予以变更。如一般保证法律行为的民事主体自愿放弃先诉抗辩权，该行为导致该保证人变成了连带责任保证人。三是终止民事法律关系，即通过民事法律行为终结民事主体之间既存的民事法律关系。如债务人将债务清偿完毕，终止了双方的债权债务法律关系。

三、民事法律行为的演进

法律行为概念进入法典，始于1863年的《萨克森王国民法典》，1896年公布、1990年施行的《德国民法典》对法律行为作了专门规定。《德国民法典》第一草案“立法理由”中指出，法律行为是“旨在引发法律效果的私人意思表示，法律效果之所以根据法律制度而产生，是因为行为人有此欲求。法律行为的本质在于引发法律效果之意志活动，以及通过此等意思而令欲求的法律结构在法律世界中实现之法制话语”[③]。从此，法律行为在民法典和民法学

① 参见梁慧星：《民法总论》，法律出版社2011年版，第189页。

② 王利明：《民法总则研究》（第三版），中国人民大学出版社2018年版，第479页。

③ 朱庆育：《民法总论》，北京大学出版社2013年版，第77页。

说中得以确立。

在新中国成立之前，民法中虽无明文规定法律行为，但学者所下的定义基本一致，法律行为是指以意思表示为要素，因意思表示而发生一定私法效果的法律事实。[①]

新中国成立之后的第一部民事基本法——《民法通则》，第四章规定了“民事法律行为和代理”，首次在立法上采用了“民事法律行为”的定义。《民法通则》第五十四条规定：“民事法律行为是公民或者法人设立、变更、终止民事权利和民事义务的合法行为。”该条的规定与《民法总则》第一百三十三条的规定是不同的：一是《民法总则》用“民事主体”替代了“公民或者法人”；二是《民法总则》的条文增加了民事法律行为中民事主体的主观意思表示的内容；三是《民法总则》用“民事法律关系”替代了“民事权利和民事义务”；四是《民法总则》删除了民事法律行为“合法”性的前缀。在《民法通则》中民事法律行为的内涵被界定为“合法行为”。同时，《民法通则》创设了“民事行为”，作为“民事法律行为”的上位概念，将“无效民事行为”“可撤销民事行为”纳入“民事行为”之中。《民法通则》中“既然叫民事法律行为，就应当具有法律约束力。法律就要予以保护，但又说有些民事法律行为无效，这就矛盾了。因此，我们把民事行为和民事法律行为加以区别，概念就准确了”[②]。

《民法总则》第六章命名为“民事法律行为”，并将民事法律行为定义为“民事主体通过意思表示设立、变更、终止民事法律关系的行为”，凸显了意思表示的核心地位，意志决定论的色彩浓厚，再一次重申法律行为的私法自治原则，具有重大的历史意义。[③]《民法总则》所使用的“民事法律行为”，在内涵和外延上与《民法通则》所使用的“民事法律行为”完全不同，实质上是纠正了《民法通则》所使用“民事法律行为”和“民事行为”来表达法律行为制度的历史性错误。[④]《民法总则》第一百三十三条的规定，既尊重民

① 王泽鉴：《民法概要》，中国政法大学出版社2003年版，第80页。

② 顾昂然：《〈民法通则〉的制定情况和主要问题》，载顾昂然：《新中国民事法律概述》，法律出版社2000年版，第35页。

③ 参见陈甦主编：《民法总则评注》（下册），法律出版社2017年版，第924页。

④ 参见邹海林：《民法总则》，法律出版社2018年版，第278页。

事主体按照自己的意愿设立、变更、终止民事权利义务关系，也强调了民事主体在从事民事活动时，应当预见到自己的行为将产生的法律后果，对自己的行为负责，有利于提升民事主体的规则意识和责任意识，具有更强的实践性。[①]《民法总则》后的民法理论、立法和司法实务，应当将“法律行为”和“民事法律行为”作为同一语适用，可以相互替代使用，在《民法典》中亦如此。本书亦作同一语适用。

四、民事法律行为与相关概念的区别

前面已经阐释了民事法律行为与法律行为可以等同使用。在司法实践中，还应当区分下列问题：

1. 民事法律行为与准法律行为。所谓准法律行为，是指当事人将其内心状态表示于外，但法律效果由法律直接规定的行为。[②] 此类行为与法律行为近似，可以类推适用（准用）法律行为的某些规范（如行为能力、意思表达的真实性等）。准法律行为包括两类：一是意思通知，即民事主体将含有特定目的的意思向相对人表达并因此产生一定的法律效果。《民法典》第一百四十五条第二款规定：“相对人可以催告法定代理人自收到通知之日起三十日内予以追认。法定代理人未作表示的，视为拒绝追认。民事法律行为被追认前，善意相对人有撤销的权利。撤销应当以通知的方式作出。”该法第一百七十一条第二款规定：“相对人可以催告被代理人自收到通知之日起三十日内予以追认。被代理人未作表示的，视为拒绝追认。行为人实施的行为被追认前，善意相对人有撤销的权利。撤销应当以通知的方式作出。”限制民事行为能力人和无权代理人实施的法律行为的效力处于一种待定状态，相对人经过催告，目的是让法定代理人或者被代理人予以追认，欲产生有效的法律效果。若在三十日的追认期间内没有追认，则视为拒绝，相对人的目的则不能达到。二是事实通知，即民事主体就某一事实向相对人发出通知，依据法律规定产生一定的法律效果。如在债权转让中，债权人将其债权转让给第三人，依据合同法的有关规定，仅需要债权人将债权转让的通知发给债

---

① 参见《关于〈中华人民共和国民法总则（草案）〉的说明》（2016 年 6 月 27 日）。

② 参见王利明：《民法总则研究》（第三版），中国人民大学出版社 2018 年版，第 482 页。

务人即可，便产生债权转让的法律效果。

民事法律行为与准法律行为均是将一定的心理状态表示于外部，均可能产生一定的法律效果，但也有着明显的区别：一是民事法律行为的目的是引起民事主体希望的法律后果。准法律行为的法律后果已经由法律直接作出了规定，需要民事主体作出相关的意思表示，即可发生法律规定的效果。二是准法律行为的法律后果直接依据法律规定而产生，不论民事主体是否愿意。民事法律行为的后果则是民事主体所追求的法律效果。

2. 民事法律行为与情谊行为。所谓情谊行为，是指以增进人际关系为意图，善意、无偿为他人提供财产或服务，引发不能产生一定法律效果的行为。① 情谊行为在现实生活中可谓比比皆是，如依约聚会、结伴同行、好意搭乘等。情谊行为与民事法律行为的区别在于，虽属于行为范畴，但不受民法调整，因而不产生法律效果。② 因此，对于情谊行为的处理，民事主体一方存在重大过错时才承担相应的民事责任，绝不能作出“和稀泥”的裁判，一定要让裁判弘扬社会主义核心价值观，引领社会风尚。

五、对案例 56 的简要评析

在案例 56 中，湖南某法院发出了全国第一道针对未成年人的“人身安全保护令”，为加强对未成年人的保护做了有益探索，为推动“人身安全保护令”写入《反家庭暴力法》积累了实践素材，为少年司法事业做出了巨大贡献。数十家媒体和电视台对该案进行了宣传报道，产生了良好的社会效果。该案还引起联合国官员及全国妇联相关领导的关注，他们对这份“人身安全保护令”作出了高度评价。

本案调解过程中，人民法院还邀请当地妇联干部、公安民警、村委会干部、村调解员共同参与对被告的批评教育，促使被告真诚悔悟并当庭保证不再实施家暴行为。本案是多元化解纠纷机制、社会联动机制在未成年人司法

① 参见〔德〕迪特尔·梅迪库斯:《德国民法总论》，邵建东译，法律出版社 2000 年版，第 148 页。

② 参见温世扬:《民事法律行为的一般规定》，载张鸣起主编:《民法总则专题讲义》，法律出版社 2019 年版，第 403 页。

中的恰当运用，同时也为充分发扬“枫桥经验”处理未成年人保护案件做出了良好示范。①

第二节　民事法律行为的形式

一、问题的提出

民事法律行为的形式，又称为民事法律行为的成立方式，即民事主体意思表示的外在表现形式。《民法典》第一百三十五条规定：“民事法律行为可以采用书面形式、口头形式或者其他形式；法律、行政法规规定或者当事人约定采用特定形式的，应当采用特定形式。”该条源自于《民法通则》第五十六条：“民事法律行为可以采用书面形式、口头形式或者其他形式。法律规定用特定形式的，应当依照法律规定。”《合同法》第十条规定：“当事人订立合同，有书面形式、口头形式和其他形式。法律、行政法规规定采用书面形式的，应当采用书面形式。当事人约定采用书面形式的，应当采用书面形式。”因此说，《民法典》总则编的规定与《合同法》的规定保持了一致，与《民法通则》相比较，允许民事主体对法律行为的形式作出约定。

在研究民事法律行为的形式之前，先看一则案例：

案例 57：没有书面合同的超市自助寄存纠纷案②

原告李某在上海大润发有限公司杨浦店（超市）购物时将一个皮包（内含 5310 元人民币）和一把雨伞存放在该超市的自助寄存柜。李某在购物结束取物时发现皮包和雨伞不翼而飞，遂以该超市为被告诉称该超市过于轻信自助寄存柜安全可靠而疏于管理致使其钱物遗失，要求被告赔偿其 5310 元。

上海市第二中级人民法院认为，超市自助寄存双方以行为的方式合意成

① 参见《保护未成年人十大优秀案例》，载《人民法院报》2019 年 5 月 31 日。

② 参见沈德咏等主编、最高人民法院研究室编著：《最高人民法院关于合同法司法解释（二）理解与适用》，人民法院出版社 2009 年版，第 29~30 页。

立合同。通过行为的方式作出意思表示是一种积极的默示行为。超市与顾客在自助寄存中通过一系列的行为达成寄存的合意，合同成立。被告作为一家大型超市，在人工寄存和自助寄存柜两种寄存并存的情况下，原告选择自助寄存柜寄存其物品，双方之间形成的应是原告借用被告自助寄存柜的法律关系，而不是提供保管服务的法律关系。本案中原告在使用被告自助寄存柜时，通过“投入硬币、吐出密码条、箱门自动打开、存放物品、关闭箱门”等人机对话方式取得了被告自助寄存柜的使用权，并没有发生该柜箱内物品的转移，即未产生保管合同成立的必备要件——保管物转移占有的事实。被告在自助寄存柜上标明的“寄包须知”中明示“本商场实行自助寄包，责任自负”“现金和贵重物品不得寄存”，说明被告已经表明仅提供自助寄存柜的借用服务，并未作出保管消费者存入自助寄存柜内物品的承诺，被告与原告之间并未就保管原告寄存物达成保管的一致的意思表示。因此双方形成的不是保管法律关系，而是借用法律关系。在本案的借用关系中，被告作为出借人应保证其交付的借用物无瑕疵，并具备应有的使用效能。根据证人证词及当时自助寄存柜箱门没有被撬的情况，可以证明被告所提供的自助寄存柜质量合格。原告又未能提供有效证据证明其所称物品的遗失是因为自助寄存柜本身的质量问题或被告在提供借用自助寄存柜服务中存在故意或重大过失行为所致。故原告要求被告承担其存放在自助寄存柜内物品遗失的赔偿责任，缺乏法律根据和事实基础，判决不予支持原告李某的诉讼请求。

在上述案例中，涉及民事主体的民事法律行为的形式问题。试问：如何准确理解民事法律行为的不同形式？[①]

二、法律行为的书面形式、口头形式、其他形式

我国《民法典》兼顾交易安全与交易便捷的双重价值取向，在交易安全允许的前提下，为了适应不断发展的社会经济对交易便捷的需要，在法律行

① 本节以民事法律行为中最为常见的法律行为形式为研究对象。本文内容来自于何志：《最高人民法院法律行为法司法解释精释精解》（增订本），中国法制出版社 2019 年版，第 19~27 页。

为形式上以不要式为原则；同时，对一些重要领域的法律行为强调法定形式，以确保市场交易的顺利进行。

1. 口头形式的法律行为。即当事人只用语言为意思表示而不用文字表达协议内容的订立法律行为的一种形式。口头形式的法律行为大量存在，由此亦产生了大量纠纷，但法律行为是否成立，仍以双方当事人意思表示一致为判断标准。对此，最高人民法院在审理王某祥、陈某东诉雄都旅行社旅游合同纠纷案时指出：原告王某祥为外出旅游到被告雄都旅行社处，根据雄都旅行社提供的旅游行程分解表，双方就旅游的期限、目的地、人数、待遇等达成一致的意思表示，这一口头合同成立。法律有关国内旅游方面的规定，以及雄都旅行社的旅游行程分解表内容，是这一口头合同中双方权利义务的书面依据。①

2. 书面形式的法律行为。《民法典》第四百六十九条对合同的书面形式作了明确规定，即“当事人订立合同，可以采用书面形式、口头形式或者其他形式。书面形式是合同书、信件、电报、电传、传真等可以有形地表现所载内容的形式。以电子数据交换、电子邮件等方式能够有形地表现所载内容，并可以随时调取查用的数据电文，视为书面形式”。法律行为采取书面形式，虽然手续较复杂，不够便捷，但其优势在于权利义务记载清楚，便于履行，发生纠纷时也容易举证和分清责任。在网络信息服务中，网站与用户都是通过网络联系沟通的。网站采用电子文本的格式条款法律行为方式，供用户选择并确定双方有关信息服务的权利义务关系，只要法律行为的约定内容不违反法律的禁止性规定，应视为有效。

3. 其他形式的法律行为。即采用除书面形式、口头形式之外的方式来表现法律行为内容的形式。推定形式或者默示形式就是一种其他法律行为形式。这种法律行为形式，不是根据当事人采用书面或口头方式进行意思表示来确定法律行为成立，而是根据当事人实施某种作为或者不作为的行为来推定法律行为的成立。例如，在房屋租赁合同中，租赁合同期满后，承租人和出租人都没有明确表示是否续订合同，而是维持现状，承租人继续支付租金，出租人继续接受租金。从双方当事人的行为，可以推定承租人愿意继续租赁

① 详见《最高人民法院公报》2002 年第 3 期（总第 77 期）。

房屋，出租人同意延长房屋租赁合同的租赁期限，合同继续有效。在实践中，当事人通过履行行为改变合同约定的情形时有发生，如当事人约定合同经公证以后生效，但事实上在没有去公证的情况下已经开始履行合同。此时，双方当事人即以履行行为改变了合同约定。[①]

三、其他形式与默示法律行为、事实法律行为[②]

法律行为的其他形式，也称为默示法律行为，是当事人没有用语言明确表示订立法律行为的合意，而是根据当事人的行为或者特定情形推定法律行为成立的。《民法典》第四百九十条“当事人采用合同书形式订立合同的，自当事人均签名、盖章或者按指印时合同成立。在签字、盖章或者按指印之前，当事人一方已经履行主要义务，对方接受时，该合同成立。法律、行政法规规定或者当事人约定合同应当采用书面形式订立，当事人未采用书面形式但是一方已经履行主要义务，对方接受时，该合同成立”的规定与此有关，就是当事人用他们实际履行合同的行为来订立合同，就是以履行行为的方式来订约。实际履行合同须具备的要件包括：一是民事主体已经就合同内容达成了合意；二是合同一方已经履行了主要义务；三是合同的相对方接受了履行。一般来说，首先，必须是双方都作出了行为，而不是单方的履行。这是从双方的行为来推定当事人之间具有一种合意，这样就必须要求当事人双方都从事了某种行为，假如只有一方的行为，那就根本没有办法来解释双方有一种合意存在，这点很重要。我们在认定合同形式的时候，绝对不能因为只有一方履行了，就说合同成立了，这是不够的，必须还要求另一方接受。其次，还要履行主要义务，必须是履行了主要义务，才能认定合同成立。如果一方只是履行了次要义务，那还不能说合同成立。因为合同成立就是双方当事人就主要条款达成了合意。所以如果当事人仅仅是履行了次要义务，还不能解释为双方已就主要条款达成了协议。

---

① 参见沈德咏等主编、最高人民法院研究室编著：《最高人民法院关于法律行为法司法解释（二）理解与适用》，人民法院出版社 2009 年版，第 25 页。

② 参见沈德咏等主编、最高人民法院研究室编著：《最高人民法院关于法律行为法司法解释（二）理解与适用》，人民法院出版社 2009 年版，第 23~25 页。

其他形式，也称为默示形式、事实契约、事实合同，从法官审判的角度来说是一种推定形式。意思表示的成立，须有外部的“表示”。表示一般称为表示行为，也就是通过一定行为使内心意思被外部认识。而默示对于意思表示来说缺乏明确性，须从表示人作为与不作为的行为去推定判断。默示的积极行为实际上较为准确地反映了当事人的内心效果意思，因为行为是受意思支配的，所以从当事人积极的行为可以推测出其行为背后的意思。

其他形式的合同，即默示的民事行为是通过行为来表达的，行为可分为积极的作为与消极的不作为两种。积极的作为即合同主体以积极的行为接受相对方提出或从事的民事意思表示。而消极的行为即是不作为，对相对方提出或从事的民事意思表示既不表示反对也不表示同意。对于默示的积极行为，《民法通则意见》第六十六条规定：一方当事人向对方当事人提出民事权利的要求，对方未用语言或者文字明确表示意见，但其行为表明已接受的，可以认定为默示。《民法典》第四百八十条规定：承诺应当以通知的方式作出，但根据交易习惯或者要约表明可以通过行为作出承诺的除外。《民法典》第四百九十条第一款规定：采用合同书形式订立合同，在签名盖章或按指印之前，当事人一方已经履行主要义务，对方接受时，该合同成立。这里对于默示的积极行为的适用范围是一方当事人向对方当事人提出民事权利的要求，或者是以行为作出承诺及接受一方履行主要义务。对于默示的消极行为，《民法通则》第六十六条规定，本人知道他人以本人名义实施民事行为而不作否认表示的，视为同意。《民法典》第一百四十五条规定了限制民事行为能力人实施民事法律行为的效力，其中对相对人规定了催告权，即相对人可以催告法定代理人在三十日内予以追认，法定代理人未作表示的，视为拒绝追认。

其他形式的合同除了《民法典》第四百六十九条规定的以外，还有以下四种情况。一是应当采用书面形式订立合同但以行为代替。例如，《民法典》第四百九十条第二款规定：法律、行政法规规定或者当事人约定合同应当采用书面形式订立，当事人未采用书面形式但一方已经履行主要义务，对方接受时，该合同成立。该条不仅没有否定实际履行方式对于合同成立的效力，实际上是对行为合同、事实契约的肯定。二是应当签字或盖章但以行为代替。采用合同书形式订立合同的，合同的成立要有当事人的签字或盖章，且自签字或盖章时合同成立。如果没有签字或者盖章，但一方已经履行主要义务，对方接受的，合同形式上的缺陷亦因此而得到补救，合同成立（《民法典》第四百九十条）。三是承诺可以用行为完成。例如，《民法典》第四百八十条规定：承诺应当以通知的方式作出，但根据交易习惯或者要约表明可以通过行为作出承诺的除外。四是应当采用书面形式订立合同但当事人未采用书面形式，推定为不定期合同。例如，《民法典》第七百零七条规定：租赁期限六个月以上的，应当采用书面形式。当事人未采用书面形式，无法确定租赁期限的，视为不定期租赁。

关于当事人订立合同采用书面形式的种类问题，《民法典》没有将会议纪要列入合同的书面形式，主要是考虑到会议纪要是当事人在合同履行过程中就有关事项协商而形成的记载，同时也是因为法律不可能规定所有的形式，故没有直接提及，况且法律也不可能穷尽所有的书面形式，但这并不影响将会议纪要作为合同附件来看待。会议纪要属于可以有形地表现当事人约定所载内容的形式，涉及当事人之间权利义务的产生、变更和消灭等情形，可以归入《民法典》第四百六十九条第二款规定的“书面形式是合同书、信件、电报、电传、传真等可以有形地表现所载内容的形式”中“等”的范畴。①

四、法律行为其他形式的默示适用范围②

其他形式的实践问题之一是默示适用的范围。默示适用的范围表现在司法实践中，首先，默示的积极行为适用于广泛的民事活动中，如在诉讼时效期间届满以后债务人履行义务，或者在诉讼时效期间内一方向对方履行部分给付义务，从而引起整个给付义务的诉讼时效的中断。还有在债务的转移中，债务人之间转移了债务，债权人接受了被转移的债务人债务的部分履行，其

---

① 程新文：《法人共同侵权行为的认定与处理——上海新华房地产发展公司、上海仲义建设实业有限公司、上海申马铜业科技股份有限公司与上海通海房地产实业有限公司、上海闵行房地产发展有限公司、上海莘闵房地产有限公司、上海闵行房地（集团）有限公司、上海闵行置业发展有限公司财产损害赔偿纠纷上诉案》，载最高人民法院民事审判第一庭编：《民事审判指导与参考》2006 年第 3 集（总第 27 集），法律出版社 2006 年版，第 198 页。

② 参见沈德咏等主编、最高人民法院研究室编著：《最高人民法院关于法律行为法司法解释（二）理解与适用》，人民法院出版社 2009 年版，第 26~27 页。

虽然没有明确表示同意债务的转移，但由于其接受行为而构成了默示。其次，默示的消极行为仅适用于法律的特别规定或当事人之间的约定或根据交易习惯的认定。

超过诉讼时效的债务的重新确认是否适用默示？这也是其他形式的实践问题。所谓超过诉讼时效的债务的重新确认，是指根据《最高人民法院关于超过诉讼时效期间当事人达成的还款协议是否应当受法律保护问题的批复》（法复〔1997〕4 号）和《最高人民法院关于超过诉讼时效期间借款人在催款通知单上签字或者盖章的法律效力问题的批复》（法释〔1999〕7 号）两个司法解释的规定，债务人对超过诉讼时效期间的债务的确认。从立法精神上看，对于超过诉讼时效期间的债务的确认是以成立了新的权利义务关系为理由的，既然按照新的权利义务关系的成立方式来处理这类问题，在法律没有明确规定必须是书面协议的情况下，适用于语言的明确表示，也适用于默示的积极行为的意思表示。

实践中，要注意把握其他形式与法律行为成立的关系。对法律行为其他形式的解释，重在形式。当事人未以书面形式或者口头形式订立法律行为，但从双方从事的民事行为能够推定双方有订立法律行为意愿的，人民法院可以认定是以《民法典》第四百六十九条第一款中的“其他形式”订立的法律行为。这里解释的是“其他形式”，至于法律行为是否成立，取决于双方当事人从事的行为能否表明达成了合意。

五、法律行为的形式要件仅起到证据效力

在法律行为生效要件中，法律行为的形式究竟效力如何，成为学者及法律实务中争论较多的一个焦点，大致有三种观点：第一种意见认为，法律关于法律行为形式的规定属于效力性规定。即如果法律行为不具备法律规定的形式，法律行为虽然已经成立，但是并不能产生效力。所以，不具备形式要件的法律行为是不能产生法律拘束力的法律行为。第二种意见认为，法律关于法律行为形式的规定属于法律行为的成立要件。即如果当事人没有采取书面形式，或者虽然采取书面形式，但未签字盖章，即使当事人口头上达成了协议，也认为法律行为根本没有成立，从而谈不上法律行为能够生效的问题。第三种意见认为，法律对法律行为形式要件的规定属于法律行为成立要件还是生

效要件，应该根据具体情况加以考察，分不同性质的法律行为而作出结论。

由于我国法律在不同的部门法律中对法律行为的形式作了规定，因此，需要就法律规定的具体情况加以具体分析。根据《民法典》第四百六十九条、第四百九十条的规定，笔者认为，法律行为的书面形式具有证据的效力。法律行为的书面形式的主要作用在于证明当事人之间的权利义务关系。如果当事人能够证明其相互之间的权利义务关系，即使法律行为没有采用法律规定的形式，其效力也不受影响。如果当事人没有采用法律规定的书面形式，双方就法律行为的内容发生争议时，在诉讼上应当贯彻“谁主张，谁举证”的原则，不能证明自己主张的当事人可能承担败诉的后果。当然，对于法律特别规定的应该进行登记的法律行为，如果不进行登记将不产生法律特别规定的效力，应该属于法律行为形式效力的特殊情况。就口头法律行为而言，一是当事人以口头形式订立的法律行为，一方已经履行了全部义务或主要义务，另一方已经接受了履行，应当确认口头法律行为成立并同时生效。二是口头法律行为有证人或者其他方式证明当事人对法律行为内容协商一致的，应认定法律行为成立。三是以口头形式订立的法律行为，双方当事人对法律行为的某项条款未协商一致或发生争议时，若该条款是法律行为的必要条款，当事人对此有异议且尚未履行的，说明双方当事人没有取得意思一致，应当认定法律行为未成立和未生效；若该条款是法律行为的非必要条款，当事人对此发生争议，不影响法律行为的成立。

六、对案例 57 的简要评析

在案例 57 中，原告李某将一个皮包和一把伞存放在超市的自助寄存柜，李某和超市没有书面的民事法律行为形式，就导致了本案争议焦点的形成，即双方形成保管合同法律关系还是借用合同法律关系，法律关系的定性不同，双方各自的民事责任是不同的。若是保管合同法律关系，则超市负有完全的安全保障义务，自助寄存柜的东西丢失，超市是要负赔偿责任的。若是借用合同法律关系，自助寄存柜的东西丢失，则只能“责任自负”。当然，若超市未尽到安全保障义务导致自助寄存柜的东西丢失，超市是要负责任的。从本案情形来看，李某使用超市自助寄存柜时，通过“投入硬币、吐出密码条、箱门自动打开、存放物品、关闭箱门”等人机对话方式取得了超市自助寄存柜的使用权，并没有发生该柜箱内物品的转移，即未产生保管合同成立的必备要件——保管物转移占有的事实。超市在自助寄存柜上标明的“寄包须知”中明示“本商场实行自助寄包，责任自负”“现金和贵重物品不得寄存”，说明超市已经表明仅提供自助寄存柜的借用服务。因此，认定双方形成借用合同法律关系更为妥当，李某请求超市赔偿损失的理由不能成立，应当予以驳回。

第三节　民事法律行为的分类

民事法律行为依据不同的标准可以进行不同的分类，且都具有一定的法律意义。

一、单方法律行为、双方法律行为和多方法律行为

《民法典》第一百三十四条第一款规定：“民事法律行为可以基于双方或者多方的意思表示一致成立，也可以基于单方的意思表示成立。”由此可见，民事法律行为可分为单方法律行为、双方法律行为和多方法律行为。该条的规定采纳了我国民法理论的通说，将法律行为的行为人人数或者意思表示的主体数量，作为单方法律行为、双方法律行为和多方法律行为的区分依据。①

单方法律行为，又称为一方行为，即基于一方的意思表示而成立的民事法律行为。换言之，单方法律行为就是民事主体依据自己的意志而从事的能够发生法律效果的行为。单方法律行为大致分为两类：一是民事主体行使自己的权利所实施的单方行为，导致民事权利发生变动。如物的所有权人抛弃该物，导致所有权消灭的法律效果。二是该行为涉及他人权利的发生、变更或者消灭等。如授予代理权、立遗嘱和抛弃继承、委托代理权的撤销、行使法律行为解除权等。双方法律行为或多方法律行为，即基于双方或多方意

① 参见李适时主编：《中华人民共和国民法总则释义》，法律出版社2017年版，第418页。

思表示一致而成立的民事法律行为。如法律行为的民事主体涉及双方或者多方，法律行为的成立必须是双方或者多方意思表示一致时方可成立。《民法典》第一百三十四条第二款所规定的“法人、非法人组织依照法律或者章程规定的议事方式和表决程序作出决议的，该决议行为成立”应当属于多方民事法律行为。

区分单方法律行为、双方法律行为和多方法律行为的意义在于：法律行为的民事主体不同，法律行为的成立是不同的。单方法律行为仅有一方主体，其意思表示作出时即成立。双方法律行为和多方法律行为的民事主体是双方或多方，民事法律行为的成立则需要双方或多方意思表示一致方可成立。

二、有偿法律行为与无偿法律行为

根据双方当事人是否因给付而获得利益将法律行为划分为有偿法律行为和无偿法律行为。凡双方当事人都因向对方给付而获得相应利益的法律行为，称为有偿法律行为。凡向对方给予而不能取得利益的法律行为，称为无偿法律行为。前者是大量存在的，如买卖、租赁、有偿保管、运输、承揽等；后者是少量存在的，如赠与等。有的法律行为的性质决定它必定是有偿的，如买卖、租赁。有的法律行为的性质决定它必定是无偿的，如赠与、使用借贷（借用）。有的法律行为则可以是有偿的，也可以是无偿的，如消费借贷、保管、委托等。

区分有偿法律行为与无偿法律行为的意义在于：一是对有偿法律行为的调整如法律无特别规定时，适用买卖法律行为的规定；无偿法律行为则不然，其债务人不负标的物的权利瑕疵担保和品质瑕疵担保责任（特殊情况例外）。二是当事人所负的过失责任的程度不同，在有偿法律行为中，给付对债务人和债权人均有利益，债务人对此应负轻过失责任；而在无偿法律行为中，给付只对一方有利，对债务人无利益，所以他只负故意和重大过失责任。三是限制行为能力人未经其法定代理人的同意一般不能订立有偿法律行为，但可订立无偿法律行为，接受他人给付利益。[①]

---

① 江平主编：《民法学》，中国政法大学出版社2000年版，第555页。

三、诺成法律行为与实践法律行为

根据法律行为的生效是否以标的物的交付为要件将法律行为划分为诺成法律行为与实践法律行为。凡是仅以双方当事人意思表示一致为生效要件的法律行为，称为诺成法律行为。凡是除双方当事人意思表示相一致以外，还要求以标的物的交付作为法律行为生效要件的法律行为，称为实践法律行为。前者又称为不要物法律行为，如买卖、承揽、租赁等法律行为；后者又称为要物法律行为，如赠与、保管等法律行为。需要说明的是，根据《民法典》合同编第六百六十条第一款“经过公证的赠与合同或者依法不得撤销的具有救灾、扶贫、助残等公益、道德义务性质的赠与合同，赠与人不交付赠与财产的，受赠人可以请求交付”之规定，说明赠与法律行为原则上为实践性法律行为，但该条规定即为例外之情形。

区分诺成法律行为与实践法律行为的意义在于：一是两者生效的要件不同，诺成法律行为的当事人意思表示一致即告成立即生效；而实践法律行为除当事人协商一致外，尚须交付标的物。二是两者生效的时间不同，诺成法律行为生效的时间为合意达成的时间；而实践法律行为生效的时间为标的物的交付时间。

四、单务法律行为与双务法律行为

根据法律行为当事人中是一方负有义务还是双方互负义务，可将法律行为分为单务法律行为和双务法律行为。只有一方当事人负有义务的法律行为，即为单务法律行为，例如赠与法律行为、借用法律行为。双方均负有义务的法律行为，则系双务法律行为，例如买卖法律行为、租赁法律行为、运输法律行为等。在双务法律行为中，又分完全的双务法律行为与不完全的双务法律行为。形成对价关系并互为前提的，是完全的双务法律行为。不具有对价关系，彼此不构成前提的，为不完全的双务法律行为。前者如买卖法律行为，后者如无偿的委托法律行为。

区分单务法律行为与双务法律行为的意义在于：一是在法律行为履行方面，除当事人或法律有特别规定外，双务法律行为可根据合同法的有关规定，以同时履行为原则，即双务法律行为的当事人享有同时履行抗辩权，在一方未履行或未提供履行的担保时，对方有权拒绝自己的给付；而单务法律行为则无此规定。二是在风险负担方面，单务法律行为中的风险由所有人负担，但对方有过失的除外；双务法律行为中的风险负担则有三种情况：（1）发生不可抗力而使双方不能同时履行时，任何一方均不得要求对方履行，债务人即免除义务；如一方已经履行的，对方应当予以返还；否则，就构成不当得利。（2）由于可归责于债务人的原因而致使不能同时履行时，债务人无权要求对方履行，对方有权要求解除法律行为并请求赔偿损失。（3）由于可归责于债权人的原因而使法律行为不能履行时，债务人有权要求对方履行并赔偿因此而遭受的损失。三是解除法律行为方面，在双务法律行为中，当法律行为的债权人因可归责于对方的事由而致使不能履行时，有权解除法律行为，在单务法律行为中债权人则为撤回，而不发生解除法律行为的问题。①

五、要式法律行为与不要式法律行为

根据法律行为的成立是否需要履行特定的形式和手续可将法律行为划分为要式法律行为与不要式法律行为。凡法律规定必须具备一定的形式和手续的法律行为为要式法律行为；凡法律规定不须具备一定的形式和手续的法律行为为不要式法律行为。在现代各国，以法律行为自由为基本原则，故以不要式为原则，而以要式法律行为为例外，但为保护交易的安全，对特殊财产，如不动产法律行为仍规定为要式法律行为。

对法律行为进行这种分类的意义在于区别不同类型法律行为的效力：在这个问题上，各国的规定各有不同，有的国家的民法典规定法律行为不具备法律规定的形式不产生效力；有的则规定不具备法定形式法律行为不成立。

六、附条件法律行为与不附条件法律行为

根据法律行为是否附条件，可将法律行为划分为附条件法律行为与不附条件法律行为。法律行为附有条件的，为附条件法律行为；法律行为没有附条件的，为不附条件法律行为。如我国《民法典》第一百五十八条规定："民

---

① 周枏：《罗马法原论》，商务印书馆1994年版，第660页。

事法律行为可以附条件，但是根据其性质不得附条件的除外。附生效条件的民事法律行为，自条件成就时生效。附解除条件的民事法律行为，自条件成就时失效。”这里所说的“条件”，应指当事人以将来客观上不确定的事实作为决定法律行为效力的附款。

区分附条件法律行为与不附条件法律行为的意义在于：附条件法律行为的当事人约定所附条件可以自然成就或不成就，也可以由当事人以合法的手段促成其成就或不成就，但法律禁止当事人为自己的利益不正当地阻止条件成就或促进条件成就，如出现此种情形，则法律不承认其效力。不附条件法律行为则无此限制。

七、未生效法律行为、有效法律行为与无效法律行为

按照法律行为的效力可将法律行为划分为未生效法律行为、有效法律行为、无效法律行为。一般而言，依法成立的法律行为，自成立时生效。亦即法律行为的生效与法律行为的成立是一致的，法律行为一成立就产生效力。但法律行为成立而未生效的例外情形有两种：一是当事人对法律行为的效力约定附条件或者附期限，自条件成就前或期限届满前未生效。二是法律、行政法规规定应当办理批准登记等手续才生效的，未经批准、登记的法律行为就为未生效法律行为；合法的法律行为、未被撤销的可撤销法律行为、被追认的法律行为，均为有效法律行为；被撤销的法律行为、未被追认的法律行为和法定无效的法律行为，均为无效法律行为。

区分未生效法律行为、有效法律行为、无效法律行为的意义在于：一是法律行为的法律效力不同。有效法律行为发生法律效力，产生当事人之间的民事权利义务关系。无效法律行为自始无效，当事人之间所约定的权利义务不为法律所保护。未生效法律行为亦对当事人无法律约束力，但未生效法律行为并不绝对等于无效法律行为，未生效是法律行为的现状，无效是对法律行为的定性。二是法律行为的责任承担不同。有效法律行为按当事人约定追究违约方的责任，可请求继续履行法律行为、支付违约金、赔偿损失等。无效法律行为应由当事人之间返还财产、赔偿损失等。未生效法律行为应根据《民法典》合同编第五百条之精神，由当事人承担缔约过失责任。

第四节　民事法律行为的成立和生效

一、问题的提出

民事法律行为的成立，是指民事法律行为产生的客观状态，即某一行为因具备特定要件而成为民事法律行为的事实。民事法律行为的成立，既是一种事实判断，也是一种法律判断，即需要满足一定的法律要件。[①] 民事法律行为的生效，是指已经成立的民事法律行为因符合法定的生效要件，便产生法律上的拘束力。

在研究民事法律行为的成立和生效之前，先看一则案例：

案例 58：唐某与程某莉房屋买卖法律行为合同纠纷案[②]

2000 年 11 月 7 日，重庆市九龙坡区土地房屋权属登记中心收到以唐某为卖方、程某莉为买方的《房屋买卖合同》《房地产交易合同登记申请表》等关于唐某所有房屋的房屋买卖材料，材料上均盖有“唐某”字样私章，部分材料签有“唐某”字样签名，重庆市九龙坡区土地房屋权属登记中心凭上述材料将登记在唐某名下的房屋过户给了程某莉。2003 年 4 月 17 日，唐某以其从未与程某莉签订房屋买卖合同为由向法院提起行政诉讼。重庆市第一中级人民法院二审以主体不适格为由裁定驳回唐某的起诉，并在裁判理由中认为：唐某与程某莉盖章签订制式房地产买卖合同，经登记部门审查，获准房屋权属转移登记。2007 年 3 月，唐某向重庆市九龙坡区人民法院提起本案民事诉讼，请求确认房屋买卖合同无效，并判令程某莉将诉争房屋返还给唐某。诉讼中，法院查明，上述“唐某”的签名均为程某莉丈夫所签，“唐某”字样的私章无法证明为唐某所有。该案

① 参见温世扬：《民事法律行为的一般规定》，载张鸣起主编：《民法总则专题讲义》，法律出版社 2019 年版，第 411 页。

② 《最高人民法院发布五起典型案例》，载《人民法院报》2014 年 5 月 1 日。

经一审、二审以及重庆高级人民法院再审，均在合同是有效还是无效之间争议，重庆高级人民法院再审判决认为合同有效并据此驳回了唐某的诉讼请求。唐某不服，向检察机关申诉，2012年5月16日，最高人民检察院向最高人民法院提起抗诉。

最高人民法院再审认为，涉案合同不涉及有效与无效的问题，而是是否成立的问题。在双方当事人就合同关系是否成立存在争议的情况下，根据法律规定，应由主张合同关系成立的一方当事人承担举证责任，在“唐某”签名被证实并非唐某本人所签的情况下，程某莉不能证明“唐某”字样的私章为唐某本人所有并加盖时，应当承担举证不能的诉讼后果。行政裁定书认定的事实只能证明房管部门行政行为的合规性，并不能证明民事行为的成立，且多方面证据均证明唐某并未签订《房地产买卖合同》，唐某与程某莉之间没有就涉案房屋成立房屋买卖合同关系。据此最高人民法院判决程某莉向唐某返还房屋。

在上述案例中，涉及民事法律行为的状态问题，即是否成立？是否生效？试问：如何理解民事法律行为的成立，民事法律行为的生效？民事法律行为的成立与生效之间有何区别？

二、民事法律行为的成立

关于民事法律行为的成立，《民法典》第一百三十四条作了原则性的规定，即：“民事法律行为可以基于双方或者多方的意思表示一致成立，也可以基于单方的意思表示成立。法人、非法人组织依照法律或者章程规定的议事方式和表决程序作出决议的，该决议行为成立。”

（一）民事法律行为成立的要件

民事法律行为成立的要件包括民事主体、标的和意思表示三要素。亦有学者认为，意思表示本身就有当事人，故应以意思表示和标的为法律行为的成立要件。[①] 其实，该种观点与民法学说中通说认为民事法律行为成立的三

① 参见林诚二：《民法总则》（下册），法律出版社2008年版，第295页。

要素并没有实质差别。

我国民法理论认为民事法律行为的成立应当具备三个条件：行为人（当事人、民事主体）、意思表示和标的。[①] 从我国《民法典》第一百三十三条、第一百三十四条的规范内容上来看，应当认为民事法律行为成立的要件包括：民事主体、意思表示和标的。

民事法律行为成立的要件包括三个方面：一是民事主体。既然是行为，必定有主体，民事法律行为必然有人的主体。因此，民事法律行为的主体即民事主体，包括自然人、法人和非法人组织。对于自然人而言，完全民事行为能力人、无民事行为能力人、限制民事行为能力人均可称为民事主体。二是标的。所谓标的，即民事法律行为的具体内容，是民事主体所追求的法律效果。如借款法律行为中的标的是货币，房屋租赁法律行为中的标的是房屋。三是意思表示。意思表示是法律行为成立的核心要素，没有意思表示就没有法律行为。单方法律行为中只需单方意思表示即可；双方法律行为或多方法律行为，则需要民事主体的各方意思表示一致方可。

（二）作为民事法律行为最为常见的形式——合同成立的必备要件

1. 法律行为成立的必备要件。在民事法律行为中，《民法典》第一百一十九条规定："依法成立的合同，对当事人具有法律约束力。"《合同法解释（二）》第一条第一款对合同成立的必备要件作出了明确规定：当事人对合同是否成立存在争议，人民法院能够确定当事人名称或者姓名、标的和数量的，一般应当认定合同成立。但法律另有规定或者当事人另有约定的除外。因此，原则上，合同成立应具备"名称或姓名、标的、数量"三个条款，亦称为合同成立的"三要素"。《民法典》第四百七十条所规定的"其他条款"，则称为合同成立的非必备条款，换言之，缺少了其他条款，一般不影响合同

---

① 参见梁慧星：《民法总论》（第五版），法律出版社 2017 年版，第 173 页；参见刘凯湘：《民法总论》（第三版），北京大学出版社 2011 年版，第 280~281 页；参见温世扬：《民事法律行为的一般规定》，载张鸣起主编：《民法总则专题讲义》，法律出版社 2019 年版，第 411~412 页。

的成立。①

合同的名称或者姓名，即为合同的主体。订立合同就是为了实现当事人的经济或其他目的，因此，确定对方当事人的身份、资格和履行能力是首要的。我国《民法典》第四百六十四条第一款规定："合同是民事主体之间设立、变更、终止民事法律关系的协议。"由此可见，订立合同的主体必须是具有民事权利能力和民事行为能力的自然人、法人和非法人组织。

关于合同的标的，审判实践中存在模糊认识，有的认为，合同的标的就是当事人之间的法律关系，实际上该认识是错误的。合同的标的与当事人之间的民事法律关系是有联系的，但是绝不能等同。民事法律关系是民事主体之间基于民法规范而形成的具有民事权利义务内容的社会关系。民事法律关系的三要素包括主体要素、客体要素、内容要素。民事法律关系的客体要素就是合同的标的。它是指民事权利义务的载体，或者说权利义务共同指向的对象。合同的标的是合同成立的必要条件，是一切合同的必备条款。②

关于数量条款是否为合同必备条款的问题，司法实践中存在不同观点：一种观点认为，数量是合同的必备条款，缺少数量条款，无法按照合同法所规定的合同漏洞补充方法予以补充，合同无法履行；另一种观点认为，标的物条款仅指标的物名称，缺少标的物名称会使合同不具有实质性内容，而数量条款并非合同标的物条款的实质性内容，并不影响合同的成立。最高人民法院审判委员会民事行政专业委员会讨论本解释时认为数量条款应当是合同的必备条款，征求全国人大常委会法工委民法室意见时，民法室认为数量条款应为合同必备条款。因此，《合同法解释（二）》将数量条款作为合同成立的必备要件之一。③

---

① 最高人民法院在审理中国华融资产管理公司贵阳办事处与贵州钢绳（集团）有限责任公司等股权置换纠纷案［最高人民法院（2007）民二终字第190号民事判决书］时指出：《股权置换协议》对股权置换交易的标的物、交易时点、价格、交易程序、违约责任、解决争议的方式均有明确的约定，具备合同的主要内容，有效成立。上述条款不明确可通过合同解释方法予以明确，并不能影响合同的效力。详见最高人民法院民事审判第二庭编：《商事审判指导》2009年第3辑（总第19辑），人民法院出版社2010年版，第226~228页。

② 《合同案件审判指导》，法律出版社2014年版，第6页。

③ 详见最高人民法院研究室编著：《最高人民法院关于合同法司法解释（二）理解与适用》，人民法院出版社2009年版，第15~16页。

2.法律行为成立中的签名盖章。《民法典》第四百九十条第一款规定:“当事人采用合同书形式订立合同的,自当事人均签名、盖章或者按指印时合同成立。”《合同法解释(二)》第五条规定:“当事人采用合同书形式订立合同的,应当签字或者盖章。当事人在合同书上摁手印的,人民法院应当认定其具有与签字或者盖章同等的法律效力。”因此,任何一种书面合同,只有在通过某种方法将其特定化以后,才能实现法律上书面形式的功能,并对当事人产生法律拘束力。传统商务活动中合同的签署,人们往往通过摁手印、手写签名、加盖图章等方法,来确认当事人通过书面形式作出的意思表示的真实性及其所享受权利和承担义务的具体内容。

合同成立,需要当事人的签字或者盖章。当事人的签字,包括自然人本人或其委托代理人签字,企业法人或者其他经济组织的法定代表人、负责人或其委托代理人签字。根据《民法典》第六十一条的规定,企业的法定代表人签字的合同代表了企业的意思表示,可以产生合同成立的法律效果。同样,盖章也可以产生合同成立的法律效果。合同书上盖章的意义在于证明该合同的内容是印章记载当事人的意思表示,此时合同书上的印章具有证据作用。加盖真实印章的合同,其权利义务由该当事人承受。[①] 最高人民法院在审理天津环球磁卡股份有限公司与甘肃兰州陇神药业有限责任公司担保合同纠纷案[最高人民法院(2007)民二终字第14号民事判决书]时指出:关于展期合同存在形式瑕疵是否影响合同效力问题,尽管在个别展期合同中,合同一方仅加盖了公章而没有法定代表人或授权代理人签字,但根据我国《合同法》第三十二条的规定,签字或者盖章,合同均可发生法律效力。因此,展期合同并不因未同时具备签字和盖章的形式上的瑕疵而应当认定无效。[②] 因此,当事人采用合同书形式订立合同的,只要具备签字、盖章中的一个要件合同即成立,并不需要同时具备两个要件。但在司法实践中,有的当事人为了稳妥,往往约定签字并盖章合同才成立并生效。显然,基于意思自治原则,

① 详见最高人民法院(2001)民二终字第155号民事判决书(建行浦东分行诉中基公司等借款合同纠纷案),载《最高人民法院公报》2004年第7期(总第93期)。

② 详见最高人民法院民事审判第二庭编:《商事审判指导》2009年第2辑(总第18辑),人民法院出版社2010年版,第172页。

对其自主约定的效力应予认可。但不能绝对化，还应当对当事人的行为进行整体解释来认定其真实意思表示。①

《合同法》规定的最常用的签章方式是签字或盖章，或者签字加盖章，既未明确可以采用摁手印的方式，也未明确否定采用摁手印的方式。在我国广大农村地区，甚至在部分城市中许多人仍然习惯于摁手印签约。人民法院如果对摁手印不予承认，可能会使相当一部分合同无法发生效力。根据我国《合同法》上的意思主义原则，合同可以不采用书面合同的形式签订，只要双方意思表示能够达成一致，即形成合意，就应当认定合同成立。摁手印与签字或者盖章都具有将意思表示的内容与意思表示的主体联结起来进而确认合同主体的作用。因此，当事人在合同书上摁手印应当具有与签字或盖章同等的法律效力。对此，《民法典》第四百九十条明确规定了按指印与签字、盖章具有同等法律效力。

在理解时应当明确，摁手印具有与签字或者盖章同等的法律效力，是指摁手印对于合同成立的效果，即合同自当事人摁手印时成立，并不是要解决整个合同的效力问题的，并不意味着合同一定是有效的，因为合同的效力评价取决于国家意志而非合同当事人的意志，即使摁的手印是真实的、有效的，如果合同具有法定无效的情形之一，仍然是无效的。合同的成立与否，则取决于当事人意思表示是否一致，摁的手印、签的名、盖的章真实有效是当事人意思表示真实有效的前提条件。至于摁的手印的真实性问题，譬如是否在醉酒、昏迷、胁迫状态下形成的，需要在民事诉讼中根据具体案情对举证责任合理分配以后加以解决。②

3. 合同成立中的意思表示。在签订合同过程中，经过要约、承诺，双方当事人意思表示一致，合同即可成立。因此，当事人在合同书上的签字、盖章的效力，除有相反证据表明意思表示瑕疵外，应当表明合同内容为当事人的真实意思表示，当事人据此享有合同权利、履行合同义务。同时，当事人在合同书上的签字、盖章，还具有使合同相对人确信交易对方，从而确定合

① 参见张雪楳:《论合同生效》，载《法律适用》2009 年第 11 期。

② 最高人民法院研究室编著:《最高人民法院关于合同法司法解释（二）理解与适用》，人民法院出版社 2009 年版，第 52~53 页。

同当事人的作用。

在司法实践中，不乏合同没有加盖单位的公章但有法定代表人的签名的情形，该种情形并不影响合同成立的效力。这是因为：法定代表人代表法人行使职权，以法人名义对外作出的行为应由法人承担责任，盖具公章并非合同有效的必备条件。例外情况是，《民法典》第五百零四条规定："法人的法定代表人或者非法人组织的负责人超越权限订立的合同，除相对人知道或者应当知道其超越权限外，该代表行为有效，订立的合同对法人或者非法人组织发生效力。"在合同一方当事人明知对方的法定代表人超越权限而仍与其签订合同的情况下，只有法定代表人签名而没有盖章的合同对该法人代表的单位没有约束力。①

当然，有争议的合同文本经司法鉴定认定，一方当事人签名系伪造、盖章系变造，且经当事人举证和法院查证，均不能证明该变造印章为该当事人自己加盖或者授意他人加盖，也不能证明该当事人明知合同的存在而不作否认表示或者在其他业务活动中使用过该变造印章或者明知他人使用该变造印章而不作否认表示等情形，故不能认定或者依法推定争议合同文本为该当事人真实意思的表示。②

三、民事法律行为的生效

所谓民事法律行为的生效，是指已经成立的民事法律行为因具备法定的生效要件，对民事主体产生法律上的拘束力。民事法律行为生效，意味着民事主体依照法律行为享有民事权利和承担民事义务。《民法典》第一百三十六条规定："民事法律行为自成立时生效，但是法律另有规定或者当事人另有约定的除外。行为人非依法律规定或者未经对方同意，不得擅自变更或者解除民事法律行为。"该规定承继了《民法通则》第五十七条"民事法律行为从成立时起具有法律约束力。行为人非依法律规定或者取得对方同意，不得擅自变更或者解除"以及《合同法》第四十四条"依法成立的合同，自成立时生效。

---

① 最高人民法院民事审判第一庭编：《民事审判实务问答》，法律出版社2005年版，第7~8页。

② 详见《最高人民法院公报》2004年第7期（总第93期）。

法律、行政法规规定应当办理批准、登记等手续生效的，依照其规定”。但该条的规定是从立法严谨性以及立法操作技术性方面进行了完善提升。《民法典》第五百零二条“依法成立的合同，自成立时生效，但是法律另有规定或者当事人另有约定的除外。依照法律、行政法规的规定，合同应当办理批准等手续的，依照其规定。未办理批准等手续影响合同生效的，不影响合同中履行报批等义务条款以及相关条款的效力。应当办理申请批准等手续的当事人未履行义务的，对方可以请求其承担违反该义务的责任。依照法律、行政法规的规定，合同的变更、转让、解除等情形应当办理批准等手续的，适用前款规定”的规定，与《民法典》第一百三十六条的规定遥相呼应。

民事法律行为的生效是以民事法律行为的成立为前提，但民事法律行为成立并不一定生效，存在未生效、无效、效力待定、可撤销等情形。民事法律行为生效的效力表现为：一是在民事主体之间产生法律拘束力，各方民事主体均应按照其法律行为本着诚实信用原则执行。二是对民事主体以外的第三人产生法律拘束力，即第三人不得侵害该法律行为中法定或约定的权利。三是民事法律行为生效的法律后果是行为人非依法律规定或者未经对方同意，不得擅自变更或者解除民事法律行为。依据《民法典》第一百三十六条的规定，对民事法律行为的生效确立了下列规则：

1. 民事法律行为成立即生效规则。原则上，民事法律行为只要具备生效的要件，自成立时即生效。民事法律行为的生效是意思表示效力的自然延伸。因此，《民法典》第一百三十六条规定了法律行为自成立时生效。

2. 民事法律行为成立即生效的例外规则。民事法律行为成立之后，尚不具备生效的要件，待具备要件后方能生效。一是法律有明确规定的，依照法律规定的生效要件方能生效。如《对外合作开采海洋石油资源条例》规定，中国海洋石油总公司与外国企业签订的石油勘探、开发和生产的合同“经中华人民共和国外国投资管理委员会批准，即为有效”。依照《担保法》第八条的规定，为使用外国政府或者国际经济组织贷款进行转贷，由国家机关作为保证人的保证合同，应当报经国务院批准。二是民事主体约定的民事法律行为附条件、附期限。《民法典》第一百五十八条规定：民事法律行为可以附条件，但是按照其性质不得附条件的除外。附生效条件的民事法律行为，自条件成就时生效。附解除条件的民事法律行为，自条件成就时失效。当然，附条件的民事法律行为，当事人为自己的利益不正当地阻止条件成就的，视为条件已成就；不正当地促成条件成就的，视为条件不成就。第一百六十条规定：民事法律行为可以附期限，但是按照其性质不得附期限的除外。附生效期限的民事法律行为，自期限届至时生效。附终止期限的民事法律行为，自期限届满时失效。

四、民事法律行为成立与生效的区别

在过去的法律行为司法实践中，往往将法律行为的成立与法律行为的效力混为一谈，宣告法律行为无效的案例俯拾即是，而判决法律行为不成立的案例却凤毛麟角。因此，区分法律行为的成立与法律行为的生效，不仅符合理论分析之逻辑，而且也将对实践工作起到更好的指导作用。具体而言，法律行为的成立与法律行为的生效区别如下：

1. 法律规则的判断标准不同。法律行为成立与否是一事实问题，其意义在于识别某一法律行为是否已经存在，该法律行为是此法律行为还是彼法律行为（即法律行为的类型化），以及法律行为与事实行为、侵权行为之间的区别。因此，法律行为成立的规则是一套法律行为关系的法律事实构成规则，依其仅能作成立与不成立两种事实判断；而法律行为生效与否为法律价值判断问题，其意义在于识别某一法律行为是否符合法律的精神和规定，因而能否取得法律认可的效力。依法律行为生效之规则所作出的判断为价值评价性判断：有效、无效、效力未定、可撤销。

2. 构成要件不尽相同。法律行为成立的标志是法律行为的双方或多方当事人意思表示一致（单方法律行为例外）；而法律行为的生效分几类：一是依法成立的法律行为，自成立时生效。亦即当事人意思表示一致，法律行为即成立，同时也生效。二是依法成立的民事法律行为，尚须按法律和行政法规规定应当办理批准、登记等手续才生效的，履行法定手续时生效。三是法律行为虽然成立，但具备法律行为双方当事人所约定的生效条件时方能生效。

3. 发生时间不完全相同。法律行为的成立时间是以当事人意思表示一致为标志的。承诺生效时法律行为成立；而法律行为的生效时间在大多数情况下是法律行为成立时即生效，法律、行政法规有特别规定或法律行为当事人另有约定的，依法律、行政法规的规定或当事人的约定。

4. 法律效力不同。法律行为成立的法律效力是民事主体不得撤回。如果成立的法律行为嗣后无效，或被撤销，法律行为虽已成立，但其设定的权利义务关系对民事主体没有约束力；而法律行为生效的法律效力则不同，生效是法律对当事人意思表示的肯定性评价，表明当事人的意思表示符合国家意志，当事人设定的权利义务得到国家强制力的保护。

5. 法律后果不同。法律行为一旦被宣告不成立，那么有过失的一方当事人则应根据缔约过失责任制度，赔偿另一方所遭受的信赖利益的损失；如果当事人因误认为法律行为已成立和生效而作出了履行，则各方当事人应向对方返还已接受的履行。由于法律行为的成立主要涉及当事人意思表示的真实问题，而不涉及国家意志，因此，若法律行为不成立，所产生的法律责任只涉及民事责任而不产生其他的法律责任；而无效法律行为因为它在性质上根本违反国家意志，因此，无效法律行为不仅产生民事责任（如缔约过失责任、返还财产等），而且还可能会引起行政责任或刑事责任。

6. 性质不同。法律行为成立的事实是当事人的意思表示一致，与国家意志无关，法律行为成立与否取决于当事人的意志；法律行为生效的事实则是由国家意志对当事人的意志作出肯定的评价而产生的价值事实，换言之，法律行为生效是国家意志对当事人意思表示予以认可的外在形态。因此，法律行为的成立与生效实质上是法律对当事人意思表示与国家意志关系的调整。

综上所述，法律行为成立是法律行为生效的前提，只有已经成立的法律行为才存在是否生效的问题，即生效的法律行为必然已经成立，但成立了的法律行为未必生效。

五、对案例 58 的简要评析

在本案中，一起普通的民事案件，经过了基层法院、中级法院、高级法院、最高人民法院四级法院的审理，当事人走了民事诉讼，也走了行政诉讼，可谓“疲惫不堪”。其实，当事人的争议焦点和不同层级法院审理的焦点均是双方当事人之间民事法律关系是否成立，是否生效，是有效还是无效。在该案的法律行为效力形态上，当事人在有效与无效之间争议，原审法院也在法律行为有效与无效之间裁判，但经审理发现涉案法律行为仅涉及是否成立的问题，并在此基础上正确运用法律行为成立的举证规则，合理分配举证责任，从而做到对当事人实体权利的保护，对于民事判决中举证责任的适用方法具有指导意义。[①]

第五节　意思表示

一、问题的提出

意思表示是民事主体希望产生特定法律效果的内心意愿的外在表达，是构成民事法律行为的基础。《民法典》总则编用六个条文对意思表示的作出方式、生效和撤回等作了规定。

在研究意思表示之前，先看两则案例：

案例 59：鲁某庚与辽宁省东港市公安局悬赏广告纠纷案[②]

1999 年 12 月 12 日，东港市大东管理区永安街发生了一起特大持枪杀人案。为尽快破案，东港市公安局在被害人家属同意后，于 12 月 13 日通过东港市电视台发布了悬赏通告，其主要内容是：凡是提供线索直接破案的，被害人家属奖励人民币 50 万元；凡是提供线索，公安机关通过侦查破获此案的，公安机关给予重奖。原告鲁某庚看到电视台播出的悬赏通告后，想到案发当晚，其租住房的房主汪某平曾领来两人到东侧的杂物房藏匿，形迹十分可疑，认为这两个人可能就是杀人凶手，遂向公安局提供了线索。公安机关经过大量的调查取证，认定该线索确与“12 · 12”特大持枪杀人案有关，并决定按照悬赏通告的第二条奖励鲁某庚 10 万元人民币。此后，公安机关经过一系列的侦查工作，犯罪嫌疑人全部被抓捕归案。

另查，被害人家属已于 1999 年 12 月 13 日将用于奖励线索举报人的 50 万元人民币交给了东港市公安局。

原告诉请判令被告东港市公安局给付悬赏奖金 50 万元人民币，赔偿精

① 参见《最高人民法院发布五起典型案例》，载《人民法院报》2014 年 5 月 1 日。

② 详见《最高人民法院公报》2003 年第 1 期（总第 81 期）。

神损失费 5 万元人民币。

生效裁判认为：发布悬赏广告是一种民事法律行为，即广告人以广告的方式发布声明，承诺对任何按照声明的条件完成指定事项的人给予约定的报酬。任何人按照广告公布的条件，完成了广告所指定的行为，即对广告人享有报酬请求权。发出悬赏广告的人，则应该按照所发布广告的约定，向完成广告指定行为的人支付承诺的报酬。本案中东港市公安局通过东港市电视台发布通告中的部分内容，属于悬赏广告。通告虽然是以东港市公安局的名义发布的，但由于悬赏给付的报酬是由被害人家属提供的，通告中的悬赏行为实际上是受被害人家属委托的行为。被害人家属的本意是以 50 万元人民币直接奖励能够提供破案线索的举报人，希望有助于公安机关迅速破案。被害人家属并没有表示可以区别举报人提供线索的不同情形，给予举报人不同数额的奖励；也没有表示可以将该报酬用于办案或奖励办案人员。东港市公安局在悬赏通告中规定了其他悬赏情形，并没有得到被害人家属的授权或者委托。鲁某庚按悬赏通告的要求，向东港市公安局提供了其知道的重要线索，致使公安机关根据该线索及时破获了“12・12”特大持枪杀人案，即完成了悬赏通告所指定的行为。据此，鲁某庚就获得了取得被害人家属支付悬赏报酬的权利。被害人家属对鲁某庚按悬赏通告要求所完成提供线索的行为未提出异议，并且已将用于奖励的 50 万元人民币交给东港市公安局，且在案件破获后亦同意将该款奖励给提供线索的举报人，东港市公安局应该按照被害人家属的委托和以其名义向社会发布的悬赏通告，及时履行义务，向鲁某庚全额给付 50 万元人民币的报酬。据此改判：东港市公安局于本判决生效之日起 10 日内将被害人家属交付的剩余 40 万元人民币给付鲁某庚。

案例 60：君信物业与陈某物业服务合同纠纷案[①]

四川高级人民法院经审查认为，再审申请人陈某与泰豪公司就案涉房屋签订的《前期物业服务协议》，属于双方真实意思表示，不违反法律、行政法规的强制性规定，合法有效。本案中，2016 年 1 月，金信源公司、天回镇街道办、泰豪公司和君信物业签订《物业管理移交协议》，明确了金信源公

① 详见四川省高级人民法院（2019）川民申 4936 号民事裁定书。

司根据《金牛区拆迁安置房项目建设管理办法》的规定将案涉小区移交天回镇街道办，由天回镇街道办重新委托物业公司为案涉小区服务。同日，泰豪公司与君信物业签署了情况说明，将2011年10月至2016年1月未收物业费移交君信物业收取。根据《合同法》第八十八条关于“当事人一方经对方同意，可以将自己在合同中的权利和义务一并转让给第三人”的规定，上述协议和情况说明其实质是各方协商一致，泰豪公司将《前期物业服务协议》的权利和义务概括转让给君信物业，君信物业承担了《前期物业服务协议》的全部权利和义务，即从2016年2月起依据《前期物业服务协议》为涉案小区提供物业服务，小区业主包括陈某在内接受了服务。根据《民法总则》第一百四十条第一款关于“行为人可以明示或者默示作出意思表示”和《民法通则意见》第六十六条第一款关于“一方当事人向对方当事人提出民事权利的要求，对方未用语言或者文字明确表示意见，但其行为表明已接受的，可以认定为默示”的规定，申请人接受了君信物业的物业服务，可以认定其对前述物业服务的权利和义务概括转让表示同意，该转让有效。故君信物业具有案涉物业费收取主体资格。据此，驳回陈某的再审申请。

在上述案例中，案例59涉及以公告的方式作出意思表示的效力问题，即现实生活和司法实践中常见的悬赏广告问题。案例60涉及行为人以默示的方式作出意思表示的效力问题，也是近年来常见的物业服务合同纠纷的一个典型案例。试问：意思表示的法律意义如何？如何确定有相对人意思表示的生效，无相对人意思表示的生效？如何确定公告方式意思表示的生效？意思表示的形式如何？如何撤回意思表示？

二、意思表示的法律意义

意思表示，是指民事主体向他人表示意图发生私法上效果的行为。私法自治系借法律行为而实践，法律行为则以意思表示为要素。[①] 意思表示，在客观上是让他人知道行为人达到某种法律效果的意思。在主观上是有意图发生私法上的内心意愿、通过一定方式将效果意思表达出来。因此，学者认为，

---

① 王泽鉴：《民法概要》，中国政法大学出版社2003年版，第104页。

意思表示中的“意思”是指设立、变更、终止民事法律关系的内心意图。[①]所谓“表示”，是指将此种内心意图表示于外部的行为。[②]

意思表示的法律特征表现为：一是意思表示的行为人目的是使民事法律关系发生变动的意图。该意图只要不违反法律、行政法规的强制性规定和公序良俗原则，即可发生民事主体所预期的效果。二是意思表示是将意思由内到外表示的过程。民事主体把自己的意图表达出来，让相对人知晓。三是意思表示具备生效要件即可产生一定的法律效果。如民事主体发出订立合同的邀约，相对方作出承诺，则双方的合同成立，原则上成立即生效，对双方均具有法律拘束力。

三、有相对人意思表示的生效

有相对人的意思表示，又称为需要受领的意思表示，就是对明确具体的相对人发出的意思表示。如甲去公交车站乘坐公交车，就是向公交公司发出了缔约客运合同的意思表示。所谓意思表示的发出，就是表意人向对方当事人作出了意思表示，完成了一切为使意思表示生效所必需的行为。[③]如甲去乘坐公交车，既有甲的意思表示，又有甲的实际行为，甲可以在站点乘坐，甲的相对人就是特定的公交公司。

《民法典》第一百三十七条规定：“以对话方式作出的意思表示，相对人知道其内容时生效。以非对话方式作出的意思表示，到达相对人时生效。以非对话方式作出的采用数据电文形式的意思表示，相对人指定特定系统接收数据电文的，该数据电文进入该特定系统时生效；未指定特定系统的，相对人知道或者应当知道该数据电文进入其系统时生效。当事人对采用数据电文形式的意思表示的生效时间另有约定的，按照其约定。”从该条规定来看，有相对人的意思表示，以相对人受领为生效要件。具体而言：有意思相对人且以对话方式发出的意思表示的生效时间采取了解主义，即相对人知道其对

---

① 王利明：《民法总则研究》（第三版），中国人民大学出版社2018年版，第505页。

② 参见胡长清：《中国民法总论》（上册），商务印书馆1935年版，第223页；转引自王利明：《民法总则研究》（第三版），中国人民大学出版社2018年版，第505页。

③ 参见〔德〕迪特尔·梅迪库斯：《德国民法总论》，邵建东译，法律出版社2000年版，第2015页。

话内容时生效；有意思相对人且以非对话方式作出的意思表示的生效时间采取到达主义，即意思表示到达相对人时生效。数据电文约定优先，未约定进入系统时生效。简而言之：有相对人意思表示的生效采取了了解生效主义与到达生效主义相结合的生效原则。

以对话方式作出的意思表示，相对人知道其内容时生效，即采取了解主义。《合同法》第十六条第一款仅规定了要约到达生效，没有考虑对方方式的要约，但理论上认为对话方式要约，因要约的发出与到达是同时，原则上即生效。[①]《民法典》第一百三十七条第一款明确规定了："以对话方式作出的意思表示，相对人知道其内容时生效。"了解主义，既可适用于民事主体之间的面对面交流，又可适用于电话、视频、微信聊天或语音、文字等，这些均可以构成以对话方式作出的意思表示。在大数据信息时代，对话的方式多样化，只要能够清晰明了地以"对话"方式表达意思表示，相对人了解内容即生效。司法实践早已认可以短信方式进行要约，属于对话方式的意思表示，如果未及时承诺，则要约失效。[②]当然，借助于科技手段的以对话方式作出的意思表示，应当识别真伪，防止误判。

以非对话方式作出的意思表示，到达相对人时生效，即采取了到达主义。在合同法中，要约的生效时间，即要约法律效力的始期，是指要约开始生效从而对要约人及受要约人产生拘束力的时间起点。大陆法系和英美法系对此采用了不同的规则。大陆法系采用的规则称为到达主义，又称受信主义，指要约必须到达受要约人才能产生法律效力。这里所谓到达受要约人，并非必须到达受要约人的手里，只要到达受要约人可以控制的地方，就认为是到达了受要约人。英美法系采用的规则称为发信主义，指一项要约在要约人发出后就产生法律效力。英美法上有许多要约人可以撤销要约的规则，但这些规则的存在更说明了：在一般情况下，一项要约在发出后对当事人还是有拘束力的。发信主义也使得英美法上不存在要约的撤回制度。《联合国国际货物销售合同公约》采纳了到达主义，因此，在公约上既有要约的撤回，又有要约的撤销。我国民法主要继受大陆法系，在要约生

---

① 参见韩世远：《合同法总论》（第二版），法律出版社2008年版，第71页。

② 参见北京市第三中级人民法院（2014）三中民终字第04751号民事判决书。

效的时间方面，采用了到达主义。依据《民法典》第一百三十七条第二款“以非对话方式作出的意思表示，到达相对人时生效。以非对话方式作出的采用数据电文形式的意思表示，相对人指定特定系统接收数据电文的，该数据电文进入该特定系统时生效；未指定特定系统的，相对人知道或者应当知道该数据电文进入其系统时生效。当事人对采用数据电文形式的意思表示的生效时间另有约定的，按照其约定”的规定，非对话方式的意思表示的生效，具体表现为：（1）对于采用传统书面形式如合同书、信件等发出的意思表示，该意思表示到达相对人时生效。（2）对于采用数据电文形式发出的意思表示，收件人指定系统接收电文的，该数据电文进入该特定系统的时间视为到达时间；未指定特定系统的，该数据电文进入收件人的任何系统的首次时间，视为到达时间。（3）民事主体对采用数据电文形式的意思表示的生效时间另有约定的，按照其约定。只要民事主体的约定不违反强制性的规定，即可生效，体现了充分尊重当事人意思自治。

四、无相对人意思表示的生效

无相对人的意思表示，大陆法系国家的民法典一般并不集中规定，是在不同情况下作具体规定，如遗嘱、捐助设立财团法人、动产所有权抛弃等。虽各国民法典并没有规定无相对人意思表示的生效问题，但理论上认可无相对人的意思表示自表示完成时生效。[①] 对此，我国《民法典》第一百三十八条规定：“无相对人的意思表示，表示完成时生效。法律另有规定的，依照其规定。”据此，无相对人的意思表示，由于没有意思表示的受领问题，原则上意思表示完成时即发生效力。当然，法律另有规定的，依照其规定，为将来立法预留了空间。

五、公告方式意思表示的生效

以公告方式作出意思表示的，适用于有相对人的意思表示的情形，但不适用对话方式和非对话方式的意思表示的生效规则。意思表示有相对人的，

---

① 参见〔德〕迪特尔·梅迪库斯：《德国民法总论》，邵建东译，法律出版社2000年版，第204页；王泽鉴：《民法总则》，北京大学出版社2014年版，第326页。

行为人不知道相对人的具体联络地址或者相对人下落不明，难以使用信件、邮件等方式将表示意思送达相对人，可以公告方式向相对人送达意思表示。[①]对此，《民法典》第一百三十九条规定："以公告方式作出的意思表示，公告发布时生效。"该规定在《民法通则》《合同法》中并没有规定，属于2017年《民法总则》的首创。

"以公告方式作出的意思表示"，该制度是解决实体法上的问题还是解决程序法上的问题，并不明确。如果说解决的是程序法的问题，完全没有必要，因为程序法已经对公告方式作出的意思表示规定得非常清晰。如果说解决的是实体法的问题，则过于简单，仍需要进一步从立法上进行完善。解释上应当认为，仅在行为人非因自己的过错不知相对人的下落或地址的情形下，才能以公告方式为意思表示；行为人知道相对人下落的，除非相对人同意，不得以公告方式为意思表示。[②]《民法典》属于实体法，"以公告方式作出的意思表示"应当属于解决实体法上的问题，公告的适用条件、发布方式等可以参照适用程序法上的有关规定，以解决现实中的法律问题。

悬赏广告就是以公开广告的方式，对于实施某一行为的特别是对于引起某一结果而悬赏的人，有义务向实施了该行为的人支付报酬。悬赏广告大致可以分为三个阶段：一是悬赏人作出悬赏广告；二是相对人完成悬赏广告确定的特定行为；三是完成特定行为的人请求支付悬赏广告声明的报酬。因此，悬赏广告不是一个单独的行为，而是一个动态的行为链，由三个相互递进的行为构成。悬赏人作出悬赏广告是一种允诺，它是悬赏广告产生的前提，是一种静态的存在，可以称为存在型悬赏广告；相对人完成悬赏广告确定的行为，使悬赏人的允诺条件在事实上已经实现，此时悬赏广告由于相对人的参与正趋于有效，此时可称为生效型悬赏广告；相对人请求悬赏人支付报酬，则悬赏广告的整个过程已经结束，此时的悬赏广告可以称为实效型悬赏广告。

从国内实践来看，悬赏广告种类很多，除了通常的遗失物悬赏广告以外，还出现了较多特殊领域的悬赏广告，如公安机关为侦破案件寻求线索的刑事

---

① 参见李适时主编：《中华人民共和国民法总则释义》，法律出版社2017年版，第433页。

② 参见李适时主编：《中华人民共和国民法总则释义》，法律出版社2017年版，第434页。

悬赏，人民法院为强制执行而对被执行人或者被执行人财产的悬赏，还有案件的当事人进行的证据悬赏，以及报纸杂志的创意大赛等悬赏，企业的商标创意悬赏等。尽管悬赏广告的形式多样，适用范围越来越广，但大致可以划分为两类：一是对人性悬赏广告，二是对世性悬赏广告。

悬赏广告的法律性质，学说上历来有两个对立的理论：一为单独行为说，二为契约说。单独行为说认为，悬赏广告系由广告人一方之意思表示，负担债务，以一定行为之完成为其生效要件；换言之，一定行为之完成，并非系对广告而为承诺，而是债务发生之条件。契约说（亦称要约说）认为，悬赏广告不是独立之法律行为，而是对不特定人之要约，因此，必须与完成指定行为人之承诺相结合，其契约始能成立。①

我国法律均未对悬赏广告明文规定，理论界和实践界在契约说和单独行为说之间也有着不同的看法。理论界多持单独行为说的理由主要是：（1）按照单独行为说的主张，广告人发出悬赏广告即受其约束，不管完成行为的人是否知道悬赏广告，都不影响其报酬请求权。而且，广告发出后不得撤销，这对相对人有利。（2）按照单独行为说，限制行为能力人和无行为能力人只要完成指定的行为，都可以享有报酬请求权。而若采取契约说，则其行为能力对契约的效力存在影响。（3）按照单独行为说，相对人完成指定的行为属于事实行为，只要完成该行为即享有报酬请求权，而不会产生承诺的效力等问题。（4）契约说会产生一些复杂的问题，如抗辩权问题等。在司法实践中，往往采取契约说，即认为悬赏广告是要约，完成指定的行为即构成承诺。最高人民法院认为，单独行为说和契约说基本上没有太大的差别。例如，即使采取单独行为说，也不禁止广告人撤销其广告，而对广告的撤销必须在他人完成指定的行为之前作出，才能产生撤销的效力，这种撤销与承诺的撤回或者撤销没有差别；完成悬赏广告指定的行为完全可以理解为纯获利益的行为，这种行为的效力不受行为能力的限制，行为能力对于单独行为说或者契约说的效力没有太大的影响；契约说是以相对人完成特定的行为作为承诺，只要完成特定的行为即构成承诺，不会产生

① 王泽鉴：《民法学说与判例研究》（第二册），中国政法大学出版社 1998 年版，第 57 页。

其他承诺方式所带来的复杂问题。因此，采取契约说还是单独行为说，完全可以遵从习惯，法律怎样规定没有太大的差异。而按照一般人的观念，契约说更易于理解，因而采取契约说更为合适。《合同法解释（二）》第三条将悬赏广告规定其中，在悬赏广告的性质上当然可以解释为采用了“契约说”。由于此处只是对悬赏广告作了原则性规定，以期使悬赏广告能够取得普遍效力的法律依据，但规定过于简单，法官处理各类悬赏广告案件时必须充分进行解释，准确把握悬赏广告制度全部内涵和体系结构，以避免简单采契约说而忽视特别情形的规制。①

六、意思表示的形式——明示或沉默形式

意思表示的表示行为是行为人将其内在意思通过一定方式表现于外部，并能使外部理解的行为。依民法理论，意思表示的方式分为明示方式和默示方式。对此，《民法典》第一百四十条规定：“行为人可以明示或者默示作出意思表示。沉默只有在有法律规定、当事人约定或者符合当事人之间的交易习惯时，才可以视为意思表示。”

意思表示的明示和默示，均不存在无表示的意思。“沉默”的意思表示因缺乏外在表现，相对人很难准确猜测表意人的内心意志，因此，从保护民事主体的角度考虑，严格限制沉默的意思表示方式。②

意思表示的明示方式，不易产生分歧，最为常见。如民事主体的对话、合同书、信件、传真、电子数据交换、电子邮件、微信视频或语音等，均可以有效地表现所载内容所要表达的内心意思。而意思表示的默示形式，则需要在具体环境中去具体对待。由于默示对于意思表示来说缺乏明确性，须从表示人作为与不作为的行为去推定判断。默示的积极行为实际上较为准确地反映了当事人的内心效果意思，因为行为是受意思支配的，所以从当事人积极的行为可以推测出其行为背后的意思。

---

① 参见沈德咏等主编、最高人民法院研究室编著：《最高人民法院关于合同法司法解释（二）理解与适用》，人民法院出版社2009年版，第41页。

② 参见杜万华主编：《中华人民共和国民法总则实务指南》，中国法制出版社2017年版，第541页。

默示的意思表示是通过行为来表达的，行为可分为积极的作为与消极的不作为两种。民事主体以积极的行为接受相对方提出或从事的民事意思表示。而消极的行为即是不作为，对相对方提出或从事的民事意思表示既不表示反对也不表示同意。对于默示的积极行为，《民法通则意见》第六十六第一款条规定：一方当事人向对方当事人提出民事权利的要求，对方未用语言或者文字明确表示意见，但其行为表明已接受的，可以认定为默示。《合同法》第二十二条规定：承诺应当以通知的方式作出，但根据交易习惯或者要约表明可以通过行为作出承诺的除外。《合同法》第三十七条规定：采用合同书形式订立合同，在签字或者盖章之前，当事人一方已经履行主要义务，对方接受的，该合同成立。这里对于默示的积极行为的适用范围是一方当事人向对方当事人提出民事权利的要求，或者是以行为作出承诺及接受一方履行主要义务。对于默示的消极行为，《民法通则》第六十六条第一款规定，本人知道他人以本人名义实施民事行为而不作否认表示的，视为同意。《合同法》第四十七条、第四十八条规定了限制民事行为能力人订立的合同之效力与无权代理而订立的合同之效力，其中对相对人规定了催告权，即相对人可以催告被代理人在一个月内予以追认，被代理人未作表示的，视为拒绝追认。

七、意思表示的撤回

当民事主体作出的意思表示尚未生效时，行为人可以撤回其意思表示。对此，《民法典》第一百四十一条规定："行为人可以撤回意思表示。撤回意思表示的通知应当在意思表示到达相对人前或者与意思表示同时到达相对人。"关于意思表示的撤回，《合同法》第十七条规定，要约可以撤回。撤回要约的通知应当在要约到达受要约人之前或者与要约同时到达受要约人。该法第二十七条规定：承诺可以撤回。撤回承诺的通知应当在承诺到达要约人之前或者与承诺通知同时到达要约人。《民法典》总则编承继了《合同法》的有关规定，增设了意思表示的撤回，与大陆法系民法典的规定相一致。

意思表示的撤回。适用于非对话方式的意思表示。因为就对话方式的意思表示而言，在对谈交流过程中，意思表示的发出和到达几乎一致，表意人作出意思表示的同时，受领人同时就理解其意思，因而撤回意思表示是不可能的。[①] 当然，在表意人说完话之前，应当允许其更正自己的话语。[②] 意思表示的撤回，目的在于以撤回的意思表示阻止已经作出表示行为的意思表示的生效。

八、对案例59、案例60的简要评析

在案例59中，一审法院认为，被告东港市公安局在为破获“12·12”特大持枪杀人案发布的悬赏通告中明确表示，要对提供有关线索和协助公安机关破案的人，给予一定数额的报酬。悬赏通告中的第一条和第二条是区别破案线索的不同情况，对提供线索人给予不同数额报酬的声明，两者不能兼得。原告鲁某庚确实向东港市公安局提供了该案的重要线索，公安机关根据其提供的线索，经过侦查破获了此案。鲁某庚所提供的线索，符合悬赏通告中第二条的情形，故鲁某庚应按悬赏通告的第二条取得悬赏报酬。据此判决，驳回原告鲁某庚的诉讼请求。显然，该案的一审裁判错误地理解了公安机关发布的悬赏公告。悬赏公告的第一条内容为奖励50万元，该奖励资金来源于受害人家属，旨在鼓励广大民众踊跃提供破案线索。本案的原告鲁某庚完成了悬赏公告的内容，自然应该得到50万元的奖励。因此，二审法院改判被告再给付40万元奖励，是完全正确的。如果本案用《民法总则》第一百三十九条“以公告方式作出的意思表示，公告发布时生效”的规定，公安局发布的悬赏公告，自发布时生效，公安局作为发布悬赏公告的民事主体，自然应当践行自己作出的意思表示，不能“言而无信”。

在案例60中，根据《民法总则》第一百四十条“行为人可以明示或者默示作出意思表示。沉默只有在有法律规定、当事人约定或者符合当事人之间的交易习惯时，才可以视为意思表示”的规定，意思表示的方式分为明示方式和默示方式。民事主体以积极的行为接受相对方提出或从事的民事意思表示。而消极的行为即是不作为，对相对方提出或从事的民事意思表示既不表示反对也不表示同意。在本案中，陈某与原物业服务单位虽然没有形成书

---

① 参见陈甦主编:《民法总则评注》(下册)，法律出版社2017年版，第1010页。

② 参见〔德〕迪特尔·梅迪库斯:《德国民法总论》，邵建东译，法律出版社2000年版，第226页。

面的物业服务合同关系，但形成了事实上的物业服务合同关系。物业服务单位付出了服务的义务，就应当享有收取物业服务费的权利。既然原物业服务单位就原权利义务一并转让给君信物业，则君信物业享有向本案陈某主张民事权利的资格。因此，法院驳回陈某的申诉，是完全正确的。

近年来，涉及物业服务合同纠纷的案件大量增加，其中不乏业主“唯我独尊”，对物业服务“吹毛求疵”，动不动就拒缴物业费，物业服务单位应当依法追缴物业费，从而更好地服务小区业主。但愿物业服务单位与业主形成良性互动关系，让业主回家有一种“归之如宾”的感觉。

第六节　意思表示的解释

一、问题的提出

在民事纠纷案件中，双方（或多方）民事主体在很多时候，由于文化水平、法律知识欠缺以及语言文字本身的多义性等原因，往往造成意思表示中的语言文字表达含混不清、模棱两可、相互矛盾，或是意思表示遗漏某些条款而使民事主体间的权利义务关系不甚明确，或是意思表示不符合法律要求。在上述情况下，就必须先对意思表示进行解释，即解决意思表示相互之间的冲突，就晦涩、模糊的文字词句作出说明，以探求民事主体在意思表示中所表示出来的真实意思。

在研究意思表示的解释之前，先看一则案例：

案例 61：一个“还”字起纷争[①]

被告孙某欠原告李某 20500 元，并有欠条载明。其后被告还欠款给原告，并在原条上注明“还欠款 18500 元整”，同时，原告李某出具了收据一张给被告。后原告继续向被告索要欠款时，双方对原欠条上所注“还欠款 18500

① 沈正涛：《“还”字读两音，纠纷上法庭》，载《法制日报》1999 年 3 月 14 日第 4 版。

元”中的“还”字读音发生争执，原告主张被告尚欠18500元，“还”字应该读“hái”。被告则认为“还”字应该读“huán”，以已还18500元为由拒绝付款，并称原告出具的收条被遗失。法院（江苏省洪泽县人民法院）审理后认为，被告原欠条上注明不清，产生歧义，且遗失了原告出具的收条，举证责任应该由被告承担；被告又不能提供确凿证据证明自己的主张，故被告败诉。

在上述案例中，涉及意思表示中“还”字的解释问题。试问：如何理解意思表示的解释？解释意思表示应当遵循哪些原则？

二、意思表示解释的法律意义

意思表示的解释，是指在意思表示不清楚、不明确而发生争议的情况下，法院或仲裁机构对意思表示进行的解释。[①] 对此，《民法典》第一百四十二条规定：“有相对人的意思表示的解释，应当按照所使用的词句，结合相关条款、行为的性质和目的、习惯以及诚信原则，确定意思表示的含义。无相对人的意思表示的解释，不能完全拘泥于所使用的词句，而应当结合相关条款、行为的性质和目的、习惯以及诚信原则，确定行为人的真实意思。”该条承继了《合同法》第一百二十五条“当事人对合同条款的理解有争议的，应当按照合同所使用的词句、合同的有关条款、合同的目的、交易习惯以及诚实信用原则，确定该条款的真实意思。合同文本采用两种以上文字订立并约定具有同等效力的，对各文本使用的词句推定具有相同含义。各文本使用的词句不一致的，应当根据合同的目的予以解释”的规定。意思表示的解释，在理论和审判实践中都是一个十分重要、疑难的问题，正如英国法官丹宁勋爵所说：“在法律的日常实践中，最重要的问题是对文件的解释。”[②] 此所谓文件表现在民法实践中，就是意思表示。

1. 意思表示解释的主体。法律上并没有对意思表示解释的主体作出限制，

① 参见王利明：《民法总则研究》（第三版），中国人民大学出版社2018年版，第522页。

② 〔英〕丹宁勋爵：《法律的训诫》，杨百揆、刘庸安、丁健译，群众出版社1985年版，第31页。

而从法学理论上，根据意思表示解释的主体不同，可以将意思表示解释划分为狭义的解释和广义的解释。前者专指有权解释，即受理合同纠纷的人民法院或仲裁机构对意思表示所作出的具有法律拘束力的解释。而后者既包括有权解释，又包括自由解释，即任何人都有权进行意思表示解释，当事人、法官、仲裁员、诉讼代理人、证人等均可从不同角度解释意思表示，包括学者的个案解释。按照对诉讼的价值而言，狭义的意思表示解释是有价值的解释、权威的解释，其目的在于使意思表示的意义特定化，使当事人的权利义务明确化，以达到清除纷争，解决矛盾，使意思表示得以顺利履行，实现当事人期望的目的。而广义的意思表示解释是无价值的解释，但是对狭义的解释有重要的参考作用。因《民法典》总则编未明确意思表示解释的主体，故在实践中亦有争议。

2. 意思表示解释的客体。意思表示解释的客体即指意思表示解释的对象。民事主体对意思表示的理解有争议的，均属意思表示解释的客体，因此说，意思表示解释的客体与民事主体就意思表示而产生争议的原因密切相关。

3. 意思表示解释的效力。狭义的意思表示解释为有权解释，一旦人民法院或者仲裁机构对当事人争议的意思表示作出解释，这种解释将作为事实予以确认，依该事实所作出的裁决对当事人具有法律约束力。广义的意思表示解释，若为当事人双方所达成共识或形成一致意思，即依法对当事人具有法律的约束力（意思表示无效的除外）。

三、意思表示解释的原则

意思表示解释的原则，亦称意思表示解释的规则或方法。根据《民法典》第一百四十二条“有相对人的意思表示的解释，应当按照所使用的词句，结合相关条款、行为的性质和目的、习惯以及诚信原则，确定意思表示的含义。无相对人的意思表示的解释，不能完全拘泥于所使用的词句，而应当结合相关条款、行为的性质和目的、习惯以及诚信原则，确定行为人的真实意思”的规定，意思表示解释的原则包括：

1. 文义解释原则。即“应当按照所使用的词句”确定其真实意思。意思表示由语言文字构成，确定意思表示的含义，必须首先确定词句的含义。文字是当事人意思之外在表现形式，通常情况下，文字能够较为准确地表达当事人的意思。因此，意思表示解释一般是先由文义解释开始，探求当事人的真意，而“所谓当事人之真意，不是指当事人主观内心之意思，而是从意思表示受益人立场去认定之客观表示价值”[①]。

2. 整体解释原则，又称为体系解释原则。即“应当依照所使用的词句、结合相关条款”，它要求将争议的条款视为意思表示的一个有机组成部分，结合该条款与其他条款的关系，在整个意思表示中的位置等方面阐释意思表示用语的真实意思。无论是大陆法系国家还是英美法系国家，立法上均普遍采用整体解释原则。如《法国民法典》第 1161 条规定：“契约之诸条款可互为解释，以赋予每一条款依据整个契约而产生的意义。”1942 年《意大利民法典》第 1363 条规定：“契约条款要被相互对照着解释，给每一个条款以来源于行为整体性的含义。”美国《合同法重述》第 235 条第 2 款规定：“文书之解释，应就其全部作为整体而为之。同一交易行为，有多种文书形成其部分者，应合并解释。”整体解释原则之所以必要，首先，是因为条款及用语是有组织的，而不是毫无联系、彼此分离的无序排列。因此，如果孤立地去探求争议条款或用语的一般意思或可能具有的意思，而不将其与上下文所使用的其他词语联系起来，就很难合理地、正确地确定当事人的真实意图。

3. 目的解释原则。即意思表示解释应当符合当事人所期望的目的，它是意思表示解释的核心原则。目的解释原则亦为各国所确立，如《法国民法典》第 1158 条规定：“用语可作两种解释时，应取最适于契约之实际目的的解释。”1942 年《意大利民法典》第 1369 条规定：“在有疑问的情况下，对有多重意思的表达应当取其更符合契约性质和目的的意思。”自德国学者耶林于 1871 年发表《法的目的》，提倡目的解释以来，目的解释已成为法律解释和合同解释的重要方法。[②]

4. 习惯解释原则。即按照“交易习惯”确定争议条款的真实意思。此处所谓的“习惯”包括两层意思：一是当事人之间的习惯，即当事人之间已确立的任何习惯做法，包括在以前的系列交易中形成的习惯做法。二是其他习惯，即人们在长期反复实践的基础上形成的，能被广大合同当事人所认知、

---

① 王泽鉴：《民法债编总论》（第一册），三民书局 1993 年版，第 178 页。

② 梁慧星：《民法解释学》，中国政法大学出版社 1995 年版，第 25 页。

接受和遵从的，在某一地域、某一行业或某一类经济流转关系中普遍采用的做法。

习惯解释原则亦为各国普遍承认的解释合同的原则。《法国民法典》第1159条规定：“有歧义的文字，依契约缔结地习惯上的意义解释之。”第1160条规定：“属于契约习惯上的条款，即使在契约中未予写明，应以此种条款作为补充。”《意大利民法典》第1368条规定：“模棱两可的条款要根据契约缔结地的一般惯例进行解释。在契约中，若当事人一方是企业主，则模棱两可的条款要根据企业所在地的一般惯例进行解释。”在英美法系，习惯或惯例对合同解释的作用，不仅有众多的例子予以确认和限定，而且美国《统一商法典》（第1—205条，第2—317条）等制定法也作了明确规定。如今，这种解释原则已经冲破国别、法系的界限，成为国际贸易中合同解释的通则。①

运用交易习惯或惯例原则时，应当注意以下几点：一是这种习惯或惯例应当是客观存在的，主张一方当事人对此负有举证责任；二是习惯或惯例必须适法；三是当事人双方知道或应当知道这种习惯或惯例而且没有明示排斥适用；四是双方当事人处于不同的国家或地区的，兼顾双方的贸易习惯或惯例。

5. 诚信解释原则。就是按照“诚实信用原则”确定争议条款的真实意思。按照诚信解释，在意思表示用语有疑义时，应依诚实信用原则确定其正确意思，意思表示内容有漏洞时，应依诚实信用原则予以补充。诚信解释原则要求意思表示解释的结果不得显失公平。

四、对案例61的简要评析

在案例61中，“还”字确系多音重义的字，读作不同的音表示不同的意义，仅根据文义解释无法解释清楚其含义，因而必须根据其他情况进行解释。本案中，被告孙某的辩解之所以不能成立，是因为孙某亦认可李某给其出具了收据，而孙某却举不出李某给其出具的收据，收据举出后“还”字代表何意便会真相大白。因此，孙某对自己的辩解主张无充分证据予以证实，只能承担败诉后果。在本案中，若孙某和李某均认可未出收据，那么，据常人理解，“还”一般要解释为“huán”，而不能解释为“hái”，则只能视

---

① 王利明、崔建远：《合同法新论·总则》，中国政法大学出版社1996年版，第49页。

为被告孙某欠李某款2000元（20500元-18500元）。从该案中，足见文义解释的重要性。

第七节　民事法律行为的生效要件

一、问题的提出

所谓民事法律行为生效，是指已经成立的民事法律行为产生当事人预期的法律效力。这里所说的法律效力，并不是指民事法律行为能够像法律那样产生普遍拘束力，而是强调民事法律行为对特定当事人具有的拘束力。[①]因此，民事法律行为已经成立，必须具备一定的生效要件，才能产生民事主体所期望的法律拘束力。《民法典》第一百四十三条规定："具备下列条件的民事法律行为有效：（一）行为人具有相应的民事行为能力；（二）意思表示真实；（三）不违反法律、行政法规的强制性规定，不违背公序良俗。"该条规定是民事法律行为的一般生效要件的规定，不仅具有指引民事主体为法律行为实现意思自治的积极作用，而且为司法实践提供了裁判规范。

在研究民事法律行为的生效要件之前，先看一则案例：

案例62：外商独资企业提供的对外担保未经登记应认定无效[②]

最高人民法院认为，本案所涉担保是景轩公司为万轩置业向汇丰上海分行的借款提供抵押担保，该担保属于《境内机构对外担保管理办法》（现已失效）第二条规定的对外担保。由于景轩公司系外商独资企业，根据国家外汇管理局颁布的《境内机构对外担保管理办法实施细则》第八条第二款规定，外商独资企业可以自行提供对外担保，无需得到外汇局逐笔批准。但《境内机构对外担保管理办法》第十四条第一款明确规定："担保人提供

---

① 王轶：《民事法律行为的效力》，载张鸣起主编：《民法总则专题讲义》，法律出版社2019年版，第433页。

② 详见《最高人民法院公报》2014年第6期（总第212期）。

对外担保后，应当到所在地的外汇局办理担保登记手续。"《担保法解释》第六条第（一）项明确规定，未经国家有关主管部门批准或者登记对外担保的，对外担保合同无效。按照上述规定，外商独资企业提供的对外担保虽然不需要逐笔审批，但仍然需要进行登记。未登记的，根据《担保法解释》的相关规定，担保合同仍应认定无效。故上海高级人民法院关于"对外担保合同是以批准为生效前提的，而是否办理登记不影响对外担保合同的效力"的观点缺乏法律依据。

本案抵押担保合同系当事人真实意思表示，相关抵押物在深圳市规划国土局福田分局办理了抵押登记，根据国家外汇管理局颁布的《境内机构对外担保管理办法实施细则》第八条第二款的规定，景轩公司作为外商独资企业可以自行提供对外担保，无需得到外汇局逐笔批准。根据本院查明的事实，景轩公司亦就该对外担保合同在国家外汇管理局深圳市分局补办了登记手续。由于汇丰银行改制，原汇丰深圳分行的授信及担保业务转至上海汇丰银行，对外担保登记表中抵押权人一栏写明为"香港上海汇丰银行有限公司上海分行（原上海汇丰银行有限公司深圳分行）"。上述事实充分表明景轩公司对于债权人变更为汇丰上海分行是明知并同意的。本案抵押担保合同不存在依法应认定无效的情形，上海高级人民法院关于案涉抵押担保合同合法有效的结论是正确的。同时，上海高级人民法院关于"景轩公司在贷款代偿催收函回函上的确认应视为对抵押担保责任范围的确认。故景轩公司在本案中应承担的抵押担保范围包括主债权及利息、违约金（即违约利息）和实现抵押权的费用，即万轩置业所欠的贷款本金港币118354000元及相应利息和上述律师费损失"的意见亦是正确的，根据担保法的相关规定，景轩公司应当对万轩置业所欠主债务承担抵押担保责任。景轩公司关于本案对外担保无效的上诉理由不能成立。

在上述案例中，涉及对外担保合同是否具备生效要件的问题。试问：民事法律行为的一般生效要件有哪些？如何理解？

二、行为人具有相应的民事法律行为能力

我国《民法通则》第五十五条规定："民事法律行为应当具备下列条件：

（一）行为人具有相应的民事行为能力；（二）意思表示真实；（三）不违反法律或者社会公共利益。”该法律行为生效的“三要件”规定具有极为良好的实践价值，积累了较为丰富的实践经验，成为判断法律行为效力的重要标准，《民法总则》应当对此予以坚持。[①]因此，《民法总则》从行为能力、意思表示、合法性三个方面规定法律行为的有效要件，尊重了民事主体的意思自治，并同时表明国家有必要对法律行为施加合法性控制，处理好意思自治和国家强制的关系。[②]《民法典》总则编延续了《民法总则》的规定。

行为人具有相应的民事行为能力，又称为民事主体合格原则。民事行为能力是民事主体以自己的独立行为设定民事权利、承担民事义务的资格。作为民事主体必须具有相应的民事行为能力。

自然人作为民事主体时，《民法典》总则编将自然人分为三类：完全民事行为能力人、限制民事行为能力人、无民事行为能力人。一是具有完全民事行为能力的自然人，可以独立实施民事法律行为。二是限制民事行为能力的自然人，实施民事法律行为由其法定代理人代理或者经其法定代理人同意、追认，但是可以独立实施纯获利益的民事法律行为或者与其年龄、智力相适应的民事法律行为。三是无民事行为能力的自然人，由其法定代理人代理实施民事法律行为。另外，无民事行为能力的自然人为满足日常生活零用的小额购买也认为是有效的。

法人作为民事主体时，在其法人宗旨范围内实施民事法律行为，依法独立享有民事权利和承担民事义务。最高人民法院在审理西安东鹏防伪技术有限公司清算组诉咸阳市广播电视局合作合同纠纷案［最高人民法院（2002）民二终字第230号民事判决书］时指出：广电局为筹建有线电视台，与当事人公司签订《合作合同》约定：该公司提供有线电视工程及有线电视中心大楼的全部建设资金，在广电局领导下，该公司派人员与市有线电视筹建办公室合署办公。广电局负责办理两项工程有关报批手续并独立负责有线电视台节目方面的全部工作；未偿还投资前，两项工程产权作为风险抵押归公司所有，投资回收后产权即移交广电局；合作期满，有线电视工程中心大楼及其

① 参见李适时主编：《中华人民共和国民法总则释义》，法律出版社2017年版，第445页。

② 参见邹海林：《民法总则》，法律出版社2018年版，第336页。

一切权益无条件归广电局所有。根据合同主体的性质和合同的内容，可以确定合同属于民事合同而非行政合同。[①]

非法人组织作为民事主体时，依法登记才能实施相应的民事法律行为，首先以其自身的财产承担民事责任，不足部分由出资人或者设立人承担无限责任。

三、意思表示真实

民事法律行为是以意思表示为核心的行为，没有意思表示就没有法律行为。[②]所谓意思表示真实，是指表意人即意思表示的行为人的表示行为应当真实反映其内心的效果意思。表示行为是表意人将其效果意思表达于外部的行为，效果意思则是表意人内心所欲发生一定效果的意思。意思表示中含有效果意思和表示行为两个要素，即可告成立，但须真实始能生效。[③]

从上述意思表示真实的概念来看，是把“意思表示”拆开来研究，即“意思”指内心意思，“表示”指外在表示行为。由此而产生了三种学说。一是“意思主义”，认为意思表示是否真实，应以内心意思为准。二是“表示主义”，认为意思表示是否真实，应以外部表示为准。三是“折中主义”，或以意思主义为原则，外部表示为例外，或以表示主义为原则，内心意思为例外。如果套用这些主义，我国《民法典》的规定属于“折中主义”，即以表示主义为原则，内心意思为例外。

与意思表示真实相对应的是意思表示不真实，又称为意思表示瑕疵。依瑕疵是否基于表示人本身的原因，意思表示不真实又可分为意思与表示不一致及不自由的意思表示两大类。《民法典》总则编强调意思表示必须真实，才能发生相应的法律效力，既充分实现私法自治，又有利于保护弱势一方当事人的利益，确保交易安全。民法总则明确规定双方虚伪表示行为无效，对隐藏行为则规定依照有关法律规定处理，而没有一概否定其效力。[④]

---

① 详见最高人民法院民事审判第二庭编:《民商事审判指导》2004 年第 1 辑，人民法院出版社 2004 年版，第 128~142 页。

② 王利明:《民法总则研究》(第三版)，中国人民大学出版社 2018 年版，第 504 页。

③ 王家福主编:《中国民法学 · 民法债权》，法律出版社 1991 年版，第 310 页。

④ 参见王利明:《民法总则研究》(第三版)，中国人民大学出版社 2018 年版，第 545 页。

在司法实践中，若有足够证据证明意思表示不真实（主张一方的当事人负有举证责任），应当认为意思表示不真实，此即为表示主义的例外。根据法律规定，意思表示不真实的情形有：一是民事主体一方欺诈、胁迫对方，使对方的意思表示不真实；二是民事法律行为形式上是合法的，但隐藏了非法的真实意思，即以合法形式掩盖非法目的，其合法形式为不真实的意思表示；三是意思表示一方对民事法律行为有重大误解，因此而作的表示是不真实的；四是民事主体一方利用对方处于危困状态、缺乏判断能力等情形，致使民事法律行为成立时显失公平的表示，违背了自己意思表示的目的，这个意思表示也不真实。上述意思表示不真实的几种情形的法律后果，有的是民事法律行为无效，有的是民事法律行为可撤销、可变更，并不都是无效法律行为。属于可撤销的民事法律行为，享有撤销权的当事人在法定期间内未行使撤销权，或者放弃撤销权，则可撤销法律行为即为有效法律行为。

四、不违反法律、行政法规的强制性规定，不违背公序良俗

民事法律行为不违反法律、行政法规的强制性规定和公序良俗，是民事法律行为生效的一个重要要件，一般认为，民事法律行为不违反法律、行政法规的强制性规定和公序良俗，是针对民事法律行为的目的和内容而言的。如租赁房屋开设赌场，也同样使合同无效。如《最高人民法院关于未经消防验收合格而订立的房屋租赁合同如何认定其效力的函复》(〔2003〕民一他字第11号，已失效）规定：根据《合同法》和《合同法解释（一）》的规定，认定房屋租赁合同因出租房屋未办理产权证书而无效，缺少法律依据。关于房屋租赁合同未经消防验收或者经消防验收不合格，是否应认定房屋租赁合同无效的问题，应根据不同情况分别对待：第一，出租《消防法》第十条规定的必须经过公安消防机构验收的房屋，未经验收或者验收不合格的，应当认定租赁合同无效。第二，租赁合同涉及的房屋不属于法律规定必须经过公安消防机构验收的，人民法院不应当以该房屋未经消防验收合格为由而认定合同无效。第三，租赁房屋用于开设经营宾馆、饭店、商场等公众聚集场所的，向当地公安消防机构申报消防安全检查的义务人为该企业的开办经营者，但租赁标的物经消防安全验收合格，不是认定房屋租赁合同效力的必要

条件。[①]

按照一般的理解，民事法律行为之所以要增加强制性规定这一限制，目的是要严格区分强行性规范和任意性规范。所谓任意性规范，是指当事人可以通过其约定排除其适用的规范。任意性规范赋予了当事人一定的意思自治，允许当事人在法律规定的范围内自由作出约定，对任意性规范由当事人通过约定加以排除是合法的。所以，只有在违反强行性法规的情况下，才能导致合同无效。强行性法规可分为强制规定与禁止规定两种。强制规定者，指命令当事人应为一定行为之法律规定。禁止规定者，指命令当事人不得为一定行为之法律规定。而禁止规定可再分为取缔规定及效力规定，前者仅系取缔违反之行为，对违反者加以制裁，以禁遏其行为，并不否认其行为之私法上效力，禁止性规定与强制性规定是不一样的。从我国合同理论和实务来看，大多没有严格区分强制性规定和禁止性规定，我们认为作出这种区分还是必要的。法律、行政法规的强制性规定和禁止性规定是不同的，前者是指法律、行政法规要求人们必须为某种行为，而后者是指法律、行政法规要求人们不得为某种行为。

法律上没有区分禁止性规定和强制性规定，而是以强制性规定涵盖了二者，但强制性规定客观上存在层次上的区分。在现行法律框架下对强制性规定作进一步的类型化划分，对于妥善处理违反法律、行政法规强制性规定的合同的效力不但必要而且必需。将强制性规定进一步细分为取缔性或管理性规范和效力性规范，并认为只有违反效力性规定的合同才是无效合同，这种做法不仅可以使无效合同的数量大大减少，对保护债权人利益也极为有利，而且较好地维护了交易安全，避免交易秩序混乱。事实上，在司法解释以及最高人民法院的公报案例中，最高人民法院针对一些典型情况已经不断适时出台相应的政策和文件来校正和统一对强制性规定的法律适用的理解。比如《商品房买卖合同解释》第二条与第四条针对《城市房地产管理法》对登记备案制度的要求作了限制解释，认为登记备案手续不影响预售合同效力，就是针对特定事项的强制性规定所作的统一解释。此外，由于实践中以违反强

① 详见人民法院出版社法规编辑中心编：《解读最高人民法院请示与答复》（第2辑，上册），人民法院出版社2010年版，第59~65页。

制性规定为由向法院申请宣告合同无效的案件中，签订合同后反悔的当事人占很大比例，这其中多数是由合同所涉标的大幅升值所致，如果合同的签订出于双方意思自治，而法律、行政法规的强制性规定又没有规定违反的后果是无效的，在维持合同效力并不损害公共利益的前提下，如果仍然使合同无效，将会造成一种不诚实的交易环境，损害交易主体的合理期待，制约着市场主体的交易愿望，不利于市场交易秩序的稳定与安全。2001 年《最高人民法院公报》第 4 期刊登的“于某存诉董某斌、董某珍房屋买卖纠纷案”，就是类似案件。该案涉及划拨土地上的房屋产权转让问题，法院认为转让方以各种理由表示反悔，有悖诚实信用原则，有损交易安全，合同应为有效。这也表明了最高人民法院对于类似案件的处理态度。①

在司法实践中，法律、行政法规规定某类合同应当办理批准手续生效的，如商业银行法、证券法、保险法等法律规定购买商业银行、证券公司、保险公司 5% 以上股权须经相关主管部门批准，依据《民法典》第五百零二条第二款的规定，依照法律、行政法规的规定，合同应当办理批准等手续的，依照其规定。未办理批准等手续影响合同生效的，不影响合同中履行报批等义务条款以及相关条款的效力。应当办理申请批准等手续的当事人未履行义务的，对方可以请求其承担违反该义务的责任。实践中的一个突出问题是，把未生效合同认定为无效合同，或者虽认定为未生效，却按无效合同处理。无效合同从本质上来说是欠缺合同的有效要件，或者具有合同无效的法定事由，自始不发生法律效力。而未生效合同已具备合同的有效要件，对双方具有一定的拘束力，任何一方不得擅自撤回、解除、变更，但因欠缺法律、行政法规规定或当事人约定的特别生效条件，在该生效条件成就前，不能产生请求对方履行合同主要权利义务的法律效力。

五、对案例 62 的简要评析

根据《民法总则》第一百四十三条“具备下列条件的民事法律行为有效：（一）行为人具有相应的民事行为能力；（二）意思表示真实；（三）不违

① 参见沈德咏等主编、最高人民法院研究室编著：《最高人民法院关于合同法司法解释（二）理解与适用》，人民法院出版社 2009 年版，第 110 页。

反法律、行政法规的强制性规定，不违背公序良俗”的规定，民事法律行为的有效需要具备民事主体、意思表示、合法性三个要素。在本案中，对民事主体、意思表示，各方当事人均没有异议。争议的焦点是抵押担保合同是否违反法律、行政法规的强制性规定。由于景轩公司系外商独资企业，根据国家外汇管理局颁布的《境内机构对外担保管理办法实施细则》第八条第二款规定，外商独资企业可以自行提供对外担保，无需得到外汇局逐笔批准。但《境内机构对外担保管理办法》第十四条第一款明确规定：“担保人提供对外担保后，应当到所在地的外汇局办理担保登记手续。”《担保法解释》第六条第（一）项明确规定，未经国家有关主管部门批准或者登记对外担保的，对外担保合同无效。根据查明的事实，景轩公司亦就该对外担保合同在国家外汇管理局深圳市分局补办了登记手续。因此，本案抵押担保合同系当事人真实意思表示，相关抵押物在深圳市规划国土局福田分局办理了抵押登记，抵押担保合同应当是合法有效的。

第八节　效力待定的民事法律行为

一、问题的提出

效力待定的民事法律行为，是指民事法律行为已经成立，但因民事主体资格欠缺，能否发生效力尚不确定，有待于其他行为或事实的确定的法律行为。效力待定的民事法律行为，既存在转变为确定不生效民事法律行为的可能，也可能转变为确定有效的民事法律行为。允许经由特定当事人的行为最终确定民事法律行为的效力，是贯彻私法自治原则的需要。[①]

在研究效力待定的民事法律行为之前，先看一则案例：

① 参见王轶：《民事法律行为的效力》，载张鸣起主编：《民法总则专题讲义》，法律出版社 2019 年版，第 451 页。

案例 63：李某娇诉张某辉委托代理纠纷案[①]

原告李某娇的丈夫张某罗，于 20 世纪 50 年代向深圳南头信用合作社投资认购股份二股（1 元一股）。1987 年深圳市发展银行成立时，将上述二股转为股票 180 股。1990 年分红、扩股时，180 股又增至 288 股。原认股人张某罗于 1988 年去世，288 股的股票由原告持有。以前，张某罗曾委托被告张某辉到证券公司领取股息，办理扩股等手续。1990 年 4 月，原告将股票交给被告，委托其代领股息。同月 25 日，被告通过证券公司以每股 3.56 元的价格，将张某罗名下的 288 股股票过户到其妹妹，即第三人张士琴的名下。事后，被告扣除税款和手续费后，托其母吴某友将过户股票的股息及卖股票款 980 元交给原告。同年 8 月 25 日，原告将票据交给女婿看后，发现 288 股发展银行的股票已被被告过户到张士琴的名下。原告向被告索要股票，被告予以拒绝，遂于 1991 年 4 月向法院提起诉讼。

南山区人民法院认为：代理人在代理权限内，以被代理人的名义实施民事法律行为，代理人超越代理权的行为，只有经过被代理人的追认，被代理人才承担民事责任。未经追认的行为，由行为人承担民事责任。原告李某娇只委托被告张某辉代理其领取股息，但张某辉却擅自将李某娇的股票低价出卖并过户给第三人张士琴，其行为违反了《民法通则》第六十六条的规定，超越代理权，应当承担民事责任。在审理过程中，李某娇自愿放弃讼争股票 1991 年派发的红股，只要求张某辉返还发展银行的 288 股股票。张某辉表示同意，应予准许。据此调解达成如下协议：被告张某辉于 1991 年 9 月 14 日前用原告李某娇的身份证和姓名购买深圳发展银行股票 288 股给李某娇，所需股金及手续费用，由张某辉承担。

在上述案例中，涉及代理人是否拥有代理权问题。试问：如何理解效力待定的民事法律行为？具体包括哪些情形？

二、效力待定民事法律行为的法律意义

效力待定的民事法律行为，是指因主体资格的欠缺，其有效或无效需第

---

① 详见《最高人民法院公报》1993 年第 1 期（总第 33 期）。

三人行使形成权（包括追认权与拒绝权）加以确定的民事法律行为。该类民事法律行为在有权人追认以前处于有效或无效的不确定状态，因此称为效力待定民事法律行为或效力的补正。它有三个显著的特性：

1. 效力待定民事法律行为已经成立。民事法律行为成立是一事实判断问题，关系到民事法律行为是否存在。民事法律行为成立主要体现当事人的意志，体现意思自治原则。就民事法律行为成立的一般要件而论，民事主体就主要条款达成合意足矣。

2. 民事法律行为的效力既非完全有效，也非完全无效，而是处于一种不确定的中间状态，这是效力待定法律行为与可撤销法律行为、无效法律行为的主要区别所在。民事法律行为效力问题体现了立法者对民事法律行为的价值判断，体现了国家对民事法律行为的干预。对可撤销民事法律行为而言，民事法律行为在未被撤销前，是有效民事法律行为；对无效民事法律行为而言，民事法律行为的效力是自始无效、当然无效、绝对无效。

3. 效力待定民事法律行为是否已经发生效力尚不能确定，有待于其他行为或事实使之确定。效力待定民事法律行为本身是一种效力不确定的法律行为，但它本身并没有违反强行法的规定和公序良俗，因而法律对这种法律行为并不进行国家干预，强行使之无效，而是把选择法律行为是否有效的权利赋予当事人，从而排除法院干预的权力，充分尊重当事人的意志。从造成法律行为效力瑕疵的原因上说，效力待定法律行为最大的瑕疵在于当事人缺乏缔约能力和处分能力，但这类瑕疵并非不可弥补，而对可撤销法律行为而言，最大的瑕疵在于当事人意思表示不真实，如《民法典》总则编所列举的重大误解、显失公平、欺诈、胁迫等。

三、效力待定民事法律行为的追认行为

1. 追认的含义。追认，或称“同意”“承认”，是指权利人事后同意或者承认。在效力待定的民事法律行为中，追认是有权人对无权人所进行的民事法律行为予以承认的一种单方意思表示，其理论基础是行为人事后追认在法律效果上视同于行为人事前同意，立法目的在于使既存法律关系的不确定状态及时稳定下来，以减少讼争，维护市场交易的动态安全。根据《民法典》第一百四十五条“限制民事行为能力人实施的纯获利益的民事法律行为或者

与其年龄、智力、精神健康状况相适应的民事法律行为有效；实施的其他民事法律行为经法定代理人同意或者追认后有效。相对人可以催告法定代理人自收到通知之日起一个月内予以追认。法定代理人未作表示的，视为拒绝追认。民事法律行为被追认前，善意相对人有撤销的权利。撤销应当以通知的方式作出”的规定，限制行为能力人的法定代理人对民事法律行为的效力享有追认权。

追认权属于形成权。依民法基本理论，形成权系指“依权利者一方之意思表示，得使权利发生、变更、消灭或生其他法律上效果之权利”。[①] 形成权具有以下特征：（1）不得单独转让，必须附随其所附之基本权利一起让与；（2）原则上不可附期限或条件；（3）不可成为侵权行为的客体；（4）无相对义务观念存在。这些特征当然适用于追认权。

追认权的行使受除斥期间的限制。根据《民法典》第一百四十五条第二款的规定，追认权的除斥期间为 30 日内。超过除斥期间，追认权人不能再行使追认权；除斥期间内，追认权人未对民事法律行为的追认作出明确表示的，推定为拒绝追认，民事法律行为也不发生效力。

追认行为是单方法律行为，依单方的意思表示即可完成，无须相对人的同意即可补正。追认行为属于补正行为，追认的作用在于使他人所为的民事行为发生效力，因此具有补正行为的性质。追认行为属于不要式行为，无须依特定方式，只要能够表达其追认的意思，即可发生追认的效力。民事法律行为待定制度赋予了限制行为能力人的法定代理人以追认权，保障了其单方利益，但其直接结果是追认权人始终掌握主动权，可在行为对其有利时主张有效，不利时则主张无效，使得民事法律行为效力长时间处于不确定状态，对交易相对人产生不测之危害，给交易安全造成悬空动荡。为了强化对交易安全的维护和对相对人利益的保护，各国对追认制度的适用都进行了限制，最主要的就是催告权和撤销权。相对人的催告权是指效力待定民事法律行为中，相对人在知道民事法律行为效力处于不确定状态的情况下，得确定一定期间，催告权利人进行追认，以尽快确定民事法律行为的效力，稳定民事主体之间的法律关系。相对人可以催告法定代理人在 30 日内予以追认。

---

① 史尚宽：《民法总论》，中国政法大学出版社 2000 年版，第 25 页。

2. 追认行为的生效时间。《民法典》总则编对追认行为的形式并未作出明确规定。通说认为，追认通知可以由权利人以口头方式向相对人作出，也可以通过书面方式作出。以口头表示方式作出的，追认通知发出时间与到达时间一致，追认行为生效时间自无异议。但如果追认通知以书面表示作出，追认通知发出与到达之间通常有一定的时间间隔，追认行为自何时生效，不无异议。《合同法解释（二）》第十一条规定，追认通知自到达相对人时生效。

就追认行为而言，虽然追认通知是单方意思表示，无须相对人同意，仅凭权利人的单方意思表示即可完成，但仍然需要相对人收到，即需要为相对人所了解或者达到相对人方可生效。依据《民法典》第一百三十七条的规定，以对话方式作出的意思表示，相对人知道其内容时生效。以非对话方式作出的意思表示，到达相对人时生效。以非对话方式作出的采用数据电文形式的意思表示，相对人指定特定系统接收数据电文的，该数据电文进入该特定系统时生效；未指定特定系统的，相对人知道或者应当知道该数据电文进入其系统时生效。当事人对采用数据电文形式的意思表示的生效时间另有约定的，按照其约定。在要约和承诺生效时间上，均采用的是到达主义，从体系解释的角度来说，《合同法解释（二）》第十一条规定追认的意思表示自到达相对人时生效也是妥当的。

四、效力待定合同的三种情形

1. 限制民事行为能力人从事的依法不能独立实施的法律行为。《民法典》第一百四十五条第一款规定："限制民事行为能力人实施的纯获利益的民事法律行为或者与其年龄、智力、精神健康状况相适应的民事法律行为有效；实施的其他民事法律行为经法定代理人同意或者追认后有效。"据此，限制民事行为能力人实施民事法律行为，经过法定代理人追认后，该法律行为有效。限制民事行为人签订纯获利益的民事法律行为，无须法定代理人追认，即为有效。所谓"纯获利益的合同"，根据《民法通则意见》第六条之规定，是指限制民事行为能力人接受奖励、赠与、报酬、遗赠等行为。这些行为的共同点是无须限制民事行为能力人履行义务，而仅从他人处获取利益。如果限制民事行为能力人订立的是双务合同，自己需履行义务才能享有权利，就不是"纯获利益"的民事法律行为，订立这种民事法律行为就有义务与权利是否平衡、是否体现公平的问题，对于限制民事行为能力人，也有可能超出其智力、年龄、精神健康状态允许的范围。所以，《民法典》总则编规定只要是“纯获利益的合同”，无须法定代理人追认即可有效。限制民事行为能力人进行与其年龄、智力、精神健康状况相适应的民事法律行为，无须法定代理人追认，即为有效。该类合同一般是日常生活方面的合同，如购买书本、乘坐交通工具等；不能完全辨认其行为的精神病人在其健康状况允许时，可从事某些民事法律行为，而无须法定代理人追认。

2. 无权代理人因无权代理而从事的法律行为。我国《合同法》第四十八条对无权代理人签订合同的效力作出了明确规定，即“行为人没有代理权、超越代理权或者代理权终止后以被代理人名义订立的合同，未经被代理人追认，对被代理人不发生效力，由行为人承担责任。相对人可以催告被代理人在一个月内予以追认。被代理人未作表示的，视为拒绝追认。合同被追认之前，善意相对人有撤销的权利。撤销应当以通知的方式作出”。《民法典》第一百六十二条规定：代理人在代理权限内，以被代理人名义实施的民事法律行为，对被代理人发生效力。《民法通则》第六十六条第一款规定：“没有代理权、超越代理权或者代理权终止后的行为，只有经被代理人的追认，被代理人才承担民事责任。未经追认的行为，由行为人承担民事责任……”因此，在被代理人追认前，无权代理行为对他人不发生效力，但有生效之可能，故属于效力待定的民事法律行为。这种效力待定状态表现为：一是被代理人需用意思表示予以追认；二是在被代理人追认以前，相对第三人可以撤回与无权代理人所签订民事法律行为的意思表示，也可以催告被代理人予以追认；三是无权代理人所签订的民事法律行为若得不到被代理人的追认，第三人也不撤回与其所签订民事法律行为的意思表示，无权代理人（即行为人）则应承担相应的民事责任。

依据《民法典》第一百七十一条“行为人没有代理权、超越代理权或者代理权终止后，仍然实施代理行为，未经被代理人追认的，对被代理人不发生效力。相对人可以催告被代理人自收到通知之日起三十日内予以追认。被代理人未作表示的，视为拒绝追认。行为人实施的行为被追认前，善意相对人有撤销的权利。撤销应当以通知的方式作出。行为人实施的行为未被追认的，善意相对人有权请求行为人履行债务或者就其受到的损害请求行为人赔偿，但是赔偿的范围不得超过被代理人追认时相对人所能获得的利益。相对人知道或者应当知道行为人无权代理的，相对人和行为人按照各自的过错承担责任”的规定，应当注意的是：一是无权代理未经被代理人追认，只是不对被代理人发生效力而并非无效；被代理人享有追认权，应当在相对人催告后 30 日内作出，未作出的视为拒绝追认。二是被追认前，善意相对人对行为人实施的行为有权撤销，通知即可。三是未被追认的，善意相对人有权请求行为人履行债务或赔偿其所遭受的损失，但赔偿的范围以代理行为有效时所能获得的利益为限。四是有证据证明相对人明知即知道或者应当知道行为人属于无权代理的，责任的承担由相对人和行为人按照各自的过错确定。

3. 无处分权人因无权处分而从事的法律行为。《民法典》没有对无权处分作出规定，但司法实践中比较常见。原来的《合同法》第五十一条规定：“无处分权的人处分他人财产，经权利人追认或者无处分权的人订立合同后取得处分权的，该合同有效。”该条对无权处分订立的合同的效力作出了明确规定。

一般而言，作为买卖合同的出卖人应该是标的物的所有权人或者有处分权人。但在司法实践中会遇到买卖合同的出卖人既非标的物的所有权人，又非有权处分人的情况，即出卖他人之物的买卖合同。该合同效力如何？即《合同法》第五十一条的规定成为理论界和司法实务界争论的一个焦点，主要有三种观点：合同无效说、效力待定说、合同有效说。通说认为，出卖他人之物，并不影响买卖合同的效力，即买卖合同依然有效。《民法通则意见》第八十九条、第一百一十三条第一款规定：共同共有人对共有财产享有共同的权利，承担共同的义务。在共同共有关系存续期间，部分共有人擅自处分共有财产的，一般认定无效。但第三人善意、有偿取得该财产的，应当维护第三人的合法权益；对其他共有人的损失，由擅自处分共有财产的人赔偿。以自己不享有所有权或者经营管理权的财产作抵押物的，应当认定抵押无效。《最高人民法院关于审理涉及国有土地使用权合同纠纷案件适用法律问题的解释》（以下简称《土地使用权合同解释》）第九条规定：转让方未取得出让土地使用权证书与受让方订立合同转让土地使用权，起诉前转让方已经取得出让土地使用权证书或者有批准权的人民政府同意转让的，应当认定合同有效。《最高人民法院关于企业法人分支机构未经授权以登记在其名下的房地产为他人提供抵押合同的效力应如何认定问题请示之答复》（〔2005〕民二他字第8号）中指出：根据我国房地产法律关于登记确权规定之精神，企业法人的分支机构以登记在其名下的房地产为他人债权设定抵押，该抵押设定行为符合《担保法》规定的抵押权生效条件的，人民法院应当认定有效。

《合同法》第五十一条规定："无处分权的人处分他人财产，经权利人追认或者无处分权的人订立合同后取得处分权的，该合同有效。"但对该条的理解存在不同观点。其中一种观点认为，效力待定的是债权合同，这实质上可归入无效说。另一种观点认为，效力待定的是物权行为，而非债权合同。这种观点认为应当坚持"物权变动原因和结果区分"原则，区分负担行为和处分行为，债权合同属于负担行为，其效力不以处分人具有所有权或处分权为要件，处分他人之物的行为是处分行为，其效力未定并取决于权利人是否追认或出卖人是否取得处分权，若权利人嗣后不予追认或处分人未取得处分权，则处分行为自始无效，处分人因其不能履行合同而应承担违约责任。2007年5月30日，时任最高人民法院副院长在全国民商事审判工作会议上的讲话中指出，《物权法》第十五条确定了原因行为和物权变动的区分原则。该原则强调合同等原因行为的效力应受《合同法》的调整，物权的设立、变更、转让和消灭等物权变动则受《物权法》的规制，原因行为的效力不受物权变动要件的影响。[①] 自2012年7月1日起实施的《最高人民法院关于审理买卖合同纠纷案件适用法律问题的解释》第三条规定："当事人一方以出卖人在缔约时对标的物没有所有权或者处分权为由主张合同无效的，人民法院不予支持。出卖人因未取得所有权或者处分权致使标的物所有权不能转移，买受人要求出卖人承担违约责任或者要求解除合同并主张损害赔偿的，人民法院应予支持。"该规定明确了无权处分的合同为有效合同，统一了效力纷争。

五、对案例63的简要评析

在本案中，涉及被告张某辉的授权代理的代理权限问题，即张某辉是有权代理还是无权代理。本案原告李某娇授权张某辉去信用社领取股息，而张

---

① 《充分发挥民商事审判职能作用，为构建社会主义和谐社会提供司法保障——在全国民商事审判工作会议上的讲话》（2007年5月30日），载最高人民法院民事审判第二庭编：《民商事审判指导》2007年第1辑（总第11辑），人民法院出版社2007年版，第55页。

某辉到信用社领取了股息，这是李某娇授权范围内的事情。但是，张某辉擅自将股票卖给了张士琴，并且办理了过户手续，这显然超越了李某娇的授权范围，属于无权代理。该无权代理的情形，若李某娇予以追认，则该民事法律行为是有效行为。但是，李某娇明确予以拒绝追认，则该有权代理行为无效。本案经法院调解结案，物归原主，各方握手言和，体现了亲情之间“和为贵”。

第九节　无效的民事法律行为

一、问题的提出

无效的民事法律行为，是指民事法律行为已经成立，但因其在内容上违反了法律、行政法规的强制性规定和公序良俗而应当被宣告无效的民事法律行为。[①] 民事法律行为的制度基础是意思自治，但应当有边界限制，若民事主体的意思自治不符合法律的基本价值判断，尤其是违反法律、行政法规的强制性规定或者有违公序良俗，则该民事法律行为不能生效，当属无效的民事法律行为。

在研究无效的民事法律行为之前，先看三则案例：

案例 64：汝阳公司与伊川公司因玉米种子代繁合同纠纷案

2001 年 5 月 22 日，汝阳公司委托伊川公司代为繁殖一种玉米杂交种子，双方约定了收购种子的价格等具体内容，并约定无论种子市场形势好坏，伊川公司生产的合格种子必须无条件全部供给汝阳公司，汝阳公司也必须全部接收。2003 年初，汝阳公司向洛阳中院提起诉讼，称伊川公司没有履行双方签订的代繁种子的合同，将繁殖的种子卖给了别人，给他们造成巨大经济损失，请求法院判令伊川公司赔偿。在审理过程中，伊川公司同意赔偿，但在

---

① 参见王利明：《民法总则研究》（第三版），中国人民大学出版社 2018 年版，第 552~553 页。

赔偿损失的计算方法上却与汝阳公司的方法存在巨大差异。汝阳公司认为，玉米种子的销售价格应依照国家《种子法》的相关规定，按市场价执行；伊川公司则认为，应当依据《河南省农作物种子管理条例》及省物价局、农业厅根据该条例制定的《河南省主要农作物种子价格管理办法的通知》的相关规定，按政府指导价进行赔偿。“市场价”和“政府指导价”两者差距甚大，因此依据不同的法律法规算出的损失相差 60 多万元。

2003 年 5 月 27 日，洛阳中院对此案作出一审判决。判决认为：《种子法》实施后，玉米种子的价格已由市场调节，《河南省农作物种子管理条例》作为法律位阶较低的地方性法规，其与《种子法》相冲突的条款自然无效，而河南省物价局、农业厅联合下发的通知又是依据该条例制定的一般性规范性文件，其与《种子法》相冲突的条款应为无效条款。因此伊川公司关于应按通知中规定方法计收可得利益损失的辩解于法无据，不予支持。一审法院依据《合同法解释（一）》第四条“合同法实施以后，人民法院确认合同无效，应当以全国人大及其常委会制定的法律和国务院制定的行政法规为依据，不得以地方性法规、行政规章为依据”的规定，基本支持原告汝阳公司的诉讼请求，判令被告伊川公司赔偿原告汝阳公司经济损失近 60 万元及其他费用。伊川公司不服一审判决，上诉至河南高级人民法院。二审法院驳回上诉，维持原判。

案例 65：聚丰公司与达州电大合资、合作开发房地产合同纠纷案①

法院认为，案涉合同虽冠以“合作开发协议”之名，但合同中明确约定达州电大只享有固定开发收益，不承担开发经营风险。根据《土地使用权合同解释》第二十四条“合作开发房地产合同约定提供土地使用权的当事人不承担经营风险，只收取固定利益的，应当认定为土地使用权转让合同”的规定，合作开发协议性质为土地使用权转让合同。根据《合同法解释（二）》第十四条关于“合同法第五十二条第（五）项规定的‘强制性规定’，是指效力性强制性规定”的规定，法律、行政法规中的管理性强制性规定不能作为认定合同无效的依据。本案中，达州电大主张合同无效的理由是合作

---

① 详见最高人民法院（2013）民一终字第 18 号民事判决书，载《最高人民法院公报》2014 年第 10 期（总第 216 期）。

开发协议违反了《国有资产评估管理办法》第三条第（一）项、《招标拍卖挂牌出让国有建设用地使用权规定》、《事业单位国有资产管理暂行办法》第二十八条，以及《城市房地产管理法》第三十九条第（二）项的规定，但前三者均系行政规章，《城市房地产管理法》第三十九条第（二）项、《城镇国有土地使用权出让和转让暂行条例》第十九条为法律、行政法规中的管理性强制性规定，均不能作为认定合同无效的依据。故诉争合作开发协议系双方当事人真实意思表示，不违反法律、行政法规的强制性规定，应确认有效。

二审生效后，达州电大向最高人民法院提出申诉。最高人民法院作出（2014）民申字第56号民事裁定书，就合同效力部分认为：合作开发协议书约定的内容表明，达州电大只享有固定开发收益，不承担开发经营的风险。本案合同性质为土地使用权转让合同，二审判决对于合同性质的认定是正确的。根据2009年5月13日起施行的《合同法解释（二）》第十四条的规定，“合同法第五十二条第（五）项规定的‘强制性规定’，是指效力性强制性规定”，而《城镇国有土地使用权出让和转让暂行条例》第十九条、《城市房地产管理法》第三十九条第（二）项均为管理性强制性规定，不能据此认定合同无效。同时，达州电大提出了新的理由，即达州电大和聚丰公司违反上述法律规定转让土地，必然导致炒卖土地等损害社会公共利益的后果出现，而损害社会公共利益属于《合同法》第五十二条规定的第四种合同无效情形，因此应当认定合作开发协议书无效。本院认为，聚丰公司与达州电大签订合作开发协议书，履行合同义务，行使合同权利，实施合同约定，并没有违反相关法律关于合同效力的强制性规范。达州电大认为双方签订合同的行为侵害了社会公共利益，既无事实依据，也无法律依据，此项理由不能成立，不予支持。

案例66：王某刚与王某安、第三人岚县源采矿厂侵犯出资人权益纠纷案①

最高人民法院认为，就王某刚与袁某乐签订的《采矿厂转让协议》的效力而言，第一，2001年4月大源采矿厂在工商部门初始登记的投资人虽为陈

① 详见最高人民法院（2012）民一终字第65号民事判决书，载《最高人民法院公报》2013年第5期（总第199期）。

某平，但1999年陈某平就办理了国外移民的手续，袁某乐签订《采矿厂转让协议》之前，从2001年至2003年7月一直实际控制和经营管理大源采矿厂，当地村民只知道该矿矿主为袁某则（即袁某乐），因此将该矿称为“袁某则矿”，并不知道陈某平其人，且袁某乐与陈某平为夫妻关系，故王某刚有理由相信袁某乐有权处分大源采矿厂，袁某乐的转让行为构成表见代理。第二，从转让协议的履行情况来看，《采矿厂转让协议》签订后至2006年9月15日与王某安签订《大源采矿厂整体转让协议》的三年期间，陈某平并未提出过异议并主张自己的权利，应当视为对袁某乐的转让行为予以默认。第三，按照《个人独资企业法》第十五条规定，个人独资企业存续期间登记事项发生变更的，应当在作出变更决定之日起的十五日内依法向登记机关申请办理变更登记。王某刚与袁某乐签订《采矿厂转让协议》后，虽未对大源采矿厂变更投资人向工商登记机关申请办理变更登记，但变更登记不属于转让行为有效的前提条件，未办理变更登记，依照法律规定应当受到相应的行政处罚，但并不影响转让的效力。《个人独资企业法》第十五条应视为管理性规范而非强制性规范。综合以上，王某刚与袁某乐签订的《采矿厂转让协议》依法应认定为有效，王某安提出的《采矿厂转让协议》无效的上诉理由，本院不予支持。

就王某刚、王某安与郭某三人签订的《合伙协议》的效力而言，最高人民法院认为，第一，基于王某刚与袁某乐签订《采矿厂转让协议》后已合法受让大源采矿厂，为筹措投资和转让款，王某刚引入其他合作者共同投资、管理和经营，这一行为与袁某乐或陈某平无关，亦无须通过袁某乐或陈某平的同意或追认。第二，王某刚与王某安、郭某签订的《合伙协议》，系对三人合伙经营大源采矿厂期间的权利义务作出的一系列安排，包括出资金额、出资时间、股份比例、经营方式、利润分配以及资金使用等。这些约定系对大源采矿厂的经营管理与发展作出的自主性安排，为当事人真实意思表达，不违反法律、行政法规的强制性规定。第三，王某刚与王某安、郭某签订《合伙协议》的行为，意味着将大源采矿厂的企业性质由原来的个人独资企业转换为合伙企业；企业的经营方式由原来的个人独资经营转变为合伙经营；企业的风险与责任承担由原来的个人承担转化为三人共担。上述企业性质、经营方式以及责任承担的变更，未为法律法规明文禁止。综上，《合伙协议》依法应被认定为有效。

在上述三个案例中，均涉及民事法律行为的效力问题，也是司法实践中常见的问题，且争议较大，因此选取最高人民法院的公报案例（“洛阳种子案”虽不是公报案例，但最高人民法院专门作了答复）启发读者。试问:《民法典》总则编规定了哪些情形属于无效的民事法律行为？如何理解适用？无效的民事法律行为的法律后果如何？

二、无民事行为能力人实施的民事法律行为无效

《民法典》第二十条规定:“不满八周岁的未成年人为无民事行为能力人，由其法定代理人代理实施民事法律行为。”第二十一条规定：“不能辨认自己行为的成年人为无民事行为能力人，由其法定代理人代理实施民事法律行为。八周岁以上的未成年人不能辨认自己行为的，适用前款规定。”我们知道，自然人从出生时起到死亡时止，具有民事权利能力，依法享有民事权利，承担民事义务。自然人的民事权利能力一律平等。

依据《民法典》第一百四十四条“无民事行为能力人实施的民事法律行为无效”的规定，对于无民事行为能力人所为的民事法律行为，一律规定为无效。同时，如果是纯获利益的民事法律行为，亦无须民事法律行为能力人单独实施，没有类推《民法典》第一百四十五条第一款“限制民事行为能力人实施的纯获利益的民事法律行为或者与其年龄、智力、精神健康状况相适应的民事法律行为有效；实施的其他民事法律行为经法定代理人同意或者追认后有效”的规定。无民事行为能力人所为纯获利益行为，如接受赠与行为，应为有效。[①] 其实，笔者认为，在现实生活中，无纷争，谈效力，有点“神经病”。但是，出现了纷争，则需要“正公正”。因此，如果出现纷争，自然要依据《民法典》第一百四十四条的规定处理。当然，类似于“香蕉噎死人”[②]

① 参见杜万华主编:《中华人民共和国民法总则实务指南》，中国法制出版社 2017 年版，第 562 页。

② 老人好心将几根香蕉送给女孩吃，这个女孩又分给了另外一位女孩，结果该女孩吃香蕉时不慎将香蕉吸入气管导致窒息死亡，老人和分香蕉的女孩要不要赔偿？佛山中院认为不赔，因为从民法的基本价值立场出发，民法应是鼓励民事主体积极地展开社会交往，如果将小孩之间分享无明显安全隐患食物的行为定性为过失，无疑限制人之行为自由，与过错责任原则的立法宗旨不符。女孩的意外死亡固然令人痛惜，但分享行为不是过错。详见广东省佛山市中级人民法院（2015）佛中法民一终字第 1211 号民事判决书。

的事情，不能认定该法律行为无效，判令老奶奶承担民事责任。是故，一定要具体问题具体分析，且不可一概而论。

三、虚假意思表示与隐藏行为

虚假意思表示，在学说上又称为虚假表示、虚伪表示、虚假行为，在《民法通则》《合同法》等原来的立法中并没有此类规定。但是，从比较法角度来看，《德国民法典》第 117 条、《日本民法典》第 94 条、《韩国民法典》第 108 条、我国台湾地区“民法”第 87 条等，均有类似规定。我国《民法典》第一百四十六条规定：“行为人与相对人以虚假的意思表示实施的民事法律行为无效。以虚假的意思表示隐藏的民事法律行为的效力，依照有关法律规定处理。”

虚假意思表示的目的在于掩盖真实的意思表示，通常是逃避第三人的债务、逃避法律规定等。隐藏行为通常包含两个：一是虚假表示，即行为人和相对人通谋表示虚假意思的行为。二是隐藏行为，即被虚假行为所掩盖的，代表行为人和相对人真实意思的行为。《民法通则》《合同法》中规定的“以合法形式掩盖非法目的”的民事法律行为无效，但无法取代虚假表示与隐藏行为的类型。

在司法实践中，要准确把握虚假行为的构成要件：一是行为人与相对人均有表示行为，且表示行为形成表面一致。二是行为人与相对人的表示行为均与真实意思表示不一致，也就是说，双方意思表示均为虚假，双方“各怀鬼胎，心照不宣”。当然，若一方是虚假意思表示，则会构成民事欺诈，性质严重的，则构成刑事上的诈骗犯罪。三是行为人与相对人对自己的表示行为与真实意思不一致，系“心知肚明”。四是行为人与相对人是否通谋，则“在所不问”。实践中，虚假的意思表示之目的主要有：规避法定义务（如阴阳合同、房产赠与合同）、规避强制执行（财产转移）、规避金融管制（如为规避企业间的借贷，企业间签订股权转让协议和回购协议）、规避非法债务（洗钱、赌博）、虚假诉讼（手拉手的诉讼）等。

虚伪表示，因为不具备《民法典》第一百四十三条规定的条件，即“具备下列条件的民事法律行为有效：（一）行为人具有相应的民事行为能力；（二）意思表示真实；（三）不违反法律、行政法规的强制性规定，不违背公序良俗”，行为人与相对人的意思表示均为虚假，因此属于无效民事行为。

但隐藏行为是否有效，需要看隐藏行为是否符合“行为人具有相应的民事行为能力”和“不违反法律、行政法规的强制性规定，不违背公序良俗”的条件。若同时符合上述两个条件，则隐藏行为合法有效；若不能同时符合这两个条件，则隐藏行为无效。

在司法实践和现实生活中，存在大量名不副实的合同，对此应如何认定？最高人民法院在司法解释中对名不副实合同作出的转性合同认定，主要是基于司法实践经验的总结。但这种审判经验一旦上升为司法解释，就必然要以一定的民法理论为依据。最高人民法院主流观点认为，理解转性规定的民法理论依据时，应从意思表示理论方面着手。在当事人之间存在虚假意思表示以及他种隐藏行为的情况下，虚假表示对其应无约束力，他们之间的权利义务应以隐藏行为来确定。但在涉及外部关系时，双方当事人不得以虚假表示对抗善意第三人。亦即，双方当事人基于隐藏行为所主张之权利在与善意第三人之利益产生冲突的时候，应当让位于后者。① 最高人民法院民事审判第一庭的意见是，在双方当事人签订的合同名称与合同的性质不符合时，应当根据合同的性质确定合同类型。②

审判实践中，有许多当事人订立的合作开发房地产合同，在约定共同投资的同时，约定一方不承担合作风险，只享有固定的利益，在发生纠纷时，导致合作各方的权责不清。人民法院对此类纠纷的处理，因缺乏具体明确的法律规定，出现了法律适用上的混乱。最高人民法院认为：既然合作开发房地产合同中风险并非当事人共同承担，则其法律关系实质上已非合作开发房地产。在此逻辑前提下，就产生了转性认定的基础和必要。因此，2005 年 6 月 18 日公布的《土地使用权合同解释》第二十四条至第二十七条分别规定了四种转性合同。作出这四条解释的法理基础为意思表示理论，即通过揭示

---

① 参见辛正郁：《名实不符的合作开发房地产合同的认定与处理原则》，载最高人民法院民事审判第一庭编：《民事审判指导与参考》2005 年第 2 集（总第 22 集），法律出版社 2005 年版，第 121 页。

② 详见冯小光：《招标人与中标人未按〈中标通知书〉内容签订施工合同，对签约在先的施工合同不产生变更的效力——新疆建工集团第六建筑工程有限责任公司与新疆天通房地产开发有限公司建设工程施工合同纠纷上诉案》，载最高人民法院民事审判第一庭编：《民事审判指导与参考》2008 年第 4 集（总第 36 集），法律出版社 2008 年版，第 146~159 页。

合作房地产开发当事人之间的真实意思表示来判定当事人之间所订立的合同的法律性质，而不以当事人之间所订立合同的名称或外部表现形式来判断合同的法律性质。[①] 依据《土地使用权合同解释》的规定，当前合作开发房地产中常见的四种名不副实情形如下：

第一种情形：名为合作开发房地产合同，实为土地使用权转让合同。《土地使用权合同解释》第二十四条规定："合作开发房地产合同约定提供土地使用权的当事人不承担经营风险，只收取固定利益的，应当认定为土地使用权转让合同。"这实际上是使用权有偿转让的一种特殊形式，是提供土地使用权方"以地谋利"，这种"利"可能为货币，也可能为房屋。故最高人民法院将这种合同作为土地使用权转让合同予以认定和处理，在审理武汉市武重房地产开发公司上诉武汉重型机床厂及被上诉人湖北省大通武汉物业公司纠纷上诉案［最高人民法院（1998）民终字第 57 号民事判决书］中指出：房产公司与大通公司签订《合同书》及《补充协议》，房产公司从大通公司获得了房屋和资金，而将第三人机床厂的划拨土地使用权转移给大通公司，故该《合同书》及《补充协议》是名为联合建房，实为土地使用权的转让。由于房产公司转让的土地系第三人机床厂使用的划拨土地，未办理土地使用权出让手续，违反了国家有关法律的规定，《合同书》及《补充协议》应认定无效。一审法院对案件的定性及认定合同无效是正确的，造成合同无效，房产公司应负主要责任，大通公司亦有一定责任，双方应返还依无效合同取得的财产。鉴于大通公司与国家土地管理部门签订了 21.3 亩土地使用权的出让合同，办理了合法审批手续，已取得了土地使用权证，该土地不再返还对方。机床厂与大通公司没有直接的法律关系，大通公司在机床厂取得的 13.9 亩土地使用权地块上建筑的房屋，应视为大通公司拆迁该土地上建筑物给对方的补偿。一审法院判决不予返还并无不当。房产公司和机床厂请求认定合同为联建合同并且有效，没有法律根据，其主张不予支持。[②] 本案的裁判意见虽

---

① 参见韩廷斌：《最高人民法院关于审理涉及国有土地使用权合同纠纷案件适用法律问题的解释的理解适用》，载最高人民法院民事审判第一庭编：《民事审判指导与参考》2005 年第 2 集（总第 22 集），法律出版社 2005 年版，第 85~86 页。

② 详见最高人民法院民事审判庭编：《民事审判指导与参考》2000 年第 1 集（总第 1 集），法律出版社 2002 年版。

在《土地使用权合同解释》发布之前作出，但裁判意见与该解释并无二致。

第二种情形：名为合作开发房地产合同，实为房屋买卖合同。《土地使用权合同解释》第二十五条规定："合作开发房地产合同约定提供资金的当事人不承担经营风险，只分配固定数量房屋的，应当认定为房屋买卖合同。"这种合同，实际上是提供资金方"以钱买房"，其中的"房"应为房屋（严格意义上来说是期房）所有权及其相应的国有土地使用权。

第三种情形：名为合作开发房地产合同，实为借款合同。《土地使用权合同解释》第二十六条规定："合作开发房地产合同约定提供资金的当事人不承担经营风险，只收取固定数额货币的，应当认定为借款合同。"这种合同实际上是提供资金方将约定的资金借给提供土地使用权方使用的一种特殊形式。

第四种情形：名为合作开发房地产合同，实为房屋租赁合同。《土地使用权合同解释》第二十七条规定："合作开发房地产合同约定提供资金的当事人不承担经营风险，只以租赁或者其他形式使用房屋的，应当认定为房屋租赁合同。"这种合作开发房地产属于房屋使用权买卖的一种特殊形式。

虚假行为对第三人的效力如何？《民法典》总则编未作规定，但司法实践中不应回避。应当根据第三人是否善意，并由第三人作出选择。如果第三人善意，其基于对虚假行为有效外观的信任而行为，则应当保护其信赖利益。如果第三人是恶意的，知道或者应当知道虚假行为并非双方当事人的真实意思表示，则该行为对第三人不发生效力。因此，应当将"行为人与相对人以虚假的意思表示实施的民事法律行为无效"与"双方均不得以此对抗善意第三人"两个方面结合起来理解适用，更符合民法的基本理念和精神，有利于保护交易安全和善意第三人合法权益。[①]

四、违反法律、行政法规强制性规定的民事法律行为无效

《民法典》第一百五十三条第一款规定："违反法律、行政法规的强制性规定的民事法律行为无效。但是，该强制性规定不导致该民事法律行为无效

---

① 参见杜万华主编：《中华人民共和国民法总则实务指南》，中国法制出版社2017年版，第562页。

的除外。"《合同法》第五十二条第（五）项规定，违反法律、行政法规的强制性规定的合同无效。《合同法解释（二）》第十四条进一步限定了"强制性规定"，是指效力性强制性规定。

从实践来看，我国法律法规确定了大量的强行性规范，在认定民事法律行为的效力时，有必要在法律上区分何为取缔规范，何为效力规范。具体来说可以采取以下标准：第一，法律法规明确规定违反禁止性规定将导致民事法律行为无效或不成立的，该规定属于效力规范。第二，法律法规虽没有明确规定违反禁止性规定将导致民事法律行为无效或不成立的，但违反该规定以后若使民事法律行为继续有效将损害国家利益和社会公共利益，也应当认为该规范属于效力规范。第三，法律法规虽没有明确规定违反禁止性规定将导致民事法律行为无效或不成立的，违反该规定以后若使民事法律行为继续有效并不损害国家利益和社会公共利益，而只是损害当事人的利益，在此情况下该规范就不应属于效力规范，而是取缔规范。例如，关于预售商品房的登记主要关系当事人的利益，法律设立该制度的目的是保护买受人的利益。所以要求办理预售登记的规范，应属于取缔规范，非效力规范。没有办理登记不应导致合同无效。一般来说，只有违反了效力性规定的民事法律行为才作为无效的民事法律行为，而违反了取缔性规定，可以由有关机关对当事人实施行政处罚，但不一定宣告民事法律行为无效。这就需要区分违法和民事法律行为无效的概念。违法从广义上说包括违反效力性和取缔性规范的行为，但无效一般只限于违反效力性规范的民事法律行为，只有部分违反取缔性规范的民事法律行为才有可能成为无效的民事法律行为。

就民事法律行为中常见的合同来说，最高人民法院对于如何识别效力性强制性规定，认为应当采取正反两个标准。在肯定性识别上，首先，该强制性规定是否明确规定了违反的后果是合同无效，如果规定了违反的后果是导致合同无效，则该规定属于效力性强制性规定。其次，法律、行政法规虽然没有规定违反将导致合同无效的，但违反该规定如使合同继续有效将损害国家利益和社会公共利益的，也应当认定该规定是效力性强制性规定。在否定性识别上，明确法律、行政法规的强制性规定仅关系当事人利益的，法律、行政法规的强制性规定仅是为了行政管理或纪律管理需要的，一般都不属于效力性强制性规定。具体而言，对于否定性识别应当从以下两个方面考虑。

首先，我们可以从强制性规定的立法目的进行判断，倘若其是实现管理的需要而设置，并非针对行为内容本身，则可认为并不属于效力性强制性规定，比如，关于商业银行资产负债比例的《商业银行法》第三十九条，即属于管理性的强制规范，它体现了中国人民银行更有效地强化对商业银行的审慎监管，商业银行所进行的民事活动如违反该条规定，人民银行应按照《商业银行法》的规定进行处罚，但不影响其从事民事活动的主体资格，也不影响其所签订的借款合同的效力。[①] 其次，也可从强制性规定的调整对象来判断该规定是否是效力性强制性规定。一般而言，效力性强制性规定针对的都是行为内容，而管理性强制性规范很多时候单纯限制的是主体的行为资格。比如，《公司法》第十二条有关公司经营范围的规定；《公务员法》第五十九条对公务员禁止从事营利性活动的限制，并不妨碍其违反资格限制签订的合同的效力。

《全国法院民商事审判工作会议纪要》第三十条第一款规定：《合同法》施行后，针对一些人民法院动辄以违反法律、行政法规的强制性规定为由认定合同无效，不当扩大无效合同范围的情形，《合同法解释（二）》第十四条将《合同法》第五十二条第（五）项规定的“强制性规定”明确限于“效力性强制性规定”。此后，《最高人民法院关于当前形势下审理民商事合同纠纷案件若干问题的指导意见》进一步提出了“管理性强制性规定”的概念，指出违反管理性强制性规定的，人民法院应当根据具体情形认定合同效力。随着这一概念的提出，审判实践中又出现了另一种倾向，有的人民法院认为凡是行政管理性质的强制性规定都属于“管理性强制性规定”，不影响合同效力。这种望文生义的认定方法，应予纠正。人民法院在审理合同纠纷案件时，要依据《民法典》第一百五十三条第一款和《合同法解释（二）》第十四条的规定慎重判断“强制性规定”的性质，特别是要在考量强制性规定所保护的法益类型、违法行为的法律后果以及交易安全保护等因素的基础上认定其性质，并在裁判文书中充分说明理由。下列强制性规定，应当认定为“效力性强制性规定”：强制性规定涉及金融安全、市场秩序、国家宏观政策等公序

---

① 《充分发挥民商事审判职能作用，为构建社会主义和谐社会提供司法保障——在全国民商事审判工作会议上的讲话》（2007 年 5 月 30 日），载最高人民法院民事审判第二庭编：《民商事审判指导》2007 年第 1 辑（总第 11 辑），人民法院出版社 2007 年版，第 55 页。

良俗的；交易标的禁止买卖的，如禁止人体器官、毒品、枪支等买卖；违反特许经营规定的，如场外配资合同；交易方式严重违法的，如违反招投标等竞争性缔约方式订立的合同；交易场所违法的，如在批准的交易场所之外进行期货交易。关于经营范围、交易时间、交易数量等行政管理性质的强制性规定，一般应当认定为“管理性强制性规定”。

五、违背公序良俗的民事法律行为无效

《民法典》第一百五十三条第二款规定：“违背公序良俗的民事法律行为无效。”在法律、行政法规无明确规定，但民事法律行为又明显地损害了社会公共利益时，可以适用“损害社会公共利益”条款确认民事法律行为无效。依学界通说，我国现行法所谓“社会公德”及“社会公共利益”，在性质和作用上与公序良俗原则相当，“社会公德”相当于“善良风俗”，“社会公共利益”相当于“公共秩序”。在《民法典》中，多个条文涉及“公序良俗”问题。

损害社会公共利益的主要类型。依我国著名学者梁慧星先生的见解，违反公序良俗原则的类型主要有：（1）危害国家公序行为类型。这是指危害国家政治、经济、财政、金融、税收、治安等秩序，危及国家根本利益的行为。（2）危害家庭关系类型。如约定父母与子女别居的合同，约定断绝亲子关系的合同等。（3）违反性道德行为类型。如约定开设妓院而购买或租赁房屋合同，以同居为条件之财产转移合同等。（4）射幸行为类型。指以他人之损失而受偶然利益的，有害于一般秩序的行为。如赌博、彩票、巨奖销售等。（5）违反人权和人格尊严的行为类型。如过分限制人身自由的劳动合同，债务人在债主家作奴仆以抵偿债务的约定等。（6）限制经济自由的行为类型。在禁止垄断的法律公布、生效前，对严重存在的利用垄断地位或行政权力分割市场、封锁市场，限制原料的输出或商品进入的合同，应归入这一类型。（7）违反公平竞争行为类型。如拍卖或招标中的围标行为，以贿赂方法使对方的雇员或代理人与自己订立合同。（8）违反消费者保护的行为类型。（9）违反劳动者保护的行为类型。（10）暴利行为类型。[①] 在

① 梁慧星：《市场经济与公序良俗原则》，载梁慧星主编：《民商法论丛》（第1卷），法律出版社1994年版，第57~58页。

上述的行为类型中，如特别法《反不正当竞争法》《劳动法》《消费者权益保护法》已有具体规定的，应适用这些法律的具体规定，而不能适用公序良俗原则。这是由特别法优先于普通法、具体规范优先于一般原则的法律适用方法所决定的。

分析判定相关规定是否涉及社会公共利益或者国家利益的保护问题，要采用文义解释、目的解释和体系解释等多种合同解释方法，注意运用公平原则对当事人的利益进行平衡，以确定强行性法律规范的性质。如果该强行性规定明确表明违反该规定的民事行为无效的，其当然为效力性强行性规定；如果虽未明确表明，但其制定的目的即为禁止某种民商事法律行为，否定其效力，而非出于行政管理的需要的，则也为效力性强行性规定；如果其制定的目的兼有行政管理和禁止某种民商事法律行为，但违反该规定将损害社会公共利益或者国家利益的，则仍应为效力性强制性规定，在司法实践中，最高人民法院在进行合同效力判定时掌握的尺度是，在有法律、行政法规的效力性强制性规定时，一般应直接适用《合同法》第五十二条第（五）项的规定认定合同无效，在无法律、行政法规的效力性强制性规定时，如果行政规章、地方性法规的强制性规定涉及社会公共利益保护的，则可以违反《合同法》第五十二条第（四）项的规定认定合同无效。①

地方性法规、行政规章中涉及社会公共利益的司法保护。民法通说认为，公序良俗原则的规定在性质上属于一般条款。鉴于立法者不可能就损害国家一般利益和违反社会一般道德准则的行为作出具体的禁止性规定，因此通过规定公序良俗原则来授权法官针对具体案件进行价值补充，以求得判决的社会妥当性。因此，公序良俗原则相对于法律强行性和禁止性规定而言，具有补充规定的性质。其作用在于弥补强行性和禁止性规定的不足，以及禁止现行法上未作禁止性规定的事项。公序良俗存在政治的公序和经济的公序的分野，经济的公序又分为指导的公序和保护的公序。其中，指导的公序是以贯彻一定的国家经济政策为目的，从私人之间的契约关系

① 参见张雪楳：《法律、行政法规没有效力性强制性规定的，可以以是否损害社会公共利益为依据确认合同效力》，载最高人民法院民事审判第二庭编：《商事审判指导》（2009年第3辑），人民法院出版社2010年版，第186~192页。

中强行排除违反国家经济政策的内容。[①]对此，《全国法院民商事审判工作会议纪要》第三十一条规定：违反规章一般情况下不影响合同效力，但该规章的内容涉及金融安全、市场秩序、国家宏观政策等公序良俗的，应当认定合同无效。人民法院在认定规章是否涉及公序良俗时，要在考察规范对象基础上，兼顾监管强度、交易安全保护以及社会影响等方面进行慎重考量，并在裁判文书中进行充分说理。

六、恶意串通损害他人合法权益的民事法律行为无效

《民法典》第一百五十四条规定："行为人与相对人恶意串通，损害他人合法权益的民事法律行为无效。"恶意串通，损害他人合法权益的民事法律行为被认定为无效行为，这是我国民法立法的一贯立场。

恶意串通的民事法律行为，其构成要件：一是当事人在主观上具有恶意性。即明知其行为会造成国家、集体或者第三人利益的损害，而故意为之。二是当事人之间具有串通性。串通是指相互串联、勾通，使当事人之间在行为的动机、目的、行为以及行为的结果上达成一致，使共同的目的得到实现。在实现非法目的的意思表示达成一致后，当事人约定互相配合或者共同实施该种民事法律行为。三是双方当事人串通实施的行为损害国家、集体或者第三人的利益。恶意串通的结果，应当是国家、集体或者第三人的利益受到损害。法律并不禁止当事人在民事法律行为中获得利益。但是，如果双方当事人在谋求自己利益的同时损害国家、集体或第三人的利益，法律就要进行干预。

恶意串通损害第三人利益的合同，最为常见的当属"借新还旧"骗取担保人担保，最为典型的案例是最高人民法院审理的空调器公司与工商银行支行、华悦公司、海尔公司借款合同纠纷案［最高人民法院（1997）经终字第77号民事判决书］，其中指出：被上诉人华悦公司与工商支行签订的借款合同是一份虚假合同。工商支行没有依此合同将款项贷给华悦公司；华悦公司亦没有实际得到和支配该合同项下的800万元借款。该项贷款名为华悦公司

① 梁慧星：《民法学说判例与立法研究（二）》，国家行政学院出版社1999年版，第11~13页。

"购房"款，实为工商支行用于内部平账、以贷堵漏、转嫁经济损失。双方签订的借款合同，属于《民法通则》第五十八条第一款第（四）项、第（七）项规定的"恶意串通，损害国家、集体或者第三人利益"和"以合法形式掩盖非法目的"的无效民事行为，不应受到法律保护。对于无效民事行为的法律后果，应由工商支行自行承担。工商支行根据借款合同提出的诉讼请求，予以驳回；华悦公司此前所欠工商支行的800万元本息，由于该公司已被工商行政管理部门依法注销，故应由工商支行另行追偿。华悦公司和工商支行隐瞒事实真相，"借新还旧"骗取上诉人空调公司在违背其真实意思表示的情况下进行担保，依照《担保法》第三十条第（一）项关于"主合同当事人双方串通，骗取保证人提供保证的，保证人不承担民事责任"的规定，空调公司不应对本案"借款"承担担保责任。空调公司关于华悦公司、工商支行欺骗担保人，担保人不应承担担保责任的上诉理由成立，应予支持。① 本案的裁判对司法实践中常见的类案起到了很好的指导作用，为《担保法司法解释》奠定了实践支撑，该解释第三十九条规定，主合同当事人双方协议以新贷偿还旧贷，除保证人知道或者应当知道的外，保证人不承担民事责任。新贷与旧贷系同一保证人的，不适用前款的规定。②

关于请求合同无效的主体问题。一般情况下，原则上应当由合同当事人主张合同无效，这主要基于：一是合同的相对性原则。无效合同尽管不具有法律约束力，但在法院或仲裁机构宣布其无效之前，仍需适用合同相对性规则，由一方当事人向另一方当事人提出主张；二是合同法的首要目的是保护

---

① 详见《最高人民法院公报》1997年第4期。

② 关于"借新还旧"对担保人影响的案例，请读者参阅：最高人民法院（1999）经终字第137号民事判决书（中国农业银行十堰市分行东风支行与华夏证券有限公司武汉分公司十堰证券交易营业部、湖北汽车工程塑料厂经销公司、湖北汽车工程塑料厂华夏证券有限公司武汉分公司借款担保合同纠纷案）；最高人民法院（2001）民二终字第55号民事判决书（上诉人中国工商银行陕西省分行营业部因与被上诉人中国航空工业供销西北公司、原审被告中国航天工业供销西北公司借款担保合同纠纷案）；最高人民法院（2003）民二提字第28号民事判决书（中国农业银行临安市支行与上海宏广达实业公司杭州分公司、杭州临安医药玻璃厂借款合同纠纷再审案）；最高人民法院（2007）民二终字第33号民事判决书（中国农业银行长沙市先锋支行与湖南金帆投资管理有限公司、长沙金霞开发建设有限公司借款担保合同纠纷案）；等等。

交易的稳定性，促进经济发展。如果在合同尚未被确定无效之前，允许合同之外的当事人基于合同无效到法院或仲裁机构进行主张，可能会使合同当事人被牵涉到诉讼中，有碍交易的正常进行。在当事人恶意串通订立的合同损害国家、集体和第三人利益的情况下，国家、集体和第三人均有权主张合同无效。[①]

当事人恶意串通签订合同，损害第三人利益的，第三人是否有权向人民法院提起确认合同无效之诉，一直是合同法理论和司法实践中的疑难问题，实务中存在争议和不同的认识与做法。[②]对此，最高人民法院在审理陈某、皮某勇诉重庆碧波房地产开发有限公司、夏某均、重庆奥康置业有限公司合同纠纷案[最高人民法院（2009）民申字第1760号民事裁定书]时指出：《合同法》第五十二条规定："有下列情形之一的，合同无效：………（二）恶意串通，损害国家、集体或者第三人利益………"根据前述规定，法人与他人恶意串通签订合同，表面上损害法人自身利益，实质上损害第三人利益的，第三人有权提起确认合同无效之诉。[③]本案裁判中所持的意见，以《最高人民法院公报》的形式予以刊登公布，表明了最高人民法院的态度，统一了不同的裁判思路，规范了裁判方法，因此，对司法实践中处理恶意串通行为引发的第三人提请确认合同无效之诉的第三人适格问题，具有重要的指导意义。

七、民事法律行为无效的法律效果

依据《民法典》第一百五十五条的规定，无效的民事法律行为自始没有法律约束力。无效的民事法律行为会产生什么样的法律后果？对此，《民法典》第一百五十七条规定："民事法律行为无效、被撤销或者确定不发生效力后，行为人因该行为取得的财产，应当予以返还；不能返还或者没有必

---

① 参见万鄂湘主编、最高人民法院民事审判第四庭编著：《最高人民法院关于审理外商投资企业纠纷案件若干问题的规定（一）条文理解与适用》，中国法制出版社2011年版，第198~200页。

② 读者可查阅最高人民法院（2001）民二终字第179号民事判决书、（2002）民二终字第115号民事判决书、（2003）民一终字第71号民事判决书、（2007）民二终字第12号民事判决书，对此问题的处理不尽一致。

③ 详见《最高人民法院公报》2010年第10期（总第168期）。

要返还的，应当折价补偿。有过错的一方应当赔偿对方由此所受到的损失；各方都有过错的，应当各自承担相应的责任。法律另有规定的，依照其规定。”一旦民事法律行为确定不发生效力，因该行为而产生的财产给付、利益转移等行为均失去合法性基础。获取利益一方失去了获利的依据，失去利益的一方也无失利的理由。因此，会发生财产返还、折价补偿等法律效果，当事人还可能因该行为的成立、无效而受到损失，因此会产生赔偿损失的法律效果。无论何种责任方式，目的都是让当事人的利益恢复到民事行为未发生的状态。[①]

依据《民法典》第一百五十七条的规定，民事法律行为无效的法律效果表现为：

1. 返还财产。返还财产，是指民事法律行为被确认为无效或者被撤销以后，对已经交付给对方的财产，享有返还财产的请求权，对方当事人对于已经接受的财产负有返还的义务。返还财产有以下两种形式：

（1）单方返还。即只有一方当事人依据无效民事法律行为从对方当事人处接受了财产，该方当事人向对方当事人返还财产；或者虽然双方当事人均从对方处接受了财产，但是一方没有违法行为，另一方有故意违法行为，无违法行为的一方当事人有权请求返还财产，而有故意违法行为的一方当事人无权请求返还财产，其被对方当事人占有的财产，应当依法上缴国库。单方返还就是将一方当事人占有的对方当事人的财产，返还给对方。返还的应是原物。原来交付的货币，返还的就应当是货币；原来交付的是财物，就应当返还财物。

（2）双方返还。即在双方当事人都从对方接受了给付的财产，则将双方当事人的财产都返还给对方。接受的是财物，就返还财物；接受的是货币，就返还货币。如果双方当事人故意违法，则应当将双方当事人从对方得到的财产全部收归国库。

在司法实践中，民事法律行为被确认无效后，因民事法律行为取得财产的一方应向支出财产的一方返还财产。返还财产的范围为所取得的全部财产

---

① 参见杜万华主编：《中华人民共和国民法总则实务指南》，中国法制出版社2017年版，第604页。

和费用，而不仅指取得财产一方现在所占有的财产和利益。[①]

2. 折价补偿。折价补偿是在因无效民事法律行为所取得的对方当事人的财产不能返还或者没有必要返还时，按照所取得的财产的价值进行折算，以金钱的方式对对方当事人进行补偿的责任形式。建设工程施工合同具有特殊性，合同履行的过程，就是将劳动和建筑材料物化在建筑产品的过程。建设工程施工合同被确认无效后，已经履行的内容原则上不能适用返还的方式使合同恢复到签约前的状态，而采取折价补偿的方式处理，最为妥当。

在司法实践中，建设工程施工合同被确认无效后，一方当事人往往要求以工程定额为标准，计算工程款。一般来说，签订合同中的工程款约定比较低，而按照工程定额计算，工程款就比较高。按照上述司法解释的精神，不能按照工程定额计算，只能按照合同约定处理。[②]

3. 赔偿损失。当民事法律行为被确认为无效后，如果由于一方或者双方的过错给对方造成损失时，还要承担损害赔偿责任。此种损害赔偿责任应具备以下构成要件：一是有损害事实存在。二是赔偿义务人具有过错。这是损害赔偿的重要要件。三是过错行为与遭受损失之间有因果关系。

如果双方当事人都有过错，双方应各自承担相应的责任，即适用过错的程度，如一方的过错为主要原因，另一方为次要原因，则前者责任大于后者。此外，还要看双方过错的性质，如一方系故意，另一方系过失，故意一方的责任应大于过失一方的责任。

民事法律行为被确认无效，一方当事人因此受到损失，另一方当事人对此有过错时，应赔偿受害人的损失，这种赔偿责任是基于缔约过失责任而发生的。这里的“损失”应以实际已经发生的损失为限，不应当赔偿期待利益，因为无效民事法律行为处理以恢复原状为原则。如最高人民法院在审理吉林省国土资源开发实业总公司与海南金刚实业投资公司合作开发地产项目合同

---

① 参见最高人民法院（2003）民一抗字第 11 号民事判决书（唐山市新华金属屋顶成型安装有限公司与丰润县冀东建材大世界开发公司等建筑安装工程合同纠纷抗诉案），载苏泽林主编、最高人民法院审判监督庭编：《审判监督指导》（2005 年第 2 辑），人民法院出版社 2005 年版，第 91~96 页。

② 参见冯小光：《〈关于审理建设工程施工合同纠纷案件适用法律问题的解释〉的理解与适用》，载《人民司法》2004 年第 12 期。

纠纷案［最高人民法院（2004）民二抗字第2号民事判决书］时认为，合同被确认为无效后，有权请求返还的应是一方因履行该无效合同从对方处取得的财产。这虽然是为履行合同而支付给对方的款项，但由于款项的性质及用途在其后已经发生了变化，或者所给付的款项是一方给付另一方为履行合同所发生的，即使合同被确认为无效后当事人也无权请求对方返还其收取当事人暂付的损失补偿金。[①] 本案的裁判意见对合同无效后应返还的财产范围进行了界定，明确了为了一方利益造成对方资金存贷款出现利差损失的情况下，应基于公平原则的要求，受益方对此损失应予补偿的规则。该裁判意见符合民事法律规范公平原则的要求，有利于维护民事活动正常秩序。

八、对案例64、案例65、案例66的简要评析

在案例64中，2004年3月30日，最高人民法院对河南高级人民法院就“汝阳公司与伊川公司玉米种子代繁合同纠纷案”的请示作出答复。[②] 答复认为，《立法法》第七十九条（现第八十八条）规定：法律的效力高于行政法规、地方性法规、规章。行政法规的效力高于地方性法规、规章。《合同法解释（一）》第四条规定：合同法实施以后，人民法院确认合同无效，应当以全国人大及其常委会制定的法律和国务院制定的行政法规为依据，不得以地方性法规、行政规章为依据。因此，人民法院在审理案件过程中，认为地方性法规与法律、行政法规的规定不一致的，应当适用法律、行政法规的相关规定。显然，就本案而言，洛阳中院的一审判决所适用的法律是正确的。

“洛阳种子案”判决书中的评理，可谓一个“重磅炸弹”，在全国法学界引起广泛讨论。根据《立法法》和其他有关法律规定，法官在办案时发现地方性法规或行政法规与国家法律相冲突时，应中止案件审理，报告所在法院，并逐级报告最高人民法院，由最高人民法院提请全国人大常委会审查。法院无权审查法律、法规、规章乃至其他具有普遍约束力的规范性文件的合宪性、

---

① 详见苏泽林主编、最高人民法院审判监督庭编：《审判监督指导》（2005年第2辑），人民法院出版社2005年版，第97页。

② 详见最高人民法院（2004）民二他字第6号答复。

合法性，无权撤销具有普遍约束力的规范性文件和确认宣布其无效。法官在遇到法律冲突时，一是可以直接适用上位法，对法律冲突予以适当回避；二是可以逐级请示，提请最高人民法院和全国人大予以确认和指示。法官在判决书中宣布地方法规无效的做法，是不妥的，为避免冲突，适当回避矛盾为上策。

在案例 65 中，根据《土地使用权合同解释》第二十四条“合作开发房地产合同约定提供土地使用权的当事人不承担经营风险，只收取固定利益的，应当认定为土地使用权转让合同”的规定，本案中的合作开发协议的性质为土地使用权转让合同。该合同效力的认定就应当依据是否违反法律、行政法规的强制性规定，且该强制性规定为效力性规定，以此作为判断依据，显然土地使用权转让合同为有效合同。当然，既然认定了土地使用权转让，则应当依法缴纳合理税费，否则，将真正损坏国家利益。因此，人民法院应当发出司法建议，让有关部门追缴税费。

在案例 66 中，夫妻一方转让个人独资企业，即使未经另一方同意，相对人有理由相信行为人有代理权的，则构成表见代理，该代理行为有效。个人独资企业的投资人发生变更的，应向工商登记机关申请办理变更登记，但该变更登记不属于转让行为有效的前提条件，未办理变更登记，依照法律规定应当受到相应的行政处罚，但并不影响转让的效力。《个人独资企业法》第十五条的规定应视为管理性的强制性规范而非效力性的强制性规范。①

第十节　可撤销的民事法律行为

一、问题的提出

所谓可撤销的民事法律行为，是指因意思表示不真实，通过享有撤销权的当事人行使撤销权，使已经生效的民事法律行为归于无效的法律行为。撤

① 参见《最高人民法院公报》2013 年第 5 期（总第 199 期）。

销权在性质上为形成权，权利人通过单方的意思表示行使撤销权，可导致可撤销的民事法律行为效力溯及既往地消灭。因重大误解、欺诈、胁迫、显失公平等情形的存在，受损害一方的当事人可以向人民法院或者仲裁机构请求撤销或者变更民事法律行为。

在研究可撤销的民事法律行为之前，先看两则案例：

案例 67：农行先锋支行与金帆公司、金霞公司借款担保合同纠纷案①

最高人民法院认为，农行先锋支行与金帆公司签订的（430108001）农银借字（2003）第 0062 号《借款合同》系当事人真实意思表示，不违反法律禁止性规定，依法有效。金帆公司在合同到期之后未偿付相应借款，应当履行偿还借款本息的民事责任。债务人金帆公司对原审法院判决其履行债务的相关内容未提出异议，本院予以维持。

金霞公司以其持有的借款合同与农行先锋支行提供的借款合同部分内容不一致为由，主张农行先锋支行和金帆公司存在恶意串通，故意隐瞒“借新还旧”的重要内容，骗取金霞公司提供担保。但当事人分别持有的合同内容有出入，客观原因复杂多样，不能据此简单认定是合同某一方的故意欺诈行为。金霞公司如主张农行先锋支行和金帆公司恶意串通欺诈，应当提供其他证据予以证明。金霞公司提出金帆公司在办理抵押登记手续时将合同原件加上“借新还旧”字样，以帮助农行先锋支行向金霞公司主张权利。从常理上看，办理抵押登记手续的申请主体应当是抵押人，而不是债权人；从本案证据上看，长沙市国土资源局提供的《业务受理回执单》上明确记载办理本案抵押登记手续的人员是金霞公司的代理人“丁某”，金霞公司作为被代理人应当对代理人的代理行为承担民事责任。金霞公司没有提供相应证据证明债权人农行先锋支行参与了办理抵押登记行为，其关于农行先锋支行故意欺诈的上诉主张不能成立。

根据《合同法》第五十四条第二款、第五十五条第（二）项的规定，一方以欺诈、胁迫的手段或者乘人之危，使对方在违背真实意思的情况下订立

---

① 详见《最高人民法院公报》2009 年第 1 期（总第 147 期）。

的合同，受损害方有权请求人民法院或者仲裁机构变更或者撤销。具有撤销权的当事人自知道或者应当知道撤销事由之日起一年内没有行使撤销权，撤销权消灭。金霞公司于2004年12月31日向农行先锋支行出具的函件中表示该公司已获悉金帆公司的贷款用途为以新还旧。金霞公司如认为农行先锋支行与金帆公司在订立合同时有欺诈行为，应当最迟在2005年12月31日之前向人民法院或者仲裁机构申请变更或者撤销合同。金霞公司在上述期限内没有行使撤销权，因此，即使抵押合同存在可撤销事由，其撤销权已经消灭。金霞公司在本案中以合同当事人欺诈为由拒绝履行合同义务与法律规定不符，本院不予支持。

本案当事人分别持有的借款合同中虽然部分内容有出入，但当事人对各自持有的合同本身的真实性不持异议，不妨碍合同成立的事实认定。金霞公司主张免除其担保义务的主要理由是其持有的借款合同中借款用途系“流动资金”贷款，与农行先锋支行持有的借款合同上借款用途为“流动资金贷款借新还旧”不同。企业流动资金系相对于固定资产而言的企业资产，包括企业用于支付工资、购买原材料、偿付债务等的现金款项。金霞公司同意为金帆公司“流动资金”借款提供担保，金帆公司将借款用于支付到期债务，并未超出金霞公司的担保范围。金霞公司、金帆公司与农行先锋支行之间在本案合同签订之前已签订过其他的借款抵押合同，金霞公司对于金帆公司在农行先锋支行是否存在尚未偿还的债务是明知或者应当知道的，如果金霞公司不愿意为金帆公司用于偿还债务的借款提供抵押，应当在合同中明确加以限制。金霞公司在本案合同中笼统地承诺为金帆公司“流动资金”借款提供担保，未对金帆公司的借款用途加以限制，现在诉讼中提出不同意借款人将借款用于偿还债务有违诚实信用原则。

案例68：共合创展公司与普大煤业合同纠纷案[①]

最高人民法院认为，本案争议焦点为：一、案涉《还款协议书》是否应予撤销；二、案涉《担保书》是否应予撤销。

一、关于案涉《还款协议书》是否应予撤销问题。1. 普大煤业签订《还

① 详见最高人民法院（2019）最高法民终字第700号民事判决书。

款协议书》是否存在重大误解情形。普大煤业与共合创展公司于2014年8月20日签订《还款协议书》起因于2014年5月29日普大煤业、共合创展公司、酉宜煤业签订的《确认书》，该《确认书》确认普大煤业同意代替酉宜煤业退还共合创展公司已支付酉宜煤业的一亿元。同日，普大煤业与共合创展公司签订《协议书》，在共和创展公司向郝某追回普大煤业债权的情况下就案涉款项的分期退还方式达成一致，该《协议书》约定："本协议内追回债权本金及利息均应当先进入普大煤业公司与共合创展公司约定共管账户，追回金额以实际到账金额为准。同时，普大煤业应当在追回款项实际到账当日依本协议约定向共合创展公司支付相关款项。"由此可见，《确认书》《协议书》签订时，普大煤业向共合创展公司履行一亿元退款义务的前提为共合创展公司代普大煤业追回普大煤业对郝某的债权，且追回金额应以实际到账金额为准。8月17日，以郝某为法定代表人的森泰煤业就郝森欠付普大煤业款项与共合创展公司达成一致，愿意分四次向普大煤业还款，第一次还款时间为2014年底前。三日后在森泰煤业未履行第一笔还款的情况下，普大煤业与共合创展公司达成案涉《还款协议书》，该《还款协议书》并未提及退还款项的前述背景，仅约定普大煤业同意退还共合创展公司一亿元，第一次付款时间为11月30日。综合上述情况，虽然普大煤业同意向共合创展公司退还一亿元曾基于共合创展公司向郝某实际追回债权，但双方签订的《还款协议书》约定的还款时间早于森泰煤业承诺的清偿普大煤业债务时间，可认定普大煤业退还一亿元不再以共合创展公司向郝森实际追回债权为前提。因普大煤业未能提供证据证明其就该《还款协议书》约定的内容产生重大误解而作出错误意思表示，且其已按照协议约定向共合创展公司支付200万元，故不能认定普大煤业存在重大误解情形，《还款协议书》应当视为对5月29日《协议书》内容的变更，一审法院以协议订立过程中存在重大误解为由判决撤销《还款协议书》缺乏事实和法律依据，本院予以纠正。

2. 普大煤业签订《还款协议书》是否存在受胁迫情形。普大煤业为证明其在签订《还款协议书》时受到胁迫，提供了李某智出具的《证明》。经查，李某智出具的《证明》属于证人的书面证言，李某智本人在一审、二审庭审中均未出庭作证，共合创展公司对李某智的证言不予认可，故无法确认其证言的真实性；且因普大煤业未能提供其他证据证明其主张，本院认为现有证据不足以证明普大煤业签订《还款协议书》系受到胁迫，故对普大煤业要求撤销《还款协议书》的主张，本院不予支持。

普大煤业已支付共合创展公司的 200 万元系履行案涉《还款协议书》的约定，如前所述，因《还款协议书》依法不应撤销，故共合创展公司不应返还普大煤业 200 万元。一审法院对普大煤业该诉讼请求未作评判，在判项中驳回该诉讼请求，属于程序瑕疵，本院予以纠正。

二、关于案涉《担保书》是否应予撤销问题。2014 年 12 月 9 日，赵某向共合创展公司出具《担保书》，承诺自愿为案涉一亿元退款承担担保责任。虽然赵某当时系普大煤业大股东并担任法定代表人，但该《担保书》系赵某以其个人名义出具，内容也为其本人自愿为普大煤业及酉宜煤业对共合创展公司履行退款义务承担连带担保责任的承诺，并非履行普大煤业法定代表人的职责。普大煤业与赵某是相互独立的民事主体，根据合同相对性原则，普大煤业并非案涉《担保书》的一方当事人，其提起诉讼主张撤销《担保书》，不符合《民事诉讼法》第一百一十九条“起诉必须符合下列条件：(一) 原告是与本案有直接利害关系的公民、法人和其他组织”的规定，不具备主张撤销赵某出具的《担保书》的原告主体资格。一审法院受理后对此作出实体判决，适用法律错误，本院予以纠正。对普大煤业主张撤销《担保书》的起诉内容应予驳回。

在上述案例中，均涉及民事主体之间的争议焦点是否存在可撤销民事法律行为的情形。试问：如何理解可撤销民事法律行为？可撤销民事法律行为具体包括哪些情形？享有撤销权的民事主体如何行使撤销权？撤销权受哪些因素制约？

二、可撤销民事法律行为的法律意义

《民法典》从第一百四十七条到第一百五十二条对可撤销民事法律行为作了明确具体的规定。撤销权在性质上为形成权，权利人通过单方的意思表示行使撤销权，可导致可撤销的民事法律行为效力溯及既往地消灭。可撤销民事法律行为的特征表现为：

1. 可撤销的民事法律行为是意思表示不真实的民事法律行为。民事法律行为是当事人意思表示的一致，即合意，它要求当事人的意思表示是真实的。然而，由于某种原因的存在，可能导致民事主体的意思表示不真实。法律为了维护民事法律行为意思表示的真实，将因意思表示不真实而成立的民事法律行为确认为可撤销的民事法律行为，赋予意思表示不真实的当事人以撤销权，通过撤销权的行使，使民事法律行为归于无效。如欺诈、胁迫、显失公平、重大误解等原因均可导致民事主体的意思表示不真实。

2. 撤销权人是否行使撤销权以撤销民事法律行为，由撤销权人自由决定。可撤销民事法律行为所针对的是意思表示不真实的民事法律行为，法律为维护当事人的意思表示真实而赋予其撤销权。当事人是否行使此种权利亦应尊重其意愿，当事人不提出撤销请求，法律不应强制干预。

3. 可撤销民事法律行为在未被撤销前，应为有效。撤销权人在未行使撤销权使民事法律行为被撤销前，民事法律行为是有效的，并不因合同存在可撤销的因素就认为其无效，当事人应依民事法律行为的约定履行义务。但当撤销权人行使撤销权，撤销了民事法律行为时，该民事法律行为自始归于无效，产生与无效民事法律行为相同的法律后果。

最高人民法院在审理中建一局集体第六建筑有限公司与河北置业房地产开发有限公司等建设工程施工合同纠纷上诉案［最高人民法院（2007）民一终字第 53 号民事判决书］时指出：第三方代替实际缔约方签约，这是双方一致的意思表示，对双方依法产生约束力。该意思表示对抗缔约相对方，除非缔约相对方对此明知并予以认可。第三方代为签约的行为，规避了国家相关法律，但不因此影响实际缔约方与相对方签订的合同的效力。[①] 本案裁判意见表明，根据《民法通则》第五十四条、第五十五条规定，意思表示真实是缔约人旨在设立、变更、终止民事权利的民事法律行为的必备要件。本案从审判实践中依据缔约方意思，对于合同一方与第三人达成的合意，是否对合同相对方产生拘束力作出了明确，颇具指导意义。

① 详见最高人民法院民事审判第一庭编：《民事审判指导与参考》2010 年第 1 集（总第 41 集），法律出版社 2010 年版，第 267~274 页。

三、可撤销民事法律行为的情形——重大误解

所谓重大误解的民事法律行为，是指行为人因对民事法律行为的重要内容产生错误认识而使意思与表示不一致的民事法律行为。《民法典》第一百四十七条规定："基于重大误解实施的民事法律行为，行为人有权请求人民法院或者仲裁机构予以撤销。"该条源自《民法通则》第五十九条第一款第（一）项的规定，行为人对行为内容有重大误解的，可以请求人民法院或者仲裁机关予以变更或者撤销。《合同法》第五十四条第一款第（二）项规定，因重大误解订立的合同，当事人一方有权请求人民法院或者仲裁机关变更或者撤销。《民法通则意见》第七十一条规定："行为人因对行为的性质、对方当事人、标的物的品种、质量、规格和数量等的错误认识，使行为的结果与自己的意思相悖，并造成较大损失的，可以认定为重大误解。"该规定解释了重大误解的民事法律行为的基本内容。《民法典》总则编的规定与过去立法、司法解释存在重大不同，其规定了可撤销民事法律行为的情形存在，当事人行使的仅是撤销权，而没有规定变更权。

重大误解一般以双方误解为原则，以单方误解为例外。正如学者所言，重大误解是一种认识错误。[①]重大误解的构成要件如下：（1）须有意思表示的成立。重大误解系就意思表示而发生。如果不成立意思表示，则不发生重大误解。因而构成重大误解，必须具备成立的意思表示，欠缺意思表示时，根本不成立意思表示，就不构成重大误解。[②]确认意思表示成立，须依照意思表示成立的一般要件衡量，具备表示内心意愿的效果意思和借之使内心意愿外化的表示行为。（2）意思表示的内容与内心的效果意思须不一致。首先，重大误解的表意人应有内心的效果意思之存在，无意识的表示，没有内心的效果意思不成立误解。其次，表意人应将其意思外化为意思表示，没有表示意思而为的行为，偶然客观的有表示的价值者，均为无表示。无表示行为，亦不构成误解。最后，表意人内心的效果意思与其表示不相一致，即其意思

---

① 杨立新主编：《中华人民共和国民法总则要义与案例解读》，中国法制出版社2017年版，第541页。

② 史尚宽：《民法总论》，台北正大印书馆1990年版，第356页。

表示的内容与内心的效果意思相悖。（3）须表意人不知内心的效果意思与表示的不一致，而且欠缺认识的原因。重大误解构成的主观要件，即为此。学者认为，重大误解一般是由行为人的过失行为造成的，即由行为人不注意、不谨慎造成的。但是，应当注意两点：一是过失并非为重大误解的构成要件，重大误解的主观要件是认识的欠缺，形成认识欠缺的原因，可能是过失，也可能是不知。二是过失的程度应当有所限制，即重大过失，超出了重大误解的主观要件范围，不构成重大误解，不产生撤销权。如《日本民法典》第95条后段所规定的那样，表意人有重大损失时，不得自己主张其无效。（4）误解须为重大。所谓误解重大，是指行为人表达出来的意思与其真实意愿存在重大差别，并且极大地影响了当事人所应享受的权利和应承担的义务。具体确定重大误解，要区分当事人所误解的不同情况，考虑当事人的状况、活动性质、交易习惯等各方面的因素来确定。确定重大误解的简洁标准，是表意人因此而受到或者可能受到较大利益损失。

从司法实践来看，重大误解包括如下几种情形：（1）对合同的性质发生误解，如误将买卖作为赠与或将赠与作为买卖；（2）对当事人特定身份的认识错误，如在以感情为基础的赠与合同、以信用为基础的委托合同以及要求特定履约能力的合同（某些承揽合同、技术合同）中，如果对当事人的身份发生了误解，可以认定为重大误解；（3）对标的物性质的误解，如把镀金的物品当作纯金的，把原作当成赝品；（4）对标的物质量的认识错误，在标的物质量直接关涉当事人订约目的或重大利益时，对质量发生误解则可构成重大误解；（5）对标的物价值的误解，如误将仅值1000元的标的物当作10000元。此外，当事人对标的物的数量、包装、履行方式、履行地点、履行期限等内容的误解，如果并未影响当事人的权利义务或影响合同目的的实现，则一般不应认定为重大误解。

例如，宁夏回族自治区高级人民法院在审理申请再审人王某林与宁夏回族自治区银川市银川铝型材厂有奖储蓄存单纠纷案时认为，银川铝型材厂未能合法取得1万元奖金不属重大误解。重大误解的民事行为，是指行为人对于民事行为的重要内容产生错误的理解，并且基于这种错误理解而为的民事行为。经查：1993年4月27日中国银行宁夏分行在《宁夏日报》刊登了标题为“153万元巨奖在中行，张某。中国银行宁夏分行举办第二期定期定额有奖储蓄”的公告，公告称：“从 1993 年 5 月 1 日起，中国银行宁夏分行在全区的各机构、网点，将同时发行定期定额有奖储蓄存单……每张面值人民币 100 元，存期二年，不记名、不挂失，不提前支取，中奖率 100%。”6 月 26 日，银川铝型材厂从中国银行银川分行中湖储蓄所购买定期定额有奖储蓄存单时，该存单背面持单人须知第二条规定：“每发完一组，我行即会同公证部门当众摇奖，确定中奖号码……中奖率为 100%。”7 月 11 日，中国银行宁夏分行公开摇奖，并在《宁夏日报》第四版公布了中奖号码，规定了领取特等奖、幸运奖、一等奖、二等奖、三等奖的期限为 3 个月，即 7 月 15 日至 10 月 15 日，逾期视为弃奖。上述规定银川铝型材厂应该明知，且该厂其余几十名工人领取的有奖储蓄存单也都含有奖金，虽数额不等，但获奖性质相同，银川铝型材厂对其他工人领取的奖金并不主张返还，足以证明其对有奖储蓄存单能够中奖一事并不存在误解。原审判决认定银川铝型材厂将存单转让给王某林属重大误解不能成立。[①] 本案一审法院认为依照《民法通则》第五十九条第一款第（一）项的规定，银川铝型材厂的行为属重大误解，是可撤销的民事行为。依照《民法通则》第九十二条的规定，王某林在对方对自己的行为有重大误解的情况下领到存单，进而取得 1 万元奖金，是没有合法根据的不当得利，应当返还。王某林不服判决，向中院提起上诉，中院作出维持原判的判决。王某林向省高级人民法院申诉，省高级人民法院的判决认为不属于重大误解。该案对司法实践中确认是否属于重大误解，具有很重要的参考价值。

四、可撤销民事法律行为的情形——欺诈

《民法典》第一百四十八条规定了受欺诈的撤销权，即“一方以欺诈手段，使对方在违背真实意思的情况下实施的民事法律行为，受欺诈方有权请求人民法院或者仲裁机构予以撤销”。第一百四十九条规定了第三人欺诈的撤销权，即“第三人实施欺诈行为，使一方在违背真实意思的情况下实施的民事法律行为，对方知道或者应当知道该欺诈行为的，受欺诈方有权请求人民法院或者仲裁机构予以撤销”。该条为创新，意义重大。该条的立法目的

---

① 详见《最高人民法院公报》1995 年第 4 期（总第 29 期）。

与实践有关。例如买卖古董时找第三方专家鉴定，第三方鉴定专家实施欺诈行为等类似案例太多。同时，此种行为不是一律都撤销，而限于“对方知道或者应当知道该欺诈行为”。

根据《民法通则意见》第六十八条的规定，所谓欺诈，是指一方当事人故意告知对方虚假情况，或者故意隐瞒真实情况，诱使对方当事人作出错误的意思表示。因欺诈而实施的民事法律行为，是在受欺诈人因欺诈行为发生错误认识而作意思表示的基础上产生的。

因欺诈而为的民事法律行为，是行为人在他方有意地欺诈下陷于某种错误认识而为的民事法律行为。构成欺诈应具备如下条件：一是必须有欺诈人的欺诈行为。欺诈行为是能使受欺诈人陷于某种错误，加深错误或保持错误的行为，主要表现情形有三种，即捏造虚伪的事实、隐匿真实的事实、变更真实的事实。二是必须有欺诈人的欺诈故意。欺诈故意是由于欺诈人的欺诈行为而使他人陷于错误，并基于此错误而为意思表示的故意。三是必须有受欺诈人因欺诈人的欺诈行为而陷入错误。这里所说的“错误”，是指对合同内容及其他重要情况的认识缺陷。传统民法认为，构成欺诈必须有受欺诈人陷入错误这一事实，受欺诈人未陷入错误，虽欺诈人有欺诈故意及行为，在民法上不发生欺诈的法律后果。四是必须有受欺诈人因错误而为的意思表示。所谓受欺诈人因错误而为的意思表示，即错误与意思表示之间有因果关系。错误的认识必须是进行意思表示的直接动因，才能构成欺诈。五是欺诈违反了民事活动应当遵循的诚实信用原则。诚实信用原则要求人们在民事活动中讲究信用，恪守诺言，诚实不欺，在不损害他人利益和社会利益的前提下追求自己的利益。①

关于第三人欺诈问题，在《民法通则》《合同法》等法律、行政法规中均没有具体规定，仅仅在《担保法解释》第四十条②有所体现。为此，《民法典》第一百四十九条规定：“第三人实施欺诈行为，使一方在违背真实意思的

---

① 参见何志:《经济审判专题研究》，中国政法大学出版社 1999 年版，第 146 页。

② 《担保法解释》第四十条规定：主合同债务人采取欺诈、胁迫等手段，使保证人在违背真实意思的情况下提供保证的，债权人知道或者应当知道欺诈、胁迫事实的，按照《担保法》第三十条的规定处理。

情况下实施的民事法律行为，对方知道或者应当知道该欺诈行为的，受欺诈方有权请求人民法院或者仲裁机构予以撤销。”该条中的第三人应当作狭义解释，一方当事人的代理人、使用人（缔约辅助人）等均应排除在外，仅限于与该当事人毫无关系的纯粹的第三人。这种处理方法，实际上是调和相对人利益的结果。[①] 正如学者所言：“第三人是公平性权衡来界定的。第三人不包括意思表示受领人的信赖人，也不包括那些依据公平性观点并考虑到利益状况，其行为应该归责于意思表示受领人的人。”[②] 因此，第三人不包括表示受领人的法定代表人、负责人、代理人或作为其缔约辅助人参与从事行为的人。对由法定代表人、负责人、代理人以及辅助人实施的欺诈行为，表示受领人必须将其归责于自己。在某些情况下，实施欺诈或胁迫的第三人虽既不是表示受领人（行为相对人）的代理人，也不是其所委托从事合同谈判工作的人，但该第三人在利益方面与其有密切联系。表示受领人也必须将由第三人实施的欺诈行为归责于自己。

在审判实践中，主张欺诈的一方当事人负有举证责任，如最高人民法院在审理上诉人长沙金霞开发建设有限公司与被上诉人中国农业银行长沙市先锋支行、湖南金帆投资管理有限公司借款担保合同纠纷案［最高人民法院（2007）民二终字第 33 号民事判决书］时认为，导致合同当事人分别持有的合同文本内容有出入的原因复杂多样，不能据此简单地认定合同某一方当事人存在故意欺诈的情形。合同一方当事人如果据此主张对方当事人恶意欺诈，还应当提供其他证据予以证明。[③] 本案的裁判意见表明，当事人如果主张受到欺诈应当负有举证证明的责任，这与《民事诉讼法》规定的“谁主张，谁举证”的立法精神一致。

欺诈行为在司法实践中并不少见。最高人民法院在审理临桂县城市信用社与农行神农架林区支行等借款担保合同纠纷案［最高人民法院（2001）民二终字第 179 号民事判决书］时认为，借款合同关系中债务人是否存在欺诈，

---

① 参见陈甦主编：《民法总则评注》（下册），法律出版社 2017 年版，第 1076 页。

② 参见〔德〕迪特尔·梅迪库斯：《德国民法总论》，邵建东译，法律出版社 2000 年版，第 604 页。

③ 详见《最高人民法院公报》2009 年第 1 期（总第 147 期）。

其主张权属于债权人，根据《合同法》第五十四条第二款的规定，即使债务人的行为构成欺诈，请求撤销与之签订合同的权利也只能属于债权人，而债权人并未主张撤销与债务人所签的合同，在合同条款均不违反法律、法规的禁止性规定的情况下，应认定合同合法有效。[①]本案的裁判意见明确了债权人受欺诈但不行使撤销权的，合同仍然有效，即实施欺诈行为的当事人不得请求合同无效或可撤销、可变更，这与合同法的立法精神相一致。

五、可撤销民事法律行为的情形——胁迫

《民法典》第一百五十条规定："一方或者第三人以胁迫手段，使对方在违背真实意思的情况下实施的民事法律行为，受胁迫方有权请求人民法院或者仲裁机构予以撤销。"该条的规定与《民法通则》相比较有两个显著特点：一是胁迫主体不限于一方，也包括第三人；二是该民事法律行为是由受胁迫方申请撤销。值得注意的是，第三人实施胁迫使表意人违背自己的意志作出意思表示时，表意人均有权撤销。从《民法典》的立法来看，对于第三人欺诈与第三人胁迫，采取的是区分模式，即前者以相对人知道或者应当知道作为表意人行使撤销权的条件，而后者则无条件地属于可撤销原因。因此说，对于第三人胁迫，立法更注重保护表意人的利益。[②]

根据《民法通则意见》第六十九条的规定，所谓胁迫，是以给公民及其亲友的生命健康、荣誉、名誉、财产等造成损害或者以给法人的荣誉、名誉、财产等造成损害为要挟，迫使相对方作出违背真实意思表示的行为。

构成胁迫应当具备如下条件：一是必须有胁迫人的胁迫行为。所谓胁迫行为是胁迫人对受胁迫人表示施加危害的行为。胁迫行为在《民法通则意见》第六十九条已规定清楚。二是必须有胁迫人的胁迫故意。所谓胁迫故意，是指胁迫人有使表意人（受胁迫人）产生恐惧，且因恐惧而为一定意思表示的意思。即包含两层含义：须有使受胁迫人陷于恐惧的意思和须有受胁迫人因

---

① 详见最高人民法院办公厅编：《最高人民法院公布裁判文书（2003年）》，人民法院出版社2004年版，第218~228页。

② 参见王利明主编：《中华人民共和国民法总则详解》，中国法制出版社2017年版，第655页。

恐惧而为一定意思表示的意思。三是胁迫系属不法。所谓不法，有三种情形：目的为不法，手段也为不法者；目的为合法，手段为不法者；手段为合法，而目的为不法者。四是须有受胁迫人因胁迫而产生恐惧，即受胁迫人意识到自己或亲友的某种利益将蒙受较大危害而产生恐惧的心理。若受胁迫人并未因胁迫而发生恐惧，或虽产生恐惧但其恐惧并非因胁迫而发生，都不构成胁迫。五是须有受胁迫人因恐惧而为的意思表示，即恐惧和意思表示之间有因果关系，这种因果关系的构成，只需要受胁迫人在主观上是基于恐惧而为意思表示即可。只有同时具备上述五个要件，方可构成胁迫。[①]

胁迫行为，在司法实践中司空见惯，往往是作为一方当事人抗辩的理由，该方负有举证责任。如最高人民法院在审理农行重庆市分行与重庆雨田房地产有限公司房屋买卖合同纠纷案［最高人民法院（2004）年民一终字第8号民事判决书］时认为，民法上的胁迫行为应当以当事人主观要件为构成要件。他人诉称其与当事人签订的合同，系受当事人胁迫所致，应围绕其主张，举证证明当事人胁迫其签订合同的事实存在。他人未能举证证明的，因没有事实依据，不予支持。[②]同样的案件是，最高人民法院在审理哈尔滨新一房地产开发有限公司与哈尔滨铁路局履行协议、赔偿纠纷案［最高人民法院（2008）民一字第95号民事判决书］时认为，当事人主张对方胁迫其签订合同，但自始未能举证证明对方以给其荣誉、名誉、财产等造成损害为要挟，迫使其作出违背真实意思的事实存在。相反，在协议订立过程中，当事人作为具有房地产开发资格的民事主体，完全有能力预见其受让土地以及开发的风险和签订协议所承担义务的后果。且在协议订立后，受让方依约履行合同，并通过签订补充协议进一步确认了双方的权利义务。事实证明，订立协议为双方平等协商一致的结果，意思表示真实，且已实际履行。[③]上述两则案例均表明了一个问题，即当事人主张签订合同时受到胁迫，必须提供足够的证据予以证明，否则将承担举证不能的法律后果。

---

① 参见何志：《经济审判专题研究》，中国政法大学出版社1999年版，第150~151页。

② 详见最高人民法院民事审判第一庭编：《民事审判指导与参考》2007年第2集（总第30集），法律出版社2007年版，第207~220页。

③ 详见最高人民法院民事审判第一庭编：《民事审判指导与参考》2009年第3集（总第39集），法律出版社2010年版，第196~209页。

六、可撤销民事法律行为的情形——显失公平

《民法典》第一百五十一条对显失公平进行了规定，即“一方利用对方处于危困状态、缺乏判断能力等情形，致使民事法律行为成立时显失公平的，受损害方有权请求人民法院或者仲裁机构予以撤销”。该条延续了《民法总则》的规定，源自《民法通则》第五十九条规定：民事行为显失公平的，一方当事人有权请求人民法院或仲裁机构予以变更或撤销。《民法通则意见》第七十二条规定：“一方当事人利用优势或者利用对方没有经验，致使双方的权利义务明显违反公平、等价有偿原则的，可以认定为显失公平。”应当注意的是《民法总则》的规定发生了重大变化：一是本条为重大改变：将《合同法》第五十四条的“乘人之危”和“显失公平”原则合二为一。二是立法背景：《民法通则》将“乘人之危”和“显失公平”分开，经多年实践不成功，现合二为一。乘人之危属主观范畴，实践中很难认定。现实中，主张乘人之危得到法院支持的案例极少，主张显失公平得到法院支持的案例较多，故将两者合二为一。三是注意经验总结，把“变更”删除：《民法通则》原来的规定是可“变更”或者“撤销”，《民法总则》删除了“变更”，因为根据数据统计，原告主张“变更”的案例极少，法院给予支持的也非常少，故总结实践经验认为，“变更”没起到好作用。

所谓显失公平的民事法律行为，是指一方当事人利用其优势或利用对方没有经验而使民事法律行为成立时就处于严重失衡的状态。显失公平往往造成双方当事人的权利和义务极不对等，经济利益不平衡，违反了公平原则。为维护利益受损当事人权益，实现利益平衡，体现公平原则，保证交易公正，法律规定显失公平的民事法律行为为可撤销的民事法律行为。

显失公平的民事法律行为的构成要件如下：（1）在适用条件上，须为有偿民事法律行为。（2）在民事法律行为成立上，须明显违背公平原则，一方当事人获以暴利，而另一方严重受损。（3）在主观原因上，须一方当事人利用优势或者利用对方没有经验。所谓利用优势，是指一方利用其经济上的优势地位，而使对方难以拒绝对其明显不利的条件。所谓无经验，是指欠缺一般的生活经验或交易经验。（4）在发生时间上，须为民事法律行为成立之时。具备以上四个要件，即构成显失公平的民事法律行为。应当指出，在司法实

践中认定显失公平的民事法律行为，应从严掌握。法律不允许任何当事人借口自己无经验、无技能，或不了解市场行情而随意撤销其民事法律行为，否则，对于社会经济秩序的稳定是极为不利的。

在司法实践中，如何认定合同显失公平？在审理有关当事人以显失公平为由主张撤销合同的纠纷时，判断合同是否存在显失公平的情形，应按照《民法通则意见》第七十二条“一方当事人利用优势或者利用对方没有经验，致使双方的权利与义务明显违反公平、等价有偿原则的，可以认定为显失公平”的规定进行认定。合同自由原则要求合同应当得到积极、全面的履行，只有在对方当事人故意依据其经济上的强势，利用他人的窘迫、轻率、无经验，致使约定的财产给付不具有对价性和均衡性，双方权利义务关系明显失衡时，一方当事人合法利益得不到保护的情况下才能认定。在显失公平的构成要件上，法官必须遵循“合同订立时”双方的利益明显失衡和一方利用优势或对方无经验的认定原则。①

如最高人民法院在审理厦门南中投资有限公司与厦门市农村信用合作联社、厦门市成达实业发展有限公司等借款担保合同纠纷上诉案［最高人民法院（2009）民一终字第42号民事判决书］时认为：当事人与案外人为合作开发房地产项目签订一系列协议，并向银行借款和提供担保。当事人主张其是基于银行对其进行欺诈才订立的诉争协议。银行将清收无望的不良贷款风险转嫁，趁其被欺诈和重大误解而急于参与房产项目的开发又缺乏资金的危难之际，将不良贷款作为发放贷款的条件强加于当事人，属于乘人之危。当事人是在误以为银行披露事实属实的情况下订立的诉争协议，故存在重大误解。且其只是名义上的借款主体，银行利用作为金融机构有贷款可供发放的优势，要求其还款和支付高额利息为关联公司的贷款提供担保，转嫁贷款风险，导致其与银行利益失衡，诉争协议显失公平。但当事人所举证据不足以推翻前民事判决认定的“银行未参与协议订立，难以得出其与案外人事先协商一致，欺诈当事人的结论”，依据协议载明的内容，当事人清楚其借款的

① 详见最高人民法院民事审判第一庭编：《民事审判与指导》（2009年第4集），法律出版社2010年版，第168~174页；又见最高人民法院民事审判第一庭编著：《最高人民法院民一庭民事典型案例精选》，人民法院出版社2014年版，第77页。

数额、性质、用途、支付方式及所承担的风险，诉争协议不存在银行利用优势地位强迫其订立的事实。当事人亦未能举证证明银行是在乘其之危的情况下签订诉争协议的事实，故就上述主张不予支持。[①] 在本案中，一种民事行为同时具备重大误解、显失公平、欺诈、胁迫和乘人之危的撤销事由，在审判实践中极为罕见。本裁判意见中当事人据以撤销诉争协议的理由，涵盖了《合同法》第五十四条的全部事由，在这方面具有典型性。而最终当事人的主张均未获得支持，其关键就在于这些主张依据的证据难以得出违背其真实意思表示的结论。本案的裁判意见，对理解适用《合同法》第五十四条关于可撤销合同的规定具有一定的指导意义。[②]

合同发生纠纷后，当事人一方往往以订立合同时显失公平作为抗辩，鲜有胜诉案例。如最高人民法院在审理福建三木集团股份有限公司与福建省泉州市煌星房地产发展有限公司商品房预售合同纠纷案［最高人民法院（2004）民一终字第 104 号民事判决书］时认为，关于三木公司主张三份《商品房合同》价格显失公平的问题，我国现行法律没有明确显失公平的具体标准。本案三份《商品房合同》明确约定了预售房屋的面积、价格、付款时间与支付方式、交房时间等主要内容，双方权利义务内容是完整和真实的，不存在三木公司因胁迫或缺乏经验而订立合同的情形，且 1.3487 亿元购房款已在三份《商品房合同》订立前的 2000 年 6 月 1 日三方签订的《协议书》中明确。即便三份《商品房合同》项下房产价格比当时当地的同类房屋交易价格有所上涨，亦属于三木公司应当预见的商业交易风险。三木公司以福建华兴会计师事务所出具的《资产评估报告书》为据，主张三份《商品房合同》约定的房产价格显失公平，请求予以撤销，亦不符合撤销的法定要件。[③]

---

① 详见最高人民法院民事审判第一庭编:《民事审判指导与参考》2009 年第 4 集（总第 40 集），法律出版社 2010 年版，第 154~168 页。

② 详见张雅芬:《当事人以合同内容存在重大误解、显失公平或受欺诈、胁迫或乘人之危订立请求撤销的如何认定——南中投资有限公司与厦门市农村信用合作联社、厦门市成达实业发展有限公司等借款担保合同纠纷上诉案》，载最高人民法院民事审判第一庭编:《民事审判指导与参考》2009 年第 4 集（总第 40 集），法律出版社 2010 年版，第 168~174 页。

③ 详见《最高人民法院公报》2006 年第 5 期（总第 115 期）。

七、可撤销民事法律行的撤销权行使

所谓撤销权，是指撤销权人依其单方意思表示，使民事法律行为溯及既往地消灭的权利。关于撤销权的性质，一般认为属于形成权，即依权利一方的意思表示，可产生撤销民事法律行为的法律后果。民事法律行为一旦被撤销即发生溯及力，使民事法律行为自始不发生效力。

可撤销民事法律行为中行使撤销权时，应当遵循下列原则：

1. 行使撤销权的主体要适格。法律规定撤销权的目的，是保护因民事法律行为有重大误解、显失公平、欺诈、胁迫等情形而在利益上受到损害的一方当事人，所以，行使撤销权的主体应是错误或瑕疵意思表示的一方当事人，即重大误解方（一方为主，有时也可是双方）、因显失公平的民事法律行为利益受到严重损害方，被欺诈、被胁迫的一方。

2. 行使撤销权的客体要合法。即须为《民法典》总则编所规定的几种情形：重大误解、欺诈、胁迫、显失公平。除此之外的民事法律行为，当事人不得行使撤销权。

3. 行使撤销权的方式要适当。享有撤销权的当事人可以请求人民法院或者仲裁机构变更或撤销。此与国外如德国、日本等国家规定的撤销权人通过向对方当事人为撤销的意思表示方式行使撤销权并不相同。依我国法律规定，行使撤销权应以诉讼或仲裁方式进行，而直接向对方当事人为意思表示，并不发生撤销权行使的效力。

4. 行使撤销权须在法定期间内行使。《民法典》第一百五十二条规定："有下列情形之一的，撤销权消灭：（一）当事人自知道或者应当知道撤销事由之日起一年内、重大误解的当事人自知道或者应当知道撤销事由之日起九十日内没有行使撤销权；（二）当事人受胁迫，自胁迫行为终止之日起一年内没有行使撤销权；（三）当事人知道撤销事由后明确表示或者以自己的行为表明放弃撤销权。当事人自民事法律行为发生之日起五年内没有行使撤销权的，撤销权消灭。"

八、可撤销民事法律行为的撤销权消灭

《民法典》第一百五十二条规定："有下列情形之一的，撤销权消灭：（一）

当事人自知道或者应当知道撤销事由之日起一年内、重大误解的当事人自知道或者应当知道撤销事由之日起九十日内没有行使撤销权；（二）当事人受胁迫，自胁迫行为终止之日起一年内没有行使撤销权；（三）当事人知道撤销事由后明确表示或者以自己的行为表明放弃撤销权。当事人自民事法律行为发生之日起五年内没有行使撤销权的，撤销权消灭。”

1. 撤销权因除斥期间经过而消灭。所谓除斥期间，为法定的权利存续期间，因该期间经过而发生权利消灭的法律效果。可撤销民事法律行为的除斥期间原则上是在“知道或者应当知道撤销事由之日起一年内”行使，自行为发生之日起超过五年的撤销权消灭。但是，重大误解作为可撤销事由时，明确规定自知道或者应当知道之日起 90 日内行使撤销权，否则撤销权消灭。胁迫情形作为可撤销民事法律行为时，除斥期间是自胁迫行为终止时起算。

2. 当事人知道撤销事由后，明确表示放弃撤销权。在上述除斥期间内，当事人知道了撤销事由后，不但不提起诉讼或者申请仲裁，反而明示放弃撤销权的，该撤销权消灭。“明确表示”的方式是口头的或书面的均可。

3. 当事人知道撤销事由后，以自己的行为放弃撤销权。在上述除斥期间，当事人知道了撤销事由后，虽然没有明确表示放弃撤销权，但以自己的行为放弃的，撤销权消灭。

九、对案例 67、案例 68 的简要评析

在案例 67 中，该案的裁判要旨是：导致合同当事人分别持有的合同文本内容有出入的原因复杂多样，不能据此简单地认定合同某一方当事人存在故意欺诈的情形。合同一方当事人如果据此主张对方当事人恶意欺诈，还应当提供其他证据予以证明。[①] 在处理这类案件时，根据民事诉讼“谁主张，谁举证”的证明规则，负有举证证明相对人存在恶意串通、欺诈、胁迫等可撤销民事法律行为的因素的一方，应当提供证据证明。而在司法实践中，以此为由主张的往往存在证据不足或不能提供证据证明的现象。因此，民事主体在进行民事活动过程中，应当注意收集证据，“以备不测”。

在案例 68 中，关于《还款协议书》是否存在重大误解的问题，同样需

---

① 详见《最高人民法院公报》2009 年第 1 期（总第 147 期）。

要自认为误解的一方承担举证责任证明如何产生误解。应当说，重大误解的证据相对好提供，有误解，有结果即有利益受到重大损失的证据。但是，在本案中，普大媒业却未能提供足够证据证明其在订立《还款协议书》的当时存在重大误解，其理由自然不能成立。《担保书》的问题，涉及赵某是代表共合创展公司还是个人行为，虽然赵某是共合创展公司的法定代表人，其公司担保应当得到公司的授权，若未授权，就不能代表公司担保。《担保书》中个人签名，应当说代表的是自然人赵某个人，应当由个人承担担保责任。作为债权人，认为赵某的担保行为代表公司，缺乏足够的理由。因为，本案涉及的标的额巨大，一般人均明白公司担保是要受到《公司法》第十六条[①]的制约，赵某在没有提供公司授权担保的有关法律文书的情况下，接受担保是不当的。因此，将赵某的担保行为认定为个人担保为妥。

第十一节　民事法律行为的附条件和附期限

一、问题的提出

《民法典》第一百五十八条规定了民事法律行为的附条件，即："民事法律行为可以附条件，但是根据其性质不得附条件的除外。附生效条件的民事法律行为，自条件成就时生效。附解除条件的民事法律行为，自条件成就时失效。"第一百五十九条规定："附条件的民事法律行为，当事人为自己的利益不正当地阻止条件成就的，视为条件已成就；不正当地促成条件成就的，视为条件不成就。"该法第一百六十条规定了民事法律行为的附期限，即："民事法律行为可以附期限，但是根据其性质不得附期限的除外。附生效期

① 《公司法》第十六条规定：公司向其他企业投资或者为他人提供担保，依照公司章程的规定，由董事会或者股东会、股东大会决议；公司章程对投资或者担保的总额及单项投资或者担保的数额有限额规定的，不得超过规定的限额。公司为公司股东或者实际控制人提供担保的，必须经股东会或者股东大会决议。前款规定的股东或者受前款规定的实际控制人支配的股东，不得参加前款规定事项的表决。该项表决由出席会议的其他股东所持表决权的过半数通过。

限的民事法律行为，自期限届至时生效。附终止期限的民事法律行为，自期限届满时失效。”《民法典》总则编延续了《民法总则》的规定。《民法总则》所规定的民事法律行为附条件、附期限，均是在《民法通则》《合同法》规定的基础上进行了修正。

在研究民事法律行为的附条件和附期限之前，先看两则案例：

案例 69：郑州航院与林某民间借贷纠纷案[①]

二审法院认为，《民法总则》第一百五十八条规定：“民事法律行为可以附条件，但是按照其性质不得附条件的除外。附生效条件的民事法律行为，自条件成就时生效。附解除条件的民事法律行为，自条件成就时失效。”第一百五十九条规定：“附条件的民事法律行为，当事人为自己的利益不正当地阻止条件成就的，视为条件已成就；不正当地促成条件成就的，视为条件不成就。”本案中，郑州航院与林某签订的《借款协议》约定：借款人（林某）必须积极准备相关材料配合其他商户一起用法律途径解决与郑州新东方、武汉新东方的经济纠纷；林某从郑州航院饮食服务中心借款，以林某与郑州新东方、武汉新东方的经济纠纷案件结案后追回的营业款偿还；郑州新东方、武汉新东方公司赔付后差额部分的借款，由郑州航院饮食服务中心负责解决。林某认可与郑州新东方签订供货合同是以案外人张某的名义签订，实际经营人为林某。按照《借款协议》的约定，林某收到出借款后，应当积极协调，张某通过法律途径解决与郑州新东方、武汉新东方的经济纠纷，用追回的款项偿还郑州航院的借款。二审中，林某称其将证据原件交给郑州航院，由郑州航院来解决纠纷，对此郑州航院并不认可；林某称自《借款协议》签订后直至张某申请再审，林某对张某起诉的案件并不知情。由此可见，在签订《借款协议》后的几年内，林某对自己与郑州新东方、武汉新东方的经济纠纷解决的启动、进程、结果均漠不关心，也未积极联系，促使张某通过法律途径解决纠纷；而张某并非《借款协议》的签约人，约定的还款条件自然不能约束张某；没有林某的协调、推动与郑州新东方、武汉新东方经济纠纷的解决，《借款协议》约定的还款条件不可能成就。一审法院（2014）开

---

① 参见河南省郑州市中级人民法院（2019）豫 01 民终 15991 号民事判决书。

民初字第4422号民事判决生效后一直未申请执行，直至张某2019年以非其发起未授权起诉为由申请再审，其间林某怠于履行其应尽的推动与郑州新东方、武汉新东方经济纠纷解决的义务，以消极的行为阻止了还款条件的成就，应视为《借款协议》约定的还款条件已成就。林某应承担向郑州航院偿还借款的义务。郑州航院诉请本金1103281.36元，证据充分，予以支持；郑州航院诉请利息，本院至起诉日2018年12月18日起至实际清偿之日止按银行同期贷款利率予以支持。

案例70：余岭组与郭某土地承包合同纠纷案

1984年7月，某县仓房镇王井村余岭组（以下简称余岭组）与郭某签订土地承包合同，由余岭组将其土地60亩承包给郭某，年承包金为200元，承包期限为何时土地收归大集体何时不承包。在合同履行过程中，郭某如期交纳承包金，并未经余岭组同意，将所承包的大部分土地转包给他人，且从中渔利。1998年第二轮土地延包时，余岭组要求收回郭某承包的土地，郭某称合同履行尚未到期，拒绝交回土地。余岭组以发包时小组有40多人，现在有80多人，人口翻了一番，土地却未增加，承包金偏低，显失公平，承包合同履行期限约定不明，且郭某擅自转包获利为由向某县人民法院提起诉讼。某县人民法院开庭审理后作出一审判决：解除余岭组与郭某的土地承包合同。

郭某不服一审判决，以合同中明确约定合同终止履行期限是"何时土地收归大集体何时不承包"，属附终止期限的合同，现终止期限未到，双方应继续履行合同为由提起上诉。二审认为，双方承包合同履行期限不明，余岭组可随时主张解除合同，且郭某擅自转包渔利，因此，余岭组要求解除合同理由成立，应予支持，遂作出终审判决，驳回上诉，维持原判。

在上述案例中，案例69涉及附条件的民事法律行为，案例70涉及附期限的民事法律行为。试问：如何理解附条件的民事法律行为和附期限的民事法律行为？

二、附条件的民事法律行为

附条件的民事法律行为，是指在民事法律行为中规定了一定的条件，并且把该条件的成就或者不成就作为当事人确定民事法律行为发生法律效力或者失去法律效力的根据。附条件中的“条件”，是指当事人所约定的决定民事法律行为生效或者解除的特定事实，既可以是事件，又可以是行为。《民法通则意见》第七十五条规定：“附条件的民事行为，如果所附的条件是违背法律规定或者不可能发生的，应当认定该民事行为无效。”《合同法》第四十五条规定：“当事人对合同的效力可以约定附条件。附生效条件的合同，自条件成就时生效。附解除条件的合同，自条件成就时失效。当事人为自己的利益不正当地阻止条件成就的，视为条件已成就；不正当地促成条件成就的，视为条件不成就。”《民法典》第一百五十八条规定：“民事法律行为可以附条件，但是根据其性质不得附条件的除外。附生效条件的民事法律行为，自条件成就时生效。附解除条件的民事法律行为，自条件成就时失效。”第一百五十九条规定：“附条件的民事法律行为，当事人为自己的利益不正当地阻止条件成就的，视为条件已经成就；不正当地促成条件成就的，视为条件不成就。”

1. 条件必须是民事法律行为中约定的事实。所附条件是由双方当事人约定的，并且作为民事法律行为的一个条款。其与法定条件的最大区别就在于后者是由法律规定的，不由当事人的意思取舍并具有普遍约束力的条件。因此，当事人不得以法定条件作为所附条件。如最高人民法院在审理中国电子工业深圳总公司与无锡灵山商业旅游城置业公司等商品房预售合同纠纷案［最高人民法院（1997）民终字第118号民事判决书］时认为，当事人双方签订的《补充协议》中关于“经公证处公证证明”的约定，是《补充协议》生效的条件。但该《补充协议》并未经公证，故因约定的生效条件没有成就而未生效。当事人提出的“即使《补充协议》未公证，因为其是主合同的从合同、附件，也不影响合同效力”的理由不成立。[①] 本案的裁判意见对附条件生效的合同效力，以及从合同与主合同生效的关系均作出了明确。“经公证处公证证明”的约定，是《补充协议》生效的条件。如果该协议没有经过公证，则没有生效。

---

① 详见最高人民法院民事审判庭编:《最高人民法院民事案件解析——房地产案件专集》，法律出版社1999年版，第76~79页。

通说认为，约定合同需经过公证后才能生效的，如合同未经公证，但双方当事人已经按照此合同约定的实体内容实际履行的，则当事人之间的法律关系已经产生，当事人已经以履行合同的方式改变了合同原约定条款，取消了合同生效所附条件。最高人民法院在陕西伟易达发展有限公司与陕西华安企业集团有限责任公司股权转让协议纠纷案［最高人民法院（2006）民二终字第 40 号民事判决书］[①] 中的裁判意见就合同部分履行时如何认定未经公证的合同效力作出了明确表达，即当事人双方约定合同经公证后生效的，但未办理公证，虽然一方已经部分履行，仍不能认定合同生效。

2. 条件是将来可能发生的事实。条件必须是民事法律行为成立时尚未发生的事实。过去的、现存的事实或者将来必定发生的事实或者必定不能发生的事实不能作为所附条件。如最高人民法院在审理崂山区国土局与青岛南太置业有限公司国有土地使用权出让合同纠纷案［最高人民法院（2004）民一终字第 106 号民事判决书］时认为：根据《合同法》第四十五条规定，当事人对合同的效力可以约定附条件。附条件的合同，自条件成就时生效。所谓附条件的合同，是指当事人在合同中特别约定一定的条件，以条件是否成就作为合同效力发生的根据。合同所附条件，必须是将来发生的、不确定的事实，是当事人约定的而不是法定的，同时还必须是合法的。在我国，政府机关对有关事项或者合同审批或者批准的权限和职责，源于法律和行政法规的规定，而不属于当事人约定的范围。当事人将法律和行政法规规定的政府机关对有关事项或者合同的审批权或者批准权约定为附条件合同中的条件，不符合合同法有关附条件合同的规定。当事人将法律和行政法规没有规定的政府机关对有关事项或者合同的审批权或者批准权约定为附条件的合同中的条件，同样不符合合同法有关附条件合同的规定。根据合同法规定的精神，当事人在订立合同时，将法定的审批权或者批准权作为合同生效条件的，视为没有附条件。将法律未规定为政府机关职责范围的审批权或者批准权作为包括合同在内的民事法律行为生效条件的，同样视为没有附条件，所附的“条

---

① 详见最高人民法院民事审判第二庭编：《民商事审判指导》（2006 年第 2 辑），人民法院出版社 2006 年版，第 283~286 页。

件”不产生限制合同效力的法律效果。[①]

3. 条件必须是民事法律行为的附属内容。条件是限制民事法律行为法律效力的附属意思表示。它同当事人约定的所谓供货条件、付款条件是不同的，后者是合同自身内容的一部分，而附条件合同所附的条件只是合同的附属内容。如最高人民法院在审理中国信达资产管理公司兰州办事处与甘肃亚盛盐化工业（集团）有限责任公司借款合同纠纷案［最高人民法院（2006）民二终字第159号民事判决书］时认为:《不良贷款债权转让协议》虽约定了信达总公司批准后生效的条件，但因批准协议是信达总公司与其分支机构信达兰州办内部的审批程序，且合同约定了信达兰州办单方促使合同生效的义务，故信达兰州办不得违反约定拖延报批甚至不报批来对抗合同的相对方，以使协议不发生法律效力。如果一方既未履行合同义务又以内部程序使得效力待定的合同未生效，而获得合同未生效后的更大利益，这将使得合同相对方处于不利境地。《不良贷款债权转让协议》是经过双方协商签订的，约定内容没有违反法律规定，也没有损害他人合法权益，并且亚盛集团为此又支付了200万元，部分履行了该协议。合同约定以一方内部因素为生效条件的，负有促使协议生效义务的一方未履行约定义务，在合同约定内容不违反法律禁止性规定和损害他人利益并经双方签字盖章成立，且已部分履行的前提下，则应当认定合同已经生效。[②]

4. 条件必须是合法的事实。违法的事实不能作为条件，如双方当事人不能约定某人杀死他人作为民事法律行为生效的条件。所附条件可分为生效条件和解除条件。生效条件是指使民事法律行为的效力发生或者不发生的条件。在此条件出现之前，也即本条所说的条件成就之前，民事法律行为的效力处于不确定状态，当此条件出现后，即条件成就后，民事法律行为生效；当条件没有出现（或成就），民事法律行为也就不生效。如最高人民法院在审理新疆清春房地产开发有限公司与新疆建工集团二建公司建设工程施工合同纠纷案［最高人民法院（2007）民一终字第31号民事判决书］时认为：当事人双方约定“承包方在施工中有意贿赂发包方人员，一经发现，发包方扣除承包

---

① 详见《最高人民法院公报》2007年第3期（总第125期）。

② 详见《最高人民法院公报》2007年第10期（总第132期）。

方工程总价 10% 的工程款”。该约定实质上是把“承包方在施工中有意贿赂发包方人员”作为“发包方扣除承包方工程总价 10% 的工程款”的条件。民事法律行为之条件是否成就，应可以通过民事证明方法来确定。而本案中是否存在承包方在施工中“有意贿赂”发包方人员的法律事实，不仅无法通过民事证明方法确定，也不属于民事审判过程中所能解决的问题。因此，对当事人关于有关人员在施工过程中存在的“有意贿赂”行为应由法院民事审判查实的主张，不予支持。① 本案的裁判意见表明：合同的生效或失效，可以附条件。但对条件应当具备什么样的要求，相关法律并未作出明确规定。民法理论通说可以对条件适格与否的认定提供相应参考依据。除此以外，着眼于民事法律制度本质，从民事审判功能和民事裁判方法的角度出发，判断某一事实能否成为适格之条件时，首先要看该事实是不是可以经由民事证明途径而确定。如果不能，则该事实不能成为民法上附条件法律行为中的条件。②

5. 条件的成就与不成就的判定。条件的成就是指符合意思表示条件的客观事实的实现。也即所附条件事实的现实发生或不发生。在积极条件的情形下，以条件事实的发生为条件成就；在消极条件的情形下，以条件事实的不发生为条件成就。条件的不成就是指作为条件内容的事实确定地不实现。它亦因条件属于积极条件或消极条件而不同，在积极条件的情形下，条件事实的不发生为条件不成就；在消极条件的情形下，以条件事实的发生为条件不成就。

附条件的民事法律行为一经成立，当事人对民事法律行为所约定的条件成就与否，应以客观规律决定，当事人不得为自己的利益而恶意地促成或者阻止条件的成就，亦是各国民法的通例。如最高人民法院在审理刘某俊与上海华泰房地产发展有限公司买卖合同纠纷再审案［最高人民法院（2005）民一提字第 11 号民事判决书］时认为：双方当事人在房屋买卖合同中约定，需经公证机关作出公证合同才能生效。在办理公证手续过程中，公证机关提出

---

① 详见最高人民法院民事审判第一庭编：《民事审判指导与参考》2007 年第 3 集（总第 31 集），法律出版社 2007 年版，第 226~232 页。

② 辛正郁：《附条件法律行为中所附条件的民事可证性要求——新疆清春房地产开发有限公司与新疆建工集团二建公司建设工程施工合同纠纷上诉案》，载最高人民法院民事审判第一庭编：《民事审判指导与参考》2007 年第 3 集（总第 31 集），法律出版社 2007 年版，第 232~233 页。

建议，要求对合同条款作出修改。卖方到公证机关取走了全部合同原件，但提出了非公证机关建议修改条款的变更其他合同内容的意见，被买方拒绝。此后，买方和公证机关多次要求卖方提供合同原件，办理公证手续。卖方拒不提供合同原件，致使公证手续无法办理，根据《合同法》第四十五条第二款之规定，认定合同已经生效。[①] 该案的裁判意见表明，房屋买卖合同双方约定了合同生效的条件，在条件尚未成就的情况下，是否具备了法律规定的认定合同生效的条件。当事人一方为了自己的利益，恶意地利用法律漏洞或者以不正当的手段制造出有利于自己却损害对方的行为，致使条件未成就，应视为条件成就，认定合同已经生效。[②]

三、附期限的民事法律行为

附期限的民事法律行为，是指附有将来确定到来的期限作为民事法律行为的条款，并在该期限到来时民事法律行为的效力发生或者终止的民事法律行为。民事法律行为的附期限在《民法通则》中没有规定，但《民法通则意见》中对合同的附款作了扩张解释，明确了可以附期限的民事法律行为的存在。该意见第七十六条规定："附期限的民事法律行为，在所附期限到来时生效或者解除。"《合同法》从立法上确立了附期限的合同，即该法第四十六条规定："当事人对合同的效力可以约定附期限。附生效期限的合同，自期限届至时生效。附终止期限的合同，自期限届满时失效。"《民法典》第一百六十条规定："民事法律行为可以附期限，但是按照其性质不得附期限的除外。附生效期限的民事法律行为，自期限届至时生效。附终止期限的民事法律行为，自期限届满时失效。"

附期限的民事法律行为中的"期限"，是指当事人以将来客观确定到来的事实作为民事法律行为效力的附款。期限依不同的标准可作不同的分类。

---

① 详见江必新主编、最高人民法院审判监督庭编:《审判监督指导》(2010 年第 1 辑)，人民法院出版社 2010 年版，第 77~85 页。

② 关于恶意阻止条件成就的裁判案例，读者可以参阅最高人民法院（2002）民一终字第 74 号民事判决书（渤海证券有限责任公司与天津立达房地产有限公司、天津立达集团有限公司侵权纠纷上诉案），载最高人民法院民事审判第一庭编:《民事审判指导与参考》(2003 年第 4 卷)，法律出版社 2003 年版，第 230~241 页。

1.期限以效力为标准，可划分为始期与终期。始期又称生效期限，是指以其到来使民事法律行为发生效力的期限。该期限的作用是延缓民事法律行为效力的发生，其作用与附条件民事法律行为中的生效条件相当。民事法律行为在该期限到来之前，其效力处于停止状态，待期限到来时，民事法律行为的效力才发生。如甲乙双方在合同中约定“本合同自2020年6月6日开始生效”，那么，在2020年6月6日之前该合同不发生法律效力。终期又称终止期限，是指以其到来使民事法律行为效力消灭的期限，附终止期限民事法律行为中的终止期限与附条件民事法律行为中的附解除条件的作用相当，故其又称为解除期限。如甲乙双方在合同中约定“本合同自双方签字之日起生效，到2020年6月6日失效”，那么，2020年6月6日即为双方合同的终止期限，2020年6月6日后，合同因期限届满而失效。

2.期限以作为内容的事实发生之时是否确定为标准，可划分为确定期限和不确定期限。确定期限，是指是否到来及何时到来均确定的期限。如甲乙双方约定“本合同自双方签字一个月后生效”“本合同自2020年12月30日失效”等。不确定期限，是指是否到来及何时到来均不确定的期限。如甲乙双方约定“本合同自明年洪水结束时生效”，洪水事实是否到来及何时到来不确定，因此，属不确定期限，但按常规还是可以大致确定洪水结束的期限。

3.附期限的民事法律行为的期限的要件。附期限的民事法律行为的期限应当具备下列要件：

（1）必须是将来肯定发生的事实。期限不同于条件的根本之点在于期限是将来确定发生的事实，而条件则是发生与否并不确定的事实，如2020年国庆节、汽车跑满10万公里等是期限，“若明日下雨”是条件。

（2）必须是将来肯定能到来的期限。民事法律行为性质允许的是能够到来的期限，不允许不能到来的期限。如房屋租赁合同的租期约定为10年是允许的，若约定为30年则不允许，因《民法典》第七百零五条规定租赁期限不得超过20年。超过20年的，超过部分无效。

（3）必须是约定期限而不是法定期限、指定期限。期限是当事人约定的期限，而不是法律、行政法规规定的法定期限。人民法院判决或仲裁机构的裁决规定的期限是指定期限，并非附期限合同中的期限。

4. 期限与合同效力的关系。

（1）期限与期限届至、届满。《民法典》第一百六十条规定的期限分为生效期限（我国台湾地区称为“始期”，即合同效力开始的日期）和终止期限（我国台湾地区称为“终期”，即合同效力终止的日期）。期限可以用年、月、日表示，也可以用确定发生的事实表示，比如，约定某服装公司开业当日请模特队表演，而该公司在订立合同时已确定开业。

附生效期限的，期限的到来称届至；附终止期限的，期限的到来称届满。

（2）期限届至、届满的效力。期限届至可以使民事法律行为生效，期限届满可以使民事法律行为失效。

附生效期限的民事法律行为，自生效期限届至时生效。例如，定日付款的汇票，自到期日起 10 日内，持票人向付款人提示付款，付款人就必须在当日足额付款。这是说，付款人在汇票到期日届至以前，持票人要求付款的权利与付款人的付款义务尚未生效，而在期限届至后则发生效力，持票人可以行使权利，付款人必须履行付款义务。

附终止期限的民事法律行为，自期限届满时失效。例如，塔吊租赁合同约定于大楼竣工之日终止，返还租赁物塔吊。在大楼竣工之日，出租人恢复占有和出租塔吊于他人的期待得到实现。

最后，需要说明的是，在期限届至、届满前，民事法律行为当事人的权利是期待权。因民事法律行为所附期限届至或届满而使当事人享有的权利在期限届至或届满以前是期待权。我国台湾学者史尚宽说：“在期限届至前，附始期或终期法律行为，停止法律行为效力之发生或消灭，并如同条件在成就前停止效力发生或消灭之附停止条件或解除条件法律行为，发生期待权。”① 这两个期待权的区别，是附条件的民事法律行为产生的期待权为不确定的期待权，而附期限的民事法律行为产生的期待权为确定的期待权。

四、对案例 69、案例 70 的简要评析

在案例 69 中，在签订《借款协议》后的几年内，林某对自己与郑州新东方、武汉新东方的经济纠纷解决的启动、进程、结果均漠不关心，也未积极

---

① 史尚宽：《民法总论》，中国政法大学出版社 2000 年版，第 509 页。

联系、促使张某通过法律途径解决纠纷；而张某并非《借款协议》的签约人，约定的还款条件自然不能约束张某；没有林某的协调、推动与郑州新东方、武汉新东方经济纠纷的解决,《借款协议》约定的还款条件不可能成就。依据《民法总则》第一百五十八条的规定，民事法律行为可以附条件。根据《民法总则》第一百五十九条“附条件的民事法律行为，当事人为自己的利益不正当地阻止条件成就的，视为条件已成就；不正当地促成条件成就的，视为条件不成就”的规定，本案中，林某以消极的行为阻止了还款条件的成就，应视为《借款协议》约定的还款条件已成就。林某应承担向郑州航院偿还借款的义务。

在案例70中，一是要弄清作为合同附款的期限与合同的履行期限之间的区别。作为附款的期限，特殊决定合同效力发生或者消灭的事实，而履行期限是对当事人基于已生效合同所负义务的履行所施加的限制。从这个意义上说，“何时土地收归大集体何时不承包”当属附终止期限的合同。二是要弄清“何时土地收归大集体何时不承包”是否符合附终止期限的合同的要件，“何时土地收归大集体”之事实未必是肯定发生的事实，且“何时土地收归大集体”的期限也不确定，不符合附终止期限的合同的要件，当属“条件”，又因党的农村土地政策是30年不变，且土地收归大集体亦是党的政策，属法定条件，不为当事人所约定能够推测的期限，因此，双方所签订土地承包合同中所约定的合同终止期限的条件与法相悖，当属无效条款，应视为履行期限约定不明。因此，一审法院处理结果是正确的，二审维持原则也并无不当之处。

第七章 代理

代理制度是调整被代理人、代理人和第三人之间关系的法律制度。随着社会主义市场经济的发展，代理活动越来越广泛，为了保护被代理人、第三人的合法权益，维护交易安全，应当对代理行为予以规范。

2017 年《民法总则》在“代理”中追加了代理的“一般规定”，明确了民事主体可以通过代理人实施民事法律行为，代理人在代理权限内，以被代理人名义实施的民事法律行为，对被代理人发生效力。明确了代理的类型包括委托代理和法定代理，在代理中要求显名代理，并没有规定隐名代理。强调了代理人不当行为的法律后果，包括：代理人不履行或者不完全履行职责，造成被代理人损害的，应当承担民事责任；代理人和相对人恶意串通，损害被代理人合法权益的，代理人和相对人应当承担连带责任。

“委托代理”作为一节，明确了违法代理及其法律后果：代理人知道或者应当知道代理事项违法仍然实施代理行为，或者被代理人知道或者应当知道代理人的代理行为违法未作反对表示的，被代理人和代理人应当承担连带责任。限制自己代理和双方代理：代理人不得以被代理人的名义与自己实施民事法律行为，但是被代理人同意或者追认的除外。代理人不得以被代理人的名义与自己同时代理的其他人实施民事法律行为，但是被代理的双方同意或者追认的除外。允许转委托代理，规范了职务代理，法人或者非法人组织对执行其工作任务的人员职权范围的限制，不得对抗善意相对人。规范了无权代理，强调了表见代理，即行为人没有代理权、超越代理权或者代理权终止后，仍然实施代理行为，相对人有理由相信行为人有代理权的，代理行为有效。

第一节　代理概说

一、问题的提出

代理，是对民事法律行为实施主体的特殊规定，是行为人不是为了本人的利益，而是为了被代理人的利益所实施的民事法律行为，且该行为的法律后果归属于被代理人。经典的大陆法系民法典通常将代理制度规定在“法律行为”一章中，在逻辑上认为代理即为代理人代理他人为法律行为。[①]在我国的《民法通则》体例中将民事法律行为与代理规定在同一章，但把代理作为单独一节。《民法总则》把代理作为独立成章的体例安排，彻底独立于民事法律行为，《民法典》总则编也把代理作为单独一章。

在研究代理之前，先看两则案例：

案例 71：曹某玢与王某义、王某红民间借贷纠纷案[②]

案件事实：2016 年 2 月 6 日，王某红向曹某玢借款 60 万元，并出具借条载明：“今借到曹某玢现金陆拾万元整￥600000 元（利息每月 24000 元）。”借据签名是王某红、王某义（系王某红代签，王某义在场）。借条出具后，曹某玢交付了 10 万元现金及 2 张承兑汇票 40 万元。次日曹某玢向王某红的银行卡中存入 10 万元。

曹某玢的上诉请求：撤销一审判决，依法改判王某义、王某红连带偿还上诉人借款本金 586000 元及债务利息。

法院作出生效裁判认为，公民合法的借贷关系依法受法律保护。案涉争议焦点是曹某玢主张案涉借款系由王某义、王某红共同借款是否有事实和法

---

① 参见张新宝：《〈中华人民共和国民法总则〉释义》，中国人民大学出版社 2017 年版，第 345 页。

② 详见江苏省盐城市中级人民法院（2019）苏 09 民终 4310 号民事判决书。

律依据。经查，案涉借条的借款人处载明的“王某义”三个字虽然系王某红所签，但结合本案的综合情况，认定该签名应系王某红经过王某义授权后所签，王某义、王某红均与出借人曹某玢达成借贷合意，主要理由如下：首先，案涉借款系为结付王某义承建工程的工人工资而借，实际用款人应为王某义而非王某红；其次，王某义亦有授权王某红代其签字向他人出具付条、收条处理款项的习惯；最后，条据出具当日王某义、王某红均在场，王某红在借款人处签署自己名字的同时还签署王某义的名字，同在借款现场的王某义理应看到王某红代自己在借款人处签名，却未就此提出异议，应当视为王某义对王某红行为的默认和授权。据此判决：一、撤销原判；二、王某义、王某红于本判决发生法律效力之日起十日内，共同向曹某玢偿还借款 586000 元及利息。

案例 72：景龙公司与熊某、郤某齐追索劳动报酬纠纷案[①]

郤某齐系景龙公司员工，景龙公司在长沙市设有办事处，办公室设在长沙市岳麓区。在 2017 年 4 月 30 日至 7 月 30 日期间，郤某齐以景龙公司的名义与案外人签订了三份室内全包 / 半包合同，并盖有景龙公司的公章。郤某齐聘请熊某作为该三个施工项目的项目经理。熊某为该三个施工项目提供劳务并经业主确认已经施工完毕。12 月 29 日，经郤某齐签字确认，熊某在该项目的施工劳务费为 107612 元。此后，郤某齐并未支付熊某劳务费就不知去向，故熊某诉至一审法院。另查，2 月 12 日，郤某齐因长沙市办事处消防事宜向景龙公司申请使用公章，经景龙公司工作人员杨某青批准，使用了景龙公司公章。用印文件名称：景龙嘉园。

生效裁判认为，关于郤某齐的身份问题，郤某齐是否系景龙公司员工。景龙公司在长沙市八方小区设立了长沙办事处，郤某齐以长沙办事处负责人身份对外活动，并结合景龙公司用印登记表、景龙公司为郤某齐缴纳社会保险费等证据，足以认定郤某齐系景龙公司员工，郤某齐代表景龙公司开展业务活动。关于承担本案劳务费支付义务的责任主体问题。郤某齐以景龙公司名义与客户签订了三份装饰装修合同，郤某齐聘请熊某作为该三个工程的

---

① 详见湖南省长沙市中级人民法院（2019）湘 01 民终 9244 号民事判决书。

项目经理，熊某依照约定提供了劳务并经业主确认已经施工完毕，且卻某齐最终对劳务费进行了签字确认，故景龙公司应当承担向熊某支付该劳务费的责任。因熊某的诉讼请求为景龙公司、卻某齐共同向其支付劳务费 107612 元，且景龙公司提出了卻某齐未忠诚履职的抗辩，故根据《民法总则》第一百六十四条第一款“代理人不履行或者不完全履行职责，造成被代理人损害的，应当承担民事责任”之规定，本院认定本案劳务费支付义务应当由卻某齐与景龙公司共同承担。据此改判：限景龙公司、卻某齐自本判决生效之日起十日内共同支付熊某劳务费 107612 元。

在上述案例中，案例 71 涉及代理及代理的法律效力问题，案例 72 涉及代理人行为的民事责任承担问题。试问：如何理解代理？不得代理的情形有哪些？代理的法律效果如何？代理的类型有哪些？代理的民事责任如何承担？

二、代理的法律意义

代理制度的产生和发展具有阶级社会的历史必然性。代理制度的发展与近代企业所有者与经营者分离、财产归属与财产管理的分化，具有密切联系。[①] 代理制度是民事主体从事民事活动的法律工具，代理行为则是对被代理人直接发生法律效力的行为。对此，《民法典》第一百六十一条第一款规定：“民事主体可以通过代理人实施民事法律行为。”《民法典》与《民法通则》相比较，用“民事主体”替代了“公民、法人”，民事主体包括自然人、法人和非法人组织。该条款在法律性质上属于授权性规范，“可以”表明立法者允许民事主体进行自由选择。[②]

代理的核心要素是民事主体可以通过他人的行为为自己谋取利益。[③] 代理作为一种法律关系，被代理人又称为本人，代理他人从事民事法律行为的人称为代理人，与代理人实施民事法律行为的人称为相对人（又称为第三人）。依民法理论通说，代理关系在被代理人、代理人和相对人之间形成特

① 参见王泽鉴：《民法总则》（增订本），中国政法大学出版社 2001 年版，第 442 页。
② 参见陈甦主编：《民法总则评注》（下册），法律出版社 2017 年版，第 1133 页。
③ 参见邹海林：《民法总则》，法律出版社 2018 年版，第 374 页。

殊的三方法律关系，具体包括：被代理人与代理人之间的法律关系、被代理人与相对人之间的法律关系、代理人与相对人之间的法律关系。[①]

代理的法律特征表现为：一是代理是一种法律行为。代理人代理被代理人从事民事法律行为，其效力归属于被代理人，在被代理人与相对人之间形成民事法律关系。二是代理人必须以被代理人的名义在授权范围内进行民事法律行为。《民法典》第一百六十二条规定："代理人在代理权限内，以被代理人名义实施的民事法律行为，对被代理人发生效力。"该条规定的是直接代理，仅指显名代理。三是代理人可以独立地作出意思表示。虽代理人必须在代理权限内行为，但代理人的行为仍具有一定的相对独立性，需要在代理事项授权范围内独立作出意思表示。[②] 四是代理的法律效果由被代理人承担。代理人以被代理人名义与相对人进行民事法律行为，因此而产生的法律效果归属于被代理人。

依据《民法典》第一百六十一条第一款的规定，代理事项是代理实施民事法律行为。由此可知，事实行为没有在代理事项的范围之内。民事诉讼中的代理是否在《民法典》所说的代理范围之内？有学者认为，民事诉讼代理具有明确的代理权授予，审判机关虽不同于民事代理中的相对人，但其判决能够产生特定的民事法律效果，因此主张诉讼代理具有一定的民法上代理的属性，可以适用民法上的代理规则。[③] 亦有学者认为，民事诉讼中的代理并非法律行为，不能产生民事法律行为的后果。诉讼代理，需要遵守《民事诉讼法》的有关规定，不能简单地适用民法上的代理规则。[④] 还有学者认为，民事诉讼中的代理，若与相对人达成和解协议，或者人民法院主持调解达成调解协议的，属于以被代理人的名义与对方当事人实施法律行为，性质上可以解释为民事代理，适用民法总则的代理规则。[⑤] 笔者认为，民事诉讼中的

---

① 参见梁慧星：《民法总论》（第五版），法律出版社2017年版，第224~225页。

② 参见王利明：《民法总则研究》（第三版），中国人民大学出版社2018年版，第599页。

③ 参见陈甦主编：《民法总则评注》（下册），法律出版社2017年版，第1134~1135页。

④ 参见杜万华主编：《中华人民共和国民法总则实务指南》，中国法制出版社2017年版，第616页。

⑤ 参见马新彦：《代理》，载张鸣起主编：《民法总则专题讲义》，法律出版社2019年版，第486页。

代理，不属于实体法《民法典》所规定的代理范畴，民事诉讼代理的程序、规则、法律后果等均在程序法《民事诉讼法》及其司法解释中作了详细的规定。因此，民事诉讼的代理应当适用《民事诉讼法》的有关规定。

三、不得代理的情形

代理适用的范围以民事法律行为为一般原则，但亦有例外。对此，《民法典》第一百六十一条第二款规定："依照法律规定、当事人约定或者民事法律行为的性质，应当由本人亲自实施的民事法律行为，不得代理。"依此规定，不得代理的情形如下：

1. 依据法律规定不得代理的情形。民事主体对法律有明确规定必须由本人亲自实施的民事法律行为，不得适用代理，如结婚、离婚。《民法典》第一千零四十九条规定，要求结婚的男女双方应当亲自到婚姻登记机关申请结婚登记。第一千零七十六条第一款规定，夫妻双方自愿离婚的，应当签订书面离婚协议，并亲自到婚姻登记机关申请离婚登记。

2. 依据民事主体约定不得代理的情形。被代理人与相对人实施民事法律行为时明确约定，不得由代理人代理法律行为，则应当尊重当事人的意思自治。

3. 依据法律行为性质不得代理的情形。此类行为主要是指一些具有人身性质的法律行为，如收养行为，这些情形通常已经有法律作出了规定，但也可能法律尚未明确规定，而依照其性质不得代理。[①] 再如，对于与人身相关的如讲课、演唱等因民事法律行为性质不宜代理的，也不得代理，必须由本人亲自实施。

四、代理的法律效果

《民法典》第一百六十二条对代理的法律效果作了规定，即："代理人在代理权限内，以被代理人名义实施的民事法律行为，对被代理人发生效力。"该条是对《民法通则》第六十三条第二款进行改造而来，将"被代理人对代理人的代理行为，承担民事责任"修改为"对被代理人发生效力"。由于代

---

① 参见王利明:《民法总则研究》(第三版)，中国人民大学出版社2018年版，第602页。

理人的行为有可能给被代理人带来权利，也可能带来义务，只有在义务不被履行时才可能产生责任问题。尽管在民法中可能存在没有义务的责任，但是将被代理人对代理人的行为仅仅限定为承担民事责任，明显不当。而法律效力则包括产生权利、负担义务、承担责任等各种法律效力。①

代理关系，在被代理人、代理人和相对人之间形成特殊的三方法律关系。根据《民法典》第一百六十二条的规定，代理制度规范的是代理人与相对人之间进行法律行为的法律效力的归属问题，被代理人与代理人之间的关系不属于代理制度的调整范围。

依据《民法典》第一百六十二条的规定，代理的构成要件包括：一是代理人享有代理权。代理人必须享有代理权，才能为被代理人代理民事法律行为。代理权的本质属性不是权利，而是一种资格，享有代理权的人获得的不是利益和自由，而是代理被代理人实施民事法律行为的资格。② 二是代理人在代理权范围内独立实施民事法律行为。代理人不得超越代理权，否则超越部分所实施的民事法律行为，则构成无权代理。三是代理人以被代理人名义进行民事法律行为。四是代理行为对被代理人发生效力。“发生效力”，即被代理人对代理人的代理行为承担一切法律后果。

五、代理的类型

根据不同的标准，可以将代理作不同的分类。

（一）显名代理与隐名代理

根据代理人是否以被代理人名义与相对人实施民事法律行为，可以将代理分为显名代理和隐名代理。

所谓显名代理，即代理人在代理授权范围内以被代理人的名义与相对人实施民事法律行为的代理。所谓隐名代理，即代理人在代理授权范围内以自己的名义与相对人实施民事法律行为的代理。无论是显名代理，还是隐

---

① 参见陈甦主编：《民法总则评注》（下册），法律出版社 2017 年版，第 1139 页。

② 参见马新彦：《代理》，载张鸣起主编：《民法总则专题讲义》，法律出版社 2019 年版，第 500 页。

名代理，代理人代理行为的法律后果均直接归属于被代理人。《民法典》第一百六十二条所规定的代理，应当属于显名代理，表明了《民法典》坚持严格的显名代理的立法态度。正如“隐名代理没有必要规定在总则中，在合同编中规定即可。因此，最后通过的民法总则删除了隐名代理的规定”[①]。因此，《民法典》第一百六十二条虽未规定隐名代理，但只要符合代理行为的成立要件，即可发生代理行为的归属效力。

（二）委托代理与法定代理

根据代理权的取得根据不同，可将代理分为委托代理和法定代理。对此，《民法典》第一百六十三条规定：“代理包括委托代理和法定代理。委托代理人按照被代理人的委托行使代理权。法定代理人依照法律的规定行使代理权。”《民法通则》第六十四条将代理分为委托代理、法定代理和指定代理。显然，《民法典》没有规定指定代理。这是因为指定代理只是法定代理的一种特殊形式，而不属于独立的代理类型，法定代理和指定代理均是基于法律的直接规定而产生的代理权，在指定代理的情形下只不过多了一个指定程序而已，并不影响法定代理的性质。[②]

委托代理，又称为意定代理，即基于被代理人授予代理权的意思表示（授权行为）而发生的代理。因此，委托代理权是由于被代理人的授权行为而取得。对此，《民法典》第一百六十三条第二款规定：“委托代理人按照被代理人的委托行使代理权……”法人或非法人组织的工作人员，就其职权范围内的事项，以法人或非法人组织的名义实施民事法律行为，叫作职务代理。[③]关于职务代理的法律性质莫衷一是，存在法定代理说、委托代理说。《民法典》总则编最终将职务代理认定为委托代理，将职务代理规定在委托代理一节中。理由是，被代理人的意思可以表现于委托授权也可以体现在劳动合同、职务任命当中，将职务代理纳入委托代理范畴，不仅理论上可行，也符

---

① 参见李适时主编：《中华人民共和国民法总则释义》，法律出版社 2017 年版，第 508 页。

② 参见李适时主编：《中华人民共和国民法总则释义》，法律出版社 2017 年版，第 509 页。

③ 《民法总则》第一百七十条规定：“执行法人或者非法人组织工作任务的人员，就其职权范围内的事项，以法人或者非法人组织的名义实施民事法律行为，对法人或者非法人组织发生效力。法人或者非法人组织对执行其工作任务的人员职权范围的限制，不得对抗善意相对人。”

合实践需要。[①]

法定代理，即行为人基于法律规定取得代理权而为意思表示的代理。对此，《民法典》第一百六十三条第二款规定："……法定代理人依照法律的规定行使代理权。"该条与《民法总则》的规定一致。依据《民法总则》第一百六十三条第一款规定"代理包括委托代理和法定代理"，显然，《民法总则》取消了《民法通则》第六十四条所规定的"指定代理"，《民法总则》中的法定代理包括《民法通则》所规定的法定代理和指定代理。[②]法定代理的代理权基于法律规定而取得，民法上应当凸显法定代理的正当性，该正当性一般表现为代理人和被代理人的身份关系，符合社会伦理的身份关系为法定代理的正当性基础。依民法理论通说，法定代理主要包括三种：未成年人的父母的法定代理、监护人的法定代理、夫妻日常家务代理。[③]依据我国民法的规定，法定代理人的类型包括：监护人、夫妻家事代理人、失踪人的财产代管人。

（三）直接代理与间接代理

根据代理行为的法律后果是否直接归属于被代理人，可将代理分为直接代理与间接代理。

所谓直接代理，即代理人以被代理人的名义在授权范围内从事代理行为，代理的效果直接由被代理人承担。最为典型的直接代理是代理人以被代理人名义在代理权限范围内与相对人实施民事法律行为。对此，《民法典》第一百六十二条规定的就是直接代理。直接代理既可以是显名代理，又可以是隐名代理；直接代理既可以是委托代理，又可以是法定代理。

所谓间接代理，即代理人在代理权限内以自己的名义与相对人实施法律行为，相对人不知道代理人与被代理人之间的代理关系，法律行为的后果经由代理人转归被代理人的一种代理。《合同法》第四百零二条、第四百零三条规定了间接代理。《民法总则》没有规定间接代理，是由于间接代理属于

---

① 参见李适时主编：《中华人民共和国民法总则释义》，法律出版社 2017 年版，第 527~528 页。

② 参见李适时主编：《中华人民共和国民法总则释义》，法律出版社 2017 年版，第 510 页。

③ 参见王泽鉴：《民法总则》，北京大学出版社 2009 年版，第 430~431 页。

代理的特殊情形，应当由特别法调整。[①] 对此，《民法典》第九百二十五条、第九百二十六条[②] 基本上吸纳了《合同法》第四百零二条、第四百零三条的规定，确立了间接代理制度。

无论是直接代理还是间接代理，均须取得被代理人的授权，在授权范围内与相对人实施民事法律行为，其代理行为的法律后果最终均由被代理人承担。直接代理与间接代理存在明显不同：直接代理中代理人是以被代理人名义与相对人实施民事法律行为。间接代理中代理人是以自己的名义与相对人实施民事法律行为。直接代理中相对人直接向被代理人主张权利。间接代理中相对人则享有选择权，若代理人没有披露被代理人，则相对人直接向代理人主张权利。若代理人披露了被代理人，相对人知道代理人与被代理人存在代理关系，则相对人既可以选择向代理人主张权利，亦可以选择向被代理人主张权利。当然，被代理人也可以直接向相对人主张权利。

（四）单独代理与共同代理

根据代理权由代理人单独行使，还是由数人共同行使，可以将代理权分为单独代理和共同代理。

所谓单独代理，即指代理权属于一人的代理。所谓共同代理，即指代理权由数人共同行使的代理。法定代理中父母的代理权原则上应当由父母共同行使。在委托代理中，若被代理人选定了数个代理人，其代理权应当由数人

---

① 参见李适时主编：《中华人民共和国民法总则释义》，法律出版社 2017 年版，第 508 页。

② 《民法典》第九百二十五条规定：受托人以自己的名义，在委托人的授权范围内与第三人订立的合同，第三人在订立合同时知道受托人与委托人之间的代理关系的，该合同直接约束委托人和第三人；但是，有确切证据证明该合同只约束受托人和第三人的除外。第九百二十六条规定：受托人以自己的名义与第三人订立合同时，第三人不知道受托人与委托人之间的代理关系的，受托人因第三人的原因对委托人不履行义务，受托人应当向委托人披露第三人，委托人因此可以行使受托人对第三人的权利。但是，第三人与受托人订立合同时如果知道该委托人就不会订立合同的除外。受托人因委托人的原因对第三人不履行义务，受托人应当向第三人披露委托人，第三人因此可以选择受托人或者委托人作为相对人主张其权利，但是第三人不得变更选定的相对人。委托人行使受托人对第三人的权利的，第三人可以向委托人主张其对受托人的抗辩。第三人选定委托人作为其相对人的，委托人可以向第三人主张其对受托人的抗辩以及受托人对第三人的抗辩。

共同行使。因此，一旦代理人为数人且共同行使代理权，即构成了共同代理。[①]对此，《民法典》第一百六十六条规定：“数人为同一代理事项的代理人的，应当共同行使代理权，但是当事人另有约定的除外。”该条规定虽在委托代理中规定了共同代理，但也适用于法定代理。当然，法定代理通常采用单独代理的方式，即法定代理人可以单独代理被代理人实施民事法律行为。[②]

在司法实践中，应当注意的是共同行使代理权的问题：数个代理人应当同时行使代理权，否则代理人和相对人进行的法律行为处于效力待定状态，因为被代理人仍然有追认的可能。数个代理人中只要有一个人的意思表示存在瑕疵，整个代理行为就存在瑕疵。[③]数个代理人事先形成共同的意思，然后由其中一位代理人和相对人进行法律行为属于共同行使代理权。[④]数个代理人共同行使代理权并不要求同时行使，先后行使也无不可，其代理行为于最后一个意思表示时，发生效力。但是，意思表示不一致时，并不产生代理行为的效力。[⑤]

（五）本代理与复代理

根据委托代理权是否直接源自被代理人的授权，可将代理分为本代理与复代理。

所谓本代理，即代理人的代理权源自被代理人直接授权的代理。所谓复代理，又称为再代理或转委托代理，即接受委托代理人的委托授权以被代理人名义实施的代理，接受委托代理人授权的代理人称为复代理人，或转委托代理人。对此，《民法典》第一百六十九条规定了复代理，即：“代理人需要转委托第三人代理的，应当取得被代理人的同意或者追认。转委托代理经被代理人同意或者追认的，被代理人可以就代理事务直接指示转委托的第三人，代理人仅就第三人的选任以及对第三人的指示承担责任。转委托代理未经被代理人同意或者追认的，代理人应当对转委托的第三人的行为承担责

① 参见郑玉波：《民法总则》，中国政法大学出版社2003年版，第410页。
② 参见王利明：《民法总则研究》（第三版），中国人民大学出版社2018年版，第620页。
③ 参见〔日〕我妻荣：《新订民法总则》，于敏译，中国法制出版社2008年版，第318页。
④ 参见王泽鉴：《债法原理》，北京大学出版社2009年版，第232页。
⑤ 参见王泽鉴：《债法原理》，北京大学出版社2009年版，第232页。

任，但是在紧急情况下代理人为了维护被代理人的利益需要转委托第三人代理的除外。”

依据《民法典》第一百六十九条的规定，代理人选任复代理人需要具备如下条件：一是需要选任复代理人，并经被代理人允许；二是紧急情况发生。复代理一经成立，被代理人就代理事项可以直接指示复代理人，复代理人应当以被代理人名义与相对人实施民事法律行为，民事法律行为的法律后果直接归属于被代理人。当复代理不能成立时，复代理人以被代理人名义实施民事法律行为，则对被代理人没有约束力，而是对代理人发生效力。

六、代理人的民事责任

关于代理人的民事责任问题，《民法典》第一百六十四条规定：“代理人不履行或者不完全履行职责，造成被代理人损害的，应当承担民事责任。代理人和相对人恶意串通，损害被代理人合法权益的，代理人和相对人应当承担连带责任。”该条规定源自《民法通则》第六十六条第二款、第三款[①]的规定，并作了修改完善。

代理人与被代理人之间形成代理法律关系，代理人应当在被代理人授权范围内履职尽责，“忠心耿耿”地为被代理人的利益服务。代理人的代理职责源自于法律的直接规定、代理人与被代理人基础法律关系。[②]对于代理人履职尽责，《民法典》总则编也作了禁止性的规定。如，《民法典》第一百六十八条规定了禁止直接代理和双方代理，即：“代理人不得以被代理人的名义与自己实施民事法律行为，但是被代理人同意或者追认的除外。代理人不得以被代理人的名义与自己同时代理的其他人实施民事法律行为，但是被代理的双方同意或者追认的除外。”该法第一百六十四条第二款规定了禁止代理人与相对人恶意串通损害被代理人，即：“代理人和相对人恶意串通，损害被代理人合法权益的，代理人和相对人应当承担连带责任。”代理法律

① 《民法通则》第六十六条第二款规定：代理人不履行职责而给被代理人造成损害的，应当承担民事责任。第三款规定：代理人和第三人串通、损害被代理人的利益的，由代理人和第三人负连带责任。

② 参见王利明主编：《中华人民共和国民法总则详解》，中国法制出版社 2017 年版，第 728 页。

关系中，代理人与被代理人是基于信任，因此代理人应当本着诚实信用原则履行代理责任，若违反了双方的约定，造成被代理人损害的，实际上是一种违约行为，自然应当承担民事责任。

《民法典》第一百六十四条第二款规定“代理人和相对人恶意串通，损害被代理人合法权益的，代理人和相对人应当承担连带责任”的情形，在现实生活中并不鲜见。该种情形，属于《民法典》第一百五十四条所规定“行为人与相对人恶意串通，损害他人合法权益的民事法律行为无效”的法定情形，也符合代理人和相对人共同故意过错造成他人损害的侵权责任的条件，自然应当承担连带责任。

七、对案例 71、案例 72 的简要评析

在案例 71 中，王某义、王某红应当视为共同借款人，应当共同承担偿还借款的民事责任。这是因为，依据《民法总则》第一百六十一条第一款“民事主体可以通过代理人实施民事法律行为”、第一百六十二条“代理人在代理权限内，以被代理人名义实施的民事法律行为，对被代理人发生效力”的规定，在借据上王某义的名字由王某红代签，王某义就在现场，依据《民法总则》第一百四十条“行为人可以明示或者默示作出意思表示。沉默只有在有法律规定、当事人约定或者符合当事人之间的交易习惯时，才可以视为意思表示”的规定，对王某红代签王某义名字的行为，王某义并没有异议，且王某红多次作为行为人与相对人实施民事法律行为，因此视为王某义以默示行为作出的意思表示。因此，二审法院改判由王某义、王某红共同承担还款责任是正确的。

在案例 72 中，一审、二审关于卻某齐的身份问题认定是一致的，均认定卻某齐系景龙公司员工，卻某齐代表景龙公司开展业务活动。关于承担本案劳务费支付义务的责任主体问题，一审法院判决景龙公司应当承担向熊某支付该劳务费的责任。二审法院改判景龙公司、卻某齐共同向其支付劳务费 107612 元。根据《民法总则》第一百七十条“执行法人或者非法人组织工作任务的人员，就其职权范围内的事项，以法人或者非法人组织的名义实施民事法律行为，对法人或者非法人组织发生效力。法人或者非法人组织对执行其工作任务的人员职权范围的限制，不得对抗善意相对人”的规定，既然认

定了御某齐系职务行为，则作为法人组织的景龙公司应当对御某齐的职务行为承担民事责任。因此，笔者倾向于一审法院的裁判结果，由景龙公司承担民事责任为妥。

第二节　委托代理

一、问题的提出

委托代理在《民法典》总则编中作为一节专题规定，凸显了委托代理的重要性。该节主要规定了委托代理授权、共同代理、违反代理的责任承担、转委托代理、职务代理、无权代理、表见代理。表见代理将在本章第三节进行专题研究。

在研究委托代理之前，先看三则案例：

案例 73：卓欧公司与肥羊城、信达诚公司租赁合同纠纷案[①]

二审法院认为，二人以上依法承担连带责任的，权利人有权请求部分或者全部连带责任人承担责任。连带责任，由法律规定或者当事人约定。肥羊城主张卓欧公司对信达诚公司的赔偿义务承担连带责任的理由是代理人知道或者应当知道代理事项违法仍然实施代理行为，或者被代理人知道或者应当知道代理人的代理行为违法未作反对表示的，被代理人和代理人应当承担连带责任。其中，对于“违法”的理解应为：违反法律强制性规定的行为或者事项。本案中，肥羊城未提供证据证明卓欧公司指示信达诚公司进行强行断水断电等妨碍肥羊城使用租赁房屋行为，且信达诚公司在履行合同中采取的强行断水断电以及撬门的行为，亦不属于违反法律强制性规定的范畴，故一审法院以代理事项违法为由认定由卓欧公司承担信达诚公司对肥羊城赔偿责任的连带责任错误。

---

① 详见北京市第一中级人民法院（2019）京 01 民终 9845 号民事裁定书。

案例 74：天顺公司与王某敏、史某佳、美城公司损害公司利益纠纷案[①]

法院认为，关于被告史某佳代表第三人美城公司将公司持有的缘山湖公司 99% 的股权转让给史某佳的转让行为是否无效的问题。王某敏辩称缘山湖公司 99% 股权原属被告史某佳、王某敏夫妻共同财产，因基于与原告天顺公司以贷款担保为目的进行增资，史某佳才将该股权转至美城公司名下，后天顺公司达到融资目的且并未依双方约定注资，经双方合意将缘山湖公司股权又转回史某佳名下。法院认为，无论基于何种原因，公司重大资产处置都应当严格依照法律、法规或公司章程规定程序进行。美城公司章程第六十条第（四）项明确规定，公司法定代表人不得违反公司章程的规定或者未经股东会、股东大会同意，与本公司订立合同或者进行交易。本案中史某佳作为美城公司法定代表人，于 2014 年 4 月 21 日代表美城公司与其本人签订《转让协议》，将美城公司持有的缘山湖公司 99% 股权转让给其本人的行为，即属于美城公司章程明确禁止法定代表人的行为。美城公司法定代表人史某佳该超越权限与其本人订立合同的代表行为，并非表见代表，不属于有效代表行为。根据《民法总则》第一百六十八条第一款“代理人不得以被代理人的名义与自己实施民事法律行为，但是被代理人同意或者追认的除外”的规定，该代表行为因未经股东会决议通过，未被美城公司追认而对美城公司不发生效力，即史某佳代表美城公司将公司持有的缘山湖公司 99% 的股权转让给史某佳的转让行为无效。

案例 75：余某与翰林学校建设工程合同纠纷案[②]

法院认为，关于本院（2018）豫 13 民初 198 号民事调解书是否应予撤销的问题。《民事诉讼法》第九十三条规定，人民法院审理民事案件，根据当事人自愿的原则，在事实清楚的基础上，分清是非，进行调解。根据该条法律的规定，调解应遵循当事人意思自治和自愿处分民事权利的原则。《民

---

① 详见吉林省长春市中级人民法院（2019）吉 01 民初 264 号民事判决书。

② 详见河南省南阳市中级人民法院（2019）豫 13 民初 136 号民事判决书。

法总则》第五十七条规定，法人是具有民事权利能力和民事行为能力，依法独立享有民事权利和承担民事义务的组织。第六十一条第二款规定，法定代表人以法人名义从事的民事活动，其法律后果由法人承受。第一百七十一条规定，行为人没有代理权、超越代理权或者代理权终止后，仍然实施代理行为，未经被代理人追认的，对被代理人不发生效力。本案中，余某于2018年5月24日起诉翰林学校后，在起诉状中未列翰林学校地址，仅列“法定代表人”梁某的个人地址及联系电话，造成本院送达相关法律手续及文书的实际对象为梁某，而未送达翰林学校，翰林学校对原审案件的审理不知情。翰林学校于6月6日经民政部门登记并取得民办非企业单位登记证书，该证书中记载法定代表人为任某，而本案原审调解时间为6月11日，当时梁某非翰林学校法定代表人也未取得翰林学校的相关授权，其到庭参与案件调解不能代表翰林学校，翰林学校对此也不予认可。原审调解协议涉及翰林学校的民事权利，且并非翰林学校真实意思，相关调解违反了调解自愿原则，不应对翰林学校产生法律效力。综上，原审依据余某与梁某所签订调解协议制作的（2018）豫13民初198号民事调解书应予以撤销。

在上述案例中，案例73涉及违法代理问题，案例74涉及自己代理问题，案例75涉及无权代理问题。试问：如何理解授权委托书？如何理解违法代理及其法律后果？如何理解自己代理和双方代理？职务代理的法律效力如何？如何判断无权代理？

二、委托代理的授权委托书

《民法典》第一百六十五条规定：“委托代理授权采用书面形式的，授权委托书应当载明代理人的姓名或者名称、代理事项、权限和期限，并由被代理人签名或者盖章。”第一百三十五条规定：“民事法律行为可以采用书面形式、口头形式或者其他形式……”据此，委托授权的表现形式是多样的，既可以是书面的，也可以是口头的，只要法律、行政法规没有明确要求，代理权的授予可以采取任何形式。①

① 参见李适时主编：《中华人民共和国民法总则释义》，法律出版社2017年版，第516页。

委托代理的授权委托书采用书面形式的，应当载明代理人的姓名或者名称、代理事项、权限和期限，并由被代理人签名或者盖章。书面形式，在现实生活中极为常见，也不易产生纷争。但由于授权不明也并不鲜见，责任如何承担？虽然代理人从事代理行为没有完全的合法依据，但毕竟存在着授权，不同于完全的无权代理行为。同时，授权不明的情形，也涉及意思表示的解释，如果通过解释可以明确被代理人的授权，则应当直接适用代理制度的一般规定。[①]

三、违法代理的责任承担

代理，是一项民事法律行为，自然要求代理的事项应当合法，不能违反法律、行政法规强制性规定和公序良俗。当代理行为违法造成相对人损害，代理人或者被代理人知道其事实的，对代理行为的归属效力不产生影响，而代理人和被代理人应当承担连带责任。对此，《民法典》第一百六十七条规定："代理人知道或者应当知道代理事项违法仍然实施代理行为，或者被代理人知道或者应当知道代理人的代理行为违法未作反对表示的，被代理人和代理人应当承担连带责任。"该条规定源自《民法通则》第六十七条的规定："代理人知道被委托代理的事项违法仍然进行代理活动的，或者被代理人知道代理人的代理行为违法不表示反对的，由被代理人和代理人负连带责任。"《民法典》总则编与《民法通则》相比较：一是增加了代理人对代理事项违反"应当知道"的情形；二是"不表示反对"与"未作反对表示"的不同，主要是意思表示的外在形式。

违法代理的适用规则，主要包括两种情形：一是代理人知道或者应当知道委托事项本身违法仍然实施代理行为的；二是被代理人知道或者应当知道代理人的代理行为违法未作反对表示的。因此说，从违法行为的表现上看，包括委托事项本身违法、被委托事项本身不违法但代理行为违法两种情形。有损害必有救济。被代理人与代理人承担连带责任的前提，是以由于违法代理造成相对人实际损害为条件。若相对人知道或者应当知道代理行为或者代理事项违法仍与代理人进行民事法律行为，因法律行为本身违法，故所导致

---

① 参见王利明：《民法总则研究》（第三版），中国人民大学出版社2018年版，第637页。

的损害不应受到法律的保护。因为，法律保护的是合法权益。

四、禁止自己代理和双方代理

自己代理和双方代理的禁止，均是保护被代理人利益的重要规则，各国民法典均有明文规定。《民法通则》没有此规定，2017年《民法总则》从立法上予以确认。该法第一百六十八条规定："代理人不得以被代理人的名义与自己实施民事法律行为，但是被代理人同意或者追认的除外。代理人不得以被代理人的名义与自己同时代理的其他人实施民事法律行为，但是被代理的双方同意或者追认的除外。"为了维护被代理人的利益，应当对代理人的代理权限进行必要的限制。自己代理和双方代理都属于与本人利益冲突的代理。因代理人所为的代理行为与自己有利益冲突，违背最大限度维护被代理人利益的规则要求，构成代理权滥用，法律禁止。①

自己代理，即指代理人以被代理人名义与自己实施民事法律行为。双方代理，即指代理人以被代理人名义与自己代理的另一被代理人实施民事法律行为。依据《民法典》第一百六十八条的规定，一般情况下，法律禁止两种代理行为：一是代理人不得以被代理人的名义与自己实施民事法律行为；二是代理人不得以被代理人的名义与自己同时代理的其他人实施民事法律行为。若存在上述行为之一，代理人以被代理人名义实施的民事法律行为原则上无效。当然，存在第一种情形时，被代理人同意或追认时代理行为的后果归属于被代理人，任何人均不得以自己代理为由主张民事法律行为对其不生效力。存在第二种情形时，双方代理的被代理人均同意或追认的，则任何人不得以主张双方代理为由对其不生效力。若任何一方被代理人拒绝或明示反对，则双方代理对未同意或未追认的被代理人不生效力。

五、职务代理的法律效力

所谓职务代理，即指代理人根据所在的法人或非法人组织中所担任职务，依据其职权对外实施民事法律行为的代理。因此，职务代理是法人或者非法人组织的工作人员基于身份而产生的代理行为。职务代理行为不以法人

---

① 参见孙宪忠:《民法总论》，社会科学文献出版社2010年版，第273页。

或者非法人组织对其工作人员的特别授权为条件，依照法律的规定直接对法人或者非法人组织发生效力。对此，《民法典》第一百七十条规定：“执行法人或者非法人组织工作任务的人员，就其职权范围内的事项，以法人或者非法人组织的名义实施民事法律行为，对法人或者非法人组织发生效力。法人或者非法人组织对执行其工作任务的人员职权范围的限制，不得对抗善意相对人。”

职务代理的构成要件包括：一是代理人必须是法人或者非法人组织的工作人员。若代理人不是法人或者非法人组织的工作人员，则该代理行为属于一般的委托代理行为。二是被代理人必须是法人或者非法人组织。自然人不能作为职务代理的被代理人。三是代理人实施的民事法律行为必须是其职权范围内的事项。若超越了职权范围，则构成无权代理，当区分情形处理，符合表见代理构成要件的，相对人为善意的，即不对抗善意的第三人，由法人或者非法人组织对第三人承担民事责任，或者由代理人个人承担民事责任。

六、无权代理

所谓无权代理，即指行为人没有代理权、超越代理权或者代理权终止后仍以他人的名义实施代理行为，意图将该法律行为产生的后果归属于他人的行为。对此，《民法典》第一百七十一条规定：“行为人没有代理权、超越代理权或者代理权终止后，仍然实施代理行为，未经被代理人追认的，对被代理人不发生效力。相对人可以催告被代理人自收到通知之日起三十日内予以追认。被代理人未作表示的，视为拒绝追认。行为人实施的行为被追认前，善意相对人有撤销的权利。撤销应当以通知的方式作出。行为人实施的行为未被追认的，善意相对人有权请求行为人履行债务或者就其受到的损害请求行为人赔偿，但是赔偿的范围不得超过被代理人追认时相对人所能获得的利益。相对人知道或者应当知道行为人无权代理的，相对人和行为人按照各自的过错承担责任。”在被代理人追认前，无权代理行为对他人不生效力，但有生效之可能，故属于效力待定的民事法律行为。这种效力待定状态表现为：一是被代理人需用意思表示予以追认；二是在被代理人追认以前，相对第三人可以撤销与无权代理人所实施的民事法律行为，也可以催告被代理人予以追认；三是无权代理人所实施的民事法律行为若得不到被代理人的追认，第三人也不撤回与其所实施的民事法律行为，无权代理人（行为人）则应承担相应的民事责任。

无权代理具备代理行为的表面特征，即行为人以他人的名义与第三人为民事行为，但是欠缺代理权这个实质要件。欠缺代理权，即为无权代理，包括以下三种情形：（1）没有代理权。即指行为人根本没有经过被代理人的授权，就以被代理人的名义实施民事法律行为。如张三在没有李四授权的情况下，便以李四之名与王五签订合同。（2）超越代理权。即指代理人与被代理人之间有代理关系，但是代理人超越了被代理人的授权范围与相对人实施民事法律行为。如张三委托李四购买长虹彩电 100 台，而李四擅自与他人签订了购买长虹彩电 150 台的合同，则多出的 50 台即为李四超越代理权而为之。（3）代理关系终止。即指行为人与被代理人之间原有代理关系，但是由于代理期限届满，代理事务完成或者被代理人取消委托关系等原因，被代理人与代理人之间的代理关系已不存在，但原代理人仍以被代理人的名义与相对人实施民事法律行为。如张三委托李四购买长虹彩电 100 台，李四即与王五签订了购买长虹彩电 100 台的合同，应为代理权限内所为。之后，李四又以张三名义与王五签订了购买长虹彩电 50 台的合同，即为代理关系终止以后签订的合同。

在适用《民法典》第一百七十一条时，应当注意的是：一是无权代理未经被代理人追认，只是不对被代理人发生效力并非无效；被代理人享有追认权，应当在相对人催告后三十日内作出，未作出的视为拒绝追认；二是被追认前，善意相对人对行为人实施的行为有权撤销，通知即可；三是未被追认的，善意相对人有权请求行为人履行债务或赔偿其所遭受的损失，但赔偿的范围以代理行为有效时所能获得的利益为限；四是有证据证明相对人明知即知道或者应当知道行为人属于无权代理的，责任的承担由相对人和行为人按照各自的过错确定。

七、对案例 73、案例 74、案例 75 的简要评析

在案例 73 中，根据《民法总则》第一百六十七条“代理人知道或者应当知道代理事项违法仍然实施代理行为，或者被代理人知道或者应当知道

代理人的代理行为违法未作反对表示的，被代理人和代理人应当承担连带责任”的规定。构成代理违法的连带责任包括以下几种情形：一是应当具备故意或者过失的要件。知道代理事项或者代理行为违法而未表示反对，是故意所为；应当知道而不知道代理事项或者代理行为违法，而未表示反对，具有过失。因此构成了违法的连带责任是过错责任。二是代理人或者被代理人构成这种代理违法的连带责任，其行为方式是未作反对表示即不作为。三是由于该违法的代理事项或者代理行为的实施，造成了代理行为的相对人民事权益损害。四是代理人或者被代理人的未作反对表示的不作为行为，与违法的代理事项或者违法的代理行为共同作用，是造成代理行为的相对人民事权益损害的共同原因。在本案中，断水断电以及撬门行为是侵权行为，可以通过民事诉讼渠道解决，并非违反法律、行政法规的强制性规定。同时，举证证明卓欧公司指示行为人进行不当的行为。因此，肥羊城要求卓欧公司承担连带责任的证据不足、法律依据亦不充分。

在案例 74 中，根据《民法总则》第一百六十八条“代理人不得以被代理人的名义与自己实施民事法律行为，但是被代理人同意或者追认的除外”的规定，史某佳作为美城公司法定代表人代表美城公司与其本人签订《转让协议》，将美城公司持有的缘山湖公司 99% 股权转让给其本人的行为，既属于美城公司章程明确禁止法定代表人的行为，又未经股东会决议通过，未被美城公司追认而对美城公司不发生效力。因此说，史某佳代表美城公司将公司持有的缘山湖公司 99% 的股权转让给史某佳的行为无效。

在案例 75 中，根据《民法总则》第一百七十一条的规定，行为人没有代理权、超越代理权或者代理权终止后，仍然实施代理行为，未经被代理人追认的，对被代理人不发生效力。在本案诉讼中，翰林学校的法定代表人已经更换为任某，法院在调解过程中，当时梁某既非翰林学校法定代表人也未取得翰林学校的相关授权，其到庭参与案件调解不能代表翰林学校，翰林学校对此也不予认可，属于典型的无权代理。原审调解协议涉及翰林学校的民事权利，且并非翰林学校真实意思，相关调解违反了调解自愿原则，不应对翰林学校产生法律效力。综上，原审依据余某与梁某所签订调解协议制作的（2018）豫 13 民初 198 号民事调解书应予撤销。

第三节 表见代理

一、问题的提出

《民法典》第一百七十二条规定了表见代理："行为人没有代理权、超越代理权或者代理权终止后，仍然实施代理行为，相对人有理由相信行为人有代理权的，代理行为有效。"[①]由此可见，表见代理即属广义的无权代理。所谓表见代理，又称表示代理，是指代理人虽不具有代理权，但因某种表面现象，足以使善意第三人相信代理人对本人有代理权而与代理人为法律行为，由此产生的法律后果依然直接归本人承担的无权代理。法律上之所以承认表见代理，是因为表见代理具有维护善意第三人利益、维护交易安全的功能。表见代理制度的法理基础，在英美法系为"禁反言"（the principle of estoppel），在大陆法系则为使个人的"静的安全"与社会的"动的安全"协调。存在外表授权的场合，以此为根据，使无权代理行为发生有权代理的效果。[②]

在研究表见代理之前，先看两则案例：

案例 76：海南陵水宝玉有限公司、李某龙等股权转让纠纷案[③]

最高人民法院经审理认为，关于对马某国、陈某琦代签行为如何认定的问题。马某国和陈某琦签署《协议书》之前，并未获得徐某和王某的授权。公司股权属于公司法上的财产性权益，对其处分应由登记的股东本人或其授权的人行使。虽然马某国和徐某、陈某琦和王某为夫妻关系，但在没有得到股东徐某和王某授权之前，马某国和陈某琦转让徐某和王某名下的公司股

---

① 该条源自《合同法》第四十九条"行为人没有代理权、超越代理权或者代理权终止后以被代理人名义订立合同，相对人有理由相信行为人有代理权的，该代理行为有效"的规定。

② 韩世远：《合同法总论》，法律出版社 2004 年版，第 252 页。

③ 详见最高人民法院（2019）最高法民终 424 号民事判决书。

权，仍属于无权处分。上诉人主张马某国与徐某、陈某琦与王某系夫妻，涉案股权属于夫妻共有财产，没有法律依据，本院不予支持。同理，陈某琦处分李某宇的股份，必须获得李某宇的授权或追认。虽然陈某琦在代表李某宇签署《协议书》时取得了李某宇的父亲李某明的授权，但李某宇与李某明是独立民事主体，没有证据证明李某明是涉案股权的实际所有人，也没有证据证明电子授权经过了李某宇的认可，在李某宇对陈某琦的签字行为明确不予认可的情况下，陈某琦处分李某宇的股权行为属于无权代理。

《民法总则》第一百七十二条规定，行为人没有代理权、超越代理权或者代理权终止后，仍然实施代理行为，相对人有理由相信行为人有代理权的，代理行为有效。本案中，虽然陈某琦、马某国的代签行为属于无权代理，但还应考察该行为是否构成表见代理。首先，陈某琦和王某、马某国和徐某系夫妻关系，虽然股权具有人身属性，但是夫妻作为特殊社会关系，在其中一方处置另一方所有且如此巨大的财产时，另一方完全不知情，不符合生活常理。李某宇与李某明是父子，李某明在明知股权属于李某宇且不知道协议书具体内容的情况下，未将电子授权内容告知李某宇即转发给陈某琦，同意陈某琦替李某宇签字，亦不符合常理。其次，宝玉公司与志成公司在此之前还存在一份2016年8月22日签订的、名称相同的协议书，该协议书同样是由马某国代徐某签字，陈某琦代王某、李某宇签字，志成公司根据该协议书在三亚日报上发布债权债务公告。虽然该协议最终被终止履行，但志成公司股东对于与宝玉公司之间的股权转让应当知情和了解。再次，宝玉公司与志成公司在11月26日重新签订《协议书》后，徐某于12月5日和10日代表志成公司接收宝玉公司支付的两笔300万元款项，并注明是订金和首付款。虽然徐某陈述其是在被陈某琦隐瞒、欺骗的情况下接收的款项，但该陈述系其单方意见，且陈某琦是否告知股东相关真实情况系志成公司内部管理、追责的问题，从宝玉公司、李某龙、千某花的角度看，系徐某等履行涉案《协议书》的行为。最后，结合陈某琦拥有志成公司公章，表明志成公司股东认可除法定代表人徐某外，陈某琦亦可代表志成公司对外洽谈，而涉案协议始终是李某龙与陈某琦商谈。在双方协商谈判长达半年的时间里，志成公司的三位股东从未对陈某琦出面商谈和前后两份协议书的代签字行为提出过异议。而且，根据原审查明，2017年5月27日志成公司向宝玉公司发送的《解除合同通知书》中，并未涉及陈某琦、马某国的代签行为，说明志成公司及其股东当时对代签行为是认可的。综合上述事实，宝玉公司、李某龙、千某花主张其有理由相信陈某琦有代理权，陈某琦、马某国的签字构成表见代理，具有事实依据，本院予以采信。

案例77：兴业银行广州分行与深圳市机场股份有限公司借款合同纠纷案[①]

最高人民法院认为，关于深圳机场公司和兴业银行广州分行签订的基本授信合同和相关借款合同的效力。根据本案查明的事实，本案所涉贷款系崔某先等人伪造文件，虚构贷款用途，通过私刻公章以深圳机场公司的名义与兴业银行广州分行签订借款合同诈骗，所骗款项全部由张某明控制的公司非法占有，张某明、崔某先、李某海正在接受国家司法机关的刑事追究。崔某先等人的真实目的是骗取银行信贷资产，签订本案所涉基本授信合同及相关贷款合同只是诈骗银行信贷资产的形式和手段。原审判决根据上述规定认定本案所涉基本授信合同及相关贷款合同系以合法的形式掩盖非法目的，上述合同无效并无不妥，本院予以维持。

在本案中，崔某先系深圳机场公司的董事、总经理，在本案发生期间主持深圳机场公司的日常工作。崔某先伙同张某明、李某海等人为偿还骗取的其他商业银行的到期贷款，亲自与兴业银行广州分行人员商谈贷款事宜，提供虚假文件和伪造的董事会决议，指使李某海以私刻的公章代表深圳机场公司签订授信合同和贷款合同，并在其后亲自使用私刻的公章与兴业银行广州分行签订了借新还旧的贷款合同，使兴业银行广州分行误以为崔某先是在履行职务行为，贷款系深圳机场公司所为，从而造成2.25亿元骗贷最终得逞。上述情形之所以能够发生，崔某先利用其特殊的身份参与骗贷活动固然系主要原因，但也与深圳机场公司规章制度不健全、用人失察、对公司高级管理人员监管不力密不可分，故深圳机场公司在本案中具有明显过错，应依法对兴业银行广州分行的损失承担主要的赔偿责任。

---

① 详见最高人民法院（2008）民二终字第124号民事判决书，载《最高人民法院公报》2009年第11期（总第156期）。

兴业银行广州分行在签订和履行本案2.25亿元贷款合同的过程当中，未尽审慎注意义务，对私刻的深圳机场公司公章、伪造的证明文件和董事会决议未进行必要的鉴别和核实，在贷款的审查、发放、贷后跟踪检查等环节具有明显疏漏。深圳机场公司作为上市公司，在长达两年时间内未在上市公司半年报和年报中披露本案所涉贷款，兴业银行对此亦未能察觉并采取相应措施，反而与其签订了借新还旧的新合同。故兴业银行广州分行在本案中也存在一定过错，对本案的损失应承担相应的民事责任。

关于兴业银行广州分行上诉所称本案崔某先的行为构成表见代理，本案授信合同和与之相关的一系列贷款合同为有效合同，深圳机场公司应依贷款合同返还贷款本息的上诉请求。本院认为，表见代理是行为人没有代理权、超越代理权或者代理权终止后继续以代理人名义订立合同，而善意相对人客观上有充分的理由相信行为人具有代理权，则该代理行为有效，被代理人应按合同约定承担其与相对人之间的民事责任。但是，在相对方有过错的场合，不论该种过错是故意还是过失，均无表见代理适用之余地。因本案基本授信合同及相关贷款合同，均为以合法的形式掩盖非法目的的无效合同，且兴业银行广州分行在本案所涉贷款过程中具有过错，故本案不适用表见代理的规定，深圳机场公司和兴业银行广州分行应根据各自的过错程度承担相应的民事责任。

在上述案例中，均涉及表见代理的问题，均是最高人民法院的判决，案例76认定构成表见代理，案例77认定不能构成表见代理。试问：如何理解表见代理？表见代理的构成要件有哪些？如何分配表见代理中的举证责任？如何认定表见代表？表见代理的法律效力如何？

二、表见代理的法律意义

在无权代理中，由于行为人缺乏代理权，其代理行为理应对被代理人不具有拘束力，但是，如果第三人确有相信代理人享有代理权的正当理由，简单地确定该代理不能对被代理人产生拘束力，不利于维护交易安全和保护第三人利益，因而法律通过规定将被代理人与第三人关系视为真正的代理关系的方式，使代理的后果归属于被代理人。这种法律技术上的处理就是表见代理的原理。表见代理中“表见”的含义，就是足以使第三人相信行为人具有代理权的表面事实或者表面现象。表见代理完成了无权代理行为具有代理的归属效力的转型，亦保护行为相对人的方式实现了交易安全的保护目的。[①]

表见代理的法律特征表现为：一是表见代理人以被代理人名义与第三人为民事法律行为；二是表见代理的代理人实际上不具有代理权；三是表见代理人与被代理人之间有某种足以使第三人相信表见代理人有代理权的事由；四是表见代理行为的法律后果直接归属于被代理人。《最高人民法院关于当前形势下审理民商事合同纠纷案件若干问题的指导意见》（法发〔2009〕40号）第十二条规定："当前在国家重大项目和承包租赁行业等受到全球性金融危机冲击和国内宏观经济形势变化影响比较明显的行业领域，由于合同当事人采用转包、分包、转租方式，出现了大量以单位部门、项目经理乃至个人名义签订或实际履行合同的情形，并因合同主体和效力认定问题引发表见代理纠纷案件。对此，人民法院应当正确适用合同法第四十九条关于表见代理制度的规定，严格认定表见代理行为。"

表见代理和狭义的无权代理既有联系，又有区别。其联系主要是：（1）都属于无权代理的范畴。两者都是以被代理人的名义实施行为，但都没有代理权。（2）两者可以相互转换。例如，善意第三人享有选择权，如果放弃表见代理而转向狭义的无权代理，可以直接向代理人主张权利。其区别是：（1）制度的功能不同。狭义的无权代理立足于保护被代理人的利益，纯粹是为了维护"静的安全"；表见代理的立足点是保护"动的安全"即交易安全，首先保护的是善意第三人的利益。（2）构成要件不同。表见代理的构成以代理人具有代理权的表象为必要，该表象足以使第三人相信其具有代理权；狭义的无权代理没有这种表象。（3）法律后果不同。表见代理的法律后果是代理行为有效，被代理人负授权人责任；狭义的无权代理处于效力未定的状态，非经本人追认对本人不发生法律效力。如最高人民法院在审理宁夏龙海房地产开发有限公司与宁夏合木生物技术开发有限公司、杨某国、杨某宁、韦某荣合作开发房地产合同纠纷上诉案［最高人民法院（2005）民一终字第94号民事判决书］时认为：合木公司与龙海公司签订《联合开发协议书》时，龙海公司已向合木公司提交了《营业执照》和《公司法定代表人身份证明书》，合木公司也

① 参见邹海林：《民法总则》，法律出版社2018年版，第409页。

知道龙海公司的法定代表人为杨某宁。虽然杨某国不是龙海公司的法定代表人，但在2004年8月31日龙海公司与合木公司签订《联合开发协议书》时，杨某国是以龙海公司的法定代表人身份在协议书上签字，而且龙海公司在协议书上盖章。对此，双方当事人均无异议。尽管合木公司知道杨某国不是龙海公司的法定代表人，也没有龙海公司的书面授权书，但上述杨某国代表龙海公司签订协议书的行为已足以使合木公司有理由相信杨某国有权代表龙海公司行使签订合同事项的代理权。据此，杨某国于2004年9月15日签收合木公司的《通知》和9月16日与合木公司签订《补充协议》的行为均已构成表见代理，代理行为有效，就杨某国的上述行为，龙海公司应承担相应的民事责任。对杨某国个人以龙海公司名义收取合木公司248.8万元投资款的行为，既没有龙海公司与合木公司双方的约定，也无龙海公司对杨某国的明确授权，更无相应的证据证明杨某国有权代理龙海公司收取投资款等事项的客观事实。因此，杨某国以龙海公司名义收取合木公司248.8万元投资款的行为不构成表见代理，龙海公司不承担杨某国该行为的法律后果，杨某国收取合木公司248.8万元是由合木公司违反《联合开发协议书》约定的结果，由合木公司与杨某国之间自行解决处理。[①] 本案的裁判意见明确区分了表见代理与狭义无权代理的区别，对审判实践具有很重要的参考价值。

三、表见代理的构成

根据《民法典》第一百七十二条关于表见代理的规定，行为人没有代理权、超越代理权或者代理权终止后，仍然实施代理行为，被代理人原则上不承担合同义务。只有相对人有理由相信行为人有代理权的，代理行为有效，对被代理人发生效力。

表见代理制度适用于无权代理的场合，法人、经济组织非法人组织对行为人授予全权或授权不明的场合，无须适用表见代理制度。根据《民法典》第一百七十二条的规定，行为人没有代理权、超越代理权或者代理权终止后，仍然实施代理行为，在符合以下要件时，被代理人应当承担法律责任：

---

① 详见最高人民法院民事审判第一庭编:《民事审判指导与参考》2008年第3集（总第35集），法律出版社2008年版，第197~208页。

（一）行为人存在表见行为

表见行为是指行为人表现出的其享有代理权的外观或被代理人表现出的授予行为人代理权的行为或语言。表见行为包括两类：第一类是行为人方面存在的使人以为其享有代理权的外观，比如，行为人确系代理人但超越了代理权限，行为人曾经是代理人但代理权已经终止，行为人持有被代理人的介绍信、公章、合同书等重要证明；第二类是被代理人方面存在使人误以为授予行为人代理权的言辞或行为，比如，公开声明授予行为人代理权，实际上未授予，或者明知行为人以其名义订立合同而不表示反对，使人产生默示授权的误解。

（二）相对人有理由相信行为人有代理权，主观上属于善意

按照《民法典》第一百七十二条规定的“相对人有理由相信行为人有代理权的”表述，构成表见代理对相对人的主观方面有两层要求：一是相对人相信行为人有代理权；二是该相信是有理由的。相对人如果不相信行为人有代理权，比如，相对人明知行为人无代理权，不符合表见代理的要求。相对人虽相信行为人有代理权，但形成信赖的理由不充分、正当，比如，相对人应当知道行为人没有代理权，但因自身重大过失而没有察觉的，也不符合表见代理的要求。按照“谁主张，谁举证”的原则，相对人对自己的主观善意承担举证责任，并且，由于代理人不具有“代表人、负责人”的特殊身份，《民法典》第一百七十二条也明确要求相对人必须要“有理由相信行为人有代理权”。因此，不适用善意推定方法，相对人实际负担着证明信赖行为人有代理权且信赖是有理由的举证责任。由于“充分相信”属于抽象事实，判断相对人的举证是否充分，尤其是对行为人的信赖是否有理由的判断并无固定标准，所以一方面相对人的举证负担沉重；另一方面人民法院对行为人的代理行为是否构成表见代理的司法裁判也缺乏统一的标准，只能在个案中根据实施法律行为的具体情形进行判断。

在司法实践中，非表见代理的典型情形表现为：

1. 违法行为。如果行为人所为的行为属于违法行为，则相对人无论以何种证据予以证明，行为人均不能构成表见代理。因为违反法律的行为是不能授权的，即便法人或单位授权，也没有法律效力，何况行为人确属无权代理，

没有代理权。

2. 违反交易习惯的行为。如果行为人的行为违反交易习惯，相对人与行为人订立合同违反交易双方的惯常做法的，不构成表见代理。比如，甲、乙两公司章程均规定提供担保必须经董事会决议，两公司也建立了互保关系，而且相互为对方提供过担保，知晓对方公司在担保方面的规定。但某一次甲公司仅通过乙公司某执行董事取得其在担保合同的盖章。该董事未经公司董事会授权，相对人也违反交易习惯，该董事的行为不能构成表见代理。

3. 已作合理通知后实施的行为。比如，某人代理权终止后，法人已向有业务往来的单位以合理形式，比如传真形式，进行了通知，声明某人代理权终止。这些业务单位在收到传真后，不能再以传真只有单位领导知道，其他人没有看到为由，主张与该人订立合同行为构成表见代理。判断通知形式是否合理，主要依据当事人的约定和习惯，一般情况下向双方约定的部门，比如办公室，发出书面通知视为合理通知。对方如能够确认更好，如果没有确认，只要通知已经按照双方约定的、以符合常识的正常方式发出，对方否认收到通知的，应当由对方负责举证。一般认为，登报不是充分的通知方式，要以其他证据辅助证明。

4. 违反法律规定的特殊授权要求的行为。如果法律明文规定对某一行为必须有特殊授权要求，当行为人实施该行为时，相对人没有要求行为人提供法律规定的授权证明，相对人即属于“没有理由相信行为人有代理权”，主观上属于重大过失，不能构成表见代理。比如，《公司法》规定公司为股东担保必须经股东大会决议，股东大会决议通过后才能授权公司代表签订为股东担保的担保合同。如果相对人未要求行为人（比如公司董事）出示符合形式要求的股东会决议文件，公司董事擅自签订该类担保合同，其行为不构成表见代理。[①]

---

① 《全国法院民商事审判工作会议纪要》第十七条:【违反《公司法》第十六条构成越权代表】为防止法定代表人随意代表公司为他人提供担保给公司造成损失，损害中小股东利益，《公司法》第十六条对法定代表人的代表权进行了限制。根据该条规定，担保行为不是法定代表人所能单独决定的事项，而必须以公司股东（大）会、董事会等公司机关的决议作为授权的基础和来源。法定代表人未经授权擅自为他人提供担保的，构成越权代表，人民法院应当根据《合同法》第五十条关于法定代表人越权代表的规定，区分订立合同时债权人是否善意分别认定合同效力：债权人善意的，合同有效；反之，合同无效。

四、表见代理中的举证责任

表见代理中举证责任的分配与代表人责任不尽相同。依照《民法典》第一百七十二条关于“相对人有理由相信行为人有代理权”的要求，在涉及表见代理的民事诉讼中，举证责任的分配是：首先，由被代理人承担对行为人确系无权代理的举证责任。比如，行为人不是本单位工作人员、公章系盗用或私刻，或者行为人违反公司章程关于授权限制的明确规定等。其次，由相对人承担证明“信赖行为人有代理权且信赖是有理由的”的举证责任。比如，行为人所持公章、介绍信、合同书系真实的，或者行为人确曾做过被代理人的代理人等。最后，再由被代理人对相对人主观上是否为恶意或在缔约过程中是否存在重大过失进行举证。举证是递进的，即仅当前一个举证充分后，再递进到下一个举证环节。

比如，被代理人如果无法举证证明行为人越权，则不能进行下一个环节的举证，行为人的行为将被认为是授权行为。再如，被代理人举出充分证据证明了行为人越权，则相对人必须举证证明“有理由相信行为人有代理权”，如果举证不充分，则无须进行下一个环节的举证，表见代理即被否认。在法院认为“相对人有理由相信行为人有代理权”时，还要允许被代理人进行反驳举证，对相对人主观恶意或重大过失进行证明。通常，相对人为自己“有理由相信行为人有代理权”进行的举证和被代理人的反驳举证是交叉进行的，是一个举证和质证交叉进行的过程，法院则根据双方举证情况综合判断，系统认证。一旦相对人证明了自己“有理由相信行为人有代理权”，则其主观上也就当然属于善意，反之亦然，一旦被代理人证明了相对人主观存在恶意或重大过失，则相对人就“没有理由相信行为人有代理权”，表见代理不成立。相比代表人责任制度中的举证责任分配，表见代理中相对人的举证义务明显沉重，这也是构成表见代理比成立代表人责任更加困难的关键所在。①

在司法实践中，下列情形构成表见代理的典型情形：（1）单位将业务介绍信、合同专用章或者盖有公章的空白合同书出借给个人，个人以出借单位

---

① 参见最高人民法院研究室编著:《最高人民法院关于合同法司法解释（二）理解与适用》，人民法院出版社 2009 年版，第 102~103 页。

名义签订的担保合同。但有证据证明相对人明知或应当知道行为人越权的除外。（2）企业承包、租赁经营合同期满后，原企业承包人、租赁人用原承包、租赁企业的公章、业务介绍信、盖有公章的空白合同书签订的担保合同。但有证据证明企业法人采取了有效防范措施，相对人明知或应当知道行为人越权的除外。（3）单位聘用的人员利用单位对公章、介绍信、合同书保管不善，擅自使用单位公章、业务介绍信、盖有公章的空白合同书签订的担保合同。但有证据证明相对人明知或应当知道行为人越权的除外。此种情形下强调的是行为人在签订合同时具有单位雇员身份，而单位管理混乱，在重要文件、印鉴、材料的保管上存在过错。（4）单位聘用的人员被解聘后，行为人擅自利用其保留的原单位公章签订的担保合同。但有证据证明单位履行了合理通知义务，相对人明知或应当知道行为人越权的除外。此种情形下强调的是解聘人员曾经具有代理人的身份，存在“外表授权”的基础。（5）非本单位人员利用单位管理不善，擅自使用单位公章、业务介绍信、盖有公章的空白合同书，在单位场所签订的担保合同。此种情形强调的是在单位场所，比如办公场所、会议室、会谈室等，足以造成相对人信赖行为人系单位聘用人员。

相反，下列情形不构成表见代理的典型情形：（1）非本单位人员盗窃单位的公章、业务介绍信、盖有公章的空白合同书签订的担保合同的。（2）非本单位人员盗用单位的公章、业务介绍信、盖有公章的空白合同书签订的担保合同的。（3）非本单位人员私刻单位的公章签订的担保合同的。（4）本单位聘用人员盗窃、盗用单位的公章、业务介绍信、盖有公章的空白合同书签订的担保合同，且相对人明知或者应当知道行为人没有签订该类合同授权的。比如行为人系单位保安，相对人知悉行为人的身份，就属于此种情形。

五、表见代理的法律效力

对于表见代理的法律效力即法律后果，民法理论上有两种不同的见解，一是主张对于第三人而言，表见代理视为与有权代理相同的后果，其后果归属于本人；二是主张表见代理的实质仍然是无权代理，应适用无权代理的规定。大多数国家都采纳第一种观点，如《德国民法典》第一百七十一条，《日本民法典》第一百一十二条。而且，如果按照第二种观点认定表见代理的效力，承认表见代理的意义也就不大了。我国《民法典》第一百七十二条既然规定“代理行为有效”，显然是采纳了第一种观点，即表见代理产生有权代理的效力，通过表见代理所订立的合同不因代理权瑕疵而无效，并由本人承担履行义务或者不履行义务的民事责任。

《民法典》第一百七十二条所规定的表见代理只是对第三人产生有权代理的后果，对于代理人而言仍然是无权代理。因为，承认表见代理的有效，是为了保护第三人的利益和维护交易安全（动的安全），而不是为了保护被代理人。在被代理人与第三人之间，由于代理人具备具有代理权的表象，法律出于维护交易安全的需要而选择了保护第三人，其保护方法就是承认表见代理有效。在被代理人与代理人之间，由于表见代理的法律后果是由代理人的无权代理造成的，法律的基点当然是保护被代理人，其保护方法是赋予被代理人向代理人的追偿权，代理人没有代理权而以被代理人的名义实施民事法律行为，给被代理人造成损失的，完全可以构成侵权行为（有约定时也可以构成违约行为），应当承担相应的民事责任。

《民法典》第一百七十二条并未规定被代理人享有追认权和相对人享有撤销权，但笔者认为：

1. 表见代理情况下，被代理人仍有追认权。虽然表见代理与行使追认，其结果都是使无权代理有效，只不过有效途径不同，前者是法定有效，后者是当事人意定有效。然而，追认权的行使仍具有一定意义：其一，表见代理是无权代理变为有效的代理，而经追认的无权代理是变为有效的代理，表见代理一经追认即在性质上使无权代理变为有权代理。其二，表见代理经追认，即可免除相对人对表见代理的举证责任，而使代理有效，既遵从被代理人意愿，又于相对人有利。其三，表见代理情况下，被代理人可向行为人追究其财产损失或侵害姓名权、名称权等的侵权责任，如果被代理人予以追认，则应转为有权代理而使行为人受追偿责任相应免除或减轻。[①]

2. 表见代理情况下，相对人仍应享有撤销权。首先，狭义无权代理中善意相对人享有撤销权，故表见代理中善意相对人也应享有撤销权。即一般被

---

① 王利明教授认为：表见代理不同于狭义的无权代理之处，在于本人不得享有追认权，即只要相对人已证明表见代理的要件符合、主张表见代理的效力时，根本不考虑本人是否追认问题。详见王利明：《民法总则研究》（第三版），中国人民大学出版社 2018 年版，第 682 页。

代理人要承担表见代理的后果，但“在被代理人作表示承担之前，相对人撤销其行为亦无妨”。[①] 其次，表见代理特为相对人利益而设，而代理有效与否对相对人是否有利应由相对人决定，故表见代理在本质上应作为相对人的一种权利，相对人明示主张表见代理或沉默，都是在行使这一权利，应据以确认代理有效。相对人如认为代理有效反而于己不利，则可不行使这一权利，主张代理无效，这种处分可通过行使撤销权来实现。故表见代理也应允许相对人以撤销权否定代理效力。

此外，在表见代理中，被代理人的否认行为因与表见代理效力相悖而无效。相对人行使催告权已无实际意义，因表见代理成立的法律后果即为该代理行为有效。

六、对案例 76、案例 77 的简要评析

在案例 76 中，马某国代签其妻子徐某的名字、陈某琦代签其妻王某的名字、陈某琦代签其股东李某宇的名字，均属于无权代理。之所以能够认定马某国、陈某琦代签的行为构成表见代理，是因为有足够的证据让相对人宝玉公司、李某龙、千某花“有理由相信行为人有代理权的”，一是马某国与徐某、陈某琦与王某均是夫妻关系，处理公司股权的重大事务，一般不会不征得其妻子的意见，这让相对人有理由相信他们有代理权。至于李某宇的名字代签，是陈某琦受李某宇父亲的委托，基于李某宇与其父亲的父子关系，这也让相对人相信其有代理权。二是在他们过去的交往中，也是他们代签，并且存在付款行为，所以从洽谈到解除合同等一系列行为，均由马某国、陈某琦代签，这让相对人足以相信他们有代理权。因此说，本案认定构成表见代理，既符合客观实际，又有利于保护相对人的合法权益免受侵害。

在案例 77 中，在表见代理制度不仅要求代理人的无权代理行为在客观上形成具有代理权的表象，而且要求相对人在主观上善意且无过失地相信行为人有代理权。合同相对人主张构成表见代理的，应当承担举证责任，不仅应当举证证明代理行为存在诸如合同书、公章、印鉴等有权代理的客观表象形式要素，而且应当证明其善意且无过失地相信行为人具有代理权。而在本

---

① 王家福主编:《中国民法学 · 民法债权》，法律出版社 1991 年版，第 611 页。

案中，双方的合同以合法的形式掩盖非法目的，则合同被确认无效，双方均存在过错，并非属于善意。因此，本案不符合表见代理的构成要件，不能认定为表见代理，只能根据当事人各自的过错承担相应的民事责任。

第四节　代理的终止

代理的终止，即指代理人与被代理人之间的代理关系消灭。代理的终止，导致代理权的消灭。因此，代理的终止，又称为代理权的终止，或者代理权的消灭。根据《民法典》总则编的规定，代理的终止，分为委托代理的终止和法定代理的终止。

一、委托代理的终止

委托代理的终止，即委托代理权的消灭。对此，《民法典》第一百七十三条规定："有下列情形之一的，委托代理终止：（一）代理期限届满或者代理事务完成；（二）被代理人取消委托或者代理人辞去委托；（三）代理人丧失民事行为能力；（四）代理人或者被代理人死亡；（五）作为代理人或者被代理人的法人、非法人组织终止。"简言之，具有下列情形之一的，委托代理终止：

1. 代理期限届满或者代理事务完成。一是代理期限届满的事由。被代理人授权代理权时应当表明代理权限的同时，确定该代理权限的存续期限，代理人在代理权存续期限内才能享有代理权。代理期限届满，若被代理人不再继续授权，则代理人的代理权终止。在司法实践中，存在代理人与被代理人对代理权存续期限约定表明的情形，此时代理人和被代理人可以随时明确约定，被代理人也可以随时终止代理人的代理权。二是代理事项完成的事由。委托代理一般针对具体的代理事项，当该事项已经完成，则代理人"不辱使命，大功告成"，其代理权一并终止。

2. 被代理人取消委托或者代理人辞去委托。委托代理的基础是基于被代理人与代理人之间的相互信任和自愿。但是，当被代理人与代理人失去了信任或者代理人因个中缘由不再担任代理人，导致的后果是被代理人取消委托或者代理人辞去委托，则代理人的代理权终止。当然，被委托人情形委托或者代理人辞去委托，均应当及时通知与代理人进行民事法律行为的相对人，以确保交易的安全。

3. 代理人丧失民事行为能力。代理人进行代理活动，是为被代理人的利益实施的法律行为，需要代理人具有相应的民事行为能力。当代理人的民事行为能力丧失，无法实施法律行为，无法保障被代理人的合法权益时，代理人的代理权终止。至于代理人丧失行为能力到何种程度能够导致代理终止，则取决于代理事项对代理人行为能力的要求。

4. 代理人或者被代理人死亡。一是代理人死亡的事由。代理人与被代理人存在代理法律关系，当代理人死亡，则一方失去了法律关系的民事主体，代理关系自然终止。二是被代理人死亡的事由。由于委托代理又是意定代理，具有很强的人身属性，代理产生的权利义务一般不能继承。因此说，被代理人死亡，导致委托代理终止。

当然，为了保护相对人的合法权益，法律规定了在被代理人死亡后代理行为继续有效的例外情形。《民法典》第一百七十四条规定：被代理人死亡后，有下列情形之一的，委托代理人实施的代理行为有效：（1）代理人不知道且不应当知道被代理人死亡；（2）被代理人的继承人予以承认；（3）授权中明确代理权在代理事务完成时终止；（4）被代理人死亡前已经实施，为了被代理人的继承人的利益继续代理。

5. 作为代理人或者被代理人的法人、非法人组织终止。法人、非法人组织终止后，其民事主体资格不复存在，代理关系的基础也不复存在，委托代理终止。当然，由于法人、非法人组织还存在与之交易的相对人，为了保护相对人的合法权益，参照《民法典》第一百七十四条所规定的作为被代理人的自然人死亡后代理行为继续有效的四种例外情形。同时，法人、非法人组织只要没有办理注销登记，其民事主体资格就不受影响，不影响代理关系。

二、法定代理的终止

法定代理是依据法律规定而产生代理权的代理。代理人取得法定代理的资格不需要被代理人作出意思表示，而是直接源自法律的规定。法定代理主要是为保护无民事行为能力人和限制民事行为能力人而设立的一项法律制度。《民法典》第一百七十五条规定了法定代理的终止："有下列情形之一的，法定代理终止：（一）被代理人取得或者恢复完全民事行为能力；（二）代理人丧失民事行为能力；（三）代理人或者被代理人死亡；（四）法律规定的其他情形。"简言之，有下列情形之一的，法定代理终止：

1. 被代理人取得或者恢复完全民事行为能力。法定代理是为无民事行为能力人或限制民事行为能力人设定的代理，旨在保护民事行为能力欠缺者的利益，并确保交易的安全。当被代理人取得或者恢复完全民事行为，自己独立享有民事权利，承担民事义务，就无须法定代理人代理民事法律行为。因此，法定代理终止。

2. 代理人丧失民事行为能力。法定代理的代理职责是代理无民事行为能力人或者限制民事行为能力人为民事法律行为，要求代理人必须具有民事行为能力。当代理人丧失行为能力，已经不具备代理人资格，法定代理终止。

3. 代理人或者被代理人死亡。代理关系是一种民事法律关系，当民事主体一方死亡，导致代理法律关系消灭。相应地，法定代理终止。

4. 法律规定的其他情形。这是个兜底条款。法律可以规定其他法定代理终止的情形，比如夫妻关系终止，法定代理中的日常家事代理关系终止。

第八章
民事责任

民事责任是民事主体不履行或者不完全履行民事义务的法律后果。《民法典》总则编第八章“民事责任”合理吸收了《民法通则》第六章“民事责任”部分的一般规定和共同规定，并结合我国民商事法律有关民事责任的制度建设和司法实践经验，进行了有益的补充和增加，以专章的形式规定了民事责任，构成了我国民法中民事责任制度的基本框架。

《民法典》总则编第八章对“民事责任”主要作了如下规定：一是民事主体应当依照法律规定或者当事人约定履行民事义务，不履行或者不完全履行的，应当依法承担民事责任。二是对按份责任和连带责任作出了规定，明确了连带责任是基于法律规定或者当事人的约定。除此之外，可依据责任大小承担相应的责任或者平均承担。三是列举了停止侵害、返还财产、恢复原状、惩罚性赔偿等承担民事责任的主要方式，既可以单独适用，也可以合并适用。四是规定了免除或者减轻民事责任的事由，包括不可抗力、正当防卫、紧急避险。五是明确了违约责任和侵权责任竞合时民事主体可以择一行使请求权，法律责任聚合时民事责任优先。六是为了匡扶正义，弘扬社会主义核心价值观，对见义勇为者遭受损害的民事责任、自愿救助不承担责任、侵害“英雄烈士”等人格利益的民事责任，进行了明确。

第一节　民事责任概说

一、问题的提出

依我国民法理论通说，民事责任是民事主体不履行或者不完全履行民事义务的法律后果。[①]《民法典》总则编第八章专门规定了民事责任，采用将民事责任独立于民事义务并集中规定的立法模式，这是对我国既有立法和司法经验的承继。正如学者所言：民事责任“乃是现代民法之生命力所在”，民事立法的进步与完善，其着重点不在于规定人民可以享受民事权利之多寡，而在于制定尽量完善的民事责任制度。[②]

在研究民事责任概说之前，先看三则案例：

案例 78：陈某诉莫某、莫某某、邹某侵犯健康权、名誉权纠纷案[③]

2011 年 12 月 4 日 10 时许，原告陈某（未成年人）到白沙万宝超市（个体户业主莫某）内拿了两个发夹及三颗糖果藏于身后，而未经超市收银台计价收费便走到超市门口，后被超市聘请的被告莫某某和邹某发现，认为原告盗窃超市物品，便用绳子将其绑在门前的电线杆上，并在原告身上悬挂一块写有“小偷”的字牌，引起在场群众围观，陈某在寒风中被捆绑几个小时引

---

① 十二届全国人大副委员长李建国于 2017 年 3 月 8 日所作的《关于〈中华人民共和国民法总则〉（草案）的说明》。

② 参见梁慧星：《民法学说判例与立法研究》，中国政法大学出版社 1993 年版，第 255 页。

③ 参见《最高人民法院公报》2015 年第 5 期（总第 223 期）。该案的裁判要旨：公民享有名誉权，公民的人格尊严受法律保护，禁止用侮辱、诽谤等方式损害公民的名誉。国家保障未成年人的人身、财产和其他合法权益不受侵犯。行为人以未成年人违法为由对其作出侮辱行为，该行为对未成年人名誉造成一定影响的，属于名誉侵权行为，应依法承担相应责任。

发支气管炎咳嗽不止。事发当天，陈某爷爷将其送往白沙卫生院治疗，共花去医疗费 100. 58 元，被告莫某支付了 100 元，同年 12 月 7 日至 17 日，陈某转院治疗 11 天，诊断为：急性支气管炎，共花去医疗费 2058.6 元。陈某经司法鉴定为：创伤后应激障碍，目前处于发病期。

合浦县人民法院依照有关法律及司法解释判决如下：一、被告莫某应赔偿原告陈某医疗费、护理费、精神损害抚慰金等共计 23549. 18 元；二、被告莫某某、邹某对被告莫某上述赔偿承担连带赔偿责任；三、被告莫某、莫某某、邹某应以书面形式向原告陈某赔礼道歉，并将道歉声明张贴于合浦县白沙万宝超市门口和合浦县白沙镇平田小学门口，张贴时间为七天。三被告不服一审判决，提出上诉。北海市中级人民法院依法判决：驳回上诉，维持原判。

案例 79：赵某玉与海盛公司、贵阳建安公司、许某国、梁某均建设工程施工合同纠纷案[①]

贵州高级人民法院认为：一、关于本案各方当事人法律地位及付款责任如何认定的问题。本案工程系以海盛公司名义进行发包，许某国借用贵阳建安公司资质作为总包方承包工程，之后将土石方工程分包给赵某玉。贵州海盛建筑工程公司、梁某均、许某国对一审判决认定支付工程款没有异议。本院主要围绕上诉人贵阳建安公司的责任承担进行分析认定。

根据《民法总则》第一百七十六条“民事主体依照法律规定和当事人约定，履行民事义务，承担民事责任”的规定，法律责任的承担须依法或依约产生。本案中，贵阳建安公司系出借资质的建筑企业，对于贵阳建安公司出借资质的行为，已然违反了法律禁止性规定，对此，《建筑法》第六十七条规定：“承包单位将承包的工程转包的，或者违反本法规定进行分包的，责令改正，没收违法所得，并处罚款，可以责令停业整顿，降低资质等级；情节严重的，吊销资质证书。承包单位有前款规定的违法行为的，对因转包工程或者违法分包的工程不符合规定的质量标准造成的损失，与接受转包或者分包的单位承担连带赔偿责任。”《最高人民法院关于审理建设工程施工合同纠

① 贵州省高级人民法院（2018）黔民终 877 号民事判决书。

纷案件适用法律问题的解释（二）》第四条规定：“缺乏资质的单位或者个人借用有资质的建筑施工企业名义签订建设工程施工合同，发包人请求出借方与借用方对建设工程质量不合格等因出借资质造成的损失承担连带赔偿责任的，人民法院应予支持。”但是，赵某玉主张工程款所依据的《土石方工程合作协议》系与许某国签订，其合同相对人是许某国，基于合同相对性，应由许某国承担工程价款付款责任。一审认定贵阳建安公司在本案中承担付款责任没有法律依据和合同依据，本院予以纠正。

二、关于赵某玉施工工程款及利息如何认定的问题。赵某玉在一审认定的工程价款基础上，提出了多项异议，逐项分析如下：

赵某玉认为一审法院遗漏了 9211.57 立方米土方，少计算工程款 119750.41 元。经查，赵某玉提出此项上诉主张所依据的日期为 2014 年 6 月 15 日的《索赔申请》，系针对人工误工费、机械闲置费提出，不能证明一审认定的土石方总量存在错误，其计算的方量没有依据，本院对其该项主张不予支持。

赵某玉主张石方应当按单价 35 元计算。根据《土石方工程合作协议》，双方约定工程计价方式为“平场 0–1 公里，13 元 /m^3。如有石方爆破另行加价，不外运”。13 元 /m^3 系双方对平场工程的概括性约定，只有在存在石方爆破时才另行加价。赵某玉并未提交证据证明双方对石方另行进行过约定，35 元 /m^3 系其单方主张计算，缺乏事实及合同依据，本院对其该项主张不予支持。

赵某玉主张的垫支款项。曾某前期组建海盛公司项目部时向其借款 30 万元。曾科系海盛公司任命的总指挥长，曾某出具《收条》载明“收到赵某玉剑河青山界土石方工程合作资金 30 万元”，从内容可以看出与本案工程有关，因此曾科履行的系职务行为，该笔款项应由海盛公司偿还。

赵某玉主张的停工损失。在长达数十个月的停工期间，赵某玉亦应当秉持诚实信用原则，采取积极措施防止损失的扩大，其称村民阻止其撤离亦没有证据证明。本院根据 2014 年 6 月 30 日的《合同索赔申请表》，结合四川省南充仲裁委员会《裁决书》的内容，酌定一个月的停工损失为 374100 元。

案例80：范某武诉广东省文物总店买卖合同纠纷案[①]

——销售者以普通石榴玉石手镯冒充翡翠手镯出售，构成对消费者的欺诈，消费者有权请求向销售者退货，销售者向消费者退还货款并支付价款三倍赔偿

2014年4月17日，范某武在文物总店花17100元购买了一只手镯，该商店出具发票载明的商品为“yqgda-0765玉镯”，金额为17100元。同月24日，范某武又到该商店要求换开发票载明的商品为“yqgda-0765翡翠手镯”。所购手镯经鉴定为“水钙铝石榴石手镯”。后应该商店要求，双方共同委托机构对手镯进行重新鉴定，鉴定结果为“石榴石质玉手镯”。范某武认为文物总店将普通的石榴石手镯冒充翡翠手镯出售，以假乱真，对其构成欺诈，遂向法院起诉，请求文物总店向其退还货款17100元，并依法赔偿其51300元。

一审法院经审理认为，文物总店开具给范某武的销售发票显示为“翡翠手镯”，但经鉴定实为“石榴石质玉手镯”。虽然该商店辩称其是经范某武一再恳求，才将第一次发票项目“玉镯”更改为“翡翠手镯”，但从范某武提供的录音证据来看，该商店主张其销售给范某武的手镯质地就是翡翠，并明确告知范某武购买的玉镯是翡翠制成。该商店作为经营者将“石榴石质玉手镯”冒充“翡翠手镯”销售给范某武，以假乱真，能够认定为欺诈消费者。一审法院依照《消费者权益保护法》第五十五条之规定，判决：范某武将所购手镯退还文物总店，该商店退还范某武货款17100元；文物总店向范某武赔偿手镯三倍价款51300元。文物总店不服判决，提起上诉。二审法院经审理后依法维持原判。

在上述案例中，案例78是作为民事主体的被告违反了法定义务而承担民事责任，案例79涉及民事主体是否违反约定义务、是否需要承担民事责任的问题，案例80涉及销售商存在欺诈行为，进而适用惩罚性赔偿的问题。试问：如何理解民事责任？如何理解民事责任的归责原则？民事主体承担民事责任的方式有哪些？

---

① 详见《最高人民法院发布消费者维权典型案例》，载《人民法院报》2015年6月16日。

二、民事责任的法律意义

《民法典》第一百七十六条规定："民事主体依照法律规定和当事人约定，履行民事义务，承担民事责任。"该条是对《民法通则》第一百零六条、第一百一十一条[①]及《合同法》第一百零七条[②]、《侵权责任法》第六条、第七条、第二十四条[③]相关规定的承继。一般认为，民事义务是民事责任产生的前提；没有民事义务，民事责任就无从谈起。即便有民事义务，当民事主体依照法律规定或者约定履行其民事义务的，也无民事责任可言。因此，民事责任是对民事主体违反民事义务的行为作出的否定性评价。民事主体违反民事义务即要承担民事责任。民事义务的违反遂成为联结民事义务和民事责任的桥梁，民事义务的违反也成为民事责任的承担根据。[④]

从《民法典》第一百七十六条的规定来看，包含两层含义：一是民事主体的民事义务或者依据法律规定产生，或者依据当事人的约定产生。前者属于法定义务，如安全保障义务即为法定义务；后者属于约定义务，如合同中的义务依据合同主体的约定而产生。二是法定义务、约定义务均要求民事主体应当依法或依照约定履行，义务具有法律上的强制力。若民事主体不履行或不完全履行民事义务，均须承担民事责任。

民事责任作为一种法律责任，有其自身的特征：一是民事责任是民事主体违反民事义务而承担的法律后果。作为民事义务，是民事主体依据法律规

---

① 《民法通则》第一百零六条规定："公民、法人违反合同或者不履行其他义务的，应当承担民事责任。公民、法人由于过错侵害国家的、集体的财产，侵害他人财产、人身的，应当承担民事责任。没有过错，但法律规定应当承担民事责任的，应当承担民事责任。"第一百一十一条规定："当事人一方不履行合同义务或者履行合同义务不符合约定条件的，另一方有权要求履行或者采取补救措施，并有权要求赔偿损失。"

② 《合同法》第一百零七条规定："当事人一方不履行合同义务或者履行合同义务不符合约定的，应当承担继续履行、采取补救措施或者赔偿损失等违约责任。"

③ 《侵权责任法》第六条规定："行为人因过错侵害他人民事权益，应当承担侵权责任。根据法律规定推定行为人有过错，行为人不能证明自己没有过错的，应当承担侵权责任。"第七条规定："行为人损害他人民事权益，不论行为人有无过错，法律规定应当承担侵权责任的，依照其规定。"第二十四条规定："受害人和行为人对损害的发生都没有过错的，可以根据实际情况，由双方分担损失。"

④ 参见邹海林：《民法总则》，法律出版社 2018 年版，第 416~417 页。

定或当事人约定应当为一定行为或者不为一定行为。[①] 先有民事义务，而后才能产生民事责任。义务在性质上属于法之“当为”，具有法律上的拘束力，因此，违反民事义务将会承担法律上的不利后果，即民事责任。[②] 二是民事责任兼具强制性和任意性。强制性是法律责任的共性，民事责任亦不例外。作为民事责任，它的承担必须具有强制性，否则将会“没有规矩”。这种强制性表现为权利人可以通过公权力即司法权保护，在民事诉讼待裁判生效后申请人民法院强制执行。同时，既然是民事责任，就具有可调和性，责任如何承担由民事主体可以在“法无禁止皆自由”的情形下自由协商，体现出任意性。三是民事责任在本质上是一种财产责任，具有典型的补偿性。民事责任的承担方式虽多种多样，但最为主要的是财产责任。民事责任的补偿性集中体现了民事损害纠纷的填平原则，即民事主体不能因其他民事主体的违法行为而获得超出自己损害范围的利益。[③] 在司法实践中，在法律没有特别规定的情况下，要坚决贯彻民事责任补偿性的基本原理，这也是平等的民法精神的基本体现。

应当注意的是，2017 年《民法总则》第一百七十六条将民事义务和民事责任并列规定，这是对《民法通则》创建独立的民事责任制度的全面发展。表明了民事责任绝对不同于民事义务，民事责任应当独立于民事义务而存在。表明了民事责任在我国民法中已经脱离民事义务的制度束缚，以其自身具有的独立制度体系获得发展。表明了《民法总则》围绕“一个中心（民事权利保护）、两个基本点（民事义务、民事责任）”进一步推动《民法典》的编纂。

三、民事责任的承担原则

在民事责任承担中，根据民事主体是否存在过错，分为过错责任原则、过错推定责任原则和无过错责任原则。

1. 过错责任原则。所谓过错责任原则，是指以过错作为归责的构成要件

① 参见王利明:《民法总则研究》(第三版)，中国人民大学出版社 2018 年版，第 705 页。

② 参见〔德〕迪特尔 · 施瓦布:《民法导论》，郑冲译，法律出版社 2006 年版，第 168 页。

③ 参见杜万华主编:《中华人民共和国民法总则实务指南》，中国法制出版社 2017 年版，第 672 页。

和归责的最终要件，同时也以过错作为确定行为人责任范围的重要依据。在一般侵权行为中，均适用过错责任原则，这意味着除民法明文规定的特殊侵权行为外，其他的一般侵权行为的受害人在诉讼过程中，必须证明构成侵权行为发生的所有要件，特别要证明加害人对致害行为存在主观过错。只有在能够证明加害人的行为具有过错的情况下，受害人才能要求加害人承担侵权行为的民事责任。

过错责任原则包括下列两个方面：一是过错是侵权责任的必要构成要件，即行为人只有在主观方面有过错的情况下才会承担民事责任，若加害人没有过错，即使行为与损害之间存在因果关系，加害人也不承担侵权赔偿责任。二是在一般情况下，过错只是加害人承担侵权责任的根据，而不是作为确定赔偿范围的依据，因为赔偿责任的大小决定于损害事实的大小。① 但在特殊情况下，过错可以作为确定责任范围的依据：其一，若受害人对损害的发生也有过错，应该进行过失相抵，决定加害人和受害人各自应当承担的责任的范围；其二，共同侵权人内部责任份额的确定应当以其过错程度或原因力作为依据等。

2. 过错推定责任原则。所谓推定，是根据已知的事实，对未知的事实所进行的推断和确定。所谓过错推定责任原则，是指在法律有特别规定的情况下，从损害事实的本身推定加害人有过错，并据此确定造成他人损害的行为人承担赔偿责任的归责原则。过错推定责任原则要通过举证责任倒置的方式实现，这是过错推定责任原则的主要特征。既为“推定”，则此推定的事实就具有表见性、权宜性和假设性。表见性的事实，与真正的事实未必相符；权宜性的认定，与终局的认定未必相符；假设性的认定，假设倘若不实则认定将随之更改。准此，推定可以反证推翻。过错推定制度，有减轻赔偿权利人举证责任的功能。②

3. 无过错责任原则。即指无论行为人有无过错，法律规定应当承担民事责任的，行为人应当对其行为所造成的损害承担民事责任。这一表述不仅解决了对“无过错”的理解问题，也解决了适用无过错责任原则的侵权案件构

① 马原主编：《中国民法教程》，人民法院出版社 1989 年版，第 310~311 页。
② 李显冬主编：《侵权责任法经典案例释论》，法律出版社 2007 年版，第 426 页。

成要件问题，即侵害行为、损害后果以及二者之间的因果关系。[①] 与过错责任原则相比，无过错责任原则的适用不考虑行为人是否有过错，受害人无须证明行为人有过错就可要求其赔偿，行为人也不能通过证明自己没有过错请求免责，此点应当是无过错责任原则的精华所在。[②]

无过错责任原则的适用无须考虑过错的存在，该种过错是仅指加害人的过错，还是兼顾加害人和受害人的过错，学者间存在争议。有学者认为，只有在确定责任时，不考虑这两种过错才可称为无过错责任，若不考虑加害人的过错而要考虑受害人的过错，就并未超出过错责任的范围。[③] 有的学者则认为，无过错或者不考虑过错，是指不考虑加害人的过错，而决不意味着不考虑受害人的过错。[④] 我国台湾地区学者也支持该观点，所谓无过错，是不考虑行为人或者法定义务人的故意和过失，而不是不考虑受害人的过错问题。[⑤] 考察受害人过错的结果是，如果受害人存在过错，加害人的责任会因此得到减轻，而受害人过错的程度较高的情况下，例如存在着受害人故意，加害人可能会因此而完全免责，许多大陆法系国家的民法及英美法系国家都有类似规定。[⑥]

4. 严格责任原则。依《牛津法律大辞典》的解释，严格责任为侵权行为法中的一个术语，指一种比没有尽到合理的注意而应负责的一般责任标准更加严格的一种责任标准。但这种责任标准也不是绝对责任，它是一种有时由制定法规定的标准，如果应该避免的伤害事件发生，则当事人必须负责，而不论其尽到了怎样的注意和采取了怎样的预防措施。如果承担严格责任，则仍有一些（尽管是有限的）对责任的抗辩理由可以援引，但当事人已尽到合

① 张新宝：《侵权责任法原理》，中国人民大学出版社 2005 年版，第 35 页。

② 蔡颖雯主编：《侵权法原理精要与实务指南》，人民法院出版社 2008 年版，第 29 页。

③ 王利明：《侵权行为法归责原则研究》，中国政法大学出版社 1992 年版，第 129 页。

④ 张新宝：《中国侵权行为法》（第二版），中国社会科学出版社 1998 年版，第 57 页。

⑤ 转引自张新宝：《中国侵权行为法》（第二版），中国社会科学出版社 1998 年版，第 57 页。

⑥ 美国 1926 年《联邦雇主责任法》第五十三条规定，在工业事故中，雇主不得基于“共同过失”提出免责，但可以根据雇员对事故发生有过失而要求减少其赔偿额。英国 1945 年颁布的《法律改革法（比较过失）》也认为，法院或陪审团可以按照各当事人对损害造成的过错程度，相应地减轻加害人的赔偿责任。

理的注意不能作为抗辩的理由。

严格责任原则与无过错责任原则的相似与区别之处：由于二者均不要求原告对加害人的过错举证，被告不得以无过错为抗辩理由，所以它们的内涵是基本一致的。正是基于这一原因，美国学者在其著作中交替使用这两个概念。应当指出的是，严格责任与无过错责任仍有一些差别。其一，严格责任广泛地运用于英美侵权行为法，而在大陆法系侵权行为法中更多地使用无过错责任。其二，以过错为划分标准，无过错责任包括过错责任以外的一切责任，这是一种周延的逻辑方法；严格责任是与过错责任相比较而存在的，而在比较级之外还可能存在某种最高级的形态，比如绝对责任，这种逻辑方法并不追求列举的周延性。[①]

四、民事责任的承担方式

民事责任的承担方式，又称为承担民事责任的形式，即指侵害他人的民事权益而承担民事责任的具体救济手段。以何种形式承担民事责任，与民事责任制度的目的相关。恢复民事权利受侵害的状态，构成民事责任的基本目的；承担民事责任的形式以能够恢复民事权益受侵害的状态为必要。民事责任源自民事主体的民事权利受侵害而享有的救济请求权，因此，承担民事责任的方式被当作保护民事权利的具体方法。[②]对此，《民法典》第一百七十九条规定了承担民事责任的方式："（一）停止侵害；（二）排除妨碍；（三）消除危险；（四）返还财产；（五）恢复原状；（六）修理、重作、更换；（七）继续履行；（八）赔偿损失；（九）支付违约金；（十）消除影响、恢复名誉；（十一）赔礼道歉。法律规定惩罚性赔偿的，依照其规定。本条规定的承担民事责任的方式，可以单独适用，也可以合并适用。"

民事责任的承担方式，具体如下：

1. 停止侵害。即指行为人实施的违法行为仍在继续中，应当承担立即停止侵害行为的民事责任方式。对于任何正在实施违法行为的不法行为人均可以适用该种民事责任方式，立即停止其侵害行为。

---

① 张新宝：《侵权责任法原理》，中国人民大学出版社2005年版，第40页。

② 参见邹海林：《民法总则》，法律出版社2018年版，第426页。

2. 排除妨碍。即指行为人实施的行为使他人无法行使或者不能正常行使人身、财产权益的，受害人可以要求行为人排除妨碍权益实施的障碍。行为人不排除妨碍的，受害人可以请求人民法院责令其排除妨碍。受害人请求排除的妨碍必须是不法的，如果行为人的妨碍行为是正当行使权利的行为，则行为人可以拒绝受害人的请求，受害人可以自己排除妨碍，但排除妨碍的费用应由行为人承担。[①]

3. 消除危险。即指民事权利面临受到损害的危险状况的，权利人可以请求造成此等危险的人承担消除危险状况的民事责任方式。因此，消除危险是预防民事权利发生损害或者制止损害扩大的民事责任方式。适用消除危险的方式的前提是有危险状态的存在，但还没有发生。

4. 返还财产。即指将没有法律上的依据而变动的财产关系恢复到变动前的状态的一种民事责任方式。返还财产即返还原物。不法侵占他人财产，或者原来依据合同占有他人财产但合同被确认无效或者被撤销，行为人应当返还原物。如财产已经不复存在，则受害人只能请求赔偿损失。

5. 恢复原状。即指将受到损坏的财产恢复到受损前的状态的一种民事责任方式。凡民事权利受到损害的，均应当恢复原状，这是民法保护民事权利的原点。只有恢复原状在性质上不能的，才会采取其他的民事责任方式。[②]

6. 修理、重作、更换。即指交付的标的物不符合约定要求的质量标准，债务人对该标的物所应承担的修理、更换或者重作的民事责任方式。因此说，修理、重作、更换是违约责任的具体承担方式。

7. 继续履行。又称为实际履行、强制履行，即指违约方不履行合同义务时，另一方有权要求违约方依据合同的约定继续履行合同义务。继续履行是合同中违约责任承担的一种典型形式。当然，继续履行要以合同标的物具有履行可能性为前提，若客观上不能履行，则可以适用损害赔偿责任。

8. 赔偿损失。即指行为人向受害人支付一定数额的金钱以弥补其损失的责任方式。“有损害必有救济”的核心在于损害赔偿。因此说，赔偿损失是最基本的民事责任方式。赔偿损失包括财产损害赔偿、人身损害赔偿、精神

---

① 参见王胜明：《中华人民共和国侵权责任法释义》，法律出版社 2010 年版，第 79 页。

② 参见邹海林：《民法总则》，法律出版社 2018 年版，第 429 页。

损害赔偿。

9. 支付违约金。即指当事人一方违约后，依照合同预先的约定或者法律的规定向对方支付一定数额的金钱。违约金依据其发生的原因不同，可分为约定违约金和法定违约金。

10. 消除影响、恢复名誉。即指人民法院根据受害人的请求，责令行为人在一定范围内采取适当方式消除对受害人名誉的不利影响以使其名誉得到恢复的一种责任方式。该种民事责任方式只适用于侵害名誉权的情形。

11. 赔礼道歉。即指责任人通过向受害人承认错误、表达歉意、请求原谅的方式来弥补受害人精神创伤的一种民事责任承担方式。赔礼道歉的方式可分为口头道歉和书面道歉。行为人拒不赔礼道歉的，受害人可以请求人民法院判决行为人承担赔礼道歉的民事责任。

《民法典》第一百七十九条第二款规定了惩罚性赔偿。惩罚性赔偿属于赔偿损失的一种类型，又称为报复性赔偿，是指由行为人付出的赔偿数额超出实际的损害数额的赔偿。惩罚性赔偿既有一般赔偿损失的功能，也有惩罚、遏制不法行为的功能。由于惩罚性赔偿的适用必须以法律的具体规定为前提，且通常以欺诈等故意违法为构成要件。①

《民法典》第一百七十九条第三款规定："本条规定的承担民事责任的方式，可以单独适用，也可以合并适用。"依此规定，该种民事责任方式既可以单独适用，也可以合并适用。在司法实践中，受害人提出具体的诉讼请求，法官根据个案的具体情况予以裁判。

值得注意的是，《民法通则》第一百三十四条还规定了训诫、责令具结悔过、收缴以及罚款、拘留等可以采取的其他强制措施。《民法典》总则编未作规定。因为上述强制措施，是行政法规、刑法对严重违法行为的制裁，而民法调整平等民事主体之间的法律关系。如果说民事法律行为达到行政法规、刑法制裁的程度，则双方的纷争已经不属于人民法院民事案件的管辖范围。在民事诉讼活动中，能采取罚款、拘留等强制措施的，是因为诉讼参与人违反了民事诉讼活动的秩序而受到处罚。

---

① 参见王利明主编：《中华人民共和国民法总则详解》（下册），中国法制出版社 2017 年版，第 826 页。

五、对案例 78、案例 79、案例 80 的简要评析

在案例 78 中，依据《民法总则》第一百零九条的规定，自然人的人身自由、人格尊严受法律保护。《民法总则》第一百一十条规定了自然人享有生命权、身体权、健康权、姓名权、肖像权、名誉权、荣誉权、隐私权、婚姻自主权等权利。自然人的上述人格权利，任何单位和个人不得侵害。然而，在本案中，被告莫某、莫某某、邹某的行为却违反了《民法总则》第一百七十六条所规定的法定义务，实施了对未成年人陈某的人格侵害，陈某的盗窃行为不至于被绑在门前的电线杆上，并悬挂一块写有"小偷"的字牌，这种侮辱行为对陈某的名誉造成一定程度的影响，依法应构成名誉侵权行为。同时，致使陈某确诊感染风寒引发急性支气管炎，并患创伤后应激障碍病症，侵害陈某的健康权。因此，法院判令莫某、莫某某、邹某赔偿陈某的医疗费、护理费、精神损害抚慰金，并赔礼道歉，是完全正确的。在本案中，未成年人陈某的行为确有不当，但莫某、莫某某、邹某可以用冷静的处理办法，说服教育即可，大可不必动用私刑。

在案例 79 中，涉及民事主体违反了《民法总则》第一百七十六条所规定的当事人约定的义务，自然应当承担民事责任。既然赵某玉民事权利的取得是基于《土石方工程合作协议》，那么该协议即是赵某玉主张相对人履行义务的根据。依据合同相对性原则，赵某玉应当向合同的相对方主张工程款，而他的相对方便是许某国，因此应当由许某国承担付款的民事责任。一审法院判决贵阳建安公司承担民事责任，确有不妥。至于赵某玉的其他上诉请求，则根据《民事诉讼法解释》第九十条"当事人对自己提出的诉讼请求所依据的事实或者反驳对方诉讼请求所依据的事实，应当提供证据加以证明，但法律另有规定的除外。在作出判决前，当事人未能提供证据或者证据不足以证明其事实主张的，由负有举证证明责任的当事人承担不利的后果"的规定，赵某玉对其主张的款项应承担举证证明责任，举证不能的应当承担不利后果。

在案例 80 中，涉及销售者存在欺诈的故意行为，消费者有权要求销售者承担惩罚性赔偿责任。随着市场经济的发达，经营主体与消费主体之间因信息获取及经济地位造成的差异不断增大，导致在交易过程中消费者的弱势地位更为明显。为此，我国《消费者权益保护法》《食品安全法》均对消费者权益保护进行了特别规定，并引入了惩罚性赔偿制度，对经营者违背诚信

原则，造成消费者利益损害的行为增加处罚力度，从而引导其理性选择自身行为，维护市场公平秩序。2014 年修订的《消费者权益保护法》进一步扩大了惩罚性赔偿的适用范围，并提高了惩罚性赔偿的幅度，该法第五十五条规定："经营者提供商品或者服务有欺诈行为的，应当按照消费者的要求增加赔偿其受到的损失，增加赔偿的金额为消费者购买商品的价款或者接受服务的费用的三倍；增加赔偿的金额不足五百元的，为五百元。法律另有规定的，依照其规定。"在本案中，销售的是"翡翠手镯"，鉴定为"石榴石质玉手镯"，与文物总店在销售过程中所声称的商品品质存在显著差异，故原审法院认定其行为构成欺诈并无不当。

第二节 按份责任、连带责任与不真正连带责任

一、问题的提出

在司法实践中，单个的民事主体不履行或者不适当履行其法定或者约定的义务产生的民事责任由该民事主体独立承担。然而，当民事主体是两人以上违反其共同的法定或者约定的义务，产生的民事责任则应当由该两人以上的民事主体承担，两人以上的民事主体如何承担民事责任，便产生了按份责任、连带责任、不真正连带责任。

在研究民事责任中的按份责任与连带责任之前，先看三则案例：

案例 81：蒋某与邓某、彭某、张某提供劳务者受害责任纠纷案[①]

被告邓某将装修工程发包给被告彭某施工，彭某告知被告张某以 150 元 / 天的标准雇请他人清扫装修垃圾，原告蒋某从张某处得知消息，并于 2017 年 12 月 20 日到案涉装修施工地点清扫装修垃圾，在清扫过程中不慎从施工楼梯滑倒在地而受伤。经司法鉴定，蒋某伤残等级为十级。各种费用及残疾赔偿金共计

① 贵州省贵阳市中级人民法院（2019）黔 01 民终 8600 号民事判决书。

120640元，原、被告各承担50%即60320元，扣除已支付的6500元，剩余53820元。一审法院判决：被告彭某向蒋某赔偿53820元，被告邓某承担连带赔偿责任。

二审法院认为，蒋某与彭某之间系劳务关系，蒋某在提供劳务过程中受伤，双方应当按照各自的过错承担责任。蒋某作为完全民事行为能力人，在提供劳务过程中，负有对自身安全注意义务，本案中，蒋某是在使用案涉楼梯时，因案涉楼梯滑倒而摔伤，由于案涉楼梯本就没有固定，其使用该楼梯时应对该楼梯安放是否稳固进行必要的检查，而对于该楼梯的安放是否稳固并非需要专业知识才能进行判断，因其在使用中未尽到该义务导致楼梯滑倒，从而导致自己摔倒受伤，其本身存在一定过错。彭某作为案涉房屋的装修工程的承揽人及接受劳务一方，未对施工现场尽到安全保障和注意义务，对蒋某的受伤亦存在一定责任，且其过错程度应当大于蒋某，一审对二人的责任比例认定错误。上诉人邓某作为房主，案涉楼梯是其房屋自有，并非装修人员自行提供，案涉楼梯又是供装修时使用，故其对此也具有一定的安全保障义务，现因该楼梯滑倒致使蒋某受伤，其亦具有一定过错。但案涉房屋系个人住宅室内装修工程，对此，并无法律强制规定需要资质才能施工，一审以“邓某作为发包方，将案涉房屋装修施工工程发包给没有资质的彭某”为由，判决邓某与彭某承担连带责任错误，予以纠正。综上，根据各方的过错程度，本院认定蒋某、彭某、邓某在本案中的责任比例应为4∶5∶1。因各方对一审认定的蒋某的损失金额并未提起上诉，予以维持。即蒋某本案的损失共计120640元（取整），应由彭某承担50%，扣除其已垫付的6500元后，还应向蒋某支付53820元，由邓某赔偿蒋某12064元，其余损失应当由蒋某自行承担。

案例82：赵某明等诉烟台市福山区汽车运输公司、卫某平等机动车交通事故责任纠纷案[1]

2008年11月25日5时30分许，被告林某东驾驶套牌的鲁F41703货车

[1] 详见最高人民法院指导案例19号。该案裁判要点：机动车所有人或者管理人将机动车号牌出借他人套牌使用，或者明知他人套牌使用其机动车号牌不予制止，套牌机动车发生交通事故造成他人损害的，机动车所有人或者管理人应当与套牌机动车所有人或者管理人承担连带责任。

在同三高速公路某段行驶时，与同向行驶的被告周某平驾驶的客车相撞，两车冲下路基，客车翻滚致车内乘客冯某菊当场死亡。经交警部门认定，货车司机林某东负主要责任，客车司机周某平负次要责任，冯某菊不负事故责任。原告赵某明等人系死者冯某菊的近亲属。

鲁F41703号牌在车辆管理部门登记的货车并非肇事货车，该号牌登记货车的所有人系被告福山公司，实际所有人系被告卫某平，该货车在被告永安保险公司投保机动车第三者责任强制保险。

套牌使用鲁F41703号牌的货车（肇事货车）实际所有人为被告卫某辉，林某东系卫某辉雇用的司机。据车辆管理部门登记信息反映，鲁F41703号牌登记货车自2004年4月26日至2008年7月2日，先后被15次以损坏或灭失为由申请补领号牌和行驶证。2007年8月23日卫某辉申请补领行驶证的申请表上有福山公司的签章。事发后，福山公司曾派人到交警部门处理相关事宜。审理中，卫某辉表示，卫某平对套牌事宜知情并收取套牌费，事发后卫某辉还向卫某平借用鲁F41703号牌登记货车的保单去处理事故，保单仍在卫某辉处。

发生事故的客车的登记所有人系被告朱某明，但该车辆几经转手，现实际所有人系周某平，朱某明对该客车既不支配也未从该车运营中获益。被告腾飞公司系周某平的雇主，但事发时周某平并非履行职务。该客车在人保公司投保了机动车第三者责任强制保险。

上海市宝山区人民法院于2010年5月18日作出（2009）宝民一（民）初字第1128号民事判决：一、被告卫某辉、林某东赔偿四原告丧葬费、精神损害抚慰金、死亡赔偿金等共计396863元；二、被告周某平赔偿四原告丧葬费、精神损害抚慰金、死亡赔偿金等共计170084元；三、被告福山公司、卫某平对上述判决主文第一项的赔偿义务承担连带责任；被告卫某辉、林某东、周某平对上述判决主文第一项、第二项的赔偿义务互负连带责任。宣判后，卫某平提起上诉。二审法院依法判决：驳回上诉，维持原判。

法院生效裁判认为：根据本案交通事故责任认定，肇事货车司机林某东负事故主要责任，而卫某辉是肇事货车的实际所有人，也是林某东的雇主，故卫某辉和林某东应就本案事故损失连带承担主要赔偿责任。永安保险公司承保的鲁F41703货车并非实际肇事货车，其也不知道鲁F41703机动车号牌被肇事货车套牌，故永安保险公司对本案事故不承担赔偿责任。根据交通事故责任认定，本案客车司机周某平对事故负次要责任，周某平也是该客车的实际所有人，故周某平应对本案事故损失承担次要赔偿责任。朱某明虽系该客车的登记所有人，但该客车已几经转手，朱某明既不支配该车，也未从该车运营中获益，故其对本案事故不承担责任。周某平虽受雇于腾飞公司，但本案事发时周某平并非在为腾飞公司履行职务，故腾飞公司对本案亦不承担责任。至于承保该客车的人保公司，因死者冯某菊系车内人员，依法不适用机动车交通事故责任强制保险，故人保公司对本案不承担责任。另，卫某辉和林某东一方、周某平一方虽各自应承担的责任比例有所不同，但车祸的发生系两方的共同侵权行为所致，故卫某辉、林某东对于周某平的应负责任份额，周某平对于卫某辉、林某东的应负责任份额，均应互负连带责任。

鲁F41703货车的登记所有人福山公司和实际所有人卫某平，明知卫某辉等人套用自己的机动车号牌而不予阻止，且提供方便，纵容套牌货车在公路上行驶，福山公司与卫某平的行为已属于出借机动车号牌给他人使用的情形，该行为违反了《道路交通安全法》等有关机动车管理的法律规定。将机动车号牌出借他人套牌使用，将会纵容不符合安全技术标准的机动车通过套牌在道路上行驶，增加道路交通的危险性，危及公共安全。套牌机动车发生交通事故造成损害，号牌出借人同样存在过错，对于肇事的套牌车一方应负的赔偿责任，号牌出借人应当承担连带责任。故福山公司和卫某平应对卫某辉与林某东一方的赔偿责任份额承担连带责任。

案例83：湘宇公司与刘某平产品责任纠纷案①

湖南高级人民法院再审认为，本案中，刘某平经原审法院释明后选择以产品责任纠纷起诉湘宇公司，符合法律规定。《产品质量法》第四十三条规定："因产品存在缺陷造成人身、他人财产损害的，受害人可以向产品的生产者要求赔偿，也可以向产品的销售者要求赔偿。属于产品的生产者的责任，产品的销售者赔偿的，产品的销售者有权向产品的生产者追偿。属于产品的销售者的责任，产品的生产者赔偿的，产品的生产者有权向产品的销售者追偿。"《侵权责任法》第四十三条规定："因产品存在缺陷造成损害的，被侵权人可以

① 详见湖南省高级人民法院（2019）湘民再327号民事判决书。

向产品的生产者请求赔偿，也可以向产品的销售者请求赔偿。产品缺陷由生产者造成的，销售者赔偿后，有权向生产者追偿。因销售者的过错使产品存在缺陷的，生产者赔偿后，有权向销售者追偿。”《最高人民法院关于民事诉讼证据的若干规定》第四条第（六）项规定：“因缺陷产品致人损害的侵权诉讼，由产品的生产者就法律规定的免责事由承担举证责任”。在产品责任纠纷中，消费者相较于生产者、销售者来说，无论是经济实力，还是对相关产品技术、工艺等问题的了解情况，均处于弱者地位，其距离证据较远、举证能力较弱，因此在产品责任纠纷中，应当遵循社会风险管控领域中让最有能力承担风险者承担风险的规则。在原审过程中，刘某平提供了工地工人的证明、消防部门的《证明》以证实涉案挖掘机是在使用过程中突然起火。虽消防部门后又否认了《证明》中疑似挖掘机发动机起火原因的说法，但也未对挖掘机起火的原因进行认定。作为普通的消费者，刘某平提交其他证据已经可以达到证明挖掘机系使用过程中起火的目的，其证明挖掘机存在缺陷、导致其财产损失的举证责任已经完成。湘宇公司作为销售者，应当就其存在免责事由进行举证，但湘宇公司未能举证证明挖掘机起火非因产品缺陷造成，应当承担举证不能的后果。原审基于本案纠纷性质以及各方当事人的身份地位分配举证责任，并无不当。另外，生产者和销售者对被侵权人的责任形态为不真正连带责任，如湘宇公司能够证明产品缺陷系因生产者造成的，其有权向生产者追偿。

在上述案例中，案例 81 涉及“多因一果”造成受害人的损害时民事责任如何分担的问题，案例 82 涉及民事责任的连带责任问题，案例 83 涉及不真正连带责任问题。试问：如何理解适用按份责任？如何理解适用连带责任？

二、按份责任

所谓按份责任，是指数个民事责任主体按照法律规定或者约定，各自承担一定份额的责任。对此，《民法典》第一百七十七条规定了按份责任：“二人以上依法承担按份责任，能够确定责任大小的，各自承担相应的责任；难以确定责任大小的，平均承担责任。”《民法通则》没有规定按份责任，《人身损害赔偿解释》规定了以过错或原因力大小为依据确定责任分担比例的规定。《民法典》第一千一百七十二条规定了按份责任："二人以上分别实施侵权行为造成同一损害，能够确定责任大小的，各自承担相应的责任；难以确定责任大小的，平均承担责任。"《民法典》第五百一十七条规定："债权人为二人以上，标的可分，按照份额各自享有债权的，为按份债权；债务人为二人以上，标的可分，按照份额各自负担债务的，为按份债务。按份债权人或者按份债务人的份额难以确定的，视为份额相同。"

"按份责任产生的前提，是二人以上的民事主体不依照法律规定或者当事人约定履行民事义务产生的民事责任。"① 依此解释，按份责任应当依照民事义务违反的法律事实予以确定；除非法律规定某种民事义务的违反约定由二个以上的责任人承担连带责任，或者责任人违反当事人约定的连带债务应当承担连带责任的，二个以上的责任人对权利人应当承担按份责任。按份责任从属于民事权利义务关系中的按份义务或按份债务。②

在侵权责任中，按份责任主要适用于下列情形：第一，无意思联络的数人侵权，侵权行为间接结合。无意思联络的数人侵权，是指数个行为人事先既没有共同的意思联络，也没有共同过失，只是由于行为客观上的联系，直接结合或间接结合，而共同造成同一个损害结果的侵权行为。根据《人身损害赔偿解释》第三条的规定，侵害行为直接结合的无过错联系的共同致害为共同侵权，行为人承担连带责任；侵权行为间接结合的无过错联系的共同致害不为共同侵权，行为人承担按份责任。第二，共同危险行为。共同危险行为人承担连带责任，但存在共同危险行为人承担按份责任的情形。确定按份责任的判例为"Sindell v. Abbott Laboratories"一案。Sindell 是一位美国女性，她在二十几岁的时候发现自己患上了乳腺癌。导致自己癌症的原因在于她的母亲在孕育她的时候吃了一种保胎药，叫作己烯雌酚。这种药会残留在胎儿的身上导致其成年患上乳腺癌，后来这种药被美国政府明令禁止。由于当时生产此药的共有 11 家化学工厂，Sindell 没有办法证明她的母亲究竟服用哪家化学厂生产的药品，于是向法院控告当时在市场占有 95% 销售额的 5 家公司。初审法院驳回了她的诉讼请求，Sindell 就上诉至加利福尼亚州最高人

---

① 参见李适时主编：《中华人民共和国民法总则释义》，法律出版社 2017 年版，第 540 页。

② 参见邹海林：《民法总则》，法律出版社 2018 年版，第 450 页。

民法院。最高人民法院判决，每个产生该药物的厂商按照其当时的市场份额向原告承担赔偿责任。市场份额责任（Market shares liability），就是按照各自的市场份额或按照造成损害的概率来承担责任。

确定侵权按份责任时，应依照以下规则处理：一是各行为人对各自的行为所造成的后果承担责任。无过错联系的共同致害属于单独侵权而非共同侵权，各行为人的行为只是单独的行为，只能对其行为所造成的损害后果负责。在损害结果可以单独确定的前提下，法官应当责令各行为人就其行为的损害承担赔偿责任。二是各行为人在共同损害结果无法分割的情况下，按照各行为人所实施行为的原因力，按份额各自承担责任。无过错联系的共同致害，多数情况下有一个共同的损害结果，且无法区分个人的损害后果。在这种情况下，应当将赔偿责任确定为一个整体责任，依据各行为人的行为对损害后果的原因力，划分责任的份额，由各行为人按照自己的份额承担责任。三是对于无法区分原因力的，应按照公平原则，区分各行为人的责任份额。对此，按照等额分配份额，考虑各行为人的经济负担能力，适当分割份额，仍按份额承担责任。四是对无过错联系的共同致害行为人，不实行连带责任。无论在以上何种情况下，各行为人都只对自己应承担的份额承担责任，既不能使各行为人负连带责任，也不得令某个行为人负全部赔偿责任，同时，也不存在行为人内部的求偿关系。

对于约定按份责任的构成，核心在于当事人的义务份额可以依据当事人的具体约定产生，原则上当事人不能通过约定的方式对于民事责任承担的份额作出约定，但可以对承担义务的份额作出约定，而义务的违反即产生法律责任，此时的责任是按份责任。[①] 对此，《民法典》第六百九十九条规定："同一债务有两个以上保证人的，保证人应当按照保证合同约定的保证份额，承担保证责任；没有约定保证份额的，债权人可以请求任何一个保证人在其保证范围内承担保证责任。"因此，当事人对于按份义务的约定不能违反法律强制性规定，如将分担的连带责任约定为按份责任，除非相对人同意的例外。同时，对于多数人侵权责任承担的方式，对于法律没有规定是连带责任的情形，通常为按份责任，不真正连带责任、补充责任除外。

---

① 参见杜万华主编：《中华人民共和国民法总则实务指南》，中国法制出版社 2017 年版，第 674 页。

三、连带责任

所谓连带责任，即指依照法律的直接规定或者当事人的约定，两个以上的责任主体向权利人连带承担全部赔偿责任，权利人有权要求连带责任人中的一人或数人承担全部责任，而一人或数人在承担全部责任后，将免除其他责任人的赔偿责任的一种民事责任形态。对此，《民法典》第一百七十八条作了规定："二人以上依法承担连带责任的，权利人有权请求部分或者全部连带责任人承担责任。连带责任人的责任份额根据各自责任大小确定；难以确定责任大小的，平均承担责任。实际承担责任超过自己责任份额的连带责任人，有权向其他连带责任人追偿。连带责任，由法律规定或者当事人约定。"《民法通则》第八十七条规定了连带债权和连带债务："债权人或者债务人一方人数为二人以上的，依照法律的规定或者当事人的约定，享有连带权利的每个债权人，都有权要求债务人履行义务；负有连带义务的每个债务人，都负有清偿全部债务的义务，履行了义务的人，有权要求其他负有连带义务的人偿付他应当承担的份额。"该法第一百三十条规定："二人以上共同侵权造成他人损害的，应当承担连带责任。"

《民法典》规定了诸多情形的连带责任，如第六百八十八条规定了连带责任保证："当事人在保证合同中约定保证人和债务人对债务承担连带责任的，为连带责任保证。连带责任保证的债务人不履行到期债务或者发生当事人约定的情形时，债权人可以请求债务人履行债务，也可以请求保证人在其保证范围内承担保证责任。"第七百八十六条规定："共同承揽人对定作人承担连带责任，但是当事人另有约定的除外。"第七百九十一条规定："总承包人或者勘察、设计、施工承包人经发包人同意，可以将自己承包的部分工作交由第三人完成。第三人就其完成的工作成果与总承包人或者勘察、设计、施工承包人向发包人承担连带责任。"第八百三十四条规定："两个以上承运人以同一运输方式联运的，与托运人订立合同的承运人应当对全程运输承担责任；损失发生在某一运输区段的，与托运人订立合同的承运人和该区段的承运人承担连带责任。"第一千一百六十八条规定："二人以上共同实施侵权行为，造成他人损害的，应当承担连带责任。"第一千一百六十九条规定："教唆、帮助他人实施侵权行为的，应当与行为人承担连带责任。"等等。这些规定均是《民法典》第一百七十八条规定在各分编的具体体现。

连带责任，要么依据法律的直接规定而产生，如上述法律直接规定的连带责任的情形；要么依据当事人的约定而产生，如保证合同中债权人与保证人约定保证人承担连带责任保证。适用《民法典》第一百七十八条所规定的连带责任时，应当区分：一是民事权利人与两个以上民事责任人之间的权利义务的规定。两个以上的责任人承担连带责任的，任何一个责任人都负有向权利人履行全部责任的义务，权利人可以请求部分或者全部连带责任人承担部分或者全部责任。若无法律规定或者当事人的约定承担连带责任的，权利人不得请求承担连带责任。二是民事责任人之间的内部责任分担的规定。约定内部份额的连带责任，有约定按照约定处理，没有约定内部份额的原则上平均承担责任。法定连带责任内部份额的确定，原则上按照过错大小或原因力比例等分担责任；连带责任主体内部之间存在追偿的关系。因此说，连带责任只是一种对外的责任承担方式，而不是独立的责任类型或形式。在连带责任内部，根据责任自负法则，实际承担责任超过自己责任份额的连带责任人，有权向其他连带责任人追偿，这是规范连带责任的或者公共选择的。[①]

关于连带责任问题，简而言之：一是权利人可以要求连带责任人中部分或者全部承担责任；二是对于连带责任人应当承担的责任，根据其各自责任的大小来确定份额，难以确定的，平均承担责任；三是如果某连带责任人实际承担的责任超过其应当承担的份额，可向其他责任人行使追偿权；四是连带责任是较为严厉的民事责任方式，除当事人约定外，不能采取推定和决定，只能由法律直接规定。

四、不真正连带责任

（一）不真正连带责任的含义及法律特征

不真正连带责任，又称不真正连带债务，是指多数债务人就基于不同发生原因而偶然产生的同一内容的给付，各负全部履行之义务，并因债务人之

---

① 参见陈甦主编：《民法总则评注》（下册），法律出版社2017年版，第1271页。

一的履行而使全体债务人的债务均归于消灭的债务。[①]从债法的意义上说，不真正连带债务不履行的后果，就是不真正连带责任。侵权法上的不真正连带责任，是指多数行为人对一个受害人实施加害行为，或者不同的行为人基于不同的行为而致使受害人的权利受到损害，各个行为人产生的同一内容的侵权责任，各负全部赔偿责任，并因行为人之一的履行而使全体责任人的责任归于消灭的侵权责任形态。[②]

关于不真正连带责任适用的最早的司法解释可见最高人民法院发布的《关于信用社违反规定手续退汇给他人造成损失应当承担责任的批复》[法（经）复〔1988〕45号]。而我国现行法律对不真正连带责任的规定则主要体现在下列几个方面：

一是依据海商法中的相关条款[③]规定，若保险财产的损害由第三人造成，被保险人可以向保险关系外的第三人请求侵权损害赔偿，也可以依据保险合同向保险人主张理赔保险金，此时保险人与第三人的赔偿责任为不真正连带责任。二是保险法中的相关条款[④]规定，因第三者对保险标的的损害而造成保险事故的

① 王利明主编：《中国民法案例与学理研究》（债权篇修订本），法律出版社2003年版，第3页。

② 杨立新：《侵权法论》，人民法院出版社2005年版，第638页。

③ 《海商法》第二百五十二条规定："保险标的发生保险责任范围内的损失是由第三人造成的，被保险人向第三人要求赔偿的权利，自保险人支付赔偿之日起，相应转移给保险人。被保险人应当向保险人提供必要的文件和其所需要知道的情况，并尽力协助保险人向第三人追偿。"第二百五十三条规定："被保险人未经保险人同意放弃向第三人要求赔偿的权利，或者由于过失致使保险人不能行使追偿权利的，保险人可以相应扣减保险赔偿。"第二百五十四条规定："保险人支付保险赔偿时，可以从应支付的赔偿额中相应扣减被保险人已经从第三人取得的赔偿。保险人从第三人取得的赔偿，超过其支付的保险赔偿的，超过部分应当退还给被保险人。"

④ 《保险法》第六十条规定："因第三者对保险标的的损害而造成保险事故的，保险人自向被保险人赔偿保险金之日起，在赔偿金额范围内代位行使被保险人对第三者请求赔偿的权利。前款规定的保险事故发生后，被保险人已经从第三者取得损害赔偿的，保险人赔偿保险金时，可以相应扣减被保险人从第三者已取得的赔偿金额。保险人依照本条第一款规定行使代位请求赔偿的权利，不影响被保险人就未取得赔偿的部分向第三者请求赔偿的权利。"第六十一条规定："保险事故发生后，保险人未赔偿保险金之前，被保险人放弃对第三者请求赔偿的权利的，保险人不承担赔偿保险金的责任。保险人向被保险人赔偿保险金后，被保险人未经保险人同意放弃对第三者请求赔偿的权利的，该行为无效。被保险人故意或者因重大过失致使保险人不能行使代位请求赔偿的权利的，保险人可以扣减或者要求返还相应的保险金。"

情形，受害人可以向保险关系外的第三者请求侵权损害赔偿，也可以依据保险合同向保险公司主张理赔保险金，此时保险人与第三人的赔偿责任为不真正连带责任。三是依据消费者权益保护法中关于产品侵权责任的相关条款[①]规定，因产品质量不合格造成他人财产、人身损害的，产品制造者和销售者之间承担的责任为不真正连带责任。四是《人身损害赔偿解释》第十一条第一款规定，雇佣关系以外的第三人造成雇员人身损害的，赔偿权利人可以请求第三人承担赔偿责任，也可以请求雇主承担赔偿责任。雇主承担赔偿责任后，可以向第三人追偿。根据上述规定，第三人与雇主之间的赔偿责任就为不真正连带责任。

其实，在《民法典》亦有不少条款规定的是不真正连带责任，诸如：《民法典》第一千二百零三条规定："因产品存在缺陷造成他人损害的，被侵权人可以向产品的生产者请求赔偿，也可以向产品的销售者请求赔偿。产品缺陷由生产者造成的，销售者赔偿后，有权向生产者追偿。因销售者的过错使产品存在缺陷的，生产者赔偿后，有权向销售者追偿。"第一千二百零四条规定："因运输者、仓储者等第三人的过错使产品存在缺陷，造成他人损害的，产品的生产者、销售者赔偿后，有权向第三人追偿。"第一千二百二十三条规定："因药品、消毒产品、医疗器械的缺陷，或者输入不合格的血液造成患者损害的，患者可以向药品上市许可持有人、生产者、血液提供机构请求赔偿，也可以向医疗机构请求赔偿。患者向医疗机构请求赔偿的，医疗机构赔偿后，有权向负有责任的药品上市许可持有人、生产者、血液提供机构追偿。"第一千二百三十三条规定："因第三人的过错污染环境、破坏生态的，被侵权人可以向侵权人请求赔偿，也可以向第三人请求赔偿。侵权人赔偿后，有权向第三人追偿。"第一千二百五十条规定："因第三人的过错致使动物造成他人损害的，被侵权人可以向动物饲养人或者管理人请求赔偿，也可以向第三人请求赔偿。动物饲养人或者管理人赔偿后，有权向第三人追偿。"等等。上述各条款都涉及责任的"追偿"，但此追偿不同于连带责任意义上的追偿，不真正连带责任中多数责任人之间没有内部份额的分担问题，追偿的

---

① 《消费者权益保护法》第四十条规定："消费者或者其他受害人因商品缺陷造成人身、财产损害的，可以向销售者要求赔偿，也可以向生产者要求赔偿。属于生产者责任的，销售者赔偿后，有权向生产者追偿。"

发生是因为存在着对损害承担终局责任的人，没有终局责任人的不真正连带责任，不发生追偿的问题。

不真正连带责任具有下列法律特征：

1. 数个行为人基于不同的行为造成一个损害。例如，雇佣关系以外的第三人造成雇员人身损害的，第三人的行为是造成受害人损害的原因，同时，作为雇主也应当对雇员的损害承担责任。又如，销售者销售缺陷产品是造成受害人损害的原因，同时该产品的缺陷又是生产者的生产造成的，两个行为都是损害发生的原因。

2. 数个行为人的行为产生不同的侵权责任，该责任具有同一目的。例如，雇主责任和第三人的侵权责任，都以赔偿受害雇员为目的，因此分别产生不同的侵权责任。

3. 受害人享有不同的损害赔偿请求权，可以择一行使。就产品责任而言，受害人可以选择向销售者或者向生产者请求承担赔偿责任，受害人选择的一个请求权全部实现之后，其他请求权消灭。

4. 损害赔偿责任最终归属于造成损害发生的直接责任人，即终局责任人。如果受害人选择的侵权责任人为终局责任人，则该责任人就应当最终地承担侵权责任。如果选择的责任人不是终局责任人，则承担了侵权责任的责任人可以向终局责任人追偿。如第三人对于雇员的侵权行为，在雇主承担赔偿责任后，可以向第三人追偿。

（二）连带责任与不真正连带责任的区别

连带责任与不真正连带责任有诸多相似之处：侵权人均为复数；各责任人均承担全部给付义务；因一人给付而使全部债务归于消灭。但是二者的区别仍然是明确的：

1. 产生的原因不同。连带责任通常基于共同的原因产生，或者为共同侵权，或者为共同契约；而不真正连带责任则不然。

2. 目的不同。连带责任具有共同的目的且各责任人在主观上互相关联，而不真正连带责任的各责任人之间对侵权行为的发生在主观上没有相互关系。

3. 法律效力不同。连带责任各债务人之间因具有主观的联系，各债务人一人所生之事项，其效力一般均及于其他债务人；而不真正连带责任各债务人之间因无主观上的联系，所以除债权人债权满足的事项和免除终局责任人债务的事项外，原则上其他事由只发生相对效力，其效力不及于其他债务人。

4. 法律要求不同。连带责任实行法定主义，即为限制连带责任的滥用，只有在法律明文规定或当事人有明确约定时才产生连带责任，否则不得擅自使用连带责任；而不真正连带责任中，各债务人的债务分别基于不同原因偶然巧合而产生，各自独立，其运用由法院根据不同法律关系的竞合情况酌定，无须法律明文规定，更不存在当事人之间的约定。

5. 债务人的责任分担不同。连带责任各债务人相互之间有主观的共同联系，有确定的债务数额分担，从而相互之间存在内部求偿权；而不真正连带责任各债务人相互之间没有主观的共同目的，所以没有债务数额的分担，从而也就不发生内部求偿，即使有，也只是基于终局责任的承担。

（三）不真正连带责任的主要形式

不真正连带责任的具体情形较多，但司法实践中主要有以下类型：

1. 数个侵权行为竞合型。指数个独立的侵权行为因偶然竞合而产生的不真正连带责任。一般是数人因各自独立的侵权行为使他人遭受同一损害，又不构成共同侵权行为，各个侵权行为人对此损失均负全部责任。如造纸厂与磷铵厂向同一河道排放生产污水，造成河道下游养鱼承包户的鱼死亡。此时，两家工厂对承包户负不真正连带责任。

2. 数个违约行为竞合型。指一人的债务不履行行为与他人的债务不履行行为发生竞合而产生的不真正连带责任。如建造房屋过程中，甲负责设计，乙负责提供材料，丙负责施工。后因甲的设计不合格，乙提供的材料有瑕疵，丙的施工质量低劣，使房屋不能正常使用。甲、乙、丙三者均违反各自的履行义务，各负赔偿全部损害的义务。

3. 违约行为与侵权行为竞合型。指一人的债务不履行行为与他人的侵权行为发生竞合而产生的不真正连带责任。如某甲将其轿车交修理厂维修，某乙到修理厂后向其老板索要该车的钥匙，驾车兜风，不慎撞于路边栏杆，将轿车撞坏。某甲以修理厂和某乙为被告，请求两被告赔偿轿车损失。此时，某乙承担损坏轿车的侵权责任，修理厂承担承揽合同非终局的不真正连带责任的违约责任。

4. 合同当为义务与侵权行为竞合型。最典型的是保险人与侵犯被保险人权利的第三人之间的不真正连带责任。如甲将电脑投保，乙不慎将电脑损坏，此时保险公司向甲赔偿是保险合同约定的当为义务，乙因侵权行为也负赔偿责任，两者之间成立不真正连带责任。

五、对案例 81、案例 82、案例 83 的简要评析

在案例 81 中，本案是提供劳务者受害责任纠纷，应当适用侵权责任中的过错责任原则处理，本案也是“多因一果”造成了受害人蒋某的人身损害。首先，作为清扫装修垃圾的工人，蒋某在提供劳务过程中负有注意安全的义务，未尽到安全注意义务，其自身存在过错，应当承担与其过错相适应的民事责任。其次，作为接受劳务的彭某负有安全施工的管理义务，其未尽到此项义务，对蒋某的受伤存在过错，应当承担相应的民事责任。最后，作为房主邓某为蒋某提供了楼梯，又因楼梯原因导致蒋某滑倒，邓某存在一定的过错，亦应当承担相应的民事责任。因此说，二审法院将三者承担责任的比例进行了重新划分，蒋某自己承担 40% 的责任，彭某承担 50% 的责任，房主邓某承担 10% 的责任，是适当的。在这类案件的处理时，首先，要适用过错责任原则，不能适用无过错责任原则。其次，要把握好当事人之间的利益衡平。

在案例 82 中，套牌车社会危险性极大，必须用司法裁判的手段促进实现公法上的管理功能，即应确立这样的规则，套牌车发生事故造成损害，同意套牌的机动车所有人应当承担连带责任。该指导案例旨在明确出借机动车号牌给他人套牌使用的法律责任。该案例裁判要点明确机动车所有人或者管理人将机动车号牌出借他人套牌使用，或者明知他人套牌使用其机动车号牌不予制止，套牌机动车发生交通事故造成他人损害的，机动车所有人或者管理人应当与套牌机动车所有人或者管理人承担连带责任。该案例进一步细化了交通事故责任纠纷有关法律和司法解释的规定，其价值导向是通过增加机动车号牌出借人的违法成本，遏制机动车套牌的违法行为，切实维护被害人的合法权益和机动车管理秩序，促进道路交通安全。[①] 套牌机动车的所有人

---

① 最高人民法院案例指导工作办公室、执笔人石磊：《〈赵某明等诉烟台市福山区汽车运输公司、卫某平等机动车交通事故责任纠纷案〉的理解与参照》，载《人民司法·案例》2014 年第 6 期，第 93 页。

或管理人的责任范围：一是在审理实践中，套牌机动车投保交强险的情况极少，但不排除其可能性。因此，若套牌机动车已经投保了交强险，先由其交强险保险公司在责任限额范围内承担赔偿责任。二是在交强险责任限额范围之外的损失，也并非无条件地由套牌机动车所有人或管理人承担全部赔偿责任，仍应当按照《道路交通安全法》第七十六条第一款规定的不同归责基础，确定套牌机动车一方应承担的责任。[①]

司法实践中，虽然大多数情况下被套牌机动车所有人或者管理人对他人套牌其机动车的情形并不知情，但也存在被套牌机动车所有人或者管理人知道他人套牌而不明确表示反对的现象。诸如：基于个人之间的情谊而允许他人套牌；基于有偿使用而让他人套牌。司法解释将被套牌机动车所有人或者管理人承担连带责任的条件限定在"同意套牌"的范畴。被套牌机动车所有人或者管理人与套牌机动车所有人或者管理人承担连带责任的依据：一是通过对受偿不能风险的合理分配，有利于受害人合法利益得到及时充分的维护。二是连带责任不仅能够服务于充分保护受害人的目的，而且具有促进公法目的实现的功能。三是被套牌机动车所有人或者管理人的同意行为违反了保护他人的法律，应承担连带赔偿责任。[②]

在案例 83 中，本案属于产品责任纠纷，属于典型的不真正连带责任。依据《产品质量法》第四十三条规定："因产品存在缺陷造成人身、他人财产损害的，受害人可以向产品的生产者要求赔偿，也可以向产品的销售者要求赔偿。属于产品的生产者的责任，产品的销售者赔偿的，产品的销售者有权向产品的生产者追偿。属于产品的销售者的责任，产品的生产者赔偿的，产品的生产者有权向产品的销售者追偿。"《民法典》第一千二百零三条（《侵权责任法》第四十三条）规定："因产品存在缺陷造成他人损害的，被侵权人可以向产品的生产者请求赔偿，也可以向产品的销售者请求赔偿。产品缺陷由生产者造成的，销售者赔偿后，有权向生产者追偿。因销售者的过错使产

---

① 参见最高人民法院民事审判第一庭编著：《最高人民法院关于道路交通损害赔偿司法解释理解与适用》，人民法院出版社 2012 年版，第 71~72 页。

② 参见最高人民法院民事审判第一庭编著：《最高人民法院关于道路交通损害赔偿司法解释理解与适用》，人民法院出版社 2012 年版，第 75~76 页。

品存在缺陷的，生产者赔偿后，有权向销售者追偿。”因此，作为产品的使用者刘某平在使用过程中挖掘机起火，只要不是人为因素所致，则推定为产品质量出了问题，刘某平有选择湘宇公司赔偿的权利，如湘宇公司能够证明产品缺陷系因生产者造成的，其有权向生产者追偿。

第三节　民事责任的免除和减轻

一、问题的提出

民事主体承担特定种类的民事责任，需要法律规定的条件，只有这些条件得到满足，才依法承担民事责任。若条件欠缺，则不承担民事责任。若条件具备，但存在不承担责任或者减轻责任的事由，则当事人的民事责任免除或者减轻。这些免除或者减轻民事责任的事由，称为抗辩事由。《民法典》第一百八十条至第一百八十四条规定了民事责任免除或者减轻的事由。

在研究民事责任的免除和减轻之前，先看三则案例：

案例 84：中贸公司与保险公司保险纠纷案[①]

二审法院认为，本案二审的主要争议焦点为中贸公司是否应对涉案车辆在“山竹”台风引起的风暴潮中遭受的损失承担赔偿责任。首先，中贸公司与车主形成了车辆保管合同关系，而非物业服务合同关系。虽然双方未签订书面的车辆保管合同，但余某海将车辆停放在中贸公司管理的停车场，并向中贸公司支付车位管理月保费用，而且中贸公司出具的《好景花园地下车库水浸车统计表》中亦明确保管情况，即其亦自认双方是保管关系。其次，台风“山竹”为 1951 年以来登陆珠三角风速第二大的台风，也是有记录以来对广州风力影响最大、暴潮涨水最强的台风，“山竹”台风引发了强烈的风暴潮，广州多处水文站记录的潮位均超历史最高水位和三百年一遇水位，事

① 详见广东省广州市中级人民法院（2019）粤 01 民终 21006 号民事判决书。

故地点附近的中大水文站在保险事故发生时出现3.28米的高潮位，超历史极值0.47米，超警戒水位1.78米，“山竹”台风的强度及其引起的风暴潮的烈度超出一般情况下台风红色预警信号的预测，对此，作为普通经营者，对风暴潮的强烈程度未能正确预见，具有合理性，而受风暴潮影响，珠江水倒灌涌进车库，超过正常阻水设施的承受能力，而台风刮倒树木引起停电使得排水设备未能发挥效用，停车场积水量迅速上升，最终导致停车场在短时间内被完全淹没，中贸公司在水位上涨时亦采取了设置挡板等措施，但因水量太大，无法避免与克服本案车辆损失的发生，故应认定“山竹”台风引起的风暴潮属于不可抗力。最后，虽然风暴潮属不可抗力，但中贸公司在广州市气象部门发布台风红色预警信号之后，未能及早做好防御措施，只是采取一般性的排险抢险措施，未能有效减除危险，说明中贸公司在停车场的经营管理上还是有一定过错，不能因台风引起的风暴潮的不可抗力而全部免除责任；综合考量当日因风暴潮引起江水倒灌的不可抗性以及中贸公司在此次事故中的过错，本院认定中贸公司对涉案车辆因水浸而产生的损失承担50%的赔偿责任，即保险赔偿金39760元的50%即19880元。

案例85：张某朝、黄某珍诉药山中学、水务局、李某章生命权纠纷案[①]

张某朝、黄某珍婚后于2002年12月18日，生育次子张某某，生前就读于药山中学。2019年4月28日，张某某从校内翻越围墙到拦河坝处，遇同校学生李某某误入深水区时，张某某下水将李某某救起，张某某因不会游泳导致溺水死亡。据药山派出所调查，受害人张某某是为救助李某章之子李某某溺水死亡的。药山中学未及时发现张某某未在课堂时逐级上报，也未在张某某翻墙时进行及时阻止，因此，药山中学未尽到管理义务。事后，药山中学已垫付张某某安葬费5万元。拦河坝属于被告水务局管理，在拦河坝管理房墙上写明警示标语“坝区范围内禁止采沙和游泳”。

法院认为：民事主体合法的人身、财产、权益受法律保护，任何组织和个人不得侵犯。见义勇为不仅是中华民族的传统美德，更是时代精神的

---

① 云南省巧家县人民法院（2019）云0622民初1645号民事判决书。

具体表现，当下社会倡导见义勇为，弘扬社会正气，是广大人民群众的强烈愿望，也是构建和谐社会的必然要求。出生在贫困家庭的张某某翻越围墙逃学是不被允许的，但他见李某某将要溺水时，奋不顾身，全力以赴地营救落水的李某某，这一壮举恰恰体现了舍己救人、见义勇为的高贵品质，张某某在本案中不承担责任。药山中学未尽到管理责任，应承担70%的责任。河坝管理者在管理河坝时存在瑕疵，水务局作为事发河坝的管理者，应承担25%的责任。作为被救的受益人李某某，根据《民法总则》第一百八十三条规定：因保护他人民事权益使自己受到损害的，由侵权人承担民事责任，受益人可以给予适当补偿……故李某某应承担5%的责任，其责任由法定监护人李某章承担。据此判决：由药山中学、水务局、李某章于本判决生效之日起30日内，分别赔偿原告张某朝、黄某珍之子张某某的死亡赔偿金、安葬费、精神抚慰金共计46万元、182499.63元、4万元。

案例86：中交四公司、伟业租赁处与岳某圆、王某、刘某军提供劳务者受害责任纠纷案[①]

二审法院认为：本案系一起因救援不当造成的财产损害赔偿纠纷，由于岳某圆、王某没有提供证据证实刘某军在救援过程中收取了救助费用，故应认定刘某军实施的是无偿救援行为。根据《民法总则》第一百八十四条“因自愿实施紧急救助行为造成受助人损害的，救助人不承担民事责任”的规定，刘某军作为救助人，不承担本案的赔偿责任。中交四公司要求重型专项作业车在雨天前来施工地点作业，造成该车辆倾倒在路边，本身存在过错，同时中交四公司作为救援的组织者，未选择专业的救援机构进行救助，亦有选任过错，应对救援不当造成的损失承担相应的赔偿责任。伟业租赁处作为承租人，未妥善管理和合理使用租赁物，有一定的过错，应承担一定的赔偿责任。岳某圆、王某雇请的驾驶员不当驾驶车辆，导致险情的发生，是造成本次事故的起因，可以适当减轻中交四公司、伟业租赁处的赔偿责任。综合本案案情、各方过错大小及原因力大小，同时权衡各方受益程度，确定中交四公司、伟业租赁处各承担30%的赔偿责任，其余

---

① 详见湖南省衡阳市中级人民法院（2019）湘04民终1337号民事判决书。

损失由岳某圆、王某自负。

在上述案例中，案例 84 涉及不可抗力问题，案例 85 涉及见义勇为问题，案例 86 涉及紧急救助行为问题，这些案例在司法实践中并不鲜见。试问：民事责任的免除和减轻的具体事由有哪些？如何理解适用？

二、不可抗力

所谓不可抗力，即指不能预见、不能避免且不能克服的客观情况。不可抗力是独立于民事主体的行为之外的法律事实。能够引起民事权利义务关系的产生、变动和消灭。对此，《民法典》第一百八十条规定："因不可抗力不能履行民事义务的，不承担民事责任。法律另有规定的，依照其规定。不可抗力是指不能预见、不能避免且不能克服的客观情况。"

在学理和立法例上，对不可抗力的界定存在三种学说：主观说认为，以义务人的预见能力和抗御能力作为判断标准，义务人如果尽到了自己的最大注意义务仍然不能防止损害后果的发生，即认定为不可抗力。客观说认为，以客观事件的性质及其外部特征为标准，凡属于一般人无法抗御的重大外来力量即为不可抗力。折中说兼采主、客观标准，既承认不可抗力是一种客观的外在因素，也强调当事人的最大预见，以最大的努力避免和克服不可抗力。我国从《民法通则》到《合同法》，再到《民法典》总则编，所采取的立法立场是一致的，即一致采用了折中说。

不可抗力相对于民事主体来说是客观事件，包括但不限于：（1）自然灾害事故，如地震、洪水、旱灾、冰雹、暴雨、海啸、台风等。如最高人民法院在卓盈丰制衣纺织（中山）有限公司与广东长城建设集团有限公司建设工程施工合同纠纷抗诉案中认为，台风和暴雨都是独立于施工方之外的客观自然事件，会造成施工的中断。施工方对于台风和暴雨的发生以及施工中断的发生是不能够避免和克服的，因此，台风和暴雨应当属于施工中的不可抗力事件。台风和暴雨造成建设工程工期的延误，因具有不可归责于施工方的事由而应免除施工方的责任，应将延误的时间计算到工程应该延误的时间中。即使双方在合同中约定工期不因雨天而延长，亦应将不可抗力延误的时间计算到工程的合理延期之内。[①]（2）异常危险事件，如战争、武装冲突、骚扰、罢工、核事故等。（3）政府行为，如政府采取的戒严、紧急状态等紧急措施。如2019年底到2020年初新型冠状病毒的暴发，导致不少省份启动了一级响应，“武汉封城”会导致许多合同不能及时履行，则这次事件可以称为不可抗力。

民事主体以不可抗力为由主张不承担民事责任的，应当以不可抗力与民事义务的违反之间存在因果关系为必要，虽有不可抗力的发生，但其不是民事主体不履行或者不完全履行民事义务的直接原因，不发生民事主体不承担民事责任的法律效果。民事义务的违反，或者合同义务的违反，或者法定义务的违反，只要不可抗力是民事义务违反的直接原因，行为人均可以主张不承担民事责任。[②]因此，发生不可抗力之后，应当查明不可抗力与造成的损害后果之间的因果关系，并确定当事人的活动在发生不可抗力的条件下对其所造成的损害后果的作用，如当事人对损害后果的发生存在过错，则应当承担相应责任。如在罗某诉奥士达公司人身损害赔偿纠纷案中生效裁判认为：台风作为一种严重的自然灾害，确实是难以避免的。但是，在气象等相关科学高度发展的今天，台风是可以预见的，通过采取适当的措施，台风过境造成的影响也是能够减小到最低限度的。被告完全有条件在台风登陆前停止生产，疏散人员，或者安排工人到相对安全的地点工作。但是在台风登陆的当日，被告为了自己的利益还组织工人到工棚工作，致使在台风过境时相当危险的工作场所内的所有人员身处险境，最终导致倒塌一死六伤惨剧的发生。因此，被告关于本案事故发生系因不可抗力的抗辩理由，没有事实根据和法律依据，不予支持。[③]

值得注意的是，“法律另有规定的，依照其规定”作为不可抗力免责事由的例外情形。也就是说，在法律有明文规定的情形下，即使发生了不可抗力，同样不能免责。如《民法典》第一千二百三十七条规定：“民用核设施或

---

① 详见最高人民法院（2008）民一抗字第20号民事判决书，载江必新主编、最高人民法院审判监督庭编：《审判监督指导》2009年第3辑（总第29辑），人民法院出版社2010年版，第127~147页。

② 参见邹海林：《民法总则》，法律出版社2018年版，第460页。

③ 详见《最高人民法院公报》2007年第7期（总第129期）。

者运入运出核设施的核材料发生核事故造成他人损害的，民用核设施的营运单位应当承担侵权责任；但是，能够证明损害是因战争、武装冲突、暴乱等情形或者受害人故意造成的，不承担责任。”第一千二百三十八条规定：“民用航空器造成他人损害的，民用航空器的经营者应当承担侵权责任；但是，能够证明损害是因受害人故意造成的，不承担责任。”

三、正当防卫

所谓正当防卫，即指行为人为了保护社会公共利益、自身或者他人的合法权益免受正在进行的侵害，而对不法侵害人采取的、以制止其不法侵害为必要的防卫行为或措施。由于正当防卫本身具有正当性，是一种合法的行为，若造成不法侵害者的人身或者财产损害，正当防卫人不承担民事责任。对此，《民法典》第一百八十一条规定：“因正当防卫造成损害的，不承担民事责任。正当防卫超过必要的限度，造成不应有的损害的，正当防卫人应当承担适当的民事责任。”《民法典》的规定源自《民法通则》《侵权责任法》。正当防卫，自《民法通则》以来为我国民法所一直确认的一项“正当理由的抗辩事由”。《侵权责任法》第三十条规定：“因正当防卫造成损害的，不承担责任。正当防卫超过必要的限度，造成不应有的损害的，正当防卫人应当承担适当的责任。”

正当防卫是“为自己或他人免受正在发生的不法侵害而实施的必要的防卫行为”。[①] 正当防卫是为了保护合法的利益而以合法的行为去制止不法行为，因此正当防卫是各国法律普遍认可的侵权责任的抗辩事由。《德国民法典》第二百二十七条规定：“正当防卫的行为不为违法。正当防卫是指为避免自己或者他人受现时的不法侵害而进行的必要防卫。”该法典对正当防卫的定义被学者称为具有经典权威性。[②]《日本民法典》第七百二十条规定：“为防卫自己或第三人的权利，不得已而对他人的侵权行为实施加害者，不负赔偿责任。”

---

① 〔德〕魏根特：《德国刑法教科书》，徐久生译，中国法制出版社 1998 年版，第 403 页。

② 张新宝：《侵权责任法原理》，中国人民大学出版社 2005 年版，第 114 页。

正当防卫，在性质上属适法行为，可阻却违法，不负赔偿责任。[①] 正当防卫系权利的私力救济，其行使必须具备下列要件：（1）正当防卫必须是针对实际存在的、正在进行的不法侵害。“实际存在”表明不法侵害客观存在，不是凭主观想象或主观推测的。“正在进行”表明损害正在发生，而不是尚未发生或已经结束的。若在不法侵害行为实施以前或者结束以后实施的所谓的正当防卫，就是防卫不适时。（2）正当防卫具有必要性和紧迫性，必须是针对非法的，非进行防卫而不能排除、阻止的侵害行为实施的。如果有条件和有能力通过非防卫的合法方式制止侵害行为，则不得实施正当防卫。（3）正当防卫必须针对不法侵害者本人而实施。正当防卫的目的在于排除和制止不法侵害，而不法侵害的行为只能来自侵害者，故只能对不法行为人本人进行，不能针对第三人。（4）正当防卫具有保护合法权益的目的性。这就要求防卫人有正确的防卫意识，不仅应意识到不法侵害的现实存在，而且应意识到其防卫行为是为了保护本人或他人的合法权益以及社会利益。（5）正当防卫不得超过必要限度。必要限度是指为了制止不法侵害，必须具有的足以有效制止侵害行为的应有强度。只要是为了制止侵害所必需的，就不能认为超越了正当防卫的必要限度。如果不法侵害强度不大，只需用较缓和的手段就可以制止或排除，而防卫人却采用了激烈的手段予以制止或排除，使防卫的强度明显超过不法侵害的强度，此种防卫就超过了必要限度。防卫是否超过必要限度是正当防卫和防卫过当的分界线。

在司法实践中，应当注意的是，一是若防卫人知道侵害者为精神病患者，一般不宜实行正当防卫。应尽量采取其他方法躲避侵害，只有在迫不得已的情况下才允许实施正当防卫，并且防卫的方式和方法应受到限制，其行为应以制服侵害行为为主要目的。二是防卫人明知侵害人为无侵权责任能力的未成年人，一般也不宜实行正当防卫。防卫人应当小心对待实施侵害的未成年人，或者教育、训斥他们，或者采用其他措施把他们管束起来。只有在合法权益遭到十分紧迫的侵害的危险情况下，当时当地无条件采用其他方法躲避或制止未成年人的侵害行为，才可以实行正当防卫。

防卫过当是防卫超过必要限度。根据《民法典》第一百八十一条第二款

---

① 王泽鉴：《侵权行为法》（第一册），中国政法大学出版社2001年版，第233页。

的规定，正当防卫超过必要的限度，造成不应有的损害的，正当防卫人应当承担适当的民事责任。在审判实践中，如何把握对正当防卫必要限度的判断非常关键，通常应当考虑侵权人进行不法侵害的手段和强度，防卫的手段与强度应当和侵权行为的手段与强度相适应。“超过必要限度”和“造成不应有的损害”是司法机关认定防卫是否过当的判断标准，“超过必要限度”意味着防卫的手段与强度和侵权行为的手段与强度之间存在明显的不均衡。

行为人防卫过当造成不应有的损害的，防卫人应当承担适当的民事责任。正当防卫超过必要限度是防卫过当，防卫人承担“适当”的侵权责任。所谓“适当”，应该从以下三个方面来把握：一是防卫过当不能免除民事责任；二是防卫过当造成的损害一般应当减轻民事责任，不应当受全部赔偿原则的限制；三是在防卫过程中故意对不法侵害者采取加害行为的，对其超出必要限度的损害应当全部赔偿，在这种情况下，已经不是防卫过当而是故意的侵权行为，应当负担全部责任。防卫过当的赔偿范围，应当是超出防卫限度的那部分损害，即“不应有”的那部分损害。

四、紧急避险

紧急避险，是指为了使公共利益、本人或他人的合法权益免遭现实的和紧迫的侵害的危险，不得已而采取的致人损害的行为。[①] 紧急避险的正当性源于“紧急时无法律”这句古老的法律格言，这句格言产生于中世纪的教会法，其基本含义是，在紧急状态下可以实施法律在通常情况下禁止的某种行为，以避免紧急状态所带来的危险。[②] 我国民法通说认为紧急避险不是侵权行为的根本原因就在于，当法律所保护的利益遭遇紧急危险而不可能采取其他措施予以避免时，不得已损害另一较小利益来保护较大利益，因此紧急避险行为从整体来看或者说从社会整体利益来看，具有正当性。[③]

《民法典》第一百八十二条规定了紧急避险：“因紧急避险造成损害的，

---

① 江平主编：《民法学》，中国政法大学出版社 2000 年版，第 782 页。

② 张明楷：《刑法格言的展开》，法律出版社 1999 年版，第 231 页。

③ 高铭暄、马克昌主编：《刑法学》，北京大学出版社、高等教育出版社 2000 年版，第 139 页。

由引起险情发生的人承担民事责任。危险由自然原因引起的，紧急避险人不承担民事责任，可以给予适当补偿。紧急避险采取措施不当或者超过必要的限度，造成不应有的损害的，紧急避险人应当承担适当的民事责任。”该条源自《民法通则》第一百二十九条、《侵权责任法》第三十一条的规定。

紧急避险的构成必须符合一定的构成要件。具体包括：（1）须存在急迫危险[①]，并威胁着公共利益、本人或者他人的利益。急迫危险不同于现时危险，依一般经验判断将要发生的危险包括在内，这也是紧急避险与正当防卫的不同。（2）须存在避免危险侵害的法益。就紧急避险的客体而言，是否应限于生命、身体和自由，因为这三项人格权，“通过避险行为，确能免除或者减轻损害，而其他人格权上的急迫危险，靠牺牲他人权利是无济于事的，因而只能通过正当防卫去救济”。[②] 对于危险侵害的法益不必进行限制，生命、身体、自由、财产以及其他各种可能的法益都应包括在内。（3）须是避免危险的唯一手段。如有逃避机会，不得为避险行为。我国台湾地区曾有判例认为：“民法规定为避免危险所必要，其意义谓其避难行为，为救助其法益之惟一手段，其他别无救护之途。”[③] 该要件实质要求采取避险措施须为不得已，若不采取该措施就不足以使合法权益避免正在遭受的现时危险，不足以保全较大的合法权益。（4）避险行为不得超过必要的限度，造成不应有的损害。“必要限度”是指在面临紧急危险时，避险人应采取适当的措施，以尽可能小的损害保全较大的法益。“不应有的损害”的判断则需要进行法益的衡量，看避险行为所生的损害是否超过危险所能导致的损害。（5）紧急避险的适用排除职务上、业务上负有特定责任的人。“职务上、业务上负有特定责任”，是指担任的职务或者从事的业务要求其对一定的危险负有排除的职责，例如消防队员、医生、船长、防汛员、警察等。这些对正在发生的危险负有特定职责的人，不能为了使自己避免这种危险而采取紧急避险，因为他们有与特种危险作斗争的法律义务。如果负有这种特定责任的人，遇到危险时，为了避免个人遭受危险，不履行职业义务，从而牺牲了国家利益、公共利益或者他

---

① 陈卫佐译注：《德国民法典》，法律出版社 2006 年版，第 75 页。

② 张俊浩主编：《民法学原理》，中国政法大学出版社 2000 年版，第 88 页。

③ 史尚宽：《民法总论》，中国政法大学出版社 2000 年版，第 750 页。

人利益，是一种放弃职守的渎职行为，造成严重危害后果构成犯罪的，应当依法追究其刑事责任。

《民法典》第一百八十二条对紧急避险作了规定："因紧急避险造成损害的，由引起险情发生的人承担民事责任。危险由自然原因引起的，紧急避险人不承担民事责任，可以给予适当补偿。紧急避险采取措施不当或者超过必要的限度，造成不应有的损害的，紧急避险人应当承担适当的民事责任。"《民法通则意见》第一百五十六条作了进一步规定："因紧急避险造成他人损失的，如果险情是由自然原因引起，行为人采取的措施又无不当，则行为人不承担民事责任。受害人要求补偿的，可以责令受益人适当补偿。"据此，处理紧急避险时应遵循下列原则：一是在一般情况下，应由引起险情发生的人承担民事责任。二是如果危险是由自然原因引起的，行为人采取的措施又无不当，紧急避险人不承担民事责任。三是若受害人要求补偿，避险人（受益人）应当承担适当的补偿责任。受害人对受益人请求损害赔偿的权利基础不是基于侵权，而是基于公平原则，受益人承担的补偿责任实质为一种公平责任。四是紧急避险采取措施不当或者超过必要限度，造成不应有损害的，应当承担适当的民事责任。

五、见义勇为

所谓见义勇为，即指在没有法定或约定义务的前提下，为保护他人的人身、财产权益，制止各种侵权行为、意外事件的救助行为。见义勇为主要分为两种类型：一是自愿同不法侵害行为或者犯罪行为作斗争的行为；二是自愿抢险救灾的行为。见义勇为行为历来是中华民族的传统美德，也一直为法律所保护。自《民法通则》《民法通则意见》到《人身损害赔偿解释》《侵权责任法》，再到《民法典》总则编均规定了见义勇为受到损害后的民事责任承担问题。《最高人民法院关于当前形势下加强民事审判切实保障民生若干问题的通知》（法〔2012〕40号）中指出："要依法鼓励和保护见义勇为等好人好事，坚决制止利用媒体恶意炒作、谎称见义勇为逃避民事责任的行为。"

为了弘扬社会主义核心价值观，鼓励和支持舍己救人的高尚行为，不让见义勇为者流血又流汗，《民法典》总则编规定了因保护他人民事权益而受到损害者的请求权和承担民事责任的主体。该条的规定在于保护见义勇为者，鼓励见义勇为行为，没有侵权人时，受害人请求补偿的，受益人应当给予适当补偿。[①]具体而言，《民法典》第一百八十三条规定："因保护他人民事权益使自己受到损害的，由侵权人承担民事责任，受益人可以给予适当补偿。没有侵权人、侵权人逃逸或者无力承担民事责任，受害人请求补偿的，受益人应当给予适当补偿。"从该条规定可以看出：一是侵权人承担民事责任的，受益人承担的补偿责任是"可以"而不是"应当"；二是当侵权人逃逸或无力承担责任或根本就没有侵权人时，受益人承担的补偿责任是"应当"而不是"可以"。

见义勇为的构成要件包括：一是见义勇为人没有法定职责或约定职责而实施见义勇为行为。如消防员救火属于法定职责，不属于见义勇为行为。二是见义勇为人实施的见义勇为行为是为了保护他人的合法权益、社会公共利益或者国家利益，而不是为了自己的利益。三是见义勇为行为在多数情况下是制止不法行为对他人的人身权利或者财产权利正在进行的侵害。因此说，在现实生活和司法实践中，要把握好见义勇为的构成要件，决不能让"英雄流血又流泪"。

见义勇为人受到损害的赔偿、补偿分为两种情况：第一种情况，存在侵权人情况下的民事责任承担与补偿。见义勇为制止他人民事侵权行为，侵权行为人造成见义勇为人的损害，符合过错责任原则的构成要件，应当由侵权人承担损害赔偿责任。在侵权人没有能力赔偿或者逃逸情况下，作为受益人"应当适当给予补偿"。如果侵权人没有逃逸，能够找到或者有承担民事责任的能力，见义勇为人不能向受益人提出补偿要求。[②]第二种情况，没有侵权人情况下的民事责任承担与补偿。该种情形比较常见，更不能让见义勇为人"心酸"，受益人应当给予适当补充。若形成纠纷，法院可考虑见义勇为人遭受的损害、受益人的受益情况、当事人的经济状况等因素，在侧重保护见义勇为者的前提下，充分自由裁量，以体现法律的"温度"。

---

① 参见李适时主编：《中华人民共和国民法总则释义》，法律出版社 2017 年版，第 572 页。

② 参见李适时主编：《中华人民共和国民法总则释义》，法律出版社 2017 年版，第 573 页。

六、紧急救助行为

自愿实施紧急救助行为是助人为乐的一种美德，是应当倡导鼓励的一种善意文明之举。自愿实施紧急救助行为造成受助人损害的，救助人应否承担民事责任？在过去的法律中没有明文规定。对此，《民法典》第一百八十四条规定："因自愿实施紧急救助行为造成受助人损害的，救助人不承担民事责任。"依此规定，受助人的人身或者财产利益因为救助人的紧急救助行为受到损害的，救助人不承担民事责任。该条规定被称为中国版的"好人法"，也就是说，在自愿实施紧急救助行为的情形下，即便造成了受助人损害，救助人也无须承担民事责任，因而紧急救助行为人享有责任豁免权。①

救助人因紧急救助行为造成受助人损害而不承担民事责任，应当具备的构成要件包括：一是救助人自愿实施紧急救助行为。自愿体现了救助人的主观上的能动性，从行为人样态上主动施救，至于受助人是否愿意接受救助无须考究。二是救助人实施紧急救助行为，既没有法定的职责，也没有约定的义务，纯属"施好"，助人为乐。若有法定职责或约定义务，则不能免除其应当承担的民事责任。三是救助人以救助他人为目的。紧急救助行为应当具有高尚善良的目的，即行为具有利他性。四是紧急救助行为与受助人的损害有因果关系。受助人在紧急救助过程中受到的损害，是救助人的紧急救助行为造成的，是损害发生的原因，救助人不承担民事责任。

七、对案例 84、案例 85、案例 86 的简要评析

在案例 84 中，不可抗力具有三个构成要件：一是独立存在于人的行为之外，既非当事人的行为所派生，亦不为当事人的意志所左右；二是它的发生与损害后果之间具有事实上的因果联系；三是当事人按其现有的能力和应有的谨慎与勤勉不能对这种客观情况及其后果加以控制和克服。那么，"山竹"台风引起的风暴潮属于不可抗力，应该没有异议。在司法实践中，因不可抗力造成的损害，当事人一般不承担民事责任。但是，不可抗力免责，必须是不可抗力成为损害发生的唯一原因，当事人对损害的发生和扩大不能产生任

① 参见王利明:《民法总则研究》(第三版)，中国人民大学出版社 2018 年版，第 738 页。

何作用。因此说，发生不可抗力时，应当查明不可抗力与造成的损害后果之间的关系，并确定当事人在发生不可抗力的条件下对所造成的损害后果的作用。就本案而言，具有不可抗力——“山竹”台风，其造成的损害可谓有目共睹，但是中贸物业对造成的损害后果有一定的作用，故不能全部免除其民事责任。法院判令中贸物业承担一定的赔偿责任是妥当的。

在案例 85 中，年纪轻轻的张某某见义勇为的精神，值得敬佩，值得弘扬。张某某为救他人献出了年轻的生命，非常痛心。依据《民法总则》第一百八十三条“……没有侵权人、侵权人逃逸或者无力承担民事责任，受害人请求补偿的，受益人应当给予适当补偿”的规定，本案中的受益人应当是被救者，被救者系未成年人，应当由其法定代理人承担适当的补偿责任。至于补偿的数额，应当结合受益人的经济状况酌定。综观本案，法院裁判学校、水务局分别承担了 70%、25% 的赔偿责任，显然加大了这两个民事主体的过错责任，似乎他们的过错与张某某见义勇为的行为之间并不存在法律关系。

在案例 86 中，刘某军属于善意施救者，免除其民事责任是正确的。《民法总则》第一百八十四条规定：“因自愿实施紧急救助行为造成受害人损害的，救助人不承担民事责任。”该条确立了善意救助者享有豁免权。因此，刘某军不应当承担民事责任。作为本案的其他民事责任主体，依据各自的过错承担相应的民事责任即可。

第四节　侵害英烈人格权益的民事责任

一、问题的提出

《民法通则》规定了对自然人的人格权予以民法保护。保护自然人的人格权，只能保护生存的自然人；自然人死亡的，民事主体地位丧失，缺乏继续对其提供人格权保护的基础。然而，司法实践中出现不少侵害英烈人格权的民事案件，缺少法律的保护。对此，《民法典》第一百八十五条规定：“侵害英雄烈士等的姓名、肖像、名誉、荣誉，损害社会公共利益的，应当承担民事责任。”

在研究侵害英烈人格权益的民事责任之前，先看一则案例：

案例87：邱某华诉孙某、加多宝公司一般人格权纠纷案[①]

2013年5月22日，被告孙某在新浪微博通过用户名为“作业本”的账号发文称：“由于邱少云趴在火堆里一动不动最终食客们拒绝为半面熟买单，他们纷纷表示还是赖宁的烤肉较好。”作为新浪微博知名博主，孙某当时已有603万余个“粉丝”。该文发布后不久就被转发662次，点赞78次，评论884次。23日凌晨，该篇微博博文被删除。

2015年4月，加多宝公司在其举办的“加多宝凉茶2014年再次销量夺金”的“多谢”活动中，通过“加多宝活动”微博发布了近300条“多谢”海报，感谢对象包括新闻媒体、合作伙伴、消费者及部分知名人士。被告孙某作为新浪微博知名博主也是加多宝公司感谢对象之一。加多宝公司于16日以该公司新浪微博账号“加多宝活动”发博文称：“多谢@作业本，恭喜你与烧烤齐名。作为凉茶，我们力挺你成为烧烤摊CEO，开店十万罐，说到做到多谢行动。”并配了一张与文字内容一致的图片。孙某用“作业本”账号同日转发并公开回应：“多谢你这十万罐，我一定会开烧烤店，只是没定哪天，反正在此留言者，进店就是免费喝！！！”该互动微博在短时间内被大量转发并受到广大网友的批评，在网络上引起了较大反响。

烈士邱少云之弟邱某华以孙某的前述博文对邱少云烈士进行侮辱、丑化，加多宝公司以违背社会公德的方式贬损烈士形象，用于市场营销的低俗行为，在社会上造成了极其恶劣的影响为由，起诉至北京市大兴区人民法院，请求判令二被告立即停止侵害、消除影响、赔礼道歉，赔偿精神损失费1元。

北京市大兴区人民法院一审认为，邱少云烈士生前的人格利益仍受法律保护，邱某华作为邱少云的近亲属，有权提起本案诉讼。孙某发表的言论将“邱少云烈士在烈火中英勇献身”比作“半边熟的烤肉”，是对邱少云烈士的人格贬损和侮辱，属于故意的侵权行为，且该言论通过公众网络平台快速传播，已

---

① 参见《人民法院依法保护“狼牙山五壮士”等英雄人物人格权益典型案例》，载《人民法院报》2016年10月20日。

经造成了严重的社会影响，伤害了社会公众的民族和历史感情，同时损害了公共利益，也给邱少云烈士的亲属带来了精神伤害。虽然孙某发表的侵权言论的原始微博文章已经删除且孙某通过微博予以致歉，但侵权言论通过微博已经被大量转载，在网络上广泛流传，已经造成了严重的社会影响，因此，应在全国性媒体刊物上予以正式公开道歉，消除侵权言论造成的不良社会影响。加多宝公司发表的案涉言论在客观方面系与孙某的侵权言论相互呼应且传播迅速，产生较大负面影响；主观方面，加多宝公司在其策划的商业活动中应尽到审慎的注意义务，应当对孙某发表的影响较大的不当言论进行审查而未审查，存有过错，因此，亦应承担侵权责任。遂判决：孙某、加多宝公司于判决生效后三日内公开发布赔礼道歉公告，公告须连续刊登五日；孙某、加多宝公司连带赔偿邱某华精神损害抚慰金1元。一审判决后，双方当事人均未上诉。

上述案例，是一起侵害英烈一般人格权的典型案件。试问：如何理解对侵害英烈人格权益特别保护的意义？侵害英烈人格权益民事责任的构成要件有哪些？

二、对侵害英烈人格权益进行特别保护的意义

英雄烈士的姓名、肖像、名誉、荣誉等人格利益，因其社会影响性而成为一种社会共识、国民精神或历史情怀。然而，在现实生活中，一些人利用歪曲事实、诽谤抹黑等方式恶意诋毁侮辱英烈的名誉、荣誉等，损害了社会公共利益，社会影响很恶劣，应对此予以规范。全国人大法律委员会研究认为，英雄烈士是一个国家和民族精神的体现，是引领社会风尚的标杆，加强对英烈姓名、名誉、荣誉等的法律保护，对于促进社会尊崇英烈，惩恶扬善，弘扬社会主义核心价值观意义重大。据此，建议增加一条规定：侵害英雄烈士的姓名、肖像、名誉、荣誉等，损害社会公共利益的，应当承担民事责任。[①] 该议题本身反映了一种十分强烈的社会需求，以“社会公共利益”的名义彰显民法保护“英雄烈士等”的人格利益的特殊性。据此，《民法典》第

---

① 参见第十二届全国人民代表大会法律委员会《关于〈中华人民共和国民法总则（草案）〉审议结果的报告》（2017年3月12日）。

一百八十五条规定:“侵害英雄烈士等的姓名、肖像、名誉、荣誉,损害社会公共利益的,应当承担民事责任。”该条文“特别规定英雄烈士等的人格权益保护,有利于弘扬社会主义核心价值观和英雄烈士精神,培养爱国主义精神,增强民族凝聚力,维护社会公共利益。[①]”

其实,对英烈人格权益的保护问题,司法一直在坚守。《最高人民法院关于确定民事侵权精神损害赔偿责任若干问题的解释》(法释〔2001〕7号)第三条规定:“自然人死亡后,其近亲属因下列侵权行为遭受精神痛苦,向人民法院起诉请求赔偿精神损害的,人民法院应当依法予以受理:(一)以侮辱、诽谤、贬损、丑化或者违反社会公共利益、社会公德的其他方式,侵害死者姓名、肖像、名誉、荣誉;(二)非法披露、利用死者隐私,或者以违反社会公共利益、社会公德的其他方式侵害死者隐私;(三)非法利用、损害遗体、遗骨,或者以违反社会公共利益、社会公德的其他方式侵害遗体、遗骨。”该条司法解释对于保护英雄烈士的人格权益起到了一定的积极作用,但也存在不足,仅将起诉的主体资格限定为死者的近亲属。《民法典》第一百八十五条的规定,为人民法院裁判此类案件提供了准绳,更有利于弘扬社会主义核心价值观。

三、侵害英烈人格权益民事责任的构成要件

根据《民法典》第一百八十五条的规定,侵害英烈人格权益民事责任的构成要件包括:

1. 须是针对英雄、烈士等实施了侵害人格权益的行为。一般认为,只要是作出了显著成绩和特殊贡献的,都可以称为“英雄”,并不要求牺牲。而烈士是指那些在革命斗争、保卫祖国、社会主义现代化建设事业中为争取大多数人的合法正当利益而壮烈牺牲的人员。[②] 该条“英雄烈士等”中的“等”具有特定指向,是指在我国近代历史上,为争取民族独立和人民自由幸福、国家繁荣富强作出了突出贡献的楷模,只要是能够作为民族精神的代表、民

① 参见李适时主编:《中华人民共和国民法总则释义》,法律出版社2017年版,第580页。

② 参见王利明主编:《中华人民共和国民法总则详解》,中国法制出版社2017年版,第857页。

族文化旗帜的人，都可以纳入该条保护的主体范围。[①]

2. 须是侵害姓名、肖像、名誉、荣誉四项人格利益。《民法典》第一百八十五条列举了姓名、肖像、名誉、荣誉四项人格利益，并没有“等”，显然仅仅限定于这四项人格权益，原因在于这四项权益才涉及社会公共利益。

3. 须是损害社会公共利益。适用《民法典》第一百八十五条的规定，应当以“英雄烈士等”的人格利益受侵害的状态延伸到社会公共利益的层面为条件。在适用以公益救济为目的的民事责任时，要准确判断社会公共利益的损害。有学者建议，“在社会上引起负面效应的范围、持续时间及对社会风气的破坏程度等因素，综合判定其是否侵害社会公共利益”。[②]

四、对案例 87 的简要评析

案例 87 是恶意诋毁、侮辱民族英雄和革命先烈，侵害其人格利益的典型案件。本案的特点是，先有网络名人恶意侮辱、诋毁民族英雄，再有商业公司借助不法言论恶意炒作获得商业推广效果，两者行为的结合造成了同一损害后果。本案判决在如下方面值得赞同：一是在对侵权言论的分析上，结合其语境及侵权言论的传播和舆论反应，认定侵权人的主观恶意和损害后果；二是在对多个行为人共同侵权的把握上，注意分析多个言论的关联性及互动性，准确把握多个行为人的主观关联性及损害后果的同一性；三是在责任形态上，认定多个侵权人之间的连带责任；四是在责任方式上，根据侵权人事后删除侵权言论的事实，判决其承担赔礼道歉、消除影响和精神损害抚慰金的责任，责任形式妥当。这一判决维护了民族英雄和革命先烈的合法权益，对于以侮辱、诋毁民族英雄和革命先烈的人格为手段，恶意商业炒作获得不法利益的侵权行为，具有鲜明的警示意义。[③]

---

① 参见张新宝:《民事责任》，载张鸣起主编:《民法总则专题讲义》，法律出版社 2019 年版，第 545 页。

② 参见中国审判理论研究会民商事专业委员会编:《〈民法总则〉条文理解与司法适用》，法律出版社 2017 年版，第 345 页。

③ 参见《人民法院依法保护“狼牙山五壮士”等英雄人物人格权益典型案例》，载《人民法院报》2016 年 10 月 20 日。

第五节　违约责任与侵权责任竞合

一、问题的提出

由于现代法律均为抽象规定，并从不同的角度调整社会关系，因此时常发生同一事实符合数个法律规范的要件，致使这些规范都可以适用该事实的现象，在学说上称之为规范竞合。由于规范竞合的存在，当事人的同一行为可能依不同的规范应承担数个不同的法律责任，这就是所谓责任竞合。在民法上，最为常见的责任竞合形式是侵权责任与违约责任的竞合，是提起合同违约之诉，还是提起侵权责任之诉，将产生不同的法律后果。对此，《民法典》第一百八十六条规定："因当事人一方的违约行为，损害对方人身权益、财产权益的，受损害方有权选择请求其承担违约责任或者侵权责任。"

在研究违约责任与侵权责任竞合之前，先看一则案例：

案例 88：朱某诉长阔出租汽车公司、付某启赔偿纠纷案[①]

2000 年 8 月 21 日 23 时许，原告朱某在北京市朝阳区东环广场处乘坐由被告付某启驾驶的被告长阔公司的出租汽车后，要求去双井。当车行至东便门桥北 50 米时，朱某的癫痫病发作；又行至广渠门桥东 100 米左右时，付某启自行停车。此时朱某已进入癫痫病大发作后的睡眠状态，无神志，已无自行开门下车的能力。付某启遂将朱某置于车下后，驾车离去。

北京市朝阳区人民法院认为，原告朱某乘坐被告长阔公司的出租车，即与长阔公司建立了客运合同关系。朱某是旅客，享有安全抵达目的地的权利；长阔公司是承运人，被告付某启是长阔公司的工作人员，承担着安全运输旅客抵达目的地的职责。《合同法》第三百零一条规定："承运人在运输过程中，应当尽力救助患有急病、分娩、遇险的旅客。"付某启在履行运输职责时，

① 详见《最高人民法院公报》2002 年第 3 期（总第 77 期）。

对突发癫痫病的朱某不仅不尽救助的法定义务，反而中途停车，将昏睡中的朱某弃于路旁，使朱某处于危险状态中。付某启的行为虽未危及朱某的生命、健康，但对朱某的精神造成了一定刺激，侵犯了朱某作为旅客应当享有的合法权利。被告付某启不救助正在发病的原告朱某，应当承担相应的民事责任。付某启是被告长阔公司的工作人员，其在执行长阔公司运输任务中给他人造成的损失，应当由长阔公司承担民事责任。原告朱某要求被告长阔公司赔礼道歉，请求合理，应当支持；要求长阔公司赔偿其精神损失，请求虽然合理，但请求数额过高，酌定赔偿精神抚慰金3000元。

上述案例是一起典型的违约责任与侵权责任竞合的案例。试问：责任竞合的法律意义如何？违约责任与侵权责任竞合的原因有哪些？责任竞合时如何适用法律？违约之诉与侵权之诉的变更时间有无限制？

二、责任竞合的法律意义

所谓责任竞合，是指同一行为符合民法规定的数种责任要件的情形。[①] 而责任竞合，将导致请求权竞合，即诉因竞合，是指在当事人一方违约时，不仅造成了对方的合同权利即债权（相对权）的损害，违反了约定义务，而且侵害了对方的人身或财产利益，造成了对方人身权与财产权（绝对权）的损害，违反了法定义务，债权人既可请求对方承担违约责任，也可请求对方承担侵权责任，由此产生了双重请求权。在诉讼上，受害方既可提起违约之诉，要求对方承担合同责任，也可提起侵权之诉，要求对方承担侵权责任。这就赋予了受害方以选择权，即选择何种案由或者诉因提起诉讼，或者提起违约之诉，或者提起侵权之诉。所以，所谓请求权竞合，并非指诉讼请求的竞合，而是指诉因的竞合。

根据规范竞合是否发生于同一性质的法律领域，可以区分为两种情况：一是发生于不同性质的法律领域（法律部门）的规范竞合，例如，情节严重的侵犯商业秘密行为，按照《反不正当竞争法》第九条构成民事违法行为（侵权行

① 李国光主编、最高人民法院经济审判庭编著：《合同法释解与适用》，新华出版社1999年版，第503页。

为或者违约行为）和行政违法行为，按照《刑法》第二百一十九条构成侵犯商业秘密罪，在此行政责任与民事责任或者刑事责任与民事责任可以同时适用，互不排斥。而且，《民法典》第一百八十七条规定："民事主体因同一行为应当承担民事责任、行政责任和刑事责任的，承担行政责任或者刑事责任不影响承担民事责任；民事主体的财产不足以支付的，优先用于承担民事责任。"二是发生于同一法律部门的规范竞合，民事、刑法等部门法都存在规范竞合现象。

在民法上，权利居于中心地位，其外部作用即为请求权。由规范竞合所产生的多个请求权，又分为两种情况：一是多个请求权之间是可以并存的，此时构成请求权聚合。例如，根据《民法典》第五百七十七条的规定，当事人一方不履行合同义务或者履行合同义务不符合约定的，另一方有权请求违约方继续履行或者采取补救措施、承担赔偿损失等违约责任，受害方对继续履行、违约金、补救措施等的多个请求权就属于请求权聚合。二是多个请求权之间是相互排斥的，构成请求权竞合。例如，保管人擅自处分他人的保管物品，第三人善意取得该物时，所有人既可以请求其承担违约责任，又可以请求其承担侵权责任，但任何其一即可满足其要求，不能同时实现两种请求权。

因此，在民法上，请求权竞合是指因规范竞合所产生的相互排斥的多个请求权的现象。或者说，请求权竞合是指因同一事实符合数个规范要件，使当事人取得两个或者两个以上的相互排斥的请求权的现象。在民法上，最常见的侵权法上的请求权与合同法上的请求权竞合。①

三、违约责任与侵权责任竞合的主要原因

违约责任与侵权责任竞合的主要原因，表现在如下几个方面：

1. 合同当事人的违约行为同时侵犯了法律规定的强行性义务，或一方当事人违反法定义务的行为同时违反合同担保的义务。具体而言就是指不履行或不适当履行（又称为加害履行、瑕疵履行）合同义务的行为，不仅违反了合同法的规定，同时也侵害了他人的法定权益，违反了法定的强行性义务。

---

① 参见李国光主编、最高人民法院经济审判庭编著：《合同法释解与适用》，新华出版社1999年版，第503页。

最典型的案例就是产品责任案件，生产或销售缺陷产品致他人损害的，依产品质量法的规定，构成侵权责任；如果生产者或销售者与受害人之间事先存在合同关系，则其行为又为违约行为，依合同法的规定，构成违约责任。

2. 侵权行为直接构成违约的原因，即“侵权性的违约行为”，或者违约行为也可能造成侵权的后果，即“违约性的侵权行为”。前者的典型案例如仓储或保管合同的保管人、运输合同的承运人、租赁合同的承租人非法侵占、使用对方的财产，造成财产毁损灭失；后者的典型案例如供电部门违约中止供电或建设施工单位不按约定施工而致建筑物倒塌，从而造成相对方的财产或人身受到损害的。

3. 一种违法行为虽然只符合一种责任要件，但是从保护受害人的利益出发，要求合同当事人根据侵权责任制度提出诉求，或者将侵权责任纳入合同责任的适用范围。《民法典》第五百零九条规定：“当事人应当按照约定全面履行自己的义务。当事人应当遵循诚信原则，根据合同的性质、目的和交易习惯履行通知、协助、保密等义务。”此为合同担保义务。违反了合同担保的义务，也是造成责任竞合的根本原因之一。[①]

4. 不法行为人实施故意侵犯他人权利并造成对他人侵害的侵权行为时，在加害人与受害人之间事先存在着一种合同关系，使得加害人的行为既可构

---

① 如上海市第一中级人民法院在审理王某毅、张某霞诉上海银河宾馆赔偿纠纷案时认为：王某在宾馆内被害、财物被劫，是仝某宝犯罪的直接、必然结果。该犯罪结果所引起的刑事和民事侵权责任，只有仝某宝才应当承担。上诉人银河宾馆与仝某宝的犯罪行为既没有主观上的共同故意，又没有客观上的行为牵连。银河宾馆的行为虽有不当之处，但这些行为不会必然地导致王某死亡。因此，银河宾馆与仝某宝不构成共同侵权，不应当承担侵权的民事责任。上诉人王某毅、张某霞主张银河宾馆承担侵权民事责任，缺乏法律依据。根据住宿合同的性质、目的和行业习惯，避免旅客人身、财产受到侵害，成为此类合同的附随义务。按照收费标准的不同，各个宾馆履行合同附随义务的方式也会有所不同，但必须是切实采取有效的安全防范措施，认真履行最谨慎之注意义务，在自己的能力所及范围内最大限度地保护旅客不受非法侵害。住宿合同一经成立，无论宾馆是否向旅客出具口头的或者书面的安全保证或承诺，合同的附随义务都随之产生并客观存在。本案中，上诉人银河宾馆向旅客承诺“24小时的保安巡视，确保您的人身安全”，是自愿将合同的附随义务上升为合同的主义务，更应当恪尽职守履行这一义务。上诉人银河宾馆履行义务不符合合同的约定，致使旅客王某陷入危险的环境，应当承担违约责任。但是应当指出，银河宾馆依法只对其在订立合同时应当预见到的因违反合同可能造成的损失承担赔偿责任。详见《最高人民法院公报》2001年第2期（总第76期）。

成侵权行为，又可构成违约行为。

四、责任竞合的法律适用

我国《民法典》第一百八十六条再次确立了违约责任与侵权责任竞合的制度，并赋予当事人选择诉由的权利，但该条并未明文限制当事人的选择权。然而，允许受害人选择请求权，并不意味法律完全放任当事人选择请求权，在承认竞合的国家，法律和司法实践对此也是有一些限制的。但从严格意义上说，对竞合加以限制并非限制当事人的竞合选择权，而是限制在何种情况下才成立责任竞合。我国《民法典》对当事人的选择权没加以限制，因此，实务上一般不应限制当事人的选择权。但下列情况下，可认为不成立违约责任与侵权责任的竞合：[①]

1. 因不法行为造成受害人的人身伤亡和精神损害的，当事人之间虽然存在合同关系，也应按侵权责任而不能按合同责任处理。因为合同责任并不能对受害人所造成的人身伤亡、精神损害提供补救，而只能通过侵权损害赔偿对受害人提供补救。

2. 当事人之间事先并不存在合同关系，虽然不法行为人并未给受害人造成人身伤亡和精神损害，也不能按违约责任而只能按侵权责任处理。尤其应当指出，如果双方当事人事先存在合同关系，但一方当事人与第三人恶意串通，损害合同另一方当事人的利益，则由于恶意串通的一方当事人与第三人的行为构成共同侵权，第三人与受害人之间又无合同关系存在，因此应按侵权责任处理，使恶意串通的行为人向受害人负侵权责任。

3. 在责任竞合的情况下，如果当事人事先通过合同特别约定，双方仅承担合同责任而不承担侵权责任，则原则上应依照当事人的约定处理，一方不得行使侵权行为的请求权。但是如果在合同关系形成以后，一方基于故意和重大过失使另一方遭受人身伤害或死亡，则应承担侵权责任。

4. 如果法律特别规定在特殊情况下应减轻当事人的注意义务和责任，则应依据法律的规定合理地确定责任。例如，在无偿保管合同中，保管人的责

---

① 参见李国光主编、最高人民法院经济审判庭编著：《合同法释解与适用》，新华出版社 1999 年版，第 509 页。

任较轻，如因保管物丢失的，不宜让其承担侵权责任。这是因为法律对无偿保管人的利益是加以特别保护的。

五、违约之诉与侵权之诉的变更时间限制

在合同违约责任与侵权责任竞合的情形下，当事人可以随时改变，因为违约之诉与侵权之诉在诉讼管辖、归责原则、举证责任、免责条件、责任形式、法律适用等方面均不同，当事人随时或反复改变诉因会导致审判秩序的混乱甚至使审理无法进行，对方当事人也无法抗辩，因此需给予一定的限制，具体来说，就是诉讼进行到哪一阶段时仍允许当事人改变诉因。《合同法解释（一）》第三十条规定："债权人……在一审开庭以前又变更诉讼请求的，人民法院应当准许……"这里将时间确定在一审开庭以前，即一审开庭前当事人可以改变诉因，一审开庭后便不能再改变，而应按所提起的案由进行审理。一审开庭前原告改变诉因，若对方当事人（被告）提出管辖权异议，经审查异议成立的，人民法院应当驳回原告的起诉。起诉被驳回后，当事人再以另一诉因向有管辖权的人民法院起诉的，只要符合起诉条件，受诉人民法院应当受理，而不适用一事不再理的原则。

实践操作中，在违约责任与侵权责任发生竞合时，应根据当事人请求权的选择分别依据违约责任或侵权责任处理。但当事人不能同时提起违约和侵权之诉，即当事人不能获得双重赔偿。当事人的任何一项请求权（违约责任请求权或侵权责任请求权）满足后，另一项请求权因此而消灭。但当事人的任何一项请求权未能实现的（其原因可能是已过诉讼时效或败诉等），当事人仍可基于另一项请求权提起诉讼。当前应当特别注意不要混淆基于这两种责任而提起的两类诉讼的性质。为此，仅就法院的审判程序来说，应当注意下列几个问题：

1. 从当事人的诉讼请求进行审查。如果当事人的诉讼请求是要求对方承担违约金并赔偿损失，或是要求继续履行，则应判定当事人提起的是违约之诉而非侵权之诉。

2. 从当事人起诉的事实根据进行审查。看造成损害的原因是当事人一方不适当履行合同义务，还是违反了法定禁止性的义务。如是前者，当认定系违约之诉；如是后者，则系侵权之诉。

3. 从造成损害的结果进行审查。看请求权人遭受的损失表现为财产消极的不增加或预期利益的难以实现，还是人身权利的损害或财产积极的减少。如是前者，应认定为违约之诉；如系后者，则为侵权之诉。

4. 从承担责任的范围审查。如果请求权人诉讼请求之中包含人身损害的损失、精神损害的损失或名誉权、信誉权等的损失，那么不论当事人的陈述中有无主张违约的内容，都仍应定为侵权之诉。

5. 从承担责任的方式审查。看承担责任是否仅能用赔偿损失的方式，如果承担责任不仅可以用赔偿损失的方式还可以用修理、重做、调换等方式，或支付违约金足以弥补损失的，应当认定为违约之诉。

6. 从当事人起诉的对象审查。如请求权人所诉的被告不但包括特定的合同对方当事人，还包括其他相关的当事人，则应认定为侵权之诉。

7. 当事人选择何种请求权，法院如何确定案件性质，是责任竞合制度下所带来的实际问题。案件定性如何，直接关系到案件的处理结果，也即违法行为人所应承担的法律后果，更直接关系到受害人的切身利益，因此尤须慎重。要根据两种责任不同的性质、法律特征等综合起来进行分析，进而正确确定案由；如当事人诉请中明示合同或侵权的法律关系的，则以当事人诉请的法律关系确定案由。在审判实践中，还要特别注意不能为了争管辖权而规避法律，以混淆两类案件；即使在诉讼程序开始之后、一审开庭之前，当事人又变更诉讼请求，从而导致管辖权移转的，只要对方当事人提出管辖权异议，受理法院就应当移送管辖。

六、对案例 88 的简要评析

在本案中，朱某乘坐长阔公司的出租汽车，双方形成了客运合同关系，长阔公司负有将乘客朱某安全及时送到目的地的义务。同时，长阔公司还负有尽力救助患有急病的乘客的法定义务。而在本案中，乘客朱某在癫痫病发作之时，长阔公司的出租汽车司机却将乘客朱某置于车下，既不道德，又违反了客运合同的义务，应当承担违约责任。此时，长阔公司的司机将发病的乘客朱某置于车下的行为，亦构成了侵权行为，主观上存在过错，客观上造成了朱某精神上的痛苦。因此，长阔公司的行为构成了侵权。在本案中，出现了合同的违约责任与侵权责任的竞合，原告朱某若选择违约责任起诉，原则上不支持精神损害赔偿。原告朱某选择了侵权责任，法院判决长阔公司给付 3000 元精神损害赔偿，是正确的。

第六节 法律责任的聚合

一、问题的提出

在现实生活中，“一房多卖”现象并不鲜见。这时，出卖人既违反了民事活动中的诚信原则，又涉嫌刑事诈骗犯罪。同时，没有取得房屋的买受人，赋予了“双重选择权”，既可以选择追究出卖人违约责任的民事责任，又可以选择追究出卖人退赔房款的刑事责任。出卖人因同一出卖房屋的行为面临承担民事责任，还要承担刑事责任，存在刑事责任和民事责任的聚合。对此，《民法典》第一百八十七条规定：“民事主体因同一行为应当承担民事责任、行政责任和刑事责任的，承担行政责任或者刑事责任不影响承担民事责任；民事主体的财产不足以支付的，优先用于承担民事责任。”

在研究法律责任的聚合之前，先看一则案例：

案例 89：陈某生与潘某浩排除妨碍纠纷案[1]

本院经审查认为：潘某浩未经许可，将上诉人陈某生的房屋拆除，并在未办理行政许可手续的情况下，擅自在上诉人及案外人享有使用权的集体土地上建设了两间二层楼房，侵犯了上诉人的房屋所有权及土地使用权。上诉人有权提起诉讼，要求排除妨碍，拆除新建房屋，并赔偿损失。但考虑到潘某浩在上诉人的土地上所建房屋仅为新建房屋的一部分，而以民事侵权诉讼方式判决拆除该部分房屋，不宜执行。潘某浩的建房行为不仅构成民事侵权，亦是违反城乡规划、建设法律法规的违法行为，相关行政机关已书面通知要求潘某浩自行拆除，一审法院亦发出司法建议书，建议行政机关对该违法行

① 参见江苏省高级人民法院（2018）苏民监 668 号通知书。

为予以处理。由于潘某浩所新建房屋具有整体性，由行政机关对潘某浩所建房屋进行认定及统一拆除更为适宜。一、二审法院据此考虑未予支持上诉人所提出拆除新建房屋的诉讼请求，并无不当。关于损失赔偿问题，上诉人原有的房屋在诉讼时已被拆除，双方所提供的视频资料及照片均不能证明为拆除前房屋的状况。由于不具备评估条件，一、二审法院参考同地段房屋的拆迁补偿价格并结合拆除前房屋的成新状况，酌定由潘某浩赔偿20400元，亦无不当。综上，上诉人的再审申请无事实和法律依据，不能成立。

上述案例，涉及行为人的同一行为，既是侵权行为需要承担侵权责任，又违反了行政法规的规定需要承担行政责任。试问：如何理解法律责任聚合？如何理解民事责任优先？在司法实践中刑民交叉的常见类型有哪些？

二、法律责任聚合的法律意义

法律责任的聚合，简称责任聚合，即指同一法律事实基于法律的规定以及损害后果的多重性，而使得责任人向权利人承担两种以上性质和内容不同的法律责任的现象。[①] 广义的责任聚合，包括民事责任竞合（请求权竞合），即当事人对数种以不同的给付为内容的请求权可以同时主张。[②] 狭义的责任聚合，仅指民事责任、行政责任和刑事责任的聚合，不法行为人在实施侵害他人人身权益和财产权益的行为时，不仅因违反民商事法律的规定而应当承担民事责任，同时因违反行政法的规定而应当承担行政责任，或者因违反刑法的规定而应当承担刑事责任。显然，《民法典》第一百八十七条的规定应当属于狭义的法律责任聚合。

民事责任、行政责任、刑事责任作为三种不同性质的法律责任，各自由其不同的发生根据和特定的适用范围。在一般情况下，三者各自独立存在，并行不悖。然而，在现实生活和司法实践中，民事主体因同一行为，既可能触犯刑法，需要承担刑事责任，也可能违反行政法，需要承担行政责任，还可能构成民事侵权或合同违约，需要承担民事责任。如非法人组织非法吸收

---

① 参见邹海林：《民法总则》，法律出版社2018年版，第488页。

② 参见王泽鉴：《法律思维与民法实例》，法律出版社2001年版，第166页。

公众存款，该行为是刑法明令禁止的行为，违反即可追究刑事责任，包括主要责任人判处刑期，还要承担罚金。那么，该非法人组织并没有经营金融业务的资格，金融监管机构可依法对其进行行政处罚。对于受害人来说，该非法人组织不能兑付债权，需要承担兑付的民事责任。再如，盗窃行为，如果数额达到了犯罪所要求的数额以上，则构成盗窃罪，需要承担刑事责任。如果盗窃的数额达不到刑事责任追究的程度，则需要给予行政处罚（罚款、拘留等）。对于受害人来说，盗窃行为是一种严重的侵权行为，行为人需要承担侵权责任，且民事责任优先。

民事责任、行政责任与刑事责任聚合，表现为：一是责任人只实施了一个行为。《民法典》第一百八十七条所规定的“民事主体”，即指其行为构成多重法律责任的责任人。二是该行为具有多重违法性。三是该违法行为符合多个法律责任的构成要件。四是该行为的实施者应当依法承担多个法律责任，如承担行政责任和刑事责任不影响承担民事责任。

三、法律责任聚合时民事责任优先

在法律责任聚合的情况下，行为人承担行政责任或刑事责任，不影响其承担民事责任。换言之，不能因为行政责任或刑事责任的承担，而免除行为人的民事责任。如最高人民法院在审理陈某鹏与陕西中能煤田有限公司财产损害赔偿纠纷案时指出：侵权人因同一行为应当承担行政责任或者刑事责任的，不影响依法承担侵权责任。中能公司缴纳环境治理补偿费的行为属于承担行政责任的行为，不能免除中能公司因采矿行为导致陈某鹏苗木死亡的民事赔偿责任。[①]

民事责任主要为财产性责任，一旦责任主体的财产不能满足责任的承担，该责任的功能就会落空。因此，《民法典》第一百八十七条规定：“……民事主体的财产不足以支付的，优先用于承担民事责任。”这是由于：一是民事责任优先是实现法的价值的需要。国家和个人承受财产损失的能力差别，是不言而喻的。在不足以同时承担两种以上责任时，不缴纳罚款、罚金及没收财产等行政、刑事责任，对于国库收入而言可谓“毛毛雨”。但如果对于

---

① 参见最高人民法院（2015）民申字第3423号民事裁定书。

民事主体来说，得不到救济可谓“雪上加霜”。因此，民事责任优先，更能体现法律的人道和正义，是法所追求的价值所在。二是民事责任优先是维护市场经济秩序和交易安全的需要。民事主体在民事活动中依法取得的权利，应当具有法律的保障性。当然，责任主体所承担的民事责任须以合法有效为前提，至于该责任发生的依据是基于法律规定还是当事人约定，并不重要。三是罚款、罚金及没收财产等行政责任、刑事责任体现了国家对行为人的惩罚。民事责任主要是平等主体之间发生的一方向另一方承担的责任，目的在于补偿对方的经济损失。因此，应当优先承担民事责任。

四、刑民交叉的类型

在司法实践中，刑民交叉可以按照现象的分类概括，主要包括：

1. 不同法律事实分别涉及刑事法律关系和民事法律关系，但行为之间存在一定的牵连关系。如山东“辱母杀人案”，2016 年 4 月 14 日，一位 22 岁的男子于某，在母亲苏某霞和自己被 11 名催债人长达一小时的侮辱后，情急之下用水果刀刺伤了 4 人。其中，被刺中的杜某浩自行驾车就医，却因失血过多休克死亡。该案就是基于民事法律关系——民间借贷，引发的刑事法律关系——于某被追究刑事责任和吴某占等 15 个涉黑人员共被起诉 8 个罪名：组织领导参加黑社会性质组织罪、非法侵入住宅罪、非法拘禁罪、强迫交易罪、故意毁坏财物罪、破坏公用电信设施罪、故意伤害罪、强奸罪。其中前 3 个罪名所涉案情与苏某霞、于某有关。

2. 同一法律事实同时侵犯了民事法律关系和刑事法律关系。此类交叉实质上是源于法规竞合，由于刑法和民法都对该项法律事实作了相应的规定且竞相要求适用于该法律事实，造成刑民案件的交叉。依据刑法的规定，涉及非法集资犯罪的罪名共计 7 个：欺诈发行股票、债券罪；擅自设立金融机构罪；非法吸收公众存款罪；擅自发行股票、公司、企业债券罪；集资诈骗罪；组织、领导传销活动罪；非法经营罪。其中，非法吸收公众存款罪名具有基础性意义，属于非法集资犯罪的一般法规定，集资诈骗罪是非法集资犯罪的加重罪名。在上述这些罪名中，与民间借贷行为关联最为密切的是非法吸收公众存款罪和集资诈骗罪。如非法吸收公众存款案件中，行为人与出借人形成的是民间借贷的民事法律关系，但达到一定量之后借款人即可能同时侵犯了刑事法律关系。

3. 同一法律事实究竟是由民事法律调整还是刑事法律调整难以确定，也列入刑民交叉案件研究范围。法律事实的复杂性和人类认知能力的有限性及差异性，决定了对同一案件事实存在不同的认识和理解，造成公、检、法三部门对案件性质的认识存有分歧，有的认为是刑事案件，有的则认为是民事案件，由此形成了刑民交叉案件的一种特殊表现形式。如贾某挂靠某一房地产公司进行经营活动时，伪造该房地产公司公章等对外担保借款用于个人经营活动，对出借人向房地产公司提起的还款请求是否予以支持，究竟适用民事规范调整还是刑事规范调整涉及公章伪造的认定、出借人与借款人的关系及所借款项是否用于房地产公司的经营活动等事实，来决定作为刑事案件处理还是民事案件处理。①

五、对案例 89 的简要评析

在本案中，再审申请人与潘某浩系相邻关系，本应该和睦相处，但潘某浩未经再审申请人的同意，擅自占用了再审申请人的部分土地使用权，潘某浩的行为显然构成了对再审申请人的侵权行为，应当承担侵权责任，已经给予了一定的民事赔偿。同时，潘某浩的建房行为也系违反城乡规划、建设法律法规的违法行为，相关行政机关已书面通知要求潘某浩自行拆除，潘某浩需要承担行政责任。因此说，本案潘某浩的不法行为，既符合民事侵权责任，又需要承担行政责任，出现了法律责任的聚合，需要分别承担不同法律所要求的法律后果。这也正是法律责任聚合与民事责任竞合的区别。

---

① 参见杜万华主编、最高人民法院民事审判第一庭编著:《最高人民法院民间借贷司法解释理解与适用》，人民法院出版社 2015 年版，第 140 页。

第九章

诉讼时效

诉讼时效是权利人在法定期间内不行使权利则权利不受保护的法律制度。该制度有利于促使权利人及时行使权利，维护交易秩序和安全。

《民法典》总则编第九章“诉讼时效”主要作了以下规定：一是《民法典》第一百八十八条第一款规定：“向人民法院请求保护民事权利的诉讼时效期间为三年。法律另有规定的，依照其规定”。依此规定，《民法总则》将《民法通则》规定的二年一般诉讼时效期间延长为三年，以适应社会生活中新的情况不断出现，交易方式与类型不断创新，权利义务关系更趋复杂的现实情况与司法实践需求，有利于建设诚信社会，更好地保护债权人合法权益。二是诉讼时效起算时间有了新变化。《民法典》第一百八十八条第二款规定：“诉讼时效期间自权利人知道或者应当知道权利受到损害以及义务人之日起计算。法律另有规定的，依照其规定。但是，自权利受到损害之日起超过二十年的，人民法院不予保护；有特殊情况的，人民法院可以根据权利人的申请决定延长。”由此看来，诉讼时效期间的起诉需要同时具备的条件是权利人知道或者应当知道权利受到损害且义务人确定。三是明确诉讼时效中断、中止的法定情形，且明确规定了“自中止时效的原因消除之日起满六个月，诉讼时效期间届满”。四是增加了未成年人遭受性侵害后诉讼时效的特殊起算点。《民法典》第一百九十一条规定：“未成年人遭受性侵害的损害赔偿请求权的诉讼时效期间，自受害人年满十八周岁之日起计算。”该条给受性侵害的未成年人成年后提供寻求法律救济的机会，保护未成年人利益。当然，在司法实践中，未成年人受到性侵害，并非要等到年满十八周岁后才能起诉，在未成年阶段也可以起诉。五是明确了不适用诉讼时效的情形，包括请求停止侵害、排除妨碍、消除危险；不动产物权和登记的动产物权的权利人请求返还财产；请求支付抚养费、赡养费或者扶养费；以及依法不适用诉讼时效的其他请求权。六是明确了诉讼时效法定原则。《民法典》第一百九十七条规定，诉讼时效的期间、计算方法以及中止、中断的事由由法律规定，当事人约定无效。当事人对诉讼时效利益的预先放弃无效。该条规定充分体现了诉讼时效法定原则，排除了当事人约定原则。七是增加了除斥期间的规定，即没有中止、中断、延长的情形，期间届满即权利消灭。

第一节　诉讼时效概说

一、问题的提出

所谓时效，就是随着时间的经过所产生的法律效果。所谓“时”，即指时间的经过，所谓“效”，即指法律效果，它来源于法律的规定。① 因此，时效是指一定的事实状态在法定期间内持续存在，从而产生与该事实状态相适应的法律效力的法律制度。② 时效分为取得时效和诉讼时效两种。取得时效就是权利取得的原因，是指没有权利的人以一定的状态占有他人财产或行使他人财产权利，经过法律规定的期间，便依法取得该财产所有权或其他财产权的制度。诉讼时效，亦称消灭时效，是权利人不行使权利的事实状态，持续经过法定期间届满，丧失请求人民法院依诉讼程序强制义务人履行义务的权利的时效制度。③

在研究诉讼时效概说之前，先看一则案例：

案例 90：姜某诉麦格茂公司商品房预售合同纠纷案 ④

姜某上诉请求：撤销原审判决，改判支持其原审诉请。事实与理由：本案逾期办证违约金请求权的诉讼时效期间应当适用《民法总则》的诉讼时效期间为三年的规定，而非适用《民法通则》的相关规定，一审法院适用法律错误。

二审法院认为，本案争议焦点为上诉人姜某主张的 2014 年 8 月 7 日至 2015 年 8 月 7 日期间的逾期办证违约金的请求是否超过了诉讼时效期间。

---

① 参见冯凯：《诉讼时效制度研究》，山东人民出版社 2007 年版，第 9 页。

② 参见梁慧星：《民法总论》，法律出版社 2011 年版，第 244 页。

③ 江平：《民法学》，中国政法大学出版社 2000 年版，第 233 页。

④ 详见上海市第一中级人民法院（2018）沪 01 民终 345 号民事判决书。

上诉人姜某主张应适用《民法总则》诉讼时效为三年的规定，故上述期间的逾期办证违约责任未超过诉讼时效；而被上诉人麦格茂公司、原审第三人五角世贸商城公司主张本案诉讼时效期间应适用《民法通则》的规定即诉讼时效期间为两年，故上诉人姜某主张的上述期间的逾期办证违约责任已超过诉讼时效。据此认为，上诉人姜某主张的 2014 年 8 月 7 日至 2015 年 8 月 7 日的逾期办证违约责任请求权的诉讼时效期间应适用《民法通则》规定。理由如下：因麦格茂公司逾期办理房产证，上诉人姜某、姚某娟受到损害的事实发生在《民法总则》施行之前；且上诉人姜某 2017 年 8 月 7 日提起本案诉讼前，《民法总则》尚未施行，按照《民法通则》规定的诉讼时效期间，争议期间（2014 年 8 月 7 日至 2015 年 8 月 7 日）的逾期办证违约责任请求权的诉讼时效已经在起诉前届满，即办证义务人麦格茂公司在起诉前、《民法总则》施行前已经取得了诉讼时效抗辩权，该抗辩权不因《民法总则》的施行而消灭。本案的诉讼时效期间应适用《民法通则》的规定。上诉人姜某的上诉请求应予驳回。原审判决认定事实清楚，适用法律正确，应予维持。

在上述案例中，涉及双方当事人争议的焦点是诉讼时效问题，究竟是适用两年的诉讼时效制度还是适用三年的诉讼时效制度，对当事人的利益甚大。试问：如何理解诉讼时效的法律意义？诉讼时效期间与起诉期间、权利失效期间的区别在哪里？诉讼时效与仲裁时效如何衔接？诉讼时效期间如何进行分类？《民法总则》所规定的诉讼时效期间与《民法通则》所规定的诉讼时效期间如何衔接？

二、诉讼时效的法律意义

各国多在民法典中对其进行规定，有的国家甚至起草单独的诉讼时效法对其进行规定。我国《民法通则》对诉讼时效制度进行了规定，但根据当时的情况仅规定了七条内容。之后颁布的相关司法解释虽进行了补充规定，但仍然不够系统、完善。2017 年《民法总则》继续采用《民法通则》的做法，设专章规定了诉讼时效。《民法总则》一方面延续了《民法通则》规定的诉讼时效制度的科学合理的内容，另一方面又吸收了我国司法实务有关诉讼时效的民事司法实践经验，对诉讼时效作了整体性的补充和完善。[①] 主要体现在：一是将一般诉讼时效期间由两年延长为三年，没有再规定一年的诉讼时效期间；二是明确了请求权不适用诉讼时效的规定，如请求停止侵害、排除妨碍、消除危险，所有权人请求返还财产，请求支付抚养费、赡养费、扶养费；三是对诉讼时效的期间、计算方法、中止及中断事由、时效利益的抛弃等作了补充和完善；四是对民事行为能力有瑕疵的人赋予了更多的诉讼时效利益。

诉讼时效制度虽具有督促权利人行使权利的立法目的，但其实质并非否定权利的合法存在和行使，而是禁止权利的滥用，以维护社会交易秩序的稳定，进而保护社会公共利益。维护社会交易秩序，保护社会公共利益是诉讼时效制度的根本立法目的，世界两大法系的诉讼时效立法均体现了这一点。基于这一根本立法目的，诉讼时效制度对权利人的权利进行了限制，这是权利人为保护社会公共利益作出的牺牲和让渡；但应注意的是，通过对权利人的权利进行限制的方式对社会公共利益进行保护应有合理的边界，该边界就是应在保护社会公共利益的基础上进行利益衡量，不能滥用诉讼制度，使诉讼时效制度成为义务人逃避债务的工具，随意否定权利本身，违反依法依约履行义务的诚信原则。因此，在权利人积极主张权利或者因客观障碍无法主张权利的情形下，法律规定了诉讼时效中断、中止等诉讼时效障碍制度以合法阻却诉讼期间的继续计算。

在司法实践中，应当注重坚持在保护社会公共利益的基础上基于公平原则进行利益衡量，为避免不当扩大适用诉讼时效制度，损害权利人的合法权利，对诉讼时效的适用范围进行限缩解释，仅仅限于请求权，且原则上适用于债权请求权。对诉讼时效抗辩权的问题，要严守当事人抗辩主义。由于诉讼时效中断、中止制度的立法目的在于保护权利人权利，因此，在适用上述制度时，如果存在既可以作有利于权利人的理解，也可以作有利于义务人的理解的情形，那么，在不违背基本法理的基础上，应作有利于权利人的理解。[②]

---

① 参见邹海林：《民法总则》，法律出版社 2018 年版，第 497 页。

② 参见最高人民法院民事审判第二庭编：《最高人民法院关于民事案件诉讼时效司法解释理解与适用》，人民法院出版社 2008 年版，第 10 页。

三、诉讼时效期间与起诉期间、权利失效期间的区别

在法定有效期间内，权利人行使其合法权利的时候，法律就予以保护；超过了法定有效期间，权利人的合法权利就不再受法律的保护。在我国民法对时效制度的规定中，既未设立取得时效，又未明确沿用消灭时效，而是采用了诉讼时效的提法。在理解诉讼时效制度时，要注意与相关制度的区别：[①]

1. 诉讼时效制度与起诉期间的区别

所谓起诉期间，是指法律规定的提起诉讼的期间，系对诉权的限制期间。两者的主要区别在于：

（1）立法目的不同。起诉期间的立法目的是促使权利人尽快行使诉权，以通过司法裁决方式确定权利义务关系；而诉讼时效期间的立法目的是督促权利人行使权利、维护稳定的交易秩序。

（2）适用权利不同。起诉期间适用的权利为诉权，保护当事人程序意义上的诉权；而诉讼时效期间适用的权利为请求权，保护当事人实体意义上的胜诉权。

（3）是否为可变期间不同。起诉期间为不变期间，不适用中止、中断和延长的情形；而诉讼时效期间为可变期间，存在中止、中断和延长的情形。

（4）法律效力不同。起诉期间的法律效力是期间经过，权利人提起诉讼的，程序意义上的诉权消灭，人民法院不予受理；而诉讼时效期间的法律效力是期间经过，义务人提出诉讼时效抗辩的，权利人的权利不能得到法院的强制力保护，丧失的是胜诉权。

2. 诉讼时效期间与权利失效期间的区别

所谓权利失效期间，即权利人丧失相应权利的期间，是指权利人在相当期间内不行使其权利，依特别情势足以使义务人正当信任债权人不欲使其履行义务时，则基于诚信原则不得再为主张。[②] 权利失效期间与诉讼时效期间

---

① 参见最高人民法院民事审判第二庭编：《最高人民法院关于民事案件诉讼时效司法解释理解与适用》，人民法院出版社2008年版，第24~25页。

② 王泽鉴：《民法学说与判例研究》（第一册），中国政法大学出版社1998年版，第309页。

存在明显区别：

（1）适用范围不同。权利失效的适用对象为请求权、形成权、抗辩权等权利；而诉讼时效期间的适用对象限于请求权，且物权请求权、身份请求权原则上不适用诉讼时效期间。

（2）构成要件不同。构成权利失效，不仅要求权利人在权利失效期间内不为权利的行使，还要求有特别事实，足以导致义务人基于诚信原则信赖权利人不会再行使权利，方才发生权利失效的法律后果；诉讼时效抗辩权的产生，一般只需要有权利人在诉讼时效期间内不行使权利的要件。

（3）法院应否主动审查不同。法官得依职权审查失效期间是否届满；但不得主动审查诉讼时效期间是否已经届满。

四、诉讼时效与仲裁时效

仲裁是由当事人共同选定的仲裁机构对民事权利义务争议依法作出具有法律效力的裁决活动。作为解决争议的一种方法，仲裁具有悠久的历史，早在古希腊时期，就采用仲裁方式来解决民事争议。1697 年英国颁布了第一个仲裁法案，赋予仲裁裁决以法院强制执行的效力。到了近代许多国家都制定了仲裁法，或在民事诉讼法中列入专门的仲裁篇，承认仲裁的法律地位。在多元化纠纷解决机制日渐健全的背景下，仲裁在化解纠纷维护社会稳定的方面发挥着越来越重要的作用，有关仲裁程序与诉讼程序衔接的一个重要内容就是仲裁时效与诉讼时效的关系问题。

仲裁时效与诉讼时效的衔接问题，《民法通则》并没有规定。《仲裁法》第七十四条规定：“法律对仲裁时效有规定的，适用该规定。法律对仲裁时效没有规定的，适用诉讼时效的规定。”现行法中对仲裁时效作出特别规定主要有：《劳动争议调解仲裁法》规定劳动争议仲裁时效期间为一年，短于《民法典》总则编规定的三年普通诉讼时效期间。《农村土地承包经营纠纷调解仲裁法》第十八条规定：“农村土地承包经营纠纷申请仲裁的时效期间为二年，自当事人知道或者应当知道其权利被侵害之日起计算。”《民法典》总则编借鉴了《仲裁法》第七十四条的规定，在第一百九十八条规定：“法律对仲裁时效有规定的，依照其规定；没有规定的，适用诉讼时效的规定。”依据该条规定，涉及劳动争议、农村土地承包经营纠纷的仲裁时效分别是一年、二年，不得援引诉讼时效三年的规定。最高人民法院于 2016 年 11 月 30 日发布的《第八次全国法院民事商事审判工作（民事部分）会议纪要》第二十七条规定，当事人在仲裁阶段未提出超过仲裁申请期间的抗辩，劳动人事仲裁机构作出实体裁决后，当事人在诉讼阶段又以超过仲裁时效期间为由进行抗辩的，人民法院不予支持。当事人未按照规定提出仲裁时效抗辩，又以仲裁时效期间届满为由申请再审或者提出再审抗辩的，人民法院不予支持。[①] 该纪要的实质如同诉讼时效的援引一样，将仲裁时效的援引作为抗辩权的行使对待。

五、诉讼时效期间的分类

诉讼时效期间是诉讼时效的核心要素。诉讼时效本质上是对民事主体的权利的限制或约束，时效期间的长短对于权利人具有至关重要的影响，时效期间过长，不利于督促权利人及时行使权利；而时效期间过短，对权利人行使权利未免苛刻，不利于保护权利人的利益。[②]

根据《民法典》总则编的规定，诉讼时效期间分为普通诉讼时效期间和特别诉讼时效期间。

（一）普通诉讼时效期间

普通诉讼时效期间，即指由民事基本法规定的普遍适用于应当适用时效的各种法律关系的时效期间。而普通诉讼时效期间包括一般诉讼时效期间和最长诉讼时效期间。

一般诉讼时效期间。依据《民法典》第一百八十八条第一款“向人民法院请求保护民事权利的诉讼时效期间为三年。法律另有规定的，依照其规定”的规定，一般诉讼时效期间由《民法通则》规定的二年改为三年。

最长诉讼时效期间。依据《民法典》第一百八十八条第二款“诉讼时效期间自权利人知道或者应当知道权利受到损害以及义务人之日起计算。法律另有规定的，依照其规定。但是自权利受到损害之日起超过二十年的，人民法院不予保护；有特殊情况的，人民法院可以根据权利人的申请决定延长”的规定，

---

① 载《人民法院报》2016 年 12 月 1 日。

② 参见邹海林:《民法总则》，法律出版社 2018 年版，第 501 页。

最长诉讼时效期间为20年。依此条款的规定，最长诉讼时效期间20年是自权利遭受侵害之日起计算，并且不适用诉讼时效有关中止、中断的规定。[①]

权利人基于“特殊情况”向人民法院申请延长诉讼时效期间，则延长诉讼时效期间的适用范围存在争议：一种观点认为，诉讼时效期间的延长，不仅适用于普通诉讼时效期间和特别诉讼时效期间，也适用于最长诉讼时效期间。[②]另一种观点认为，诉讼时效期间的延长，仅适用于最长诉讼时效期间，且需要具备“特殊情况”。[③]笔者同意后一种观点。由于普通诉讼时效期间和特别诉讼时效期间都存在中止、中断的情形，若权利人不能及时行使权利，要么存在诉讼时效中止的情形，依法使得诉讼时效中止，要么采取诉讼时效中断的法定事由引起诉讼时效重新计算。因此，这两种情形，完全有救济途径，没有必要延长其诉讼时效。同时，最长诉讼时效期间的延长，须具备三个条件：一是须诉讼时效期间已经届满；二是须有“特殊情况”；三是须权利人向法院申请延长诉讼时效期间。如司法实践中，“通化串子案”中法院就医院抱错孩子的损害赔偿请求权作出了最长诉讼时效延长的决定。[④]其他民事案件延长诉讼时效期间的，还非常罕见。

（二）特别诉讼时效期间

特别诉讼时效期间，即指由民事基本法或特别法针对某些民事法律关系规定的时效期间。根据特别法优先于普通法的一般规则，如果符合特别诉讼时效期间规定的情形，应当适用特别诉讼时效，而不能适用普通诉讼时效。

在特别诉讼时效期间中，一是时效期间长度不一。如《保险法》第二十六条规定，人寿保险给付保险金赔偿请求权的诉讼时效期间为五年。《海商法》第二百五十七条规定，就海上货物运输向承运人要求赔偿的请求权，

---

① 参见尹田：《诉讼时效》，载张鸣起主编：《民法总则专题讲义》，法律出版社2019年版，第571页。

② 参见杜万华主编：《中华人民共和国民法总则实务指南》，中国法制出版社2017年版，第724页。

③ 参见陈甦主编：《民法总则评注》，法律出版社2017年版，第1359页。

④ 《孙某夫妇诉通化市人民医院错给所生孩子致使其抚养他人孩子达20余年要求找回亲子和赔偿案》，载《人民法院案例选》2003年第4辑（总第46辑）。

时效期间为一年……在时效期间内或者时效期间届满后，责任主体向第三人追偿请求的，时效期间为九十日。二是时效期间起算点不同。一般诉讼时效期间自权利人知道或者应当知道权利遭受侵害以及义务人之日起计算，特别诉讼时效期间的起算则有可能采用其他方法。如《海商法》第二百五十八条第（一）项规定，海上旅客运输人身损害赔偿请求权的诉讼时效，自旅客离船或应当离船之日起计算。《民用航空法》第一百七十一条规定，地面第三人损害赔偿请求权诉讼时效，自损害发生之日起计算。

值得注意的是，《民法通则》第一百三十六条所规定的人身损害、出售质量不合格的商品、延付或者拒付租金、寄存财物被丢失或者毁损的诉讼时效期间为一年，因与《民法总则》以及相关的法律规定不一致，不再适用。

六、《民法典》总则编关于诉讼时效的时间效力①

《民法典》施行后，为正确适用《民法典》关于诉讼时效制度的规定，妥善处理《民法典》总则编与《民法通则》关于诉讼时效制度主要不同规定的衔接问题，应当继续适用《最高人民法院关于适用 < 中华人民共和国民法总则 > 诉讼时效制度若干问题的解释》(以下简称《解释》)。2018 年 7 月 2 日，最高人民法院审判委员会第 1744 次会议通过了法释〔2018〕12 号《解释》，并于 2018 年 7 月 23 日起施行。

本解释的核心内容在于《民法通则》一年短期诉讼时效规定的适用问题。《民法通则》规定了一年短期诉讼时效，《民法总则》未做规定，实践中对《民法总则》施行后一年短期诉讼时效是否仍然适用，存在不同理解。全国人大常委会《关于〈中华人民共和国民法总则（草案）〉的说明》指出，《民法总则》与《民法通则》的规定不一致的，根据新法优于旧法的原则，适用《民法总则》的规定。《民法总则》将诉讼时效期间规定为三年，有利于建设诚信社会，更好地保护债权人合法权益。根据上述立法目的和法的适用原则，《解释》第一条规定，《民法总则》施行后诉讼时效期间开始计算的，应当适用《民法总则》第一百八十八条关于三年诉讼时效期间的规定。当事人主张适用《民法通则》

---

① 参见罗书臻：《最高人民法院颁布适用民法总则诉讼时效司法解释》，载《人民法院报》2018 年 7 月 19 日。

关于二年或者一年诉讼时效期间规定的，人民法院不予支持。

关于《民法总则》施行之日，《民法通则》规定的诉讼时效期间尚未届满情形下的法律适用问题，《解释》第二条根据“前后交叉用新法”的适用原则，规定：“民法总则施行之日，诉讼时效期间尚未满民法通则规定的二年或者一年，当事人主张适用民法总则关于三年诉讼时效期间规定的，人民法院应予支持。”《解释》如此规定，主要考量以下三方面因素：一是有利于保护债权人权益，符合《民法总则》将诉讼时效期间规定为三年以及不再规定一年短期诉讼时效的立法目的。二是当《民法通则》规定的诉讼时效期间跨越《民法总则》施行日时，依据法理，可推定当事人对于《民法总则》三年诉讼时效期间的规定是知情的，不损害当事人的期限利益。三是一般情形下，新法的规定优于旧法，适用新法更有利于保护权利人的权利。

《解释》规定，《民法总则》施行前，《民法通则》规定的二年或者一年诉讼时效期间已经届满的情形下不再适用《民法总则》关于三年诉讼时效期间。之所以作出如此规定，主要考虑到：一是尊重立法本意。司法解释是立法在审判工作中的具体化，在制定《解释》时应尊重立法本意。二是依据法的溯及力法理。遵循实体从旧、程序从新原则，诉讼时效制度为实体法制度，应采从旧原则。三是基于稳定交易秩序和利益衡平考虑。《民法通则》规定的诉讼时效期间已经届满的情形下，义务人已经享有诉讼时效抗辩权，义务人行使诉讼时效抗辩权的，交易秩序已经稳定，如果再适用《民法总则》的规定会使已经稳定的交易秩序受到冲击。

七、对案例 90 的简要评析

在本案中，双方当事人争议的焦点是适用《民法总则》所规定的诉讼时效期间三年，还是适用《民法通则》所规定的诉讼时效期间二年，适用三年还是二年的诉讼时效期间对当事人的利益影响很大。就本案而言，上诉人姜某起诉前，已经完成了二年的诉讼时效期间。依据《解释》第三条“民法总则施行前，民法通则规定的二年或者一年诉讼时效期间已经届满，当事人主张适用民法总则关于三年诉讼时效期间规定的，人民法院不予支持”的规定，上诉人姜某主张适用三年的诉讼时效期间，显然不能成立。因此说，法院不支持上诉人姜某的上诉请求是正确的。

第二节　诉讼时效的客体界定

一、问题的提出

《民法典》第一百八十八条关于“向人民法院请求保护民事权利的诉讼时效期间为三年。法律另有规定的，依照其规定”的规定是对诉讼时效客体的规定，即诉讼时效的客体的民事权利。民事权利包括请求权、支配权、形成权和抗辩权，而《民法典》第一百八十八条所规定“向人民法院请求保护民事权利”是指请求权，已经成为民法界的主流观点。[①]一般而言，请求权适用于诉讼时效的规定，但并非所有请求权均适用诉讼时效的规定，何种请求权不适用诉讼时效的规定，一直存在争议。由于诉讼时效的客体关涉当事人的合法利益能否得到人民法院保护的重大问题，对此，《民法典》第一百九十六条规定：“下列请求权不适用诉讼时效的规定：（一）请求停止侵害、排除妨碍、消除危险；（二）不动产物权和登记的动产物权的权利人请求返还财产；（三）请求支付抚养费、赡养费或者扶养费；（四）依法不适用诉讼时效的其他请求权。”

在研究诉讼时效的客体界定之前，先看两则案例：

案例 91：莫某与某农村信用社存单纠纷再审案[②]

1997年2月，莫某将40万元存入某农村信用社，该社出具一年定期存单。1998年，莫某多次找某农村信用社主任陈某要求取款未果。2002年，莫某持存单起诉时，某农村信用社抗辩称莫某请求权已过诉讼时效。

---

① 参见魏振瀛主编：《民法》，北京大学出版社、高等教育出版社2000年版，第195页；梁慧星：《民法总论》，法律出版社1996年版，第241~243页；王利明：《民法总则研究》（第三版），中国人民大学出版社2018年版，第766页。

② 详见苏泽林主编、最高人民法院立案庭编：《立案工作指导》（2008年第1辑），人民法院出版社2008年版，第186~188页。

法院认为：存款人基于存款关系享有的给付存款本息请求权存在不同于一般请求权的特殊性。根据金融交易惯例，对于活期存款，存款人可以随时要求金融机构给付存款本息。对于定期存款，尽管约定了存款期限，但存款期限届满，并不要求存款人必须主张给付存款本息请求权，存款人不主张上述请求权的，款项可自动转存。上述交易惯例的存在表明，存款人得随时行使给付本息请求权，该制度的设定目的在于保护存款人利益、维护诚实信用的金融交易原则和维护社会公共利益。同时，储户将钱存入银行后，既可以丧失一定利息为代价随时取款，也可将其一直存放在银行以获取一定利息，故储蓄合同学理上属于继续性合同，基于该继续性的法律关系派生出的请求权不应适用诉讼时效。故本案莫某基于储蓄、存款发生的请求权，不适用诉讼时效的适用范围。

案例 92：何某甲与何某乙恢复原状纠纷案[①]

二审法院认为，本案系恢复原状纠纷。何某甲与何某乙就父母遗留的一座四垛三间房屋进行分管，并立有书面分管协议，双方应当按照协议中的约定来管理、使用土地。何某乙利用分得的房屋重新建房，应当遵循原来的分管协议。何某乙修建房屋、围墙、澡堂、厕所超出了分管协议约定的界限，占用了何某甲分得的宅基地和自留地。何某乙侵害的是何某甲的宅基地、自留地的使用权，土地使用权属于不动产物权，何某甲基于不动产物权提起的物权请求权，不应受诉讼时效限制。何某乙先是于 1996 年建房时超出分界线占用何某甲部分宅基地，后过几年又超出分界线修建澡堂，2012 年再超过分界线修建围墙，最后于 2018 年损毁何某甲的护坡挨着原来的澡堂修建厕所。何某甲基于双方系亲属关系，一直未起诉主张权益，但是何某乙并未因此停止侵权，而是分批、按部、连续侵占何某甲的土地。何某甲已举证证实何某乙侵占了其宅基地、自留地，何某乙要求免除侵权责任，应当举证证明其占有的合法性，不能仅因事实上占有，就推定其占有合法而免除其侵权责任。何某甲诉称何某乙曾承诺支付何某明 2 万元作为补偿，因此一直未主张权益，该理由虽符合情理，但是没有证据支持。现何某乙的房屋、围墙、澡堂已经

---

① 详见湖南省邵阳市中级人民法院（2019）湘 05 民终 2773 号民事判决书。

建好多年，拆除后恢复原状成本过高，且不利于何某乙的生活，也不利于双方亲属关系的维系，不予支持何某甲该部分恢复原状的诉请。何某乙修建房屋、围墙、澡堂占用了何某甲部分土地的事实客观存在，何某乙又未提交合法占用的证据，何某乙应当对何某甲予以赔偿，考虑到双方系亲属关系，何某乙占地时间较长，酌定由何某乙赔偿何某甲1万元。何某乙于2018年超出界线挨着原来的澡堂修建厕所，再次侵害了何某甲的权益，该行为如不予制止，将变相鼓励何某乙继续侵占何某甲的土地，何某甲的物权无从保护，故对何某甲要求何某乙停止侵害、恢复该部分土地原状的诉讼请求，应予以支持。

在上述案例中，案例91、案例92均涉及诉讼时效的客体界定问题。试问：如何界定诉讼时效的客体？不适用诉讼时效的情形有哪些？

二、诉讼时效的客体

所谓诉讼时效的客体，又称为诉讼时效的适用范围，即哪些权利应适用诉讼时效。大陆法系各国民法明确规定诉讼时效范围的只有两类：一是将请求权作为诉讼时效的适用范围，德国法采此例。依《德国民法典》第一百九十四条的规定，除亲属法上的请求权外，其他请求权均适用诉讼时效。二是将债权等权利作为诉讼时效的适用范围，日本和瑞士采此例。《瑞士债务法》第一百二十七条规定："若联邦民法没有其他规定的，凡满十年的，债权已届时效期间。"《日本民法典》第一百六十七条规定："（一）债权，因十年间不行使而消灭。（二）债权或所有权以外的财产权，因二十年间不行使而消灭。"除此之外，法国、意大利等都没有明确规定诉讼时效的适用范围，如法国，不从权利角度规定诉讼时效的适用范围，只是从诉讼的角度规定时效期间，《法国民法典》第两千二百六十二条规定："一切诉讼，无论是对物诉讼还是对人诉讼，时效期间均为30年，援用此时效期间的人无须提出某种证书，他人亦不得提出该人系出于恶意而为抗辩。"《俄罗斯联邦民法典》也是如此，其第一百九十五条规定："诉讼时效是被侵权人为维护自己的权利而提起诉讼的期限。"又如《意大利民法典》不具体指明何种权利可以适用诉讼时效，只是笼统地规定权利或民事权利，其第两千九百三十四条规定：

"当权利人在法律规定的期间内行使权利，则每一个权利均基于消灭时效而消灭。不可处分的权利和法律规定的其他权利不适用诉讼时效。"

从我国《民法通则》的规定来看，虽然并没有明确规定诉讼时效的适用范围，但并不等于任何权利均可适用诉讼时效，判例和学说一致认为只适用于请求权。[①] 请求权因其基础法律关系不同，大致可分为债权请求权、物权请求权和身份上的请求权。请求权之外的其他类型的权利，包括支配权、形成权、抗辩权难以适用诉讼时效。一是支配权的实质在于利益的直接实现性和对应义务的消极性，无论是财产利益的支配还是对人身利益的支配，大多没有期限限制，而且也不可能有期限限制，故无诉讼时效的限制。二是形成权以权利人单方的意志或单方行为而使法律关系产生、变更和消灭，不需要对方当事人的配合，因此形成权不适用诉讼时效，但法律规定了一个固定不变的期限，即除斥期间，此除斥期间经过，形成权消灭。三是抗辩权是对请求权的权利，与请求权相伴而生，当对方行使请求权时，权利人即可以以抗辩权相对抗，而当对方不行使请求权时，权利人自然无须行使抗辩权。因此，该抗辩权不受诉讼时效限制。[②] 因此，支配权、形成权、抗辩权不受诉讼时效的限制。对此，《民法典》第一百九十六条规定："下列请求权不适用诉讼时效的规定：（一）请求停止侵害、排除妨碍、消除危险；（二）不动产物权和登记的动产物权的权利人请求返还财产；（三）请求支付抚养费、赡养费或者扶养费；（四）依法不适用诉讼时效的其他请求权。"

三、债权请求权不适用诉讼时效的情形

债权以请求权为内容，基于债的关系而产生的请求权应适用诉讼时效，应无疑义。债包括合同之债、无因管理之债、不当得利之债和损害赔偿之债，无论何种债的关系，其请求权均适用诉讼时效。[③] 而且，不仅基于债的关系产生的债权人请求债务人履行义务的权利（第一次的请求权）适用诉讼时效；

---

① 汪渊智：《民法总论问题新探》，人民法院出版社 2005 年版，第 357 页。王利明先生认为，诉讼时效真正适用对象是请求权。王利明：《民法总则研究》（第三版），中国人民大学出版社 2003 年版，第 766 页。

② 参见王利明：《民法总则研究》，中国人民大学出版社 2003 年版，第 716~717 页。

③ 参见王泽鉴：《民法总则》，北京大学出版社 2009 年版，第 522 页。

债权人因债务人不履行义务而产生的损害赔偿请求权（第二次请求权）也适用诉讼时效。因此，《诉讼时效规定》采纳理论界通说“债权请求权适用诉讼时效”的规定。《诉讼时效规定》第一条规定，当事人可以对债权请求权提出诉讼时效抗辩，但同时对下列债权请求权作了例外规定。

1. 支付存款本息请求权。支付存款本息请求权的实现关系到公众的生存利益，如果该请求权适用诉讼时效的规定，在一定期间经过后不受法院保护，则将危害到民众的生存权，故该请求权不应适用诉讼时效的规定。如最高人民法院在审理莫某新与广西南宁市宾阳县农村信用合作社存单纠纷再审案［最高人民法院（2006）民一监字第429-1号民事裁定书］时认为，基于存款关系产生的给付存款本息请求权不适用诉讼时效的规定。[①]

2. 兑付国债、金融债券以及向不特定对象发行的企业债券本息请求权。依发行主体的不同，债券分为国债、金融债券和企业债券。国债、金融债券因有国家和金融机构的信誉作为还本付息的担保，认购人基于对上述发行人的信赖而购买债券，上述投资具有类似于储蓄的性质，关涉社会公众利益，故基于国债、金融债券产生的返本付息请求权不适用诉讼时效的规定。向不特定对象发行的企业债券发行应采取承销的方式。对于该类企业债券的认购人而言，其基于对金融机构的信赖而购买债券，购买该债券也具有类似于储蓄的性质，而且，兑付该类债券本息请求权涉及广大认购人的利益保护问题，关涉社会公益，因此，兑付该企业债券本息请求权也不应适用诉讼时效的规定。

3. 基于投资关系产生的缴付出资请求权不适用诉讼时效的规定。足额出资是股东对公司的法定义务，不应因诉讼时效届满，义务人提出诉讼时效抗辩而丧失受法院保护的效力，否则，有违公司资本充足原则。此外，公司资产系其对外承担民事责任的一般担保，故如果规定缴付出资请求权适用诉讼时效的规定，则不利于公司的发展，也不利于对其他足额出资的股东及公司债权人的保护。[②]

---

① 详见苏泽林主编、最高人民法院立案庭编:《立案工作指导》(2008年第1辑)，人民法院出版社2008年版，第186~188页。

② 参见最高人民法院民事审判第二庭编:《最高人民法院关于民事案件诉讼时效司法解释理解与适用》，人民法院出版社2008年版，第44~48页。

四、基于身份上的请求权不适用诉讼时效

身份上的请求权包括亲属之间的扶养请求权、退休金请求权、抚恤金请求权等。此种请求权基于特定的身份关系而产生，只要这种身份关系存在，其请求权就存在；倘若身份关系归于消灭，其请求权也随之消灭。因此，身份上的请求权不可脱离身份关系而存在，原则上不应适用诉讼时效。只要父母子女关系存在，有扶养请求权的一方并不因超过消灭时效期间未行使请求权而不得请求有扶养义务的一方履行义务。

依据《民法典》第一百九十六条的规定，请求支付抚养费、赡养费或者扶养费的，不适用诉讼时效。虽然给付赡养费、抚养费、扶养费请求权具有交付财产的内容，但这首先体现身份利益上的请求权，因为重要的是这涉及人的基本生存权利，也涉及对弱势群体利益的保护，义务人若以时效经过而不支付上述费用，将使权利人的生活没有保证，不仅违背公序良俗原则，更是有违基本人文关怀。因此说，《民法典》总则编明确规定了赡养费、抚养费、扶养费请求权不适用诉讼时效，更能彰显保护人权的原则。

五、物权请求权不适用诉讼时效

物权请求权，亦称物上请求权，有狭义和广义之分。狭义的物权请求权是指基于物权而产生的请求权，即当物权人在其物被侵害或有可能遭受侵害时，有权请求恢复物权的圆满状态或防止侵害；广义的物权请求权除了基于物权而产生的请求权以外，还包括占有人的占有保护请求权。[①] 物权请求权包括：确认物权、返还原物、消除危险和排除妨碍、恢复原状、损害赔偿的请求权。[②] 物权请求权是否适用诉讼时效，在国外和我国台湾地区有适用余地：（1）德国：一般地规定请求权因消灭时效（30 年）而终止其效力，但依登记而生的请求权除外。物上请求权也是请求权的一种，因此除登记的物权的物上请求权以外，皆应适用消灭时效。（2）我国台湾地区：我国台湾地区

---

① 王利明：《物权法研究》，中国人民大学出版社 2002 年版，第 101 页。又见王泽鉴：《民法物权》（通则・所有权），中国政法大学出版社 2001 年版，第 63 页。

② 参见《民法典》第二百三十四条至第二百三十八条对物权请求权的规定。

在此问题上争议颇多，因为我国台湾地区“民法”对物上请求权没有明确，而仅在第一百二十五条规定“请求权因 15 年间不行使而消灭。但法律所定期间较短者，依其规定”。对其进行解释的判例认为，第一百二十五条所称之请求权，包括所有物返还请求权在内，此项请求权之消灭时效完成后，虽占有人之取得时效尚未完成，占有人亦可拒绝返还。

对于物上请求权能否适用诉讼时效，我国大陆民法学者主要有三种观点。第一种观点以王利明先生为代表，认为物上请求权不应适用诉讼时效。他认为：（1）物上请求权与物权不可分离，它与物权同命运，既然物权不适用诉讼时效，则物上请求权亦不能适用之。否则物权将变成空虚的物权无存在之价值。（2）由于物权请求权通常适用于各种持续性的侵害行为，对于这些侵害行为非常难以确定其时效的起算点，因此物权请求权难以适用诉讼时效。（3）物权请求权不适用诉讼时效，但由于取得时效可适用之，依然可以发挥防止权利上的睡眠，推动财产流转及维护经济秩序的作用。[①] 第二种观点以梁慧星先生为代表，认为应将不同之物上请求权区别对待：只有返还财产请求权与恢复原状请求权这两种物上请求权适用诉讼时效，其他的物上请求权皆不适用。至于何以作此种区别，梁慧星先生未作说明。[②] 第三种观点以陈华彬先生为代表，认为已登记的不动产物权所生的物上请求权不宜因诉讼时效而消灭，但未登记的不动产物权所生的物上请求权及由动产物权所生的物上请求权则适用之。[③] 上述学说，第一种观点为目前的通说。

此外，在司法实务中还存在物权请求权等请求权是否适用诉讼时效的问题。在讨论过程中，关于确认物权、排除妨碍、消除危险请求权不适用诉讼时效的规定并无异议，争议主要集中在返还原物请求权是否适用诉讼时效的规定这一问题上。由于争议较大，《诉讼时效规定》对物权请求权是否适用诉讼时效未作规定。[④]

依据《民法典》第一百九十六条的规定，不动产物权和登记的动产物权

---

① 参见王利明：《民法总则研究》，中国人民大学出版社 2003 年版，第 720 页。

② 参见梁慧星：《民法总论》，法律出版社 2001 年版，第 272 页。

③ 陈华彬：《物权法原理》，国家行政学院出版社 1998 年版，第 102 页。

④ 宋晓明、刘竹梅、张雪楳：《〈最高人民法院关于审理民事案件适用诉讼时效制度若干问题的规定〉的理解与适用》，载《法律适用》2008 年第 11 期。

的权利人请求返还财产的，不适用诉讼时效。《民法典》第二百三十五条明确规定了返还原物请求权，这一请求权属于物权请求权中最主要的内容。如果允许已登记不动产所有权人的返还原物请求权因时效届满而消灭，将动摇不动产登记制度的效力，因此已登记不动产所有权人的返还原物请求权，不适用诉讼时效。[①] 或者从诉讼时效的功能出发，认为已登记的物权不会使不特定第三人产生合理信赖，因而不适用诉讼时效。[②] 同时，对于动产物权的返还原物请求权要求是已经登记的动产物权，如登记的船舶、车辆、航空器的物权返还原物请求权，亦不适用诉讼时效的规定。

当然，从物权保护的角度，其实质是从物权请求权的角度作了规定。物权请求权的实质在于保障物权恢复至圆满状态。学理上认为物权请求权是物权效力的具体内容，只要物权存在，物权请求权就应该存在。[③] 因此说，作为物权的一部分的停止侵害、排除妨碍、消除危险的物权请求权，不应因时效届满而消灭。同时，从侵权责任角度来说，侵害、妨碍、危险处于持续状态，诉讼时效也无从起算。

六、对案例 91、案例 92 的简要评析

在案例 91 中，莫某请求某农村信用社支付存款的本金及利息，某农村信用社以莫某的诉讼请求超过诉讼时效为由进行抗辩。其实，支付存款本息请求权的实现关系到公众的生存利益，如果该请求权适用诉讼时效的规定，在一定期间经过后不受法院保护，则将危害到民众的生存权，故该请求权不应适用诉讼时效的规定。因此说，某农村信用社的抗辩理由不能成立。当然，支付存款本息请求权同样不适用最长 20 年的诉讼时效期间的规定。

在案例 92 中，何某甲请求人民法院保护其物权请求权，判令被告何某乙停止侵权、恢复原状，《民法总则》第一百九十六条规定："下列请求权不适用诉讼时效的规定：（一）请求停止侵害、排除妨碍、消除危险；（二）不

---

① 参见梁慧星:《民法总论》，法律出版社 2011 年版，第 253 页。

② 参见王轶:《物权请求权与诉讼时效制度的适用》，载《当代法学》2006 年第 1 期。

③ 杜万华主编:《中华人民共和国民法总则实务指南》，中国法制出版社 2017 年版，第 749 页。

动产物权和登记的动产物权的权利人请求返还财产……”本案显然不适用诉讼时效的规定。因此，法院的判决是正确的。

第三节　诉讼时效的法定性

一、问题的提出

就一般诉讼时效期间为三年而言，是否为法律强制性规定？是否允许当事人对诉讼时效期间作出延长或者缩短的约定？如果作出该约定，其效力如何？以上问题存在巨大争议：第一种意见认为，延长诉讼时效期间的约定无效，但缩短诉讼时效期间的约定有效；第二种意见认为，延长或者缩短诉讼时效期间的约定均有效；第三种意见认为，延长或者缩短诉讼时效期间的约定均无效。是否允许当事人约定双方的债权债务不受诉讼时效期间的限制？对此也存在巨大争议：第一种意见认为，私权自治，约定有效；第二种意见认为，违反强制性规定，约定无效；第三种意见认为，只要不损害第三人利益则有效。对此，《民法典》第一百九十七条规定：“诉讼时效的期间、计算方法以及中止、中断的事由由法律规定，当事人约定无效。当事人对诉讼时效利益的预先放弃无效。”

在研究诉讼时效的法定性之前，先看一则案例：

案例 93：秀山通达租赁站与某建筑公司建筑设备租赁合同纠纷案①

法院认为，本案的争议焦点为：原告秀山通达租赁站主张的诉讼请求是否存在诉讼时效中止、中断的情形以及《建筑设备租赁合同》第十四条约定的内容能否免除诉讼时效的约束。对此，原告认为其诉讼请求未超过诉讼时效，因《建筑设备租赁合同》第十四条约定：“……本合同自签订之日起生效，至乙方（被告）归还全部租赁材料，缴清租金和一切所欠费用后自然失

① 详见贵州省松桃苗族自治县人民法院（2019）黔 0628 民初 1967 号民事判决书。

效。”且原告于2015年或2016年期间及于2018年8月向某县人民法院提交过民事起诉状，向被告某建筑公司主张过权利，存在诉讼时效中断的情形。经本院审核，双方签订的《建筑设备租赁合同》第二条明确约定：“租赁期限自2012年4月15日至2013年12月31日，乙方因工程需要延迟租赁时间，应在本合同期满前十日向甲方（原告）提出延期并签订《补充合同》。”2013年3月10日被告方向原告退还钢管6506.4米、扣件3464套，至2013年12月31日合同租赁期限届满，原告未举证证明其与被告签有《补充合同》。此时被告未能归还的租赁物损毁赔偿金、欠付的租金、违约金属于一般债权请求权，应从2014年1月1日起计算二年的诉讼时效。根据《民法总则》第一百九十七条“诉讼时效的期间、计算方法以及中止、中断的事由由法律规定，当事人约定无效”之规定，双方在合同中对诉讼时效期间无限延长的约定，违反法律规定，应属无效约定。因此，原告依《建筑设备租赁合同》第十四条约定主张其请求未过诉讼时效，依法不能成立。原告主张其于2015年或2016年、2018年分别向法院递交过民事起诉状，向被告主张过权利。但并未提交书面证据予以证明。经本院当庭释明，并给予其5个工作日内提交相关证据，证明本案存在诉讼时效中止、中断的情形。但期满后直至本案宣判前，原告均未向本院提交过任何证据。故对被告提出的诉讼时效已过的辩解理由，于法有据，予以采纳。鉴于此，对原告主张的诉讼请求，均不予支持。

在上述案例中，涉及当事人约定诉讼时效期间的问题。试问：如何理解诉讼时效的法定性？如何理解诉讼时效利益预先抛弃无效？

二、诉讼时效的法定性

诉讼时效的法定性，《民法通则》并没有规定。诉讼时效作为一项权利义务存续的时间经过即产生权利可能消灭的法律后果（除非对方当事人不抗辩），其作为法律明确规定的制度应当具备法定性的要求，此为学界和实务界的共识。[①] 对此，《民法典》第一百九十七条规定：“诉讼时效的期间、计

---

① 参见杜万华主编：《中华人民共和国民法总则实务指南》，中国法制出版社2017年版，第751页。

算方法以及中止、中断的事由由法律规定，当事人约定无效。当事人对诉讼时效利益的预先放弃无效。”

诉讼时效的法定性表现在：一是不允许当事人对诉讼时效的期间、计算方法以及中止、中断的事由作出约定，如有约定，则与法相悖，当属无效；二是不允许当事人诉讼时效利益的预先放弃，如有约定，则与法相悖，当属无效。所谓时效利益，是指抛弃已经过时效期间的利益，包括时效进行前、进行中及完成后的抛弃。[①] 我国法律对时效利益能否抛弃未作规定。时效完成前不得预先抛弃时效利益是通例，且诉讼时效制度为强行性规定。大陆法系各国均规定，在时效未完成以前不得抛弃。例如，《法国民法典》第两千二百二十条规定：“时效不得预先抛弃，但在时效完成后，得抛弃之。”《瑞士债务法》第一百四十一条第一款规定：“时效不得预先抛弃。”《日本民法典》在第一百四十六条也有相同规定。因为，如果允许当事人预先抛弃时效利益，则诉讼时效制度等于虚设，有害于社会，故应禁止。在时效进行前如为抛弃，则抛弃无效。为此，《诉讼时效规定》第二条规定：“当事人违反法律规定，约定延长或者缩短诉讼时效期间、预先放弃诉讼时效利益的，人民法院不予认可。”言外之意，当事人不得预先抛弃时效利益，若作出此约定则为无效。

其实，《民法典》第一百九十七条直截了当地规定：“诉讼时效的期间、计算方法以及中止、中断的事由由法律规定，当事人约定无效。当事人对诉讼时效利益的预先放弃无效。”这是由于诉讼时效具有以下特征：一是法定性，诉讼时效的长短是由法律规定的，但是诉讼时效一旦规定了以后必须执行，不得改动；二是可变性，虽然规定了期限，但是可以通过中止、中断、延长进行变更。这是由于：当事人不得通过约定缩短或延长，如果可以允许当事人约定延长诉讼时效期间，则对债务人不利，会危及现在和将来在债务人之间形成的财产秩序，有损于公共利益；另外，第三人也不可能知晓延长时效的事宜，基于对债务人财产状况合理的信赖而进行交易，会对潜在第三人造成不可预知的侵害。同时还不利于督促权利人及时地行使权利，所以，禁止当事人延长诉讼时效期间；如果缩短诉讼时效期间，会过于督促权利人

① 参见史尚宽：《民法总论》，中国政法大学出版社2000年版，第710页。

行使权利，对权利人的权利保护也是不利的，另外与诉讼时效制度的设计也是不相吻合的。

三、诉讼时效利益预先抛弃无效

不允许当事人约定预先放弃诉讼时效利益，是因为民事主体实施民事法律行为时，义务人常常处于弱势地位，如果允许预先放弃，权利人可能会利用强势地位强迫义务人放弃时效利益，损害义务人的权利。从公平保护的角度，不应该允许当事人预先约定放弃，如果允许预先约定放弃，等于权利人可以无期限地行使权利，这与诉讼时效的设立目的也是不相吻合的。当事人如果约定排除时效的适用，约定中止、中断事由，违反了诉讼时效制度法定性的特性，约定应当是无效的。对此，《民法典》第一百九十七条直截了当地规定“当事人对诉讼时效利益的预先放弃无效”。

在时效进行中，如仅对已经过时的期间抛弃，则为有效，可视为同意履行，有时效中断的效力。在时效完成后，义务人抛弃时效利益，应当有效。如最高人民法院于1997年4月16日发布的〔1997〕4号批复中指出：“根据《民法通则》第九十条规定的精神，对超过诉讼时效期间，当事人双方就原债务达成还款协议的，应当依法予以保护。”1999年7月21日发布的法释〔1999〕7号批复中规定：“对于超过诉讼时效期间，信用社向借款人发出催收到期贷款通知单，债务人在该通知单上签字或盖章的，应当视为对原债务的重新确认，该债权债务关系应受保护。”

此外，抛弃无须明示，默示亦然。[①] 时效利益抛弃后，重新起算诉讼时效。[②] 同时，因抛弃是一种意思表示，故其效力仅及于意思表示人与受领意思表示的相对人之间，若时效利益属于多数人时，除法律明文规定外，一人抛弃时效利益的影响不及于他人。如保证合同的保证人，主债务人抛弃时效利益，其效力不及于保证人，保证人仍可主张其时效抗辩权。[③]

---

① 《法国民法典》第两千二百二十一条也规定：“抛弃时效或为明示的，或为默示的，由事实得推定其抛弃既得权者即为默示抛弃。”

② 王泽鉴：《民法总则》，中国政法大学出版社2001年版，第544页。

③ 《民法典》第七百零一条规定：“保证人可以主张债务人对债权人的抗辩。债务人放弃抗辩的，保证人仍有权向债权人主张抗辩。”

时效利益抛弃主要产生以下效力：一是对债权人的效力。债务人放弃时效利益后，即放弃了时效抗辩权，债权人重新取得了债权的胜诉权，其债权受法律强制力保障。对于诉讼时效期间届满后，债务人自愿履行已超过诉讼时效的债务，债权人有权接受，而不因此构成不当得利；债权人有权请求债务人按照双方达成的清偿协议或债务人单方放弃时效利益的意思表示履行债务，并受法律强制力保障。二是对债务人的效力。债务人放弃时效利益，即放弃了时效抗辩权，其在时效完成后实际履行债务或同意清偿原债务的行为具有法律效力。超过诉讼时效期间，当事人自愿履行后，不得以已超过诉讼时效为由反悔，否则法律不予支持；债务人与债权人达成的清偿协议或债务人单方放弃时效利益的意思表示，具有法律效力，债务人应按其约定履行债务。总之，时效利益一经抛弃，即恢复到时效完成前之状态，债务人不得再以时效已经完成为由拒绝给付。

2004年11月1日，最高人民法院针对河南省高级人民法院的请示作出了《最高人民法院关于借款到期后债务人在多份空白催收通知单上加盖公章如何计算诉讼时效的请示的答复》(〔2004〕民二他字第28号)，该答复载明：京开大道农行主张其行使债权未超过诉讼时效的依据是三份催款通知书。其与食品公司同时认可落款时间为1998年10月9日、2000年8月29日、2000年9月8日的三张空白催收通知单上食品公司的印章均是1998年加盖的，后两个时间是京开大道农行后来填写的。因京开大道农行认可其未在该对应时间内向食品公司催收过欠款，应视为京开大道农行未在诉讼时效期间内以相对人食品公司知晓的方式行使过请求权，故不适用诉讼时效中断的规定。同时，时效制度属强制性规定，不允许当事人依自由意志排除时效的适用或改变时效期间。故即使按你院审判委员会的多数意见认为“食品公司在空白催收单上加盖公章的行为是其授权京开大道农行可以根据需要在催收通知单上任意填写时间的真实意思表示，即放弃了因时效期间届满而产生的时效利益和抗辩权”，但因其属于提前抛弃时效的行为，亦应认定为无效。综上，我们同意你院请示意见中的少数意见。①

---

① 最高人民法院(2014)民申字第1611号民事裁定书驳回中国农业银行股份有限公司廊坊开发区支行的再审申请中就引用了该答复。

四、对案例 93 的简要评析

在本案中，双方当事人争议的焦点是《建筑设备租赁合同》第十四条约定“……本合同自签订之日起生效，至乙方（被告）归还全部租赁材料，缴清租金和一切所欠费用后自然失效”的效力问题。依据《民法总则》第一百九十七条“诉讼时效的期间、计算方法以及中止、中断的事由由法律规定，当事人约定无效”之规定，双方在合同中对诉讼时效期间无限延长的约定，违反法律规定，应属无效约定。本案就体现了诉讼时效的法定性，不以当事人的意思表示而转移。否则，将没有规矩，不利于交易秩序稳定有序健康地发展。

第四节 诉讼时效的援引与抗辩

一、问题的提出

人民法院在民事诉讼中能否主动援引诉讼时效规定进行裁判的问题，即能否依职权审理诉讼时效问题，在司法实践中存在广泛争议：第一种意见认为，法院应主动援引诉讼时效的规定进行裁判；第二种意见认为，法院不应主动援引诉讼时效的规定进行裁判；第三种意见认为，既不应完全由法官主动援引，也不应完全依当事人主张援引，应赋予法官诉讼时效释明权来统一诉讼时效的适用。对于人民法院应否对诉讼时效问题进行释明，也存在着截然相反的意见。此外，当事人在一审诉讼中没有提出诉讼时效抗辩，二审诉讼中能否提出诉讼时效的抗辩？

对此，《民法典》总则编对是否主动援引作了规定：“人民法院不得主动适用诉讼时效的规定。”当然，《诉讼时效规定》第三条规定：“当事人未提出诉讼时效抗辩，人民法院不应对诉讼时效问题进行释明及主动适用诉讼时效的规定进行裁判。”第四条第一款规定：“当事人在一审期间未提出诉讼时效抗辩，在二审期间提出的，人民法院不予支持，但其基于新的证据能够证明对方当事人的请求权已过诉讼时效期间的情形除外。”该司法解释与《民法典》总则编的规定并不矛盾，仍然有效，应当继续适用。

在研究诉讼时效的援引与抗辩之前，先看一则案例：

案例 94：邹某与饶某民间借贷纠纷案①

原告邹某与被告饶某系朋友关系，2009 年 10 月 20 日被告以急需用钱为由向原告借款人民币 2 万元，原告当场给付现金，被告于当日向原告出具了借条一张，借条内容：“今借到邹某人民币贰万元整。今借款人饶某，2009 年 10 月 20 日。”借款后，原告在 2014 年之前曾多次向被告催问过该款，但被告均以种种理由拒还。

一审法院经审理认为，被告曾于 2009 年 10 月 20 日向原告借款人民币 2 万元事实，原告曾于 2014 年之前多次催问被告还款事实。被告辩称该款于借款的第二个月已还给原告，只是当时未拿回借条，因被告未能提供相关证据予以佐证，而原告又予以否认，故不予采纳。原告诉称一直催问被告还款，但现有证据只能证实原告在 2014 年之前多次催问过被告还款，自 2014 年后至起诉之日前是否催问过被告还款，无证据证实，该案已过诉讼时效，故原告的诉请要求不符合法律规定，一审法院不予支持。据此判决：驳回原告邹某的诉讼请求。

二审法院对一审法院查明的事实予以确认。另查明，2016 年 11 月及 2017 年 9 月上诉人邹某向被上诉人饶某主张过债权。本案在一审审理过程中，被上诉人饶某未向一审法院提出过本案已过诉讼时效的抗辩。

二审法院经审理认为，双方当事人对 2009 年 10 月 20 日饶某向邹某借款 2 万元无异议，双方争执的是该款是否偿还的问题。邹某诉称 2 万元一直未还，且在起诉前一直在催问饶某还钱。被上诉人辩称该款在借款两个月后就已经还清了只是没拿回借条而已。本案中邹某提供了借条原件，而饶某只是自己陈述已经偿还借款，对只有本人陈述而不能提出其他相关证据的主张，不予支持，故认定饶某并未偿还借款，其应该承担偿还责任。本案在一审审理过程中，饶某并未提出过本案已过诉讼时效的抗辩，一审法院主

① 江西省抚州市中级人民法院（2018）赣 10 民终 918 号民事判决书。

动适用诉讼时效的规定进行判决，适用法律错误，邹某在2017年9月前一直在向饶某主张债权，本案并未过诉讼时效。据此，依照《民法总则》第一百九十三条、《诉讼时效规定》第三条规定，判决：一、撤销原判；二、被上诉人饶某于本判决生效后十日内向上诉人邹某偿还借款20000元。

在上述案例中，一起简单的民间借贷，却因为对是否主动援引诉讼时效而造成二审改判。试问：如何理解人民法院不得依职权主动适用诉讼时效的规定？诉讼时效抗辩权的行使是否受诉讼阶段的限制？

二、人民法院不得主动援引及释明诉讼时效

诉讼时效届满后，义务人便享有时效利益，但该利益的实现是由当事人主动提出，还是由法官主动审查，在《诉讼时效规定》之前，我国法律并没有明确规定，致使司法实践中存在分歧：一是法官依职权主动审查。诉讼时效届满的事实应由法院依职权审查，一旦发现诉讼时效完成即应驳回原告的诉讼请求，无论当事人是否主张，人民法院或仲裁机构均可主动予以适用。同时，亦有观点认为，诉讼时效的规定属于强制性规范，如果对诉讼时效“不告不理”，则有违公平原则。二是当事人主动提出说。时效利益是否抛弃，纯属义务人的利益，按照意思自治原则，完全应由义务人决断。时效完成只是使义务人获得抗辩权，如果人民法院主动援引诉讼时效，是对当事人处分权的过分干涉。该观点为大陆法系国家所普遍采纳，体现了私法自治精神。我国《民法通则》对此问题虽然没有明确规定，但在解释上应与多数国家的通行做法相一致。对此，《诉讼时效规定》第三条规定：“当事人未提出诉讼时效抗辩，人民法院不应对诉讼时效问题进行释明及主动适用诉讼时效的规定进行裁判。”

《民法典》第一百九十三条规定：“人民法院不得主动适用诉讼时效的规定。”从立法上明确了对人民法院不得主动援引诉讼时效的规定，可谓“一锤定音”。人民法院无权主动援引诉讼时效的规定，必须由当事人提出诉讼时效抗辩后才能进行审查。理由在于：第一，法官不得主动适用时效是大多数国家的立法和判例的通行做法。早在罗马法上就有一项重要原则，即时效只能由当事人主张而不能由法院主动适用。大陆法系多数国家

继承了这一原则，禁止法庭主动适用诉讼时效。例如，《法国民法典》第两千二百二十三条规定，法官不得主动援用时效的方法。《日本民法典》第一百四十五条规定，除非当事人援用时效，法院不得根据时效进行裁判。《瑞士债务法》第一百四十二条也规定，审判官不得以职权调查时效。德国和我国台湾地区虽未明文规定，但学说与判例一致认为法官不得依职权主动援用诉讼时效。但是，在苏联、东欧社会主义国家，出于计划经济和单一公有制的要求，否定了这一罗马法原则。例如，1964 年的《苏俄民法典》第八十二条规定，不论双方当事人申请与否，法院均应适用诉讼时效。在苏联解体后，1994 年俄罗斯通过的《俄罗斯联邦民法典》第一百九十九条却作出规定，即“法官仅根据争议一方当事人在法院作出判决之前提出的申请适用诉讼时效”。第二，人民法院主动适用诉讼时效，是对当事人处分权的过分干预，有违私法自治原则。诉讼时效届满，义务人就取得了一种可以不再履行其义务的利益，权利人如提出请求，义务人可进行有效的抗辩。既然是一种利益，应当尊重私法自治原则，在法律规定的范围内应允许当事人自由处分。第三，人民法院审查时效以当事人主张时效利益为前提，有利于法律与道德的融合。时效完成后，权利人的请求权并不绝对丧失，而是取决于义务人是否行使其时效抗辩权。若义务人行使该项权利，法院应给予审查，以实现诉讼时效制度的目的；若义务人不行使该项权利，可能是基于良心的感召，愿意放弃时效利益，向权利人作出履行，此时如果法院强行适用时效，对权利人作出败诉判决，与诉讼时效制度的宗旨就会背道而驰。[①] 因此，《民法典》第一百九十三条规定的“人民法院不得主动适用诉讼时效的规定”，与第一百九十二条规定的“诉讼时效期间届满后，义务人同意履行的，不得以诉讼时效期间届满为由抗辩；义务人已经自愿履行的，不得请求返还”的立法精神完全一致。

在司法实务中，当事人一方未提出诉讼时效抗辩，人民法院应否对诉讼时效问题进行释明存在争议。从《民法典》第一百九十三条所规定的字面意思理解来看，没有给出明确答案。对此，《诉讼时效规定》第三条规定：当事人未提出诉讼时效抗辩，人民法院不应对诉讼时效问题进行释明及主动适

---

① 何志：《合同法原理精要与实务指南》，人民法院出版社 2008 年版，第 49~50 页。

用诉讼时效的规定进行裁判。我们知道，诉讼时效抗辩权本质上是义务人的一项民事权利，作为一项私权利，依据私法意思自治的基本原则，民事主体拥有依其自主意志从事民事法律行为的权利，司法不应过多干预。当事人一方根据实体法上的诉讼时效抗辩权在诉讼中提起的诉讼时效抗辩是实体权利的抗辩，是需由当事人主张抗辩，当事人是否主张，属于其自由处分的范畴，司法也不应过多干涉，这是民事诉讼处分原则的应有之义。诉讼时效抗辩权是颠覆性权利，义务人在法院释明后行使该权利的，将会使裁判结果较之其不行使该权利的情形发生根本性变化，即导致权利人的权利不能得到法院保护。在当事人无行使诉讼时效抗辩权的意思表示的情形下，如果人民法院主动对诉讼时效问题进行释明，则无异于提醒和帮助义务人逃债，有违诚信的基本原则，也有违法院居中裁判的中立地位。因此，《诉讼时效规定》规定，当事人一方未提出诉讼时效抗辩，人民法院不应对诉讼时效问题进行释明。如 2003 年 3 月，赵某与钱某分别向乔某借款。2007 年，法院判决赵某偿还。随后，乔某起诉钱某，钱某以超过诉讼时效抗辩，法院判决驳回乔某诉讼请求。2008 年年初，赵某以钱某与乔某的判决主张法院未就其案件审理时对诉讼时效进行释明，申请再审。法院认为：诉讼时效抗辩权是当事人依法享有的抗辩权的一种。鉴于诉讼时效抗辩权是一种颠覆性权利，如果当事人未行使这一权利，那么法官不得在案件审理中主动援引法律有关诉讼时效的规定进行裁判，也不得在案件审理中就相关问题进行释明。当事人以人民法院未就时效抗辩权进行释明为由申请再审改判，人民法院不予支持。当事人在二审或者再审期间行使时效抗辩权，人民法院亦不应予以支持。故本案应驳回赵某的再审申请。①

其实，《民法典》第一百九十三条中“不得主动适用”的规定，应当理解为包含不得主动释明。②

---

① 详见韩玫：《当事人以人民法院未就时效抗辩权进行释明为由申请再审改判人民法院不予支持》，载最高人民法院民事审判第一庭编：《民事审判指导与参考》2008 年第 4 集（总第 36 集），法律出版社 2009 年版。

② 参见王利明：《民法总则研究》（第三版），中国人民大学出版社 2018 年版，第 805 页。

三、诉讼时效抗辩权的行使阶段

诉讼程序机制的建构实质蕴含着通过构筑正当程序以保证私权争议获得公正裁判的诉讼理念，诉讼制度的立法目的在于通过设计科学的诉讼制度达到程序公正和实体公正的统一。因此，各国民事诉讼法中均对请求权和抗辩权的行使阶段进行了合理限制。[①] 诉讼时效抗辩权的行使也不例外。《诉讼时效规定》第四条分两款对诉讼时效抗辩权的行使阶段问题进行了规定。

1.《诉讼时效规定》第四条第一款规定，当事人在一审期间未提出诉讼时效抗辩，在二审期间提出的，人民法院不予支持，但其基于新的证据能够证明对方当事人的请求权已过诉讼时效期间的情形除外。该规定实质上涉及答辩权的行使期间以及二审的审理范围问题。

问题是，债务人在一审程序中未就诉讼时效提起抗辩，但在二审程序中提出了该项抗辩，二审法院应否就此展开审查？对此存在分歧：一是肯定说。该种观点认为，当事人在诉讼中提出诉讼时效抗辩不存在时限，法院应当进行审查。二是否定说。该种观点认为，当事人在诉讼中提出诉讼时效抗辩存在时限，如无特殊情况，二审法院对此不应审查。我们认为：对于当事人在一审没有提出诉讼时效抗辩，而在二审期间提出了该项抗辩的情形，二审法院一般不予以支持。（1）在现行法律就此尚未作明确规定的背景下，司法应尽可能地侧重保护权利人的诉讼权利和实体权利，不轻易认定权利人丧失诉讼时效。（2）关于答辩权的行使，世界上存在两种立法例：一种是答辩失权主义，另一种是答辩随时提出主义。根据《民事诉讼法》第二十五条的规定，我国并未规定答辩失权主义。答辩和抗辩权不能等同，抗辩权只是答辩内容的一种，强制答辩制度是程序规定，尚未涉及具体权利，而诉讼时效制度则可能导致实体权利的丧失，不能以目前无强制答辩制度来否定诉讼时效抗辩的时限。（3）根据抗辩权发生说理论，当事人在一审程序中不行使诉讼时效抗辩权就应视为其主动放弃，其在二审程序中再予提出违背诚信原则，从维护债权人的合法利益而言，根据诚信原则的要求，债务人在一审中未就此提

① 宋晓明、刘竹梅、张雪楳：《〈最高人民法院关于审理民事案件适用诉讼时效制度若干问题的规定〉的理解与适用》，载《法律适用》2008 年第 11 期。

出抗辩可视为其放弃了此项抗辩。故二审法院可据此不作审查。[①] 但是，根据我国现行《民事诉讼法》第一百六十八条关于“第二审人民法院应当对上诉请求的有关事实和适用法律进行审查”的规定，我国民事诉讼采用二审续审制。二审续审制审理模式下，二审既是法律审，又是事实审，在二审期间，当事人可以提出新的证据，进一步陈述案件的事实，法院可以对一审未尽事实和适用法律问题进行审理。续审制更多地体现了对实体公正功能的追求，也有助于实现诉讼效率。因此，在《诉讼时效规定》第四条第一款作了但书规定，即“但其基于新的证据能够证明对方当事人的请求权已过诉讼时效期间的情形除外”。

2.《诉讼时效规定》第四条第二款规定，当事人未按照前款规定提出诉讼时效抗辩，以诉讼时效期间届满为由申请再审或者提出再审抗辩的，人民法院不予支持。如前所述，诉讼时效抗辩权的行使期间一般应限制在一审阶段，特殊情形可以在二审阶段行使。而终审判决作出后，当事人之间的权利义务关系已经确定，尤其是在生效判决已被部分或者全部执行的情形下，社会交易秩序已经因生效判决的作出趋于确定。如果仍然对义务人基于诉讼时效抗辩权提出的再审申请予以支持，则不利于维护司法程序的安定，也有违诉讼时效制度维护社会秩序稳定的立法目的。因此，法院不应任由义务人突破审级限制，不应对当事人基于诉讼时效抗辩权提出的再审申请予以支持。这样规定，也有助于维护诚信的基本原则。综上，无论当事人一方是否基于新的证据证明诉讼时效事实申请再审，人民法院均不予支持；当事人基于其他再审事由获得支持进入再审后，在再审审理过程中提出诉讼时效抗辩的，人民法院也不应予以支持。

应予注意的是，在司法实务中，当事人在二审期间基于新的证据证明的事实提出诉讼时效抗辩的，人民法院不应仅以一审法院对诉讼时效事实未予查明而将案件发回重审。尽管一审法院未查明诉讼时效事实，但这属于一审法院准确适用人民法院不应主动适用诉讼时效的规定进行裁判的正确做法。根据我国《民事诉讼法》第一百六十八条、第一百七十条关于二审法院审理范围和二审裁判方式的规定，对于原判决认定事实错误，或者原判决认定事

---

① 何志:《合同法原理精要与实务指南》，人民法院出版社 2008 年版，第 50~51 页。

实不清、证据不足的，第二审法院可以查清事实后改判。对于诉讼时效事实，当事人举出新证据的，由二审法院在查清事实的基础上改判，符合我国《民事诉讼法》的上述规定，也可节约诉讼成本、避免诉累，是可行做法。

四、对案例 94 的简要评析

无论是《诉讼时效规定》第三条“当事人未提出诉讼时效抗辩，人民法院不应对诉讼时效问题进行释明及主动适用诉讼时效的规定进行裁判”的规定，还是《民法总则》第一百九十三条“人民法院不得主动适用诉讼时效的规定”的规定，均明确规定了人民法院不得主动适用诉讼时效。一审法院主动援引诉讼时效，显然由“裁判员”变成了“运动员”，无疑让人们对司法公正公平产生质疑。同时，本案的借条并没有还款期限约定，原告一直主张权利，被告辩称是把款项还了，而借条原件在原告手中，且对被告还款予以否认。因此说，应当判决被告偿还借款，二审法院的处理是正确的。

第五节　诉讼时效的起算

一、问题的提出

诉讼时效期间的起算，又称诉讼时效期间的开始，即诉讼时效期间何时开始计算。诉讼时效期间既然是权利人请求法院依诉讼程序保护其民事权利的法定期间，在原则上就应从权利人能够行使请求法院保护的请求权时开始计算。依据《民法典》第一百八十八条第二款“诉讼时效期间自权利人知道或者应当知道权利受到损害以及义务人之日起计算。法律另有规定的，依照其规定”的规定，权利人享有这样的请求权，一般应具备三个条件：一是客观上其权利受到侵害。只有在权利客观上受到侵害的情况下，权利人请求法院保护才有必要性和可能性。二是主观上权利人知道或者应当知道权利被侵害的事实。三是权利人知道或者应当知道义务人。但是，由于司法实践中的情形各异，诉讼时效期间起算存在巨大争议。

在研究诉讼时效的起算之前，先看两则案例：

案例 95：湘电公司与科林公司买卖合同纠纷案[①]

2015 年 7 月 8 日，科林公司作为买方（甲方）与湘电公司（乙方）签订《产品采购合同》，合同约定提供的设备为湖南湘电长沙水泵 18 台，总价 24 万元整。付款条件：合同签订后支付预付款 10 万元；发货前一周内支付发货款 6.8 万元；设备到现场安装调试验收合格后支付合同总额 25% 的到货款；预留 5% 的质保金，待质保期满后设备各项指标正常支付合同总额 5% 的余款。质保期及售后服务：质保期自合同设备在甲方现场最终验收安装调试并书面接收之日起 18 个月或者货到现场 24 个月，两者以先到为准。2015 年 8 月 3 日，科林公司向湘电公司支付 10 万元，后湘电公司按约交付水泵 18 台。同年 10 月 27 日，科林公司向湘电公司支付 6.8 万元。2016 年 7 月 27 日，因设备调试期间无法达到科林公司要求，湘电公司向科林公司补寄了价值 3.8 万元的设备零件，29 日，科林公司支付零件货款 3.8 万元。科林公司在庭审时对欠付 7.2 万元货款的事实予以认可，并主张是因交付的水泵出现质量问题才未支付剩余货款。

法院认为，本案的争议焦点是，湘电公司的诉讼请求的诉讼时效应于何时起算。科林公司认为，根据合同约定，湘电公司应当在科林公司付完款之后就进行催收，而不能等到质保期满才催收，故诉讼时效应当从科林公司最后一次付款日即 2015 年 10 月 27 日开始计算。根据《民法总则》第一百八十九条规定："当事人约定同一债务分期履行的，诉讼时效期间自最后一期履行期限届满之日起计算。"本案中，双方合同约定科林公司应支付的价款分 4 笔支付，为分期履行的合同。合同约定的第 4 笔款项付款条件为待质保期满后设备各项指标正常支付合同总额 5% 的余款。质保期自合同设备在科林公司现场最终验收安装调试并书面接收之日起十八个月或者货到现场二十四个月，两者以先到为准。双方均未举证证明合同约定的设备到达现场的具体时间，且科林公司未向湘电公司出具设备调试验收合格的相关凭证，结合本案实际情况，本院认为，湘电公司向科林公司补发了相关设备零件，

---

① 详见湖南省长沙市中级人民法院（2019）湘 01 民初 3512 号民事判决书。

且科林公司亦支付了相应的零件价款，故推定设备调试验收合格的时间为科林公司支付零件价款的时间即2016年7月29日。据此推定，质保期间为2016年7月29日至2018年1月28日。故本案诉讼时效的起算时间为2018年1月28日，本案适用普通诉讼时效三年，故对于科林公司已过诉讼时效的抗辩不予支持。据此判决：科林公司于本判决生效之日起五日内支付湘电公司货款7.2万元及利息。

案例96：郭某与弘武建筑公司等不当得利纠纷再审审查案[①]

最高人民法院认为：

一、关于案涉款项是否构成不当得利的问题。郭某认为案涉款项不构成不当得利，案涉款项存在法律上的原因，且款项实际并非由该二人控制，其并未获利，弘武建筑公司亦未遭受损失。《民法总则》第一百二十二条规定："因他人没有法律依据，取得不当利益，受损失的人有权请求其返还不当利益。"本院认为，首先，郭某认为案涉款项存在法律上的原因，即"规避税收，内部转账"。弘武建筑公司亦出具了《情况说明》，明确载明案涉款项为"内部转账"，但弘武建筑公司关于案涉款项为"内部转账"的主张为生效判决所否定。该判决认为安嘉林公司向弘武建筑公司转账中的3200万元非内部转账，系支付工程款，因此弘武建筑公司向郭某转让的案涉款项亦当然不属于内部转账款项。其后弘武建筑公司关于案涉款项为代肖某远归还借款的主张又为生效判决所否定，至此，案涉款项可能存在的法律上的原因均为生效判决所否定。郭某收取弘武建筑公司所转账的诉争款项亦并无法律上的依据。其次，郭某认为，其二人不享有对账户的控制权，其并未获利。郭某为账户的所有权人，其主张没有控制权缺乏事实依据，自案涉款项进入郭某的账户之日起，郭某即已获利。由此可见，弘武建筑公司对案涉债权的定性及处置的意思表示都以案涉款项为内部转账款为前提，而该笔款项为内部转账款的主张如前所述已被否定，这些意思表示的前提已经不存在，故不能以此证明弘武建筑公司已放弃案涉债权。综上，郭某的该项申请理由不能成立。

二、关于本案是否已过诉讼时效的问题。郭某认为案涉款项最后一次转

---

① 详见最高人民法院（2019）最高法民申3876号民事裁定书。

账时间距一审起诉的时间超过二年的诉讼时效，应当驳回其诉讼请求。本院认为，案涉款项虽始于2011年1月5日，止于2012年7月23日，但由于弘武建筑公司一直认为该笔款项存在法律上的原因而据此主张相应的权利，直到2016年8月22日其内部转账款性质才被生效判决所否定，此后弘武建筑公司关于案涉款项为代肖某远归还借款的主张又为生效判决所否定。至此，弘武建筑公司方知道案涉款项法律上的原因均被否定，因此，弘武建筑公司于2017年7月8日以不当得利为由主张权利，并未超过诉讼时效，郭某的该项申请理由亦不能得到支持。据此裁定：驳回郭某的再审申请。

在上述案例中，案例95、案例96均涉及诉讼时效的起算问题。试问：如何理解诉讼时效的起算？结合《民法典》总则编和《诉讼时效规定》，对具体情形的诉讼时效如何起算？

二、“知道或者应当知道权利受到损害”的理解适用

诉讼时效，是权利人请求人民法院依法保护其权利的法定期间，应当从权利人能够请求人民法院保护其请求权开始计算。那么，诉讼时效期间的起算有何标准？依据《民法典》第一百八十八条第二款“诉讼时效期间自权利人知道或者应当知道权利受到损害以及义务人之日起计算。法律另有规定的，依照其规定”的规定，诉讼时效期间的起算应具备三个条件：一是权利人的权利受到损害；二是权利人知道或者应当知道权利受到损害；三是权利人知道或者应当知道义务人。权利人的权利受到损害及义务人，容易掌握和理解。问题的关键是如何理解“知道或者应当知道权利受到损害”。

诉讼时效制度的制定宗旨并非仅为督促权利人行使权利，其最终目的在于在实质公平的基础上平衡权利人和义务人的利益，因此，在适用诉讼时效制度时，应注意权利人与义务人之间的利益平衡。平衡应当适度，不能矫枉过正，不能使诉讼时效制度最终成为义务人不履行义务的合法借口和依据。因此，在诉讼时效制度适用中应注意利益平衡，该平衡点即为公平的价值目标和诚信的基本原则。

基于公平的价值目标及诚信原则，应正确理解和适用“知道或应当知道权利受到损害”。一切法律关系都应根据它们的具体情况按照正义衡平的原

则进行调整，从而达到它们具体的社会公正。法律关系的内容及实现的方法，根据当事人之间具体情况的不同而不同，法律、合同当事人很难一一预见它们从而加以规定或订立，因此，对方当事人有可能利用这些漏洞，牺牲他人利益以实现自身利益，在这种情况下，决断案情不应是形式的或机械的，而应从道义平衡原则出发，站在立法者的角度决定这些关系，这就是诚信原则的要求。“知道或应当知道权利受到损害”的“知道”，应指权利人主观上知道自己权利被侵害的事实。“应当知道”，则是一种法律推定，应指基于客观的情事及一般民众根据其知识经验应尽的注意义务，权利人应当知悉其权利被侵害事实但因其自身过失而未知情，在该情形下，法律推定其知道其权利受到侵害。“知道或者应当知道权利受到损害”，是指“知道权利被侵害的事实和侵权人是谁”。这里，除知道侵权事实外还强调“知道或者应当知道侵权人”是对债权人的一种保护，这一点与《民法典》第一百八十八条明确规定了知道或者应当知道“义务人”是一致的。因为如果在权利人不知义务人的情形下即起算诉讼时效，则会因该案件不符合民事诉讼法关于起诉的条件法院不予受理，而仅给权利人三年的诉讼时效期间去查询义务人，则很易导致权利人因诉讼时效期间届满而失权。

基于实质公平的价值目标及诚信原则，滥用诉讼时效制度应被禁止。如果仅以期间经过这一事由免除义务人的责任，不足以构成某种与“秩序”相关的事实状态，而且，会导致义务人为免责而不积极履行义务，加重权利人的损失，助长不诚信行为，甚至因权利人无法通过法院的公力救济转而采取私力救济方式，危害社会秩序。因此，在审理个案过程中，时效的援用是否能被认定为正当的权利行使，必须参照时效制度存在的理由及援用制度的宗旨进行充分的研究，法院应对义务人的诉讼时效抗辩权进行实质公平和诚信审查。①

三、同一债务分期履行的，诉讼时效的起算

在理论界和司法实务界，长期以来，对当事人约定同一债务分期履行情

① 参见最高人民法院民事审判第二庭编：《最高人民法院关于民事案件诉讼时效司法解释理解与适用》，人民法院出版社2008年版，第133~137页。

形下，给付某一期债务请求权的诉讼时效的起算问题存在争议，主要有三种争议观点：第一种观点认为，应从最后一期履行期限届满之日起算。第二种观点认为，应从每一期履行期限届满之日分别起算。第三种观点认为，前两种观点虽都有道理却均存在不足，应区分情况分别处理。应以分期履行的债务是否具有独立性、可分性为区分标准决定诉讼时效期间是从每一笔债务履行期限届满之日起算还是从最后一笔债务履行期限届满之日起算。由于个案的差异、承办人员所持理论观点的不同，司法审判实务中的做法不一，最高人民法院先后颁布的相关答复也有不同的规定。

近年来，随着认识的深入，理论界和司法实务界对该问题的认识逐渐趋于一致，即《诉讼时效规定》第五条规定，"当事人约定对同一笔债务分期履行的，给付某一笔债务请求权的诉讼时效期间应从最后一期履行期限届满之日起算。"《民法典》第一百八十九条规定："当事人约定同一债务分期履行的，诉讼时效期间自最后一期履行期限届满之日起计算。"该规定吸纳了司法解释的规定精神，完全是正确的。理由如下：

1. 符合同一债务的特征。从债法法理分析，当事人约定同一笔债务分期履行的，其订立合同的目的是对同一笔债务约定分期履行，该债务为一个单一的整体，具有整体性和唯一性。其是在当事人签订合同之时即已确定，只不过对于债务的履行当事人约定了分期履行，而非一次性履行，尽管因为对整体债务分别约定了分期履行的期限和数额，使每一期债务具有一定的独立性，但该独立性不足以否定整体性，整体性和唯一性是该债务的根本特征。史尚宽先生认为，这种债权属于普通债权分期给付，而非定期债权，"普通债权之定有给付期间或以一债权分作数期给付者，不包括在内"。[①] 给付每一期债务请求权的诉讼时效期间从最后一期履行期限届满之日起算是同一笔债务具有唯一性和整体性的根本要求。

2. 符合诉讼时效制度的立法目的。权利人没有在每一期履行期限届满后即主张权利，并非其怠于行使权利，而系其基于对同一债务具有整体性以及不同期债务具有关联性的合理信赖，通常把每一次的履行行为看作是一个完整的合同关系的一部分，认为其可以于最后一期履行期限届满之日再主张权

① 史尚宽：《民法总论》，中国政法大学出版社 2000 年版，第 642 页。

利。而且，当事人之间签订分期给付债务合同的目的在于全面履行合同约定的义务，因此，尽量维持双方的债权债务关系和信任关系是解决履行障碍的基本态度。为促进双方的友好合作关系，权利人也不愿或者不想在部分债权受到侵害后就立刻主张权利。因此，规定从最后一期履行期限届满之日起算诉讼时效期间，可以保护权利人的合理信赖利益，也不违背诉讼时效制度督促权利人行使权利的立法目的。

3. 有利于减少诉累、提高诉讼效率。规定诉讼时效期间从最后一期履行期限届满之日起算，可以避免当事人为主张权利而激化矛盾，避免频繁起诉，有利于节约司法资源，减少诉累，提高诉讼效率。

在司法实践中，特别需要注意：第一，该条是对给付分期履行债务中的某一笔债务请求权的诉讼时效期间起算点的规定，而非对给付全部债务请求权的诉讼时效期间起算点的规定，后者当然应从最后一期履行期限届满之日起算诉讼时效期间。第二，该条适用的情形是对同一笔债务约定分期履行。所谓同一笔债务，是指该债务在实施民事法律行为时即已经确定，时间因素对其内容和范围不再起作用，受到时间因素影响的只是履行的方式。该类债务的典型表现形式为约定分期还款、分期交货的借款之债、买卖之债等。详言之，在借款合同法律关系中，借款合同多约定：贷款人一次性给付借款人全部款项后，借款人分期偿还。在司法实践中，分期偿还的约定主要有两种形式：一种是明确约定总的债务履行期限和数额以及分期偿还的数额、期限；另一种是只约定了总的履行期限，而对分期履行的期限和数额未作具体约定。对于该两类分期履行合同，相关判决均认定诉讼时效期间应从最后一笔履行期限届满之日起算。[①]

四、未约定履行期限的债务，诉讼时效的起算

1. 未约定履行期限的债务的诉讼时效起算原则。关于未约定履行期限的债务，诉讼时效如何起算。《民法典》总则编对此没有规定。一般认为，未约定债务履行期限的情形下，债权人第一次向债务人主张权利时，即为债务

---

① 参见最高人民法院民事审判第二庭编：《最高人民法院关于民事案件诉讼时效司法解释理解与适用》，人民法院出版社 2008 年版，第 101~114 页。

履行期限届满时，债务人从此时具有履行债务的义务。如不履行，则构成对债权人权利的侵害，且该侵害为债权人所应知，诉讼时效当然应从此时起算。当然，如果债权人给债务人必要的准备时间，诉讼时效就从准备时间届满时起算。对此，《诉讼时效规定》第六条规定："未约定履行期限的合同，依照合同法第六十一条、第六十二条的规定，可以确定履行期限的，诉讼时效期间从履行期限届满之日起计算；不能确定履行期限的，诉讼时效期间从债权人要求债务人履行义务的宽限期届满之日起计算，但债务人在债权人第一次向其主张权利之时明确表示不履行义务的，诉讼时效期间从债务人明确表示不履行义务之日起计算。"

关于没有约定履行期限的合同所涉及的债权请求权的时效起算点问题。合同如果约定了明确的履行期限是没有问题的，恰恰实务当中经常会遇到合同没有约定或者约定不明的情形，在这种情况下，应该尽量按照《民法典》规定填补合同约定当中关于履行期限约定的空白，解决的办法就是《民法典》第五百一十条、第五百一十一条。依此规定，合同履行期限确定的补救方式有三种：第一种，事后双方当事人协议补充；第二种，按照交易习惯确定；第三种，随时履行。《民法典》的上述规定区分了两种期限：一是根据当事人事后约定或者交易习惯，可以确定履行期限的，自期限届满之日起计算。二是不能确定履行期限的，设定了时间的起算点。对于权利人第一次向义务人主张权利时义务人是否同意履行，又规定了两种情形：第一种情形是要给予当事人一定的宽限期。根据给予宽限期的时间点起算，也就是《民法典》第五百一十一条第（四）项中所说的要给当事人必要的准备时间，没有用必要的准备时间而用了宽限期。宽限期事实上就是当事人必要的准备时间。第二种情形是时间点，如果权利人第一次向债务人主张权利，债务人当时就拒绝了，这时候再给义务人宽限期就毫无意义，没有必要从宽限期经过之后再起算，而是从拒绝之日起算时效。

五、返还不当得利、无因管理诉讼时效的起算

不当得利的诉讼时效期间如何起算，对此，《诉讼时效规定》第八条规定："返还不当得利请求权的诉讼时效期间，从当事人一方知道或者应当知道不当得利事实及对方当事人之日起计算。"该条规定了不当得利请求权时效期限的

计算。不当得利请求权的行使要符合两个条件：一是受损人知道或者应当知道不当得利事实的存在；二是受损人知道或者应当知道受益人。这两个条件要同时具备，时效期间才能起算。当权利人向不当得利人主张权利遭到拒绝，这时候权利人才知道或者应当知道自己权利受到损害，时效期间应该从这时候起算。如果这样的话，权利人就可以长久不主张权利，时效期间长久不起算，这对交易秩序是有影响的，这正是《民法典》总则编没有规定取得时效的缺陷。

无因管理诉讼时效如何起算？对此，《诉讼时效规定》第九条规定："管理人因无因管理行为产生的给付必要管理费用、赔偿损失请求权的诉讼时效期间，从无因管理行为结束并且管理人知道或者应当知道本人之日起计算。本人因不当无因管理行为产生的赔偿损失请求权的诉讼时效期间，从其知道或者应当知道管理人及损害事实之日起计算。"依据该条的规定，涉及无因管理法律关系中诉讼时效期限计算的前提，必须具备两个条件；一是要有管理行为的存在，只有管理行为结束，时效期间才可以起算。如果管理行为不结束，管理费用和损失不能确定，诉讼时效无从起算。二是管理人还要知道本人的存在，如果不知道本人是谁，就没有办法起诉。因此，管理行为结束和知道本人存在是两个必须具备的条件。

六、对法定代理人的请求权的诉讼时效期间起算

在现实生活中，法定代理人基于亲属关系或其他信赖关系而产生，若在监护过程中，法定代理人侵害了被监护人的利益，为了保护被代理人的权益，避免破坏既存的法定代理关系，《民法典》第一百九十条特别规定了诉讼时效特殊的起算点："无民事行为能力人或者限制民事行为能力人对其法定代理人的请求权的诉讼时效期间，自该法定代理终止之日起计算。"该条借鉴了国外和我国台湾地区的有益经验，如我国台湾地区"民法"第一百四十二条有类似规定："无行为能力人，或限制行为能力人，对于其法定代理人之权利，于代理关系消灭一年内，其时效不完成。"《日本民法典》第一百五十八条规定："无能力人对管理其财产的父、母或监护人所有的权利，自其成为能力人或后人代理人就职时起六个月内时效不完成。"正是为了破解对法定代表人请求权的困惑，《民法典》第一百九十条作此规定，有利于保护未成年人和其他欠缺民事行为能力人的合法权益。

无民事行为能力人或者限制民事行为能力人对其法定代理人请求权的诉讼时效起算点推迟至法定代理终止之日起计算，主要是为了保护无民事行为能力人和限制民事行为能力人的利益。若立法不作出这样特殊的保护，直接适用一般诉讼时效期间的起算，会损害无民事行为能力人、限制民事行为能力人与其法定代理人之间的信赖关系，导致当事人之间的关系处于紧张状态，法定代理人更不会认真履行职责，其结果反而不利于保护被代理人。[①]

七、未成年人遭受性侵的损害赔偿请求权诉讼时效期间的起算

为了加强对未成年人的保护，鉴于对未成年人的性侵害行为的特殊性，损害后果往往极为严重且受害人很难得到法律保护。因此，有必要对这类请求权的诉讼时效期间起算作出特别规定。[②]对此，《民法典》第一百九十一条规定："未成年人遭受性侵害的损害赔偿请求权的诉讼时效期间，自受害人年满十八周岁之日起计算。"

在适用《民法典》第一百九十一条时，应当注意的是：一是诉讼时效期间不是从遭受侵害之日起计算，而是自受害人年满十八周岁之日起开始计算；二是受害人在年满十八周岁之日前或在年满十八周岁之日起开始计算的诉讼时效期间内主张权利的，应受法律保护；三是如受害人成年后仍是不能辨认自己行为或者不能完全辨认自己行为的无民事行为能力人或者限制民事行为能力人，即使该受害人年满十八周岁，该时效的起算点仍应以"权利人知道或者应当知道权利受侵害时起算"，此时即为其法定代理人知道或者应当知道为起算点。[③]

八、对案例 95、案例 96 的简要评析

在案例 95 中，争议的焦点是，湘电公司的诉讼请求的诉讼时效从何时

---

① 参见石宏主编：《中华人民共和国民法总则条文说明、立法理由及相关规定》，北京大学出版社 2017 年版，第 512 页。

② 参见梁慧星：《中国民法典草案建议稿附理由》（总则编），法律出版社 2013 年版，第 426 页。

③ 参见杜万华主编：《中华人民共和国民法总则实务指南》，中国法制出版社 2017 年版，第 734 页。

起算的问题。《民法总则》第一百八十九条规定："当事人约定同一债务分期履行的，诉讼时效期间自最后一期履行期限届满之日起计算。"本案中，双方合同约定科林公司应支付的价款分4笔支付，属于同一债务分期履行的情形，应当以最后一笔债务履行期限届满之日起开始计算诉讼时效。合同约定的第4笔款项付款条件为待质保期满后设备各项指标正常支付合同总额5%的余款。依此计算，本案诉讼时效的起算时间为2018年1月28日，适用普通诉讼时效三年，显然原告湘电公司的诉讼请求并没有超过诉讼时效期间，科林公司已过诉讼时效的抗辩理由不能成立。

在案例96中，首先是郭某的行为构成不当得利的问题。依据《民法总则》第一百二十二条"因他人没有法律依据，取得不当利益，受损失的人有权请求其返还不当利益"的规定，郭某收取弘武建筑公司转账的诉争款项亦并无法律上的依据，构成了不当得利。其次是返还不当得利诉讼时效的起算问题。依据《诉讼时效规定》第八条"返还不当得利请求权的诉讼时效期间，从当事人一方知道或者应当知道不当得利事实及对方当事人之日起计算"的规定，弘武建筑公司知道是不当得利是因2016年8月22日的内部转账款性质才被生效判决所否定，于2017年7月8日以不当得利为由主张权利，显然没有超过诉讼时效。

第六节 诉讼时效的中止

一、问题的提出

诉讼时效中止，是指在诉讼时效期间进行中，因法定事由的发生使权利人不能行使请求权，诉讼时效期间因暂停计算，自引起中止的原因消除之日起计算六个月的诉讼时效期间。对此，《民法典》第一百九十四条规定："在诉讼时效期间的最后六个月内，因下列障碍，不能行使请求权的，诉讼时效中止：（一）不可抗力；（二）无民事行为能力人或者限制民事行为能力人没有法定代理人，或者法定代理人死亡、丧失民事行为能力、丧失代理权；

（三）继承开始后未确定继承人或者遗产管理人；（四）权利人被义务人或者其他人控制；（五）其他导致权利人不能行使请求权的障碍。自中止时效的原因消除之日起满六个月，诉讼时效期间届满。”由此看来，诉讼时效中止事由消除后，并非是《民法通则》第一百三十九条所规定的继续计算诉讼时效，也不是《民法典》第一百九十五条所规定的中断后重新计算诉讼时效，而是给予六个月的诉讼时效期间。

在研究诉讼时效中止之前，先看一则案例：

案例 97：章某与傅某借贷纠纷案[①]

二审法院认为：章某转款给傅某 12 万元并非系其归还借款，也不是赠与，而是属于事实上的借贷关系。关于章某请求傅某还款付息并没有超过诉讼时效的问题，理由如下：首先，章某并未与傅某约定还款时间，章某可以随时向傅某主张归还借款；其次，从 2012 年 7 月 27 日起即向公安机关报案要求傅某退还财产，故从此时起章某就有催告傅某归还借款的意思表示，而傅某未表示归还借款，则诉讼时效应从此时开始计算。而章某于 2012 年 12 月 7 日被法院判处有期徒刑，并于 2015 年 11 月 30 日刑满释放，该服刑期间属于《民法总则》第一百九十四条第一款第（五）项规定的，在诉讼时效期间最后六个月的其他导致权利人不能行使请求权的障碍，诉讼时效中止。而根据公安机关的报警记录，章某出狱后于 2015 年 12 月 1 日、2016 年 4 月 10 日、2016 年 7 月 10 日分别向公安机关报警要求傅某归还 12 万元，但傅某一直拒绝还款。故章某在出狱后当即向傅某主张债权，诉讼时效中断并重新计算，章某于 2016 年 7 月 10 日报案又引起诉讼时效中断。故章某就案涉借款起诉至人民法院主张债权，未过诉讼时效。因此傅某应当归还借款 12 万元及相应利息。

在上述案例中，涉及权利人章某因法定事由不能主张权利而出现了诉讼时效中止。试问：诉讼时效中止的法定情形有哪些？诉讼时效中止的法律效果如何？

① 详见重庆市第一中级人民法院（2018）渝 01 民终 4587 号民事判决书。

二、诉讼时效中止的法定事由

诉讼时效期间的中止制度与诉讼时效旨在督促权利人及时行使权利的立法目的密切相关，因特定事由的发生导致权利人不能行使请求权的，继续计算诉讼时效期间，既无从督促权利人及时行使权利，也达不到诉讼时效制度的立法目的。[①] 因此，依据《民法总则》第一百九十四条的规定，诉讼时效中止应当具备两个条件：一是诉讼时效期间进行到最后六个月。二是发生不能行使请求权的法定事由。

根据《民法典》第一百九十四条的规定，诉讼时效中止的法定事由包括：

1. 不可抗力。不可抗力是指不能预见、不能避免且不能克服的客观情况。[②] 不可抗力是导致诉讼时效中止的主要事由，在发生不可抗力的情形下，权利人基于其意志以外的原因无法主张权利，将导致诉讼时效中止。比如2020年春节期间的新型冠状病毒蔓延，不少地方"封城"，疫情构成了不可抗力，自然会引起诉讼时效中止。当然，即使有不可抗力事由的发生，如果不影响权利人行使权利的，也不能产生诉讼时效中止的效果。[③]

2. 无民事行为能力人或者限制民事行为能力人没有法定代理人，或者法定代理人死亡、丧失民事行为能力、丧失代理权。限制民事行为能力人或无民事行为能力人的行为能力受到限制或者没有行为能力，在客观上不具备自己独立行使请求权的资格，需要其法定代理人代理其实施民事法律行为。因此，在法定代理人未确定或者没有法定代理人的情况下，无民事行为能力人或者限制民事行为能力人无法行使请求权，构成了不能行使权利的客观障碍，需要暂停诉讼时效期间的计算，以便更好地维护无民事行为能力人和限制民事行为能力人的合法权益。

3. 继承开始后未确定继承人或者遗产管理人。在继承开始后，继承人没有确定或非因继承人的原因导致遗产管理人不明确，出现了没有民事主体行使民事权利的状况。因此，诉讼时效中止，待继承人确定或者遗产管理人确

---

① 参见王轶：《民法总则之期间立法研究》，载《法学家》2016 年第 5 期。

② 《民法典》第一百八十条第二款。

③ 参见李适时主编：《中华人民共和国民法总则释义》，法律出版社 2017 年版，第 615 页。

定后，继续计算六个月的诉讼时效期间。

4. 权利人被义务人或者其他人控制。如果权利人被义务人或者其他人控制，该权利人将无法行使其民事权利。此处的“控制”，一般理解为权利人被限制人身自由。①权利人失去了人身自由，客观上无法主张权利，将导致诉讼时效中止。

5. 其他导致权利人不能行使请求权的障碍。此为兜底条款。根据立法本意，该障碍是指在客观阻止权利人主张权利的阻碍，即客观障碍。②在司法实践中，遇到义务人下落不明的情形，亦有裁判认为这属于权利人不能主张权利的客观障碍，导致诉讼时效中止。其实，义务人下落不明而没有到庭参加诉讼，实际上是放弃了诉讼时效抗辩权，而不能曲解立法目的，误认为是诉讼时效中止。

三、诉讼时效中止的法律效果

各国立法一般都承认在诉讼时效中止事由发生以后，中止事由发生前的时效期间仍然有效。③诉讼时效中止事由的发生，使得诉讼时效期间计算暂时停止，待中止事由消除后，诉讼时效期间继续计算。但如何计算是不相同的，《民法通则》规定的是继续计算时效期间，而《民法典》总则编规定的是另行计算六个月的诉讼时效期间。如权利人的诉讼时效到 2020 年 2 月 2 日届满，若权利人在 2020 年 1 月 2 日出现了诉讼时效中止的法定事由，则引起诉讼时效中止。若在 2020 年 6 月 6 日法定的中止事由消除，则该权利人的诉讼时效期间如何确定？若依据《民法通则》的规定，则仅有一个月的时效。依照《民法典》第一百九十四条的规定，权利人的诉讼时效期间还有六个月。由此可见，《民法总则》的规定，更有利于保护权利人实现权利。

依据《民法典》第一百九十四条的规定，诉讼时效中止产生的效力表现为：一是诉讼时效期间停止计算，中止事由消除之前的期间不计入诉讼时效期间；

---

① 参见王利明：《民法总则研究》（第三版），中国人民大学出版社 2018 年版，第 796 页。

② 参见杜万华主编：《中华人民共和国民法总则实务指南》，中国法制出版社 2017 年版，第 743 页。

③ 参见王利明：《民法总则研究》（第三版），中国人民大学出版社 2018 年版，第 797 页。

二是诉讼时效中止前已经经过的时效期间仍然有效；三是中止事由消除后，诉讼时效期间将再计算六个月。换言之，中止事由消除后，民法上给予权利人六个月的诉讼时效期间，不问中止事由出现时剩余的时效期间有多长。

值得注意的是，诉讼时效中止与诉讼时效中断是不同的：一是发生的时间不同。时效中止发生在时效期间届满前六个月，时效中断可以发生在时效进行中的任何阶段。二是发生的事由不同。时效中止的事由是客观事由。时效中断事由包括当事人主观意志的作用。三是法律效果不同。时效中止的法律效果是诉讼时效暂停计算，待时效中止事由消除后再给予六个月的诉讼时效期间。时效中断的法律效果是重新计算诉讼时效期间。

四、对案例 97 的简要评析

在本案中，涉及诉讼时效的中止问题。章某出借给傅某款项 12 万元，于 2012 年 7 月 27 日向公安机关报案要求傅某偿还借款，傅某拒绝还款，从此时开始计算诉讼时效期间。在诉讼时效期间进行中，章某因涉及刑事犯罪被判入狱，服刑于 2015 年 11 月 30 日刑满释放。在服刑期间，章某的人身自由受到限制，符合《民法总则》第一百九十四条第一款第（五）项“其他导致权利人不能行使请求权的障碍”的规定，诉讼时效中止。自章某出狱后开始计算六个月的诉讼时效期间，而章某出狱后于 2015 年 12 月 1 日、2016 年 4 月 10 日、2016 年 7 月 10 日分别向公安机关报警要求傅某归还 12 万元，显然诉讼时效中断，需要重新计算三年的诉讼时效期间。因此说，本案章某的诉讼请求并不超过诉讼时效。

第七节　诉讼时效的中断

一、问题的提出

诉讼时效的中断，即指诉讼时效期间进行中，因法定事由的发生，推翻了诉讼时效存在的基础，因而使已经进行的时效期间全归于无效，诉讼时效期间重新起算。[1] 诉讼时效是对权利的时间限制，具有一种法律警察的性质。[2] 因此，诉讼时效的中断，为各国民法所规定。我国《民法典》第一百九十五条规定："有下列情形之一的，诉讼时效中断，从中断、有关程序终结时起，诉讼时效期间重新计算：（一）权利人向义务人提出履行请求；（二）义务人同意履行义务；（三）权利人提起诉讼或者申请仲裁；（四）与提起诉讼或者申请仲裁具有同等效力的其他情形。"该条规定源自《民法通则》第一百四十条的规定，即"诉讼时效因提起诉讼、当事人一方提出要求或者同意履行义务而中断。从中断时起，诉讼时效期间重新计算"。《民法典》总则编与《民法通则》相比较，增加了中断的情形：一是权利人申请仲裁。二是与提起诉讼或者申请仲裁具有同等效力的其他情形，并且明确了诉讼时效期间重新计算的起始时间。一般情况下，权利人向义务人提出履行请求和义务人同意履行义务这两种情形是从中断时起重新计算，而诉讼或仲裁或与其同等效力的，从有关程序终结时起重新计算。

在研究诉讼时效中断之前，先看一则案例：

案例 98：潭衡高速公司与外建集团公司建设工程施工合同纠纷案[3]

法院认为，潭衡高速公司、湖南省高速公路管理局工程处（监督执行机构）于 2011 年 12 月 22 日给湘潭至衡阳西线高速公路项目各参建单位送达了"湘潭至衡阳西线高速公路项目结算审计公告：……第四条……（四）在独立第三方审核机构完成各参建单位的结算资料审核工作后，由湖南省审计厅认可备案的独立第三方审计机构对工程结算进行独立、公正审计，审计工作应在 2013 年 3 月 31 日前完成。第五条（一）各参建单位所承建的工程结算完成后，在扣除合同内规定的应扣保修款后，潭衡公司应在工程审计完成之日起 30 日内将剩余的结算工程款支付给各参建单位……"。湘潭至衡阳西线高速公路项目结算审计公告送达各参建单位后，各参建单位至今未收到独

---

① 参见王泽鉴：《民法总则》，北京大学出版社 2009 年版，第 432 页。
② 参见〔德〕梅迪库斯：《德国民法总论》，邵建东译，法律出版社 2001 年版，第 93 页。
③ 详见湖南省高级人民法院（2019）湘民终 224 号民事判决书。

立第三方审计机构对各参建单位施工的工程结算审计报告。常德市公安局于2015年7月24日给外建集团公司送达了“关于提交司法审计资料的函”。根据《民法总则》第一百八十八条第一款“向人民法院请求保护民事权利的诉讼时效期间为三年。法律另有规定的，依照其规定”、第一百九十五条“有下列情形之一的，诉讼时效中断，从中断、有关程序终结时起，诉讼时效期间重新计算：……（二）义务人同意履行义务……”的规定，涉案诉讼时效因潭衡高速公司承诺“潭衡公司应在工程审计完成之日起30日内将剩余的结算工程款支付给各参建单位”而中断，外建集团公司于2017年8月20日向法院提起诉讼，本案没有超过诉讼时效。

外建集团公司的起诉未超过诉讼时效。本案双方争议由来已久，潭衡高速公司及湖南省高速公路管理局工程处曾就湘潭与衡阳西线高速公路项目发布审计公告，该公告有“各参建单位所承建的工程结算完成后，在扣除合同内规定的应扣保修款后，潭衡公司应在工程审计完成之日起30日内将剩余结算工程款支付给各参建单位”的表述，鉴于各参建单位至今未收到第三方审计机构的工程结算报告，常德市公安局还于2015年7月24日要求外建集团公司递交司法审计资料，故根据《民法总则》第一百八十八条第一款、第一百九十五条第（二）项之规定，本案外建集团公司的起诉并未超过法定诉讼时效，潭衡高速公司该上诉理由不能成立，不予支持。

在上述案例中，涉及诉讼时效中断的问题。试问：如何理解诉讼时效中断的法定事由？

二、诉讼时效中断的法定事由——权利人向义务人提出履行请求

《民法典》第一百九十五条规定“权利人向义务人提出履行请求”是诉讼时效中断的法定事由之一，这与《民法通则》第一百四十条规定的“当事人一方提出要求”，并无二致。《诉讼时效规定》对“当事人一方提出要求”作了解释。因此，结合司法解释的规定，应当从如下方面理解与适用“权利人向义务人提出履行请求”。

关于权利人主张权利是否作为中断事由，各国立法有三种：第一种是德国做法，不作为时效中断事由；第二种是有条件地承认，以日本为代表；第

三种就是我国，作为时效中断事由，核心内容就是认定权利人主张权利是采取到达主义还是发出主义，在最高人民法院一些相关的判例和答复当中都采用到达主义。一般而言，构成“权利人向义务人提出履行请求”应具备以下要件：

1. 应为权利人或者其代理人作出主张权利的意思表示。由于请求权系发生在特定当事人之间，故作出主张权利意思表示的主体应为权利主体或其代理人，其他非权利主体或非权利人的代理人对义务人作出的主张权利意思表示对权利人与义务人之间的权利不发生诉讼时效中断的效力。监护人系被监护人的法定代理人，故权利人的监护人向义务人主张权利的，应认定为权利人向义务人主张权利，具有诉讼时效中断的效力。财产代管人负有代管失踪人财产的职责，有权代替失踪人主张权利和清偿债务。依据诉讼担当理论，依实体法和诉讼法的相关规定，作为权利主体（义务主体）之外的第三人，财产保管人得为他人管理和支配财产和权利，诉讼结果归于他人。这里的管理和支配财产，当然也包括清偿债务。因此，权利人的财产代管人向义务人主张权利的，也应具有诉讼时效中断的效力。

2. 权利人主张权利的意思表示应向义务人或其代理人作出。由于权利人主张的权利有特定的义务主体，故对于该特定的债权债务关系而言，权利人债权诉讼时效的中断必须以其向该债务的特定的义务人主张为条件，否则，因权利人主张权利的对象错误，对于该特定债务也不应具有诉讼时效中断的效力。根据民法法理，该相对人可为债务人本人或其代理人。“请求必须是向义务人及其代理人等提出，而不能向第三人提出。”[①] 向义务人的监护人、财产代管人主张权利的，应具有诉讼时效中断的效力。由于保证人系从债务人，根据法律规定，保证人承担保证责任后对主债务人享有追偿权，故根据该法律制度设计的基本法理，从债务的存在从属于主债务，对从债务的主张当然应及于主债务，因此，债权人向保证人主张权利，应认定其向主债务人主张了权利，具有诉讼时效中断的效力。当然，此处虽然规定对于保证人主张权利的意思表示对主债务具有诉讼时效中断的法律效力，但并不意味着从债务人为义务人本人或者其代理人，只不过是由于保证人与主债务人之间特

---

① 王利明：《民法总则研究》（第三版），中国人民大学出版社 2018 年版，第 787 页。

殊的法律关系而作出的特殊规定。

在司法实务中，还存在权利人向义务人的上级主管部门主张权利是否具有诉讼时效中断效力的问题。义务人的上级主管部门与义务人实为不同的法人主体，故对义务人的上级主管部门主张权利不能表明向义务人主张了权利。但在我国长久以来存在着找领导、找上级解决问题的思维定式和做法。一般而言，义务人的上级主管部门与义务人之间具有管理和被管理的关系，故由于义务人不履行义务，权利人向其管理部门进行反映、请求解决问题、保护自己的权利的，比如属于《诉讼时效规定》第十四条所规定的情形，则应具有诉讼时效中断的效力。当然，如果权利人向义务人的上级主管部门请求保护权利后、该主管部门将权利人主张权利的意思表示转达给义务人的，应认定为权利人主张权利的意思表示到达义务人，构成“权利人向义务人提出履行请求”。

3. 主张权利的意思表示应到达或者应当到达义务人。关于“权利人主张权利”何时生效、何时具有诉讼时效中断的效力，存在争议，主要有发出主义和到达主义两种观点。发出主义又称为单一要件说，认为只要权利人向义务人作出主张权利的意思表示即可认定诉讼时效中断，该主张权利的意思表示无须到达义务人。由于权利人向义务人作出意思表示本身就表明权利人积极行使了权利，符合诉讼时效制度督促权利人行使权利的法理，故采用发出说并不违反诉讼时效制度的法理，在我国诚信体制尚未建立以及诉讼时效期间规定过短的情形下，采用发出说有助于保护权利人的利益。到达主义又称为双重要件说，认为导致诉讼时效中断，除具备债权人单方向义务人作出主张权利的意思表示这一要件外，还需具备该意思表示到达对方当事人的要件。因为从性质上界定，请求权系特定人请求相对人为或者不为一定行为的权利，简言之，请求权系发生在特定当事人之间，权利人主张权利的意思表示系有相对人的意思表示，若该主张权利的意思表示不到达义务人，则无法证明权利人向义务人主张了权利。而且，权利人主张权利的目的在于催促义务人履行义务，如果该意思表示未到达义务人，则无法实现该目的。在私法领域，允许权利人在合法的基础上处分自己的权利，因此，权利人主张权利的意思表示若未到达义务人，义务人也可基于合理的信赖，认为权利人已免除了债务。如在该情形下，认定诉讼时效中断，推翻义务人基于合理信赖而进行财产处分行为所引发的新的交易秩序，与诉讼时效维护社会公共秩序的根本目的不符。

4. 权利人主张权利的意思表示无须义务人同意。权利人向义务人主张权利的意思表示为单方意思表示，并不以义务人同意履行义务为必要，因此，该意思表示只需到达或者应当到达相对人即可，无须相对人同意。[①]

在司法实践中，金融机构的扣缴欠款，从义务人账目里扣缴欠款的本息，实际上是抵销行为。抵销分为法定和约定两种情形。金融机构依法进行扣缴行为，应该视为中断，需要指出的是已经抵销的部分债权，根本不是本项所指的对象。因为已经抵销了，就不存在时效中断问题了，这里指未被抵销的部分。金融机构扣缴欠款本息和到达主义是什么关系呢？金融机构扣了你的钱，所有人怎么样才能知道呢？是否必须要求金融机构有通知义务呢？我们认为不能苛责金融机构，因为账户和账户里的财产所有权属于权利人，扣缴行为发生后，意思表示已经到达了，我们应该推定所有人应当知道。银行扣缴的本息抵销的债务可能已经过了诉讼时效，扣缴行为是否有效，这是一个捎带的问题，我们认为可以通过不当得利诉讼解决。为此，最高人民法院于2001年12月25日发布的《关于贷款人从借款人银行账户中扣息行为是否引起诉讼时效中断问题的请示的答复》(〔2001〕民二他字第2号）中指出：债权一方在诉讼时效期间内直接从债务人账户上扣划贷款利息的行为，应属于以自己的行为向债务人主张权利，该扣息行为应引起诉讼时效的中断。

三、诉讼时效中断的法定事由——义务人同意履行义务

义务人同意履行义务，即指义务人向权利人表示同意履行义务的意思表示。义务人的同意，亦即对权利人的权利的承认，因此与请求发生相同的中断时效的效果。义务人同意履行义务，既可以明示，也可以默示。[②] 义务人同意履行的方式，法律并没有限制。如，义务人作出分期履行、部分履行、提供担保、请求延期履行、制订清偿债务计划等承诺或行为，均可认定义务

---

① 参见张雪楳:《诉讼时效司法解释所涉主要问题论析》，载王利明主编:《判解研究》(2008年第5辑)，第31~35页。

② 参见王泽鉴:《民法总则》，北京大学出版社2009年版，第508页。

人同意履行。[1] 义务人同意履行债务，不限于义务人本人，还包括义务人的代理人、监护人、财产保管人等履行债务的情形。[2]

四、诉讼时效中断的法定事由——权利人提起诉讼或者申请仲裁

提起诉讼或仲裁，即指权利人提起民事诉讼或申请仲裁，请求法院或仲裁庭保护其权利的行为。关于在提起诉讼情形下，诉讼时效从何时中断存在争论，主要有三种观点：第一种观点认为，当事人一方向法院提交起诉材料或者口头起诉之日起中断；第二种观点认为，从法院受理之日起中断；第三种观点认为，从起诉状副本送达对方当事人之日起中断。对此，《诉讼时效规定》第十二条的规定采纳了第一种观点，即“当事人一方向人民法院提交起诉状或者口头起诉的，诉讼时效从提交起诉状或者口头起诉之日起中断”。所谓提起诉讼，是指自然人、法人或者非法人组织，认为自己所享有的或者依法由自己支配、管理的民事权益受到侵害，或者与他人发生民事权益的争议，以自己的名义请求法院通过审判给予司法保护的诉讼行为。提起诉讼是权利人请求公权力机关运用公权力对其权利进行保护的公力救济方式。相对于私力救济而言，公力救济为权利人救济其权利最为有力的方式，其在义务人不愿履行义务的情形下，可以通过司法强制力强制其履行义务。各国将“提起诉讼”作为诉讼时效中断事由的立法理由在于，在权利人通过请求公权力机关运用公权力救济自己权利的情形下，应认定权利人积极行使了权利，诉讼时效期间继续进行的法律基础不再存在，因此，诉讼时效期间因权利人积极主张权利而中断，故只要其向法院提交起诉状或者口头起诉，就应认定为诉讼时效中断，而无须等待法院受理。这里的“提起诉讼”是指权利人的起诉行为，而非指法院的受理行为。由于该条规定的是诉讼时效中断起算点的确认问题，因此，在确定中断点的问题上，主要应从诉讼时效中断事由的法理进行考量，基于诉讼时效中断制度侧重保护权利人的立法目的，规定“诉讼时效从当事人一方提交起诉状或者口头起诉之日起中断”，而非“法

---

① 参见《诉讼时效规定》第十六条。

② 参见杜万华主编：《中华人民共和国民法总则实务指南》，中国法制出版社2017年版，第746页。

院依法受理之日中断”更符合该立法目的。

综上，根据我国《民事诉讼法》第一百二十条关于“起诉应当向人民法院递交起诉状，并按照被告人数提出副本。书写起诉状确有困难的，可以口头起诉，由人民法院记入笔录，并告知对方当事人”的规定，《诉讼时效规定》规定，当事人一方向人民法院提交起诉状或者口头起诉的，诉讼时效期间从提交起诉状或者口头起诉之日起中断。作此规定，在司法实务中具有积极的意义：在提起诉讼之日诉讼时效期间尚未届满、但在受理之日诉讼时效期间已经届满的情形，或者在法院因政策性原因作出中止立案的情形下，该规定有利于保护权利人的权利。

应予注意的是，这里的“提起诉讼”，一般指提起具备法律规定的起诉要件的诉讼。当然，如果提起的诉讼虽不符合法律规定起诉的全部要件，但其具备的要件足以认定权利人向义务人以提起诉讼的方式主张了争议权利的，当事人一方“提起诉讼”的行为也应具有诉讼时效中断的效力。

还应注意的是，提起诉讼，不仅包括权利人提起民事诉讼的情形，也应包括权利人提起刑事附带民事诉讼的情形。此外，如果权利人为保护民事权利提起行政诉讼，即使提起的行政诉讼不被受理，但如果仅是其对案件性质的认识错误，而被告、事实、理由及权利均无错误，则也应认定其提起行政诉讼的行为具有诉讼时效中断的效力。

对于“提起诉讼”，在司法实践中应当注意的是：一是因特殊原因而暂不予受理，起诉具有诉讼时效中断的效力。在司法实践中，由于某类案件影响重大、关系社会稳定，故存在暂不予受理的情形。在各种情形之下，原告起诉符合《民事诉讼法》第一百一十九条规定的起诉条件，权利人通过诉讼方式主张其权利的意思表示明确、合法，只是由于特殊政策性原因而暂时不予受理，故起诉应具有诉讼时效中断的效力。在暂不予受理期间，诉讼时效期间应持续中断，直到法院下发恢复受理的通知之日止。二是二审裁定撤销不予受理或者驳回起诉的裁定，起诉是否具有诉讼时效中断的效力。依《民事诉讼法》第一百五十四条第一款的规定，当事人对不予受理或者驳回起诉的裁定不服的，有权提起上诉。当事人一旦提起上诉，一审法院的裁定不发生法律效力，此时诉讼时效是否中断未定。二审法院经审查后，认为应予受理的，则表明其提起的为合法之诉，故起诉具有诉讼时效中断的效力，诉讼时效自权利人向一审法院递交起诉状或者口头起诉之日起中断。三是因证据不足被驳回诉讼请求后，因发现证据或者出现新证据而重新起诉且被支持的，前一次起诉的行为具有诉讼时效中断的效力。

五、诉讼时效中断的法定事由——与提起诉讼或者申请仲裁具有同等效力的其他情形

引起诉讼时效中断的事由并非仅限于权利人起诉，实际上，任何开启司法程序的行为都可以导致诉讼时效的中断，因而除了起诉之外，提起调解、仲裁及其他司法程序也同样应引起时效中断。[①]《民法典》第一百九十五条规定“与提起诉讼或者申请仲裁具有同等效力的其他情形”引起诉讼时效中断。因此说，保护民事权利的民事程序并不限于诉讼程序，权利人在其他程序中主张权利，也属于权利人请求法院等公权力机关对其私权进行保护，这种请求同样应具有诉讼时效中断的效力。为此，《诉讼时效规定》第十三条规定：“下列事项之一，人民法院应当认定与提起诉讼具有同等诉讼时效中断的效力：（一）申请仲裁；（二）申请支付令；（三）申请破产、申报破产债权；（四）为主张权利而申请宣告义务人失踪或死亡；（五）申请诉前财产保全、诉前临时禁令等诉前措施；（六）申请强制执行；（七）申请追加当事人或者被通知参加诉讼；（八）在诉讼中主张抵销；（九）其他与提起诉讼具有同等诉讼时效中断效力的事项。”该条对提起诉讼引起诉讼时效中断事由进行了合理的扩张解释，对于提起诉讼具有同等效力的事项进行了规定。[②]

结合《诉讼时效规定》规定的精神，在司法实践中应当注意下列问题：

1. 为主张权利而申请宣告义务人失踪或死亡，具有诉讼时效中断的效力的条件。需要具备：一是申请人为权利人；二是被申请人为义务人；三是权利人基于主张权利的目的而申请宣告义务人失踪或者死亡。如果并非基于主张权利的目的，则不具有诉讼时效中断的效力。

---

① 参见朱岩：《消灭时效制度中的基本问题》，载《中外法学》2005年第2期。

② 参见最高人民法院民事审判第二庭编：《最高人民法院关于民事案件诉讼时效司法解释理解与适用》，人民法院出版社2008年版，第255页。

2. 申请强制执行是否具有时效中断的效力。《民事诉讼法》第二百三十九条规定，申请执行的期间为二年（诉讼时效期间与《民法典》总则编所规定的“三年诉讼时效期间”不同，有待明确规定）。申请执行时效的中止、中断，适用法律关于诉讼时效中止、中断的规定。因此，当事人在人民法院执行时提出保护权利的请求能够起到诉讼时效中断的作用。这也体现了最高人民法院在司法审判中虽对案件当事人诉讼时效保护的重视，即不宜轻易认定超过诉讼时效，让合法的、善意的当事人失去权利的保护机会。①

3. 申请先予执行是否具有诉讼时效中断的效力。根据《民事诉讼法解释》第一百六十九条的规定，《民事诉讼法》规定的先予执行，人民法院应当在受理案件后终审判决作出前采取。因此，由于法院已受理案件，故提起诉讼的行为本身即发生诉讼时效中断的效力，先予执行已被提起诉讼的行为所包含，故其没有必要作为与提起诉讼具有同等性质的另一诉讼时效中断事由。

4. 不同事项导致诉讼时效中断后的重新起算。根据《民法典》总则编的规定，诉讼时效期间从中断时起重新计算。大陆法系各国大多规定从中断事由终止时开始起算。后者的规定更为科学。在起诉及与起诉具有同等中断时效效力事项的情况下，从权利人提出权利主张到有关机关处理终结，往往有一个较长的时段，如权利人起诉或主张权利时即中断时效并重新起算，则很有可能处理未终结而重新计算的时效期间又将届满，这对权利人来说显然是不公平的，其在中断事由未消失的情况下即重新起算时效也不科学，因此，诉讼时效中断后的重新起算应自中断事由终止时开始，中断事由持续一段时间的，应自该期间届满后重新起算。

5. 向有关社会组织请求保护民事权利引起时效中断。《诉讼时效规定》第十四条规定：“权利人向人民调解委员会以及其他依法有权解决相关民事纠纷的国家机关、事业单位、社会团体等社会组织提出保护相应民事权利的请求，诉讼时效从提出请求之日起中断。”该条是关于向有关社会组织请求保护民事权利具有诉讼时效中断效力问题的规定。

---

① 吴庆宝主编：《权威点评最高人民法院合同法指导案例》，中国法制出版社 2010 年版，第 114 页。

6. 民刑交叉案件中的诉讼时效中断的问题。《诉讼时效规定》第十五条规定："权利人向公安机关、人民检察院、人民法院报案或者控告，请求保护其民事权利的，诉讼时效从其报案或者控告之日起中断。上述机关决定不立案、撤销案件、不起诉的，诉讼时效期间从权利人知道或者应当知道不立案、撤销案件或者不起诉之日起重新计算；刑事案件进入审理阶段，诉讼时效期间从刑事裁判文书生效之日起重新计算。"该条是对民刑交叉案件时效中断的规定。同一公民、法人或者其他经济组织因不同的法律事实，分别涉及民商事纠纷和刑事犯罪嫌疑的，形成民刑交叉案件。在民刑交叉案件里当事人先刑事报案，是否发生时效中断，这是本条主要内容。中断后重新起算点的几种计算情况，如果没有立案，立案后又撤诉，决定不起诉的，起算点是当事人知道或者应当知道不予立案的事实之日；如果撤回或者控告，其观点同撤回起诉的认定；如果已经作出刑事判决，判决书的生效之日是中断点。①

六、对案例 98 的简要评析

在本案中，根据《民法总则》第一百九十五条第（二）项"有下列情形之一的，诉讼时效中断，从中断、有关程序终结时起，诉讼时效期间重新计算：……（二）义务人同意履行义务……"的规定，涉案诉讼时效因潭衡高速公司承诺"潭衡公司应在工程审计完成之日起 30 日内将剩余的结算工程款支付给各参建单位"而中断。常德市公安局于 2015 年 7 月 24 日给外建集团公司送达了"关于提交司法审计资料的函"。潭衡高速公司应在工程审计完成之日起 30 日内将剩余的结算工程款支付给外建集团公司，自 2015 年 8 月 25 日起计算诉讼时效期间。根据《民法总则》第一百八十八条第一款"向人民法院请求保护民事权利的诉讼时效期间为三年"的规定，外建集团公司于 2017 年 8 月 20 日向法院提起诉讼，本案没有超过诉讼时效。

① 详见最高人民法院民事审判第二庭编：《最高人民法院关于民事案件诉讼时效司法解释理解与适用》，人民法院出版社 2008 年版，第 273~284 页。

第八节 诉讼时效届满的效力

一、问题的提出

诉讼时效届满的直接效果是义务人取得时效抗辩权，如果义务人不援引抗辩权，则权利人享有完全债权，如果义务人援引抗辩权，则权利人的权利从完全债权转化为不完全债权或者自然债权，但债权人仍然享有自然债权的利益。若义务人放弃时效利益，自愿履行义务，权利人仍然有权受领。对此，《民法典》第一百九十二条规定："诉讼时效期间届满的，义务人可以提出不履行义务的抗辩。诉讼时效期间届满后，义务人同意履行的，不得以诉讼时效期间届满为由抗辩；义务人已经自愿履行的，不得请求返还。"

在研究诉讼时效届满的效力之前，先看一则案例：

案例 99：长城公司与白云公司建设工程施工合同纠纷案①

湖北高级人民法院认为：白云公司主张工程款已经超过诉讼时效，应当依法判决驳回其诉讼请求。第一，当事人应当严格依照法律关于诉讼时效的相关规定及时行使自己的权利，否则将造成权利滥用。诉讼时效制度对权利人的权利行使进行了一定的限制，目的在于督促权利人及时行使权利、禁止权利滥用，以维护社会交易秩序的稳定，保护社会公共利益。诉讼时效制度在对权利人的权利行使进行限制的同时，并未随意否定权利本身。在权利人积极主张权利或因客观障碍无法主张权利的情况下，法律规定了诉讼时效的中断、中止等诉讼时效障碍制度以合法阻却诉讼时效期间的继续计算，在权利人的权利与社会公共利益之间做出合理而公平的平衡，从而充分保护权利人的权利。第二，白云公司未依法及时行使权利，其向人民法院主张权利时

---

① 详见湖北省高级人民法院（2019）鄂民再 34 号民事判决书。

已经超过诉讼时效。白云公司自认其于1998年8月退出施工现场，根据《民法总则》第一百八十八条“诉讼时效期间自权利人知道或者应当知道权利受到损害以及义务人之日起计算”的规定，白云公司作为施工方自长城公司付款义务履行期限届满时即应知道自己权利受到损害。白云公司退场时应依据合同约定提交竣工验收、决算报告或办理退场清算手续并请求长城公司支付工程欠款，长城公司应自此即时清结工程欠款，白云公司诉讼时效应当自此起算。长城公司自认其于2003年12月4日最后一次支付工程款，根据《民法总则》第一百九十五条关于诉讼时效中断的相关规定，此时构成白云公司诉讼时效中断、时效期间自此重新计算。白云公司在原审中提交证人证言，拟证明其每一年都向长城公司主张权利，但证人李某、修某华均未出庭接受质询，且证人修某华在原审中的证言相互矛盾，故证人证言不足以证实白云公司的主张。白云公司在原审提交其于2014年向有关政府部门领导信访的材料，但不能证明其自2004年至2014年持续主张权利。故白云公司于2016年6月起诉至一审法院，已经超过诉讼时效。

在上述案例中，涉及义务人利用诉讼时效届满的抗辩权而免除其民事责任。试问：如何理解诉讼时效届满的效力？放弃诉讼时效抗辩权的构成要件有哪些？并结合司法实践对典型的放弃诉讼时效抗辩权的情形进行分析。

二、诉讼时效届满的效力

诉讼时效期间届满，即为诉讼时效的完成。诉讼时效完成后产生何种效力？大陆法系存在三种立法例：一是实体权消灭主义，即将诉讼时效完成的效力规定为直接消灭实体权。如《日本民法典》第一百六十七条规定，债权，因十年间不行使而消灭，债权或所有权以外的财产权，因二十年间不行使而消灭。二是诉权消灭主义，即诉讼时效完成后，权利本身仍然存在，只是诉权归于消灭。如《法国民法典》第两千二百六十二条规定，一切物权或债权的诉权，均经三十年的时效而消灭。三是抗辩权发生主义，即时效完成后，义务人因而取得拒绝履行的抗辩权，如义务人自动履行的，视为抛弃其抗辩权，该履行应为有效。如《德国民法典》第二百二十二条第一款规定，消灭时效完成后，义务人有拒绝给付的权利。我国台湾地区“民法”的规定与此相同。

我国《民法通则》没有明确规定诉讼时效的效力，故采用何种类型有所分歧：梁慧星先生分析认为根据《民法通则》的规定我国采用的是诉权消灭主义应属无疑；[①]王利明先生认为我国现行法是采纳胜诉权消灭主义；[②]江平先生认为我国法律采纳的是诉权消灭说，但他也承认诉讼时效完成，权利人丧失胜诉权。[③]《民法通则》并未采用实体权消灭主义，因诉讼时效期间届满，由法律强制保护之债变为自然之债，权利人的权利并未消灭，义务人仍可自愿履行。《民法通则》亦非采用完全意义上的诉权消灭主义，因诉讼时效届满，权利人并未丧失程序意义上的诉权，而是丧失了实体意义上的胜诉权，由强制之债变为自然之债。因此，时效完成后，直接效果既不是诉权或胜诉权的消灭，也不是抗辩权的发生，而是权利人请求权的丧失。理由在于：一是由于诉讼时效的客体是请求权，因而时效完成后直接导致的是请求权的丧失，而不能是其他权利。所以，《德国民法典》第一百九十四条规定："（1）要求他人作为或者不作为的权利（请求权），因时效而消灭。（2）因家庭而产生的、以将来恢复亲属关系状态为目的的请求权，不因时效而消灭。"我国台湾地区"民法"第一百二十五条规定："请求权，因十五年间不行使而消灭。但法律所定期间较短者，依其规定。"二是时效完成后所消灭的请求权，不是向法院提起诉讼的权利即起诉权，而是向法院请求保护的权利，对此我国《民法通则》第一百三十五条明确规定："向人民法院请求保护民事权利的诉讼时效期间为二年，法律另有规定的除外。"请求权的消灭，意味着基础权利的请求力丧失，而基础权利仍然存在。三是时效完成后并不意味着请求权的绝对消灭，而是相对消灭，即义务人行使拒绝履行抗辩权的情况下，请求权才丧失。从这个角度看，正如学者所言，我国《民法通则》的规定类似抗辩权主义。[④]其实，从立法和

① 梁慧星：《民法总论》，法律出版社2001年版，第269页。

② 王利明：《民法总则研究》，中国人民大学出版社2003年版，第168页。

③ 江平：《民法学》，中国政法大学出版社2000年版，第241页。

④ 参见汪治平：《解读〈关于超过诉讼时效期间借款人在催款通知单上签字或者盖章的法律效力问题的批复〉》，载李国光主编：《解读最高人民法院司法解释》（民事卷1997~2002），人民法院出版社2003年版，第95页。

司法解释中应当清晰地看到对诉讼时效采纳抗辩权主义，因司法实践系采纳抗辩权主义。值得庆幸的是，《民法典》第一百九十二条规定：“诉讼时效期间届满的，义务人可以提出不履行义务的抗辩。诉讼时效期间届满后，义务人同意履行的，不得以诉讼时效期间届满为由抗辩；义务人已经自愿履行的，不得请求返还。”由此看来，《民法典》总则编明确规定了诉讼时效届满的法律效果是产生永久性的抗辩权，即鲜明地采纳了抗辩权主义。

当然，胜诉权消灭主义与抗辩权发生主义有着明显的区别：胜诉权消灭主义，可以由法官直接适用诉讼时效，即使当事人不以诉讼时效期间完成进行抗辩，法官仍然可以直接进行审查，并且直接适用诉讼时效驳回债权人履行债权的请求。抗辩权发生主义在保护债权人方面具有明显的优势，解决了义务人自己不援引诉讼时效抗辩时，法官不得主动援引诉讼时效届满的规定，可直接判决义务人履行自己的义务。结合笔者近三十年的审判实践经验来说，人民法院对诉讼时效届满的态度是经过了依法严格审查到适度放宽审查，再到义务人不抗辩不审查，即完全发展到当事人抗辩权发生主义，这也说明保护权利人理念发生了天翻地覆的变化。

三、放弃诉讼时效抗辩权的构成要件

《诉讼时效规定》第二十二条对放弃诉讼时效抗辩权进行了规定。诉讼时效期间届满，义务人享有诉讼时效抗辩权，得拒绝履行义务。在义务人提出诉讼时效抗辩的情形下，债务成为自然债务，法院对权利人的权利不予保护。但义务人放弃诉讼时效抗辩权的，自然债务恢复法院保护的强制力，成为完全债务。学理通说认为，构成放弃诉讼时效抗辩权应符合以下要件：①

1. 放弃权利的主体需具有权利能力和行为能力。因放弃诉讼时效抗辩权系对权利的处分，故放弃权利的主体需具有权利能力和行为能力。在司法实务中，作出放弃诉讼时效利益意思表示的主体可能是有权主体也可能是无权主体。权利人及其授权主体为有权主体，而非权利人或者非权利人的授权主体为非权利主体。如法人的保安、销售人员未经授权即以公司的名义在催收

---

① 参见张雪楳：《诉讼时效司法解释所涉主要问题论析》，载王利明主编：《判解研究》（2008 年第 5 辑），人民法院出版社 2009 年版，第 40~41 页。

债权通知书上签字即为无权行为，不应认定为法人放弃诉讼时效抗辩权。自然人的好友未经授权就代为承诺义务人将履行诉讼时效期间已过的债务也不应认定义务人放弃诉讼时效抗辩权等。

2. 放弃诉讼时效抗辩权的行为属于有相对人的意思表示行为，故该意思表示应向相对方作出并到达相对方。放弃诉讼时效抗辩权的行为是义务人的单方处分行为，故该行为无须权利人同意，只要义务人单方向权利人作出该意思表示即发生效力，并不以义务人实际履行诉讼时效期间已过的义务为要件。依当然解释，当事人之间就放弃诉讼时效抗辩权达成协议的，也应具有法律效力。由此可见，放弃诉讼时效抗辩权的行为并非实践行为。有观点认为，在以《苏俄民法典》为代表的不少社会主义国家民事立法上，一般只规定时效期间届满后义务人实际履行了义务的，不得请求返还，但对义务人作出的承认债务之意思表示在实际履行前是否有法律约束力问题，并不予以肯定。该立法例实质上是作为实践法律行为来对待的，实质混淆了诉讼时效抗辩权的放弃和义务人自愿履行两种制度。

所谓义务人自愿履行，是指诉讼时效期间届满，义务人不知诉讼时效期间已过的事实而自愿履行债务后，其不得以不知诉讼时效期间已过为由请求撤销该履行行为。其法理依据是诉讼时效期间届满后，债的受领保持力仍然存在，故义务人在诉讼时效期间届满后向权利人自愿履行的，权利人仍有权受领义务人的给付，该受领有合法依据，并非不当得利，即使义务人在给付之时并不知诉讼时效期间已过的事实。义务人自愿履行的构成要件是义务人必须履行了诉讼时效期间已过的债务。

放弃诉讼时效抗辩权与义务人自愿履行行为的不同主要表现在两个方面：第一，义务人自愿履行不以义务人知道或者应当知道诉讼时效期间已过的事实为要件，而放弃诉讼时效抗辩权以义务人知道或者应当知道诉讼时效期间已过的事实为要件；第二，义务人自愿履行为实践行为，而放弃诉讼时效抗辩权为非实践行为。

3. 由于放弃权利需有放弃权利的意思表示，故放弃诉讼时效抗辩权需以义务人知道或者应当知道诉讼时效完成，并享有诉讼时效抗辩权为要件。

4. 放弃诉讼时效抗辩权，需以义务人作出同意履行诉讼时效期间已过的债务的意思表示为认定要件。因为诉讼时效抗辩权的含义为义务人有权拒绝履行义务，故义务人若放弃诉讼时效抗辩权的，应同意履行义务，故义务人仅确认债务的存在，但并未表示愿意履行的，不能认定其放弃诉讼时效抗辩权。因此，超过诉讼时效期间，债务人书面承认全部债务，但只同意偿还部分债务的情形下，不能认定债务人放弃了全部债务的诉讼时效抗辩权。

在司法实务中，需要注意的是，义务人单方承诺履行诉讼时效期间已过债务后又反悔的，人民法院不予支持。正如前文所述，诉讼时效期间届满，债权债务关系仍然存在，只是由于诉讼时效抗辩权的行使，法院不再对权利人的债权予以保护，债权不具有强制执行力而已。而放弃诉讼时效抗辩权系单方法律行为，由于义务人的单方承诺即可发生效力，即可认定义务人放弃诉讼时效抗辩权。因此，在无其他对债权予以保护的情形下，法院应保护其债权，该债权具有强制执行力，成为效力圆满的债务。简言之，由于承诺一经作出即已发生效力，义务人已放弃诉讼时效抗辩权，故义务人有效承诺后反悔的，人民法院不应予以支持。

四、超过诉讼时效期间借款人在催款通知书上签字或者盖章是否具有法律效力

超过诉讼时效期间，当事人自愿履行的，不受诉讼时效限制。也就是说，诉讼时效期间届满后，义务人自愿履行的，权利人仍有权受领。债务人履行义务后，不得以不知诉讼时效届满为理由要求返还。《民法典》第一百九十二条第二款规定："诉讼时效期间届满后，义务人同意履行的，不得以诉讼时效期间届满为由抗辩；义务人已经自愿履行的，不得请求返还。"这是因为只要义务人不依法履行义务，权利人的民事实体权利不因时效届满而消灭。

那么，超过诉讼时效期间，借款人在催款通知书上签字或者盖章是否具有法律效力？对此，最高人民法院于1999年2月11日公布了《最高人民法院关于超过诉讼时效期间借款人在催款通知单上签字或者盖章的法律效力问题的批复》（法释〔1999〕7号）规定："……信用社向借款人发出催收到期贷款通知单，债务人在该通知单上签字或者盖章的，应当视为对原债务的重新确认，该债权债务关系应受法律保护。"本批复实际上确认了诉讼时效期间届满后债务人在债权人催款通知单上签章的法律效力，即认为债务人的签

章行为是对原债务的重新确认。

对这种签章行为的效力有不同的意见。有观点认为这种签章行为不构成具有法律效力的还款协议。主要理由包括：一是认为这种签章行为不产生诉讼时效中断的效力。因为诉讼时效中断必须在诉讼时效进行过程中，超过诉讼时效后的行为不能引起诉讼时效中断的法律后果。二是认为诉讼时效制度是一种法律制度，有关诉讼时效的规定为强制性法律规范。这种规范不因当事人的协商一致而改变。订立协议本身不能改变因诉讼时效期间届满而致权利人丧失胜诉权这一既定事实，也不能延长诉讼时效，更不能建立新的诉讼时效。三是债务人的签章行为虽然对原来存在于当事人间的债权债务关系予以重新确认，但没有产生新的债权债务关系。四是没有真正理解《民法通则》对诉讼时效制度的规定。《民法通则》只是规定“超过诉讼时效期间，当事人自愿履行的，不受诉讼时效的限制”。根据《民法通则》的此条规定，只有当事人“自愿履行的”，即义务人有履行义务的行为而且权利人接受的，才产生不受诉讼时效的限制的法律后果。义务人只有履行义务的意思表示，而没有履行义务的行为，或者义务人有履行义务的行为但权利人不接受的，都不产生“不受诉讼时效限制”的法律后果。

也有观点认为债务人的签章行为具有法律效力，构成新的还款协议。这种意见的主要理由包括：第一，诚信原则是民事活动的帝王原则，是参与民事活动的所有当事人都应当遵守的原则。《民法通则》第四条规定，民事活动应当遵循自愿、公平、等价有偿、诚实信用的原则。根据这一原则，借款合同的借款人应当按照约定归还借款本息，没有履行此项义务本身就违背了诚信原则；虽然诉讼时效期间届满，但债务人在贷款人的催款通知书中签章，表明了债务人对原债务的重新确认，如果不承担这种确认所带来的法律后果也是违背诚信原则的行为。第二，《民法通则》第九十条规定，合法的借贷关系受法律保护。因此，借款人履行还款义务是法定义务。第三，根据民事活动中当事人意思自治原则，借款人在催收贷款通知单上的签章行为是其真实的意思表示，因而债务人签章后，债权人与债务人对还款协议应是一项自愿达成的协议。人民法院没有理由不尊重当事人的真实意思表示。第四，法释〔1999〕7号批复坚持了最高人民法院的一贯原则立场。1997年4月16日最高人民法院制定的《关于超过诉讼时效期间当事人达成的还款协议是否应当受法律保护问题的批复》(法复〔1997〕4号)指出:"超过诉讼时效期间,当事人双方就原债务达成的还款协议,属于新的债权、债务关系。根据《中华人民共和国民法通则》第九十条规定的精神,该还款协议应受法律保护。"第五,也有人认为我国《民法通则》所规定的诉讼时效期间与其他国家的法律相比,诉讼时效期间过短,不利于保护当事人的合法权益。①

超过诉讼时效期间后,义务人在催款通知书上签字或者盖章的实质是义务人放弃了诉讼时效抗辩权,使效力不完全的债务恢复为效力完全的原债务,即法释〔1999〕7号批复所认为的"对原债务的重新确认"。因此,放弃诉讼时效抗辩权与重新确认原债务的内涵相同。②

在司法实践中,下列情形可认定义务人同意履行诉讼时效期间届满的债务:一是债务人以口头方式向权利人明确表示其愿意履行诉讼时效期间届满的债务。二是债务人向债权人出具还款计划或者债务人与债权人达成还款协议。对此问题,《最高人民法院关于超过诉讼时效期间当事人达成还款协议是否应当受法律保护问题的批复》(法复〔1997〕4号)规定:"超过诉讼时效期间,当事人双方就原债务达成的还款协议,属于新的债权、债务关系。根据《中华人民共和国民法通则》第九十条规定的精神,该还款协议应受法律保护。"三是债务人为诉讼时效期间届满的债务提供担保。四是债务人委托第三人代为履行诉讼时效期间届满的债务。五是债务人知道或者应当知道诉讼时效期间届满后而履行债务。六是债务人自愿用未过诉讼时效期间的债务抵销债权人已过诉讼时效期间的债务。③

在司法实践中,适用法释〔1999〕7号批复时要特别注意涉及保证人承担保证责任的处理:一是债务人在债权人的催收到期贷款通知单上签字或者盖章的,只是意味着债务人放弃因诉讼时效期间届满而产生的抗辩权。根据《担保法》第二十条关于"债务人放弃对债务的抗辩权的,保证人仍

---

① 参见李国光主编:《解读最高人民法院司法解释》(民事卷1997~2002),人民法院出版社2003年版,第95~96页。

② 详见最高人民法院民事审判第二庭编:《最高人民法院关于民事案件诉讼时效司法解释理解与适用》,人民法院出版社2008年版,第370页。

③ 详见最高人民法院民事审判第二庭编:《最高人民法院关于民事案件诉讼时效司法解释理解与适用》,人民法院出版社2008年版,第371~372页。

有权抗辩”的规定，保证人可以拒绝承担保证责任。二是如保证人在主债权诉讼时效届满后与债权人达成还款协议的，可以按照《最高人民法院关于超过诉讼时效期间当事人达成还款协议是否应当受法律保护问题的批复》（法复〔1997〕4号）处理。即视为保证人对主债权重新提供担保，产生的债权债务“属于新的债权、债务”，受法律的保护。三是如保证人在债权人的催收到期贷款通知单上签字或者盖章的，根据《最高人民法院关于超过诉讼时效期间借款人在催款通知单上签字或者盖章的法律效力问题的批复》（法释〔1999〕7号）的规定，不能视为债务人对“原债务的重新确认”，因为保证人并不能代表债务人放弃因诉讼时效期间届满而产生的抗辩权。四是保证人在债权人的催收到期贷款通知单上签字或者盖章的，保证人也不当然承担保证责任。因为主债权诉讼时效届满的，保证人的保证期间也必然先届满，保证人按照《担保法》第二十五条、第二十六条第二款的规定，已经免除了保证责任。保证人同时拥有因保证期间届满产生的免责抗辩权和因诉讼时效届满产生的抗辩权，保证人仅在催收到期贷款通知单上签字或者盖章的行为，并不足以成为承担保证责任的理由。而且法释〔1999〕7号批复也不是针对保证人的。因此，作为一个已经免责的保证人，如要其重新承担保证责任，必须基于其重新对债权提供担保的真实意思表示。即按照法复〔1997〕4号批复的规定进行。①

五、保证人在保证期间届满后又在催款通知书上签字是否具有法律效力

保证人在保证期间届满后又在催款通知书上签字，是否具有法律效力？对此，《最高人民法院关于人民法院应当如何认定保证人在保证期间届满后又在催款通知书上签字问题的批复》（法释〔2004〕4号）作了规定：“根据《中华人民共和国担保法》的规定，保证期间届满债权人未依法向保证人主张保证责任的，保证责任消灭。保证责任消灭后，债权人书面通知保证人要求承担保证责任或者清偿债务，保证人在催款通知书上签字的，人民法院不得认

---

① 参见曹士兵：《关于诉讼时效期间届满后债权的保护》，载李国光主编、最高人民法院经济审判庭编：《经济审判指导与参考》（第三卷），法律出版社2000年版，第102~106页。

定保证人继续承担保证责任。但是，该催款通知书内容符合合同法和担保法有关担保合同成立的规定，并经保证人签字认可，能够认定成立新的保证合同的，人民法院应当认定保证人按照新保证合同承担责任。”法释〔2004〕4号批复规定了两种不同的效果：原则上，保证人的签字或者盖章的行为不产生使保证人继续承担保证责任的法律效力；例外是，在该催款通知书的内容符合一个保证合同的新要约，保证人在催款通知书上签字或者盖章的行为足以构成一个承诺时，即保证人明确表示对要约的内容予以接受因而成立新保证合同时，人民法院应当予以确认，对债权人按照新的保证合同要求保证人承担保证责任的主张予以支持。

1. 单纯在催款通知书上签字或者盖章不发生保证人继续承担保证责任的后果。保证人在催款通知书上签字或者盖章的行为，一般应仅具有证明保证人收到该催款通知书的效力。

在实践中，债权人明知保证期间已经过了，仍然经常采用催款通知书的形式向保证人催款，只要保证人在催款通知书上签字或者盖章，就认为保证人已经同意继续承担保证责任，从而提出诉讼请求。法释〔1999〕7号批复的规定，是债权人希望通过类似的方式对自己的债权给予补救的动因之一。实际上，多数情况下债权人向保证人发送催款通知书，存在故意以该种方式谋取不正当利益的动机，是给保证人设的一个圈套。在通常情况下，保证合同的双方当事人对各自的权利义务是明知的，因此对保证期间的存在及保证期间届满的后果也应有明确的认知。保证期间届满后，既然保证责任已经消灭，债权人再向保证人发出催款通知书时，就属于债权人的单方行为，通常保证人收到此类文件会有一般收件意义上的签收，不同于合同成立中确认合同成立时的签字或者盖章。此时，保证人的签字或者盖章，不足以产生让保证人继续承担保证责任的效果。如果保证人仅在通知书上签字，而未表示同意继续承担保证责任的，不能认定保证人愿意继续承担保证责任或者清偿债务，而只是保证人收到债权人的催款通知书的证明。即使债权人在催款通知书中说明了要求保证人清偿的债务范围，保证人签收而未明确表示承担保证责任的，也无法推定双方有成立新的保证合同的意思表示，只能认为是签收行为而非承担保证责任的承诺。

判断保证人在催款通知书上签字或者盖章的效果，关键是看催款通知书的内容与保证人的签字或者盖章能否成立新的保证合同。当事人之间是否成立新的保证合同，应当严格依照保证合同成立与生效的规定处理。

2. 如果催款通知书与保证人签字行为能够成立新的保证合同的，按照新的保证合同处理。判断当事人之间是否成立新的保证合同，应当按照有关保证合同成立的规定来判断。首先，要有明确的要约和承诺。在催款通知书中应当能够构成一个保证合同的要约。具体必须符合：一是催款通知书要求保证人承担保证责任。二是必须是要求保证人继续履行保证责任，即对原担保债务承担保证责任。三是必须能够明确认定不是要求保证人履行其原保证责任。也就是说，从催款通知书中应当能够明确得知保证人是被要求承担新的保证责任。其次，保证人签字或者盖章构成承诺。保证人单纯的签字通常不能认定保证人即为构成承诺。在保证人有表明同意或者接受催款通知书中的保证责任要求时，才构成承诺。但催款通知书中已经写明如果保证人在催款通知书上签字或者盖章即视为接受催款通知书约定的内容的除外。再次，还应当注意区别保证人签字或者盖章的行为是否是其民事法律行为，如果是保证人的接收信件专用章或者其接收信件的职员的签字，一般不宜认为是保证人的承诺。最后，判断是否构成一个新的保证合同，还应当看是否符合有关保证合同成立的其他要求。①

六、主债务超过诉讼时效期间，保证人在债权人发出的催收逾期贷款通知书保证人栏内签字或者盖章的效力

主债务超过诉讼时效期间，保证人在债权人发出的催收逾期贷款通知书的保证人一栏内签字或者盖章，能否认定保证人放弃诉讼时效抗辩权，应当区分不同情形：②

1. 该催收行为发生在保证期间届满之后。这实质涉及对保证期间与诉讼时效的性质与作用的正确认识问题。保证期间为除斥期间，期间经过，保证责任消灭，保证人不再承担保证责任，也无所谓诉讼时效的适用。由

---

① 参见《解读最高人民法院司法解释·民商事卷》（新编本），人民法院出版社 2006 年版，第 312~314 页。

② 参见《解读最高人民法院司法解释·民商事卷》（新编本），人民法院出版社 2006 年版，第 378~379 页。

于签字有两种含义，即表示收到通知书或表示愿意承担保证责任，而后一种意思的推定，一般取决于催款通知书的内容应符合合同法和担保法有关担保合同成立的规定，即构成要约，且保证人签字或者盖章构成承诺。因此，在一般情况下，如果保证人在保证期间届满后又在催款通知书上签字，如果根据该催款通知书的内容并不能认定其愿意对已过保证期间的债务承担保证责任，则保证人不应承担保证责任。因此，《最高人民法院关于人民法院应当如何认定保证人在保证期间届满后又在催款通知书上签字问题的批复》（法释〔2004〕4号）对此问题作了规定，保证期间届满债权人未依法向保证人主张保证责任的，保证责任消灭。保证责任消灭后，债权人书面通知保证人要求承担保证责任或者清偿债务，保证人在催款通知书上签字的，人民法院不得认定保证人继续承担保证责任。但是，该催款通知书内容符合合同法和担保法有关担保合同成立的规定，并经保证人签字认可，能够认定成立新的保证合同的，人民法院应当认定保证人按照新保证合同承担责任。

2. 权利人在保证期间内对保证人主张了权利或者对主债务人提起诉讼或者仲裁的情形。在该种情形下，保证期间作用消灭，保证债务的诉讼时效开始起算（但在一般保证情形下，如果主债务未经强制执行，债权人不应对保证人主张权利，故在主债务未经强制执行前，一般保证债务的诉讼时效期间并未起算）。保证人可以主张债务人的权利，该权利当然包括主债务人的诉讼时效抗辩权。对于保证人在债权人的催款通知书上签字或者盖章的行为同样存在只是认可收到文书和同意继续承担担保责任两种解释，因此，应结合个案情形作具体分析。如果保证人有证据证明其未放弃诉讼时效抗辩权，就不应认定其同意对诉讼时效期间已过的债务提供担保。

七、对案例99的简要评析

在本案中，白云公司主张工程款的发生已经接近20年，属于典型的让权利沉睡。根据《民法总则》第一百九十二条第一款“诉讼时效期间届满的，义务人可以提出不履行义务的抗辩”的规定，白云公司长期不主张权利，导致其债权超过诉讼时效期间，长城公司依法享有诉讼时效届满的抗辩权，法院只能依法判决驳回原告白云公司的诉讼请求。同时，此类纠纷在现实生活中并不少见，《民法总则》《诉讼时效规定》对引起诉讼时效中断的事由非常广泛，关键是注意收集引起诉讼时效中断的证据，才不至于败诉。

第九节　除斥期间

一、问题的提出

所谓除斥期间，又称为不变期间，除斥具有排除、截止期限之意。是指法律规定或当事人约定的形成权等权利的存续期间。[①] 我国现行立法均未直接使用除斥期间的概念，而是在有关具体条文中体现出除斥期间的含义，多用“期间届满后，人民法院不予保护”“权利因不行使而消灭”“只能在一年内撤销”等表述。对此，《民法总则》沿用了现行立法，并未直接规定除斥期间的概念，第一百九十九条规定：“法律规定或者当事人约定的撤销权、解除权等权利的存续期间，除法律另有规定外，自权利人知道或者应当知道权利产生之日起计算，不适用有关诉讼时效中止、中断和延长的规定。存续期间届满，撤销权、解除权等权利消灭。”

在研究除斥期间之前，先看一则案例：

案例 100：必沃公司与慈星公司知识产权合同纠纷案[②]

法院认为：一、原告必沃公司主张的显失公平和重大误解合同撤销事由是否存在。《民法总则》第一百四十七条规定，基于重大误解实施的民事法律行为，行为人有权请求人民法院或者仲裁机构予以撤销。该法第一百五十一条规定，一方利用对方处于危困状态、缺乏判断能力等情形，致使民事法律行为成立时显失公平的，受损害方有权请求人民法院或者仲裁机构予以撤销。本案原、被告双方于 2016 年 3 月签署涉案《采购协议》及其

① 参见王利明：《民法总则研究》（第三版），中国人民大学出版社 2018 年版，第 814 页。

② 浙江省宁波市中级人民法院（2019）浙 02 知民初 228 号民事判决书。

附件，约定双方的合作模式是被告慈星公司向必沃公司提供技术及验收标准等资料，由必沃公司加工横机设备零部件定向供应给慈星公司。而合同附件保密协议的签订目的系为防止因合作致商业秘密泄露而失去行业竞争力。双方合同有效期为一年，该种合作模式系持续性的，在双方合作往来多次采购过程中，必沃公司不可避免地会接触到慈星公司的相关技术与经营信息，其中符合法律、合同要求的技术与经营信息即纳入双方约定的商业秘密的范围。而且因存在长期合作，以及产品的更新换代，相应的商业秘密处于不断更新的动态变化过程中，在合同签订之时或之前即以静态方式固定并明确告知对方秘密信息的范围，与现实中的商业惯例不符，也不具备可操作性。结合必沃公司股东郑某林曾担任慈星公司总经理，以及必沃公司的法定代表人刘某曾系慈星公司的高级管理人员，涉案《采购协议》及附件《保密协议》中的乙方（必沃公司）签字代表均由刘某签署等事实，足以认定必沃公司对合同订立时慈星公司的商业秘密及保护措施内容存在合理认知。综上，涉案《保密协议》合法有效，相关协议条款内容符合商业惯例，必沃公司在签订协议时对于履约风险具备合理的认知能力，双方利益亦不存在显著失衡的情形，故涉案合同不存在重大误解或显失公平的情形。

二、原告行使合同撤销权是否在法定期限之内。原告在本案中主张以重大误解、显失公平为由而行使合同撤销权。《民法总则》第一百五十二条规定，当事人自知道或者应当知道撤销事由之日起一年内、重大误解的当事人自知道或者应当知道撤销事由之日起三个月内没有行使撤销权的，撤销权消灭。该法第一百九十九条规定，法律规定或者当事人约定的撤销权、解除权等权利的存续期间，除法律另有规定外，自权利人知道或者应当知道权利产生之日起计算，不适用有关诉讼时效中止、中断和延长的规定。存续期间届满，撤销权、解除权等权利消灭。退一步讲，即便涉案协议存在重大误解或显失公平的情形，原告必沃公司在双方签署《保密协议》之时，已主观上知晓该协议的主要内容及保护范围，即使认识错误在合同签订时业已发生，且保密约定显失公平，作为同行业领域有经验的商事主体在合同签订时亦应预见该可能损失，故知道或者应当知道权利产生之日应从该合同订立之日起计算。而必沃公司直至 2019 年 7 月才向被告慈星公司主张行使撤销权，已然经过法律规定的除斥期间，该撤销权归于消灭。

综上，原告的诉讼请求依据不足。依照《民法总则》第一百四十七条、第一百五十一条、第一百五十二条、第一百九十九条之规定，判决如下：驳回原告宁波必沃纺织机械有限公司的全部诉讼请求。

在上述案例中，双方当事人争议的焦点是民事法律行为是否存在可撤销的法定事由？除斥期间是否届满？试问：如何理解除斥期间？其与诉讼时效的区别何在？

二、除斥期间的法律意义

除斥期间属于特殊的权利存续期间。主要适用于对形成权实体期限的限制，目的在于尽快稳定法律关系，使得相对人及其他利害关系人避免处于权利义务不稳定的状态，因此各国民法多有除斥期间的规定。[①]依据《民法典》第一百九十九条的规定，除斥期间的法律特征表现为：

1. 除斥期间是权利存续期间。除斥期间虽有长短的不同，但其在性质上均为不变期间，不存在中止、中断和延长的情形，且期间届满确定地发生形成权消灭的效果。因此说，民事权利在该权利的存续期间内存在，超过该权利的存续期间而消灭。

2. 除斥期间适用于形成权。形成权是行为人以其单方意思表示或行为，即可引起法律关系变动的权利。如撤销权、选择权、解除权、异议权、变更权、追认权、撤回权、催告权、优先购买权等。形成权的相对人对形成权的产生并不承担相应的义务，因此，形成权并非民法规定的完整的民事权利。[②]除斥期间以形成权作为规范对象，构成形成权的存续期间。

3. 除斥期间适用职权主义。除斥期间届满后，无论当事人是否主张，人民法院可以主动依职权审查该期间是否届满以及该期间届满的效果，从而确定该权利绝对地、当然地、确定地消灭。

---

① 参见杜万华主编：《中华人民共和国民法总则实务指南》，中国法制出版社2017年版，第760页。

② 参见邹海林：《民法总则》，法律出版社2018年版，第518页。

三、诉讼时效与除斥期间的区别

诉讼时效最大的特点是存在中止、中断和延长的情形，而除斥期间最大的特点是存续期间不因任何事由而变化。具体而言，诉讼时效与除斥期间的区别在于：

1. 法律后果不同。除斥期间是权利预定存在的期间，因此，除斥期间届满的法律后果是使该项实体权利消灭。这与诉讼时效期间届满并非消灭实体权利的法律后果不同。

2. 适用条件不同。除斥期间届满发生实体权利消灭的后果，因此，法院可依职权主动适用有关规定，而无须当事人提出主张；但诉讼时效完成，实体权利未消灭，债务人自愿履行者亦受法律保护，因此，非依义务人主张，法院不得主动适用。

3. 期间不同。二者除期间的起算时间不同外，除斥期间一般为不变期间，一般不因任何事由而中止、中断或延长。诉讼时效期间则适用中止、中断或延长的规定。

4. 是否由当事人自由约定不同。除斥期间可依法由当事人自由约定，如，合同解除权的行使期间为除斥期间，依据《民法典》第五百六十四条第一款[①]的规定，该期间可由当事人依法约定；保证期间，依据《民法典》第六百九十二条第二款[②]的规定，该期间可由当事人依法约定。

5. 法条书写方式不同。由于除斥期间与诉讼时效有相似之处，所以，各国关于时效的立法多在条文中明示“时效”。如某项请求权时效因多年不行使而消灭的规定，即指诉讼时效；如仅规定权利存在期间的，则为除斥期间。二者的区别，可从法条文字中看出来。

如最高人民法院在审理人行清远市中心支行与广东省一建公司城市建设综合开发公司等预售商品房合同纠纷上诉案［最高人民法院（2002）民一

---

① 《民法典》第五百六十四条第一款规定：“法律规定或者当事人约定解除权行使期限，期限届满当事人不行使的，该权利消灭。”

② 《民法典》第六百九十二条第二款规定：“债权人与保证人可以约定保证期间，但是约定的保证期间早于主债务履行期限或者与主债务履行期限同时届满的，视为没有约定；没有约定或者约定不明确的，保证期间为主债务履行期限届满之日起六个月。”

终字第 34 号民事判决书］时认为，当事人双方签订《房地产预售契约》后，一方未按合同约定支付购房款，另一方也未将讼争房屋交付，导致房地产预售契约未实际履行，当事人起诉请求解除合同，未超过诉讼时效。从法理上讲，解除权属于形成权，不适用消灭时效的规定，当事人一方起诉请求解除合同，一审判决该起诉请求未超过诉讼时效，适用法律正确，应予维持。①

四、对案例 100 的简要评析

在本案中，原告必沃公司以重大误解和显失公平为由撤销与慈星公司所签订的《采购协议》和《保密协议》。根据《民法总则》第一百四十七条“基于重大误解实施的民事法律行为，行为人有权请求人民法院或者仲裁机构予以撤销”、第一百五十一条“一方利用对方处于危困状态、缺乏判断能力等情形，致使民事法律行为成立时显失公平的，受损害方有权请求人民法院或者仲裁机构予以撤销”的规定，重大误解和显失公平的事由不同，其构成要件也不同，表明了原告必沃公司的请求权的基础自己是拿不准的，同一个民事行为，不可能既构成重大误解，又构成显失公平。同时，从本案的签约经过来看，必沃公司既不存在重大误解，也不存在显失公平。当然，本案的一个关键问题是原告必沃公司行使撤销权超过了《民法总则》第一百五十二条所规定的“三个月”“一年”的除斥期间，其撤销权归于消灭。因此说，本案原告的诉讼请求应当予以驳回。

① 详见曹建明主编、最高人民法院民事审判第一庭编：《民事审判指导与参考》（2002 年第 2 卷），法律出版社 2002 年版，第 335~354 页。

第十章

期间计算

期间是一种重要的法律事实，是民事法律关系发生、变更和终止的依据，包括期日和期间两种。期日是某一特定的时间点，如7点、6月、2020年。期间是某一期日到另一期日之间的时间段，如3个小时、4天、5个月、6年。本章共计5条，主要规定了期间的计算单位、期间的起算与结束、期间结束日的顺延和期间可以法定或者约定等。

《民法典》总则编第十章用了5个条文规定了期间计算。规定了期间计算是按照公历年、月、日、小时计算，法律另有规定或者当事人另有约定的除外。明确了期间起算、终止日、期间截止时间的确定。

一、期间的法律意义

所谓期间，即指能够引起民事法律关系产生、变更和消灭的时间事实。从时间的观念来看，期间是由某一日期到另一日期或某一时刻到另一时刻的时间构成。与期间相对应的是期日，期日是指时间状态的某个具体时点。期间和期日在民法学中统称为期限，但属于两种不同的时间状态组成。期间，是时间的持续状态，是一个期日（起始时间）到另一个期日（终止时间）的一段时间，称之为动态时间。期日，是时间状态的某个具体时间点，称之为静态时间。在民法上，具有法律意义的期日，是法律规定或者当事人约定的特定或可以特定的时点。期间则是法律规定或者当事人约定的，由起始时间和终止时间组成的一个特定或可以特定的时间段。其实，期间与期日，正好与我们现实生活中所说的时间与时刻是相对应的。

自《民法通则》颁布以来，我国民法对于期间的计算实行公历计算法，并对期间的起始时间、终止时间作了相应规定。《民法通则》第一百五十四条第一款规定："民法所称的期间按照公历年、月、日、小时计算。"公历计算法以公历年、月、日、小时为计算期间的标准，具有法定性、适应性、科学性。《民法典》第二百条规定："民法所称的期间按照公历年、月、日、小时计算。"

关于期限的性质，毋庸置疑，期限是一种法律事实。[①] 因为期限与人的意志无关，应当属于事件的范畴。期限可以分为三种类型：一是法定期限。即直接由法律规定的期限。如完全民事行为能力的期日、诉讼时效期间、可

---

① 参见杜万华主编：《中华人民共和国民法总则实务指南》，中国法制出版社2017年版，第764页。

撤销民事法律行为的期间。这类情形具有强制性规定，不允许当事人擅自变更。二是指定期限。即由人民法院或有关机关确定的期限。如人民法院可以根据个案的具体情形指定义务人的履行裁判所确定的义务。三是约定期限。又称为意定期限，即当事人合意确定的期限。如民事主体双方约定义务的履行期限，一经约定，在民事主体之间便产生法律拘束力。

期间计算的规定的法律意义表现为：一是期间是民事法律关系存在的时间，也是民事主体的相关权利或者义务、责任产生或者消灭的时间。如权利人在超过诉讼时效期间后向义务人主张权利的，该义务人以时效利益抗辩，则权利人的民事权利将失去强制保护。二是期间是附期限民事法律行为生效或者失效的时间阶段。如民事主体约定本协议两个月后生效，则时间经过，协议符合约定的生效条件才生效。如民事主体约定本协议履行期为三个月，则三个月过后协议失效。三是期间对民事主体权利能力的存在产生一定的影响。如宣告失踪或者宣告死亡，均需要一定的期间经过，则推定被宣告人失踪或者死亡。

二、期间的始期与终期

既然是期间，就有始期和终期，我国《民法典》总则编对期间的始期和终期分别进行了规定。

1. 始期。始期即指期限从什么时候开始计算，亦即开始计算的时间。《民法典》第二百零一条规定："按照年、月、日计算期间的，开始的当日不计入，自下一日开始计算。按照小时计算期间的，自法律规定或者当事人约定的时间开始计算。"该条对公历计算法和自然计算法中期间开始的时间作了规定：一是公历计算法中期间开始的规定。即在公历计算法中，开始的当日不计入期间，而是从下一日起算期间。[①] 如，民事主体双方约定自 2020 年 2 月 2 日起借款 2 万元，使用期限 6 个月，则期间的计算从次日即 2 月 3 日起计算，到 8 月 2 日期满。二是自然计算法中期间开始的规定。以小时计算期间的，在有法律规定的情形下依照法律规定，没有法律规定的情形下，依照民事主

---

① 参见石宏主编：《中华人民共和国民法总则条文说明、立法理由及相关规定》，北京大学出版社 2017 年版，第 481 页。

体的约定起算。关于小时计算的约定，《民事诉讼法解释》第一百二十五条规定，民事诉讼中以时起算的期间从次时起算。当事人以日、月、年计算期间的，从次日开始计算。正如：考虑到《民法总则》不可能且没有必要穷尽期间的所有计算单位，只能就市民社会日常生活中常见的时间予以规定。同时，充分尊重当事人的意思自治和交易习惯，允许当事人另行约定符合其交易条件的期间计算方法和计算单位。[①]

2. 终期。终期即指期间结束的时间。《民法典》第二百零二条规定："按照年、月计算期间的，到期月的对应日为期间的最后一日；没有对应日的，月末日为期间的最后一日。"所谓到期月的对应日，即与开始日对应的那个月份日期。如果没有对应日，则以月末日为期间的最后一日。《民法典》明确提出了"对应日"标准确定到期日的规则，这使得期间计算规则更加清晰。如，当事人在 8 月 31 日约定义务履行期限为三个月，则到 11 月 30 日为期间届满日，因为该月没有 31 日。当然，依据《民法典》第二百零四条"期间的计算方法依照本法的规定，但是法律另有规定或者当事人另有约定的除外"的规定，当事人约定在 7 月、8 月提供劳务两个月，每天 200 元，若按月计算，一般每个月是按照 30 天计算，若劳动者按天计算就不会比按月计算少两天的 400 元的收入。因此，需要尊重当事人的约定，没有约定才可以按照法定原则处理。

期间最后一日的终止时间，涉及两个问题：一是期间的最后一天是节假日该如何处理？二是最后一日该终止于何时？对此，《民法典》第二百零三条规定："期间的最后一日是法定休假日的，以法定休假日结束的次日为期间的最后一日。期间的最后一日的截止时间为二十四时；有业务时间的，停止业务活动的时间为截止时间。"由此确立了法定休假日为最后一日情形的排除在期间计算之内的做法。对于除了期间最后一日是法定休假日的情形，即使期间内的其他时间节点存在法定节假日的，也不能适用该条。

三、期间计算方法的其他规定

《民法典》第二百零四条规定："期间的计算方法依照本法的规定，但是

① 参见李适时主编：《中华人民共和国民法总则释义》，法律出版社 2017 年版，第 635 页。

法律另有规定或者当事人另有约定的除外。”该条规定是个灵活性规定，为法律另有特别规定和当事人在意思自治领域作出特别约定预留了空间。法律只是规定一般情况下的年、月、日、小时等情况，当事人可以约定以半年、季度、周等各种期间，也可以约定期间从何时开始计算到何时为止。如当事人可以约定保证期间，且约定不违法情形下优先适用。

民法中有些条文涉及“以上”“以下”“以内”“届满”等术语,《民法典》第二百零五条规定:“民法所称的‘以上’、‘以下’、‘以内’、‘届满’，包括本数;所称的‘不满’、‘超过’、‘以外’，不包括本数。”如《民法典》第十七条规定:“十八周岁以上的自然人为成年人。不满十八周岁的自然人为未成年人。”显然，成年人包括十八周岁，未成年人不包括十八周岁。通过立法的方式明确何时包含本数何时不包含本数，有利于民事主体在各项民事活动和司法实践中避免不必要的纠纷，对确定与之对应的法律后果有着深远的意义。

附录

中华人民共和国民法典（节录）

（2020 年 5 月 28 日第十三届全国人民代表大会
第三次会议通过）

第一编　总　则

第一章　基本规定

第一条　为了保护民事主体的合法权益，调整民事关系，维护社会和经济秩序，适应中国特色社会主义发展要求，弘扬社会主义核心价值观，根据宪法，制定本法。

第二条　民法调整平等主体的自然人、法人和非法人组织之间的人身关系和财产关系。

第三条　民事主体的人身权利、财产权利以及其他合法权益受法律保护，任何组织或者个人不得侵犯。

第四条　民事主体在民事活动中的法律地位一律平等。

第五条　民事主体从事民事活动，应当遵循自愿原则，按照自己的意思设立、变更、终止民事法律关系。

第六条　民事主体从事民事活动，应当遵循公平原则，合理确定各方的权利和义务。

第七条　民事主体从事民事活动，应当遵循诚信原则，秉持诚实，恪守承诺。

第八条　民事主体从事民事活动，不得违反法律，不得违背公序良俗。

第九条　民事主体从事民事活动，应当有利于节约资源、保护生态环境。

第十条　处理民事纠纷，应当依照法律；法律没有规定的，可以适用习惯，但是不得违背公序良俗。

第十一条　其他法律对民事关系有特别规定的，依照其规定。

第十二条　中华人民共和国领域内的民事活动，适用中华人民共和国法律。法律另有规定的，依照其规定。

第二章　自然人

第一节　民事权利能力和民事行为能力

第十三条　自然人从出生时起到死亡时止，具有民事权利能力，依法享有民事权利，承担民事义务。

第十四条　自然人的民事权利能力一律平等。

第十五条　自然人的出生时间和死亡时间，以出生证明、死亡证明记载的时间为准；没有出生证明、死亡证明的，以户籍登记或者其他有效身份登记记载的时间为准。有其他证据足以推翻以上记载时间的，以该证据证明的时间为准。

第十六条　涉及遗产继承、接受赠与等胎儿利益保护的，胎儿视为具有民事权利能力。但是，胎儿娩出时为死体的，其民事权利能力自始不存在。

第十七条　十八周岁以上的自然人为成年人。不满十八周岁的自然人为未成年人。

第十八条　成年人为完全民事行为能力人，可以独立实施民事法律行为。

十六周岁以上的未成年人，以自己的劳动收入为主要生活来源的，视为完全民事行为能力人。

第十九条　八周岁以上的未成年人为限制民事行为能力人，实施民事法律行为由其法定代理人代理或者经其法定代理人同意、追认；但是，可以独立实施纯获利益的民事法律行为或者与其年龄、智力相适应的民事法律行为。

第二十条　不满八周岁的未成年人为无民事行为能力人，由其法定代理人代理实施民事法律行为。

第二十一条　不能辨认自己行为的成年人为无民事行为能力人，由其法定代理人代理实施民事法律行为。

八周岁以上的未成年人不能辨认自己行为的，适用前款规定。

第二十二条 不能完全辨认自己行为的成年人为限制民事行为能力人，实施民事法律行为由其法定代理人代理或者经其法定代理人同意、追认；但是，可以独立实施纯获利益的民事法律行为或者与其智力、精神健康状况相适应的民事法律行为。

第二十三条 无民事行为能力人、限制民事行为能力人的监护人是其法定代理人。

第二十四条 不能辨认或者不能完全辨认自己行为的成年人，其利害关系人或者有关组织，可以向人民法院申请认定该成年人为无民事行为能力人或者限制民事行为能力人。

被人民法院认定为无民事行为能力人或者限制民事行为能力人的，经本人、利害关系人或者有关组织申请，人民法院可以根据其智力、精神健康恢复的状况，认定该成年人恢复为限制民事行为能力人或者完全民事行为能力人。

本条规定的有关组织包括：居民委员会、村民委员会、学校、医疗机构、妇女联合会、残疾人联合会、依法设立的老年人组织、民政部门等。

第二十五条 自然人以户籍登记或者其他有效身份登记记载的居所为住所；经常居所与住所不一致的，经常居所视为住所。

第二节 监护

第二十六条 父母对未成年子女负有抚养、教育和保护的义务。

成年子女对父母负有赡养、扶助和保护的义务。

第二十七条 父母是未成年子女的监护人。

未成年人的父母已经死亡或者没有监护能力的，由下列有监护能力的人按顺序担任监护人：

（一）祖父母、外祖父母；

（二）兄、姐；

（三）其他愿意担任监护人的个人或者组织，但是须经未成年人住所地的居民委员会、村民委员会或者民政部门同意。

第二十八条 无民事行为能力或者限制民事行为能力的成年人，由下列有监护能力的人按顺序担任监护人：

（一）配偶；

（二）父母、子女；

（三）其他近亲属；

（四）其他愿意担任监护人的个人或者组织，但是须经被监护人住所地的居民委员会、村民委员会或者民政部门同意。

第二十九条　被监护人的父母担任监护人的，可以通过遗嘱指定监护人。

第三十条　依法具有监护资格的人之间可以协议确定监护人。协议确定监护人应当尊重被监护人的真实意愿。

第三十一条　对监护人的确定有争议的，由被监护人住所地的居民委员会、村民委员会或者民政部门指定监护人，有关当事人对指定不服的，可以向人民法院申请指定监护人；有关当事人也可以直接向人民法院申请指定监护人。

居民委员会、村民委员会、民政部门或者人民法院应当尊重被监护人的真实意愿，按照最有利于被监护人的原则在依法具有监护资格的人中指定监护人。

依据本条第一款规定指定监护人前，被监护人的人身权利、财产权利以及其他合法权益处于无人保护状态的，由被监护人住所地的居民委员会、村民委员会、法律规定的有关组织或者民政部门担任临时监护人。

监护人被指定后，不得擅自变更；擅自变更的，不免除被指定的监护人的责任。

第三十二条　没有依法具有监护资格的人的，监护人由民政部门担任，也可以由具备履行监护职责条件的被监护人住所地的居民委员会、村民委员会担任。

第三十三条　具有完全民事行为能力的成年人，可以与其近亲属、其他愿意担任监护人的个人或者组织事先协商，以书面形式确定自己的监护人，在自己丧失或者部分丧失民事行为能力时，由该监护人履行监护职责。

第三十四条　监护人的职责是代理被监护人实施民事法律行为，保护被监护人的人身权利、财产权利以及其他合法权益等。

监护人依法履行监护职责产生的权利，受法律保护。

监护人不履行监护职责或者侵害被监护人合法权益的，应当承担法律责任。

因发生突发事件等紧急情况，监护人暂时无法履行监护职责，被监护人的生活处于无人照料状态的，被监护人住所地的居民委员会、村民委员会或者民政部门应当为被监护人安排必要的临时生活照料措施。

第三十五条 监护人应当按照最有利于被监护人的原则履行监护职责。监护人除为维护被监护人利益外，不得处分被监护人的财产。

未成年人的监护人履行监护职责，在作出与被监护人利益有关的决定时，应当根据被监护人的年龄和智力状况，尊重被监护人的真实意愿。

成年人的监护人履行监护职责，应当最大程度地尊重被监护人的真实意愿，保障并协助被监护人实施与其智力、精神健康状况相适应的民事法律行为。对被监护人有能力独立处理的事务，监护人不得干涉。

第三十六条 监护人有下列情形之一的，人民法院根据有关个人或者组织的申请，撤销其监护人资格，安排必要的临时监护措施，并按照最有利于被监护人的原则依法指定监护人：

（一）实施严重损害被监护人身心健康的行为；

（二）怠于履行监护职责，或者无法履行监护职责且拒绝将监护职责部分或者全部委托给他人，导致被监护人处于危困状态；

（三）实施严重侵害被监护人合法权益的其他行为。

本条规定的有关个人、组织包括：其他依法具有监护资格的人，居民委员会、村民委员会、学校、医疗机构、妇女联合会、残疾人联合会、未成年人保护组织、依法设立的老年人组织、民政部门等。

前款规定的个人和民政部门以外的组织未及时向人民法院申请撤销监护人资格的，民政部门应当向人民法院申请。

第三十七条 依法负担被监护人抚养费、赡养费、扶养费的父母、子女、配偶等，被人民法院撤销监护人资格后，应当继续履行负担的义务。

第三十八条 被监护人的父母或者子女被人民法院撤销监护人资格后，除对被监护人实施故意犯罪的外，确有悔改表现的，经其申请，人民法院可以在尊重被监护人真实意愿的前提下，视情况恢复其监护人资格，人民法院指定的监护人与被监护人的监护关系同时终止。

第三十九条 有下列情形之一的，监护关系终止：

（一）被监护人取得或者恢复完全民事行为能力；

（二）监护人丧失监护能力；

（三）被监护人或者监护人死亡；

（四）人民法院认定监护关系终止的其他情形。

监护关系终止后，被监护人仍然需要监护的，应当依法另行确定监护人。

第三节　宣告失踪和宣告死亡

第四十条　自然人下落不明满二年的，利害关系人可以向人民法院申请宣告该自然人为失踪人。

第四十一条　自然人下落不明的时间自其失去音讯之日起计算。战争期间下落不明的，下落不明的时间自战争结束之日或者有关机关确定的下落不明之日起计算。

第四十二条　失踪人的财产由其配偶、成年子女、父母或者其他愿意担任财产代管人的人代管。

代管有争议，没有前款规定的人，或者前款规定的人无代管能力的，由人民法院指定的人代管。

第四十三条　财产代管人应当妥善管理失踪人的财产，维护其财产权益。

失踪人所欠税款、债务和应付的其他费用，由财产代管人从失踪人的财产中支付。

财产代管人因故意或者重大过失造成失踪人财产损失的，应当承担赔偿责任。

第四十四条财产代管人不履行代管职责、侵害失踪人财产权益或者丧失代管能力的，失踪人的利害关系人可以向人民法院申请变更财产代管人。

财产代管人有正当理由的，可以向人民法院申请变更财产代管人。

人民法院变更财产代管人的，变更后的财产代管人有权请求原财产代管人及时移交有关财产并报告财产代管情况。

第四十五条　失踪人重新出现，经本人或者利害关系人申请，人民法院应当撤销失踪宣告。

失踪人重新出现，有权请求财产代管人及时移交有关财产并报告财产代管情况。

第四十六条　自然人有下列情形之一的，利害关系人可以向人民法院申请宣告该自然人死亡：

（一）下落不明满四年；

（二）因意外事件，下落不明满二年。

因意外事件下落不明，经有关机关证明该自然人不可能生存的，申请宣告死亡不受二年时间的限制。

第四十七条 对同一自然人，有的利害关系人申请宣告死亡，有的利害关系人申请宣告失踪，符合本法规定的宣告死亡条件的，人民法院应当宣告死亡。

第四十八条 被宣告死亡的人，人民法院宣告死亡的判决作出之日视为其死亡的日期；因意外事件下落不明宣告死亡的，意外事件发生之日视为其死亡的日期。

第四十九条 自然人被宣告死亡但是并未死亡的，不影响该自然人在被宣告死亡期间实施的民事法律行为的效力。

第五十条 被宣告死亡的人重新出现，经本人或者利害关系人申请，人民法院应当撤销死亡宣告。

第五十一条 被宣告死亡的人的婚姻关系，自死亡宣告之日起消除。死亡宣告被撤销的，婚姻关系自撤销死亡宣告之日起自行恢复。但是，其配偶再婚或者向婚姻登记机关书面声明不愿意恢复的除外。

第五十二条 被宣告死亡的人在被宣告死亡期间，其子女被他人依法收养的，在死亡宣告被撤销后，不得以未经本人同意为由主张收养行为无效。

第五十三条 被撤销死亡宣告的人有权请求依照本法第六编取得其财产的民事主体返还财产；无法返还的，应当给予适当补偿。

利害关系人隐瞒真实情况，致使他人被宣告死亡而取得其财产的，除应当返还财产外，还应当对由此造成的损失承担赔偿责任。

第四节 个体工商户和农村承包经营户

第五十四条 自然人从事工商业经营，经依法登记，为个体工商户。个体工商户可以起字号。

第五十五条 农村集体经济组织的成员，依法取得农村土地承包经营权，从事家庭承包经营的，为农村承包经营户。

第五十六条 个体工商户的债务，个人经营的，以个人财产承担；家庭经营的，以家庭财产承担；无法区分的，以家庭财产承担。

农村承包经营户的债务，以从事农村土地承包经营的农户财产承担；事实上由农户部分成员经营的，以该部分成员的财产承担。

第三章　法人

第一节　一般规定

第五十七条法人是具有民事权利能力和民事行为能力，依法独立享有民事权利和承担民事义务的组织。

第五十八条　法人应当依法成立。

法人应当有自己的名称、组织机构、住所、财产或者经费。法人成立的具体条件和程序，依照法律、行政法规的规定。

设立法人，法律、行政法规规定须经有关机关批准的，依照其规定。

第五十九条　法人的民事权利能力和民事行为能力，从法人成立时产生，到法人终止时消灭。

第六十条　法人以其全部财产独立承担民事责任。

第六十一条　依照法律或者法人章程的规定，代表法人从事民事活动的负责人，为法人的法定代表人。

法定代表人以法人名义从事的民事活动，其法律后果由法人承受。

法人章程或者法人权力机构对法定代表人代表权的限制，不得对抗善意相对人。

第六十二条　法定代表人因执行职务造成他人损害的，由法人承担民事责任。

法人承担民事责任后，依照法律或者法人章程的规定，可以向有过错的法定代表人追偿。

第六十三条　法人以其主要办事机构所在地为住所。依法需要办理法人登记的，应当将主要办事机构所在地登记为住所。

第六十四条　法人存续期间登记事项发生变化的，应当依法向登记机关申请变更登记。

第六十五条　法人的实际情况与登记的事项不一致的，不得对抗善意相对人。

第六十六条　登记机关应当依法及时公示法人登记的有关信息。

第六十七条　法人合并的，其权利和义务由合并后的法人享有和承担。

法人分立的，其权利和义务由分立后的法人享有连带债权，承担连带债务，但是债权人和债务人另有约定的除外。

第六十八条 有下列原因之一并依法完成清算、注销登记的，法人终止：

（一）法人解散；

（二）法人被宣告破产；

（三）法律规定的其他原因。

法人终止，法律、行政法规规定须经有关机关批准的，依照其规定。

第六十九条 有下列情形之一的，法人解散：

（一）法人章程规定的存续期间届满或者法人章程规定的其他解散事由出现；

（二）法人的权力机构决议解散；

（三）因法人合并或者分立需要解散；

（四）法人依法被吊销营业执照、登记证书，被责令关闭或者被撤销；

（五）法律规定的其他情形。

第七十条 法人解散的，除合并或者分立的情形外，清算义务人应当及时组成清算组进行清算。

法人的董事、理事等执行机构或者决策机构的成员为清算义务人。法律、行政法规另有规定的，依照其规定。

清算义务人未及时履行清算义务，造成损害的，应当承担民事责任；主管机关或者利害关系人可以申请人民法院指定有关人员组成清算组进行清算。

第七十一条 法人的清算程序和清算组职权，依照有关法律的规定；没有规定的，参照适用公司法律的有关规定。

第七十二条 清算期间法人存续，但是不得从事与清算无关的活动。

法人清算后的剩余财产，按照法人章程的规定或者法人权力机构的决议处理。法律另有规定的，依照其规定。

清算结束并完成法人注销登记时，法人终止；依法不需要办理法人登记的，清算结束时，法人终止。

第七十三条 法人被宣告破产的，依法进行破产清算并完成法人注销登记时，法人终止。

第七十四条　法人可以依法设立分支机构。法律、行政法规规定分支机构应当登记的，依照其规定。

分支机构以自己的名义从事民事活动，产生的民事责任由法人承担；也可以先以该分支机构管理的财产承担，不足以承担的，由法人承担。

第七十五条　设立人为设立法人从事的民事活动，其法律后果由法人承受；法人未成立的，其法律后果由设立人承受，设立人为二人以上的，享有连带债权，承担连带债务。

设立人为设立法人以自己的名义从事民事活动产生的民事责任，第三人有权选择请求法人或者设立人承担。

第二节　营利法人

第七十六条　以取得利润并分配给股东等出资人为目的成立的法人，为营利法人。

营利法人包括有限责任公司、股份有限公司和其他企业法人等。

第七十七条　营利法人经依法登记成立。

第七十八条　依法设立的营利法人，由登记机关发给营利法人营业执照。营业执照签发日期为营利法人的成立日期。

第七十九条　设立营利法人应当依法制定法人章程。

第八十条　营利法人应当设权力机构。

权力机构行使修改法人章程，选举或者更换执行机构、监督机构成员，以及法人章程规定的其他职权。

第八十一条　营利法人应当设执行机构。

执行机构行使召集权力机构会议，决定法人的经营计划和投资方案，决定法人内部管理机构的设置，以及法人章程规定的其他职权。

执行机构为董事会或者执行董事的，董事长、执行董事或者经理按照法人章程的规定担任法定代表人；未设董事会或者执行董事的，法人章程规定的主要负责人为其执行机构和法定代表人。

第八十二条　营利法人设监事会或者监事等监督机构的，监督机构依法行使检查法人财务，监督执行机构成员、高级管理人员执行法人职务的行为，以及法人章程规定的其他职权。

第八十三条　营利法人的出资人不得滥用出资人权利损害法人或者其他

出资人的利益；滥用出资人权利造成法人或者其他出资人损失的，应当依法承担民事责任。

营利法人的出资人不得滥用法人独立地位和出资人有限责任损害法人债权人的利益；滥用法人独立地位和出资人有限责任，逃避债务，严重损害法人债权人的利益的，应当对法人债务承担连带责任。

第八十四条 营利法人的控股出资人、实际控制人、董事、监事、高级管理人员不得利用其关联关系损害法人的利益；利用关联关系造成法人损失的，应当承担赔偿责任。

第八十五条 营利法人的权力机构、执行机构作出决议的会议召集程序、表决方式违反法律、行政法规、法人章程，或者决议内容违反法人章程的，营利法人的出资人可以请求人民法院撤销该决议。但是，营利法人依据该决议与善意相对人形成的民事法律关系不受影响。

第八十六条 营利法人从事经营活动，应当遵守商业道德，维护交易安全，接受政府和社会的监督，承担社会责任。

第三节　非营利法人

第八十七条 为公益目的或者其他非营利目的成立，不向出资人、设立人或者会员分配所取得利润的法人，为非营利法人。

非营利法人包括事业单位、社会团体、基金会、社会服务机构等。

第八十八条 具备法人条件，为适应经济社会发展需要，提供公益服务设立的事业单位，经依法登记成立，取得事业单位法人资格；依法不需要办理法人登记的，从成立之日起，具有事业单位法人资格。

第八十九条 事业单位法人设理事会的，除法律另有规定外，理事会为其决策机构。事业单位法人的法定代表人依照法律、行政法规或者法人章程的规定产生。

第九十条 具备法人条件，基于会员共同意愿，为公益目的或者会员共同利益等非营利目的设立的社会团体，经依法登记成立，取得社会团体法人资格；依法不需要办理法人登记的，从成立之日起，具有社会团体法人资格。

第九十一条 设立社会团体法人应当依法制定法人章程。

社会团体法人应当设会员大会或者会员代表大会等权力机构。

社会团体法人应当设理事会等执行机构。理事长或者会长等负责人按照法人章程的规定担任法定代表人。

第九十二条　具备法人条件，为公益目的以捐助财产设立的基金会、社会服务机构等，经依法登记成立，取得捐助法人资格。

依法设立的宗教活动场所，具备法人条件的，可以申请法人登记，取得捐助法人资格。法律、行政法规对宗教活动场所有规定的，依照其规定。

第九十三条　设立捐助法人应当依法制定法人章程。

捐助法人应当设理事会、民主管理组织等决策机构，并设执行机构。理事长等负责人按照法人章程的规定担任法定代表人。

捐助法人应当设监事会等监督机构。

第九十四条　捐助人有权向捐助法人查询捐助财产的使用、管理情况，并提出意见和建议，捐助法人应当及时、如实答复。

捐助法人的决策机构、执行机构或者法定代表人作出决定的程序违反法律、行政法规、法人章程，或者决定内容违反法人章程的，捐助人等利害关系人或者主管机关可以请求人民法院撤销该决定。但是，捐助法人依据该决定与善意相对人形成的民事法律关系不受影响。

第九十五条　为公益目的成立的非营利法人终止时，不得向出资人、设立人或者会员分配剩余财产。剩余财产应当按照法人章程的规定或者权力机构的决议用于公益目的；无法按照法人章程的规定或者权力机构的决议处理的，由主管机关主持转给宗旨相同或者相近的法人，并向社会公告。

第四节　特别法人

第九十六条　本节规定的机关法人、农村集体经济组织法人、城镇农村的合作经济组织法人、基层群众性自治组织法人，为特别法人。

第九十七条　有独立经费的机关和承担行政职能的法定机构从成立之日起，具有机关法人资格，可以从事为履行职能所需要的民事活动。

第九十八条　机关法人被撤销的，法人终止，其民事权利和义务由继任的机关法人享有和承担；没有继任的机关法人的，由作出撤销决定的机关法人享有和承担。

第九十九条　农村集体经济组织依法取得法人资格。

法律、行政法规对农村集体经济组织有规定的，依照其规定。

第一百条　城镇农村的合作经济组织依法取得法人资格。

法律、行政法规对城镇农村的合作经济组织有规定的，依照其规定。

第一百零一条 居民委员会、村民委员会具有基层群众性自治组织法人资格，可以从事为履行职能所需要的民事活动。

未设立村集体经济组织的，村民委员会可以依法代行村集体经济组织的职能。

第四章 非法人组织

第一百零二条 非法人组织是不具有法人资格，但是能够依法以自己的名义从事民事活动的组织。

非法人组织包括个人独资企业、合伙企业、不具有法人资格的专业服务机构等。

第一百零三条 非法人组织应当依照法律的规定登记。

设立非法人组织，法律、行政法规规定须经有关机关批准的，依照其规定。

第一百零四条 非法人组织的财产不足以清偿债务的，其出资人或者设立人承担无限责任。法律另有规定的，依照其规定。

第一百零五条 非法人组织可以确定一人或者数人代表该组织从事民事活动。

第一百零六条 有下列情形之一的，非法人组织解散：

（一）章程规定的存续期间届满或者章程规定的其他解散事由出现；

（二）出资人或者设立人决定解散；

（三）法律规定的其他情形。

第一百零七条 非法人组织解散的，应当依法进行清算。

第一百零八条 非法人组织除适用本章规定外，参照适用本编第三章第一节的有关规定。

第五章 民事权利

第一百零九条 自然人的人身自由、人格尊严受法律保护。

第一百一十条 自然人享有生命权、身体权、健康权、姓名权、肖像权、名誉权、荣誉权、隐私权、婚姻自主权等权利。

法人、非法人组织享有名称权、名誉权和荣誉权。

第一百一十一条　自然人的个人信息受法律保护。任何组织或者个人需要获取他人个人信息的，应当依法取得并确保信息安全，不得非法收集、使用、加工、传输他人个人信息，不得非法买卖、提供或者公开他人个人信息。

第一百一十二条　自然人因婚姻家庭关系等产生的人身权利受法律保护。

第一百一十三条　民事主体的财产权利受法律平等保护。

第一百一十四条　民事主体依法享有物权。

物权是权利人依法对特定的物享有直接支配和排他的权利，包括所有权、用益物权和担保物权。

第一百一十五条　物包括不动产和动产。法律规定权利作为物权客体的，依照其规定。

第一百一十六条　物权的种类和内容，由法律规定。

第一百一十七条　为了公共利益的需要，依照法律规定的权限和程序征收、征用不动产或者动产的，应当给予公平、合理的补偿。

第一百一十八条　民事主体依法享有债权。

债权是因合同、侵权行为、无因管理、不当得利以及法律的其他规定，权利人请求特定义务人为或者不为一定行为的权利。

第一百一十九条　依法成立的合同，对当事人具有法律约束力。

第一百二十条　民事权益受到侵害的，被侵权人有权请求侵权人承担侵权责任。

第一百二十一条　没有法定的或者约定的义务，为避免他人利益受损失而进行管理的人，有权请求受益人偿还由此支出的必要费用。

第一百二十二条　因他人没有法律根据，取得不当利益，受损失的人有权请求其返还不当利益。

第一百二十三条　民事主体依法享有知识产权。

知识产权是权利人依法就下列客体享有的专有的权利：

（一）作品；

（二）发明、实用新型、外观设计；

（三）商标；

（四）地理标志；

（五）商业秘密；

（六）集成电路布图设计；

（七）植物新品种；

（八）法律规定的其他客体。

第一百二十四条 自然人依法享有继承权。

自然人合法的私有财产，可以依法继承。

第一百二十五条 民事主体依法享有股权和其他投资性权利。

第一百二十六条 民事主体享有法律规定的其他民事权利和利益。

第一百二十七条 法律对数据、网络虚拟财产的保护有规定的，依照其规定。

第一百二十八条 法律对未成年人、老年人、残疾人、妇女、消费者等的民事权利保护有特别规定的，依照其规定。

第一百二十九条 民事权利可以依据民事法律行为、事实行为、法律规定的事件或者法律规定的其他方式取得。

第一百三十条 民事主体按照自己的意愿依法行使民事权利，不受干涉。

第一百三十一条 民事主体行使权利时，应当履行法律规定的和当事人约定的义务。

第一百三十二条 民事主体不得滥用民事权利损害国家利益、社会公共利益或者他人合法权益。

第六章 民事法律行为

第一节 一般规定

第一百三十三条 民事法律行为是民事主体通过意思表示设立、变更、终止民事法律关系的行为。

第一百三十四条 民事法律行为可以基于双方或者多方的意思表示一致成立，也可以基于单方的意思表示成立。

法人、非法人组织依照法律或者章程规定的议事方式和表决程序作出决议的，该决议行为成立。

第一百三十五条 民事法律行为可以采用书面形式、口头形式或者其他形式；法律、行政法规规定或者当事人约定采用特定形式的，应当采用特定形式。

第一百三十六条 民事法律行为自成立时生效，但是法律另有规定或者当事人另有约定的除外。

行为人非依法律规定或者未经对方同意，不得擅自变更或者解除民事法律行为。

第二节　意思表示

第一百三十七条　以对话方式作出的意思表示，相对人知道其内容时生效。

以非对话方式作出的意思表示，到达相对人时生效。以非对话方式作出的采用数据电文形式的意思表示，相对人指定特定系统接收数据电文的，该数据电文进入该特定系统时生效；未指定特定系统的，相对人知道或者应当知道该数据电文进入其系统时生效。当事人对采用数据电文形式的意思表示的生效时间另有约定的，按照其约定。

第一百三十八条　无相对人的意思表示，表示完成时生效。法律另有规定的，依照其规定。

第一百三十九条　以公告方式作出的意思表示，公告发布时生效。

第一百四十条　行为人可以明示或者默示作出意思表示。

沉默只有在有法律规定、当事人约定或者符合当事人之间的交易习惯时，才可以视为意思表示。

第一百四十一条　行为人可以撤回意思表示。撤回意思表示的通知应当在意思表示到达相对人前或者与意思表示同时到达相对人。

第一百四十二条　有相对人的意思表示的解释，应当按照所使用的词句，结合相关条款、行为的性质和目的、习惯以及诚信原则，确定意思表示的含义。

无相对人的意思表示的解释，不能完全拘泥于所使用的词句，而应当结合相关条款、行为的性质和目的、习惯以及诚信原则，确定行为人的真实意思。

第三节　民事法律行为的效力

第一百四十三条　具备下列条件的民事法律行为有效：

（一）行为人具有相应的民事行为能力；

（二）意思表示真实；

（三）不违反法律、行政法规的强制性规定，不违背公序良俗。

第一百四十四条　无民事行为能力人实施的民事法律行为无效。

第一百四十五条　限制民事行为能力人实施的纯获利益的民事法律行为

或者与其年龄、智力、精神健康状况相适应的民事法律行为有效；实施的其他民事法律行为经法定代理人同意或者追认后有效。

相对人可以催告法定代理人自收到通知之日起三十日内予以追认。法定代理人未作表示的，视为拒绝追认。民事法律行为被追认前，善意相对人有撤销的权利。撤销应当以通知的方式作出。

第一百四十六条 行为人与相对人以虚假的意思表示实施的民事法律行为无效。

以虚假的意思表示隐藏的民事法律行为的效力，依照有关法律规定处理。

第一百四十七条 基于重大误解实施的民事法律行为，行为人有权请求人民法院或者仲裁机构予以撤销。

第一百四十八条 一方以欺诈手段，使对方在违背真实意思的情况下实施的民事法律行为，受欺诈方有权请求人民法院或者仲裁机构予以撤销。

第一百四十九条 第三人实施欺诈行为，使一方在违背真实意思的情况下实施的民事法律行为，对方知道或者应当知道该欺诈行为的，受欺诈方有权请求人民法院或者仲裁机构予以撤销。

第一百五十条 一方或者第三人以胁迫手段，使对方在违背真实意思的情况下实施的民事法律行为，受胁迫方有权请求人民法院或者仲裁机构予以撤销。

第一百五十一条 一方利用对方处于危困状态、缺乏判断能力等情形，致使民事法律行为成立时显失公平的，受损害方有权请求人民法院或者仲裁机构予以撤销。

第一百五十二条 有下列情形之一的，撤销权消灭：

（一）当事人自知道或者应当知道撤销事由之日起一年内、重大误解的当事人自知道或者应当知道撤销事由之日起九十日内没有行使撤销权；

（二）当事人受胁迫，自胁迫行为终止之日起一年内没有行使撤销权；

（三）当事人知道撤销事由后明确表示或者以自己的行为表明放弃撤销权。

当事人自民事法律行为发生之日起五年内没有行使撤销权的，撤销权消灭。

第一百五十三条 违反法律、行政法规的强制性规定的民事法律行为无效。但是，该强制性规定不导致该民事法律行为无效的除外。

违背公序良俗的民事法律行为无效。

第一百五十四条　行为人与相对人恶意串通，损害他人合法权益的民事法律行为无效。

第一百五十五条　无效的或者被撤销的民事法律行为自始没有法律约束力。

第一百五十六条　民事法律行为部分无效，不影响其他部分效力的，其他部分仍然有效。

第一百五十七条　民事法律行为无效、被撤销或者确定不发生效力后，行为人因该行为取得的财产，应当予以返还；不能返还或者没有必要返还的，应当折价补偿。有过错的一方应当赔偿对方由此所受到的损失；各方都有过错的，应当各自承担相应的责任。法律另有规定的，依照其规定。

第四节　民事法律行为的附条件和附期限

第一百五十八条　民事法律行为可以附条件，但是根据其性质不得附条件的除外。附生效条件的民事法律行为，自条件成就时生效。附解除条件的民事法律行为，自条件成就时失效。

第一百五十九条　附条件的民事法律行为，当事人为自己的利益不正当地阻止条件成就的，视为条件已经成就；不正当地促成条件成就的，视为条件不成就。

第一百六十条　民事法律行为可以附期限，但是根据其性质不得附期限的除外。附生效期限的民事法律行为，自期限届至时生效。附终止期限的民事法律行为，自期限届满时失效。

第七章　代理

第一节　一般规定

第一百六十一条　民事主体可以通过代理人实施民事法律行为。

依照法律规定、当事人约定或者民事法律行为的性质，应当由本人亲自实施的民事法律行为，不得代理。

第一百六十二条　代理人在代理权限内，以被代理人名义实施的民事法律行为，对被代理人发生效力。

第一百六十三条　代理包括委托代理和法定代理。

委托代理人按照被代理人的委托行使代理权。法定代理人依照法律的规定行使代理权。

第一百六十四条 代理人不履行或者不完全履行职责，造成被代理人损害的，应当承担民事责任。

代理人和相对人恶意串通，损害被代理人合法权益的，代理人和相对人应当承担连带责任。

第二节 委托代理

第一百六十五条 委托代理授权采用书面形式的，授权委托书应当载明代理人的姓名或者名称、代理事项、权限和期限，并由被代理人签名或者盖章。

第一百六十六条 数人为同一代理事项的代理人的，应当共同行使代理权，但是当事人另有约定的除外。

第一百六十七条 代理人知道或者应当知道代理事项违法仍然实施代理行为，或者被代理人知道或者应当知道代理人的代理行为违法未作反对表示的，被代理人和代理人应当承担连带责任。

第一百六十八条 代理人不得以被代理人的名义与自己实施民事法律行为，但是被代理人同意或者追认的除外。

代理人不得以被代理人的名义与自己同时代理的其他人实施民事法律行为，但是被代理的双方同意或者追认的除外。

第一百六十九条 代理人需要转委托第三人代理的，应当取得被代理人的同意或者追认。

转委托代理经被代理人同意或者追认的，被代理人可以就代理事务直接指示转委托的第三人，代理人仅就第三人的选任以及对第三人的指示承担责任。

转委托代理未经被代理人同意或者追认的，代理人应当对转委托的第三人的行为承担责任；但是，在紧急情况下代理人为了维护被代理人的利益需要转委托第三人代理的除外。

第一百七十条 执行法人或者非法人组织工作任务的人员，就其职权范围内的事项，以法人或者非法人组织的名义实施的民事法律行为，对法人或者非法人组织发生效力。

法人或者非法人组织对执行其工作任务的人员职权范围的限制，不得对抗善意相对人。

第一百七十一条 行为人没有代理权、超越代理权或者代理权终止后，仍然实施代理行为，未经被代理人追认的，对被代理人不发生效力。

相对人可以催告被代理人自收到通知之日起三十日内予以追认。被代理人未作表示的，视为拒绝追认。行为人实施的行为被追认前，善意相对人有撤销的权利。撤销应当以通知的方式作出。

行为人实施的行为未被追认的，善意相对人有权请求行为人履行债务或者就其受到的损害请求行为人赔偿。但是，赔偿的范围不得超过被代理人追认时相对人所能获得的利益。

相对人知道或者应当知道行为人无权代理的，相对人和行为人按照各自的过错承担责任。

第一百七十二条　行为人没有代理权、超越代理权或者代理权终止后，仍然实施代理行为，相对人有理由相信行为人有代理权的，代理行为有效。

第三节　代理终止

第一百七十三条　有下列情形之一的，委托代理终止：

（一）代理期限届满或者代理事务完成；

（二）被代理人取消委托或者代理人辞去委托；

（三）代理人丧失民事行为能力；

（四）代理人或者被代理人死亡；

（五）作为代理人或者被代理人的法人、非法人组织终止。

第一百七十四条　被代理人死亡后，有下列情形之一的，委托代理人实施的代理行为有效：

（一）代理人不知道且不应当知道被代理人死亡；

（二）被代理人的继承人予以承认；

（三）授权中明确代理权在代理事务完成时终止；

（四）被代理人死亡前已经实施，为了被代理人的继承人的利益继续代理。

作为被代理人的法人、非法人组织终止的，参照适用前款规定。

第一百七十五条　有下列情形之一的，法定代理终止：

（一）被代理人取得或者恢复完全民事行为能力；

（二）代理人丧失民事行为能力；

（三）代理人或者被代理人死亡；

（四）法律规定的其他情形。

第八章　民事责任

第一百七十六条　民事主体依照法律规定或者按照当事人约定，履行民事义务，承担民事责任。

第一百七十七条　二人以上依法承担按份责任，能够确定责任大小的，各自承担相应的责任；难以确定责任大小的，平均承担责任。

第一百七十八条　二人以上依法承担连带责任的，权利人有权请求部分或者全部连带责任人承担责任。

连带责任人的责任份额根据各自责任大小确定；难以确定责任大小的，平均承担责任。实际承担责任超过自己责任份额的连带责任人，有权向其他连带责任人追偿。

连带责任，由法律规定或者当事人约定。

第一百七十九条　承担民事责任的方式主要有：

（一）停止侵害；

（二）排除妨碍；

（三）消除危险；

（四）返还财产；

（五）恢复原状；

（六）修理、重作、更换；

（七）继续履行；

（八）赔偿损失；

（九）支付违约金；

（十）消除影响、恢复名誉；

（十一）赔礼道歉。

法律规定惩罚性赔偿的，依照其规定。

本条规定的承担民事责任的方式，可以单独适用，也可以合并适用。

第一百八十条　因不可抗力不能履行民事义务的，不承担民事责任。法律另有规定的，依照其规定。

不可抗力是不能预见、不能避免且不能克服的客观情况。

第一百八十一条　因正当防卫造成损害的，不承担民事责任。

正当防卫超过必要的限度，造成不应有的损害的，正当防卫人应当承担适当的民事责任。

第一百八十二条　因紧急避险造成损害的，由引起险情发生的人承担民事责任。

危险由自然原因引起的，紧急避险人不承担民事责任，可以给予适当补偿。

紧急避险采取措施不当或者超过必要的限度，造成不应有的损害的，紧急避险人应当承担适当的民事责任。

第一百八十三条　因保护他人民事权益使自己受到损害的，由侵权人承担民事责任，受益人可以给予适当补偿。没有侵权人、侵权人逃逸或者无力承担民事责任，受害人请求补偿的，受益人应当给予适当补偿。

第一百八十四条　因自愿实施紧急救助行为造成受助人损害的，救助人不承担民事责任。

第一百八十五条　侵害英雄烈士等的姓名、肖像、名誉、荣誉，损害社会公共利益的，应当承担民事责任。

第一百八十六条　因当事人一方的违约行为，损害对方人身权益、财产权益的，受损害方有权选择请求其承担违约责任或者侵权责任。

第一百八十七条　民事主体因同一行为应当承担民事责任、行政责任和刑事责任的，承担行政责任或者刑事责任不影响承担民事责任；民事主体的财产不足以支付的，优先用于承担民事责任。

第九章　诉讼时效

第一百八十八条　向人民法院请求保护民事权利的诉讼时效期间为三年。法律另有规定的，依照其规定。

诉讼时效期间自权利人知道或者应当知道权利受到损害以及义务人之日起计算。法律另有规定的，依照其规定。但是，自权利受到损害之日起超过二十年的，人民法院不予保护，有特殊情况的，人民法院可以根据权利人的申请决定延长。

第一百八十九条　当事人约定同一债务分期履行的，诉讼时效期间自最后一期履行期限届满之日起计算。

第一百九十条　无民事行为能力人或者限制民事行为能力人对其法定代

理人的请求权的诉讼时效期间，自该法定代理终止之日起计算。

第一百九十一条 未成年人遭受性侵害的损害赔偿请求权的诉讼时效期间，自受害人年满十八周岁之日起计算。

第一百九十二条 诉讼时效期间届满的，义务人可以提出不履行义务的抗辩。

诉讼时效期间届满后，义务人同意履行的，不得以诉讼时效期间届满为由抗辩；义务人已经自愿履行的，不得请求返还。

第一百九十三条 人民法院不得主动适用诉讼时效的规定。

第一百九十四条 在诉讼时效期间的最后六个月内，因下列障碍，不能行使请求权的，诉讼时效中止：

（一）不可抗力；

（二）无民事行为能力人或者限制民事行为能力人没有法定代理人，或者法定代理人死亡、丧失民事行为能力、丧失代理权；

（三）继承开始后未确定继承人或者遗产管理人；

（四）权利人被义务人或者其他人控制；

（五）其他导致权利人不能行使请求权的障碍。

自中止时效的原因消除之日起满六个月，诉讼时效期间届满。

第一百九十五条 有下列情形之一的，诉讼时效中断，从中断、有关程序终结时起，诉讼时效期间重新计算：

（一）权利人向义务人提出履行请求；

（二）义务人同意履行义务；

（三）权利人提起诉讼或者申请仲裁；

（四）与提起诉讼或者申请仲裁具有同等效力的其他情形。

第一百九十六条 下列请求权不适用诉讼时效的规定：

（一）请求停止侵害、排除妨碍、消除危险；

（二）不动产物权和登记的动产物权的权利人请求返还财产；

（三）请求支付抚养费、赡养费或者扶养费；

（四）依法不适用诉讼时效的其他请求权。

第一百九十七条 诉讼时效的期间、计算方法以及中止、中断的事由由法律规定，当事人约定无效。

当事人对诉讼时效利益的预先放弃无效。

第一百九十八条　法律对仲裁时效有规定的，依照其规定；没有规定的，适用诉讼时效的规定。

第一百九十九条　法律规定或者当事人约定的撤销权、解除权等权利的存续期间，除法律另有规定外，自权利人知道或者应当知道权利产生之日起计算，不适用有关诉讼时效中止、中断和延长的规定。存续期间届满，撤销权、解除权等权利消灭。

第十章　期间计算

第二百条　民法所称的期间按照公历年、月、日、小时计算。

第二百零一条　按照年、月、日计算期间的，开始的当日不计入，自下一日开始计算。

按照小时计算期间的，自法律规定或者当事人约定的时间开始计算。

第二百零二条　按照年、月计算期间的，到期月的对应日为期间的最后一日；没有对应日的，月末日为期间的最后一日。

第二百零三条　期间的最后一日是法定休假日的，以法定休假日结束的次日为期间的最后一日。

期间的最后一日的截止时间为二十四时；有业务时间的，停止业务活动的时间为截止时间。

第二百零四条　期间的计算方法依照本法的规定，但是法律另有规定或者当事人另有约定的除外。

扫描下方二维码获取民法典全文及新旧条文对照

图书在版编目 (CIP) 数据

民法典·总则判解研究与适用 / 何志著 .—北京：中国法制出版社，2020.9

ISBN 978-7-5216-1202-8

Ⅰ . ①民…　Ⅱ . ①何…　Ⅲ . ①民法－总则－法律解释－中国 ②民法－总则－法律适用－中国　Ⅳ . ① D923.15

中国版本图书馆 CIP 数据核字（2020）第 129328 号

责任编辑：周琼妮、熊林林、秦智贤　　封面设计：杨泽江

民法典·总则判解研究与适用

MINFADIAN · ZONGZE PANJIE YANJIU YU SHIYONG

著者 / 何　志

经销 / 新华书店

印刷 / 三河市国英印务有限公司

开本 / 710 毫米 ×1000 毫米　16 开　　印张 / 40　字数 / 633 千

版次 / 2020 年 9 月第 1 版　　2020 年 9 月第 1 次印刷

中国法制出版社出版

书号 ISBN 978-7-5216-1202-8　　定价：138.00 元

北京西单横二条 2 号　邮政编码 100031　　传真：010-66031119

网址：http://www.zgfzs.com　　**编辑部电话：010-66066620**

市场营销部电话：010-66033393　　**邮购部电话：010-66033288**

（如有印装质量问题，请与本社印务部联系调换。电话：010-66032926）